U0139856

ROBERT GOODWIN — THE CENTRE OF THE WORLD

SPAIN

1519-1682

西班牙

世界的中心，
1519—1682

［英］罗伯特·古德温——著 蔡 琦——译

九 州 出 版 社
JIUZHOUPRESS

献给克莱尔

古人所谓黄金时代真是幸福的年代、幸福的世纪！这不是因为我们黑铁时代视为至宝的黄金，在那个幸运的时代能不劳而获；只因为那时候的人还不懂得分别"你的"和"我的"。在那个太古盛世，东西全归公有……一片和平友爱，到处融融洽洽。

——堂吉诃德[1]

目　录

第一部分　黄　金

骑士时代：查理五世

官僚时代：费利佩二世

第二部分　光　辉

和平时代：费利佩三世和莱尔玛公爵

衰落时代：费利佩四世和奥利瓦雷斯伯-公爵

大西洋

拉科鲁尼亚

比斯开湾　巴斯克

法国

阿斯图里亚斯　桑坦德

比利牛斯山脉

圣地亚哥-
德孔波斯特拉

毕尔巴鄂

丰特拉维亚

鲁西荣

加利西亚

莱昂

布尔戈斯

纳瓦拉

洛格罗尼奥

加泰罗尼亚

巴利亚多利德

杜罗河

埃布罗河

萨拉戈萨

巴塞罗那

萨莫拉　托德西利亚斯

塞哥维亚

阿拉贡

萨拉曼卡

卡斯蒂利亚

瓜达拉哈拉

阿维拉

埃尔埃斯科里亚尔

马德里

马略卡岛

塔古斯河

托莱多

拉曼查

贝尔蒙特

巴伦西亚

巴伦西亚

里斯本

葡萄牙

巴达霍斯　瓜迪亚纳河

埃武拉

莫雷纳山

阿利坎特

安达卢西亚

科尔多瓦　瓜达尔基维尔河

穆尔西亚

格拉纳达

塞维利亚

埃西哈

格拉纳达

地中海

内华达
山脉

桑卢卡尔-德巴拉梅达

马拉加

加的斯

哈布斯堡王朝的
伊比利亚半岛

直布罗陀

0　50　100　150　200千米

0　25　50　75　100英里

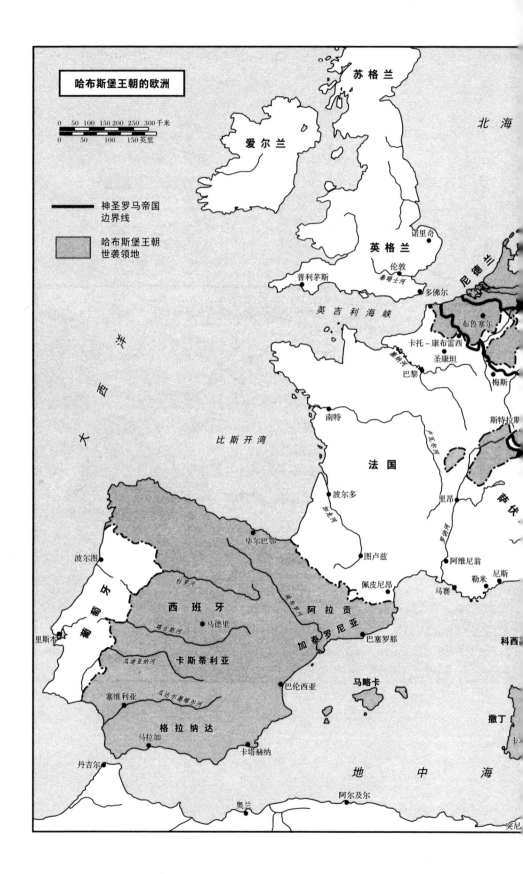

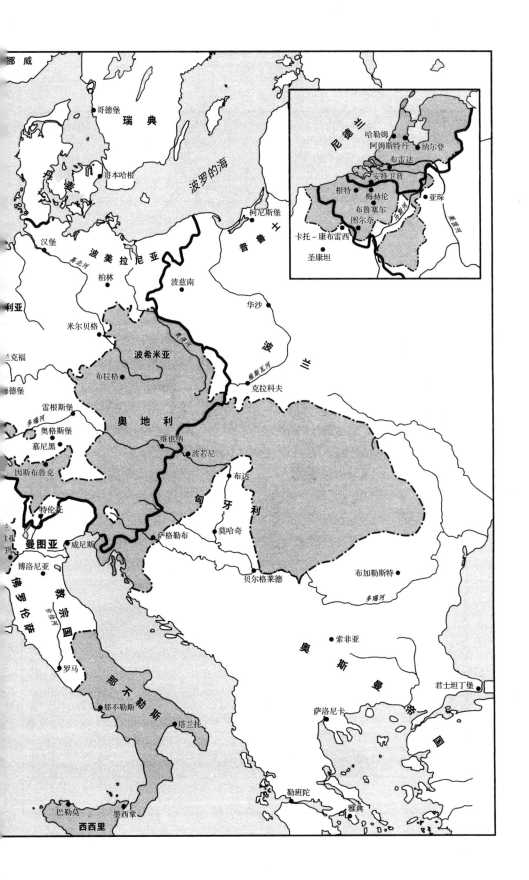

哥德堡 瑞典

波罗的海

哥本哈根

柯尼斯堡

汉堡 波美拉尼亚 普鲁士

柏林 波兹南 华沙

米尔贝格

波希米亚 波兰

布拉格 克拉科夫

奥地利

雷根斯堡

奥格斯堡 维也纳

慕尼黑 波若尼

因斯布鲁克 布达 匈牙利

特伦托 莫哈奇

曼图亚 威尼斯 萨格勒布

博洛尼亚

佛罗伦萨 贝尔格莱德 布加勒斯特

教宗国

罗马 索非亚

那不勒斯

那不勒斯 塔兰托 奥斯曼帝国

君士坦丁堡

萨洛尼卡

勒班陀

巴勒莫 墨西拿 雅典

西西里

那威

尼德兰 哈勒姆 纳尔登

阿姆斯特丹

布雷达

安特卫普

根特 梅赫伦 亚琛

布鲁塞尔

图尔奈

卡托-康布雷西

圣康坦

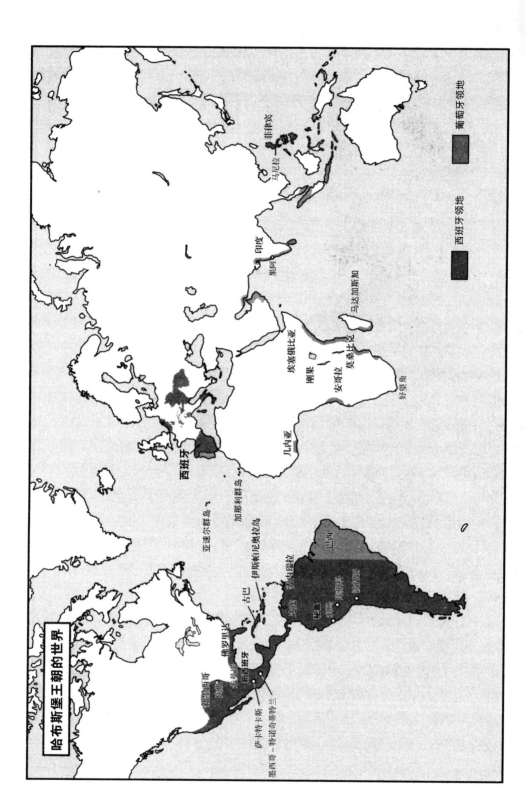

哈布斯堡王朝的世界

西班牙

葡萄牙领地

西班牙领地

菲律宾

马尼拉

印度

果阿

马达加斯加

埃塞俄比亚

刚果

安哥拉

莫桑比克

好望角

几内亚

亚速尔群岛

加那利群岛

伊斯帕尼奥拉岛

巴西

古巴

委内瑞拉

佛罗里达

基多

秘鲁

波托西

拉普拉塔

智利

新西班牙

墨西哥城

墨西哥-特诺奇蒂特兰

萨卡特卡斯

哈布斯堡家族族谱

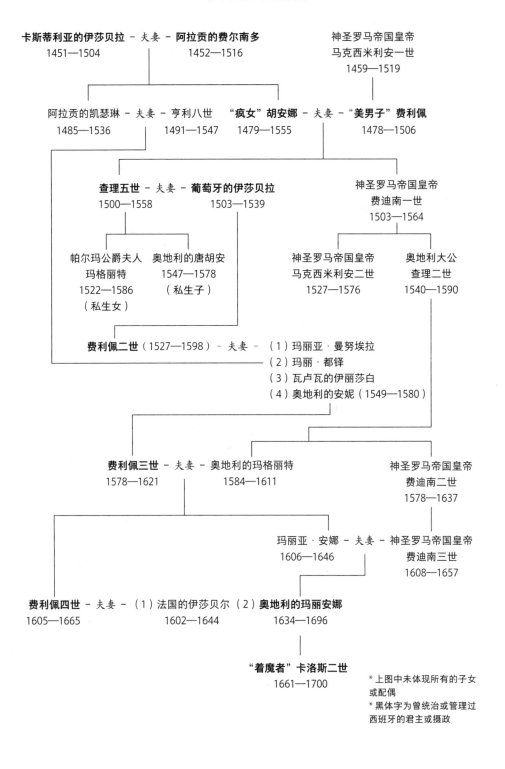

卡斯蒂利亚的伊莎贝拉 － 夫妻 － **阿拉贡的费尔南多**
1451—1504　　　　　　1452—1516

神圣罗马帝国皇帝
马克西米利安一世
1459—1519

阿拉贡的凯瑟琳 － 夫妻 － 亨利八世　　"疯女"胡安娜 － 夫妻 － "美男子"费利佩
1485—1536　　　　1491—1547　　1479—1555　　　　1478—1506

查理五世 － 夫妻 － **葡萄牙的伊莎贝拉**
1500—1558　　　　　　1503—1539

神圣罗马帝国皇帝
费迪南一世
1503—1564

帕尔玛公爵夫人
玛格丽特
1522—1586
（私生女）

奥地利的唐胡安
1547—1578
（私生子）

神圣罗马帝国皇帝
马克西米利安二世
1527—1576

奥地利大公
查理二世
1540—1590

费利佩二世（1527—1598）－ 夫妻 －　（1）玛丽亚·曼努埃拉
　　　　　　　　　　　　　　　　　　（2）玛丽·都铎
　　　　　　　　　　　　　　　　　　（3）瓦卢瓦的伊丽莎白
　　　　　　　　　　　　　　　　　　（4）奥地利的安妮（1549—1580）

费利佩三世 － 夫妻 － 奥地利的玛格丽特
1578—1621　　　　　　1584—1611

神圣罗马帝国皇帝
费迪南二世
1578—1637

玛丽亚·安娜 － 夫妻 － 神圣罗马帝国皇帝
1606—1646　　　　　　费迪南三世
　　　　　　　　　　　　1608—1657

费利佩四世 － 夫妻 －（1）法国的伊莎贝尔（2）**奥地利的玛丽安娜**
1605—1665　　　　　　1602—1644　　　　1634—1696

"着魔者"卡洛斯二世
1661—1700

* 上图中未体现所有的子女
　或配偶
* 黑体字为曾统治或管理过
　西班牙的君主或摄政

序　言

　　近代时期开始之际，西班牙偶然成了西方世界的中心。1492年，哥伦布想寻找通过大西洋抵达亚洲的路，却发现了美洲，并把这片新大陆献给了他的西班牙赞助者。1500年，根特的查理出生了，他的母亲是西班牙人，父亲是勃艮第人。因为一系列的联姻和早逝，他成了欧洲最强大的3个王室的继承人，还获得了其他领土和头衔。成年之后，查理继承了尼德兰、勃艮第、意大利、奥地利和匈牙利的广袤领地。作为哈布斯堡王朝未来的领袖，他从小受到的教育使他相信，他理应统治包括大部分现代德国以及其他一些地区在内的神圣罗马帝国。1517年，17岁的查理离开故乡佛兰德，取得了西班牙两大王国——卡斯蒂利亚和阿拉贡的王位，并因此继承了那不勒斯王国和西班牙的美洲殖民地。在接下来的150年里，哈布斯堡王朝统治着世界上第一个全球帝国，并让西班牙成为这个帝国的心脏及其领土的经济和军事中心。

　　在《西班牙：世界的中心，1519—1682》一书中，我想通过二十余位具有代表性的西班牙人和他们的君主的故事来讲述上述这段宏伟的历史。有关人物的轶事、趣闻以及如戏剧般跌宕起伏的历史时刻描绘了一幅亲切而熟悉的画面，让人能够领略到西班牙哈布斯堡王朝统治时间之长、领土之大。西班牙人会说关于这段历史的"严肃的"著作不在少数，但对普通读者来说，这些书里有太多的学术细节，如姓名、日期、地点、事件等等，有人情味的内容极少。所以，本书虽然也属于严肃的著作，但其实和上述这类书不大一样。这本书是专门为伟大的西班牙小说家米格尔·德·塞万提斯在他最重要的作品《堂吉诃德》的序言中所提到的那种"清闲的读者*"而写的。《堂吉诃德》吸引了他那个时代刚刚掌握阅读技能的大众，而这些人作为购买者和消费者也建立起了正在阅读本书的读者继承并将会传承下去的阅读传统。

8世纪初期，来自北非的穆斯林军队几乎攻克并占领了西班牙全境。只有极北方的一小群基督教徒在首领佩拉约的带领下顽强抵抗伊斯兰世界的入侵者。其后的8个世纪里，伊比利亚半岛的历史一直围绕着葡萄牙、卡斯蒂利亚和阿拉贡几个王国的逐渐崛起，以及半岛被基督教十字军战士和边疆的机会主义者慢慢夺回的历程进行。到15世纪末，就在收复失地运动（或称再征服运动）几近完成之时，卡斯蒂利亚的王位继承出现危机，几大贵族家族积极备战，内战一触即发，基督教统治下的西班牙面临着被毁灭的威胁。但1476年，阿拉贡王位继承人费尔南多和卡斯蒂利亚女王伊莎贝拉联姻，这足以控制住不守规矩的臣民。为巩固这个新生而脆弱的联合政权，他们宣布发动十字军进攻伊比利亚半岛上最后的伊斯兰王国——格拉纳达。西班牙贵族和许多来自整个基督教世界国家的贵族都响应了战斗号召。1492年1月，被后世称为"天主教双王"的伊莎贝拉和费尔南多率领军队顺利进入格拉纳达。西班牙历史上的最后一位穆斯林统治者格拉纳达的穆罕默德十二世离开前，在一个山口停下回望他曾经的天堂，流下了眼泪，而那里至今依然被称为"摩尔人的叹息"。

在胜利的喜悦中，天主教双王进一步拥抱了当下对其他宗教不容忍的十字军精神，下令驱逐所有居住在西班牙的犹太人。他们还派克里斯托弗·哥伦布经大西洋航行至中国和印度，而哥伦布却意外地发现了美洲，这使西班牙在接下来的近两个世纪里成为世界的中心。但是在1504年伊莎贝拉去世后，费尔南多作为阿拉贡国王无权统治卡斯蒂利亚，王位本应由她的女儿胡安娜继承。胡安娜的经历极富悲剧色彩，在英语世界人称"疯女"。她与勃艮第的"美男子"费利佩成婚，诞下两位王子，长子是根

---

* 本书所有对《堂吉诃德》的引用及其中人物译名均采用了杨绛先生的译本，对一些不符合现今语言习惯之处进行了保留，个别地方有为适配本书原文做出的改动。——编者注

特的查理，幼子则是费迪南，他的名字来自外祖父费尔南多[*]。费利佩意图继承王位，但抵达西班牙没多久就突然死亡，于是"加泰罗尼亚老滑头"费尔南多声称胡安娜因精神失常无法治国，夺取了权力。这位老国王一直统治到1516年去世。此时，年轻的根特的查理——尼德兰的领主、勃艮第伯爵——继承了卡斯蒂利亚、阿拉贡和那不勒斯的王位，被称为"王中之王"。

16世纪，西班牙哈布斯堡家族坚守并扩张了他们广袤的帝国，其疆域从遥远的欧洲东部和南部延伸到果阿和菲律宾，还延伸到智利和新墨西哥。帝国的这一传奇铸就了西班牙和西班牙民族的性格，而西班牙民族正是帝国事业的心脏和命脉。他们作为征服者和殖民者前往美洲，他们作为令人生畏的职业军人横扫欧洲，他们作为商人、外交家、诗人和艺术家游历各地。南部的内陆大港塞维利亚，此时成了世界贸易的中心，外国商人、银行家和冒险家都被富有感染力和诱惑力的机遇以及源源不断从美洲涌入西班牙的金银吸引，聚集于此。哈布斯堡家族同西班牙人携手并进，在政治和军事上统御了半个世界。西班牙国内，国王和国家之间，传统贵族和城市寡头之间，城镇与乡村之间，教会、农民和地主之间的紧张关系保持着一种动态平衡，由此，在新的、激进的教会严格的道德权威支持下，孕育出了大学、学校、法治、银行业和地方政府等重要的机制，促进了艺术和文学的繁荣。这是一个乐观向上、自信满满的时代。

然而，17世纪时，西班牙人发现自己被对外战争和腐败堕落的君主与他们卑鄙宠臣的统治搞得焦头烂额、颇受损害。慢慢地，这个全球帝国开始分崩离析。哈布斯堡王朝失去了欧洲大陆上从葡萄牙到加泰罗尼亚、从意大利到尼德兰的大量祖产，还失去了海外的重要领土。西班牙王室和政府同样受到了影响，哈布斯堡家族在国内失去了权力与影响力。然而，这个君主及其国家机构急剧衰落的时期，也是西班牙文学和艺术创作繁荣高产的时期，在许多方面，西班牙人的旺盛活跃似乎和他们政府的颓废形成了鲜明的对比。也许，西班牙的颓势只是一个幌子，长期以来掩盖了历

---

[*] 祖孙二人同名，为方便区分，祖父译为费尔南多，孙子译为费迪南。——译者注

史学家认为其是一个充满活力的国家之观点。

从哥伦布发现美洲到伟大的剧作家佩德罗·卡尔德龙·德·拉·巴尔卡逝世，其间的两个世纪被称为西班牙的黄金时代，或者说"黄金世纪"（Siglo de Oro）。这个形容非常贴切，却又令人困惑。18世纪中期，人们用"黄金世纪"来形容16世纪的诗人。后来，"黄金世纪"被用来赞扬文学、戏剧及艺术的大繁荣，在这个时期涌现了从格列柯到塞万提斯、委拉斯开兹等一批重要的艺术家。有观点认为比喻性的"黄金世纪"是建立在美洲带来的真金白银的基础之上的，为这个词语注入了更加诱人的内涵。

即便《西班牙：世界的中心，1519—1682》一书是按照国家的硬实力不断增强，财富累积，软实力随之提升的一般叙事来书写的，但这依然是一本关于这一历史时期核心人物的书。相应地，书的内容分为两部分，讲述不同的人物和他们所反映和影响的不同年代。第一部分"黄金"，通过军事、政治、经济方面的重要事件和人物勾勒出16世纪重要社会机构兴起的画面。而第二部分"光辉"则着重描写黄金时代的文学、艺术巨匠和他们的代表作。当然，第一部分里也会涉及诗歌和艺术，第二部分里也不乏政治、经济和军事史，你不必为他们的不同感到惊讶或不安，因为这一切皆有原因。

第一部分

———

黄　金

前　言

船上有数量惊人的黄金，以至于除了黄金，没有别的压舱物。

——胡安·德·罗哈斯·伊·萨缅托（天文学家、数学家）

一条孤零零的克拉克帆船驶入了西班牙南部的大西洋大港桑卢卡尔。这天是1519年的万灵节，即万圣节。这艘小小的"圣玛利亚"号，是第一艘由最近有人殖民的墨西哥海岸出发抵达欧洲的船。食物和水被送上了船。有几个人上了岸。乘客中有6个托托纳克原住民"贵族"的消息无疑很快就在镇上传开。不过，还有更令人兴奋的传言说，"船上有数量惊人的黄金，以至于除了黄金，没有别的压舱物"[1]。当船员和乘客往西远眺，视线越过浅湾，看着落入大西洋的夕阳，仿佛看着天边象征着美洲的梦想和新世界的梦魇的灯塔一般，他们的心中一定混杂着兴奋和对可能受到的接待的惶恐不安。不过，作为勇敢而反叛的冒险者，回家领赏一定令他们激动不已。

根据法律的要求，船继续沿着瓜达尔基维尔河前行，河水绿得像橄榄一样。他们驶过荒芜的盐沼、松树林，又驶过富饶的山谷中的水果园。这里就是被中世纪的阿拉伯诗人称为"人间天堂"的地方。11月5日，"圣玛利亚"号终于抵达塞维利亚，停在泥泞的河岸边。防御塔和防御工事耸立在港口，这些建筑是摩尔人在9世纪建造起来抵御维京人的。壮观的城墙底部有很多洞穴一样的酒馆，人们出出进进。码头工人和临时工拥挤在港口。女人们在高声叫卖刚捕捞的鱼和新鲜出炉的食物。这里就是塞维利亚著名的阿雷纳尔区（本义为沙地），今天的阿雷纳尔区依然有一个集市，你还可以在此处的外卖餐厅里买到油炸的海鲜，然后在堆满酒桶、弥漫着几个世纪的霉味的地下酒馆里慢慢品尝。

当时，王室垄断了对新世界的贸易，交由西印度贸易厅管理。几位身着那个时代华丽服饰的贸易厅官员从人群中挤出一条路来到阿雷纳尔，被两个有钱的军官迎上了船。这两人名叫阿隆索·费尔南德斯·波托卡雷罗和弗朗西斯科·德·蒙特霍，是曾经参与建立墨西哥地区第一个西班牙殖民地的雇佣兵，而他们的领导人正是以狡猾无情著称的征服者埃尔南·科尔蒂斯。

科尔蒂斯的手下运来的货物一定让贸易厅的官员瞠目结舌。他们当时列出的清单在塞维利亚的档案馆中保存了几个世纪，清单足足有4页纸，每个条目都简单明了。这份文件记载了历史上最重要的一批珍宝之一，预示着美洲的财富很快就会帮助西班牙在一个爆炸性的世界帝国的中心维持其地位。清单的纸张上有阿拉伯式字体，褐色的花纹装饰于其上，经过几个世纪，碱性的墨水已经深深地浸入了羊皮纸颜色的纸张。[2]

王家官员们记录了"一个巨大的黄金圆盘，中间有一个野兽的图样，周围用叶子形状的图案装饰，重达3800金比索"，还有"一个巨大的银制圆盘，重达48银马克"[3]。清单平淡的笔触更加凸显了物品的珍贵。例如："两条用黄金和宝石制作的项链。其中一条用8根织线串起了232颗红宝石和173颗绿宝石，边缘挂了26个金铃铛，中间有4块镶嵌着黄金的宝石雕刻人像"。500年前的文字无疑展现出，科尔蒂斯和他的部下所遇见的墨西哥是一个非常富有而复杂的世界。

贡萨洛·费尔南德斯·德·奥维多·伊·巴尔德斯即将被任命为驻西印度群岛的王家历史官，在回巴拿马的路上，他途经贸易厅，看到了这批货物。他惊叹"要搬进去的东西太多了"，还称赞了"最美丽、时髦又精致的羽毛头饰"。但最让他印象深刻的还是"两个巨大的圆盘，分别用金子和银子以半浮雕的手法制作"，"每个圆盘的直径都有9个半手掌那么长，周长为30个手掌那么长"，印第安人分别用它们来"颂扬太阳和月亮"[4]。现存的所有关于当年这批墨西哥财宝的评论都从这两件圆盘开始。圆盘和16世纪的普通人差不多高，用世界上最珍贵的金属制作而成。不过所有的评论都详尽地描述了许多金银珠宝首饰和精致的羽毛制品，以及数不胜数的成箱布匹的精美编织、印染和刺绣技艺。

科尔蒂斯和他的部下将这批财宝送给了新加冕的西班牙国王，根特的查理。这绝对是历史上欧洲君主接受过的最大一笔贿赂。对于身在墨西哥的西班牙殖民者来说，这笔贿赂关乎性命。当时的古巴总督明令禁止科尔蒂斯移居墨西哥。但是科尔蒂斯巧妙地求助于可追溯到"收复失地运动"时期的西班牙中世纪法律先例，试图通过在墨西哥海岸线上建立一个直接归属国王的独立城镇，来绕过总督的管辖。[5]美洲地处帝国西部荒蛮的边界，现实上的占有基本上就意味着合法的拥有，但在宗主国的权力中心，政府将如何反应可不好说，毕竟否认古巴总督就是在否认西班牙国王的权威，科尔蒂斯和他的部下已经被指控叛国罪。年轻而未经世事的国王和他的谋臣将如何决定呢？

这批财宝立即被王家官员扣押，之后就没了下文。从12月到次年1月，虽然科尔蒂斯新建立的殖民地合法性尚不确定，但波托卡雷罗和蒙特霍与科尔蒂斯的父亲马丁·科尔蒂斯紧密合作，与塞维利亚的主要商人签订合同，为新建立的殖民地提供了紧急补给。然而抵达塞维利亚的这笔财宝的第一批报告令查理和他的宫廷大为惊奇，受到诱惑的查理非常想亲眼看看这份大礼。因此，科尔蒂斯的特使们一结束在塞维利亚的事务，就决定前往巴塞罗那，亲自游说正在那里主持加泰罗尼亚议会的国王。

但是3人在穿越西班牙的途中，亲眼看到这个国家已经被瘟疫和严重的政治动乱所折磨。在西班牙的中心地带，老卡斯蒂利亚的城镇和乡村里，人民普遍公开反对国王查理，因为他篡夺了自己亲生母亲胡安娜的王位。胡安娜早就表现出古怪疯癫的迹象，但查理现在承认了她精神失常，无法治国，并把她一直软禁在老卡斯蒂利亚的小镇托德西利亚斯。

查理在欧洲北部低地国家的佛兰德地区长大，他不会说西班牙语。他让外国顾问担任了最有权势又最有利可图的职位。见过他的人说他"相貌丑陋，面色蜡黄，下巴外扬，嘴巴永远合不拢"。他说话语速也非常慢，即使用母语法语也是如此。他吃东西时总会流口水。他说自己的母亲愚蠢，以此来败坏她的名声，而对于很多人来说，这些形容在他自己身上更加合适。[6]西班牙人更希望被他的弟弟费迪南统治，因为费迪南是在西班牙长大的，会说西班牙语。

骑士时代

查理五世

I

黄金帝国

国王，我们的君主，比其他任何国王都更名副其实，因为他拥有着更多更大的领土……他是这世上独一无二的王中之王。

——佩德罗·鲁伊斯·德·拉·莫达，巴达霍斯主教

1519年2月，就在科尔蒂斯派人将那批惊人的墨西哥财宝送抵西班牙的8个月前，查理国王在巴塞罗那刚刚得知祖父去世的消息。他的祖父是神圣罗马帝国皇帝，统治着由欧洲北部和中部的多个王国和公国组成的巨大国家联盟，这个国家联盟北起荷兰，西至法国部分地区，南跨如今的意大利部分地区，东面则包含着现代德国、奥地利以及匈牙利的部分地区。但神圣罗马帝国是一个由地方统治者组成的不稳定的联盟，处于皇帝的集中领导之下，而皇帝由七大选帝侯选出，他们分别是三位主教、帝国的三位世俗诸侯和波希米亚国王。这个帝国是一个令人尊敬的工艺品，充满了不现实的中世纪骑士精神，而帝国的灵魂则体现在查理曼被高度神化的形象上。查理曼在公元800年被教宗利奥三世加冕为"罗马人的皇帝"，以此作为对他保护教宗体制、对穆斯林统治的西班牙发动十字军行动的回报。这段历史确立了神圣罗马帝国皇帝的精神使命，也将定义查理与世界的关系。

神圣罗马帝国皇帝是基督教世界中最高贵的头衔，虽由选举决定，

但哈布斯堡家族早已将其视为囊中之物，作为哈布斯堡家族的新领袖，查理自然主张由他继承此位。但他仍然必须参加选举，而一位劲敌，法国国王弗朗索瓦一世，则站出来对他发起了挑战。对任何一方而言，输掉这次选举都是一种耻辱，但对查理而言尤为如此。他的使者开始拉拢、收买选帝侯。

6月28日，当科尔蒂斯正第一次惊讶于查理的帝国在西方边缘有着大量的金银储备时，在哈布斯堡家族的历史心脏地带亚琛（法语中称艾克斯-拉沙佩勒），选帝侯们同意选举查理为神圣罗马帝国的新皇帝，称为查理五世。他的一位亲信欢呼道："陛下，上帝将您置于基督教世界所有国王和王公之上，使您成为查理曼之后最伟大的君王。他已让您走上了一条将整个世界置于同一个放牧者引领之下的道路。"[1]这番话充分体现了道德化的普世主义和对宗教霸权的极度渴望，这将为哈布斯堡家族统治下多元化的各国建立不稳固的友谊，也让基督教世界的其他国家既害怕又愤恨。自此直至1648年《威斯特伐利亚和约》签订之前，哈布斯堡家族的领地与周边临近地区陷入了长期的动荡，武力冲突和外交角力从未停止，欧洲的战火绵延不断。

查理成功当选的消息只比那两个金银盘早几周到达西班牙。但选举胜利的代价是对选帝侯高额的贿赂：德意志大银行家雅各布·冯·富格尔完全可以自豪地说，是他帮查理买下了皇位，因为选帝侯们收取的85万弗罗林金币（约等于36万达克特金币）中，有54.3万弗罗林是他借给查理的。[2]科尔蒂斯的那批财宝抵达得正是时候。1519年，美洲惊人的财富成了西班牙维系哈布斯堡家族在欧洲统治的关键。

整个1519年，当查理一面为争取帝国的皇冠进行交涉，一面应付西班牙国内的敌意时，他还不断面临着来自正飞速扩张而又远到难以理解的美洲殖民地发生的道德问题。新大陆早期历史中的两位伟大人物在巴塞罗那度过了这一年，他们声讨殖民的罪恶，为他们大同小异的殖民地定居方案各自展开游说、争取支持。这两人就是贡萨洛·费尔南德斯·德·奥维多·伊·巴尔德斯和巴托洛梅·德·拉斯·卡萨斯。

　　奥维多是美洲早期历史中最为重要却很大程度上被遗忘的人物之一。1519年，他是王室在巴拿马的一名官员，但适时地被查理五世任命为王家历史官，奉命撰写《西印度通史》。他的这部巨著是第一本关于美洲的严肃历史书籍，不仅包含奥维多本人对于美洲地理、气候、农业和原住民文化细致的观察，还翔实地记录了西班牙人的远征以及他们对殖民地的描述，勾勒出一幅关于新大陆的迷人画面。书中甚至有一张人们所知的最早的菠萝的图片。奥维多曾17次跨越大西洋，写出了美洲第一本小说《克拉里巴特》³，这本书讲述的是一个晦涩的骑士传奇故事。他和他的作品曾经非常有影响力，如今却被我们的历史遗忘了。

　　今天，这两位竞争者中更著名的是巴托洛梅·德·拉斯·卡萨斯，他是一位狂热的多明我会修士，"印第安人的保卫者"。他于1542年写成《西印度毁灭述略》一书，并于1551年首次出版。书中对西班牙殖民者在新大陆的丑恶罪行进行了极其夸张的描述和深刻的抨击。拉斯·卡萨斯能言善辩，称得上是当时无与伦比的政治说客。帝国主义的暴行让他怒火难息，他来到西班牙，向查理和他的臣子们布道、劝说、批评以及同查理和他的臣子们辩论。他一生都在坚定地斗争，直到1566年去世。

　　拉斯·卡萨斯是最早到达圣多明各的殖民者之一，圣多明各城位于伊斯帕尼奥拉岛上，是由哥伦布建立的。拉斯·卡萨斯建立了一片监护征赋制封地，这是一种半封建庄园的形式，封地内的印第安人须缴纳赋税。但在1511年基督降临节，他和众多殖民者一起听取了多明我会修士安东尼奥·德·蒙特西诺斯的一场著名而极富争议的布道。在布道中，蒙特西诺斯谴责监护征赋制是奴隶制度，并称西班牙殖民者是野蛮人。⁴

　　"在这片沙漠中，我就是基督的声音。"蒙特西诺斯向那群坚毅的拓荒者教徒们呼唤道，"这个声音告诉你们，你们正生活在一片罪恶深重的土地上，并将在这里死去。是什么法律授权你们用可怕的、非人道的奴隶制度统治这些［印第安人］？又是谁授权你们对生活在和平安宁中的人们发动可怕的战争？只是为了获得更多金子，为什么就要杀人？"他最后说："要知道，你们就像不信仰基督的摩尔人和土耳其人一样，永远无法拯救自己的灵魂！"

　　在那个虔诚的年代，这次布道在殖民者中引起了骚动。布道所传递的道德信息缓慢而坚定地扎根在了拉斯·卡萨斯的内心。在随后的数年里，他决定放弃自己的封地，追寻多明我会的精神智慧。他决心以向印第安人和平传教的方式把基督教带到美洲。

　　1519年，拉斯·卡萨斯给查理和他的臣子带来了两条简单的信息：此时西班牙在美洲的殖民统治非常不道德，而他可以给出一种符合基督教精神的替代方案。查理请他与胡安·德·克韦多讨论对待印第安人的正确方式。克韦多是达连（位于今巴拿马）主教，刚刚回到西班牙，他也是奥维多的死敌。拉斯·卡萨斯详尽地描述了殖民主义的恐怖，殖民者"对那些不会给任何人造成危险的印第安人发动了不公平又残忍的战争"，并且"杀害了他们原本的君主和领袖"，"奴役了成千上万的人"，所有这些都源于贪婪，"他们［印第安人］被迫进入矿井开采黄金，最后劳累而死"。拉斯·卡萨斯认为，监护征赋制是问题的根源，是"最深重、最不可原谅的罪恶"，甚至比法老对希伯来人的奴役还要可怕。

　　然后，拉斯·卡萨斯将自己的论述与查理对于臣民的直接的道德责任紧密联系起来，他指出，"一千多年以来，上帝从未将如此重任交给任何一位君王"。作为国王，查理有责任同时保护印第安人和西班牙人的灵魂。这时，拉斯·卡萨斯伸出了橄榄枝，提出了关键问题："这些人使新世界生机勃勃，他们有能力接受基督教，学习高尚的行为，并且理解教义。"[5] 他提出了另一种殖民模式，建议由带薪的地方行政长官将印第安人组织起来形成城镇，让印第安人享有在地方行政长官温和监管下的自由。他主张建立一个西班牙劳工骑士团，参与的劳工将被封为骑士，并皈依基督教，这有点类似于卡拉特拉瓦骑士团。西班牙收复失地运动中，出现了很多伟大的圣战骑士团，卡拉特拉瓦骑士团就是其中之一。[6] 有劳工骑士团做榜样，印第安人很快就会意识到卡斯蒂利亚人的方式更加富有成效，然后就会爱戴教育他们的西班牙人了。在这样的环境里，印第安人才能安居乐业，接受正确的信仰。他们可以是农民，可以在金矿中做点事，并缴纳"王家五分之一税"。所谓"王家五分之一税"是从1504年起，王室对在西印度群岛获得的所有贵金属收取的20%的标准税。

查理和他的谋臣请费尔南德斯·德·奥维多评价拉斯·卡萨斯的提议。而拉斯·卡萨斯认为，奥维多只是国王任命来诋毁他的小丑："他是一个巧舌如簧的演说家，懂得取悦任何人，但对事实视而不见。他贪得无厌、野心勃勃，是印第安人最大的敌人。正是［西班牙人的］这些特点摧毁了印第安人。"[7]

现实情况则更加微妙。奥维多是一个孤儿，从小在胡安王子身边担任侍从。胡安王子19岁时英年早逝，使他的妹妹"疯女"胡安娜成了王位继承人，同时，这也为她的儿子，根特的查理最终继承王位铺平了道路。后来，奥维多在西班牙和意大利的很多贵族府上担任过侍臣。就像晚年的马蒂斯一样，奥维多的折纸和剪纸技艺高超，迷住了他的多位雇主。他是名副其实的"剪刀神"，连莱昂纳多·达·芬奇也曾称赞他能够在短时间内想象出一个画面，然后准确地剪出来。[8]

奥维多回到西班牙，利用他在贵族中的人脉找到了一份报酬颇丰的美差。他当上了马德里政府的公证员，作为一名行政人员开始了为国王奉献的一生。他是一个用纸笔战斗的战士，也是一个冒险家，他的文字比行动更为重要。他可谓生逢其时，因为官僚体制对于缔造西班牙帝国的贡献将和军事武器同等重要。

1507年，奥维多娶了第一任妻子玛加丽塔，她是"王国里最美的女人之一"。[9]3年后，她死于难产。之后，奥维多接受了去达连王家铸造厂担任监工的任命。工厂的创办者努涅斯·德·巴尔波亚是第一个发现太平洋的欧洲人，当他的下属面面相觑，胡乱猜测时，他用鹰一样的双眼凝视着太平洋上的巨浪。[10]

抵达美洲时，奥维多身上充满文艺复兴时期的贵族气息和对王室行政人员这一职业的强烈忠诚感。但是他却必须听命于一位中世纪匪徒般的总督——佩德拉里亚斯·达维拉，这样粗暴的总督在帝国的边缘地带非常常见。巴尔波亚就是因为威胁到了佩德拉里亚斯的权威而被斩首。佩德拉里亚斯很快就意识到，对奥维多也应该采取同样强硬的措施。奥维多在《西印度通史》中回忆到，在达连安顿下来后不久，有一次他正要和朋友一起前去弥撒，治安官把他叫住了。正当奥维多和治安官讨论一些管理上的问题时，佩德拉里亚斯手下的一个恶棍突然走到奥维多背后，"拿着一把尖刀砍向我的头，从我的左耳划到下巴……我倒在了地上，他又刺伤了我的肩膀"。

"你这个叛徒，为什么要杀我？"奥维多喊道。血模糊了他的双眼，但他还是拔出了剑，而那个恶棍逃到了大教堂寻求主教胡安·德·克韦多的庇护。[11] 奥维多很坚强，尽管外科医生已经断言他会死亡，他也已经做完临终忏悔，但他依然活了下来。

1519年，奥维多在巴塞罗那坚持推进他告佩德拉里亚斯的案子，同时倡议更加和平的殖民方式。这正是拉斯·卡萨斯对他无比仇恨，甚至一生都无法原谅他的真正原因。有趣的是，这两人非常不同，却都很聪明，都对美洲殖民地的种种问题有丰富的经验，都提出了类似的西班牙移民并向印第安人传教的方案。奥维多提议让印第安人领主或酋长维持他们的封地，由圣地亚哥骑士团的骑士指导他们管理采邑。圣地亚哥骑士是贵族出身的武装修士，这些骑士可以把采邑作为监护征赋制封地，但在死后，采邑则要归还圣地亚哥骑士团所有。所有人都要听从骑士团长的管理，他直接从王室领取薪水，没有自己的封地，由所有的骑士民主选举产生。"这样一来，印第安人会得到良好的待遇，并皈依基督教，而土地也会由出身高贵之人有效地殖民管理。"[12]

这两个关于西班牙在美洲的未来的方案的根本区别在于，奥维多担任侍臣和王室的官员的背景使他相信贵族生而高尚，而拉斯·卡萨斯作为修士则相信贫穷的内在道德性。两人都认识到，在远离王室权威中心的地方，公正全靠行使权力之人的品性。

实际上，尽管奥维多极力反对，拉斯·卡萨斯还是获准在委内瑞拉北部建立一片试验性的殖民地，但他没能找到试验所需的50个愿意投资200达克特金币的移民。不过，拉斯·卡萨斯天生是一个乐观的幻想家，他自掏腰包雇了一帮农民就出发了。当他到达加勒比海岸边时，委内瑞拉的印第安人正在和西班牙人打仗，所以他被迫放弃了计划，失望地去了圣多明各的一个多明我会修道院。和他的情况类似，奥维多被任命为圣玛尔塔（位于今哥伦比亚）的总督，不过没能得到对这个方案至关重要的圣地亚哥骑士。他一定很清楚几乎不可能得到管理100名高级贵族的机会，因此，他要求获得这样一个职位应该只是一种说法而非实际的考虑。他从来就没认真想过要真正实施他的计划，所以毫不迟疑拒绝了任命。但他获得了王室的支持，得以回到达连继续追诉佩德拉里亚斯，此事最终于1523年在西班牙的法庭得到了解决。[13]

　　1519年，那个时代最富魅力的人物之一，加西·拉索·德·拉·维加（现经常写作加西拉索）首次登上历史舞台。加西拉索无穷无尽的骑士精神就像"卡律布狄斯"[*]一样令传记作家们无法自拔，他们写下了大量关于他的传奇，反倒使得关于他生平的史实无迹可寻。由此推断，加西拉索一定有着超乎常人的个性和迷人之处。

　　在加西拉索出生的那个年代，他称得上是高贵的典范：他是贵族家庭的幼子，国王忠实的侍臣，极富天赋的音乐家，勇敢多情的情人。作为一名勇猛的战士，他不幸在一场毫无意义的战争中丧生，年仅32岁。如今，这位温文尔雅的骑士更为世人所铭记的身份是杰出的诗人，一个文艺复兴时期西班牙抒情诗歌的创新者，他的诗令彼特拉克的意大利诗歌都黯然失色。加西拉索在诗歌方面的导师是当时另一位颇受推崇的诗人胡安·博斯坎。博斯坎也是加西拉索的密友、未来的第三代阿尔瓦公爵费尔南多·阿尔瓦雷斯·德·托莱多最器重的文官和私人教师。当博斯坎听说加西拉索在一场本不该有人牺牲且没有必要的战争中被杀时，他立刻作悼词道：

> 你总是以善良为目标，加西拉索，
> 总是以如此强大的力量追求善良，
> 一步一步，你紧跟善良之后，
> 每件事你都尽善尽美……[14]

---

[*] 希腊神话中位于女海妖斯库拉对面像大漩涡的怪物，会吞噬所有经过附近的东西。——译者注

　　因此，博斯坎1543年在自己的诗集末尾首次发表了加西拉索最好的一篇诗歌，至少从情感上来说是恰如其分的。这本诗集大受欢迎，以至于再版了19次，这使得加西拉索更多的诗作得以出版，学术界也备受鼓舞，激烈地讨论怎么更好地编辑他的诗，以及应当以何种顺序发表。到1569年的时候，人们普遍称他为"卡斯蒂利亚的诗歌王子"。1588年，也就是西班牙无敌舰队出征英格兰那年，加西拉索的作品已是家喻户晓，连英格兰的诗歌和修辞学选集中都收录了他的作品。[15]如今，他的影响力依然非常大，被誉为西班牙诗歌的"王子"和"法老"。

　　因此，那位古老而又常常不可靠的缪斯女神克利俄*将加西拉索塑造成自己在那个时代的化身：一个拥有文艺复兴时期智慧的战士，一个富有骑士精神的诗人，而不幸的命运使他更具致命的吸引力。我们对许多著名的历史人物生平了解并不多，而加西拉索就是其中之一。因此对于那些有创造性思维的人来说，加西拉索就更叫人着迷了。为他立传的作家们兴奋地从他的诗歌中寻找蛛丝马迹，用丰富的想象弥补我们对他了解的不足，这为加西拉索的传记注入了更多的浪漫气息，尤其体现在他对一位葡萄牙美女的爱意上，那位女孩名叫伊莎贝尔·弗莱雷，而现在我们几乎可以确定他根本没见过她。尽管缺少可信的根据，这段故事在一个多世纪里都被视为毫无争议的事实。[16]但后来，关于加西拉索性取向的猜测又延续了几个世纪，甚至有学者暗示他可能是双性恋，即使在现实生活中不是，至少在他的诗歌里是这样。其实这些学者比加西拉索本人更有可能是双性恋。[17]加西拉索的仰慕者从实际掌握的冰冷的事实中，通过想象，塑造出了一个无比浪漫的形象。

　　事实上，加西拉索首次出现在历史记录中是1519年。那年夏天，查理的支持者正为他当选神圣罗马帝国皇帝做准备。加西拉索和一群贵族、官员以及仆人携带着武器，闯入了位于卡斯蒂利亚教会中心托莱多的教宗宗座大使医院。这起事件导致其中4人被驱逐出城1至6个月不等。一份日期为9月7日的判决书保留到了现在，它记录了加西拉索被判在他的庄

---

* 克利俄，希腊神话中九个缪斯女神之一，司掌历史。——译者注

园软禁3个月，并且没收了他闯进医院时携带的武器。还有一些类似的判决书记录了他同伴被惩罚的情况。不过这些文件都没有解释为什么这些人会暴力入侵一家主要收留照顾孤儿，也治疗精神病人的慈善医院。[18]

其中一份判决书背面的标注提到，这家医院的受托人管理层存在争议，当时的这些受托人都是大教堂的神职人员。从20世纪初这份判决书被发现时起，人们一直认为这些麻烦与当时西班牙城镇居民中广泛存在的不满和动乱有关。这也正是波托卡雷罗、蒙特霍与马丁·科尔蒂斯在拜会查理的路上曾遭遇的动荡。不久之后，这些动乱就会演变成内战在托莱多的中心爆发。但是这个解释并不能说明为什么一群上流社会的青年人会去一个住满孤儿和精神病人的地方闹事。

最近发现的一些文件提供了更有说服力的解释。这些文件显示，大约在那个时候，加西拉索与他在托莱多的邻居、贵族小姐吉奥马尔·卡里略生下了一名私生子。[19]而且还有文件证明，这个孩子名叫洛伦索，从小由加西拉索的母亲桑查·德·古斯曼在自己家里当作侄子抚养长大。而吉奥马尔的父母为了他们女儿的声誉，匿名将孩子送进孤儿医院似乎也是合理的。在这样的情形下，年轻气盛的加西拉索很有可能召集了一帮朋友去医院强行夺回自己的骨肉。这显然是比肮脏的政治暴动更符合诗歌王子的行为。

然而，政治事务对于加西拉索而言就像生下私生子一样自然。1519年和1520年，卡斯蒂利亚确实经历着一场复杂的权力斗争。

查理在神圣罗马帝国的皇位争夺战中击败弗朗索瓦一世，深深地伤害了一个危险又强大对手的自尊心，弗朗索瓦一世终其一生都将践行无情的报复政策。那个时代两位伟大君主之间的分歧对于弗朗索瓦来说是苦涩的个人恩怨，对于查理来说却是政治上的烦恼。如果将宗教改革理解为近代欧洲早期最具破坏性的分歧，那么弗朗索瓦一世对查理的怨恨则更加致命。外交、欺骗和战争都围绕着他们二人的竞争进行。查理越来越担心法国会与英格兰结盟。

亨利八世，英格兰历史中漫画式的一位国王，因其大腹便便的模样，娶过6任妻子以及在宗教方面的离经叛道，更像是一位苏丹，现在被认为是宗教改革中的关键人物。但在1519年，他还是一个虔诚的天主教徒，教宗正要赐予他"护教者"称号。基督教国家的外交官都明白，大权在握的年轻君主亨利八世，受到了他最宠爱的枢机主教沃尔西的过度影响。沃尔西是当时最狡猾的政治人物之一，罗马教廷称他为"英格兰国王的主管"，查理五世派驻罗马的大使称他"能让英格兰国王言听计从"。[20]

1520年1月8日，查理的密探汇报说，沃尔西正在巴结法国人，亨利八世和弗朗索瓦一世的会面将于1520年5月31日在法国北部进行。这次会面被称为"金衣会"，因为这次会面中的帐篷、旗帜和衣服都极尽奢华之能事。沃尔西此时开始在查理和弗朗索瓦之间斡旋，在交易中为亨利寻求最大收益。借用大卫·斯塔基一个令人难忘的比喻："其结果就是英格兰、法国和神圣罗马帝国之间奇特的外交之舞，沃尔西就像一个腼腆的少女，一会儿倾情于弗朗索瓦，一会儿又转向查理。"[21]此外，亨利的妻子阿拉贡的凯瑟琳是查理的小姨，亨利很想见见这位将叫他"姨父"的新皇帝。

查理早就想去亚琛接受加冕，接到密探的汇报后，他和顾问们立刻着手规划行程，准备在去尼德兰和德意志的途中访问英格兰。但此刻，卡斯蒂利亚主要城镇的代表们正聚集在议会讨论他们将为国王缴纳多少税款。在离开西班牙之前，查理必须说服议会批准他的旅行开支，并且开始偿还他为了贿赂选帝侯而欠下的债务。1518年时，他已经跟议会讨论过此事，尽管遭到了激烈反对，他还是筹集到了30万达克特金币。但正如波托卡雷罗和蒙特霍在路上所见到的情形，卡斯蒂利亚的暴动一触即发。对这位不得人心的年轻国王来说，此时离开西班牙是非常不明智的，更不用说向议会要求更多的钱了。

查理立即动身前往老卡斯蒂利亚的两个重要城市——布尔戈斯和巴利亚多利德，试图安抚他的臣民。他并没有在这两个城市或是临近的其他传统城市召集议会，而是命令代表们3月前往遥远西北部的加利西亚，在那里的圣地亚哥-德孔波斯特拉开会。查理从佛兰德请来的顾问精心设计了这条漫长又艰苦的路线，目的就是让代表们远离他们点火就着的选区，这样贿赂和威胁他们会更容易。但传说中，只要议会在圣地亚哥召开，卡斯蒂利亚就会发生灾难。查理的命令又破坏了一个神圣的传统，引起了整个西班牙的愤怒。

更让托莱多人民愤怒的是，查理的佛兰德人王室总管、谢尔夫勋爵纪尧姆·德·克罗伊将自己年轻的侄子任命为托莱多大主教，这可是卡斯蒂利亚最重要的教会职务，这一任命使得基督教世界最富庶的教区之一的收入都进了克罗伊家的腰包。加西拉索的哥哥佩德罗·拉索·德·拉·维加就此在市政议会向他的议员同僚发表了演说。根据著名历史学家、法学家胡安·希内斯·德·塞普尔韦达的记载，佩德罗能够发言是因为他是诗人之家的后裔，"他比其他人更有口才"，而在当时，语言就是力量：

> 大家都很清楚，查理从尼德兰来此之前，卡斯蒂利亚是一派安定祥和、欣欣向荣的景象。而如今，这些佛兰德人的侮辱、胡闹、贪婪让卡斯蒂利亚一片混乱，说起来谁不痛心疾首？他们这群外国人任性妄为，根本不管我们的传统。他们忽略了我们最受尊敬的贵族。他们的毫无顾忌、为所欲为，从任命托莱多大主教这件事上就可见一斑。按照惯例，托莱多大主教应由一位广受尊重的人士担任，佛兰德人却让一个对我们的传统毫无了解的外国孩子接手。这样他即使身在千里之外，也能通过他的助手治理托莱多，抢劫我们的城市，搜刮西班牙最富庶的地区，并且把他的战利品交到佛兰德人手上……如果国王置我们的请求于不顾，那么我们的城市应该共同签署一个协议，以采取必要的措施，保护我们的王国。[22]

文艺复兴时期的历史作品中，作者为了强调某种政治立场，经常会通过一位著名演说家之口来表达。我们几乎可以确定上面这段话是塞普尔韦达的杜撰。它准确地道出了当时老卡斯蒂利亚城镇地区贵族的心声，他们开始表达对查理以及王室的不满并团结在王国固有的卡斯蒂利亚主权意识背后。

加西拉索和佩德罗·拉索是查理五世统治下的典型卡斯蒂利亚贵族。

他们的命运与卡斯蒂利亚经常出现的狭隘地方政治以及哈布斯堡帝国的国际往来都紧密相连。他们出生显赫，是中世纪著名的战士和诗人桑蒂利亚纳侯爵的后代。家族土地由佩德罗继承，奉行长子继承制，可以确保所有家产都由一位继承人继承。这种继承方式的目的是通过由一支血统集中和积累财富和权力来保证家族的延续。在那个年代，血统比个人重要得多。

正是这种充满贵族傲慢与特权的家族精神，以及对祖宗传下来的土地和记忆的忠诚，促使佩德罗·拉索反抗查理五世。他为与他类似的贵族说话，也为他的人民、他的封臣、他的租户、他的农民说话。他是出于对家族的忠诚、对国家的责任而发言。他的话不仅是反抗的鼓点，而且在愤怒的市民们中引发了深远的回响。这是爱国的号召，鼓舞人们武装起来反抗外国国王的殖民统治。

在1519年和1520年间的冬天，萨拉曼卡城的一个神学家委员会提出，不应再增加赋税，卡斯蒂利亚的税款只能用于卡斯蒂利亚，不能用于国外，而且国王要离开西班牙必须先结婚并生下继承人。这些提议得到了卡斯蒂利亚爱国人士的一致拥护。他们认为，维护卡斯蒂利亚的关键在于维护"公社"（Comunidades）的权威。"公社"指的是社会集体的代表群体，例如市政议会、大学和行业协会。这是历史上首次使用"公社"一词。后来这次反抗被称为"城市公社起义"。[23] 强调公社的权力就是要将臣民和王权机构作为权力的主体，而不是对君王本人唯命是从。这在绝对君主制的时代即将开启之时，为卡斯蒂利亚的君王们画出了一条重要的界线。

王室一行抵达巴利亚多利德时，查理第一次面对面见到了美洲人。这也是他第一次惊奇地看到从他遥远的黄金领土带来的珍宝。他对自己有如此好运深感惊讶，下令向当时在宫廷的所有大使展示这些精美又新奇的物件。

托托纳克贵族们还见到了教宗派驻西班牙的使节，教廷大使科森扎大主教。大使写道："他们三男两女，深色皮肤，不过没有埃塞俄比亚人那么黑……他们的长相实在不讨人喜欢。男人身上有很多洞和疤。他们在下嘴唇靠近下巴的地方打了一个洞，有时会在这个洞戴上石头制作的马赛克装饰品，有时不戴。他们为了戴这种装饰甚至拔掉了门牙。"大使也看到了那两件金银圆盘，被银盘中间王座的画面惊呆了，画面上有"一个蹲着的魔鬼，张着大嘴，眼睛凸起……他们将魔鬼当作神供奉"。[24]

来自意大利的人文主义者彼得·马特是王家历史官，正是他率先提出了"新世界"的概念。他也对托托纳克贵族嘴唇上的装饰品深恶痛绝，不过对于其他工艺品采取了更开明的态度。在一封写给教宗利奥十世的公开信中，他写道："如果世界上真的有艺术家曾得到神灵的指引，那一定是这些原住民。我并不羡慕黄金和宝石，我欣赏的是这些艺术家精湛的技艺，这比材料本身珍贵得多……我从未见过任何更让人眼前一亮的美。"新任的神圣罗马帝国皇帝掌握了一座西方的金矿，这消息将迅速传遍整个基督教世界。[25]

尽管教廷大使对异国的"野蛮人"和他们的宗教抱有矛盾的心态，但关于西班牙人在美洲发现了一个拥有丰富贵金属矿藏的伟大文明的夸张流言迅速流传开来。对于查理来说，这是解决他目前资金问题的天赐福音，他可以求助于大洋——后来被称作大西洋——彼岸新领土上的巨大财富了。

从那以后，哈布斯堡王朝就要靠美洲的金钱来维持自己的欧洲帝国了。但在1520年初的几个月里，西班牙未来将何去何从还很难说。查理还是需要紧紧控制住卡斯蒂利亚。

在巴利亚多利德，卡斯蒂利亚的贵族向查理施压，要求他留在西班牙。但根据查理自己的《王家宇宙志》记录，他不但没有安抚贵族，还在一次重大诉讼案件的例行讨论中大发脾气，并且威胁要将一名位高权重的贵族佩德罗·希龙斩首。[26]查理年轻气盛又听信谗言，广阔而不连贯的领土已经成为他沉重的负担。他被冲昏了头脑，差点让他失去了西班牙。希龙和其他贵族怒火中烧，开始鼓动原本就已经躁动不安的群众。他们离开查理后，佩德罗·拉索率领一个来自托莱多的代表团到来。还在气头上的查理拒绝了他们觐见的请求。这时，一场真正猛烈的暴风雨席卷了巴利亚多利德，仿佛是大自然这个伟大剧作家为正在上演的心理和政治悲喜剧精心安排的大背景。

"记忆中没人见过这么大的雨，这么暗的天，"著名的本笃会历史学家弗里亚尔·普鲁登西奥·桑多瓦尔写道，"就好像是卡斯蒂利亚快要被毁灭的不祥预兆一般。"圣米格尔教堂的钟声响起，向民众发出了信号。"不到一个小时，全城都拿起了武器，呼喊着'查理国王万岁！奸臣必死！'。"[27]

查理和他遭人恨的王室总管谢尔夫勋爵迅速做出了反应。他们骑上能找到的第一匹可用的马，只带了几个护卫前往附近的托德西利亚斯，也就是查理的母亲，"疯女"胡安娜被软禁的地方。但当他们抵达城门时，遭遇了一群暴乱者的阻拦。几人只能与暴乱者展开肉搏才得以逃脱，最后，在这个风雨交加的夜晚，国王和他的王室总管逃向了安全之地。[28]

当查理逃到他母亲在托德西利亚斯的豪华监禁地时，他已全身湿透，饥肠辘辘，浑身都是泥。此时，他是被一群乱民从卡斯蒂利亚实际上的首都追赶出来的一位蒙羞的逃难君主。他几乎来不及问候他的母亲和妹妹，就匆匆赶往圣地亚哥。第二天，在维利亚潘多，他终于见到了从托莱多来的佩德罗·拉索一行以及萨拉曼卡的代表。他们恳求查理留在西班牙。如果查理必须离开，他们希望政府里能有各个城镇的代表。他们请求查理在卡斯蒂利亚中心地带召开议会，并且不要再增加赋税。他们还"提出了一系列完全合情合理的请求"，据历史记载，"连一个叫杜兰戈的看门人听了都流下了眼泪"。[29]

但是，在佛兰德随从的影响下，查理又一次过于自信了。随着眼前的危机解除，查理继续踏上了前往加利西亚缓慢而不安的旅程，波托卡雷罗和蒙特霍也带着墨西哥的财宝同行。

当卡斯蒂利亚处于动荡之中时，只有那些大人物，那些最具权势的大贵族家族的领袖不表明立场，静观其变。这些人每一个都因为出身而成为老练的弄权者。

人们不禁要问，当托托纳克的使节们目睹查理五世毫无尊严地逃离巴利亚多利德时，他们是如何看待他吹嘘的帝国威严和所谓的王权的。当他们目睹暴动的民众手持棍棒和石头围堵在王宫门口，而查理却从后门逃走时，内心做何感想？他们有没有看到查理从南城门发生的混战中惊险脱身？作为首批由美洲的主要文明派往欧洲的使者，他们会相信查理是世界上权力最大的人吗？

不管这些托托纳克贵族怎么想，墨西哥的文化给查理五世留下了殷勤、高尚、彬彬有礼的印象，而查理五世也对他们照顾有加。他早就下令为这些贵族准备与其身份相符的欧洲服饰。现在他们饱受卡斯蒂利亚冬季严寒的折磨，所以查理又给他们准备了手套、大衣和其他衣物，并把他们送回了塞维利亚南部。他们于3月22日抵达，不久后乘船前往古巴，之后就再没有关于他们的历史记载了。[30] 作为首批访问西班牙的墨西哥人，他们一定对欧洲的人和事留下了奇特的印象。

在圣地亚哥的议会里，人们正处于愤怒的情绪中，因为保王派的巴达霍斯主教发表了振奋人心的演讲，他说："国王，我们的君主，比其他任何国王都更名副其实，因为他拥有着更多更大的领土……他是这世上独一无二的王中之王。"像古罗马帝国的两位西班牙皇帝图拉真和哈德良一样，查理也成了"世界之王"。巴达霍斯主教赞美道，"黄金新世界"是上帝专门为查理所造的，是一个"在我们的时代之前尚未诞生"的世界。他声称，"查理接受皇帝之位不是为了自己，也不是因为不满足于西班牙、意大利和黄金新世界，而是为了与神圣天主教信仰的异教徒敌人做斗争"。[31] 他想把查理的全球帝国作为一个伟大的事业呈献给卡斯蒂利亚人，他们应该为能参与其中感到骄傲和光荣。但是，王室仅仅在三座城市有稳固的支持：位于安达卢西亚的保王派城市格拉纳达和塞维利亚，以及长期依靠王室保护其羊毛贸易垄断地位的布尔戈斯。

第二天，查理的大法官梅尔库里诺·德加蒂纳拉提出增加税收，之后，根据一位目击者的描述，佩德罗·拉索"作为托莱多来此参会的主要代表，对国王做出了回应，他说自己是有备而来，托莱多市已经为他指明了在议会里要做的和要商议的事项"。他承诺为王室尽心尽力，但劝诫国王不要增加赋税。他说"宁愿自己被砍头、被肢解，也不愿同意增税，因为这样对他的城市和整个王国的伤害太大了"。[32] 他的反对得到了与会代表们混乱但热烈的支持，议会因此被暂停了三四天。

为了保证自己的控制权，查理将佩德罗·拉索驱逐到了遥远的直布罗陀，那里也是查理的领土。但是佩德罗·拉索公然违抗命令，仍然停留在圣地亚哥城外几英里（1英里约合1.6千米）处。这时，加西拉索插手了，他似乎设法说服了哥哥离开圣地亚哥，至少回到相对安全的托莱多。没有了佩德罗·拉索狂热而坚定的领导，代表们在连番威逼利诱之下逐渐屈服。查理增税的提议获得了至关重要的多数票支持，虽然税收不可能真的增长，但他们的支持足以让查理借到40万达克特金币用于他眼下的开支。哈布斯堡家族通过借债实现他们在欧洲其他地区的政治和军事野心，再用卡斯蒂利亚的税收偿还的循环模式就此建立起来。这个模式一直持续到1648年以后。

在加西拉索的帮助下，查理打赢了这场战斗（如果称不上战争的话）。加西拉索劝说哥哥退出，一部分原因可能是出于兄弟情深而关心哥哥的安危，但很明显，他也被保王派的事业征服了。4月26日，查理任命加西拉索为王室带薪的随从人员，并且在国王不在西班牙期间他可以不用工作。这一奖赏是事成之后加西拉索要求的，还是事先承诺的，我们无从得知，但我们有关于昆卡、巴利亚多利德、阿维拉、萨莫拉和塞哥维亚的代表收到类似价值贿赂的记载。[33] 不管加西拉索的动机如何，他的行为都是王位变化时，有权有势的贵族家庭典型的谨慎之举，加西拉索和佩德罗·拉索分别在对立的两派中，才能保障他们的家族立于不败之地。[34]

4月末的时候，随着令人绝望的赋税问题暂时得到解决，卡斯蒂利亚议会，这个由国王的心腹大臣组成的王国政府核心机构，终于把注意力转向了墨西哥殖民者以及他们发起的叛乱。对殖民地的审判实际上体现在了蒙特霍与波托卡雷罗两人身上。哪怕当时的情况只是稍有不同，他们都可能会败诉。蒙特霍与波托卡雷罗在"黄金新世界"建立了一座新的城市，名叫比亚里卡·德拉韦拉克鲁斯（在西班牙语中的意思是真正十字架的富裕城市），他们自称当选了那里的代表，但他们无权进入议会，而且他们的城市也还未得到王室承认。然而，所有在圣地亚哥的人都能发现，极其富裕而忠实于王室的殖民地居民和反叛的卡斯蒂利亚人形成了鲜明对比。他们不仅缴纳了"王家五分之一税",还声称要将从墨西哥人那里得到的几乎所有金子和其他礼物都上交王室,只留下极少的部分用于购买维持殖民地所必需的食品和武器。卡斯蒂利亚议会宣布他们胜诉,但无限期地延迟了宣判,并且解除了在塞维利亚对被告资金的冻结。一位来自遥远国度,自称是贵族出身的暴发户船长,通过直接向被围困的国王求助,居然赢过了卡斯蒂利亚现有权威。不久之后,科尔蒂斯就被赐予瓦哈卡谷侯爵,这是美洲大陆上的第一个贵族头衔。

5月20日,查理终于起航前往英格兰。他将自己以前的老师,乌得勒支枢机主教阿德里安任命为西班牙总督,从而进一步疏远了那些原本以为应由他们负责治理王国的大贵族家庭。

2

神圣罗马皇帝

我不能，也绝不会撤回我的观点，因为昧着良心的行为对我们而言既不安全，也不坦诚。愿上帝保佑我，阿门。

——马丁·路德

1520年5月26日，查理的船队抵达了多佛尔。当时的场面一定非常壮观。年轻的艺术家阿隆索·贝鲁格特将船队的风帆和旗帜装饰得无比美丽。[1]沃尔西急忙从坎特伯雷赶来，带着两条船去迎接查理。许多贵族和绅士与查理同行，他们都身穿丝绸，戴着粗大的金链子。上岸后，查理被安排在多佛尔城堡住下。当天晚上，亨利八世抵达后直接去了他"外甥"的房间。他们俩亲切地拥抱了对方。[2]

第二天是圣灵降临节。查理五世和亨利八世一早就骑马去了坎特伯雷。在城门口，查理受到了热烈的欢迎。他看到了60匹带斑点小马，装饰着金布制作的女式马鞍，但并没有人骑着它们。这是骑士时代典型的奢侈姿态，亨利八世以此向客人中地位最高的女士，天主教国王费尔南多的遗孀热尔梅娜·德·富瓦献殷勤，据说她曾是查理的情人，现在嫁给了勃兰登堡边疆伯爵。城内，神职人员和权贵们陪伴着两位国王进入了大教堂。查理和亨利跪在双人祈祷台华丽的金色刺绣跪垫上，大主教先后让查理和亨利亲吻了十字架。随后，赞美诗响起，他们俩一起在金色的华盖下，庄严地走向高处的祭坛。接下来，他们完整地听了圣灵降临节弥撒。参加这场弥撒的有600多名贵族和骑士，他们全都盛装打扮，身穿金色和银色的衣服，脖子上戴着粗金链。

随后，查理和亨利来到大主教的宅邸，在那里迎候他们的是25名英格兰宫廷最美丽的淑女，她们都穿着最华丽的服饰。英格兰王后阿拉贡的凯瑟琳身着有白鼬皮装饰的金衣，戴着一串串珍珠，站在壮观的大理石楼梯前。这是她和外甥第一次见面。"她温柔地拥抱了他，眼里含着泪。"然后王室一行上楼用早已准备好的早餐。就这样，接连不断地举行了盛大庆典、宴会和弥撒，人们大献殷勤。王位继承人、4岁的玛丽·都铎为查理弹奏了维吉那琴，这是暗暗在向未婚的查理发出联姻结盟的信号。[3]

没有历史记录证明查理向亨利八世、凯瑟琳王后和英格兰王室展示了他的那批墨西哥财宝。但是负债累累的查理心中一定非常清楚，他眼前的金银华服原本都是为了亨利与法国国王会面准备的。因此，查理很可能至少会把那两件著名的金银圆盘取来，在他的英格兰表亲面前炫耀一番。查理和他的谋臣们都认为，这样巨大的财富一定能吸引沃尔西，让他相信查理将成为世界之王。不知是因为墨西哥的财宝、新世界的传奇，还是查理的魅力、头衔，抑或是因为他的小姨凯瑟琳，又或者是权力的诱惑力，总之，查理一行在肯特短暂的逗留期间，征服了亨利和沃尔西。结盟的关键在于查理和玛丽·都铎的婚约，然而，这一婚约迟迟未兑现，直到1554年，查理的儿子、未来的费利佩二世替代了父亲，婚约才终于兑现，他娶了当时还未生育的玛丽。但就此时的局势而言，查理已经胜过了法国国王弗朗索瓦。

亨利和查理决定将他们的结盟保密，以便亨利与弗朗索瓦展开更友好和坦诚的会谈，同时也是为了不使查理这个让人恐惧的后起之秀惊动整个基督教世界。他们约定，在亨利探清弗朗索瓦的情况、查理在亚琛加冕为神圣罗马帝国皇帝之后，由查理做东，在英吉利海峡对岸再次会面。

8月底，查理抵达布鲁塞尔。来自墨西哥的珍宝作为"黄金新世界"强大的皇帝赠予复兴的"罗马旧世界"强大的皇帝的礼物，在这里向公众展出，公认的北方文艺复兴*最伟大的艺术家阿尔布雷希特·丢勒当时正在尼德兰游玩，恰巧欣赏到了这批宝物。丢勒把他在两年时间里游历欧洲北部、买卖艺术品的情况都记在了日记里。他的日记不像艺术家写的，倒像是商人写的，主要内容是金钱和物品交换记录，偶尔有对艺术品或是建筑的描述，一般也都很简短。但他对"黄金新世界"来的宝物充满好奇，他的记录也不再惜字如金，他提到"太阳［圆盘］是用金子做的，有1英寻宽"（约合1.83米）和"同样尺寸的纯银的月亮［圆盘］"，还有"那里的人们使用的各式各样的盔甲、武器、挽具、飞镖、非常奇特的衣物、床和其他神奇的人工制品，装了满满两间屋子"。他非常实事求是地写道"这些东西太珍贵了，价值10万盾（合2.5万达克特金币）"，然后以难得的热情总结道："有生以来，我没见过如此令我心生欢喜的东西。在其中我看到了了不起的艺术作品，遥远土地上的人们的心灵手巧，让我赞叹不已。我简直无法形容自己当时的心情。"[4]

　　10月，查理在亚琛城外会见了选帝侯们，在众多西班牙贵族和金羊毛骑士团成员的簇拥下耀武扬威地进入了亚琛。当晚，他宣誓会维护选帝侯和诸侯们的传统和权利。他同意将德语和拉丁语共同作为政府官方语言，并且只有德意志人可以担任公职。黎明时分，查理的加冕礼在亚琛的查理曼大教堂举行。他只能获得"罗马人的国王"的头衔，因为要成为"神圣罗马帝国皇帝"，必须由教宗本人主持加冕礼，所以他还须耐心等待。仪式上，查理发誓保卫教会和信仰。科隆大主教询问众人"是否愿意按照使徒的命令，服从这位国君和主人"，众人齐声回答："愿意！愿意！愿意！"大主教为查理加冕后，查理坐上了查理曼的宝座，在听过一曲赞美诗后，宗教仪式结束了，之后就开始了大摆宴席、尽情享受的一天。[5]

　　查理和谋臣们很快就将注意力转移到即将到来的帝国议会上，议会将于冬季在沃尔姆斯召开。关于宗教改革的争论甚嚣尘上，整个基督教世界都非常期待查理能够表明他的立场。1517年，马丁·路德点燃了这场争论，据说他当时在维滕堡教堂大门张贴了《九十五条论纲》，还写信给

---

* 在阿尔卑斯山北部发生的文艺复兴被称作北方文艺复兴，是欧洲文艺复兴的重要组成部分。——译者注

美因茨大主教兼选帝侯，批评教会贩卖赎罪券，反对给上帝的宽恕标上价码的行为。1518年，罗马教会宣称马丁·路德是异端，他只得向萨克森选帝侯智者腓特烈寻求庇护。1520年，路德发表了《致德意志基督教贵族公开书》，敦促贵族积极支持基督教改革，呼唤查理担当改革的指路明灯。这份公开书第一次印刷了4000份，几天内就一售而空。关于宗教改革的辩论因涉及德意志民族主义而变得政治化。从鞋匠到骑士，从农民到工匠，各行各业、不分贵贱的德意志人纷纷投身改革事业。据说路德和埃尔南·科尔蒂斯是同一年出生的，他们其中一人可能摧毁古老的教会，另一人则在大洋彼岸刚刚征服的土地上建立起新的耶路撒冷。[6]

固执的教宗颁布了名为《主兴起》的通谕，谴责路德在论纲中的四十一条关键错误，并威胁说，如果他不公开认错，就将他开除教籍。郁闷的路德说教宗是敌基督，将教会比作福音书作者圣约翰笔下的"大淫妇"，"坐在众水上的大淫妇，地上的君王与她行淫"。[7]

鹿特丹的伊拉斯谟是当时最有影响力的知识分子，他强调对精神的崇拜，这种想法备受西班牙思想家的推崇。在伊拉斯谟的游说下，选帝侯腓特烈坚决要求查理五世给路德一个当面为自己辩护的机会。同时，伊拉斯谟也给路德写信，让他谨慎行事。[8]1521年早春时节，路德被召唤到沃尔姆斯。他此次前往议会的行程，不像是一个罪犯去接受最后的审判，倒像是一次庆祝游行。路德每到一处，教堂里总是挤满了市民，人们像欢迎诸侯一样欢迎他。当他抵达沃尔姆斯时，大教堂的钟楼里响起了整齐的号角声。

查理陷入了两难境地：一方面，他发誓要维护德意志的子民，现在他们的改革呼声越发高涨；另一方面，他又发誓要保卫教会和信仰。他得有西班牙斗牛士般的手腕，才能压制住这只危险的野兽，但他显然不是西班牙人。

4月18日，路德在查理五世面前做了公开发言。他口若悬河，拒绝承认教宗和教会的权威，强调信仰源于《圣经》和上帝的话语。他最后说："我不能，也绝不会撤回我的观点，因为昧着良心的行为对我们而言既不安全，也不坦诚。愿上帝保佑我，阿门。"[9]

作为皇帝，查理的责任是要做出判决。第二天，他做出了裁决："我的祖先是德意志民族最笃信基督教的皇帝，是西班牙天主教双王，是奥地利大公，是勃艮第公爵。他们至死都是罗马教会的子孙，忠诚捍卫天主教信仰，也捍卫这种信仰的神圣传统、规定和崇拜方式，他们将这一切遗产传给了我。"

查理清晰地表明了立场，路德攻击教会的传统，就是在攻击造就了查理的欧洲三大王朝。路德所挑战的传统正是查理统治的根基，是查理存在的理由。对于查理而言，历史是上帝的见证者。"如果一个修士独自反对整个基督教世界的观点，那么他的错误是显而易见的。否则，基督教世界就已经错了上千年了……从现在起，我将路德视为可怕的异端。"[10]

新教改革和天主教正统之间从此划清了界限，这种对立给我们对欧洲历史的认识蒙上了阴影。

1520年5月底，佩德罗·拉索在托莱多的街头受到了热烈的欢迎，人们高喊着："佩德罗·拉索万岁，他与国王进行了男人之间的对话！"[11]几天后，罗德里戈·德·托德西利亚斯在塞哥维亚议会上提交了他的报告，他是在加利西亚被查理成功收买的代表之一。暴动的气氛在市民中酝酿已久，就在前一天，一群暴民痛打并处决了两个不得人心的保王派支持者。现在，一群羊毛工人冲进议会大楼，把绳索绑在托德西利亚斯的脖子上，将他拖到了城内的监狱。他们把托德西利亚斯绑在绞刑架上，痛揍了他一顿，当他"已经快被绳子勒死的时候，他们把他的脚绑了起来，然后绞死了他"。塞哥维亚人民此时群起反抗，组成了爱国者"革命委员会"，王家官员和治安官都纷纷逃命。[12]第二天，托莱多的一位王家地方执法官被一群暴徒追到了佩德罗·拉索的家里，拉索的夫人不得不出手相救。这是一个很能说明问题的时刻，"城市公社起义"中关键的薄弱环节——贵族与市民之间的分裂——暴露了出来，在一年内，这一分裂对起义的成败显示出决定性的作用。此外，佩德罗·拉索和胡安·帕迪利亚之间对爱国者的军事领导权的危险争夺正愈演愈烈。[13]

依然担任西班牙总督的阿德里安陷入了孤立无援的境地。大贵族家族原本是王室的天然盟友，在被查理五世疏离之后，他们都选择了退后一步，静观起义的发展。阿德里安总督的资金和人手都捉襟见肘，只能召集一支很小的部队去塞哥维亚。这支部队只能在腹地巡逻，显然没有能力制伏城里的叛乱，对于控制局势起不了什么作用。各大城镇用自己的税收和原本要上缴王室的资金给了公社经费支持，公社的军事力量越发强大，保王派的处境也越发危险。

帕迪利亚被从托莱多派往塞哥维亚对抗保王派，出发时他率领了200名骑兵和2000名步兵，而抵达时，这支部队的人数已经增长了一倍以上，这让佩德罗·拉索大为懊恼。但此时，保王派的军队已经逃到了梅迪纳-德坎波城。那里的王家军火库里储备了充足的火炮和其他武器。[14] 阿德里安总督原以为坎波城的保王派富裕居民一定会欢迎他的到来，没想到全城都起来反对他，双方在街道上展开了激烈的战斗，保王派被迫撤退。这是爱国者们的一次重大胜利，但更重要的是，当保王派部队离开坎波城时，他们放火烧毁了大量的建筑，包括王国里储备最丰富的仓库。在坎波城这样一个高度发达的商业中心里，阿德里安总督却蓄意毁坏财产，这导致他的支持率降到了新低。

帕迪利亚的军队迅速壮大，他开始争取老卡斯蒂利亚核心地区的支持。8月底，他抵达了托德西利亚斯，这对他而言是关键的一步。查理的母亲，"疯女"胡安娜作为卡斯蒂利亚合法的统治者，出现在她宫殿的阳台上，欢迎起义军的到来。帕迪利亚跪在胡安娜面前，称胡安娜为他的君主。由爱国者组成的军政府此时将自己变成了议会的紧急会议，佩德罗·拉索当着胡安娜的面，动情地谈起了卡斯蒂利亚抵抗的起源，带领代表们向他们的"女王同时也是理所当然的统治者"表示敬意。[15]

作为回应，胡安娜对自己被囚禁在托德西利亚斯表示不满，她向起义军提供了有保留的支持。要求他们惩罚那些伤害国家利益的人。[16] 阿德里安总督曾警告过查理，哪怕胡安娜只是签署一份文件，查理都会失去卡斯蒂利亚。但是，胡安娜拒绝篡夺自己儿子的王位。相反，她在跟公社成员打交道的时候似乎特别精明，她将他们拉拢过来帮助她建立了对王室的控制，又让他们亮出了自己的底牌。然后胡安娜宣布想要会见王室议会，她表示，"既然议会成员都是在天主教国王费尔南多时期当选的，他们不可能都是坏人"，因此她希望"与他们交流沟通，因为他们都是掌握治国良方且经验丰富的人"。[17]

胡安娜是卡斯蒂利亚历史上一位极其悲剧又神秘的人物。她纯真美丽、心理脆弱。她被无情地剥夺了继承王位的权利，却依然保持着挣脱桎梏的斗志。不同的人对她性格的解读大相径庭，在她生前有驱魔师试图驱逐她身体里的恶魔，治愈她，在19世纪历史学家的想象中，她歇斯底里、极度渴望被关注，20世纪的心理学家诊断她患有精神分裂症，女权主义者则认为她被彻底误解了，她只不过是无情的厌女症的受害者。在流行的传说中，胡安娜是一个对她的丈夫，忘恩负义的"美男子"费利佩爱到令人不安的癫狂的女人，是一场单相思王室爱情故事里让人津津乐道的女主角。但是近年来的研究则认为，她是经过了深思熟虑，故意在一系列特定的场合装疯卖傻的，因为这是她唯一能用的政治手段。确实，当亨利八世在温莎与她会面时，他认为"她看上去很不错……言谈举止彬彬有礼又不失威严。尽管她丈夫和随行人员都说她疯了，我却觉得她没有什么不正常"。[18]

天主教双王阿拉贡的费尔南多和卡斯蒂利亚的伊莎贝拉的联姻，将西班牙最主要的两个王室团结起来，胡安娜正是他们的长女，出生于1479年。凭着对外交政策的敏锐洞察，费尔南多将胡安娜嫁给了勃艮第公爵"美男子"费利佩，并派她去荷兰，将促进西班牙在那里的利益以抗衡法国的重任托付于她。但他却没有给予胡安娜完成任务所需的资源。费利佩拿走了胡安娜的嫁妆，背信弃义地疏远了胡安娜，她家里受信任的西班牙人在政治上得不到重用，备受排挤、意志消沉，很快就被费利佩的亲信所取代。西班牙大使向天主教双王汇报说："如果不是因为公主殿下天性善良，她一定忍受不了所见到的一切。"事实证明，她的适应能力非常强，大使说"我从未见过有人在她这样年轻的时候就这么通情达理"。[19]

1500年2月24日，查理在根特出生。两年后，胡安娜和费利佩穿越法国，走陆路前往西班牙，以便卡斯蒂利亚人向胡安娜宣誓效忠。不过在抵达布尔戈斯时，他们被误认成了入侵的军队，市政官员关闭了城门。1503年3月，胡安娜在西班牙生下了费迪南，费迪南在西班牙长大，备受西班牙人爱戴。1504年，伊莎贝拉女王与世长辞，胡安娜和费利佩作为卡斯蒂利亚的联合统治者回到西班牙，但当他们抵达布尔戈斯附近的加尔都西会修道院，又称米拉弗洛雷斯卡特尔修道院时，费利佩突然去世了。这时，尽管卡斯蒂利亚的王位理应由胡安娜继承，但被戏称为"加泰罗尼亚老滑头"的费尔南多却开始声索对卡斯蒂利亚的统治权。于是胡安娜开始有一些在后世的历史学家看来实属怪异的举动。传言有一个老妇人曾预言，费利佩"死后在卡斯蒂利亚走过的地方要比生前多"。当时的编年史家证实了这个预言，"因为多年来，他的妻子胡安娜把他装在一个用沥青密封的棺材里一直带着"。[20]胡安娜拒绝和棺材分开，晚上赶路时，队伍点着蜡烛，"许多方济各会的修士唱着弥撒曲，米拉弗雷洛斯卡特尔修道院院长也带了一些加尔都西会修士同行"。这对奇怪的夫妻先到了布尔戈斯，然后去了托尔克马达，胡安娜在那里生下了女儿凯瑟琳。

1507年夏天，胡安娜带着丈夫的尸体，在托尔托雷斯见到了她的父亲费尔南多和他的新王后，年轻的热尔梅娜·德·富瓦。他们一同出发，前往圣玛利亚-德坎波，然后又到了布尔戈斯附近的阿尔科斯；胡安娜一直带着费利佩的尸体。

胡安娜对丈夫尸体的依依不舍，一直以来都被理解成因为爱得太深而精神失常。但根据王家编年史官的记录，"她一直都对父亲非常尊敬，而且从来没听说她像疯子一样胡言乱语"。显然，胡安娜看上去没有疯，对于她一直带着丈夫尸体的古怪行为有一个更合理的解释，那就是她决意要将费利佩葬在格拉纳达，和伊莎贝拉女王葬在一起，如此，王室的墓葬就成了她的儿子查理对卡斯蒂利亚王位继承权的极具象征意义的明证。她是在为儿子的继承权而战，因为如果费尔南多和新王后成功生下一名男性继承人，那么费尔南多很可能会主张他的儿子对卡斯蒂利亚也有继承权。

父女俩开始争夺对尸体和王国的控制权。胡安娜在阿尔科斯站稳了脚跟，但费尔南多控制了她的家庭，还把她的小儿子费迪南也带走了。作为回应，胡安娜故意做出一些违反常理的举动。"她比其他任何人都更频繁地排尿，脸和身上总是脏兮兮的，她坐在地上吃东西，还经常不参加弥撒"，她的告解神父如是说。胡安娜不稳定的状态迫使费尔南多同意只要她隐居托德西利亚斯，就可以继续与费利佩的尸体为伴。抵达托德西利亚斯后，胡安娜住进了她的宫殿同时也是监狱中，她将费利佩的尸体安置在不远处的圣克拉拉修道院的一间美丽的穆德哈尔式小圣堂里，直到1527年，查理才终于将他父亲葬在了格拉纳达。[21]

胡安娜从此被丑化为"疯女"，这位精神饱满、对政治精明却数次失去权力的女人在囚禁地托德西利亚斯度过了她的余生，她一直寡居，保卫着儿子的继承权。[22]1555年，胡安娜的去世成为查理决心退位，回到离托德西利亚斯不远的一处深藏在卡斯蒂利亚丛林里的修道院，等待死亡降临的最后催化剂。

从1520年9月开始，托德西利亚斯这座小城成为卡斯蒂利亚唯一有效的政府所在地，尽管也是在有限的程度上，因为公社的爱国者需要胡安娜女王的支持来体现他们的合法性。军政府给在德意志的查理写了一封长信，叙述了这场纷争的来龙去脉，为他们的行为辩解。后来他们听说信使被查理关了起来，这就是查理对信的回复。[23]

爱国者们似乎对主权和权威有着一种本能的理解，那就是权力根植于王国、王权和臣民，而不是根植于君主的肉体。受这种潜在的民主思想启发，他们开始准备一份特别的文件，将他们的要求都落在书面上。这份文件通常被视为一份宣言，但它体现出了宪法和权利法案的许多特征。他们对王国运作的方式做出了全面细致的评价，对主要机构提出了使其运转更加有效的改革方案。这部作者皆为对所谈及问题有着清晰见解的有识之士的宣言，在政治洞察力方面显示出了高超的成就。首先，他们要求查理迎娶皇后要经过议会的批准，以保证"她来自一个友好的国家"。他们显然指的是葡萄牙的伊莎贝拉，但关键是，他们希望有一位值得信任的皇后，能够从卡斯蒂利亚人的利益出发，在查理不在的时候统治卡斯蒂利亚。[24]

其次，他们要求禁止佛兰德人在政府中担任职务，禁止外国人加入王室护卫队，并非常详细地讨论了税收和代表的选拔制度等核心问题，然后他们列出了一份全面的清单，制定了管理社会、政治、经济活动的一系列规定，内容广泛，小到货币铸造，大到政府的组织和司法行政权。他们还要求维持塞维利亚作为所有同新世界贸易的清算中心的垄断地位，向意图从事此类贸易的佛兰德人和其他外国人发出了信号，表明了他们保护卡斯蒂利亚利益的决心。对于美洲，他们试图限制"给王室财富带来巨大损失的"监护征赋制，因为印第安人"是基督徒却被当作异教徒和奴隶对待"，其目的显然是想阻止殖民者和移民建立起限嗣继承的领地庄园制度，而卡斯蒂利亚的大家族正是通过这种制度获得了财富和权力。[25]

在1520年夏末秋初充满革命气氛的几周内，公社似乎担当起了以胡安娜为君主的政府的角色。但这一胜利同时也意味着起义者内部的裂痕越来越深。他们具有共同民族认同感，以及可以理解却狂热的对查理五世及佛兰德人的仇外情绪，因为这些共同点他们团结起来反抗，但本质上，他们却是一群自私的个人和团体形成的不稳定联盟。一旦公社大权在握，强烈的爱国主义和民族主义激情就会支离破碎，取而代之的是狭隘的地方主义、教区政治和阶级利益。平民很快就从城市贵族手中夺取了起义的控制权，并迅速开始支持对大贵族和大地主采用强硬的，甚至往往是暴力的政策。公社中许多贵族成员起初缓和了激进的成分，但渐渐对军政府失去了同情。随着时间的推移，革命越来越目无法纪、暴力血腥，这些城市贵族也成了被革命的目标。

起义军攻击了大地主地盘上的城镇和要塞，导致这些有影响力的人物反对公社，这给公社带来了更灾难性和决定性的打击。同时，查理为了争取大贵族的支持，任命了他们中的两人和阿德里安总督一同统治西班牙。由于国王身在国外，而公社的态度日益激进，贵族们开始行动起来，保王派从葡萄牙王室得到了大笔资金的支持。局势接近了尾声。

1520年底，面对越发激进的军政府，佩德罗·拉索试图利用自己的威望推动和平，并主动向保王派示好。这给他带来了市民阶层的敌意（甚至是在托莱多）和主要起义军的不信任。1521年1月，他被卷入贪污爱国者资金的事件中，一个月后，他被剥夺了在军政府中的职位。在起义初始就充当傀儡领导人的佩德罗·拉索·德·拉·维加，此时开始与保王派协商。经过几天紧张的谈判，3月21日，阿德里安总督表示皇帝将对佩德罗·拉索的反叛宽大处理，在危急时刻，佩德罗·拉索选择了背叛，他并不是唯一一个这么做的人。[26]

1521年4月23日，身处托雷洛瓦通小城堡中的帕迪利亚感受到了迅速壮大的保王派军队的威胁，他试图率领7000名步兵、300名骑兵和100名火枪手前往防御坚固的托罗城等待援兵。五六百名保王派骑兵军官领先大军追上了他们，加西拉索和佩德罗·拉索可能也在这群军官之中。滂沱大雨中，帕迪利亚失去了对士气低落军队的控制。他两次整顿队伍，一次是在一片敌人的马匹可能出现的沼泽谷地里，一次是在一片高地上，但他手下的将领都不听指挥，继续向一个名叫比利亚拉尔的小村庄逃跑，让大军在广袤而平坦的农田中完全暴露于敌方骑兵铁蹄的威胁之下。[27]等到保王派的步兵抵达战场时，爱国者早已溃不成军。第二天，帕迪利亚和起义军众将领即被处决。

公社起义的失败已成定局，但帕迪利亚的遗孀玛丽亚·德·帕切科孤注一掷，领导着托莱多独自坚持到了1522年2月。然而，自从比利亚拉尔一战之后，起义的性质彻底改变了。起义军中的贵族几乎都转投了保王派，这让起义军失去了强有力领导的制约和平衡，只剩下一群暴动的无产阶级底层民众。在托莱多，暴乱的群众拦截了两位试图劝说玛丽亚·德·帕切科求和的富有市民，把他俩从城墙上扔了下去。这群人中有许多孩子，他们拖着尸体游街串巷，拉到了附近的草地上付之一炬。与此同时，刚刚杀完人的100多名暴民又来到三一修道院的门口，叫嚣着要取加西拉索儿时的导师胡安·盖坦的性命。胡安·盖坦侥幸脱身，保住了性命。[28]保王派的军队包围了托莱多，走投无路的玛丽亚·德·帕切科只得用大教堂圣器室里搜刮来的银器支付给民兵们。1500名顽强的起义军试图突出重围，没承想在欧利亚斯小镇被保王派军队的突袭击败。在激烈的战斗中，加西拉索面部受伤。后来在他巴结查理五世时，这伤口发挥了大作用，他从圣地亚哥召开议会时就对查理忠心耿耿，所以，虽然他哥

哥佩德罗·拉索叛变了，他们家族依然在卡斯蒂利亚核心政治圈中屹立
不倒。[29]

2月初的时候，托莱多终于投降了，拉索·德·拉·维加兄弟俩在胜
利的保王派队伍中，大摇大摆地走上了故乡空荡荡的街头。勇敢的玛丽
亚·德·帕切科伪装成农民——为了装得更像还带了几只鹅——成功逃
到了葡萄牙。帕迪利亚家族的宅邸被夷为平地，查理模仿摧毁迦太基的伟
大将军西庇阿，下令在这片土地上撒盐。[30]

"城市公社起义"期间，在比利牛斯山脉另一边的法国，弗朗索瓦一
世决定趁卡斯蒂利亚混乱之际下手。1521年5月10日，法国军队入侵边
境上的小王国纳瓦拉，包围了其首都潘普洛纳。佩德罗·拉索和其他几位
背叛公社的领导人抓住这个在皇帝面前赎罪的极佳机会，北上抵御敌军。
但还没等他们赶到解围，法国人的进攻就已经开始了。

守军中有一个名叫依纳爵·罗耀拉的年轻人，据他后来说，"他特别
喜欢军旅生活"。"他有着强烈而不切实际的要留名青史的欲望，当其他人
都一致希望投降时"，他却说服了指挥官保卫潘普洛纳。当法国军队开始
进攻时，依纳爵和一名同行的贵族互相做了临终忏悔，然后奋勇作战，直
至一枚敌军的炮弹让他失去了一条腿，他的另一条腿也受了重伤。

法国人攻下了潘普洛纳，罗耀拉在医生的照料下度过了两周时间才
被准许回家。但西班牙的外科医生认为他的骨头愈合得不好，决定再次打
断受伤最重的那条腿。"他只得再次忍受痛苦"。他痛苦地回忆到，他当时
默默忍受着手术，"除了抓紧拳头之外，没有任何痛苦的表现"。但是骨头
依然没能矫正，"他的腿看上去非常畸形"，所以只得进一步接受手术，躺
在床上绑着腿度过了更多痛苦的时光。

就在罗耀拉命悬一线之际，法国军队放弃了纳瓦拉，越过边境进入
卡斯蒂利亚，围困著名葡萄酒产区拉里奥哈的首府洛格罗尼奥。这一次，
从比利亚拉尔挥师北上的新集结西班牙大军，没费什么力气就把敌军打回
了法国境内。

渐渐康复的罗耀拉想阅读一些骑士小说打发时间，因为这些轻浮的

作品总让他欲罢不能。然而，他得到了一本加尔都西会修士鲁道夫所著的《耶稣生平》（*The Life of Christ*）和圣人传记集《黄金传说》（*Flos sanctorum*），这两本书给他带来了不可思议的转变。虽然他忍受着剧烈的疼痛，但阅读促使他陷入沉思，产生了强大的幻觉，他看到了一位具有骑士风度的"耀眼的女士"。罗耀拉晚年写自传的时候，分几个阶段描述了这段年少时的经历：起初，他看到了一个骑士文学中的公主形象，引导他通过冥想和沉思的精神练习，探寻自己内在的神秘信仰；慢慢地，他意识到那位耀眼的女士一定是圣母玛利亚；终于在一天晚上，"他清楚地看到了圣母和圣婴的画面"，并且"从那一刻起一直到1555年8月写下这段话时，他再也没有感到有任何色欲"。[31]

经历了巨大的创伤、忏悔、和解之后，依纳爵·罗耀拉转向了虔诚的精神生活，成为他那个时代最勤奋的宗教人物之一，创办了天主教耶稣会。几十年后，耶稣会会士通过兴办各类学校，鼓励学生学习知识和思考，培育一代又一代人才牢牢掌控着天主教世界的教育事业。出生卑微的学生通过刻苦学习提升社会地位，在西班牙帝国上下担任越来越重要、越来越有影响力的行政职务。

1522年7月16日，查理五世抵达桑坦德。他还带来了4000名德意志士兵以防公社起义再次抬头。实际上，他回到的是一个相当和平的王国，王室的权威已经重新树立起来。[32]查理非常清楚卡斯蒂利亚的城市对于他的王朝有重要的经济价值，所以他在宣布胜利的时候既宽宏大量又小心谨慎：他处决了23名叛乱者后宣布大赦，但有296人被排除在外；[33]他们中有的逃走了，有的受到了惩罚，有的被没收了财产，所有人都遭受了经济损失。国王一回来，佩德罗·拉索就逃到了葡萄牙。奥维多写道："就好像圣母玛利亚来救了他一样，因为如果他被抓，他们会处死他，举行庆祝的葬礼，就像对待胡安·帕迪利亚一样。"[34]

与此同时，加西拉索时来运转，他第一个孩子的母亲吉奥马尔还在托莱多耐心地等待爱人归来娶她，他却加入了查理在帕伦西亚的宫廷。第二年也就是1523年的夏天，在巴利亚多利德，一群年轻的贵族聚集在查理的姐姐埃莉诺时尚的宫殿里，这其中就有加西拉索。埃莉诺的丈夫，葡萄牙国王曼努埃尔一世不久前去世，于是埃莉诺回到了西班牙。西班牙大贵族家庭未来的接班人在这里彼此相识，年轻潇洒的加西拉索·德·拉·维加也遇到了埃莉诺的葡萄牙贵族女侍臣埃莱娜·德·苏尼加。

3

葡萄牙的伊莎贝拉

一位非常自信的公主……陛下，她似乎和您非常像……

——阿隆索·恩里克斯·德·古斯曼

查理负债累累地回到西班牙。此时的他，因自己承担哈布斯堡家族的神圣罗马皇帝的重任而自视甚高，他也很清楚必须与卡斯蒂利亚的臣民握手言和。于是查理开始在卡斯蒂利亚笼络人心，稳固统治的基础，他与城镇和城市精英、小贵族以及不断发展壮大的受过教育的新兴阶层协商。这些人正是不久前积极投身起义的社会群体。[1]查理确实开始满足这些爱国者的要求：随后的7年里，他一直住在西班牙；开始相对频繁地召集议会；经过了旷日持久的协商，他终于在1526年迎娶了卡斯蒂利亚人心中理想的皇后，葡萄牙的伊莎贝拉。查理不在西班牙的时候，伊莎贝拉治国有方，愿意听取卡斯蒂利亚顾问的意见，在实际上是将权力从君王本人身上下放到了王权机构。但最重要的是，议会得以推行一种由多个关键机构组成的共和国或者政府的形式，包括法律机构、行政机构，特别是经济上和制度上都相对独立于君主体制又与其共存的城镇。[2]

然而，查理又一次陷入与法国的战争，这一次是因为争夺米兰公国的继承权。1524年，法国军队又一次进入西班牙，占领了巴斯克地区边境的丰特拉维亚要塞。刚被封为圣地亚哥骑士的加西拉索应召入伍，在成功收复要塞的战役中，他与年仅16岁的费尔南多·阿尔瓦雷斯·德·托莱多建立了终生的友谊。费尔南多正是未来的第三代阿尔瓦公爵，也是西班牙历史上最令人敬畏的将军。虽然费尔南多年纪轻轻，是在未经家人允许的情况下参加了他好战的一生中的首次军事行动，但是战役结束后，卡斯蒂利亚治安官让费尔南多"负责该镇和要塞……他年纪虽小，却是一名勇气十足、斗志昂扬的军人"。[3]

然而，相对于意大利此刻正在发生的事情而言，丰特拉维亚的战事只是当地贵族上演的一个小插曲。弗朗索瓦一世仍对竞选神圣罗马帝国皇帝和进攻纳瓦拉均告失败耿耿于怀，他决定亲自率兵越过阿尔卑斯山脉进入伦巴第，占领米兰，然后围困帕维亚，以此挽回被打击的声誉和被戳穿的自尊。当一个大雾的早晨，弗朗索瓦与一支更为弱小的帝国部队交战时，查理在准备求和，但他的好运来了。法国人在撤退，但是他们在提契诺河谷打了一场激烈的防卫战，弗朗索瓦试图率领一支精锐部队从正面进攻敌人，但他无法让他们调转方向。突然间他发现自己孤身一人，非常接近前线，处境相当危险。他骑着马艰难地向河上的一座桥奔去，想赶紧逃到安全的对岸。但敌方一名火绳枪兵射死了他的马，马倒下的时候压住了他的腿。一名巴斯克士兵几乎同时发现了他，但并不知道他的身份。士兵把剑抵在这个落单法国人的盔甲缝隙，坚持要他投降。"我以我的生命起誓，"弗朗索瓦回答道，"我是法国国王，我要向皇帝投降。"这就是法国强占意大利的计划破产的决定性时刻，至少查理的编年史官是这样记载的。[4]法国国王被俘虏，查理大获全胜。这天是1525年2月24日，正是查理的生日，他才刚满25岁。

当听说手下人俘虏了如此出乎意料的重要人物时，查理一定大喜过望。不过，要如何处置这位被俘的国王可真是个令人头疼的外交难题。查理决定将弗朗索瓦作为自己的俘虏送回西班牙，但完全以对待别国君主的礼节相待，而且一路上都有一队法国贵族和家仆以及西班牙的贵族陪同弗朗索瓦。

当弗朗索瓦经过一个叫巴尔达拉塞特的小镇时，他听说有一位极其罕见的优秀击剑大师，名叫埃斯特万，声名远扬，无人能敌。于是弗朗索瓦安排他最高超的剑客与埃斯特万比试。他们一个个向埃斯特万发起挑战，又一个个败下阵来。这样的骑士故事在那个极其好战的时代几乎每天都在发生，一般没人会注意。但令人惊奇的是，埃斯特万受洗时是个女孩，名叫埃斯特法尼亚。

埃斯特法尼亚渐渐长大，成了一个活泼好动的假小子。这个西班牙平原地区的壮硕女子，甚至比镇上许多强健的年轻小伙子反应更敏捷、腿脚更灵活，在各类体育运动中也胜他们一筹。巴尔达拉塞特镇上的人都说，"她在比赛中跑起来的时候金色的长发在身后飘着，真是太美了"。埃斯特法尼亚开始作为女子大力士在周边地区巡回表演，但当她抵达格拉纳达时，地方执法官起了疑心，请有资历的年长女性和助产士来给她检查身体，确认她是否真的是女性。结果她们发现，埃斯特法尼亚实际上是双性人。

这显示出了当时地方执法官对埃斯特法尼亚的处理态度：他们并没有将她当作畸形人对待，只是要求她必须选择一种她想要归属的性别。执法官们关心的是如何将埃斯特法尼亚纳入现行的行政体系，这样对双方来说都有好处。有趣的是，埃斯特法尼亚选择作为男人生活，后来还在教堂结了婚，成了一家之主，并且获得了男性公民的所有权利。从法律上来说，她已经改变了性别。但当他去世时，埃斯特万的遗孀在棺材边哭喊着"哦，我的丈夫"，而埃斯特法尼亚的母亲却哭喊着"哎，我的女儿"。[5]

在马德里破败的王宫里，查理尽可能以对待国王的礼遇招待弗朗索瓦。多年以后，查理提醒他的侍臣和所有人，当这位沮丧的法国国王生重病时，他曾亲自到床边慰问。[6]当然，这并不是纯粹大公无私，而是因为皇帝非常担心出现一位国王在他的监禁下死亡的情况。可能正是这种担忧促使查理释放了这个麻烦的敌人，最终，在1526年1月，二人签署了《马德里条约》。弗朗索瓦答应归还原属于查理祖父、1477年被法国吞并的勃艮第，并且放弃对佛兰德、阿图瓦、图尔奈和意大利的所有权。作为回报，弗朗索瓦将被释放并可以返回法国。弗朗索瓦还迎娶了查理的寡妇姐姐埃莉诺，进一步巩固了两人关系的缓和。不过，查理拒绝立刻举行婚礼，以防弗朗索瓦变卦，让埃莉诺公开受辱。不仅如此，查理还要求弗朗索瓦将两个儿子兼继承人留在西班牙，以保证他将遵守条约。弗朗索瓦的自尊和名声原已受到巨大的打击，查理还将他的儿子留作人质，表达了对他的严重不信任，这无异于雪上加霜。

1525 年夏末，加西拉索·德·拉·维加和葡萄牙女侍臣埃莱娜·德·苏尼加在托莱多结婚。这时候，他的初恋吉奥马尔可能已经跟别人好上了，她又生下一个私生女，后来这个女孩去当了修女，取名玛丽亚·德赫苏斯（西班牙语意为"耶稣的玛丽亚"）。[7]此时的托莱多沐浴在和平的阳光下，查理宫廷里的文化氛围也达到巅峰，各国大使才华横溢，贵族饱读诗书，淑女优雅动人。但这时，王宫内外都因为另一桩更著名的与葡萄牙王室的联姻而喜气洋洋。

"在我们的历史上，很少有女性人物能像葡萄牙的伊莎贝拉这样受到普遍的爱戴。"卡门·马萨里奥·科莱托在她关于查理五世的皇后的经典传记中这样写道。[8]伊莎贝拉是一位外表惊艳、教养良好的女性，是一位耐心又周到的妻子。丈夫长期不在国内时，她又是一位政治上精明的摄政女皇。她还为查理带来了最美好、最珍贵的礼物，那就是为他生下了一位哈布斯堡家族的继承人，一名优秀的统治者——未来的西班牙国王费利佩二世。伊莎贝拉是查理最钟爱的皇后，也是他倚重的政治助手。1539年，她过早地香消玉殒，令查理无比悲恸。9年后的1548年，提香为她画了一幅杰出的画像，完美地体现出查理对她的爱与尊重。如今，这幅画是了解伊莎贝拉的最佳方式。

画中的形象是非常理想化的，尤其是考虑到提香从来没见过伊莎贝拉。艺术家最基本的技能之一就是通过观察其他人的作品来创作肖像画，而提香最引以为傲的就是他从其他画作中捕捉人物关键特征的能力。他的座右铭是"艺术比自然更强大"，暗示艺术家能让死者复活，颇有些皮格马利翁的精神。[9]

1543 年，查理首次委托提香创作一幅伊莎贝拉的画像，并借给了他一幅由"一个名不见经传的画家"所作的"非常逼真"的画像作为参照。[10]这是提香为皇后画的第一幅画像，1604年被烧毁。画中的伊莎贝拉身穿黑衣，身后摆着皇冠，膝盖上放着玫瑰。这里的象征意义简单明了又令人信服：黑衣是她对自己和对婚姻的哀悼，皇冠代表着这段婚姻赋予她的政治权力，玫瑰对于他们同时代的人来说更好理解了，它象征着夫妻之间的爱。[11] 查理本人无疑也参与了这幅画的设计。但是，如果说作为参照的那幅画是"非常逼真"的，那么对于逐渐老去的查理心中那不能算完美的回忆而言，提香的画作似乎有些不合时宜得写实过头了。1547年，他让提香重新画伊莎贝拉的鼻子，当时编年史家的记录以及伊莎贝拉生前的画像都证明她长了个鹰钩鼻，有评论称，提香修改后的鼻子具有"常人不太可能拥有的古典美"。[12]

提香正是以这幅经历过"死后整容"的画作为参照，创作出了1548年的那幅杰出画作。画中的伊莎贝拉异常美丽，据说因为画作与伊莎贝拉本人非常相似，查理对它爱不释手。皇帝和画家心照不宣，一起用虚构的美丽取代了真实的记忆。

伊莎贝拉是卡斯蒂利亚人心中最接近西班牙皇后的人选：她是葡萄牙国王曼努埃尔一世和第二任妻子、查理的小姨阿拉贡的玛丽亚所生的女儿，是查理的表妹。他们需要不情愿的教宗颁发特别赦免令才能结婚。查理还谈成了一笔高达100万达克特金币的嫁妆，这是一个前所未有的数字，体现出葡萄牙从非洲和东印度群岛的殖民地贸易和掠夺中获得了多么巨大的财富。

查理以恳求的语气给英格兰国王亨利八世写信，试图给自己决定不娶玛丽·都铎找个合理的理由，但亨利八世勃然大怒，枢机主教沃尔西立刻寻求与法国重修旧好。弗朗索瓦一世喜出望外，突然间，他觉得可以自信地拒绝遵守《马德里条约》，继续公开反对查理五世了。然而，查理悔婚还造成了更重要的影响。如果不能与查理联姻，玛丽·都铎作为继承人的竞争力就太弱了，而她的母亲阿拉贡的凯瑟琳始终没能为亨利八世生下他所需要的儿子，所以亨利非常想赶紧摆脱她。为了离婚，亨利改信新教，在英格兰推行了宗教改革。

1526年春天，当查理五世准备去塞维利亚迎娶他的新娘时，一大批达官贵人和教士从托莱多前往靠近巴达霍斯的边境，欢迎葡萄牙的伊莎贝拉来到卡斯蒂利亚。浩浩荡荡的迎亲队伍喜气洋洋，富有的贵族、骑士、乡绅、淑女，带着他们的随从和仆人，都在队伍之中。当然，还有哪儿都少不了的官员，以及一群或是因为好奇想看热闹，或是想在途中挣点钱的"跟屁虫"。

1526年2月7日，伊莎贝拉坐在由金色锦缎和深红色丝绸装饰、一对骏马拉着的豪华马车中，抵达了葡萄牙边境。陪同她的还有两位葡萄牙王子，伊莎贝拉的弟弟路易斯和费尔南多，以及8位身穿锦缎外套、猩红色马裤的男仆，8位身穿黑丝绒外套、白色马裤的男仆，还有4位骑着小巧漂亮的白马，穿着金色衣服的小侍从。当一行人离一座桥还有一段距离的时候，伊莎贝拉下了马车，骑上了一匹美丽的白马。这匹马比矮种马大不了多少，配有奢华的银色马鞍。她走了30、40还是50步，当时的历史学家说法不一。路易斯和费尔南多陪伴在伊莎贝拉两侧，骑着马向西班牙走来。卡斯蒂利亚的贵族们也向边境靠近，直至双方面对面相隔不到20米的距离。

贵族们按照地位由低到高的顺序依次亲吻伊莎贝拉的手向她致意，先是葡萄牙贵族，然后是卡斯蒂利亚贵族。费尔南德斯·德·奥维多写到，西班牙人"让马蹄踩在边境线上"，这样他们就可以把身体倾向葡萄牙一侧，亲吻他们的新皇后了。[13]

根据奥维多的记录，当伊莎贝拉的表亲卡拉布里亚公爵靠近她的时候，"她不想让他像其他人那样亲吻她的手，尽管公爵显得十分热情激动，她还是拒绝了"。于是公爵面对着皇后，让他们骑着的马的头碰了碰，他右边是托莱多大主教，左边是贝哈尔公爵。卡拉布里亚公爵的24名男仆从靴子到帽子都是猩红色的，5头骡子则披着深红色、红宝石色、黄色和黑色的天鹅绒。大主教穿着深红色和紫色的貂皮衣服，带来了12名小号手、6名圆号手，以及3头装饰着铃铛的骡子。贝哈尔公爵身穿黑色绸缎和天鹅绒衣服，蓄着长胡子，他带来了8名小号手、5名角笛手和18名小侍从，他们全都骑着骡子或马，身着朱红色和黑色的天鹅绒外衣，上面还装饰有白色刺绣，白色锦缎制成的旗帜迎风飘扬，旗帜上用银线绣着他的纹章。[14]

卡拉布里亚公爵命令他的秘书大声宣读查理授权他迎接伊莎贝拉来到卡斯蒂利亚的文件。卡斯蒂利亚的贵族都摘下帽子，就如同皇帝本人到场一般。秘书宣读之后，葡萄牙王子路易斯开始讲话，他的声音回荡在国境线上："我谨代表我的兄长、我的君主、葡萄牙国王，将皇帝查理之妻、皇后交予阁下。"[15]

然后他离开他姐姐的身边，卡拉布里亚公爵靠上前，一手拿着自己的帽子，一手接过伊莎贝拉坐骑的缰绳，以查理的名义接受了她。奥维多描写道，十五六个身着鲜艳丝绸的小侍从骑着马向前，让他们的马腾跳起来，以令人叹为观止的优雅姿态翩翩起舞；大约50位地位最高的贵族骑着马围着皇后跳跃，其他人则退后给他们腾出空间。奥维多写道，当时的场面十分壮观，特别是有些骑马的人年纪非常小，观众们开心地欣赏了大概一刻钟。[16]当葡萄牙王子们不得不与姐姐告别时，双方都流下了泪水，最终，伊莎贝拉跨过边境线，进入了卡斯蒂利亚。

作为全欧洲最引人注目的女人，伊莎贝拉对时尚有着天然的兴趣，因为王室的公众形象和实际的权力息息相关。她那批极其贵重的嫁妆的很大一部分价值来自她的首饰。在当时，王公贵族们都追求视觉上夸张鲜明的效果，通过排场和仪式来显示等级、强调权威，所以伊莎贝拉需要这些方便携带的小东西来震慑她丈夫的子民。

王家官方清单中列出了大批非常华丽的宝物，其中有几件尤其珍贵。如果只看货币价值，那么最贵重的一件并不是来自伊莎贝拉的嫁妆，而是查理五世送给妻子的主要结婚礼物。这是一条颈链，用9颗大钻石和9块金子摆成了查理和伊莎贝拉名字的首字母，下面还挂着17颗珍珠，价值23500达克特金币。仅这一件艺术品的价值就是天文数字，几乎相当于科尔蒂斯从墨西哥送往西班牙的金银财宝的总和。此外，还有两条金项链，一条镶嵌着10颗巨大的绿宝石和72颗珍珠，价值5500达克特金币，后来又在项链上加了2颗绿宝石和一些珍珠，其总价值达到7500达克特；另一条镶嵌着9颗红宝石和9颗钻石，每一颗下面都挂着一颗大珍珠，价值

3100达克特。还有一对胸针，其中一个是花朵的形状，另一个则被做成了树根的形状，两枚胸针都镶嵌着钻石和珍珠，总价7800达克特。这份长长的清单列出了无数的宝物，每一件的价值都比一个贵族平均一年的收入还要多。[17]

伊莎贝拉虽然拥有如此珍贵的珠宝收藏，但她本人对服装更感兴趣。她曾委托佛罗伦萨的艺术家设计用于锦缎的纹章装饰，然后拿到热那亚制作。她还从帝国上下订购最贵的布料，还有专业的商人和帝国的大使们为她源源不断地送来市场上最好的布料。[18]

伊莎贝拉日常衣着的基本元素是罩衫和大披巾，外面有时会穿一件长外套御寒。罩衫一般是白色的，披巾大多是黑色。她还有很多丝质的衬裙，其中有一条曾经属于"疯女"胡安娜，上面有金色刺绣。她还有丝绸或塔夫绸做的长裙，金线装饰的白色天鹅绒围裙。伊莎贝拉还会戴发网和束发帽来固定她的头发。她最贵的一顶束发帽是用金线编织的，上面有370颗珍珠，价值740达克特金币。在发网和束发帽外面她可能还会戴一顶帽子，一般是用上好的布料制作，上面装饰有珍珠和金线刺绣。[19]袖子可能是骑士时代最重要的时尚元素了。它们可以是衣服的一部分，也可以单独穿，再用扣子、带子或流苏固定。各种材质和颜色的袖子给了伊莎贝拉每天向跪在她面前亲吻她的手的王公大臣、贵族和大使们炫耀的绝佳机会。

不用说，1526年3月3日这天，伊莎贝拉盛装打扮进入了安达卢西亚南部的明珠塞维利亚。令人惊奇的是，她当天穿的衣服居然大部分都保留了下来，因为她将这套衣服赠予了瓜达卢佩修道院，修道院把它改成了一件十字褡*。通过比较这套引人注目的衣服和安东尼厄斯·莫尔为玛丽·都铎所作的著名画像以及哈布斯堡王朝有关的其他女人的画像，会发现伊莎贝拉引领了一个时代的潮流，使得西班牙锦织制作的华贵裙装流行起来。西班牙锦织是一种在华贵的丝绸上用银线和金线编织出阿拉伯风格纹饰的织物，价格高昂而垂顺美丽。[20]

---

* 举行弥撒时神父穿的无袖长袍。——译者注

伊莎贝拉在塞维利亚穿的这套衣服几乎可以肯定是在格拉纳达制作的。彼时的格拉纳达是西班牙丝绸业的心脏，有最好的穆斯林工匠和裁缝。这套衣服的时尚之处在于它的正面腰部，胸脯之间的地方以艺术化的风格绣着一个大大的石榴图案。石榴是格拉纳达城市的象征，也许这正是衣服图案设计的灵感来源，而且这也说明锦织师傅们都非常擅长绣石榴。但它还有一个重要的象征意义，因为石榴也是圣母玛利亚的象征，石榴丰富饱满的种子胀破了果实，对虔诚的信徒而言是一种隐喻。伊莎贝拉把这一明显寓意虔诚和多子的天主教符号穿在自己的肚子上，显然是强调她作为处女新娘、神圣罗马帝国皇后以及未来家族之母的角色。

长期以来，塞维利亚一直以庆祝活动而著称。葡萄牙编年史家路易斯·德·索萨评论当时塞维利亚的迎接活动"体现了这座富有的城市雄厚的实力和它的人民对皇后的喜爱"。[21] 塞维利亚郊外向北的大路边有一座地标性的麻风病院，名叫圣拉撒路医院。根据王家编年史官阿隆索·德·圣克鲁斯的记载，当皇后抵达圣拉撒路医院时，她走下奢华的马车，骑上了一匹装饰华丽的马。[22] "皇后的脸雪白，眼神真诚。她话不多，声音很小，有一双大眼睛，还有樱桃小嘴和鹰钩鼻子，十指纤纤，玉颈修长。她正直、文静、严肃、真诚、低调，格外矜持和谦恭。"

阿尔科斯公爵亲吻了皇后的手。城里主要的绅士、骑士身穿华服悉数到场，陪同着皇后由马卡雷纳门进入了塞维利亚。皇后的华盖上用金线绣着查理五世的纹章。城里的建筑物上都挂着壁毯、彩绸，点着火把。精心打扮的贵妇人们挤满了沿街的阳台，兴奋地观望着。治安官从人群中挤开一条路，大声命令人们脱下帽子，因为"皇后陛下要好好看看你们"。[23]

一路上的重要节点都布置了凯旋门，虽然是临时的，但制作精美，供奉着智慧女神、勇气女神、仁慈女神、和平女神、正义女神、美惠三女神（信仰、希望和宽容），以及天后圣母玛利亚，她们都向皇帝和皇后伸开双臂。在勇气女神凯旋门边，博学的塞维利亚人竖起了一道小拱门，门上有一座豪拉提乌斯的雕塑。豪拉提乌斯是古罗马的英雄，被称为"守门大将"，他传奇般地挡住了敌军进犯，直至他的同伴摧毁了台伯河上唯一的一座桥，他才跳入河中游到安全的地方。塑像边的铭文写道："你一人之力胜过所有伊特鲁里亚人，但恺撒才是天下第一，只有他可以征服全世界。"这句铭文的意思再明显不过了：作为神圣罗马帝国的皇帝，查理现在也可以被称为恺撒，一位比豪拉提乌斯更强大、更勇敢的恺撒。

接下来的星期六，皇帝带着教宗特使、大批的教长和王国的重要人物抵达了塞维利亚。从阿尔科斯公爵、塞维利亚的骑士、贵族，到王家官员、治安官、军人、乡绅、律师、教师、医生、公证员、商人、居民，不管是当地人还是外地人，城里有头有脸的人物都来迎接皇帝。大家都穿着正式的衣服，戴着项链或是拿着自己职业专属的物品。根据文献记载，人们根据职业或机构隶属关系分成了不同的方阵。有趣的是，有记载称他们都随身携带了武器，以此适时地提醒查理，塞维利亚以及安达卢西亚的广阔腹地可以是他强有力的盟友，也可以成为毁灭性的敌人。而查理进入塞维利亚时手握橄榄枝，宣示自己是和平之王。[24]

查理参加完弥撒之后，立即前往了塞维利亚王宫去见他的新娘。奥维多记载道，当他来到皇后的房间见到她时，皇后立刻跪下并请求亲吻他的手。但查理蹲下来将她扶起，拥抱并亲吻了她，拉着她的手带她来到隔壁的房间坐下。他们在一群达官贵人的簇拥下度过了一刻钟之后，查理就回了自己的房间。

很快他们就在新任的托莱多大主教、西班牙人阿方索·德·丰塞卡的主持下举行了婚礼。婚礼十分私密，就在伊莎贝拉房间里的临时圣餐台前举行，卡拉布里亚公爵当伴郎，阿罗伯爵夫人当伴娘。仪式举行完已经是凌晨两点，皇帝回到自己的房间，好让伊莎贝拉为新婚之夜做准备。她上床之后，查理就回到她的房间，像"一个称职的天主教君主"一样立刻圆房。[25]

由于时间相距太远，今天的我们已经很难理解当时的查理与他妻子之间的个人情感。他们似乎真的是一见钟情。在无数对他们美满婚姻的俗套描述中，维苗苏伯爵的记述充满浪漫气息又不失礼节，他写道："这对新婚夫妇似乎沉浸在极大的幸福之中……当他们在一起的时候，眼里根本没有其他人。"[26] 他们感情如此之好，除了伊莎贝拉的财富、查理的权力，以及联姻所带来的政治利益之外，自恋情节是更令人信服的解释：一位赴里斯本参加完联姻初步磋商的西班牙外交官曾这样向查理描述伊莎贝拉，她"是一位非常自信的公主……陛下，恕我冒昧直言，她似乎和您非常像"。[27]

即便查理与伊莎贝拉如此相爱，他们依然保留了各自的内廷侍臣。查理长期不在西班牙期间，风流韵事不断，还生下了一些著名的私生子，例如后来成为伟大将军的奥地利的唐胡安，以及在尼德兰出色摄政的帕尔玛公爵夫人玛格丽特。查理和伊莎贝拉之间的私人书信往来似乎不太多，也有可能是他们的私人信件没保存下来。从表面上看，当查理不在西班牙时，伊莎贝拉反复央求他尽快回来的理由总是请他回来处理紧要的国事，但如此冠冕堂皇的唠叨也有可能只是她个人情感的托词。宫里的人们显然都认为"她因为陛下不在身边感到非常痛苦，所以应当尽力安慰她"。而查理于1536年亲笔用密码写下的一封回信则流露了真实情感，他在信中解释自己必须与法国对抗，"请找到心中的勇气，忍受上帝让我们经历的苦难……请你坚强些、勇敢些……我一定会在不超过答应你的时间3个月返回"。[28]

由于查理的妹妹、丹麦王后，奥地利的伊莎贝拉去世，皇帝下令进入哀悼期，所以婚礼后续的庆祝活动不得不推后。市民和朝臣按捺住日益激动的心情，一直等到4月，才终于开始了不分昼夜的狂欢、筵席、舞蹈、斗牛，还有中心广场上的骑马比武。

在越来越欢腾的气氛中，加西拉索和博斯坎写下了一首讽刺诗，描绘了年事已高的贵族路易斯·德·拉·奎瓦与一位名声不佳、被戏称为"喜鹊夫人"的女士跳了一整夜的舞。博斯坎当时在阿尔瓦公爵府上工作，担任他孙子费尔南多·阿尔瓦雷斯·德·托莱多的私人教师。在费尔南多的带领下，众多贵族青年给这首诗增添了许多新的诗句，拿可怜的路易斯和他的舞伴取乐，供众人消遣。"卡斯蒂利亚诗歌王子"加西拉索最早为人所知的诗句竟藏在这首打油诗中，真是又有趣又矛盾。[29]

庆祝活动连续不断，另一场王家婚礼接踵而至。查理将热尔梅娜·德·富瓦（她的第一任丈夫天主教国王费尔南多和第二任丈夫勃兰登堡边疆伯爵相继去世）嫁给了卡拉布里亚公爵。公爵曾想尽办法阻止这场婚姻。据宫里一位著名的弄臣解释，热尔梅娜已经严重发福，"一天晚上，她和她的新任丈夫躺在床上，突然地震了，也有人说是她打呼噜的声音，她从床上掉到了地上，结果把地板砸穿了，砸死了楼下熟睡的一个仆人和两个厨子"。[30] 如此低俗的流言恰恰反映出这桩婚事的不尽如人意。事实是，当王室在格拉纳达消夏时，确实发生了一场大地震，卡拉布里亚公爵夫妇的住处倒塌了，二人侥幸逃脱。[31]

在举国欢庆的气氛中，再加上法国似乎已经不是对手，身边又有娇妻为伴，查理五世的心情轻松愉悦。贡萨洛·费尔南德斯·德·奥维多向他进献了自己刚刚出版的《西印度简史》，这本书在当时是关于新世界最完整的第一手资料。查理被自己在美洲的财产清单震惊了。很快，奥维多就被任命为王家历史官，并被派往圣多明各，开始写作他的鸿篇巨制《西印度通史》。在加西拉索的怂恿下，阿尔瓦公爵适时地向皇帝提出了请求，于是皇帝于1526年5月13日取消了对佩德罗·拉索的惩罚，允许他回到西班牙。[32]

第二天，在安达卢西亚初夏的灼热中，皇帝夫妇出发穿过骄阳炙烤的土地，看望西班牙南部的人民，访问了格拉纳达、科尔多瓦、乌韦达、巴埃萨、哈恩等南部主要城市。

同时，加西拉索告别了热闹的宫廷，回到了家乡托莱多。埃莱娜已经怀孕了，这个夏天，夫妻俩开始为安置新家做准备。从法律意义上讲，加西拉索已经成年，他和埃莱娜签署了授权书，让他们各自的代理人分头收回多笔已经到期、理应归还他们的债务，这样他们就有钱购买一处像样的居所了。不知为何，他们没能买下在1527年初看中的第一处房产，但最终他们在加西拉索父母家所在的教区买下了一套雄伟壮观的房子。[33]

作为费尔南多和伊莎贝拉攻打摩尔人取得决定性胜利的地方，格拉纳达对于查理来说具有迷人的象征意义，因为这里也预示着查理的王朝的命运：身为神圣罗马帝国皇帝，他必须引领基督教世界对抗强大的奥斯曼土耳其帝国带来的巨大威胁。查理的"征服者"外祖父母就埋葬在特意建造的小教堂里。这座崭新而明亮的哥特式基督教小圣堂矗立在一座摇摇欲坠的教堂边，闪耀着胜利的光芒。在人们的记忆中，这座教堂当年曾是格拉纳达最大的清真寺。第二年，查理命人将他父亲的尸体移过来和外祖父母埋葬在一起，此时尸体已经在胡安娜越发疯狂的监护下辗转了不少地方。查理此举更加说明了格拉纳达在他心中的重要地位。查理原本希望能与父亲的家族一起葬在勃艮第，随着这个愿望实现的可能越发渺茫，他开始考虑将格拉纳达作为自己最终的安息之所。

对于查理而言，安葬家族的教堂是一个体现个人的崇敬和整个王朝的纪念的地方。但摩尔人的宫殿阿尔罕布拉宫依然是这座标志性的城市象征意义上的中心。这座宫殿像鹊巢一般挂在微微隆起的山脊最高处，傲视整个城镇。春天的傍晚，夕阳西下，阿尔罕布拉宫错落有致的塔楼和堡垒被落日余晖染成红色，远处是被蓝色积雪覆盖的内华达山脉。穆拉比特王朝、穆瓦希德王朝和纳斯里德王朝的苏丹们跨越几个世纪，建造了阿尔罕布拉宫，以便在此俯瞰城镇和肥沃谷地中的园艺农场。同时，他们自己则藏于妙趣横生的深宫之中处理朝政。宫中柱子支撑起宽阔的庭院，泳池和喷泉中流淌着引自高山的雪水，地砖和墙壁上装饰着迷人的几何图形，在夕阳的最后几缕光线中闪闪发光，就像《一千零一夜》中描绘的那般。"阿尔罕布拉"意为红色堡垒，它仿佛一座天空之城，矗立在现实世界之上，高耸入云，让统治者置身于一片不受干扰的天堂。查理五世带着他的皇后伊莎贝拉来到这座曾经的伊斯兰伊甸园，躲避南方的骄阳，在清凉之中度过了蜜月。

6月4日，格拉纳达的达官贵人们身穿橙色和深红色天鹅绒衣服迎接王室的到来。这里的摩里斯科人*建造了一个巨型旋转木马，上面的8个木马载着乐师和女歌手。城中竖起了由意大利学成归来的青年艺术家佩德罗·马丘卡设计的凯旋门，还举行了导致3个人被顶死的斗牛比赛。[34]令许多外国人惊奇的是，许多摩里斯科人依然过着穆斯林的生活，他们"每

---

* 改信基督教的西班牙穆斯林及其后裔。——译者注

年向皇帝支付一个达克特金币以保持原来的着装习惯，如果他们不想去做弥撒，还要向教区支付一个雷亚尔银币"，女人们依然穿着"宽松的裤子，用一条白色的毯子包裹住头部和身体，只露出半张脸"。[35] 3 年后，一位名叫克里斯托弗·魏迪兹的青年艺术家在游历西班牙时，被这些西班牙的摩尔人穿着的充满异国风情的服饰所吸引，他的一幅水彩画展现了这样的画面：一位干农活的摩里斯科人扛着简陋的干草叉，牵着一头驴，他的妻子骑在驴上，身上穿着"土耳其式长裤"和罩袍，他们的孩子坐在茅草编的马鞍袋里，这种马鞍袋时至今日依然在阿尔普哈拉斯的山村中使用。[36] 很难说这些人是已经逝去的年代留下的异国风情，还是未完成的征服留下的异教幸存者。

在纳斯里德王朝的阿尔罕布拉宫里，查理和伊莎贝拉分别建立起了各自的内廷，但不久后，伊莎贝拉就带着她的随从们搬到了山下城内一座新建的基督教修道院中。对此，后人惯常的解读是伊莎贝拉对摩尔人充满异国情调的宫殿并不感兴趣，但可能更合理的解释是，她和卡斯蒂利亚的侍臣在内廷的管理方法上起了摩擦。根据葡萄牙的传统，她的饮食习惯不太一样，有太多的随行神父，最具争议的是她的侍女们可以随意出入内廷。后来，她同意根据西班牙的规矩改变这些习惯。[37] 尽管有这些家务事上的争执，查理和伊莎贝拉还是顺利迎来了他们的长子，未来的费利佩二世。

查理国际化的宫廷中人才济济，诗人政治家、外交官哲学家、贵族艺术家，这些知识精英都汇聚在阿尔罕布拉宫，他们从各个方面折射出文艺复兴耀眼的光芒。教宗使节巴尔塔萨·卡斯蒂廖内对从英格兰到罗马的欧洲大陆了如指掌，当时他正在写《侍臣手册》，这是有史以来第一本专为负责内务的官员们所写的礼仪和谋略指南。威尼斯大使安德烈亚·纳瓦杰罗，是一位历史学家、作家、诗人，而正是他的好友彼得罗·本博将彼特拉克用现代意大利语和古典诗体写成的革命性的诗句介绍给了全世界。王家历史官彼得·马特是将美洲称为"新世界"的第一人。查理的拉丁语秘书是著名学者阿方索·德·巴尔德斯。波兰大使扬·丹蒂谢克是伊拉斯谟的密友。年事已高、疾病缠身的阿尔瓦公爵也来了，当然，他还带来了他的孙子费尔南多和胡安·博斯坎。阿尔罕布拉宫群星闪耀，浪漫主义情调令人陶醉。加西拉索也加入其中，他的家族流传着一个神话，据说有一位祖先也叫加西拉索，在1492年征服格拉纳达战役中，他曾独自击败了令人闻风丧胆的摩尔人塔弗尔。既然如此，加西拉索又怎么可能不来格拉纳达呢？

根据博斯坎的回忆，"有一天在格拉纳达，我和安德烈亚·纳瓦杰罗谈论才智、文学和语言时，他请我把最好的意大利作家创作的十四行诗和其他诗句用西班牙语写出来"。[38]博斯坎暗示，这是一次私密而短暂的谈话，而诸如此类的谈话可能确实会在阿尔罕布拉宫的园林之中发生。但是，夸张手法是典型的文艺复兴时期的时尚，博斯坎以典型的文艺复兴时期的修辞方式，用这个小插曲生动地描绘了查理的宫中，意大利人和西班牙人持续发展的交流对话。彼特拉克的诗歌引经据典和纯熟的格律技巧在整个意大利文学界引起了轰动，这令他们非常着迷。本博认为这是因为彼特拉克用意大利语模仿拉丁语诗体，保持了像维吉尔和塔索这些早期备受推崇的诗人的风格和形式。显然，格拉纳达的文人们非常享受摸索他们作品的形式，他们让经典的词句、勾勒出的画面以引用或暗喻的方式充满自己的作品。博斯坎迎难而上，以高超的艺术和模仿技巧，用卡斯蒂利亚西班牙语如此写作；不过在将卡斯蒂利亚的共鸣、意大利的时尚和古典的基底这一组充满激情的三角关系组合在一起这方面，加西拉索则更胜一筹。加西拉索对西班牙语诗歌未来的发展留下了决定性的影响。

半个多世纪后的1580年，当哈布斯堡王朝的帝国正处于权力和疆土的巅峰时，费尔南多·德·埃雷拉发行了一版极佳的加西拉索诗集，其中一篇文章中提到，伟大的塞维利亚学者弗朗西斯科·德梅迪纳认为加西拉索就是意大利的彼特拉克，西班牙语作家的典范。[39]他称"胜利的民族自然会希望广泛传播自己的语言，至少要在自己领土范围内使用"，这就是在将西班牙比作罗马帝国，所以西班牙语就相当于拉丁语。[40]埃雷拉的书可以算作是居住在帝国跳动的心脏——塞维利亚的一群优秀学者的胜利呼喊，他们感觉身处权力中心、整个世界的正中央。不过在1526年的时候，他们的世界观尚处于成形之中。

　　1526年夏天，弗朗索瓦一世对外宣称，没有哪个君主能够容忍在囚禁中被迫签署协议的耻辱，令阿尔罕布拉宫蒙上了一层阴影。弗朗索瓦敦促教宗联合意大利各独立城邦以及英格兰的亨利八世，成立一个神圣联盟与专横跋扈的查理抗衡。这些"非天然的"盟友们派出各自的大使于6月22日集体拜会查理，纳瓦杰罗也在其中。他们要求查理释放作为人质的弗朗索瓦的继承人、放弃对勃艮第的领土要求并归还米兰。查理一一拒绝了每位大使，他选择信任上帝而非教宗，他指责弗朗索瓦言而无信，他的姨父亨利背信弃义，而对意大利人他以战争作为威胁。[41] 9月，东边传来奥斯曼帝国在莫哈奇击败匈牙利的消息，他们势如破竹，直逼维也纳。

　　对于查理而言，阿尔罕布拉宫所带来的感官愉悦已经接近尾声，不过一位德意志的医生记录道：

　　　　皇帝在格拉纳达的最后一天，邀请了腓特烈公爵到阿尔罕布拉宫的花园里观看摩里斯科人女孩的舞蹈。女孩们的耳朵、额头、胳膊上都戴着精美的珍珠和宝石。她们跳着自己民族的传统舞蹈，有几位老妇人用鲁特琴和鼓伴奏，还有一个女人一边跟着旋律拍手，一边用粗野的、令人不快的歌声附和。这支舞结束后，几个摩里斯科人妇女在两棵核桃树之间拉了一根线，把腿架在线上舞蹈，她们向皇帝唱道："如果您在这儿安居，便可升上天堂。"[42]

　　这句词倒是非常恰当，因为查理已经开始考虑将自己的墓地建在格拉纳达。被忧郁的音乐所感染，也被宫中的文艺复兴之风所鼓舞，于是查理在离开格拉纳达之前，下令在阿尔罕布拉宫建筑群的中央建造一座十分现代的意大利风格宫殿。[43]

　　"在摩尔人国王所建造的众多宏伟建筑之中，阿尔罕布拉宫是最受尊敬的，它那与众不同、富丽堂皇的建筑风格时至今日仍然令人折服，"当时的编年史家解释道，"正因如此，皇帝决定建造一座新的宫殿与之媲美，要求在技术和审美上都更胜一筹，以显示他的英雄气魄与伟大荣光。"

　　如今，当参观阿尔罕布拉宫的旅游者们走到查理的宫殿西面围墙面前的骑兵院里时，他们会纷纷移开目光，似乎不想让浪漫主义风格突然主导了他们原本充满异国情调的"伊斯兰西班牙"之旅。在用轻薄的砖木和灰泥建造、装饰着东方图案的建筑群中，查理巨大的宫殿用坚硬的石头和明亮的大理石建造，仿佛一个自信的侵略者，散发着贵族般的优越感。但他们这样并不对，因为从某种角度来说，这座欧洲文艺复兴风格的宫殿独一无二、颇具革命性，它正是西班牙艺术黄金时代萌生之地。

　　查理把建造宫殿的工作交给了格拉纳达总督路易斯·乌尔塔多·德·门多萨，他是位聪明又博学的贵族，虽然傲慢但值得信任。他父亲是滕迪利亚伯爵，与因凡塔多公爵是堂兄弟。"城市公社起义"期间，他对查理完全忠诚。正是他举荐佩德罗·马丘卡担任建筑师。佩德罗·马丘卡为查理抵达格拉纳达设计了两座凯旋门的那位年轻艺术家。纳瓦杰罗说那凯旋门"又难看又臃肿"。[44] 其实，马丘卡在意大利接受的是作为画家的训练，他在建筑方面毫无经验。但这个新手慢慢地提出了一个简单得令人难以置信但又完全革命性的宫殿方案，而这个方案一定让每一个看到它的人都为之倾倒。

　　显然查理和门多萨从一开始就决定了宫殿应当是方形的，两层高，呈典型的当代意大利时尚风格。但它却是世界上第一座在方形底层中有圆形院落的文艺复兴式建筑。马丘卡巧妙地将两种基本的几何形状运用在了三维的建筑中，可是许多评论家都想当然地认为他太缺乏经验，不可能构思出这么有开创性的设计。一些过于迷恋意大利的评论家认为可能是巴尔塔萨·卡斯蒂廖内或者别的意大利人最先提出了这个想法；另一些则指出，有位偶尔会造访的意大利建筑师在很多宫殿和修道院的草图中都画了圆形的院子，只不过这些图纸最后都未被使用。传说，古希腊罗马时代的小普林尼在他朴素的宅邸就有类似的布局；出生在西班牙的哈德良皇帝在蒂沃利建造的别墅中，用圆形的长廊环绕着花园。马丘卡的灵感更有可能来自一位经验丰富的西班牙建筑师，名叫迭戈·德·西洛，他当时正在为格拉纳达建造新的大教堂，而他在其中也用到了这种革命性的圆形设计。[45]

　　然而事实是，任何在建筑方面有实际经验的人，不管是建筑师还是建筑工人，只要预想一下这样一个三维的建筑，都会立刻意识到庭院的角落会带来无法克服的问题。实际上，1581年就有一位博学的西班牙建筑师抱怨"格拉纳达的王宫里房间太小，形状不规整，因为要设计房间和走廊的时候，圆形的院落可真是一无是处"。[46] 在这里，形式胜过了功能：设计这座建筑的艺术家爱几何学不爱三角学。

实际上，我们今天所看到的这座宫殿的最终设计，是马丘卡在查理的实际使用需求和门多萨高雅的审美偏好之间做出创造性的权衡妥协回应的结果。我们幸运地找到了一些揭示这座革命性的建筑是如何建造出来的资料。[47]

建筑占地是方形的，这显然是设计的起点。不过，设计的初始阶段就有人，很有可能是马丘卡，大胆地建议在方形的院子周围环绕一圈圆形的长廊。在马丘卡早期绘制的图纸中，长廊是由两排柱子支撑的，但这样一来，方形的院子和圆形长廊的四个交点处就会出现排列过密的柱子。多亏了查理本人偶然的介入，这四块诡异的空间才有了解决办法。

1527年，查理写信将建造宫殿的事务全权交由门多萨处理，但他强调了两个实用性的要求：一是要有一间大的觐见室，二是东北角的八边形小圣堂至少要有两层高，这是当时王室小圣堂的标准配置，便于听弥撒时，王室在上层有独立空间，而侍臣们在下层也可同时参加。小圣堂的占地面积也需要增加，[48] 但门多萨抱怨说这样就意味着小圣堂会占用院子的区域，影响到走廊中柱子的排列。不久之后，有人想到了一个迷人又优雅的办法破解了这个难题，那就是把院子建造成圆形，东北角留出空间给小圣堂，另外三个角分别建造一个通向二层的楼梯，保留整座建筑的对称性。

这座宫殿可谓是建筑史上的重大突破，却一直没有修建完成。施工不断拖延，直到1637年还未封顶，被用作阿尔罕布拉宫的仓库。到20世纪50年代，封顶的工作才重新开始。这座最令人兴奋的宫殿居然变成了无用的累赘，被哈布斯堡王朝抛弃，被大多数游客忽略，对这片中世纪家屋而言，一座充满矛盾的现代标志物显得太过大胆而特异了。

4

文与武：加西拉索和阿尔瓦

谁人之血，未染敌人之剑？

——加西拉索·德·拉·维加，《第一首挽歌》

1526年11月，加西拉索被允许暂时离开王宫，回家看望他的第一个婚生子，并跟家人共度圣诞节，他的儿子也叫加西拉索。他的母亲依然身体健康；他的哥哥佩德罗·拉索回到了托莱多，娶了一位名叫比阿特丽斯·德·萨的美丽葡萄牙女子。但是作为市政议员，加西拉索不久后就动身前往巴利亚多利德，出席查理在1527年2月召开的议会。由于基督教世界陷入动荡，皇帝希望议员们能投票通过一项特殊拨款，支持与土耳其人的战争。

在巴利亚多利德，1527年5月21日这天一大早，伊莎贝拉皇后开始了持续13个小时的痛苦分娩。查理一直陪在她的身边，伊莎贝拉低声地呻吟，当一位和善的助产士鼓励她喊出来以减轻痛苦时，她回答道，"不要再说了，我就是快死了也不会尖叫的"，[1]那时查理一定感到非常自豪。阿尔瓦公爵竭力主张让小王子使用其曾外祖父的名字费尔南多，但两周后，小王子受洗时取名费利佩，这是查理的父亲的名字，显然是哈布斯堡家族而不是西班牙人的选择。

正当查理享受着初为人父的感觉之时，外界盛传在意大利发生了可怕的事情。6月，正式消息传达到了巴利亚多利德，查理的帝国军队在成功攻下罗马后失去了控制，他们行为残暴，洗劫了梵蒂冈，甚至将有着米开朗琪罗绘制的壁画的西斯廷教堂当作马厩。梵蒂冈被攻破后，教宗逃到了圣天使堡，此时像犯人一样被关在那里。

后来成为王家历史官的胡安·希内斯·德·塞普尔韦达当时就在罗马，他作为古典学家、语言学家、政治和法律理论家的事业才刚刚起步。由他翻译的亚里士多德《政治学》拉丁文译本直到19世纪依然受到学者们的广泛称赞。[2] 塞普尔韦达后来提出了许多影响力极大的有关正义战争和帝国的理论，以支持查理的帝国在欧洲的扩张和在美洲的殖民，他也因此成了巴托洛梅·德·拉斯·卡萨斯最强劲的对手。根据塞普尔韦达的描述，当帝国军队逼近罗马城的消息传来时，"邻里之间年轻的男人们都自发组织起来练习武艺，在街上列队游行，高喊着'罗马！罗马！罗马！'"。他带着恐惧和愤怒回忆道，"当时的情形给居住在罗马的西班牙人带来了巨大的危险……他们有的受到了凌辱，还有一些甚至在夜里被谋杀"。[3]

冲突双方的领导人开始了和平谈判，但来自美第奇家族的教宗克莱芒七世毫无军事头脑，对战争的现实也一无所知，居然相信帝国的将军们无意进攻上帝的城市。可是他没有考虑到，军人们已经很久没领过军饷，习惯了把掠夺来的战利品作为他们服役的酬劳。塞普尔韦达解释说，"士兵们决心拿下罗马，不成功便成仁"。帝国军队"对教宗心怀怨恨和厌恶"，当将领们试图宣布停战时，还引起了"骚动"。[4]

士兵们猛烈攻击城池。教宗被"雷鸣般的枪炮声"吵醒后，惊慌失措地钻出被窝，匆忙地从梵蒂冈通过地下通道逃去圣天使堡。塞普尔韦达和一群人一起前往城堡寻求庇护，但他们进去之后才发现那里几乎没有驻军守卫，也缺少基本的食物储备。此时，西班牙人已经冲破了城墙，罗马很快就遭受了帝国军队的肆意践踏：

> 他们不停地劫掠，关押无辜的百姓，闯进人们的住处……即使是对西班牙人和德意志人，他们也毫不留情，支持皇帝的意大利枢机主教们也不能幸免……他们亵渎和践踏圣地，洗劫所有的教堂，

偷走圣餐杯和盛放圣徒遗骨的圣物盒，路德宗的信徒对圣物格外不敬。甚至那些到圣餐台前避难，希望用祈祷来保护自己的信徒们也惨遭杀害。不管是被偶然看到的还是被藏起来但被士兵们找到的各种金银器皿，他们都照抢不误，即使这样他们仍不满足，他们还把市民们关押起来，让他们支付赎身钱。还有一些士兵（当然人数并不多）的做法比较极端，他们会拷打人们，逼问他们把积蓄藏在了哪里。[5]

尽管查理心里对给了这位靠不住的教宗如此沉重的报复感到高兴，但他也很清楚，自己要面对的是愤怒的世界，而且随着一个又一个可怕的细节不断被重复和夸大，口口相传于整个基督教世界，查理的耻辱与他的权力一样在增长。

查理的拉丁语秘书阿方索·德·巴尔德斯字斟句酌地写下了官方回应，不但几乎没有悔恨的意思，而且谴责教宗在任期间带来了如此可怕的灾难。他辩解道，查理并没有命令军人们在罗马亵渎神灵，这是上帝要惩罚腐朽堕落的梵蒂冈。

各国大使纷纷指责查理皇帝，但更危急的是，法国入侵了意大利，而且杰出的热那亚海军将领安德烈亚·多里亚带来了他手下的10艘军舰，帮助法国人围攻了那不勒斯。西班牙在亚平宁半岛上掌握的土地中，就数那不勒斯最为珍贵。当时，弗朗索瓦一世选择了一种奇怪的方式显示骑士姿态，他提出要和查理用单独决斗的方式解决他们之间的矛盾。面对在意大利将要战败的前景，查理接受了挑战，并且派他的武器教练去法国，选定了富有象征意味的丰特拉维亚作为决斗的地点。法国朝廷震惊了，对查理派来的教练恶语相向、百般阻挠，拒绝听取查理接受挑战的消息。[6] 就在国际外交史上最荒谬的边缘政策事件得到解决之前，两个关键的转机及时挽救了那不勒斯，并且永远埋葬了弗朗索瓦一世对意大利的野心。

首先，在被俘虏的许多意大利和西班牙权贵中，有一位诡计多端、能言善辩的瓦斯托侯爵，他承诺给予安德烈亚·多里亚每年6万达克特金币的俸禄，以及许多闻所未闻的特权，试图说服安德烈亚·多里亚倒戈。

多里亚对弗朗索瓦的信任产生了动摇，并且认为弗朗索瓦无力与哈布斯堡家族抗衡，所以只有支持查理才能让自己成为左右地中海霸权命运的人。后来，他忠诚地服务了哈布斯堡家族的两代君王，直到80多岁高龄去世。[7]

其次，那不勒斯暴发了一种致命的传染病，当时的人认为是黑死病。这次瘟疫更是让围困那不勒斯的法国军队损失惨重。自然的灾难迫使弗朗索瓦结束了围城。

但是对于加西拉索而言，皇帝的胜利被他个人的伤心事笼上了一层阴影。他的弟弟埃尔南多·德·古斯曼也被这场瘟疫夺走了生命。加西拉索早期的一首诗将他失去亲人的痛苦描绘得淋漓尽致：

不管是在我的胸前愤怒地挥舞的
法国人那可恨的武器，
还是守军从墙里扔出来的
飞镖、利箭、石头，诸如此类；

不管是危险的战斗
还是电闪雷鸣燃起的熊熊烈火
哪怕这是朱庇特大发雷霆
哪怕这是伏尔甘用巧手为他打造的武器，

如此残酷的战争，我都勇敢面对
这些都不能，哪怕一刻也不能
夺走我的呼吸，或是宝贵的生命

然而一阵微风吹来致命的疾病
在这个世界里，短短一天就让我终结；
此刻，远离故土，我被埋葬在异乡。[8]

在那个崇尚骑士精神的年代，还有什么比勇敢地走上前线，却被一阵微风吹来的传染病击倒更悲惨的呢？然而，后来加西拉索死亡的悲惨程度与他弟弟相比有过之而无不及。

对查理来说，此刻可能是他最为荣耀的时刻，因为自罗马诸帝以后，第一次有一位君主真正地主宰了整个基督教世界。他抓住了他的机会。是时候由教宗亲自将他加冕为神圣罗马帝国皇帝了。

查理对卡斯蒂利亚议会发表了一次激动人心又充满自信的演讲。他在演讲中声称，与被帝国军队俘虏相比，教宗对弗朗索瓦的反复无常、背信弃义更加气愤。"从那之后的很多天，我一直在与自己的灵魂斗争，不知道是否应该顺从自己的心意，去意大利接受帝国的皇冠……我咨询了我的顾问们，也与国外的朋友们通了信，自己也思索了很长时间：我决定要去接受加冕，任何建议或是劝阻都不能动摇我了。"紧接着，查理毫不掩饰地谈到了城市公社起义的原因，他向卡斯蒂利亚议会表示歉意，承认上一次离开西班牙时不应让佛兰德顾问掌权，"这一次，感谢上帝，我将把我珍贵的妻子和孩子留在西班牙"。[9]

尽管查理让伊莎贝拉担任摄政王后，但他还是做了细心的准备，将政府真正的重大事务交由一群政治经验丰富的西班牙人处理。卡斯蒂利亚议会以及新成立的国务议会实际上不再是顾问的角色，而是被提升成了以卡斯蒂利亚议会首脑胡安·塔拉韦拉为首的行政机构。塔拉韦拉与查理最信任的秘书、随同查理出行的弗朗西斯科·德·洛斯科沃斯建立了密切的工作关系，如此一来，议会的工作得到了监督和支持。查理将他的政府分为了两派，一派是努力维持西班牙和平的卡斯蒂利亚顾问，一派是查理自己的王家小圈子，他们决心维持基督教世界的秩序。[10]

查理之所以这样安排，是为了让伊莎贝拉能够更好地适应统治者的角色。这位美丽的新娘渐渐学会了作为皇后治理国家。正当查理为意大利之行做准备之时，另两位女性统治者在今日法国和比利时边界上的康布雷见面了。她们是法国王太后，萨伏依的路易丝，以及查理在尼德兰的摄政，奥地利的玛格丽特。她们用四天时间达成了一项协议以解决查理和弗朗索瓦长期以来的争端，后来这项协议被称为"淑女条约"。条约的关键在于，查理要放弃所有对勃艮第的领土要求并归还弗朗索瓦的继承人，而弗朗索瓦将再也不会干涉意大利，并为他的继承人支付200万达克特金币的赎金，还要迎娶查理的姐姐埃莉诺，让她当法国王后。

1529年1月，查理正在托莱多为意大利之行做准备。教宗的使节卡斯蒂廖内一定对查理皇帝与教宗的最终和解喜出望外，宫中的意大利人早就想回家了，我们也能很容易想象那些西班牙侍臣对将要访问文艺复兴的摇篮会感到无比兴奋。已经恢复了正常生活的加西拉索和佩德罗·拉索，与博斯坎一道加入了浩浩荡荡的贵族及随从队伍，他们一同穿越西班牙前往巴塞罗那，再乘船前往意大利。阿尔瓦公爵年事已高、身体抱恙，不适合乘船旅行，但他前去欢送皇帝登船，并在那里最后一次与他的次子佩德罗·德·托莱多告别，不久，佩德罗就被任命为那不勒斯总督。

在无数保障皇帝出行的必要且细致的后勤安排中，有一件准备工作从根本上改变了西班牙的理发行业：查理决定要将头发剪短，将胡子留长，以这样的新形象将自己与古罗马的皇帝联系起来。包括博斯坎、佩德罗·拉索和加西拉索在内的几乎所有廷臣都追随了王室的这一新时尚，尽管剪掉一头浓密的长发让很多人都掉下了眼泪。[11]然而，他们还有更性命攸关的事情要担心。旅行是一件危险的事，特别是海上航行，要面对暴风雨和巴巴里海盗的威胁，因此查理和所有同行的人都写下了遗嘱。加西拉索的遗嘱被幸运地保存了下来，其中的细节充分显示了他作为普通人和绅士的一面。除了将财产留给妻儿的主要条款，他还记得丰特拉维亚战役中"在纳瓦拉的一个镇子上我欠了一个叫马丁的人一把旧斧头，因为我的过错，他的斧头被法国人抢走了"，"在萨尔瓦铁拉，我欠了一位医生五六个达克特金币，因为占领了那里之后我们在他家吃了些东西"。他在遗嘱中细致又诚实地交代每件事，甚至记录了一个仆人，"她叫埃尔薇拉，我需要感激她的真诚。我记得她应该是来自埃斯特雷马杜拉的托雷或者是阿尔门德拉。弗朗西斯科或者阿尔科斯的治安官和他夫人知道她是谁。派一个诚实善良的人去调查我是否对她有所亏欠，如果有，请给她10000马拉维弟，但如果她结婚了，一定要低调行事"。他还为私生子洛伦索做了安排，让他可以去学习，自己选择当神职人员还是律师。[12] 就算是死，加西拉索·德·拉·维加也要保持绅士的姿态。

于是，7月28日，西班牙的贵族精英们登上了安德烈亚·多里亚率领的出近百艘船组成的大船队，起航前往热那亚。在热那亚，200艘小船组成的船队用雷鸣般的礼炮声欢迎查理的到来。查理在热那亚停留了17天，巩固了他和多里亚以及城中其他要人的友谊，因为他非常清楚，热那亚的港口以及海军是控制地中海的关键。查理和多里亚一定首次讨论了针对奥斯曼帝国苏丹苏莱曼一世的从属王国，同时也是令人闻风丧胆的海盗"红胡子"巴巴罗萨在北非的总部，突尼斯或阿尔及尔，进行大规模海军作战的可能性。

正当查理希望把战争由他领土内的西班牙和意大利转移到伊斯兰世界时，一支强大的奥斯曼军队进入了查理的弟弟费迪南在东部的领地，直逼维也纳。在温室一样舒适又安全的西班牙，查理显然以为自己在世界舞台上是无所不能的，而现在真到了要扮演主角的时候，他才意识到这项任务是多么困难。当他在意大利，与意大利人和教宗谈判时，奥地利的玛格丽特以及他的弟弟费迪南都敦促查理加强对尼德兰和神圣罗马帝国的统治权威。当时，费迪南负责管理奥地利并被推举为波希米亚国王。查理非常希望就在罗马加冕，但为了更快与路德教派和土耳其人抗衡，他决定在具有历史意义的大学城博洛尼亚举行加冕仪式。

在博洛尼亚，查理先被加冕为伦巴第国王。两天后，在大教堂门前用月桂枝叶做成的华盖之下，查理得到了克莱芒七世和53位主教的认可。查理的右臂和宝剑被涂上了圣油，然后教宗为他戴上了神圣罗马帝国的金色皇冠。查理在圣餐台前祈祷，跪下亲吻了教宗的脚，最后坐上了皇帝的宝座。这一天是他的生日，1530年2月24日。

离开意大利之前，查理花了20天时间在曼图亚狩猎、休闲，陪伴他的是欧洲最伟大的艺术赞助人费德里科·贡萨加。正是贡萨加介绍查理认识了威尼斯著名画家蒂齐亚诺·韦切利（英语国家常称他为提香）。加西拉索和博斯坎一定非常享受曼图亚公爵府上私密的世界，因为这里汇集了最好的画作、壁毯、雕塑以及优秀的文人。不过，查理已经开始精简他的随从人数，为北上做准备。在曼图亚，他赐予加西拉索每年8万马拉维弟的薪金，免除了他的公职，允许他返回西班牙。[13]

加西拉索正在成长为一名拥有国际活动经验的重要侍臣和外交官。查理在给伊莎贝拉的信中，声称弗朗索瓦一世"似乎决心保持和平和友谊"，弗朗索瓦一世此时已经正式迎娶了埃莉诺。查理还解释说，他已经派了自己的使者去拜访这对新婚夫妇，似乎认为礼节问题至关重要，"如果西班牙不派人去恭喜他们，我就应该派一位有身份的人去做这件事"。[14]加西拉索刚回到西班牙，皇后就让他负责这项棘手的任务。她用密码写信给查理，告诉他"加西拉索会做好充分的准备去法国，从陛下派去的大使那里了解法国的情况，同时，他还会关注边境上的情况，随时向我们汇报任何可能的军备情况"。[15]

1531年夏天，丧偶不久的佩德罗·拉索被一桩双重联姻的提议所吸引：他可以娶他的远房表亲唐娜门西亚·德·巴桑，她去世的丈夫是有权势的阿尔布开克公爵的弟弟。但这只是蛋糕上的糖衣，蛋糕本身才真叫人垂涎三尺：佩德罗·拉索的大儿子，名字也叫加西拉索，年方15，可以娶唐娜门西亚11岁的女儿伊莎贝拉·德·拉·奎瓦。伊莎贝拉是阿尔布开克家族巨额财产的继承人，是整个西班牙最抢手的少女。这样的联姻将使佩德罗·拉索的家族直接跻身贵族的最上层。7月17日，佩德罗·拉索和唐娜门西亚达成了"交易"。

唐娜门西亚铤而走险选择佩德罗·拉索父子俩，是想要阻止阿尔布开克公爵为保证财产不外流要将伊莎贝拉许配给他弟弟的打算。整个阿尔布开克家族都急忙请求皇后阻止这桩婚事，皇后把这个争端汇报给了皇帝。但唐娜门西亚可不是省油的灯，她可是未来的海军上将、圣克鲁斯侯爵阿尔瓦罗·德·巴桑的祖母。若不是阿尔瓦罗·德·巴桑不幸在战前去世，1588年他说不定能率领西班牙无敌舰队打败英格兰。在1531年8月14日，圣母升天节前夜的宴会上，唐娜门西亚狡猾地"包抄"了那些反对她的大贵族。她先是请求带伊莎贝拉去阿维拉大教堂做忏悔，等她们一到，要当新郎的加西拉索也到了，不久他叔叔加西拉索·德·拉·维加也来了。婚礼一切就绪，在几个仆人的见证下，神父被迫主持了仪式。两个孩子把右手放在十字架上，规规矩矩地交换了誓言。

1个月后，查理的命令传回了西班牙，禁止任何人不经他允许结婚。事实上，"生米还没煮成熟饭"，小加西拉索后来在审问中承认，夫妇二人尚未圆房。考虑到伊莎贝拉年纪尚幼，这样的解释似乎是合理的。但是皇后对此非常生气，开始对所有相关的人采取措施。

整个1530年夏天，查理都在忙着调和新教和天主教教会。他祈祷在奥格斯堡会议上双方的矛盾能得到缓和，但结果恰好相反，双方甚至互相发出了令人不寒而栗的威胁。1531年初，神圣罗马帝国的新教诸侯正式达成政治协定，组成了施马尔卡尔登同盟。[16] 然而，在东线战场与奥斯曼帝国全面开战的威胁，仍然对基督徒具有强大号召力，而皇帝也发出了征兵令，并在碧波荡漾的多瑙河畔拉蒂斯邦开启了1532年的战季，这让日益分裂的欧洲暂时形成了统一战线。

1532年1月，许多西班牙贵族积极地响应了皇帝的征兵令，其中就有加西拉索和他的老朋友费尔南多·阿尔瓦雷斯。当时费尔南多的爷爷已经去世，他成了第三代阿尔瓦公爵。对于加西拉索而言，穿越欧洲的旅行不仅能让他逃脱侄子有争议的婚姻带来的责难，而且是与儿时就认识的好友共同出游的好机会。在勇敢的骑士时代，幻想与现实之间的界限模糊：充满侠义精神的骑士们所到之处，基督教贵族们都会在城堡或宫殿里热情接待他们。一路上有挑战，有美女，有筵席，有比武，尤其是经过不受管辖的地带时，总会有更多令人兴奋的时刻，遇上逍遥法外的江洋大盗或是极其恶劣的天气，考验他们的宝剑、骏马和勇气。当他们走在森林里、田野间，夜幕降临时，总有温暖的小旅馆和风尘女子陪他们度过寒冷的夜晚。法国的道路会让他们感受到兄弟情义和自由。

加西拉索和阿尔瓦公爵相约在丰特拉维亚，但没过几天就被皇后的人就追上了。他们想让加西拉索证明他侄子的婚姻属实，但加西拉索拒绝作证，并且指出王室授权令并未允许他们逮捕他，而他正要去为皇帝效命。官员们送信给皇后如实禀报，皇后非常生气，要求加西拉索立刻回答。这回，加西拉索必须承认事实，但他还是光荣地拒绝说出神父的名字，以免牵连神父。他对当时的事情给出了简明扼要、不带感情色彩的叙述之后，立即收到了将他驱逐出宫廷和王国的命令，于是他和阿尔瓦公爵开始穿越法国。[17]

加西拉索用一首戏剧性的长诗记录了他们穿越欧洲之旅。诗中不乏精彩的诗句，以及大量转换韵律和韵脚的尝试。加西拉索借鉴模仿了许多经典的作品，尤其是维吉尔的《埃涅阿斯纪》。当他们穿越过山脉进入法国时，面对美丽的风景他惊叹道：[18]

层峦叠嶂的比利牛斯，　　　　高耸入云，
直抵苍天之上的天堂，　　　　悬崖峭壁，
谷地如深邃的地狱，　　　　　白雪皑皑，
包裹着几乎凝固的溪流，　　　泉眼沉寂，
在冰天雪地之间，　　　　　　悄然而止……[19]

加西拉索使用的韵律需要在每行诗中间断句，这在意大利语中被称为"内韵"。这种方法有些奇怪，因为它破坏了每行诗 11 个音节的格律，所以很快就被西班牙诗人们淘汰了。这首诗是 1533—1535 年，加西拉索被流放国外，在为阿尔瓦公爵的叔叔、那不勒斯总督佩德罗·德·托莱多服务期间所写的。这显示出了在当时那不勒斯深受西班牙影响的意大利文化环境中，加西拉索对标准西班牙语诗歌所能达到极限进行的尝试。

跟随着公爵的脚步穿过比利牛斯山脉进入法国之后，诗句又带领我们直抵巴黎。阿尔瓦公爵在巴黎突然病倒，"脸色憔悴又蜡黄"，他"在马背上威风凛凛，现在却弱不禁风"，非常虚弱，脸上的颜色渐渐退去，直到：

迈着大步穿过丛林，　　　　这里有能治百病的草地
那是阿斯克勒庇俄斯的脚步声，　他是神的医生

步履匆匆却神情淡定，　　　　他来到病人床边

费尔南多躺在那里，　　　　　面如土色，了无生气。

医生来了，妙手回春！　　　　服下他的药，

病人平复如故……[20]

阿斯克勒庇俄斯是阿波罗的儿子，古希腊神话中众神的医生。多亏他的帮助，阿尔瓦公爵安然无事。他和加西拉索再次上路，跨过莱茵河，诗人"回想起了恺撒大帝来到同一地点时的情景"。随后他们快马加鞭，"横穿德意志，抵达基督教军队可能驻扎的地方"，也就是多瑙河畔的拉蒂斯邦，现在的雷根斯堡。

眼中闪烁着幸福的光芒，　　　　查理，我们的恺撒，

无限荣光的征服者　　　　　　　拥抱了

阿尔瓦，在临河的门前　　　　　聚集着

贵族军人们　　　　　　　　　　呼喊着

必将取得胜利……[21]

下文他继续描述王家军队的壮观景象，模仿了希罗多德在他的《历史》一书中对薛西斯一世大军的描写手法。

查理聚集了15万步兵，6万骑兵，有位法国贵族记录到，"这是半个世纪以来最雄壮、最出色的一支军队"，军容足以令苏莱曼一世闻风丧胆，立刻命令奥斯曼帝国军队不战而退。[22]像阿尔瓦公爵和加西拉索这样来自基督教世界各个角落的贵族冒险家们，担任着军中要职。西班牙大方阵训练有素，骁勇善战，闻名全欧洲，也从意大利各处的驻地集中前来。土耳其人的撤退令查理的军队急不可耐。但这场胜利已成为传奇，据说维也纳的面包师们为了庆祝胜利，制作了一种新的可口低脂黄油面点，形状类似伊斯兰的新月，今天我们依然称之为"新月面包"。

此时，费尔南多·阿尔瓦雷斯刚刚成为阿尔瓦家族一家之主，而他

们家是西班牙最有权势的家族之一，他自然是受到了热烈欢迎。而加西拉索则备受屈辱，他不仅被拒绝进入拉蒂斯邦，还被驱逐到河中央的一座小岛上。加西拉索很清楚，自己是君主和贵族社会里专横家长作风的受害者，他感叹道："我的身体现在被掌握在一个位高权重的人手上，他可以对我为所欲为。"[23] 幸运的是，这位有着无尽权力的皇帝决定好好利用加西拉索被流放的这段时间，他派加西拉索去那不勒斯为佩德罗·德·托莱多工作。在总督府热爱生活、热爱文学的氛围中，加西拉索可以施展他宝贵的才能。凭借他从容优雅的社交技能，加西拉索在崇尚艺术和智慧的世界里脱颖而出。那不勒斯对他而言简直是最甜蜜的监狱，他在这里写下了生平最伟大、最有影响力的一些诗歌。他与著名古典学家、未来的王家历史官胡安·希内斯·德·塞普尔韦达成了密友，还为他写下了一首拉丁文的颂诗。加西拉索成为蓬塔尼学院的常客。学院里聚集了众多诗人，他们用拉丁文写作，互相交流思想。加西拉索在这里认识了伟大的彼得罗·本博，后来，他评价加西拉索是"一位绅士，一位特别值得赞赏和称颂的才华横溢的诗人"。[24] 也是在那不勒斯，加西拉索偶得一份卡斯蒂廖内的《侍臣手册》副本，博斯坎据此翻译出了西班牙语译本。此后，加西拉索多次出使罗马和西班牙，直到1535年，他加入由查理和安德烈亚·多里亚为在地中海展开对奥斯曼帝国突尼斯要塞进行大规模袭击而集结的大舰队。

　　查理由德意志取道意大利返回西班牙。他尚在旅途之中时，新的威胁又产生了。为了应对安德烈亚·多里亚强大的海军实力，苏莱曼一世收买了臭名昭著的意大利海盗"红胡子"巴巴罗萨。巴巴罗萨作为苏莱曼的扈从取得的第一个成果就是拿下了北非的海岸城市突尼斯，当时突尼斯的掌权者是一个西班牙王室分封的穆斯林附庸。查理决心要夺回突尼斯。加西拉索这一代西班牙保王派贵族，是听着中世纪的祖先收复失地的丰功伟绩长大的。对他们而言，征服北非可以称得上是名留青史的事业。他们都非常兴奋，对投身这场战斗充满了骑士般的渴望。

　　查理又将离开西班牙，让伊莎贝拉再次主持朝政。离开之前，他决定让费利佩王子搬离他母亲的宫殿，因为费利佩已经7岁，查理认为是时候让他自立门户了。费利佩将拥有自己的王子府，有管家、随行神父、教师等人服侍。布斯托博士为他设计了特别的语法和阅读课程。布斯托博士将伊拉斯谟的《论基督君主的教育》翻译成了西班牙语，这部作品在西班牙的人文主义者中影响极大。到1536年，费利佩已经可以用拉丁语和西班牙语念祈祷词，并且开始学习阅读这两种语言了。布斯托向查理汇报说："要不了多久，他就可以开始学习一些伟大作家的作品，首先从加图开始学起。"陪伴费利佩成长的是一群精心挑选出来的贵族孩子，他们一起扮演君臣，举行儿童的比武和舞会，学习骑马、打猎和击剑，费利佩对武术运动尤其擅长。[25]

查理的大军在巴塞罗那集结后，登上了多里亚的船只。查理宣布，大军的将军是基督本人。船队向着突尼斯出发了。那里曾是狄多女王的迦太基城，被西庇阿在最终成功的布匿战争中夷为平地。迦太基古城壮观的遗址，为查理的军队登陆提供了戏剧化的背景。新登基的神圣罗马皇帝在这个有着特殊历史意义的地方发动战争，令军队中大多数受过教育的贵族感到欢欣鼓舞，而加西拉索则在一首献给博斯坎的诗中，借此事询问了哈布斯堡家族皇帝的雄心壮志。[26]

查理请来扬·科内利斯·韦梅延做他的战争艺术家。韦梅延是一位才华横溢的尼德兰画家。后来，为了纪念查理的胜利，奥地利的玛格丽特委托著名的佛兰德工匠威廉·德·潘尼梅克尔的工坊仿照韦梅延的素描和手稿，制作了一套巨大而精美、共12幅的壁毯，壁毯对原画的忠实程度令人惊叹。

韦梅延的画作唯美而生动地记录了战争的场面，其中许多细节都和历史记录吻合。他甚至画下了一些零星战斗的瞬间。这不仅是因为韦梅延在后期完善画作时参考了官方的历史材料，更重要的原因是他本人就在战争现场。韦梅延也将自己工作时的样子画到了作品中，画面中他的周围战火纷飞。这也体现出文艺复兴时期，人们对目击者所述的历史具有无可争议真实性这一点的执着。系列壁毯由一幅类似地图的地中海全景图开始，精细到船队中每艘船都栩栩如生，画面的侧面是站在讲台前的韦梅延，他手中拿着指南针，象征着他所绘制地图的准确性。在系列作品中，我们可以看到贵族在巴塞罗那城外集结，也可以看到《洗劫突尼斯》《告别拉古莱特》中血腥的细节。而场面宏大的《迦太基海角登陆》则被称作"当时船只真实的样本目录"，远处是盖伦帆船，近处有小吨位的卡拉维尔帆船，还有双层桨座战船，船上有身穿红色马裤的奴隶划桨，可见查理的海军为确保战争胜利发挥了至关重要的作用。[27]

这套巨幅壁毯最终挂在了马德里王宫的大厅中。它们真实地再现了历史画面，每一幅底端都有一首拉丁文的诗描述画面所绘的情节。右侧有一块绣在上面的"小石碑"简单介绍事件发生的地理环境。顶端则有较长的西班牙语解说词，对画面中的内容进行了更详尽的介绍，这些文字显然是参考了王家宇宙志作家阿隆索·德·圣克鲁斯的叙述，或者就是他本人所写。要知道，当年能够欣赏到这些壁毯的人中，很多都亲历了画面中的事件，而更多人也会阅读官方的历史记载。他们会花很长时间讨论壁毯中描绘的细节，会登上脚手架以便从上到下细致地观察这些画面。[28]

胡安·希内斯·德·塞普尔韦达凭借《非洲战争》这一战役史巨著被查理封为王家历史官。[29] 他以目击者的角度进行了叙述，常常令读者感到身临其境。双方首次交战恰逢一场沙尘暴，在《迦太基海角登陆》的远景中可以看到当时的场景。起先巴巴罗萨率领的土耳其军队占了上风，但最终他们撤退了。随着零星的战斗继续发生，有个叫胡安·苏亚雷斯的骑士不停地吹嘘自己的战功。据塞普尔韦达描述，"他比那些勇敢又谦逊的骑士傲慢了一些"。查理的秘书弗朗西斯科·德·洛斯科沃斯批评他说："在战争年代，应当用实际行动而不是华丽的辞藻来表现自己的勇气。"第二天，轻骑兵回到兵营时，苏亚雷斯独自离队，穿过附近的一片橄榄树林，朝着一队贝都因骑兵冲了过去。但当敌人转身面对他时，他却突然停了下来。"你在犹豫什么呢，勇敢的骑士？"他的队长喊道，"为什么你不攻击眼前的敌人，向我们展示你的勇气呢？""我可不是犹豫的人。"苏亚雷斯一边回答一边冲向了敌人，比伟大的堂吉诃德还要鲁莽。

他立即被敌人包围了，"由于马鞍没有固定好，他被敌人的长矛打下马来"。队长带着两名骑兵军官急忙追上去营救，但敌方竟又来了70个人，双方力量悬殊。绝望的情形之下，加西拉索·德·拉·维加带领了一群骑兵赶来支援，"他们英勇地战斗，14个人抵御住了80个贝都因人"。他们救出了苏亚雷斯，成功撤退。苏亚雷斯身受重伤，"在返回营地的路上咽了气"。"加西拉索脸部和胳膊都受了伤"，塞普尔韦达写道，继而谴责他们不负责任的自杀行为。[30]加西拉索则用略带抒情的语调把受伤归咎于"忘恩负义的爱"，"它让敌人变得强大"，使我的右手和嘴受伤，对于诗人来说这是最有用的身体部位。[31]

于是，查理又派出了蒙德哈尔侯爵路易斯·乌尔塔多·德·门多萨率领的一支分遣队。门多萨曾对马丘卡主持设计的查理在阿尔罕布拉宫的新宫殿产生很多影响。根据圣克鲁斯的记载，"侯爵是一位骁勇善战的骑士，他身先士卒，率领骑兵们与一大群摩尔人交战，冲入了他们之中，遭受了大量摩尔人的攻击"。但他的手下节节败退，"只留下侯爵被敌人围攻。看到他处于如此的危险之中时，查理本人坚定地高呼'圣地亚哥'，手握长矛，奋勇杀敌，一直冲到敌方炮兵部队的位置才停下，他不仅击退了一群炮兵，还缴获了一门大炮"。[32]塞普尔韦达写道，"身经百战的埃尔南多·德·阿拉尔孔将军以不卑不亢的语言，费尽口舌尝试说服查理不要如此鲁莽地投入战斗，这样会使所有人都暴露在大炮和飞矢的威胁之下"。[33]

查理从突尼斯大胜而归，被称作"非洲的卡洛勒斯"。虽然他先是前往了西西里举行凯旋仪式，然后是那不勒斯而非罗马，但是他的凯旋就和古罗马时期的皇帝一样，无人不知无人不晓。[34]在夸张的赞扬之中，加西拉索却用他的《第一首挽歌》呼唤人们铭记战争的苦难，以及战后军人心中的虚无，他写道："谁人之血，未染敌人之剑？谁不是刀山火海，九死一生？""这又为了什么呢？荣誉？奖赏还是感谢？""我勇敢地战斗，刀枪剑戟，层层考验，坚韧的幸运女神守护我不被死神夺取生命。"

但加西拉索的好运快要用完了。1536年2月19日，当那不勒斯全城上下喜气洋洋，热闹欢腾时，弗朗索瓦一世再次入侵米兰的消息传来了。查理怒不可遏，而此时的他经历了突尼斯的胜利，难免过于自信。他决心击垮法国人，于是奔赴罗马，向教宗谴责弗朗索瓦，用西班牙语公开演讲了一个多小时。查理明确表示，再也不会做出任何让步。法国大使抱怨他一个词也没听懂，虽然查理的母语是法语，但他回答道："你必须明白，不用指望我说除了西班牙语之外的其他语言，西班牙语是高尚的语言，每个基督教徒都应学会"。[35]

查理准备入侵法国南部。他首先派出了加西拉索紧急前往热那亚和米兰，和多里亚以及他的将军们讨论最机密的战略问题。数天之后，加西拉索向查理禀报，而他被任命为步兵团长，指挥老阿尔瓦罗·德·巴桑率领的马拉加舰队上那即将抵达热那亚的3000余人。[36]巴桑是伊莎贝拉·德·拉·奎瓦的哥哥，正是伊莎贝拉与加西拉索侄子的婚姻导致加西拉索被处罚。而小加西拉索，也就是那位新郎，也随部队一同前往了热那亚，不过查理立即下令禁止他参加任何战斗。[37]

面对查理强大的军队，弗朗索瓦躲进了阿维尼翁的高墙之内。既不能同敌人展开野战，又无法继续保障军队粮食供给的查理，只能撤退至支持他的城市尼斯。他率领先锋部队于1536年9月19日抵达了小镇勒米。据一位科尔多瓦士兵回忆说，"小镇的大门口是一座很窄的桥，桥边有座坚固的塔楼，有14个敌人藏在里面。皇帝的一位侍臣架起了梯子准备爬上去，有个敌人叫他别往上爬。敌人说，他们是法国人，这里是他们的土地，他们并不想离开塔楼。皇帝命令用大炮轰炸，在石头做的塔楼上炸出了一个洞；随后团长加西拉索带着两个人走了过去，但纪廉·德·蒙卡达央求他们让自己带头进攻，好让他也取得一点战功，因为其他人都在战斗中获得了很多荣誉，只有他还没有。于是蒙卡达走在了前面，其他人也跟在他不远处。加西拉索和蒙卡达刚刚爬上梯子时，法国人就扔了一个巨大的石头下来，把梯子砸断了，他们俩摔了下来，加西拉索的头部受了重创。[38]

因为这次受伤，1个月后，加西拉索在尼斯与世长辞。在骑士时代里，贵族骑士们渴望成为伟大的诗人，他们穿上盔甲在欧洲的战场上秉持着骑士精神浴血奋战，而加西拉索的死亡预示着这个时代的终结。

5

依法治理

在这些王国里，陛下需要大量的法官。

——议会写给伊莎贝拉皇后的信

"在这些王国里，陛下需要大量的法官。"1532年，议会焦急地向伊莎贝拉皇后谏言。"诉讼量大幅增长，案件无法按时审理完毕，导致诉讼当事人花费巨大，麻烦不断。诉讼双方的花费经常远远超出案件原本所涉及的金额，最终导致他们破产，而律师、代理人和公证人却因此致富。"[1]

城市公社起义之后，西班牙的社会经济以令人眩晕的速度发生着翻天覆地的变化，财富由美洲涌入，贸易繁荣发展，公债和私人债务飙升，人口快速增长，流动增加，很多人迁移到新的农业用地或者不断扩大的城镇中心生活。在大量的经济活动和社会变动下，产生了各种各样的有关土地、财产以及合同的纠纷。西班牙人已经尝试过用武力解决争端了，结果是拥有最强大的私人军队的大贵族得以在自己的封地内为所欲为，而现在，卡斯蒂利亚人开始信任新掌权的皇帝，与武力相比他们更愿意使用法律手段。这一变化至关重要。查理不断与参与公社起义的城镇进行协商谈判，所获得最主要的成就就是司法系统的改革与法庭的建立，有功绩、受过良好的法律教育的人被选拔出来担任法官，主持法庭。[2]

几年之内，卡斯蒂利亚的各个社会阶层都开始依法办事。似乎没有人被排除在法律系统之外。皇帝为穷人提供法律援助，即使是民事案件也可使用。因此，我们可以发现这样的记录：一位名叫玛丽塔的奴隶在1551年为获得自由而发起了诉讼，而一名女子请求法院发出判令让市政议会保证"派人寻找我的丈夫"。[3] 1577年，来自托莱多富庶乡村地区蒙特斯的胡安·卡尔德龙，起诉了他父亲的私生子阿隆索。胡安称，阿隆索在他们的父亲去世后，将价值10万马拉维弟硬币的财物据为己有。胡安认为非婚生子没有继承权。而阿隆索声称这些财产是用来弥补"我父亲对我的亏欠，因为我已服侍他多年"，而胡安"在家里什么事情都不做，他所有的时间都用来学习阅读、写作和计算"，因此他不应继承财产。我们能够体会到阿隆索受到了命运不公平的待遇，然而，在当地方法院做出对他不利的判决后，他非常善于运用法律保护自己的利益：他先向上一级的地方法院提出了上诉，失败后他又上诉至最高法院。当时，卡斯蒂利亚有两家最高法院，分别是王家审问院和巴利亚多利德最高法院。胡安抱怨说，"上诉只是为了拖延判决的时间，从而推迟偿还他的债务"，这个不识字的私生子只是在钻制度的空子。[4]

　　大量的原告和被告都是富有的农民、商人、旅店老板、商店老板或是其他财产所有者，他们打官司有的是为了追讨债务，也有的是为了维护自尊、荣誉或是地位。例如，来自克里特岛的著名画家格列柯，在16世纪70年代定居西班牙，对他而言诉讼只是他生意中正常的组成部分而已。他曾在法庭上赢了伊列斯卡斯的收税员，为绘画免于王室的税收确立了先例，这可以称得上是一场历史性的诉讼了。[5]

　　而大贵族家庭则好似现代大型企业，他们曾经雇佣军队，如今却聘请了律师团队来处理他们卷入的没完没了的诉讼。拿贝哈尔公爵来说，他长期聘用近20名法律顾问。卡斯蒂利亚治安官仅1603年一年之内就被卷入了19个不同的诉讼。[6]类似的大城市都有法律团队，比如塞维利亚的资深大律师仅1551年一年就需要处理85个案件，花费预算在100万马拉维弟左右。[7]

　　这一时期，卡斯蒂利亚的法律错综复杂，管辖区域划分混乱，不同法庭间司法管辖权相互冲突。牧师、士兵、军事修会、巴斯克人等不同的社会群体都有他们自己的法庭，这就意味着本诉和反诉常常在不同法庭上进行。而且，主持法庭的法官在决策时自主发挥的空间很大：法律没有明文规定，除非他们想迅速结案了事，否则在判决时并不一定要遵照先例。他们的依据无非是"所罗门的智慧"罢了。如此混乱的法律制度好似克里特岛的迷宫一般，但成千上万普通的卡斯蒂利亚人还是不断求助于它。也许正是因为卡斯蒂利亚人这么倔强，甚至鲁莽固执，才使他们能够征服广大的美洲土地，才使西班牙大方阵成为欧洲最强大的军队。然而，即使是这些热爱冒险、争强好胜的人也需要法律专业人才的帮助，才能在这么复杂的法律制度中处理问题。

在当时，提供法律服务的人可以分为三类：代理人、代诉人和律师。代理人有基本的法律知识，水平参差不齐，用各种手段打法律的擦边球。当时这样的代理人有三四百人，可能是客栈老板、男仆或是其他什么职业，鱼龙混杂、无人监管，没有资格认证，仅凭经验工作，为潜在客户承诺知识和人脉服务。代理人懂得贿赂的重要性，对应该收买哪位官员、如何收买他们了如指掌。代理人中的佼佼者们不仅能像变戏法一样钻制度的空子，而且能充分利用管辖区域的复杂、法律文书的烦琐以及他们对每位律师、法官个性的了解，巧妙地迷惑对手。他们熟练地掌握各种窍门：去错误的法院起诉，无法出庭或提交关键的文件，尝试提出撤换一名或多名法庭官员，或者在收获季节要求某位农民的证词，因为他们清楚农民那时忙于农事无法出庭，法庭就必须给予更多时间。

相比之下，代诉人则经过了法律的检验，并且由他们所工作的法院授予从业许可。除了这些可靠的基本条件之外，大部分代诉人都在一位经验丰富的老行家手下当过多年学徒。但是，每间法庭的代诉人数量原本就不多，而且受到严格控制，现有的代诉人都是买来的官职，他们认为这是一种投资。他们的圈子非常封闭，在人们的印象中，代理人的人数总是不断增长，因为许多原本应该由代诉人完成的工作，总是要由代理人来做。

而律师受过大学教育，他们可以告诉客户案件是否有望胜诉，如果确实值得一试，他们则会出庭依照法律来辩护。律师好似中世纪公民社会中最优秀的"枪手"，他们能言善辩、巧舌如簧，把对抗的戏剧冲突带入了正义的舞台上。但是，并不是所有的律师都刚正不阿：1554年，当巴利亚多利德最高法院审理路易斯·德·托莱多与阿维拉城一案时，竟然调查出一名叫作阿吉亚尔的律师说服了案件双方都花钱聘用他来为自己辩护，让双方都以为他拒绝了对方的提议。[8]一流的律师收入不菲，大部分律师都按照官方价格收取费用，如果客户不满意，常常会拒绝付钱。

诉讼进展缓慢，有时甚至停滞不前，因为当事人在顾问的指导下，会使用各式各样的拖延战术，此外，可能还会赶上瘟疫或传染病导致延期开庭，况且当时死亡率原本就居高不下，案件还没审理完，法官、律师或当事人就死了的情况并不罕见。大部分小法庭都能在1年内做出判决，上诉法庭则需要3年或者更久。极端的例子也不少：托莱多城与贝拉尔卡萨伯爵一案的审理竟然花了130年，产生了34000多页的文件；1504年，哥伦布后人起诉王室，要求在新世界给予他们头衔对应的封地，这一著名案件则拖延到了18世纪。[9]

16世纪，卡斯蒂利亚的诉讼量增长率之高令人瞠目结舌。1520年，巴利亚多利德最高法院发布了约550份判决书，1540年增长到800份，1580年几乎到达顶峰，将近1400份。当时巴利亚多利德的管辖区域内大约有400万人口，也就是说，平均每100万人就有300多份判决书。作为比较，19世纪末是美国最高法院最活跃的时期，当时它管辖的人口规模大约也是400万，而平均每100万人只有200份判决书。更加令人惊讶的是，1970年美国人口约2亿，美国联邦上诉法院此时的待审案件才11662件，而1580年，在巴利亚多利德和格拉纳达的王家审问院和最高法院的年度案件登记量就已经近万件。有趣的是，这些法庭受理的案件中，只有十五分之一得到了判决书，也就是说，卡斯蒂利亚人已经学会用起诉的威胁来作为他们解决争端的策略之一了。[10]

虽然诉讼费用昂贵、手续复杂、腐败严重，但是普通人相信这套体制能保护他们不受到更强大对手的威胁。1543年，有位贵族抱怨法院偏袒仆从而非他们的主人。这当然是夸张的说法，但卡斯蒂利亚的司法系统的确具有独立性，因为大部分的法官都来自小贵族和乡绅，他们必须艰苦奋斗才能坐到现有的位置。他们对贵族的反感由来已久。[11]据记载，伟大的小说家米格尔·德·塞万提斯的爷爷胡安·德·塞万提斯与位高权重的第四代因凡塔多公爵之间的法律大战一波三折，其精彩程度与塞万提斯的作品不相上下，而最终，在这个故事中，顽强而灵巧的大卫也赢过了巨人歌利亚。

塞万提斯家族来自位于塞维利亚上游的科尔多瓦，那里以美丽古老的清真寺、酷热的夏天、皮革制品、宽檐帽和美女而闻名。胡安·德·塞万提斯大半辈子都住在科尔多瓦，担任宗教裁判所的一名小法官。他是典型的受过教育的新中产阶级，既不大富大贵也不至于穷困潦倒，在当地有权势，但在西班牙这副棋盘上只是一颗小棋子罢了。

1527年，胡安到马德里东北边的瓜达拉哈拉担任牧场治安官。那里是第三代因凡塔多公爵迭戈·乌尔塔多·德·门多萨的封地。在城市公社起义期间，迭戈坚决支持王室，为平息起义发挥了关键的作用。而这项美差很快就威胁到了胡安的事业以及他家庭的声誉。门多萨一家原本就面临争议：1525年，有个小团体常在瓜达拉哈拉的公爵府聚会，他们受伊拉斯谟作品的影响，发动了一场深度的灵修运动，被称为"光明派"。公爵府的大厅因为装饰得像多毛的野人所居住的神秘丛林而被称作"野人厅"。这群"光明派"信徒中有很多女性，她们显然献身于非常不正统的、因此也是可疑的神秘主义信仰，最终被宗教裁判所作为异端审问。[12]

1529年春夏之际，马丁·德·门多萨疯狂地爱上了胡安·德·塞万提斯唯一的女儿玛丽亚。马丁是因凡塔多公爵的私生子，他的母亲据说是一位非常美丽的吉卜赛女郎。当时，马丁担任瓜达拉哈拉副主教一职，他父亲已经向查理五世请求任命他为托莱多大主教，显然他此生注定要献身教会，无缘婚姻。但塞万提斯非常狡猾又熟悉法律，他很清楚女儿和马丁的关系会带来哪些好处，也知道不可能阻止二人交往。于是他与马丁商定了一个非常划算的婚姻合同，虽然马丁和玛丽亚不可能结婚，但是马丁同意在1531年圣诞节支付玛丽亚60万马拉维弟的嫁妆，并且有两位当地商人作担保。塞万提斯确保女儿当上了收入不菲的情妇。

当时，第三代因凡塔多公爵还在世，一切都很顺利。因为公爵自己刚刚娶了个漂亮的农家女孩，所以比较支持塞万提斯的安排。公爵去世后，他那为人谨慎的继承人伊尼戈结束了在博洛尼亚的学业回到家中，决心重整家族的风气。在他眼里，同父异母的哥哥马丁和欠玛丽亚的嫁妆都是奇耻大辱，他拒绝把钱给玛丽亚。

关于下一步该采取什么样的行动，胡安·德·塞万提斯应该思索了很久。1532年4月2日，他代表玛丽亚正式起诉马丁及其担保人，要求他们按照约定全额支付嫁妆。胡安的心中无疑带着一些不安。他知道自己树了个非常强劲的敌人，所以立即举家搬出了门多萨的封地，到附近的大学城埃纳雷斯堡居住，希望在这里可以依赖托莱多大主教的公正保护全家。胡安的诉讼经验丰富，正在为这次大战做准备。他之所以会这么做，既证明了他的勇气，又证明了他对卡斯蒂利亚法律系统的信心。[13]

一场阴谋开演了。瓜达拉哈拉地方法官首先派法警去担保人那里扣押了与欠款等额的物品或钱，但法警很快消失了，不久又在因凡塔多公爵夫人的保护之下重新出现了。这下，法官在法律义务和公爵的恩情之间进退两难。但胡安早就料到会有这样的局面，从长远来看这对他是有利的：领主法院以公然的不公正著称，因此，领地上的居民都会千方百计绕过地方法官，直接向王家审问院上诉。[14]公爵和他的傀儡法院给了胡安合理的理由上诉，他以地方法官与案件有关联为由，要求取消地方法官的审判资格，将案件直接上交卡斯蒂利亚议会处理。当时卡斯蒂利亚议会的作用相当于西班牙最高法院。

毫无意外，难堪又愤怒的瓜达拉哈拉地方法官不出意料地拒绝了胡安，而胡安显然也预料到了。他赶到瓜达拉哈拉，请他自己的律师把法官和担保人之一弗朗西斯科·德·里韦拉约到了当地的监狱门口见面。胡安故意在大庭广众之下吵闹，吸引了一大群看热闹的人，他大声向法官宣布："我不希望你强制执行合同。这本应该是昨天就执行了的，但并没有。昨天，弗朗西斯科·德·里韦拉的店里还有价值60万马拉维弟的商品呢，但里韦拉很明智地在这段时间把它们都藏了起来。"胡安继续说道："在这座城市我永远都得不到正义。"

"不管发生什么，我都会给予你正义。"法官反驳道。

"告诉你，我不想让你给予我正义！别逼我说出什么不该说的话，被你抓住把柄逮捕我；我不要你的正义，你根本不是法官。"

"什么，你说我不是法官？你现在就回家，没我的允许不准出门，否则罚款20万马拉维弟。"

"听我说。对于我来说你不是法官，因为我已经申请了让你回避审判。"

塞万提斯在众目睽睽之下让门多萨控制的法官回避审判后，他回到了埃纳雷斯堡。此时的塞万提斯不得不把精力转移到寻找另一家愿意接手此案的法院上。

与此同时，门多萨家发起了攻势，笨拙地破坏塞万提斯的名声，指责他是个皮条客。他们使用了标准程序，向法院提交了一份调查表，邀请了一系列的目击者公开证明马丁·德·门多萨"和玛丽亚小姐有过爱情和肉体关系；胡安·德·塞万提斯知晓并同意女儿成为马丁先生的朋友、情人，这早已成为众所周知的事实。正是胡安·德·塞万提斯日日夜夜邀请马丁先生去他家。马丁先生在他家里和玛丽亚小姐同床共枕，他们全都在一张桌子上用餐"。他们声称马丁从未同意向玛丽亚提供嫁妆，"他只是答应为这段关系买单"。总而言之，他们认为马丁已经给了玛丽亚很多礼物，包括"珠宝、金子、珍珠、丝绸、布匹等等，价值60万马拉维弟，这些礼物都有详单记载"。这份清单早就提交给了法院，可以说是一份见证16世纪最昂贵求爱之一的文件了。

随着6月的到来，胡安已经把战场转移到了巴利亚多利德，他试图说服那里的最高法院接受审理。公爵则派他的律师团队去游说最高法院院长，让他相信"瓜达拉哈拉已经不是过去在第三代公爵统领之下时的样子了"，并且公爵本人"对本案持公正态度，并不希望伤害或是惊吓到塞万提斯"。但其实，胡安的上诉已经让公爵对新管辖权的到来非常紧张了，公爵要求他的律师"在把塞万提斯赶出巴利亚多利德之前一刻不得放松"，"要小心他的手腕……想尽办法消磨他的意志"。他尤其担心的是，如果胡安获胜，"整个瓜达拉哈拉的人都会知道，公爵不能像对地方法官那样，影响巴利亚多利德的法官的判决"。显然在公爵心里，这场官司的输赢会直接影响到他对自己领地的控制权。胡安的上诉可以说是增加了这场赌注的筹码。

　　于是，当胡安正式向最高法院提出上诉时，公爵的律师则指控胡安犯下了操控女儿卖淫和公然反抗瓜达拉哈拉的法官两桩罪行。胡安被关进了监狱，不过，令公爵不安的是，没过几天胡安就被释放了，因为瓜达拉哈拉法院没能提供足够的证据，巴利亚多利德的法官没有理由继续关押胡安。不仅如此，有位瓜达拉哈拉的法官还公开赞扬塞万提斯"品格正直而善良"，另一位法官则表示，"瓜达拉哈拉的许多人都认为，门多萨家指责胡安操控女儿卖淫只不过是为了不付钱罢了，所以还不如直接支付60万马拉维弟了事，让大家别再说闲话"。还有一位被深陷困境的公爵律师团队原本认为是盟友的法官建议说，"如果马丁先生还没付钱，他就应该付钱，如果他已经付了就不用再支付了；虽然我知道他是个罪人，但我确定他若能付钱赎罪，他的良心也将得到解脱"。

　　然而，公正一向来之不易。12月，巴利亚多利德最高法院终于做出判决，驳回对胡安的犯罪指控以及胡安对于案件管辖权的上诉，并将他送回了瓜达拉哈拉，但他们也裁定胡安可以自费指定一位法官与当地法官共同审理。胡安选择了一位叫塞贡多的律师。

　　瓜达拉哈拉战役重新打响。马丁和他的担保人制作了新的调查表，列举了更多细节以证明塞万提斯父女串通一气。但这时候，不知是何原因，公爵的法官突然自称不合格的律师，以此为由回避此案，并指定了一个替代者。更古怪的是，不久之后他又反悔了，他宣布塞万提斯和门多萨之间的合同已经履行了，虽然此时他已不担任法官，这样做毫无意义。不管这位法官为何会有如此反复无常的行为，反正他一辞职，塞贡多就迅速行动起来，宣布："我认为此案中，被告拒绝被没收60万马拉维弟的财产的理由不成立，因此我命令没收程序立即启动，没收的财产将拍卖给出价最高的人，所得款项支付给玛丽亚·德·塞万提斯。"这件事就此告一段落。玛丽亚得到了付款。

　　在强大王权的支持之下，法律系统虽然有些混乱但还可靠。多亏了它，一位聪明而坚定的前法官得以使用法律手段击败了因凡塔多公爵。要知道，公爵的家族可是基督教世界中最有权有势的贵族家庭之一，就连皇帝本人都欠着他们人情。

　　大量的诉讼、法律思维、日常对法律的探究，赋予了卡斯蒂利亚人探索精神，而这种精神也延伸到了他们在新大陆的定居者和征服之人与征服之处。这也促使顶尖的神学家和法学家建立了最早的国际法基本原则，播下了人权概念的种子。

　　1540年6月，"印第安人的保卫者"巴托洛梅·德·拉斯·卡萨斯回到了塞维利亚。此时距离他离开西班牙去库马纳建立殖民地已经过去了20年。经历那次失败之后，他成了一名多明我会修士，献身宗教，开始撰写《印度群岛史》。他最近"和平征服"了一个危地马拉的反叛印第安部落，令墨西哥城的许多当权者非常震惊；就连他的宿敌奥维多也赞赏他为和平做出的努力。许多人都认为，拉斯·卡萨斯终于用事实证明了自己的理论。[15]

　　拉斯·卡萨斯归来之时，旧大陆已经开始接受和平的基督教殖民政策：1537年，教宗保罗三世颁布了诏书《崇高的神》。诏书宣称，在魔鬼的驱使之下，教徒们才会认为印第安人是"笨拙的粗人，为服务我们而生……无法接受天主教信仰"。诏书下令，印第安人必须"自如而合法地享受人身自由和财产权，不应以任何方式被奴役"。[16] 在西班牙，一些有影响力的文人已经在公开讨论美洲帝国本身的合法性。其中最关键的人物就是多明我会的学者弗朗西斯科·德·比托里亚。他在巴黎完成学业，被推选为萨拉曼卡大学的重要神学家。

　　萨拉曼卡大学是卡斯蒂利亚最古老的大学。当时，大学迅速扩张，教育了成千上万的官员和专业人才，胡安·德·塞万提斯就是其中一员。在飞速发展的国家里，正是这些新生代小人物发挥了至关重要的作用。16世纪末，卡斯蒂利亚的大学每年有25000名学生入学，其中萨拉曼卡大学就有7000名。[17] 像比托里亚这样的教授享有极高的政治声誉。比托里亚本人吸引了一群杰出的学生，他们钻研伦理、宗教、社会和法律等方面的重大问题，对民族学和社会学展开了具有开创性的研究，甚至开启了对于现代经济学理论的初步探索。

　　比托里亚最被人铭记的成就是通过调查西班牙在新世界建立帝国的道德性和合法性，发展出国际法思想。受《崇高的神》的鼓舞，他在1538年的一系列演讲中陈述了自己的理论，他的学生将听课笔记整理成了《论印第安人》和《论战争法则》两本书，在第二年得以出版。他由基督教教义里有关自然法的基本概念入手。自然法是道德和伦理的精髓所在，它是上帝在创造世界时就赋予人类的，它启迪人类理性地思考。更重要的是，自然法代表着一种人人适用的道德，它是人性的精华，把人类和野兽区别开来。但是当时，有很多欧洲人都严肃地质疑美洲印第安人是否真的是人类。当比托里亚在巴黎学习时，有位叫约翰·梅杰的苏格兰神学家就将亚里士多德的天然奴隶论套用到印第安人身上。根据亚里士多德的理论，人类可以分为两类，一类是天然的主人，有能力理性思考，另一类是天然的奴隶，如果跟他们讲道理他们可以理解，但他们无法自主地理性思考。亚里士多德将女人、儿童和希腊人之外几乎所有人都归在了这类天然的奴隶中，他们亲切友好、头脑简单，需要耐心的指导。梅杰相信，当哥伦布抵达加勒比海地区时，那里的人还处于相对简单的石器时代，属于这类天然的奴隶，所以欧洲人奴役他们是合理的，甚至对他们是有益的。

　　一方面，比托里亚对亚里士多德的学说有着不同的解读。他认为虽然理性的人应该担任仁慈的统治者，领导头脑更加简单的人，但是奴隶制本身就是自然法之外的人类发明，所以支持奴隶制的人应当寻找其他的道德或法律依据。另一方面更重要的是，墨西哥和印加秘鲁显然建立了非常复杂的文明，这些文明的发现在事实层面上改变了这场辩论：他们有统治者、法律、婚姻、贸易、财产所有权，不同的国家之间有战争或是联盟。他们生活的社会秩序井然，因此应当被定义为理性的人，享有人身自由权和财产所有权。而且他们显然在西班牙人到来之前就占据了他们的土地，这就意味着这些地方归他们所有。只有西班牙人遇到真正的荒蛮之地，才可以根据先发现先占有的原则，宣称他们对这块土地的所有权。[18]

　　在比托里亚简明扼要地说明了主权原则并将其运用于美洲之后，他讨论了西班牙人应当如何合理地要求对印第安人及其土地的所有权。他还概述了允许西班牙人发动圣奥古斯丁所谓"正义战争"的多条人道主义原则。最重要的是，他认为如果暴君将人祭或是食人肉等邪恶的习俗强加于他的子民身上，那么根据自然法，人类有责任发动战争推翻这样的暴君。[19] 比托里亚还提出，根据自然法，"任何国家如无特殊理由都应当善待他国旅行者，否则就是不人道的"，遵照这条原则，西班牙人在新世界理应享有旅行、贸易、居住甚至和平传教等基本权利，必要时可采用战争方式保障上述权利。[20] 自由通行原则经久不变、沿用至今，在现代的护照中就有所体现，例如英国护照上注明"允许本持护照人无阻碍自由通行，并对持护照人提供必要帮助及需要时提供保护"。

比托里亚为殖民地战争树立了规则，直到第一次世界大战结束后，国际法从业人员依然在学习借鉴他的这套理论。[21] 在比托里亚的基础上，萨拉曼卡学派为后世所有对于这一问题的探讨构建了话语体系和框架。[22] 18 世纪，当传记作者詹姆斯·博斯韦尔要从萨拉曼卡给英语词典编纂者塞缪尔·约翰逊寄明信片时，约翰逊无比激动地说："我爱萨拉曼卡大学，因为当西班牙人对征服美洲的合法性犹豫不决时，萨拉曼卡大学提出了自己的观点，即这是不合法的。"[23]

1542 年 11 月，在拉斯·卡萨斯的领导下，印度议会的特别委员会起草了一套严格的《新布尔戈斯法》，由查理五世本人签字同意。这套法案不仅禁止印第安人以任何理由被奴役，禁止建立新的监护征赋制封地，而且还要求任何无法证明自己对印第安奴隶合法所有权的人，包括所有王室官员和宗教机构，都应立即释放印第安人，将其置于皇帝保护之下。与此同时，为保障新法律的执行，查理建立了许多全新的行政和司法机构。[24]

然而，当新法律在美洲颁布时，面对的是殖民者们的愤怒。利马总督被赶出城外，后来在战斗中被杀害，敌军中还有王家审问院的成员。革命情绪高涨，许多地位显赫的殖民者都簇拥在贡萨洛·皮萨罗周围，怂恿他自立为秘鲁国王，宣告从西班牙独立。贡萨洛·皮萨罗是征服印加帝国的殖民者弗朗西斯科·皮萨罗的弟弟。在圣多明各，愤怒的人们嘲弄拉斯·卡萨斯，并且拒绝为他提供食物。当他抵达墨西哥时，他一直在为自己的性命担惊受怕。1545 年，殖民地的反抗大有当年"城市公社起义"

之势，向来好战的阿尔瓦公爵主张派兵镇压。[25] 但是大为震惊的王室决定废除新法中最有争议的部分条款。墨西哥城一片欢腾，举办了盛大的斗牛表演以庆祝监护征赋制暂时的胜利。[26]

1547年，战斗的伏笔已经埋下。拉斯·卡萨斯、费尔南德斯·德·奥维多，还有一群当年同科尔蒂斯一道征服墨西哥的老殖民者都聚集在西班牙。其中就有贝尔纳尔·迪亚斯·德尔·卡斯蒂略，他还随身带来了他的经典著作《征服新西班牙信史》的初稿。他简明扼要地谈到，他的大多数手下都不可能像科尔蒂斯那样一夜暴富，只能依靠极其有限的一块监护征赋制封地和封地里的少数印第安奴隶，维持合理的生计。他们为皇帝服务多年，作为回报，他们理应将这些财产传给后代。有位影响力较大的同盟者也站在他们这边，他就是王家历史官胡安·希内斯·德·塞普尔韦达。此时他正在西班牙为出版《又议德谟克利特》的许可而奔走，这本书可以称得上是"有史以来对于美洲印第安人之低劣最恶毒而坚定的论述"。[27] 塞普尔韦达和科尔蒂斯成了朋友，经常拜访这位伟大的征服者在西班牙的府上举办的文人沙龙。在卡斯蒂利亚议会的支持下，塞普尔韦达成了征服大业的知识界领军人物。[28]

1548年1月，查理为他的儿子费利佩王子写下了一系列秘密指南和建议，清晰地说明了国家目前最主要的问题，分析了自己与帝国中每个王国、与外国王公、与教宗，甚至与手下官员之间的关系；他提出王朝之间联姻的必要性，包括费利佩本人的婚姻。他写道，费利佩对于西印度群岛的管理"务必深思熟虑"，"注意调查那里发生了什么，确保那里的人们信仰上帝，确保他们被公正地统治；你必须确保自己在征服者和他们的领土之上具有绝对的权威"。他还说，"关于有印第安人的监护征赋制封地"，费利佩应当保持信息畅通，并且应当听取"有良好的判断力且了解当地情况的"睿智的人的意见，从而最大限度地保障"共同利益"。[29] 比托里亚曾建议王公们在面对道德和伦理上的困惑时，应当询问并遵循贤人的意见，哪怕他们的意见是错的。[30] 1549年，印度议会终于建议查理五世指派一批神学家和法学家研究"如何能以公正合理又问心无愧的方式征服美洲"这一课题。[31]

此时，历史上最引人注目的政治辩论即将上演：拉斯·卡萨斯与塞普尔韦达，既是辩护人又是经验丰富的亲历者，双方都将把他们的观点和证据提交给由神学家、法学家和经验丰富的行政官员组成的特别委员会。委员会主席由多明戈·德·索托担任，他在比托里亚去世后一直是萨拉曼卡学派实际的领头人。但是辩论还没开始，1550 年 4 月 16 日，查理做出了一个出乎所有人预料的决定，他命令停止对新世界的所有征服行动。如果没有美洲的财富，他根本不可能赢过弗朗索瓦一世，也不可能击败德意志的新教徒，更不可能抵抗奥斯曼土耳其。然而世界上最强大的男人现在居然要停止能为他带来这些财富的帝国扩张行动。这表明查理对自己强烈的自信，以及对于卡斯蒂利亚的社会和统治阶级的非凡智慧的信心。

辩论于 1550 年夏天在巴利亚多利德的圣格里高利学院拉开帷幕。学院属于多明我会，当时非常有影响力，如今是国家雕塑博物馆所在地。出席辩论的人进入学院时需要通过一扇晚期哥特式风格的大门，这种风格因为雕刻像银器一般细腻精巧，又被称为西班牙银匠风格。学院的正中央是一棵生命之树，那是一棵种在不老泉里的石榴树，尘世天堂的四条河流汇入泉中。门两侧分别雕刻着一个野人，他们以毛皮蔽体，手持盾牌和武器，尊崇自然法则，生活在文明国度之上的纯净世界。有关野人的概念可以回溯至古典时代甚至更久以前，但也有人认为，这扇门上方一组野人有意呈现为美洲印第安人的形象，他们蓄着胡子，头戴树枝编成的装饰品，看上去有些像基督。[32]拉斯·卡萨斯、塞普尔韦达以及由 14 位法学家和神学家组成的委员会每天都会经过这扇门，他们一定是一心扑在了手头的工作上，没有注意到门口如此巧合的"野人仪仗队"雕刻。

塞普尔韦达率先登场。他以"睿智的人"为主题，侃侃而谈 3 个小时。他的发言主要是对《又议德谟克利特》一书的总结，但其实在座的大多数人都已经对这本书有所了解。[33]塞普尔韦达是在意大利接受的教育，这样的背景让他像个局外人。他把《又议德谟克利特》作为一部文学作品来介绍：他的论述以戏剧化的对话形式呈现，散文部分则堆积了大量华丽的辞藻。对于西班牙学术界而言，塞普尔韦达是一个侵犯了他们神学和伦理学主导权的人文主义者，因此，在十四人委员会中一些人的支持下，塞普尔韦达的这部作品在西班牙遭到了压制。[34] 如果说是塞普尔韦达浮夸的言辞造成他失利，其实他的论据也非常有争议性。在骑士时代，塞普尔韦达坚决拥护战争的美德和崇高精神。但长期以来的辩论中，像伊拉斯谟这样的和平主义者主张每个基督徒都有责任避免军事冲突，塞普尔韦达坚定地站在了他们的对立面上。[35]

塞普尔韦达反驳了比托里亚认为美洲人是文明的人的观点，但他非常清楚，"暴力"才是左右这场辩论走向的感性因素。因此，他对印第安人做出了无情而又充满敌意的诋毁，称他们是下等人，充满兽性。他鼓动自己的听众们对"谨慎、聪慧，宽宏大量、处事公正，信仰富有同情心宗教"的西班牙人和"低能人鲜有人性，遵从野蛮的习俗，既没有文化，也没有文字，更不用说保护自己历史"的美洲人进行比较。"他们沉迷于肉体情欲，兽性未泯，甚至同类相食，对这样的人我们能期待什么呢？"他们"和西班牙人比起来，就像儿童相对于成人、女人相对于男人……几乎……就像猴子相对于人类一样低劣"。[36]

塞普尔韦达心里清楚，拉斯·卡萨斯将大量引用西班牙人贪婪、血腥、残暴的逸闻，所以他巧妙地将辩论的重心从暴行上转移开来。塞普尔韦达强调，如果一个充满善意的统治者，发动合理的战争，其军队犯下罪行不应该由他承担责任。但他也承认，这样的征服行动应当托付于不仅勇敢，而且公正、节制、有同情心的人去执行。[37] 他狡猾地盗用了拉斯·卡萨斯的理论和经验，声称西班牙传教士抵达美洲之后，带去了基督教义和文明，成功地教育大量美洲人，让他们变得温顺谦和，与他们的同类大不一样，就像文明人和野人的区别一样。[38]

十四人委员会当晚开始休息，准备第二天听取拉斯·卡萨斯的演讲。75岁高龄的拉斯·卡萨斯一如既往地精力充沛、声音洪亮。他特地准备好了一篇洋洋洒洒的《辩护书》，逐字逐句地朗读，连续读了5天。当他激情洋溢的演讲终于告一段落，特别委员会的委员们都筋疲力尽，只得请多明戈·德·索托起草一份便于理解的摘要。

拉斯·卡萨斯由比托里亚的模型出发展开论述。[39] 但与其说他论述的说服力来自不断地用尖锐的事例来证明征服战争的罪恶以及和平时期印第安人被迫为奴后可怕的生活和劳动条件，据此指责西班牙人的残暴，真正让拉斯·卡萨斯的辩论充满力量的是他一再强调这些暴行都是他亲眼所见的，而文艺复兴时期的人们对目击者证词的权威性深信不疑。在自己观察的基础上，拉斯·卡萨斯说"在全世界几乎无法找到一个如此愚昧无知的种族、民族、地区或国家，连管理和统治自己的天然知识和能力都不具备"。[40] 他认为，如果说通过印第安人的行为判断他们是野人，那么在同样的标准之下，那些信仰基督教的侵略者也是野人，甚至比印第安人更加野蛮。

亚里士多德以野蛮人和人类之间的区别作为天然奴隶理论的基本依据，而拉斯·卡萨斯作为美洲实际情况的目击者对这一理论提出了质疑。相对的，根据自然法的基本原则以及他自己的亲身经历，他认为在上帝和法律面前人人平等。这样，拉斯·卡萨斯完善了比托里亚的理论，并且在现代历史上首次阐述了普遍人权的基本概念。

随后，拉斯·卡萨斯将话题转移到了比托里亚对于推翻暴君的正义战争理论，他反驳道："我们应当避免战争，即使有个别无辜的儿童会死去、有人被献祭，甚至有人食人肉，我们也应当容忍"，因为如果要阻止少数人的死亡，就"必须与大多数人对抗，其中也包括无辜的人，必须摧毁整个国家，而且必然在人们心中埋下对基督教的仇恨"。[41] 拉斯·卡萨斯提出了一种干预的基本原则，而我们今天称之为最小伤害原则。但是，不管是对于拉斯·卡萨斯和十四人委员会而言，还是对查理以及王室而言，当时更伟大的善事应当是让异教徒皈依"正确的信仰"。所以，拉斯·卡萨斯提出了一个问题：如果我们派出了基督教的"武装方阵"，"用火枪和大炮发出闪电和雷鸣"，让印第安人"曾经的家园天崩地裂，老人、儿童和妇女都被戕害，瓦砾遍地，满目疮痍，战争的怒火久未消散……对于他们而言，这些邪恶的暴君口口声声说是来传教，然而屠杀和战争却比福音先一步到来，那么他们会如何看待我们的宗教呢？"。[42]

现在我们能找到的有限的史料都证明，十四人委员会中的大部分人都倾向于拉斯·卡萨斯的观点，然而他们都犹豫未决，因此塞普尔韦达和拉斯·卡萨斯都对外宣称自己赢得了辩论，而印度议会从未自裁定者那里得到正式的裁决。[43]1552年，拉斯·卡萨斯出版了《西印度毁灭述略》，这是他最为世人广泛阅读的作品，在出版后的短短几十年里，便为整个新教世界所接受，成了敲打高高在上的西班牙的道德大棒。此后，他继续发表作品、传道和游说，直至1566年与世长辞。7年后的1573年，费利佩二世签署了《新大陆发现条例》，其中对冒险者和定居者应如何对待印第安人做出了详尽的规定。最重要的是，此后的探险行动必须得到王室许可才能进行，否则将处以死刑。在任何情况下，西班牙人都应避免卷入任何战争。

在收复突尼斯的虚荣之战和那场在法国南部让加西拉索丧命的无功而返而又耻辱的战役过后不久，查理再一次与弗朗索瓦一世达成了不易的和平。然而，查理与德意志的新教徒之间的关系严重恶化，尼德兰也正酝酿着一场潜在的危机，而查理本人则急切地渴望对奥斯曼土耳其发起一场十字军。1539年4月20日，伊莎贝拉皇后生下一名男婴，然而男婴立即夭折，皇后本人也极其虚弱，在仅仅10天之后溘然长逝。无助而悲痛的查理告诉甘迪亚公爵，他想退位让贤，从此过上隐居生活，不过实际上"他只是去离托莱多不远的西斯拉修道院休息了几天，在那里他可以独自沉浸在悲伤之中，不会被侍女们的哭号声折磨"。[44]此时，在遥远的埃布罗河畔的小镇贝利利亚，教堂的钟声神秘地响起。人们认为这是来自天堂的奇迹启示。不久之后，钟声就会再次响起。[45]

国际事务的巨大压力迫使查理推迟他想要的退隐生活，出发前往尼德兰，将年仅12岁的费利佩王子留在西班牙担任摄政。查理知道费利佩王子年纪尚幼，无法担此重任，但他别无选择。德意志新教徒的施马尔卡尔登同盟形成了强大的威胁，根特公然反抗现任尼德兰总督匈牙利的玛丽。玛丽是查理的妹妹，1531年奥地利的玛格丽特去世后，由玛丽接任尼德兰总督。此时的法国与西班牙处于难得而短暂的缓和时期，弗朗索瓦一世邀请查理取道法国北上。

眼下最大的威胁还是奥斯曼帝国的入侵。然而，1541年在拉蒂斯邦举行的帝国会议上，查理和与会的帝国各政治体，即足以强大到向帝国议会派遣代表的机构和领地，发生了激烈的斗争，这些与会代表试图要求皇帝以给予路德宗信仰自由的条件来换取他们对奥斯曼作战的支持。一边是异端，一边是异教徒，查理腹背受敌，只得同意诸侯国的条件，让他们派出一小支军队交由他的弟弟费迪南统率。当年夏天，费迪南进行了一场没能阻止奥斯曼土耳其占领布达的作战，而查理则南下拜会了教宗。

在尼德兰、德意志和意大利旅行数月之后，筋疲力尽的皇帝扬帆驶向马略卡岛，安德烈亚·多里亚正在那里召集地中海上的船队，准备对北非沿岸的奥斯曼从属国阿尔及尔展开一次大规模袭击。上一次对突尼斯的胜利还记忆犹新，这使得王家军队对这次战斗信心满满，气氛好像过节一样。就连墨西哥的征服者科尔蒂斯也加入了战斗。焦急的查理命令阿尔瓦公爵率领盖伦帆船先行在阿尔及尔岸边驻扎，但是当后续船队陆续抵达非洲海岸时，天气条件已经开始不断恶化。在巨大的海浪之中，查理带着一部分军队鲁莽地登陆了，但是舰队很快就被狂风暴雨弄得七零八落。陆地上的小规模战斗持续数天，有一次敌军差点就成功袭击了皇帝的帐篷。当暴风雨暂时减弱时，查理承认了失败并命令全体撤退。饥肠辘辘的军队开始了两天的行军以回到船上，在返回船上的途中，据说科尔蒂斯曾建议查理返回，就像他征服墨西哥一样拿下阿尔及尔，但是军容不堪的士兵们还在继续撤退。在旧世界，没有人烧毁他们的船只，所以撤退是一个受欢迎的选择。

1542年1月，查理回到西班牙。备受屈辱的他尽管尚能对这次惨败保持豁达的心态，但失去深爱妻子的悲痛仍然笼罩了他。他已经将卡斯蒂利亚当作他的家，是他在国际舞台上叱咤风云之后可以休息和积蓄能量的地方。但这次停留十分短暂。1543年，查理离开西班牙北上，再次让16岁的费利佩王子担任摄政。

查理早就主张召开裁决宗教问题的大公会议，到1545年，代表们终于聚集在特伦托。特伦托当时处于神圣罗马帝国境内，现在在意大利的北部。查理的自信正在恢复，第二年，他在拉蒂斯邦的帝国议会上举行一场辩论，希望能够解决宗教问题。查理以战争对抗新教徒的时刻就要到来。

1547年2月24日，在查理自己的生日这天，他的情妇为他生下一名私生子，后来得到了查理的承认，取名奥地利的唐胡安。这是个吉利的征兆。

1547年春天，查理本人率军沿着易北河左岸向下游追击选帝侯约翰·腓特烈率领的德意志新教军队。4月12日，腓特烈的部队横穿易北河后，烧掉了身后的桥。他以为易北河可以保护他，于是回头前往上游的维滕贝格。然而，根据查理本人的回忆录，在米尔贝格附近他"遇到了一个骑驴的年轻农民，农民自告奋勇带他们"去了一个鲜为人知的浅滩。4月24日早晨，查理命令一队强壮的骑兵前进以提供火力掩护。等到早晨的雾气散去，新教徒们才看见皇帝的军队正在过河，于是四散逃跑。"匈牙利骑兵率先过河，后面紧跟着西班牙火枪手，他们用牙齿咬住自己的剑，游泳过河。"当军队在河对岸集结后，查理命令阿尔瓦公爵迅速率军追击溃散的反叛者，战斗"持续了一整夜，直至第二天"，最终腓特烈被俘虏。[46]

阿尔瓦身穿闪亮的白色盔甲，头盔上插着一根雪白的鸵鸟羽毛，骑着白色的西班牙骏马，亲自将被俘的选帝侯腓特烈作为战利品献给查理。查理判处了腓特烈死刑，但并未执行，而是把他的性命留作谈判筹码，换取了维滕贝格的投降，并且任命了自己的亲信莫里斯担任选帝侯。因为此事，德意志的新教徒们怀恨在心，直到今日。[47]

匈牙利的玛丽为哈布斯堡家族感到非常自豪，于是委托提香为哈布斯堡家族及其臣子，以及他们俘虏的最重要的新教徒们作肖像画以炫耀他们的胜利，这便是著名的《查理五世骑马像》，画中的景象就如同古罗马的凯旋仪式一般。[48]在这幅著名的画中，查理手持长矛，身骑腾跃而起的黑色战马。他的这个形象被西班牙哈布斯堡家族后世的国王和王子们频频复制和改编，作为他们从最为传奇的先辈那里继承的权力和权威的象征。这幅画同时也建立了提香与哈布斯堡王朝之间的密切关系，自此他成了王室事实上的御用画家。

久病缠身的查理预感自己不久于人世，严肃地着手处理复杂的继承问题。他希望将自己的领土都集中在费利佩手中，然而他的弟弟费迪南也想要继承神圣罗马帝国和尼德兰并传给自己的儿子马克西米利安。查理开始使用政治手段以应对棘手的家族谈判。

6

皇帝驾崩

此等无上荣耀，我受之有愧。

——费利佩二世

1543年，16岁的费利佩王子已经长大成人，按照规定，他正式担任了西班牙摄政。同年，他迎娶自己的表妹、葡萄牙的玛丽亚·曼努埃拉为妻。然而仅仅两年后，她就因难产而死，留下了心理和生理都残疾的唐卡洛斯，在他短暂的一生中为他的父亲带来了巨大的悲伤和磨难。在埃布罗河畔的小镇贝利利亚，教堂的神秘钟声又一次响起，并且还会再次响起。[1]

1548年，查理已经开始为儿子的继承做准备，把写有统治庞大帝国的具体建议的密信交给了他。但他认为费利佩有必要自己亲眼认识他即将继承的意大利和北欧的领土，而他未来的子民们也有必要见一见自己的继承人。所以查理开始为费利佩制定前往意大利、德意志和尼德兰的巡游计划。首先，费利佩府上的仆人原来都是西班牙人，现在为了让帝国北部的臣民感到更加亲近，查理根据哈布斯堡家族更加奢华的勃艮第传统聘用了新的仆人。然后，查理狡猾地安排了自己的女儿玛丽亚公主与费迪南的儿子马克西米利安之间的婚事，这将使得马克西米利安在费利佩不在西班牙期间可以担任西班牙的摄政，同时也将马克西米利安从有关神圣罗马帝国的继承问题的家族纷争中心转移开来。

卡斯蒂利亚人对这两件事都非常愤怒。皇帝自己不在西班牙也就罢了，现在还要把摄政的王子也带走，而且还侮辱了他们引以为荣的传统。西班牙群情激愤，就连一直拥护王室的费尔南德斯·德·奥维多都开始散发一些手抄本，里面记录的是他自己有关天主教双王为胡安王子建立的王子府的细节，因为他就是在王子府上长大的。这可以说是公然违抗哈布斯堡王朝的行为，因为奥维多为西班牙的历史传统提供了另一种视角，与他此前一直忠于王权机构的行为不符。为了平息异议，查理任命阿尔瓦公爵担任费利佩王子的大管家，尽管阿尔瓦公爵自己都心存疑虑，查理还是派他去西班牙强行让人们接受新的王子府。

在16—17世纪，王室可以算是一个一定程度上正式的机构，它有自己的法官和司法管辖权，将它理解为一个围绕着国王本人的关系和影响力建立起来的复杂网络也许更加恰当。[2] 某种意义上说，这就是统治者自身释放出的能量，而这种超凡脱俗的光环是由君主有意识地展现出的神圣的、似基督般的特质所支撑的。像查理和伊莎贝拉进入塞维利亚时所使用的华盖，就制作精良，常常被王室在公开的仪式，比如在基督圣体节上的圣餐仪式中使用——这一仪式庆祝了面包与酒在弥撒期间经过祝圣后化为了基督真正的体与血。引入勃艮第的习俗之后，西班牙王室都在一个显眼的"王室包厢"里参加弥撒，包厢有窗帘可以隐藏或展示王室的出席。包厢显然暗中呼应着华丽的圣体盒。圣体盒一般放在圣餐台上，用来保存圣饼。类似的，费利佩总是在房间尽头栏杆后面的台子上独自用餐，他像牧师在分发圣餐之前那样安静地切面包。有贵族成员按照既定的规定为他送上饼酒，这些显然是根植于祭台助手和侍祭协助牧师传统之上的。[3]

当然，这种神圣性的展示需要对王子本身的人类形态给予一定程度的尊重，需要将他的血肉之躯和身体需求提升到超越人类现实的高度，进入精神和时间隔离的领域。一群新的如小团体般的廷臣很快就在王室私密的住所周围安顿下来，在英格兰他们被称为"枢密院"。

主要的贵族都渴望得到这些能够与国王亲密接触的职位。最让人垂涎的职位竟然是"粪便男仆"，他需要服侍国王如厕，并照看王室的便壶和容纳它的"恭凳"。不言而喻，这是一个得到国王巨大信任的职务，身体上如此亲密的关系使得心理和政治关系也更加紧密。似乎王子们会和那些在他们的厕所里看着、听着、闻着一切的仆人分享他们关于国家最秘密的想法。在一个普遍认为"国王的身体是神圣的肉体，只有身份高贵的人可以触碰"的世界里，这些廷臣已经"远远超越了国王的仆人，而是国王所能拥有的最类似于朋友的人了"。因此，王室的一些令人敬畏的魅力在他们面前根本不起作用。[4]

亨利八世那令人同情的"粪便男仆"，还管理着国王的个人财务，因此他最终将自己改名为"私有金管理员"（Keeper of the Privy Purse）。考虑到那个时代低级趣味的风气，当时的人似乎不太可能不知道或遗漏这个文字游戏。有趣的是，从语言学来讲，英文中的"粪便男仆"在西班牙语中被称为大侍从或高级侍从，字面意思是"chamber"，即"房间"的主管，但"chamber"一词在早期现代医学术语中有粪便的意思，所以西班牙语中的这个词也可翻译为"粪便男仆"。

奥维多将粪便男仆称作"宫廷中最地位显赫的职务，享有无上的荣耀和好处，因为它提供了与王子亲密接触的时间。而且这一职务应当由出身良好、知识渊博、性情高贵、品德高尚的人出任，因为需要充当王子的秘密顾问"。[5]根据奥维多在胡安王子府上的亲身经历，我们可以知道当年的管家会负责一项粗活，那就是将"王子用来方便"的银制便壶取出，交给一个像奥维多这样家世相对卑微的贵族男孩处理。这个男孩每日3次将便壶藏在自己的斗篷下带走，晚上再连同1码（约合0.9米）亚麻布一起送回王子的房间。但奥维多知道的也就这么多了，亚麻布是给王子还是给管家用的，这个问题仍然是个谜。

在内廷绅士们的私密小圈子之外，还有更多雄心勃勃的大臣和门客环绕着他们。查理在引入勃艮第的传统之时，将费利佩王子府的人员扩充了一倍。这确保了许多西班牙贵族的支持，他们对参与王子即将展开的欧洲巡游给予了积极回应。查理极其狡猾地使用了国际政治策略。一方面，最有权有势的西班牙贵族在陪同费利佩王子出行时，会培养出对费利佩强烈的认同感和忠诚。另一方面，查理也想在他其他地区的臣民面前将西班牙贵族展示一番，因为西班牙人擅长各类骑士运动，比如马上长枪比武还有他们致命的武艺和惊人的骑术，谁见了都会感到恐惧。

勃艮第来的新人们则求助于由博斯坎新译的卡斯蒂廖内的经典著作《侍臣手册》，希望从中寻找到在新环境中生存的路径：正如加西拉索在书的序言中所说的，"最重要的是……不仅要用行为增加个人的荣誉和价值，而且应当避免做任何会有损名声的事情"。[6] 换言之，礼节比什么都重要。

11月2日，费利佩率领着他的随从由加泰罗尼亚的罗塞斯登船起航。虽然遇上了可怕的暴风雨，年轻的王子还是在信中满满地表达了对第一次航海的兴奋。在热那亚，安德烈亚·多里亚举办了一场令人印象深刻的迎接仪式，鸣放礼炮规模之大，"四处都是雷鸣般的炮声，空气中充满了硝烟，城市和山坡全都看不见了"。这场迎接仪式可谓是对于热那亚将军安德烈亚·多里亚军事实力的一次适时的展示机会。[7]

在米兰，费兰特·贡萨加公爵携妻子，即莫尔费塔的女亲王，共同举办了一场别开生面的新年聚会。他们的宫殿装饰了奢华的壁毯，院子里燃起了森林般的火把，"火光将黑夜照成了白昼"。费利佩与公爵的女儿翩翩起舞，阿尔瓦公爵邀请女亲王共舞，这时候，毫无疑问大家都非常想念加西拉索。晚宴厅里被四个枝状大烛台点亮，餐桌上摆放着费利佩抵达米兰时城里搭建的所有凯旋门的微缩镀金模型，就连餐巾也折成了精美的形状，用镀金蜡像装饰。第一道菜是极其精细的沙拉和意式头盘拼盘，盛菜的盘子上装饰有表现狩猎场景的图案，骑手和男仆们追逐着猎物。菜吃完以后，盘底栩栩如生的画面便会展现在食客们眼前，巧妙地暗示第二道菜是野兔和野禽做成的肉馅派。第三道菜是在当时只有国王才有机会享用的鹿肉，最后是种类丰富的油炸食品。[8]

据说，"费利佩王子非常享受晚宴上的食物，心情大好，频频举杯向女亲王和她的女儿敬酒，以闻所未闻的亲密对待女士们，允许她们直接喝他杯中的酒"。[9] 阿尔瓦公爵竭力忍住不说话，将自己想对费利佩无可救药放任行为的劝告藏在了心中。费利佩晚年以不苟言笑、令人生畏著称，但此时还尚处年轻的他显然玩得非常开心。舞曲再次响起，费利佩先后同女亲王和她的女儿跳了舞。之后，时下流行的"蜡烛舞"开始了，费利佩坚持让阿尔瓦公爵也上场，公爵"舞姿优美，先是举着自己的蜡烛舞蹈，然后邀请一位女士和他一起跳，最后将蜡烛留在了她的手中"。乐手们不断地演奏着，直到第二天黎明，一群戴着面具的绅士吹着小号出现了，同时一群男仆端上了水果蜜饯和果酱制成的点心。"王子又跳了几支舞，直到凌晨四点他才向女亲王和她的女儿告别，用这一夜仅剩的时间回房休息了。"[10]

费利佩在米兰第一次见到了提香，他请提香为他绘制一幅戎装像。费利佩将提香为自己深爱但总是缺席的父亲绘制的画像挂在了房间里，他想把自己的画像挂在边上。提香所作的费利佩戎装像可谓是理想化的大师之作，将瘦小、貌不惊人的费利佩变成了一位威风凛凛的统治者和一位令人敬畏的军事领袖。[11]

查理在米尔贝格忠实的盟友、萨克森的新教徒莫里斯来到特伦托迎接费利佩一行，并且成了费利佩最亲密的伙伴。他们在奥格斯堡享用了一顿"极其美妙的典型德式晚宴，喝了很多酒……席间还有位意大利女孩邀请王子跳蜡烛舞"。几天后，费利佩和阿尔瓦公爵因为饮酒过量，不得不推迟假面舞会，好让醉意散去，不过他们还是和女士们整夜跳舞，直到第二天清晨。[12]据说年轻的费利佩因为和蔼可亲，一路交了许多朋友：在海德堡，"王子殿下特别开心，关心他人、善于社交，就好像他会说德语似的，所有人都被他迷住了，尤其是符腾堡公爵的女儿"。[13]

1549年4月1日，费利佩王子终于在布鲁塞尔与查理重逢了。无比奢华的庆祝盛典在城外一场宏大的比武大会中拉开帷幕，接下来按照惯例，费利佩的队伍进入城中，穿过一道道制作精美的凯旋门，在城中最主要的广场上举行骑马比武，然后出席他的姑姑们、匈牙利的玛丽和法国王后埃莉诺为他举行的正式欢迎仪式，最后，她们陪着他一起进入皇帝的房间。[14]

皇帝站在墙边，热情地迎接了费利佩王子的侍臣们，他们依次亲吻皇帝的手。费利佩走了进来，脱下了他的帽子，来到房间的中间；皇帝朝他走去了三四步，费利佩跪了下来；皇帝也脱去自己的帽子，弯下腰亲吻了费利佩，端详了他好一会儿，然后对在场的人说，"请诸位都退下，我还没有好好地欢迎你的到来"。

说完这话，父子俩就走进了皇帝的私人房间。[15] 查理已经6年没有见过自己的儿子了，但对于他此时的心情，我们只能了解到这些了。

在布鲁塞尔，费利佩王子爱上了年轻貌美的洛林女公爵，而查理渴望向他的儿子展示尼德兰，所以带他游览了南边的佛兰德和瓦隆地区，然后又去了整个北尼德兰，在那里，宗教自由和新教已经给天主教统治者带来了越来越多的问题。费利佩王子亲身体会到，尼德兰在政治上虽然是一个统一的整体，实质上却四分五裂，17个省份各怀鬼胎，纠纷不断。另外，费利佩也培养了对艺术敏锐的嗅觉。他第一次欣赏到耶罗尼米斯·博斯的一些怪诞又梦幻般的绘画，后来他十分热衷于收藏这位画家的作品。[16] 拜访匈牙利的玛丽在班什新建的雄伟壮观的城堡时，费利佩欣赏到了罗希尔·范·德·魏登的《下十字架》，后来他也把这幅作品买了下来。一路上，费利佩受邀参加了许许多多奢华的娱乐活动，包括骑士比武挑战、比武大会、马上长枪比武、宴会、舞会、过于具有宫廷感的戏剧演出——包括《高卢的阿马迪斯》，这是由加尔西·罗德里格斯·德·蒙塔尔沃在1508年首次出版的一部非常畅销的西班牙骑士小说，里面充满了王子和公主、游侠骑士、食人魔、巨人、爱情、性和暴力的故事。他们演出了小说中的场景。命运女王派出了一群骑士，他们需要经历冒险之岛、危险之塔、命运十字路口等一系列挑战，最终目的是要打败骑士精神的敌人，一个名叫诺拉博赫，居住在永远乌云笼罩的城堡中的老魔法师。费利佩扮演其中的一名骑士。戏剧在一段面向皇帝的高声念白中开始："哦，伟大的恺撒，有史以来，每个骑士和贵族都有凭借自己武艺赢得荣誉的自由和去追寻陌生冒险的自由。除非落入了江洋大盗，或是其他与骑士精神和高尚品德为敌的人手中，否则应当在每个国家都畅通无阻。"[17] 弗朗西斯科·德·比托里亚的自由通行和自由国际贸易原则显然与这一骑士精神准则相呼应，是西班牙人合法地入侵新世界的基础。

当晚的演出恰到好处地以悬念为结尾："8名全副武装的野人"闯进来绑架了4位美丽的少女。第二天清晨，班什镇上涌来了一大群观众，拥挤在城堡周围想看看接下来会发生什么。王室成员们早早地吃过早饭之后，来到城堡的眺台观看表演。一群基督教骑士袭击了老城堡破败的防御墙，从顽强的"野人"手中救出了不安的少女。[18]

1550年，费利佩和查理沿莱茵河前往奥格斯堡出席帝国议会。途中，查理开始向他的秘书威廉·范·马莱口述回忆录，这再次说明他预感死神即将来临。在奥格斯堡，查理多年的心腹、王家大法官去世了，使得他陷入更加悲伤的境地。不久之后，查理已经患有关节炎的一处指关节被蚊子叮咬，"查理忍不住轻轻地抓挠，结果两只手和前臂都开始发炎了"。[19]费利佩预感父亲大限将至，于是请伟大的丹麦数学家、科学家马蒂亚斯·哈库斯绘制了自己的天宫图，这幅图费利佩一直随身携带直到去世。[20]

查理和费迪南开始就继承问题展开协商，匈牙利的玛丽试图从中调和。一家人都住在奥格斯堡的宫殿中，抬头不见低头见，但是随着面对面的谈判迅速破裂，双方开始通过匆匆写就的信件和笔记谈判。

从查理给匈牙利的玛丽的信件中透着绝望：他"因为悲痛和焦虑而颤抖，已经做好了因为烦劳而死的准备"。[21]在预感和解无望的情况下，查理颁布了强制命令，单方面决定神圣罗马帝国的皇位将先传给费迪南，再传给费利佩，最后是马克西米利安。这是一个非常务实的解决方案，但它不仅惹怒了费迪南和马克西米利安，而且让选帝侯也大为光火，他们对哈布斯堡家族公然认为自己家族对神圣罗马帝国拥有某种世袭权力感到非常愤怒。一时间，查理"在德意志不剩几个朋友，就连南部的天主教城镇也没有站在他这边"，因为他们认为和平和自由比宗教帝国主义更重要。查理的这个方案注定是个失败，但更严重的是，这煽动了异议，但是它至少让费利佩踏上了返回西班牙的旅程。1551年夏天，奥格斯堡流传着一个笑话，说查理试图"通过慷慨地分发印度的黄金，来换取人们因他儿子离开流下泪水"。[22]

费利佩离开时，查理正忍受着严重的痛风。"医生说痛风已经开始影响他的头部，因此非常危险，随时可能夺走他的生命。他的哮喘时常发作，医生还说他患有梅毒，要不是他严格控制饮食，并且在所有的药里都加入了一种来自新世界的叫'圣木'的植物，他可能早就死了。"[23]

1551年6月，费利佩抵达特伦托，出席了神圣天主教会的大公会议中的部分会议，并且会见了与会的西班牙代表，其中包括他后来的告解神父、未来的托莱多大主教巴托洛梅·德·卡兰萨。费利佩对终于由教宗保禄三世在1545年主持召开的大公会议上讨论的事务非常感兴趣。

查理原本期待特伦托会议能够弥合与宗教改革者之间的裂痕，即使经历了米尔贝格一战，双方和解的希望尚存，因为萨克森的莫里斯资助的新教代表很快就会来参会。但是从会后的总结来看，这次大会期间断断续续地召开了共25次会议，更加坚定了天主教的立场，几乎所有新教方提出的异议都被指责为异端。1552年1月，美因茨枢机主教抱怨西班牙神学家"总想处处都赢过别人，独领风骚"，他认为会议不会有任何成果，于是离开了特伦托。[24]

大会最终颁布的决议中，对天主教实践在生活中的各个方面做出了明确的规定，大至统一神学家可能会使用到的权威文本，包括最关键的《圣经》拉丁通俗译本，小至制定礼拜仪式的细节、规定信徒何时领圣餐。决议规定，当神父为面包与红酒祝圣时，圣餐中的面包和红酒就变成了耶稣的身体和血液，因此，耶稣的血肉在圣餐仪式中是真实存在的。决议还规定人人享有自由意志，并且坚持炼狱是存在的。

在1563年的第25次会议上通过的决议，甚至对艺术和图像的目的都做出了规定。决议称："耶稣、圣母及其他圣人的图像应当在神殿中予以展示，并且应得到人们的崇敬和尊重。并不是说任何神性或美德都真实存在于图像身上。"决议解释说，信徒不应像非信徒一样敬奉这些图像本身，图像的目的是要激发人们对于图像所展现的圣人的崇敬之情，这样一来，"当我们亲吻这些图像、向它们展示我们的本来面貌，或是拜倒在它们面前时，我们实际上就是在崇拜耶稣，是在崇拜图像所代表的圣人"。

应当鼓励神职人员使用绘画或其他表现形式来讲述"救赎的神秘故事"，这样一来，"神圣的图像才能令人们获益，因为它们不仅提醒着人们上帝带来的好处和赠予的礼物，而且在人们眼前展示出上帝所创造的奇迹"。神学家们认为这样能够帮助人们"在自己的生活和行为举止中模仿圣人，激发人们对上帝的崇敬和热爱，使人们更加虔诚"。[25]

被认定为异端的新教教义认为圣人不能够在上帝面前为某个人说情，因此宗教图像是没有作用的。但是会上的这条决议明确了宗教艺术的目的，从而证明了新教教义的错误。与此相关的一系列规定可以运用到文学以及其他艺术形式中，成了天主教世界衡量艺术作品的首要道德标准，所有在天主教世界的艺术家都会以此衡量自己的工作。这支撑起了我们现在所知的西班牙黄金时代伟大艺术之花的绽放，直接影响了包括格列柯、委拉斯开兹在内的大量画家，直接或间接影响了塞万提斯等一代作家。

费利佩本人全心全意地接受正统的信仰，后来成了西班牙艺术最大的赞助人，发挥了持久的作用。他的确怀揣着巨大的决心：1551年底，当战火在意大利燃起时，费利佩回到了心爱的西班牙，他想象了各种各样的方案，准备整修已经破败的王宫，并建造他献给哈布斯堡王朝天主教信仰的赞歌，也就是埃尔埃斯科里亚尔雄伟的修道院宫殿建筑群。

1552年，萨克森的莫里斯背弃了查理五世，加入了新教阵营。他知道查理已是日薄西山，而根据他对费利佩直接的接触，他认为费利佩作为皇帝的继任者并不是他所想要的。莫里斯与法国结盟，打败了查理的军队，迫使查理等人连夜逃往因斯布鲁克。据普鲁登西奥·桑多瓦尔记载，"皇帝刚从一扇门逃出，莫里斯就带着他的人从另一扇门进来了"，皇帝连私人财物和衣服都没来得及带走。[26]查理成功逃脱，等待来日再战。第二年冬天，他率军围困已被法军占领的梅斯，帝国的教区首府。梅斯坐落在河流急弯之上的高处，地势险要，天然易守难攻。因此，虽然查理的军力更加强大，最后还是被迫承认了失败，解除了围城。这是一次军事判断上的惨痛失败，更是政治上的灾难。

此时的查理失魂落魄，他的身体被疾病击垮，债务缠身，囊中羞涩。

他精明的政治头脑已经被绝望填满，显然是因为这个原因，他才决定让费利佩与已经36岁的英格兰女王玛丽·都铎联姻，以此达成与英格兰联盟的这一奇怪外交梦想。[27] 婚礼于1554年6月25日在温切斯特举行，这一天是圣雅各日，圣雅各是西班牙的主保圣人。西班牙人挂起了征服突尼斯的系列壁毯，虽然有些不得体，但很好地警示了英格兰的新教徒哈布斯堡家族是如何对待叛徒的。[28] 不过，费利佩的西班牙随从都对访问圆桌骑士的城堡、亲眼见到传说中的圆桌感到非常兴奋。当年在亨利八世的命令下，圆桌上还装饰了骑士们的名字和一幅亚瑟王的画像。现在，他们来到了《高卢的阿马迪斯》故事的发源地，英格兰。"英格兰比骑士小说还要精彩，"费利佩的一位随从激动地评论道，"乡间小宅，河流田野，红花绿草，清凉泉水，处处都是动人的美景。"[29]

费利佩努力讨好他的新子民们，而此时的英格兰王室缺少的正是他这样有政治远见又有经验的执政者。费利佩在英格兰期间，英格兰的官方宗教恢复为天主教，这一定让他倍感欣慰。同时，即使是在宗教问题上，他也可以做出务实的调整，与英格兰的天主教极端分子对抗，并说服议会阻止教会收回在宗教改革期间已经出售给平信徒的土地。面对玛丽对新教徒做出的那著名血腥迫害，费利佩竭力主张温和处理。[30] 非常讽刺的是，费利佩由于担心英格兰容易受到入侵，鼓励英格兰人重建破败的海军，然而，1588年，当费利佩派出西班牙无敌舰队试图征服曾经属于自己的英格兰王国时，正是由于这支强大海军的保护，他铩羽而归了。[31] 在玛丽臭名昭著的假怀孕时期，费利佩也在西班牙。现代普遍认为玛丽可能患有子宫癌。据说，当玛丽悲剧的幻想破灭时，诺福克勋爵曾研究过让玛丽假装生了孩子，在伦敦找个普通的婴儿冒充的可能性。[32] 要是真有大胆的伦敦底层人能混入哈布斯堡家族，为他们日益单一的基因库补充些新鲜血液倒也不错。但是，费利佩与英格兰短暂的情缘也就到此为止了，1554年他出发前往布鲁塞尔，在那里有重要的事情正在发生。

1554年，"疯女"胡安娜太后在托德西利亚斯去世了。母亲的死对于查理而言仿佛压死骆驼的最后一根稻草，他终于下定决心退位休息，过他渴望已久的生活。10月25日，虚弱又潦倒的查理走进布鲁塞尔王宫的大厅，倚靠在奥兰治的威廉肩上——威廉正是现代荷兰王室的祖先。查理这一生走过了他国家的许多地方，"我曾去过德意志9次、西班牙6次、意大利7次，来到佛兰德是10次，在战争或和平时期去过法国4次，去过英格兰2次，还去过非洲2次……我在地中海航行过8次，在西班牙海域航行过3次；现在我快要回西班牙下葬了，这会是我第4次穿越西班牙的海域"，查理感叹道，在场的人都流下了眼泪。随后查理自己也忍不住泪水，拥抱了费利佩，宣布他将是尼德兰的新统治者。

"此等无上荣耀，我受之有愧，"费利佩说道，"陛下所卸下的沉重责任，我恐怕无力承担……但是，我愿意遵照您的期许，统治这片王国。"[33]

第二年1月16日，查理将西班牙的王位也传给了儿子费利佩。9月，依然身为神圣罗马帝国皇帝的查理在奥格斯堡宣布同意由帝国的诸侯各自决定自己封地内子民的信仰，从而解决了宗教的问题。直到1558年，查理才将神圣罗马帝国的皇位传给费迪南，而帝国的皇位也将在适当的时候传到马克西米利安手上：哈布斯堡王朝的遗产很快就会永久地被分割。

此时，费利佩二世负担起了保卫世界上最大的帝国之重任：1557年8月10日，在法国北部的小镇圣康坦，法国陆军统帅率领22000名步兵和骑兵，袭击了费利佩派去的萨伏依公爵。战斗很快就结束了，费利佩大获全胜。萨伏依失去了500人，而法国军队损失了5200人。法国王室统帅被俘，大量法国贵族被杀害或囚禁。两周后，费利佩本人率军再次袭击小镇："我们势不可当，"他写道，"杀死了所有守军。"[34]德意志人洗劫了小镇，拒绝和其他人分享战利品，"谁也没见过像他们这样的残忍和贪婪"，贝德福德侯爵观察记录道。[35]

1556年，神圣罗马帝国皇帝查理五世在一家极其简陋的圣哲罗姆隐修会的修道院中，开始了他的退隐生活。修道院坐落在尤斯特，深藏在贝拉的一片美丽树林中，查理当年住在巴利亚多利德时，常常来这里打猎。他常常和修士们一同用餐，花大把的时间欣赏修道院的庭院，或是摆弄他的钟表收藏。查理是个技艺精湛的钟表匠，他能够把当时技术最先进的钟表拆开来再组装回原样。但是，他的身材实在太胖了，修士们食堂的桌椅他已经坐不下了。他常常纵容自己贪婪的食欲，狼吞虎咽地吃着香肠、野猪肉、火腿、培根、松露、樱桃、草莓和奶油。他放纵了自己对鱼肉的热爱，常让人从里斯本送来鲽鱼和七鳃鳗，也喜欢吃醋烹鳎鱼和牡蛎，以及烟熏鲱鱼和三文鱼。有一次，一桶燕尾鱼在送来的途中变质了，查理的医生基哈达费了很多口舌才说服他不吃这些鱼。[36]尽管查理的胃口很好，但他的身体已经非常虚弱了。1558年的夏天，他在修道院的花园里病倒了，被人抬进了卧室。

> 皇帝让司库带来了［提香所绘的］皇后，也就是他的妻子的画像。他盯着画看了好一会儿，然后说："把这幅画拿走，再把那幅《耶稣在客西马尼园祷告》给我送来。"他又看了这幅画很久，试图从中寻找自己灵魂深处的崇高情感。随后他命人取来《最后的审判》。这一次他看画和深思的时间更长……最后，他突然颤抖着转向他的医生，说道："我觉得不舒服。"[37]

那是8月31日。第二天，查理开始与他的神父探讨最后的临终祝祷。疾病给他的身体带来了巨大的痛苦，而他的精神也因曾经犯下的罪过和对遭受永罚的担忧而备受折磨。他的告解神父巴托洛梅·德·卡兰萨开解他说："不必害怕，不要让魔鬼吓倒你，请相信主，他已经为你赎罪。"[38]三周后的9月21日，查理深夜在痛苦的痉挛中告别人世。当年，查理曾悲痛欲绝地眼看着自己心爱的妻子伊莎贝拉皇后去世，那时她手中紧握着一个十字架。在自己生命的最后一刻，查理让人取来了那个十字架。贝利利亚教堂的钟声再一次响起，当地人听闻此声便知是久病的皇帝去世了。[39]

费利佩二世的告解神父，同时也是未来埃尔埃斯科里亚尔修道院的院长，何塞·德·锡古恩萨如是描述了查理去世时的情景。根据他的回忆，当查理五世意识到自己快不行了的时候，他让人在自己身边摆满了提香的画作。查理去世的画面令人难以置信地恰好象征着他在世界上的地位：查理在西班牙他最喜欢去打猎的森林中的一座修道院中去世，思念着他的葡萄牙皇后，向上帝祈祷着，眼睛盯着意大利画家的精美作品，而这些画作是用美洲的宝藏做担保借来的钱，在德意志委托画家创作的，同时，在房间里有查理最信任的卡斯蒂利亚和佛兰德廷臣陪伴着他。

1556年6月的一个炎热夜晚，在遥远的加勒比海，圣多明各法庭主席匆匆赶到保卫着港口的堡垒，冲进了房间。他在那里找到了倒在地上的治安官兼王家历史官贡萨洛·费尔南德斯·德·奥维多·伊·巴尔德斯。他是因年龄太大而离世的。多年来，奥维多一直是王室忠实的仆人，去世时他的手中还紧紧地攥着堡垒的钥匙。西班牙登上世界舞台中心的这一辉煌的历史时期就快结束，而巩固成果的时期即将到来。[40]

费利佩听到父亲去世的消息是在1558年秋天，那时他在布鲁塞尔。阿拉贡骑兵在布鲁塞尔街头举行了悼念游行，领头的是查理自己卫队中的一个雄心勃勃的士兵，胡安·德·埃雷拉。[41]不久之后，玛丽·都铎也去世了。从政治意义上来说，费利佩已是自由身。他在和童贞女王伊丽莎白一世短暂调情之后，娶了美丽动人的瓦卢瓦的伊丽莎白。没过多久他就真正地爱上了她。1559年4月3日，在卡托-康布雷西这个小村庄，费利佩签下了与法国长期而稳定的和平条约。在这个紧张气氛逐渐缓和的夏末，费利佩留下自己同父异母的姐姐、查理五世的私生女帕尔玛公爵夫人玛格丽特为尼德兰摄政，神圣罗马帝国则由他的叔叔费迪南统治，而他自己回到了西班牙。

官僚时代

费利佩二世

7

埃尔埃斯科里亚尔和格列柯

时至今日，还没有人详细统计过这些王国的人口。

——16世纪70年代调查表的说明

埃尔埃斯科里亚尔的修道院宫殿，全名为圣洛伦索·德·埃尔埃斯科里亚尔王家行宫，是西班牙黄金时代最具代表性的建筑物。观赏这里的最佳路线莫过于从阿维拉出发，沿着古老的小路前进，随着风一起穿过一片松树林高原，然后深入宽阔的山谷。山脚下的起起伏伏之间，是庞大的建筑群若隐若现。伴随着耳边响起的鸟鸣声，在斑驳的光线之下，从林间的缝隙望去，花岗岩围墙和板岩屋顶之上闪耀着晚霞，给人一种温馨感，但在高耸的瓜达拉马山脉映衬之下，庞大的宫殿群竟也显得如此渺小。双柱廊大门通向一片如沙漠般宽阔的空地，地面是花岗岩制成的，西面矗立着一面巨大的墙。即使是被夕阳照耀着，这里自负的庄严肃穆也散发出一股令人不寒而栗的威慑感，就好像这座建筑和它的设计师都在挑战你是否敢于进入权力的国度。

埃尔埃斯科里亚尔是费利佩二世令人敬畏的个人杰作，彰显了上帝的伟大、哈布斯堡王朝的荣耀、帝国的奇迹和卡斯蒂利亚的中心地位。如今，我们依然能感受到他想让我们感受到的王室威严。它是修道院，是图书馆，是美术馆，是保存有上千件圣髑的宝库，是包罗万象、收藏珍稀物品的博物馆与珍奇屋，是种植世界各地花草树木品种的植物园，是王家宫殿，是私人隐居所，是家族陵墓，也常常发挥统治中心的作用，因为这里是费利佩的家。在埃尔埃斯科里亚尔，信息、知识和权力交织成为费利佩二世帝国的精神中心。

没有哪座建筑像埃尔埃斯科里亚尔这般与伟大的统治者的性格紧密相连，因为从没有哪位君主像费利佩这样对如此宏大的建筑从规划到建造的每个细节都倾注大量心血。费利佩曾经一连数个小时地凝视这片巨大的建筑群，而他的观景点被称为"费利佩之位"，就在上文所述的那条由阿维拉出发的古道上。可以说，埃尔埃斯科里亚尔是一座巨大的墓碑，费利佩在上面刻下了献给自己和西班牙哈布斯堡家族的墓志铭。没有哪座建筑像埃尔埃斯科里亚尔这样被深度研究，以至于它给人的感觉就像是看到了费利佩本人的投影。正如19世纪末的西班牙文人米格尔·德·乌纳穆诺曾警示过的："几乎所有去参观埃尔埃斯科里亚尔的人都带着政治或宗教偏见，想要寻找被错误理解的费利佩二世的形象，即使他们没有找到也会自己编造一个出来。"[1]

据说，1557年圣洛伦佐日，在圣康坦的战场上，费利佩发誓要建造一间宏伟的修道院，以感谢上帝赐予他对法国的决定性胜利。但他在埃尔埃斯科里亚尔的奠基文书上写的建筑主要用途则是家族墓地，埋葬哈布斯堡王朝的逝者。他决心将他的弟弟们、姑姑们还有他的第一任妻子玛丽亚·曼努埃拉和他的父母查理和伊莎贝拉葬在一起。未来，他自己也会加入他们。[2]

他选择了胡安·包蒂斯塔·德·托莱多作为埃尔埃斯科里亚尔的总建筑师。胡安·包蒂斯塔是西班牙人，曾经与米开朗琪罗一同在罗马的圣彼得大教堂工作，后来因为在那不勒斯为总督佩德罗·德·托莱多担任王家工程师而名声大噪。[3] 1561年底，费利佩看中了破败的小村庄埃尔埃斯科里亚尔附近的一片地方，因为它离马德里不是太远，王家信使可以轻松抵达，但又不是太近，不受欢迎的侍臣和令人厌烦的外交官们若是骑马过去，一路会漫长又煎熬。这片土地被清理出来，并于1563年4月23日破土动工。

　　费利佩和他的建筑师紧密合作，发展着新的想法，向其他建筑师、工匠、圣哲罗姆隐修会的修士们征求意见，做出修改，总是在琢磨。一个条理清晰的方案逐渐成形。费利佩对完美的追求给胡安·包蒂斯塔带来了巨大的压力，连费利佩本人都开始担心："我不知道自己对这座建筑的要求是不是吓到他了。"[4]之后，在1563年11月，一条噩耗传到了西班牙，胡安·包蒂斯塔的妻子和孩子从那不勒斯乘船来西班牙与他团圆，却在路上被土耳其海盗抓走了。[5]胡安·包蒂斯塔只得将自己深埋于大量的工作中来逃避痛苦的现实。从他制定的方案中，已经可以初步看到今天埃尔埃斯科里亚尔的主要特征。但是，在建造过程中，方案被不断调整修正，胡安·包蒂斯塔的状态越来越不稳定，经常跟他的助手们吵架。同时，费利佩还让他整修马德里王宫，以及设计马德里南边的阿兰胡埃斯行宫的花园灌溉系统。似乎是由于压力过大，1567年，胡安·包蒂斯塔去世了。

　　那位曾在查理五世去世时，在布鲁塞尔街头引领阿拉贡骑兵列队的年轻侍卫胡安·德·埃雷拉，后来担任了胡安·包蒂斯塔的首席绘图师。在胡安·包蒂斯塔去世后的几个月里，他"经常陪伴在费利佩左右"。[6]根据惯例，埃雷拉应该接替胡安·包蒂斯塔担任埃尔埃斯科里亚尔的总建筑师，但现代的学者们总是质疑他有多大行政权力。不论埃雷拉的具体职务是什么，他肯定扮演了重要的角色：从一份详尽的支付和花费申请清单中我们了解到，他通过重新设计费利佩要求的佛兰德风格房顶，发明一系列革命性的起重机来搬运建筑材料，安排在工地现场生产钉子等多项措施，为整个工程节省了超过100万达克特金币的费用。[7]不仅如此，他还设计了大教堂的神龛，并且大刀阔斧地改造了主楼梯。埃尔埃斯科里亚尔的主楼梯创造了最早的帝王式楼梯，这种风格的楼梯在17—18世纪间风靡欧洲，常见于各种巴洛克风格的大型建筑中。[8]然而，埃雷拉并没有被任命为总建筑师，反而是成了王室总管，把他安置在了宫廷的核心位置。费利佩认为埃雷拉是一位完美的陪伴者和仆人、有能力的管理者和有智慧的顾问。埃雷拉出身卑微，有头脑、有野心。他是这一时期典型的优秀官员，他们得到权贵的信任，维持着西班牙及其帝国的日常运转，制定大政方针，处理王室与国家之间的关系。

事实上，费利佩本人似乎接过了埃尔埃斯科里亚尔总建筑师的工作。他以胡安·包蒂斯塔留下的方案为蓝本，依靠埃雷拉高超的制图技巧将自己的想法落实在图纸上，再交由工人们依照图纸建造。[9]当时的人都惊讶于君王与仆人如此默契的配合：一位佛兰德官员充满敬畏地评价，"整座建筑完工得如此出色，如此华丽，如此完美，它一定是全世界最美的宫殿"。埃尔埃斯科里亚尔修道院的第一任院长何塞·德·锡古恩萨赞美道："它雄伟壮观……不管是形式和材质都符合使用目的，非常和谐，没有多余的矫揉造作；不同的部分协调统一于一个整体，没有任何部分的位置出现偏差。因此，整座建筑呈现出巨大的美感，以至于当我们欣赏它时，心中充满快乐，不再被固有的对古典美的偏好所束缚，感受到永恒的优美与典雅。"[10]

4个多世纪前的这座建筑奇迹，居然能够激发出如此有前瞻性的、简明扼要的表达，概括了很可能超越时间的现代主义美学思想，这不得不令人惊奇。

费利佩将埃尔埃斯科里亚尔构思成哈布斯堡世界的精神中心，将其纳入一个更广泛的中央集权计划之中。他曾经亲眼看到自己的父亲因试图亲自管理各个王国，而被迫赶赴不同的地方工作，把身体都累垮了。因此，他得出的结论是，帝国事务应当上呈至统治者面前。1561年，他将宫廷和政府永久地移至马德里，很快，这里就迅速发展成为西班牙世界的首都，人口众多，令人兴奋。古老的中世纪王宫保留着从前摩尔人的穆德哈尔式建筑风格，成了政治和社会精英的生活中心，而费利佩则常常带着仆人们远离喧嚣，住到附近的行宫中，享受乡间的宁静和他所热爱的打猎运动。

在这片乡村静修地中，埃尔埃斯科里亚尔是费利佩的最爱。他常常在这里度过复活节，有时是整个夏天。这里仿佛是一片世外桃源般的孤岛，物质世界的纷扰只能通过文件侵占他的时间。文字报告、书信、地图、图画、样本和标本纷至沓来。费利佩处理国事所使用的书桌摆放在极其简朴的房间里，那里甚至无法看到外面优美的乡村景色。费利佩就在这里伏案工作，处理国家大事，不闻窗外鸟语花香，抬头便可直视耶罗尼米斯·博斯的圆形画作《七宗罪和最终四事》中央上帝的目光。在修士的房间里，费利佩承受着反宗教改革的沉重负担，完全靠别人对现实情况的汇报做出书面指示，来治理庞大的"日不落帝国"。在埃尔埃斯科里亚尔，他可以完全沉浸在文本的虚拟世界中，逃离马德里忙乱拥挤的宫廷生活。[11]

绘画帮助费利佩打开了通往世界的精神之窗。他从自己出色的收藏中选取了许多重要的作品陈设在埃尔埃斯科里亚尔。对于绘画作品，他更看重其精神价值和象征意义，而不是审美上的美感。埃尔埃斯科里亚尔的收藏面之广、作品内涵之深令人叹为观止，而其中两位风格迥异的画家的作品尤其突出。

我们几乎可以肯定是匈牙利的玛丽激发了费利佩对耶罗尼米斯·博斯的热爱。[12]博斯于1453年出生于尼德兰的斯海尔托亨博斯，他的作品有些晦涩，正如16世纪西班牙一位主流艺术评论家所说，"他画中的内容奇特，似物非物……是展示人类灵魂深处习惯与情感的道德作品"。[13]没有其他任何画作比他那些令人既愉快又恐惧的作品更能丰富现代人对中世纪日常生活的理解。他的作品总是凌乱又令人不安地展开荒唐的道德叙事，令费利佩非常着迷，因为他可以将作品中的画面与现实世界做比较，这是他信仰的试金石。锡古恩萨神父留下了详细的评论，为我们稍微开启了了解费利佩灵魂的隐喻之门。他笔下的博斯是一位革命性的画家，用他"丰富的意向抓住了每个人的注意力"。但是他认为博斯的画是神学作品，是"艺术化处理的书"，充满"良好的判断力"。在里面你可以读到"有关圣礼的几乎各个方面，有关教会的阶层和教阶制度，包括从教宗到最底层的人……他用绘画来讽刺人类各式各样的罪恶和过错"。[14]

三联画《人间乐园》是博斯最著名的作品，费利佩将它存放在埃尔埃斯科里亚尔。当两翼的画板折叠时，展示的是上帝创造世界的画面。打开之后，左联展示的是亚当和夏娃被逐出伊甸园时的情景，右联则描绘了审判日的地狱之门，这引导观众将中间的画面理解为"虚假的天堂"。然而，当我们读到锡古恩萨神父对这幅画的解读时，就会突然意识到现代和费利佩时代的人在心智上和精神上有多大差异。锡古恩萨说，"这幅画的核心主题是一种小花和一种小果子，类似于野草莓"。[15] 于是神父将这幅画称作"野草莓"。今天，有谁会认为这是一幅关于草莓的画呢？有位意大利旅行者解释说，它展示了许多"奇异的主题……一些令人愉悦又难以置信的事物，不知道这些事的人是无法找到合适的语言来形容它们的"。[16]

提香是费利佩最喜爱的画家。费利佩与他的作品之间的关系与我们普通人的艺术体验有几分相似。费利佩小时候从提香为他父亲查理所作的一幅画像中所获得的对父亲的认知要远远多于从现实生活中获得的。在匈牙利的玛丽的教导下，费利佩非常欣赏提香高超的技艺。玛丽去世时将自己精美的收藏都送给了费利佩，其中就包括米尔贝格战役之后提香为哈布斯堡家族绘制的许多肖像画。费利佩认为这些肖像画中多多少少地包含了画中人的精神，又或者说画就是他们本人的印记，因此，"他经常向画像行脱帽礼，以表达对祖先的尊敬"。[17] 费利佩如此容易将图画和现实混为一谈，这就表明他有能力生活在文字和图像的虚拟世界中。当然，提香的现实主义风格也帮助了费利佩做到这一点。从1556年起，提香几乎只为费利佩工作，每年从他这里获得高达500达克特金币的预付金。不过，他们的私交也很好：提香曾是费利佩父亲查理的画师，据说当年"提香为查理五世画一幅肖像画时，画笔掉在了地上，查理五世将笔捡了起来。见此，提香跪在他面前说'陛下，您的仆人不配享此殊荣'，而查理回答道，'提香值得恺撒为之服务'"。[18] 事实上，就像一位研究提香及其作品的现代学者所说："查理和费利佩都很喜欢提香……把他当好朋友。"[19]

如果说埃尔埃斯科里亚尔是费利佩统治时期社会停滞感的象征，那么能够体现与之相对的活力与远见的最佳例子莫过于一个叫作"地理或地形报告"的极具雄心的项目。1558年费利佩回到西班牙之后，就一直想编制一套关于他在卡斯蒂利亚以及西属印度群岛的完整地图册。终于在16世纪70年代，数千份详细的长篇调查表被散发至卡斯蒂利亚以及新世界殖民地的各定居点，问卷里还附上了一封信：

时至今日，还没有人详细统计过这些王国的人口。因为这些信息非常有利于领土的统治及财富的增长……特命你吩咐辖区内所有议员及殖民地官员，详细调查表中的内容并且分别上报他们的报告。[20]

新世界的调查结果就好像美洲印第安人历史的"罗塞塔石碑"。调查信息来源于西班牙殖民者、印第安人部落首领、记得传统中那些细节的德高望重的印第安长者。如今这些结果散落在美洲和西班牙的图书馆或档案馆中。[21] 不过，卡斯蒂利亚的调查结果被编纂成7本厚厚的卷宗，保存在埃尔埃斯科里亚尔的图书馆里。此举极富象征意义。这些档案包含着海量的细节，有可能非常有趣。比如说，从中我们了解到，在一个叫作埃斯基维亚斯的小镇上，米格尔·德·塞万提斯结婚了，他还将这里作为了他代表作中的主人公堂吉诃德故乡的原型，这里尽管缺少木柴和食物，但有"许多葡萄藤"，葡萄酒是人们的主要经济来源。[22]

费利佩很清楚，若要保障他设想的中央集权的官僚制度顺利运转，他就需要有智慧、有洞察力又有决心的人去全世界充当他的耳目。王室对信息搜索和对搜集到的信息进行评估的推动，是当时更广泛文化调查的一部分，而耶稣会历史学家何塞·德·阿科斯塔就是其中典型的例子。他于1590年出版的《印度群岛自然和道德史》中，包含了对美洲和美洲人的翔实描述。然而，王室官员有时也会对新世界的信息产生嫉妒之情。譬如，著名的《佛罗伦萨手抄本》是贝纳丁诺·德·萨阿贡所著的有关阿兹特克文化的详尽记录，其中有大量由印第安艺术家绘制的生动图画，配有双语评注，分别是西班牙语和阿兹特克人的纳华特语。然而这本精美的手抄本被王室没收了。虽然费利佩起初的没收原因是书中记载了印第安人异教徒的迷信，但当他亲眼看到手抄本时，不得不对其中的内容和审美价值表示由衷的赞赏。他下令制作一份副本，然后将珍贵的原件作为结婚礼物送人了。[23]

"地理或地形报告"显然是费利佩对官僚体制信仰的产物，但也是他对知识和"收集"投入的结果。费利佩的父亲因为偶然的继承"收集"了众多王国，而费利佩则精心规划他所"收集"的物件。这不仅是出于收藏古董的欲望去占有物品，更是将庞大的帝国抽象为提取和积累看似难以处理的数据和思想。对费利佩来说，管理帝国就是在探索上帝对他所造物的意志。

虽然费利佩既不是学者也不是文人，但总体上他对科学和调研抱有普遍的好奇心。因此，他很容易就被胡安·德·埃雷拉对拉蒙·柳利痴迷的研究所吸引。拉蒙·柳利是中世纪马略卡岛的哲学家，他将字母表中代表上帝的道德精髓和神力的字母，与从树木到星球等大大小小的实物联系起来，以这样一种拼字游戏为基础，建立了一套完整的宇宙理论。[24]他的结论之一就是肯定了天体承载着道德品质，可能是天生的也可能是后天的。[25]他的作品被占星师和炼金术士仔细研究，这些研究者的工作体现出那个时代的科学、魔法和信仰之间没有明确的界限，它们一同在理性的熔炉中混合。

费利佩就是一个十分具有那个时代特征的人和君主：一位受人尊敬的律师写道，"了解孩子的性格是一种道德责任"，他建议读者"找一位博学的占星师画出孩子出生时天体的位置图"。[26]1550年，马蒂亚斯·哈库斯为费利佩绘制了他的天宫图后不久，他又请来英格兰占星家约翰·迪伊为他和玛丽·都铎分别制作了天宫图。[27]但有时费利佩又对此高度怀疑，他曾对秘书说，"我一直想警告托莱多枢机主教，要开除那些研究占星的神职人员，他们一事无成、只会搞破坏。居然有人相信他们真让我震惊。他们显然在做邪恶的事，更不用说这还是一种足以致命的罪了"。[28]一次，有人评论了古罗马时期对彗星的解读，结果费利佩指出，"罗马人不是基督徒，所以他们喜欢什么就相信什么"。[29]

炼金术也非常具有诱惑力，因为没有人不想做做实验就把普通金属变成金银，或是提取长生不老的灵丹妙药。就连费利佩也曾短暂地被点石成金吸引，那是在1557年，当时他已经付不起银行的利息了。他观看了一位德意志炼金术士的实验，炼金术士似乎成功地把6盎司的水银变成了银子。费利佩认真地考虑了使用这种方法制作货币的可能性，想以此维持军队的费用，还好他幡然醒悟，放弃了这个荒唐的念头。[30]艰难的时期过去之后，费利佩也算是吃一堑长一智，后来他把"这种科学"形容成"巨大的骗局"。[31]

　　虽然费利佩对炼金术这种过分夸张的说法持怀疑态度，但他一直支持研究医学特别是对药理学感兴趣的炼金术士，希望他们即使不能让自己长生不老，至少也能改善健康。在埃尔埃斯科里亚尔，费利佩布置了11个房间用作实验室，里面有各种火炉、烤箱，甚至一个20英尺（1英尺约合30厘米）高的铜制蒸馏塔，和一个装满了药水、矿物悬浊液和植物萃取物的药房。费利佩经常"命人按照拉蒙·柳利的方法制作保健药品"。[32]

　　埃尔埃斯科里亚尔的顾问们是冒险精神、实验精神、经验主义和信仰的化身。这些精神渗透到了西班牙乃至欧洲文化的方方面面。也许，也正是这种探索发现的精神驱使着西班牙人征服新世界。理查德·斯塔尼赫斯特是一位英格兰天主教徒，他专门为费利佩写了本叫作《炼金术的试金石》的小册子，解释了如何分辨真的炼金术士和冒牌货。"既不要过于轻信，也不能全盘否定，"他在书中建议，"要是没有人相信哥伦布，那么印度群岛就不会被发现了。"[33]

　　在对占星术，以及更加缺乏依据的炼金术保持开放心态的同时，费利佩对于圣髑的力量极度迷信。虽然在费利佩祖上统治的欧洲北部地区，新教徒们早就公开放弃了对这种神圣的护身符的信仰，但费利佩有一大批代理人，负责四处搜寻脱水的尸体、头部和其他身体部位，圣母的头发，以及真十字架的碎片。路德曾经开玩笑说，仿造圣髑的人比比皆是，若是把整个基督教世界所仿制的十字架碎片放在一起，恐怕300个壮汉也无法搬动。[34]费利佩的热情居然鼓舞了村舍里的各类伪造行业蓬勃发展，这让他感到非常有趣。[35]费利佩对圣物的收藏积累，充满政治意味地肯定了特伦托会议以及反宗教改革，同时也显示了中央集权的强大。他不顾大主教和修女们的强烈反抗，强行买下了圣地亚哥-德孔波斯特拉一家修道院里的圣洛伦佐的头骨。[36]但他确实是个信徒。直至临终前，他已经收集了7449件圣髑。费利佩以非常痛苦的方式死去：他奄奄一息地躺着，浑身酸痛，血液中毒，在脏兮兮的床上无法移动，高烧和饥渴折磨着他，但是凭着对圣髑的敬拜，他竟然就这样支撑了53天之久。他把圣塞巴斯蒂安的膝盖，圣奥尔本的肋骨和文森特·费雷尔的胳膊摆在自己身体对应的疼痛处，聆听阿维拉的德兰和路易斯·德·格拉纳达修士诵读《圣经》。[37]

令人惊讶的是，埃尔埃斯科里亚尔的建造进展出奇地顺利，到16世纪60年代末，费利佩、一部分廷臣和修士已经可以入住了。生者迅速搬入后，接下来就轮到逝者了。1573年，费利佩下令将家人的遗骨迁入，其中最早到来的是悲剧地死于打猎事故的瓦卢瓦的伊丽莎白，以及他精神失常的儿子唐卡洛斯；第二年，查理五世的遗体也从尤斯特运了过来。遗体搬运中最令人毛骨悚然的一例非奥地利的唐胡安莫属。他于1578年在尼德兰去世。为了防止遗体落入敌人手中，他被秘密地分割成数块，分别装入皮革袋子，经陆路运抵西班牙，重新缝合后才被送至埃尔埃斯科里亚尔入葬。[38]

虽然修道院和王宫都已完工，但教堂的工程直到1575年才开始。如果说埃尔埃斯科里亚尔就像费利佩在建筑方面的一顶王冠，那么从精神意义上讲，教堂就是王冠上最耀眼的宝石。教堂体量巨大，为150英尺见方，有100名圣哲罗姆隐修会的修士每日8小时在这里唱诗，为哈布斯堡家族的灵魂祈祷。教堂是表达哈布斯堡家族和西班牙虔诚之心的最雄伟建筑，而费利佩从一开始就希望它的外观能够体现出特伦托会议对正统信仰的全新定义。西班牙的教堂总有着（直到现在也经常如此）杂乱无章的符号，由风格迥异的绘画、雕塑、雕刻、家具、银器甚至偶然得来的手工艺品以一种折中的方式有机地组合到一起，因为建筑历史毫无规划而被堆积在一起。不管是神职人员还是平信徒都被这些符号弄得云里雾里。而费利佩想要的是一首宏伟而简约的对上帝的赞歌。

因此，托莱多设计了坚固而令人惊奇的空间，一直延伸到高耸的穹顶。支撑穹顶的花岗岩立柱采用了古典柱式，仿佛直抵天堂，令人臣服。费利佩认为，光有如此完美的对称结构还不够，必须有艺术家用灵巧的双手和敏锐的目光，让作品与作品、作品与整座建筑实现和谐统一，以此让圣人在其中得到永生。一般情况下，若要保持建筑整体风格统一，费利佩应该很愿意让同一位艺术家创作大教堂所需的所有艺术品。但他知道这是不可能的，所以他退而求其次，决定统一使用意大利式的风格。当时数一数二的雕塑家莱昂内·莱昂尼带着儿子蓬佩奥兴奋地从米兰赶来，为大教堂创作了精美的铜塑，以及圣餐台周边主要的雕塑。然而，费利佩要说服他想要的画家来西班牙可费了不少功夫。

支撑穹顶和唱诗席的巨大立柱下面有一些较小的圣餐台，一小批西班牙人和几个意大利人开始绘制装饰这些圣餐台的油画。这些画每一幅都绘有两位圣人，旨在使教室的地面上有一些天堂中的形象，他们光着脚、穿着长袍，人数众多，看上去很像参加弥撒的僧侣。

但是费利佩最关心的还是主圣餐台的布置，起初，他想请他最钟爱的提香出马，但是提香不愿来西班牙。于是提香为费利佩绘制了《圣洛伦佐的殉难》，计划摆放在主圣餐台后方的中央位置。这是提香最精美的作品之一，画中光影交错，将明暗对照法运用到了极致。不过，这幅画要是真的挂在了埃尔埃斯科里亚尔大教堂里，如此宏伟壮观的建筑必定会让它黯然失色。伟大的威尼斯画家提香没能意识到大教堂的环境对画的影响。这幅画被挂在了另一间小圣堂里，一直保存至今。大教堂还未完工的时候，埃尔埃斯科里亚尔的弥撒都在这间小圣堂中举行，如今它被称为"老教堂"。

提香拒绝来西班牙之后，费利佩又向韦罗内塞、丁托列托和费德里科·祖卡罗发出了邀请，但他们也纷纷婉拒。与此同时，费利佩开始考虑一位之前从未想到过的西班牙画家，他一直在参与立柱底部圣餐台的祭坛画工作。这位画家名叫胡安·费尔南德斯·德·纳瓦雷特，大家都叫他"哑巴"，因为他从出生就失去了听觉，不会说话，他从小在一家圣哲罗姆隐修会修道院生活，成长为一名才华横溢的画家。他曾赴意大利工作生活，据说还跟着提香学习过绘画。这段经历使得他可以巧妙地调整自己的作品，以迎合费利佩对威尼斯风格的喜爱。1579年，他签下了为大教堂主圣餐台绘制8幅作品的合同。然而没过多久，在3月28日这天，他去托莱多拜访一位朋友时突然去世了。[39] 这时，祖卡罗终于答应承担主圣餐台的工作，但费利佩却拒绝了他绘制的《圣洛伦佐的殉难》，转而选择了一直参与小圣餐台工作的佩莱格里诺·蒂巴尔迪。蒂巴尔迪的作品终于满足了费利佩的要求，于是才有我们今天所看到的充满动感的人物形象。他大胆地运用线条和色彩，极其写实地再现了殉难的痛苦。所有在特写照片中看上去有些矫揉造作的尴尬画面，在现场都有着震撼人心的视觉效果。

大教堂是在面对宗教改革的威胁下对天主教的肯定。因为新教徒否认了圣餐变质说，埃雷拉特地设计了一个精美的圣体盒作为主圣餐台的核心元素。盒子边上永远点亮烛光，代表着盒子里永远存放着神圣的物品：在埃尔埃斯科里亚尔，上帝最大的牺牲永远真实而神秘地存在于你的身边。同理，新教徒否认善功可以拯救人类的灵魂，而建造埃尔埃斯科里亚尔这般宏伟建筑的过程本身就是极大的善功。新教徒还否定了圣人可以在上帝面前为普通人说情。大教堂中的绘画作品再现了71位圣人，更令人震惊的是，这些圣人的遗物就摆放在不远处的圣物柜中。这样的设计非常有说服力地强调了特伦托会议决议中所述的观点，即绘制圣人的图像是为了鼓舞和启发信徒，图像和真实的圣人之间是有区别的。

费利佩二世从意大利邀请了众多艺术家来埃尔埃斯科里亚尔，掀起了一股热潮，仿佛一条文化高速公路，将举世无双的美学奇才源源不断地输送至西班牙。这其中最伟大的天才非格列柯莫属。格列柯的职业生涯"不管怎么说都称得上是艺术史上最奇怪的之一"，但不可否认的是，他还是成了与西班牙相关的最著名的画家之一。[40]

格列柯原名多米尼克斯·塞奥托科普洛斯，出生于克里特岛。起初，他的绘画是典型的拜占庭风格，因为才华出众，他去威尼斯接受训练，学习拉斐尔和丁托列托的作品。有关格列柯此时跟着提香学习过的传言非常多，无须赘言。[41]后来他又搬去罗马生活，遇到了各种各样千奇百怪的、有时互相矛盾的人文主义思想和反宗教改革理论。在永恒之城罗马，四处都是西班牙人：外交官和枢机主教，跟随他们而来的随从以及才华横溢的门客，其中就有伟大的小说家塞万提斯，说不定他和格列柯还见过面。在这群自信满满、充满世界性的西班牙人中，有位颇具影响力的年轻教士，名叫路易斯·德·卡斯蒂利亚，他是托莱多大教堂的座堂牧师迭戈·德·卡斯蒂利亚的私生子。正是他说服了格列柯放弃在意大利刚刚起步但前途无量的事业，搬去西班牙。根据同时代的人的记录，格列柯于

1577年抵达托莱多，"当时他的名气已经很大了，他认为自己的作品是全世界最好的，并且对此直言不讳。他的画作色彩艳丽，充满想象力，确实无人能够企及"。此外，"他本人也像他的绘画一样炫目多彩"。[42]他非常傲慢，对米开朗琪罗都嗤之以鼻。[43]

在迭戈·德·卡斯蒂利亚的安排下，格列柯在西班牙接受的第一次委托是为托莱多大教堂教士大会绘制一幅《脱掉基督的外衣》，他们想把这幅画挂在圣器室里，神职人员会在那里换上他们正式的礼服。这个题材在西方艺术中并不多见，但在拜占庭绘画中却很常见，所以很可能是格列柯本人提出画这个主题的。如果说画作的题材可以用"不常见"来形容，那画作本身简直令人震惊。作品完成后，教士们认为有失端庄，立即开始抗议：画面中基督的头比其他人物的头位置低；它还有多处不得体的地方，没有遵守特伦托会议决议中严格的规定。然而，这幅画真的让教士们如此震惊吗？答案不言而喻：这幅画直到今天依然挂在圣器室中。事实上，教士们故意上演抗议这出戏，只是因为不想全额支付这幅画的创作费用。格列柯提起了诉讼，他的专业估价员声称这幅画价值900达克特金币，而教会则为其定价228达克特金币。最终，双方以317达克特金币成交。一直以来，画家和艺术家都被顾客们当作生意人或是普通工匠对待，而格列柯则拒绝屈服于这种传统。他对这行的理解非常透彻，他说："君王的财富和喜好都只是偶然事件。"[44]

此后，格列柯也多次与赞助人起争执，虽然有不愉快的事情发生，但是这些并未妨碍他在托莱多安定下来。现如今，托莱多老城中心已经不像一座鲜活的城市，而更像一座博物馆，时间在这里仿佛凝固了。白天，成千上万的游客来到这里，漫步在狭长的小路和巷子之间，穿梭于修道院、神学院的高墙之间，或是聚集在教堂环绕的小广场上，而到了夜晚，这里就变成了一座空城。托莱多依然是西班牙最重要的大主教区、宗教中心，教士们在这里管理教会。少数的修士，还有修女依然居住在这里，他们大部分来自印度、非洲和南美洲，即便如此，托莱多的宗教建筑依然显得空空荡荡。每当游客蜂拥而至，人们几乎都能感觉到信仰在这里正在消减。

然而在格列柯抵达托莱多的那个年代，富有的牧师和市民们都在热切地将手上巨大的财富投入到建造、重建或是整修如今游客们参观的那些纪念性建筑之中。现在托莱多空空如也的教堂回廊和唱诗班席，当年却满是修士，有着浓厚却时常是反动的天主教氛围。[45] 例如，1558 年，令人恐惧的宗教裁判所逮捕并控告了西班牙总教长，也就是曾为查理五世、费利佩二世担任过告解神父的巴托洛梅·德·卡兰萨大主教，他被囚禁了9年之久。[46] 卡斯蒂利亚人也许自认为是"上帝的选民、基督教事业的捍卫者"，[47] 而托莱多正是支撑他们傲慢自大的支柱。但是，很快我们就会发现，它的代价是一个糟糕社会的产生，人们对强制维持宗教正统近乎偏执，而这种心理恰恰被极其政治化的教会阶层无情地利用。

按理说，像格列柯这样具有国际视野又敢于创新的艺术家，似乎在托莱多不会有好的发展，然而，在保守的、反宗教改革的西班牙宗教中心托莱多，繁荣起来的冷酷无情的社会的支持，使他取得了职业生涯上的成功。格列柯曾为著名教士奥滕西奥·费利克斯·帕拉维奇诺绘制了一幅迷人的肖像画。格列柯去世时，帕拉维奇诺也为他写下了一首广为流传的十四行诗：

> 克里特岛给了他生命，
> 托莱多却给了他色彩，
> 在这个更好的故乡，
> 他在死亡中获得了永恒的不朽。[48]

格列柯之所以有机会向托莱多证明自己的才华，主要归功于托莱多大教堂的座堂牧师迭戈·德·卡斯蒂利亚的推荐。卡兰萨大主教被捕后，迭戈的权力达到了巅峰。虽然迭戈对宗教裁判所对大主教的指控表示怀疑，并且为他出庭作证，称卡兰萨为自己的朋友，赞扬他的虔诚和诚实，但是，卡兰萨被捕后，迭戈成了大主教管辖区里实际的政治和精神领袖，除此之外，他还控制着基督教世界最富裕的主教教区。然而，早期近代教会有个奇怪的特点，很多宗教职位是要求独身的，但他们有时却会把职位传给儿子，就好像遗产一般。迭戈是费迪南·德·卡斯蒂利亚的私生子，继承了他的托莱多大教堂座堂牧师职位。迭戈很清楚自己犯下的罪行，他请格列柯来帮助他弥补最深重的罪孽：他与一位美丽的寡妇玛丽亚·德·席尔瓦私通，生下了儿子路易斯。玛丽亚·德·席尔瓦的亡夫是查理五世的首席财政总管。相传她貌若天仙，伊莎贝拉皇后因为嫉妒她的美貌把她关进了修道院。玛丽亚·德·席尔瓦非常富有，她任命迭戈为遗嘱执行人。她去世后，迭戈立即用她的遗产重修了圣多明各教堂，虽然没有正式宣布，但这座宏伟的教堂事实上就是他们的家族墓地小圣堂。

迭戈希望这间家族小圣堂能够为他和玛丽亚犯下的罪行祈求上帝的宽恕，所以他要用玛丽亚的钱建造一间精美绝伦的教堂来赞颂上帝的无上荣光。但是这座建筑还有一个更富争议的目的：它吸引了公众对迭戈和玛丽亚关系的注意，迭戈仿佛在反抗教会的正统观念，显示他和玛丽亚是某种程度上的合法夫妻。圣多明各教堂作为一座主的庙宇，是否也是一座爱的纪念建筑呢？

迭戈任命了托莱多的总建筑师负责建造圣多明各教堂，其间他还请胡安·德·埃雷拉来帮忙，为教堂奠定了一种肃穆感。他把最主要的圣坛装饰画交给格列柯来完成，这些画将赋予圣坛象征意义。格列柯和迭戈的秘密家庭建立了亲密的关系，他去世后，路易斯安排把他也埋葬在了圣多明各教堂。

迭戈与格列柯签订的合同中详细规定了需要他绘制的8幅油画的尺寸，并且要求格列柯不得将工作转包给其他人完成，画作完成前他不得离开托莱多，并且必须负责画作的安装。合同内容还包括工作进度表、格列柯将得到的1500枚达克特金币的佣金支付期限，以及一些基本的违约处罚条款。主要画作的内容都已经确定，还规定了两侧祭坛上的画作突出位置必须画上圣伊尔德方索和圣哲罗姆的形象。迭戈还保留了坚持要求修改和完全拒绝画作的权利。[49]有些艺术史学者认为，这些对画作的风格和题材如此谨小慎微的监管以及都通过合同来强制执行，可以说是"无礼的"微观管理。[50]这种看法毫无道理：迭戈毕竟是一位基督教圣像学方面的专家，而且他需要这些画的尺寸能够符合圣坛的建筑条件。除了这些必不可少的要求以及保障迭戈的最终决定权之外，合同给格列柯对信仰的解读留下了很大的自由发挥空间。

　　二人设计方案中最主要的内容是用4幅大型叙事画讲述救世主耶稣的故事，体现基督教关于救赎论的教义，因为这正是迭戈为他自己、他的情妇和儿子所祈求的。4幅画分别是：表现耶稣诞生的《牧羊人的崇拜》，奇迹般的《耶稣复活》，象征着上帝接受耶稣舍命救赎人类的《三位一体》，以及最重要的《圣母升天》。《圣母升天》直接表明圣母玛利亚是主要的代祷圣人，她在天堂里为向上帝申辩的罪人求情。合同中详细规定的另外两位代祷圣人对于迭戈来说有着特别重要的意义。圣伊尔德方索是托莱多的主保圣人，他出现在了《耶稣复活》的画面中。迭戈作为私生子，从小就在一家圣哲罗姆隐修会的修道院中长大，因此个人对圣哲罗姆怀有特别的虔敬之心。在《牧羊人的崇拜》的前景部分，格列柯把圣哲罗姆画成了迭戈的样子。[51]这是一种常见的操作，深受赞助人的喜爱。这样一来，当圣餐礼上面包和红酒化为耶稣真正的身体和血液时，在这个神圣的瞬间，神父会看到迭戈的形象，并因此为他的灵魂祈祷。

　　格列柯在绘制圣多明各教堂画作的同时，被埃尔埃斯科里亚尔的艺术氛围深深吸引，结果却被反宗教改革时期的正统信仰所伤。1580年，他受命为埃尔埃斯科里亚尔大教堂的一间附属小圣堂绘制圣坛装饰画，表现圣莫里斯的殉难。相传，公元302年，莫里斯兵败，胜利的罗马人要求他和手下放弃基督教信仰，转信罗马多神教。莫里斯和手下不从，因此被罗马人杀害。然而，格列柯完成的画作被费利佩二世拒绝了，其中缘由含糊不清，学者们众说纷纭。

　　唯一的同时代人的解读来自埃尔埃斯科里亚尔修道院院长何塞·德·锡古恩萨，他记录道：

　　　　陛下对这幅画不甚满意，这也没什么好奇怪的，因为没几个人对这幅画满意，虽然也有人说这是伟大的艺术……每个人的看法和品味原本就各不相同。判断一幅作品是否用理性和艺术创作，只须看它是否让所有人都满意便知，因为艺术不过是同每个人灵魂中的理性与自然相符，由此让人产生满足之感。

换言之，用理性和艺术创作的作品力求在表现上自然、在结构上合理，"而那些随意涂抹的作品只能欺骗和取悦蒙昧无知者"。[52] 锡古恩萨暗示费利佩拒绝这幅画是出于风格和形式的双重考虑。

现代的学者们则不相信是审美问题导致费利佩拒绝了这幅画的观点。毕竟，正是格列柯独特的风格吸引了当代评论家。许多人选择了一种更平淡的解释：特伦托会议决议中规定宗教艺术应当简单易懂，并尽可能地具有感染力，这就要求绘画的前景应当戏剧化地展现出殉道者被残忍杀害的画面。而格列柯则在前景描绘了莫里斯与手下讨论是否同意信奉罗马多神教、保全性命的场景，把殉难的画面放到了远景中。这一观点认为，费利佩想要的是简单的戏剧性画面，而格列柯却给了他"苏格拉底式对话"，这其中殉道者的"死""没有刺痛感"。[53]

但是还有另一种有趣也令人信服的解释。格列柯在画中的历史人物中混入了许多当代的名人：在圣康坦一战中率领西班牙军队的萨伏依公爵、正在与尼德兰新教徒战斗的亚历山德罗·法尔内塞、查理五世传奇般的私生子唐胡安，还有在远景中几乎难以辨认的骑着马、留着长胡子的官员，无疑就是阿尔瓦公爵的形象。但这正是最严重的问题所在，阿尔瓦公爵被描绘成了行刑官之一，他作为一个异教的罗马人正在砍下一个基督徒的头。[54]

据说，在为费利佩取得葡萄牙王位的无情而又成功的作战中阿尔瓦公爵一度失去了对手下西班牙老兵们的控制，这些老兵肆意妄为，露出了一直以来的残暴本性。而作为应对，阿尔瓦公爵处决了上百名士兵，人数多到他公开声称自己的"绞索已经不够用"。阿尔瓦反复多次建议费利佩对待叛徒就应该"砍掉他们的脑袋"，但用这种方法对待自己的老兵就显得格外残忍了。阿尔瓦公爵在耻辱之中退役了。但格列柯还是将他杀害基督徒的画面展示给了费利佩，想以对时政的讨论吸引费利佩的注意，这实属危险而错误的判断。阿尔瓦公爵是最伟大的将军之一，而且无疑是对哈布斯堡王朝最忠诚的将领：格列柯没有立场对他妄加评判，而他如此目中无人的举动很有可能使他失去王室的青睐。

格列柯回到了托莱多，之后又画出了许多杰出的作品，其中大多是宗教主题和肖像画。他的作品，尤其是后期的作品，都有一个共同的特点，即画中的人物都像火焰一般，形状和动作奇特，仿佛在画布上发光、移动，体现出完全超自然的精神性。格列柯的这一特点一度被一些人认为是由于眼睛散光导致的。但针对这一观点各种巧妙的反驳也被相继提出，原观点的大多实验都是有缺陷或是不完整的，[55]其实他们忽略了最显而易见的反证，那就是格列柯所画的一些肖像画是没有变形的。格列柯之所以在托莱多形成了如此独一无二的风格，不过是对西班牙赞助人们艺术品味的回应罢了。

距今一个世纪以前，博学的西班牙人认为，16世纪早期最伟大的西班牙艺术家，雕塑家阿隆索·德·贝鲁格特对格列柯的风格有关键性的影响。但实际上，直到19世纪，在贝鲁格特的"追随者"格列柯得到了广泛的认可之后，人们才充分认识到前者的才华。[56]两代人以前，一位伟大的西班牙艺术史学家评论道："格列柯巧妙地运用光线，将画面中的布分割成一块又一块，呈现出闪烁的流动感，而贝鲁格特激进的明暗对照法赋予了作品同样充满动感的象征意义表现力，除了此二人的作品之外，再也没有如此神似的绘画和雕塑作品了。"[57]

但是，这种美学判断很容易遭到反对，人们已经习惯于接受他们二人都受到了米开朗琪罗影响的说法，二人唯一的共同点就是意大利式风格，这是格列柯来西班牙之前就已经学到了的。[58]这种说法可能已经在专家中广泛流行，但事实上是模糊而不令人满意的，它很难解释为什么格列柯是到了西班牙之后，作品风格才越来越像贝鲁格特的。格列柯当然受到过米开朗琪罗西斯廷教堂壁画的影响，而且也无疑是在罗马掌握了矫饰主义的对立式平衡技法——该技法就是把人物所有的重量都放在一只脚上，从而赋予人物形象律动感。然而，格列柯成熟的作品大大地夸张了矫饰主义中的动态，他笔下的人物形象超越了正常的、合适的形态，几乎扭曲成螺旋形，甚至变成了不可能的样子。

　　事实上，在意大利的时候格列柯专注于更加自然主义的再现，他于1570年前后在意大利创作的《耶稣治愈盲人》，一度被误以为是丁托列托的作品，后来又被误认为是韦罗内塞的，直到1958年才被认定为格列柯自己的画作。格列柯移居西班牙的初期，他的这种自然主义风格到达了顶峰，这一时期的代表作有《脱掉基督的外衣》和《圣名之赞仰》。这两幅画都创作于1577年至1579年之间，从画中我们可以看出他试图让观众感觉眼前是真实的场景。[59]

　　格列柯的独特风格明显是开始在卡斯蒂利亚绘制圣坛装饰画之后才形成的；而在卡斯蒂利亚，贝鲁格特的圣坛雕塑作品随处可见，因为他为西班牙的宗教雕塑树立了"黄金标准"。两位艺术家无疑都从意大利获得了使用扭曲变形姿势和生动手部动作来再现多彩人物形象的乐趣。但是，格列柯是在来到西班牙看到贝鲁格特的作品之后，才开始画拉长的肢体、缩窄的脸庞和巨大的向上凝视的眼睛，并让他的人物开始互相拥挤在一起，从意想不到的角度观察他们，而这种角度正是圣坛雕塑者们时常巧妙使用的。最重要的是，只有在西班牙他才可能找到能够欣赏他风格的赞助人，因为他们都对贝鲁格特的作品非常熟悉。格列柯高超地用二维的油画模仿16世纪最杰出的雕塑家之一，他的技艺深深地吸引住了赞助人。

　　贝鲁格特的作品启发了格列柯对西班牙精神主义的理解，而格列柯将它抽象到了新的感性高度。格列柯的天才之处在于他完美地捕捉到了一种全新的神秘主义意识，而这种意识正在渗透西班牙的宗教文化，考验着反宗教改革时期正统观念的极限。格列柯用绘画补充了伟大神秘主义诗人们的语言，共同描绘出无法触及的画面、幻象和狂喜的世界，这是西班牙人灵魂的内在生命。

8

阿维拉的德兰、神秘主义诗人和宗教裁判所

凌晨5点，31名异教徒即将被烧死，官员和修士们一起把他们带了出来，在那里帮助那些必须被烧死的人好好地死去。

——目击证人报告，1558年

16世纪西班牙基督教学者们普遍认为，女性比男性软弱，她们应当保持沉默。圣保罗在《哥林多前书》中劝诫哥林多人的族长们："妇女在会中要闭口不言，像在圣徒的众教会一样。因为不准她们说话。她们总要顺服，正如律法所说的。她们若要学什么，可以在家里问自己的丈夫。因为妇女在会中说话原是可耻的。"[1]

女人们不仅被禁止说话，还被延伸到了写作方面，所以虽然西班牙哈布斯堡王朝时期有数百名女性作者在写作，但是由于当时得到出版的作品太少，我们对她们几乎一无所知。这些默默写作的女人之中，有一半以上是修女，她们记录自己强烈的通灵经历，写作属灵的自传，交由男性神父判断她们的狂喜、幻象、与神精神结合的体验是符合基督教正统性的，还是发疯的表现，抑或是魔鬼在作祟。[2]

阿维拉的德兰被称为"西班牙历史上最伟大的女人"。[3]她也和这些修女一样，因为担心自己的祷告被魔鬼所利用，所以开始书写自己的属灵经历。在这些突破了女性沉默传统的修女之中，德兰尤为突出。她是一名神

秘主义者，长年疾病缠身，却成了西班牙的主保圣人，永垂不朽。这主要归功于她持续不断地创立了许多修女院、她深入的灵修和禁欲行为，还有她在生前的生活中以及通过自己文字对其他人展现出的巨大亲和力。德兰把一生都献给了上帝和加尔默罗修会。她在晚年时，回顾了一生为上帝和加尔默罗会奉献的经历，把自己的经历写成了自传《生平》，成功地为自己塑造了一个美妙的神话。她原本只是一个在修道院长大的平凡女孩，但她相信每当她听见雷鸣，就是上帝在和她的灵魂交流。[4]

1515年，德兰·桑切斯·德·塞佩达-阿乌马达出生在阿维拉的一个富裕商人家庭。她的祖父曾受到宗教裁判所的审判，正因如此，德兰一家非常清楚他们的祖先是犹太人。也正是由于宗教裁判所的迫害，鼓励了人们展示自己对基督教的虔诚，使得德兰从小就坚定了信仰。当晚年的她回忆起小时候时，她还记得自己和哥哥一起读圣人和殉道者生平故事的事，当时她想，"他们付出了如此之少，就能够得到天恩眷顾，我也想像他们那样死去，不是因为我意识到自己对上帝的爱，而是为了尽快享受到我所读到的天堂之乐"。童年的德兰和长大以后一样，有想法就要付诸行动："我和哥哥讨论怎么才能达到目的，我们说好一起前往摩尔人的土地，祈祷他们会因为我们对上帝的爱而砍掉我们的脑袋。我认为虽然我们年纪尚幼，但只要我们找到了方法，主就会鼓励我们，结果我们的计划因为家人的阻拦而落空了。"根据另一位16世纪传记作家的记录，当时德兰和她哥哥都是特别小的孩子，他们"从阿达哈门出了城——从桥上走到了河对岸，然后撞见了一个叔叔。家里人早就在焦急地寻找他们俩了，大家都担心两个孩子掉进了水井里。叔叔把他们送回家里，他们的妈妈这才松了口气"。这则趣闻广为流传，在另一个版本里，当他们的妈妈"责骂他们时，小男孩把责任推到了妹妹身上，说是受她怂恿才这样做的"。[5]

德兰还记得有一次，她决定成为一名隐士，于是在附近的果园里用石块和鹅卵石给自己堆了一个隐居处。她写道："小时候我特别喜欢和其他小女孩一起扮成修女，在'修道院或隐居所'玩耍。"[6]德兰故意借用了孩童玩耍的世俗感，同时暗示了她努力模仿自己读到的内容，想象力不可谓不丰富，甚至有些异想天开。她还记录了她母亲去世后，她开始热衷于阅读母亲留下的大量骑士文学。她写道："母亲的小恶习削弱了我的意志，我躲着父亲，白天黑夜都沉迷于此，虚度了不少光阴。"骑士小说中充斥着美丽的公主形象，受到她们的启发，"我开始注重打扮，渴望拥有美丽的外表。我开始注意保护双手和头发，喷香水，沉溺于你所能想到的一切虚荣事物之中"。[7]德兰的童年原本可以作为荣格反驳弗洛伊德提出的恋父情结的极佳案例：在悲伤之中，母亲的书唤醒了德兰对性的认知，因此，当她开始像性成熟的女人那样打扮的时候，依然要把书藏起来，不让自己单身的父亲看到。但是，德兰还记得，"当我开始理解自己失去了什么，我痛哭流涕，向一幅圣母的图像祈祷，求她当我的母亲"。[8]

1535年，20岁的德兰进入了一间加尔默罗会修道院，两年后她正式成为一名修女，实现了自己儿时的梦想。但是她一直重病缠身，不久之后，病情加重，她父亲不得不带她去接受一位信仰治疗师的治疗。德兰一直没能完全康复。4年后，她陷入昏迷，看上去就像死了一样，直到又过了4天后她才醒过来，自此她的双腿瘫痪了3年。后来，她开始产生非常真实又可怕的幻觉，听到奇怪的声音，看到幻象，通过祈祷就能进入催眠，甚至到达狂喜状态。她开始奉行苦行主义，绝食、鞭打自己、连续数小时地祈祷。在她随后的记录中，痛苦是她与上帝沟通经历的核心。

她在写作中称上帝为"配偶"，"配偶以灵魂深处最轻巧、最温柔的方式"对待她，她的灵魂"感受到甜蜜的伤痛，却不知道伤痛是从何而来"，虽然"非常痛苦，但却是令人愉快和甜蜜的"。她坚持认为这种痛苦"比默念祷文进入没有痛苦的恍惚状态要令人满足得多"。德兰很清楚，驳斥任何认为她的神秘体验是拜魔鬼所赐的观点也是她写作的目的之一，所以她强调"魔鬼不可能带来如此甜蜜的痛苦，他也许能给人表面上的欢愉，但是如此宁静的满足又伴随着如此剧烈的痛苦，这绝不是魔鬼的杰作"。[9]

面对激烈的反对，这位深陷疾病折磨但又极富灵性的女性开始着手推行加尔默罗会改革，建立了被称为赤脚加尔默罗会的修会，该修会效仿圣方济各和圣嘉勒，以赤脚作为他们严格修行的标志。德兰于1582年辞世，她生前建立了18座改革的修道院，甚至影响了男修士们，他们也开始改革自己的修会。然而，这阵改革热潮最终使得加尔默罗会的改革派和温和派分歧越来越大，甚至导致了恶性的竞争。

1567年，德兰认识了年轻的加尔默罗会修士十字若望。若望幼时虽然贫困但是家中很有教养，他的母亲费尽心思把他送去了学校，学校里的修女也都非常喜欢他，认为他"头脑灵活"。[10]他的年纪刚好是德兰的一半——她几乎与他母亲同龄。他们很快就建立了深厚的精神默契。1572年，若望搬到了阿维拉，成了德兰的告解神父，对她产生了极大的影响，因此德兰在接下来的几年写作了《七宝楼台》，这是她最重要的精神著作之一。

但是在1577年12月4日清晨，温和派加尔默罗会和以德兰为首的改革派之间残酷的政治斗争出现了决定性的转折。一群温和派的修士和"全副武装的男人们"闯进了若望居住的修道院绑架了他。他们把他带到托莱多，关进了"一个又小又黑的牢房，只有靠近房顶的地方有一条窄窄的缝隙透着光线"，这样一来，若望要读祈祷书就必须站在一个石头长凳上。他被允许坐在食堂的地上吃面包、喝水，但"每顿饭一结束，其他教友就把他围起来鞭打他；他们凶残地在坚忍的若望神父的背上留下了一道道伤疤，许多年后依然清晰可见"。[11]德兰立即给费利佩二世写了封信，[12]但费利佩迟迟没有回复；而这期间若望已经从绑架者们手中逃了出来。不过，费利佩最终研究了此事，他判定温和派的行为是亵渎神圣的，毋庸置疑，加尔默罗会必须分为两派管理。在费利佩二世的建议下，1580年，教宗准许改革派加尔默罗会独立，德兰这位不寻常的修女赢得了决定性的政治胜利。

若望对德兰创作的她最重要的灵修作品影响颇深，而德兰的去世激发他写下了两首最为后世所铭记的诗，分别是《心灵的黑夜》和《爱的活焰》：[13]

> 噢，爱的活焰
> 温柔地烧伤了

我灵魂至深处！
现在你不再躲藏，
如果你愿意，那就这样
撕开甜蜜友人的面纱。

噢，甜蜜的牢狱！
噢，痛苦的礼物！
噢，温柔的手，轻轻地触摸，
噢，永恒的味道，
你偿还所有的债务
杀掉死亡，你又获得重生。

噢，燃烧的灯笼，
它的光辉照亮了
头脑深处的鸿沟
（曾经黑暗又盲目），
用奇妙的爱抚给予了
你的爱温暖与光明！

我的怀抱还记得你
那样温顺可爱。
你秘密地独自存在于那里
留下你香甜的呼吸
如此仁慈而优雅
让我心生怜爱。[14]

以今天的视角来看，若望作为一位宗教诗人，他表达爱的语言可能显得有些不恰当的性意味，因为德兰对他而言如母亲般重要，他们曾共同感受强烈的宗教热情，而他正在为德兰哀悼。确实，弗洛伊德和约瑟夫·布罗伊尔将德兰修女称为"歇斯底里的主保圣人"，这是一种现在已经过时的精神病学诊断法，即认为女性所遭受的许多疾病症状都是由她们的性能力造成的，因此需要通过医生或助产士通过手淫的方式让她达到"突发的歇斯底里"；[15] 雅克·拉康曾轻率无礼地评论德兰神秘的狂喜状态，他说"你只要去罗马看贝尔尼尼为她创作的雕塑便可知道，她马上要高潮了"。[16] 然而，把德兰高潮的瞬间永恒地凝固在巴洛克式的石雕中，这可是贝尔尼尼的责任。德兰也应当负次要责任，因为贝尔尼尼的创作是基于对她的作品《生平》的解读。在《生平》中德兰用下面这段话，描写了她被穿透心灵的神秘经历：

> 我有时会看到一个天使，这定会让主满意……他个头很小、很英俊，脸庞散发着光芒就如崇高的智天使那般……他手上拿着金色的矛，矛的顶端是炙热的铁制尖头。有时候，他似乎把矛深深地插入了我的胸口，穿透了我体内的器官。当他拔出矛时，就像把我开膛破肚了一样，让我感受到自己的身体因为对上帝强烈的爱而燃烧。我低声哀号着，因为痛苦如此强烈，但同时又如此妙不可言，让我不希望它停止。[17]

虽然16世纪的宗教神秘主义者用爱的语言来唤起妙不可言的经验，但是他们强烈的信仰远远超越了感官愉悦的存在。

> 而现在，我的牧羊人，我结束了
> 我那甜蜜的歌，开始赞扬
> 一位惊人的天才
> 我确信他超越了我的每一个词语
> 在抒情诗带来的狂喜中
> 他处处领先于我
> 我所说的，当然就是，路易斯·德·莱昂修士
> 我尊敬他，爱戴他，追随他，就像对待父亲一样。[18]

　　塞万提斯在1584年的作品《伽拉忒亚》中，写下了这段抒情的赞扬，献给杰出的知识分子、神秘主义诗人路易斯·德·莱昂修士。路易斯·德·莱昂生前是宗教裁判所政治腐败的受害者，直到1631年，他的作品才得以出版，伟大的讽刺作家弗朗西斯科·德·克维多-比列加斯评价他的诗具有"道德的威严"和"启发性的智慧"。[19]同时代的西班牙杰出艺术理论家、迭戈·委拉斯开兹的老师弗朗西斯科·帕切科是路易斯·德·莱昂的另一位崇拜者，他写道："伟大的导师路易斯修士身材矮小但形体健美，脸庞大而线条优美，头发卷曲浓密，举手投足间自然流露出灵魂的高尚。在同时代的人中，他在科学和美术的各个方面都是最为重要的天才……他是位伟大的诗人，通晓拉丁语、希腊语、希伯来语、迦勒底语和叙利亚语……甚至费利佩二世每次遇到重大的道德问题时，都要咨询他的意见。"[20]

　　路易斯·德·莱昂出生于1527年，他的故乡贝尔蒙特是西班牙平原地区边缘的一座小镇，小镇的古城墙今天仍然令人印象深刻。1512年，宗教裁判所的阴影第一次笼罩了路易斯原本富裕的家庭。他的外祖母被指控信奉犹太教，而他们一家人为了摆脱这个名声进行着努力。路易斯14岁的时候，前往萨拉曼卡学习教会法，但他很快就告别了与7000名学生为伴的喧闹世俗生活，加入了严格的奥斯定会。当时的萨拉曼卡大学正处于巅峰时期，这要归功于弗朗西斯科·德·比托里亚及他的追随者多明戈·德·索托等人。而正是多明戈·德·索托资助了年轻的路易斯攻读硕士学位。[21]

　　路易斯迅速地成长，1561年，他成功竞选为圣托马斯教授*。路易斯虽然才华横溢，但是刻薄又傲慢。两年前，多明我会出现了一名异教徒，因遵从路德派教义而被宗教裁判所烧死。[22]由于他那位失败了的竞争对手也是多明我会修士，路易斯忍不住用此事奚落对方。路易斯是神学家，自己家里有犹太人祖先是众所周知的事情，而他对希伯来语的研究尤其出色，考虑到这些因素，他还出言不逊就太草率了。他很容易受到流言蜚语

---

* 萨拉曼卡大学的教授职位由竞选产生，圣托马斯教授是神学的教授职位。——译者注

的影响，而且他的口无遮拦和智慧光辉早已为他树敌不少。有个耶稣会修士曾记录，"在大学里，路易斯比多明我会修士更受人尊敬"，而帕切科则评论道，"正因如此他引起了深深的嫉妒"。[23]

路易斯认为，语言和受造物都源自神，因此紧密相连。《约翰福音》说，"太初有道，道与上帝同在，道就是上帝"。[24]路易斯对词汇和语法的掌握炉火纯青，沉迷于研究各种语言含义之间最细微的差别，并且特别喜欢着眼于理解古代文化中他们所写文字之含义这样一个几乎不可能完成的任务。他完全有能力承担翻译《圣经》这项危险的工作。

不过，路易斯作为诗人的水准和他的学术水平不相上下，他在萨拉曼卡受到了加西拉索和博斯坎令人兴奋的意大利式新型诗歌的影响，从他们的作品中学到了可为己用的技巧和技能。而最重要的是，他被表达人间情欲的语言迷住了，因为如果用这样的语言拥抱上帝的爱，也会非常优美动人。[25]路易斯像所有的西班牙神秘主义者一样，痴迷于圣经的倒数第二卷，《雅歌》。这一卷是所罗门王的作品，内容是关于婚礼的诗歌，充满了对性露骨的描写。卷中有这样的诗句："愿他用口与我亲吻。你的爱情比酒更美"，接下来，随着婚礼的故事继续展开，等急了的新娘渴望她的爱人"以苹果畅快我的心"，直指那棵禁忌之树的果实，"因我为爱而生病"。随后，他们数次交欢：

> 我的良人进入自己园中，
> 到香花园，
> 在园内放牧，
> 采百合花。

> 我属我的良人，
> 我的良人属我：
> 他在百合花中放牧。

············

　　　　我必引导你，领你进入我母亲的家，

　　　　她必教导我，

　　　　我必使你喝

　　　　石榴汁酿的香酒。

　　　　他的左手在我头下，

　　　　他的右手将我环抱。

　　这些诗句对于禁欲的神职人员而言，可以说是极其令人头疼的，若是在其他的环境下，这些诗词很有可能被当作魔鬼淫秽的作品而遭受审查。正如现代极受推崇的一位西班牙学者所说：考虑到路易斯深受最伟大的爱情诗人加西拉索艺术和技巧的影响，"当他在探索这种令人类欲罢不能、被艺术歌颂赞美的情感力量时，他不太可能无动于衷，一位具有男子气概的修士一定会被它所吸引"。[26]而另一位杰出而虔诚的现代学者则评论："《雅歌》里有圣经中最优美而神秘的诗歌。"[27]

　　这些诗句究竟是什么意思呢？路易斯给当修女的妹妹写了他的解读。他提醒说，"《雅歌》对于任何人而言都非常难读懂，对于年轻人和那些还没很好地建立美德概念的人来说尤其危险"。但是对于那些已经习惯于各种诱惑的人而言，"这首美好的歌体现了上帝因为对我们的爱所受的伤……而我们会看到所有热恋之人通常都能感受到的一切，但是更为专注也更为细腻，因为神的爱比世俗的激情更加纯粹"。[28]

　　对于神秘主义者而言，答案非常明确：《雅歌》是关于上帝的爱。它所描绘的意象为德兰和十字若望指明了道路，让他们产生了崇高而又无法言喻的信仰体验。他们从《雅歌》中获得了表达自己灵性的充满情欲的语言。拉康曾调侃贝尔尼尼雕塑中德兰那种将性欲转化为神秘灵性的强烈转变，而对路易斯、德兰和十字若望来说，那正是宗教狂喜的本质。

　　20世纪最具影响力的西班牙文化史学家胡利奥·卡罗·巴罗哈曾回忆道："小时候，我偶然看到几卷羊皮纸，上面有用希伯来语写的经文或是祈祷文。我父亲雇的工人有一张18世纪的桌子，桌子表面包裹了一层皮，这些羊皮纸就是在皮下面发现的。桌子曾经的主人一定是一位虔诚而正统的犹太教徒，他受过很好的教育，懂得希伯来语，但是隐藏了自己的真实信仰。"[29] 19世纪时，张扬的圣经走私犯乔治·博罗曾帮助英格兰圣经协会把民族语言版的圣经走私到西班牙。他遇到了一个叫阿巴伯内尔的人，这人自称秘密地信奉犹太教，经常和4位天主教教会高级官员一同庆祝犹太教节日。博罗还描述到，有位退休的宗教裁判所官员说，他记得"在搜查一个神职人员的屋子时，在木地板条下面找到了一个银制的圣物箱，里面有黑色猪皮包裹的3本书……是希伯来语写的……看上去非常古老"。[30]

为什么这些神圣的书会用肮脏的、被犹太教禁止接触的猪皮包裹呢？会不会是故意用亵渎神明的方式做伪装？是博罗或者这个官员记忆不准确，还是这件事根本就是编造的？又或者，是最初的藏书人对自己犹太祖先的了解如此混乱，以至于用猪皮包书的时候并没有察觉到这其中强烈的讽刺意味？

卡罗·巴罗哈家的工人偶然成了犹太教历史遗物的守护者，自己却浑然不知，而博罗提到的犹太人则是西班牙文化机器中隐藏的幽灵。但这些故事恰恰证明了一些有影响力的西班牙人长久以来的执念，他们总认为在西班牙社会中天主教的正统信仰之下，犹太教信仰虽然沉默但依旧存在。这种执念是典型的西班牙式心态和脾气的产物，1480年西班牙宗教裁判所的建立也由此而来。

西班牙式的心态和脾气，既有激情洋溢的辩论精神，又有严肃冷静的研究精神。但建立宗教裁判所的初衷其实非常简单：查找受洗过的基督教徒中的异端分子，消除分歧，让他们重新皈依天主教会。宗教裁判所的目的并不是迫害犹太教徒，但在15世纪，犹太教确实是宗教裁判所面临的首要问题。

14世纪90年代，随着针对犹太教徒的暴乱席卷西班牙，许多犹太教徒或出于恐惧，或为了方便，或出于真诚的信仰，纷纷改信基督教。这批人被犹太教徒憎恶，又被老基督教徒当作低等的信徒对待，于是形成了他们自己的新基督教徒身份，接受圣保罗提出的"真以色列"的概念，认为"真以色列"与耶稣一同重生，确信自己具有"以色列基因"，是古代犹太人的直系后裔，也就是说，他们认为自己与耶稣、圣母、先知和使徒都有直接的血缘关系。他们宣称自己无论在基督教世界还是犹太教世界都是最好的，将自己与那些不信任自己的共同体分割开来。[31] 新基督教徒或者说"改教者"的身份变得根深蒂固，几个世纪以来代代相传。

　　然而，许多改教者对宗教都怀有类似的不温不火的心态，因此能够放弃犹太教，接受基督教。当时有位杰出的编年史家埃尔南多·德·普尔加，也是一名改教者，他抱怨道，在安达卢西亚"有1万个少女从出生起就没迈出过家门。除了从父母家中紧锁的大门后看到的教义外，她们从没听过也没学过任何别的教义"。[32] 他担心的是，出于传统或习惯的原因，符合犹太教文化的习俗和行为在这些家庭中依然保留，孩子们耳濡目染，而家长们并没意识到这是犹太教的习俗。肯定所有人都迅速意识到了在外在行为方面吃猪肉的重要性，但是有几个人知道，他们打扫房间是从墙壁往中间扫，目的其实是为了避免玷污神圣的门槛？在西班牙这片奶产量很低的地区，又有几个人知道自己依然不使用奶进行烹饪的原因？

　　费尔南德斯·德·奥维多把这些不严格的改教者称为"玛拉诺"（marrano）——很多人误以为，这样叫的原因是玛拉诺有"猪"的意思，而犹太人不吃猪肉，这个词既是辱骂又是讽刺，但其实，"原因是'玛拉'在古卡斯蒂利亚语里是'失败'的意思，而一个人在他所承诺做的事情上失败了，这是非常可耻的"。[33] 玛拉诺改信了基督教，却没能全身心地、正确地接受基督教精神。虽然有证据表明，只有极少的改教者真的重新皈依犹太教，或是继续暗中信仰犹太教，但不管是老基督教徒还是新基督教徒都相当偏执地怀疑有很多玛拉诺已经恢复了原来的信仰。这就使他们成了异端。

　　1480年，宗教裁判所成立，目的是处理顽固的犹太文化特征、解决改教者重新皈依犹太教或继续践行犹太教仪式的问题。然而，异端审判官一开始寻查那些隐秘的犹太教徒，似乎就找到了成千上万个。这是因为，他们前往了改教者的社区，给予一个月的宽限期，让异教徒主动忏悔、皈依基督教，只受非常轻微的惩罚。许多人都觉得证明自己完全清白是不可能的，相比之下忏悔则简单得多，特别是因为不少恶毒的人都积极地举报他们想除掉的人。伊莎贝拉女王曾亲自下令逮捕托莱多的一群犹太教徒，因为他们承认在指控改教者的时候做了伪证。[34] 而在 1482 年，教宗西斯都四世本人都抗议说，在西班牙"有很多虔诚且忠实的基督教徒，只因为敌人、竞争对手、奴隶或其他人的一面之词……没有任何合法的证据，就被抓进了监狱遭受酷刑，当作反复改教的异端，被剥夺货物和财产，被交给世俗的武装力量加以处决。这是冒着灵魂的风险，树立了非常有害的典型，引发了很多人的反感"。[35]

可悲的是，这种自我满足式的错觉竟然成了政府官方的、授权的理解：西班牙人开始相信他们居住的土地上真的生活着大量潜藏着的犹太教徒，然后顺理成章地就归罪于犹太教社区是在鼓励改教者恢复原来的信仰。1492 年在格拉纳达击败了伊斯兰教徒的天主教双王，认为不得不采取行动拯救他们的王国，于是在充满宗教狂热的胜利气氛之中，他们签署了一项法令，要求所有犹太教徒离开西班牙或改信基督教。事实上，只有极少数犹太教徒永远地离开了西班牙，大部分人留了下来，或是短暂离开又回来，他们几乎不需要经过教理问答就受洗为基督徒了。这些人本来就是被迫改信基督教，又没有充分学习领会基督教教义，必然会继续保持他们从小熟知的习惯和传统，甚至有很多人小心翼翼地秘密信奉着祖先的信仰。新近成立的宗教裁判所如饥似渴，短短十几年就把暗中存在的对犹太教徒偏执的猜疑变成了现实，几乎所有人都是宗教裁判所的潜在受害者。欧洲的反犹太主义由来已久，深入人心，但其实基督教源于犹太教。如果把犹太教比作基督教的父亲，那么可以说基督教有种恋母情结，希望否定犹太教，毁灭犹太教，仿佛从犹太教的灰烬中会生出基督教的凤凰。正是这种宣泄式的推动力给予了宗教裁判所翅膀与火焰，促使宗教裁判所以犹太人为敌，为欧洲反犹太主义书写了新篇章。

宗教裁判所造成了新老基督教徒之间的鸿沟，助长了西班牙人对所谓"血统纯正"的痴迷。能证明祖上没有改教者的人，表现得好像他们种族清白的祖先赋予了他们贵族地位一样，与身边已知的犹太教徒后代之间产生了巨大的分歧。从15世纪中叶开始，一些有影响力的机构都开始开除新基督教徒，尤其是被宗教裁判所定罪者的后代，导致了证明"血统纯正"的公证文件风行。这对于白手起家的人尤其有利，因为他们出身贫穷卑微，家族的历史鲜为人知，所以他们声称自己是老基督徒也没人能反驳。"血统纯正"带来了一种近乎民族主义的老基督徒身份认同感，使得乡村新贵在申请大学、政府职位和教会职位的时候，都比改教者有优势。乡村新贵甚至对上层的贵族，尤其是大贵族家庭有一定影响力，因为几乎所有的大贵族家庭都曾与改教者通婚。

　　"血统纯正"受到了许多有权有势者的反对，其中有些人自己就是改教者，如迭戈·德·卡斯蒂利亚、巴托洛梅·德·卡兰萨，还有一些有影响力的老基督徒，如因凡塔多公爵的儿子佩德罗·冈萨雷斯·德·门多萨和阿尔瓦罗·德·门多萨。1565年，教宗判定"血统纯正"的概念违背了教会法，而包括费利佩二世在内的大部分西班牙人，只要情况对自己有利，就经常无视机构或地方对血统纯正作出的规定（即禁止改教者担任特定职务）。[36] 而耶稣会反对血统纯正也是出了名的，据说其创办者罗耀拉本人曾对朋友说，他如果是犹太人，会觉得这是无上光荣的事情，"难道不是吗？谁不想和我主、和圣母玛利亚有亲属关系呢？"。[37]

　　1569年，宗教裁判所召集了一些神学家组成委员会，共同审查一本最初于1545年在巴黎出版的圣经[38] 的正统性，路易斯·德·莱昂修士也是受邀的神学家之一。由此引发了传统的学院派和以路易斯为首的改革派人文主义者之间的一场激烈的辩论，反映出天主教徒顽固的政治立场，一些人认为特伦托会议肯定了存在已久的正统教义，另一些接受了反宗教改革思想的人则认为这是发展教会的机会。

　　最守旧的学者主张，中世纪的基督徒相信《旧约》预示着《新约》，也因此预示着基督的生命，犹太教抄写员在抄写《旧约》时故意抄错了原文，就是为了混淆中世纪基督徒的信仰。但人文主义者则认为犹太教徒没有理由故意歪曲自己的神圣经文，而且路易斯本人指出，希伯来语的经文比圣哲罗姆开创性的《圣经》拉丁通俗译本更能支撑基督教的预言。

　　这在信仰正统的西班牙是非常危险的言论，因为特伦托会议已经裁定，"根据长久以来的惯例，拉丁通俗译本应当在公开演讲、争论、布道和展示中都视作真正的圣经，任何人都不得以任何借口拒绝此版圣经。此外为了控制任性散漫的精神，任何人不得通过自己的能力，对圣经经文作出违反神圣教会认定的真理的解读"。[39]

　　更不用说这会将一位已知的改教者置于多么危险的境地了。随着辩论越来越白热化，路易斯更加尖刻讽刺；他太擅于口舌之争了，反应敏捷、一针见血、争强好胜，不顾及自身安危。当传统派的领头人莱昂·德·卡斯特罗指责路易斯"头脑就和他的犹太血统一样"，威胁要把他扔进宗教裁判所的火堆中，路易斯则自鸣得意地反驳道，还不如将卡斯特罗写的有关以赛亚的冗长乏味的书扔进火里。[40]这场辩论逐渐演变成惨烈的人身攻击：1571年，传统派的一位多明我会修士向宗教裁判所告发了委员会里的三名信奉人文主义的改教者。被指控的原因是他们曾断言"圣经一般应根据拉比的教导来解读，而不应该接受神学博士的作品"。[41]

　　起初，异端审判官根据规定被要求必须成立一个神学委员会来评估对被告不利的证据。委员会的决定非常关键，因为如果他们建议起诉，实际上就是把举证责任推到了被告身上。理论上来说，这时候检察官才会得到任命，治安官才能逮捕和关押被告，然而曾经有过一个臭名昭著的案例，一群嫌疑人在未被正式起诉的情况下被关押了两年，其中还包括两个儿童，一个9岁，一个14岁。[42]

　　1572年3月27日，路易斯被关进了巴利亚多利德宗教裁判所的监狱。这种情况下，法警一般会扣押入狱者的私人财物，拿去估价然后逐渐变卖，以支付囚犯的生活费。这样一来，即使有个别的受害者最后被判无罪，他们的生活也基本毁了。但是，路易斯作为一名修士，早就把所有的财物交给了他的修道院。

　　宗教裁判所的审讯方式可以说是"三位一体"的，非常恶毒但极其有效。在监狱中，路易斯首先面对的是第一个位面。为了换取宽大处理的承诺，他被要求在3天之内坦白自己的罪行，但没人给他任何有关他被指控的罪行是什么的提示。虽然路易斯可以基本推断出自己为何被捕，但是许多受害者只能猜测自己被指控的罪行以及被谁指控。这让无辜的人非常为难，他们根本不知道自己做错了什么，只能带着困惑的愧疚感，编造自己亵渎神灵或是离经叛道的行为。

根据规定，检方被要求必须在10天内提出对路易斯的诉讼，然而实际上这道程序一直拖到了5月5日。宗教裁判所任命了辩护委员会，不过委员会大多是神职人员，提供咨询意见。随后，异端审判官会着手准备一系列问卷，用于审问尽可能多的目击者，并将证词及审问记录文件整理核对。出人意料的是，路易斯自己也向裁判人提交了问卷，要求他们使用。不过审判官们并没有这样做。最后，1573年3月3日这天，证词被公之于众，其中涉及目击证人身份的内容已经被删去。路易斯可以开始准备为自己辩护了。

恶毒审判的第二个位面是对证明被告有罪的目击证人身份的严格保密。但是路易斯无疑非常清楚自己的敌人是谁，在为自己辩护的时候，他成功地指认了所有人。对于路易斯来说，高贵的荣誉感和对于神学的虔诚受到了威胁，而与快速获得令人满意的判决相比，它们确实更加重要。因此，和以往一样，路易斯最大的敌人是自己。他把对自己的审判当作一次对智力的锻炼，他是在为自己对圣经的理解辩护。他贬低对手和异端审判官的智力，引入了有关圣经的新奇理论观点；他还要求撤换自己的一些目击证人，要求另一些很难找到的证人作证，其中甚至有个人已经去世了，这让审讯变得更加混乱，数次进入长时间的休庭。

1576年9月28日，法庭最终下达了可怕的判决，即"待定"。这是宗教裁判所恶毒审讯的第三个位面，它要求对路易斯进行酷刑以最终确定审判结果。

理论上来说，拷问的实施必须"按照被任命审判官的良心和意愿来执行，必须遵从法律、理性和良知"。裁判人理应"确保刑罚是有正当理由的"。[43]此外，拷问的过程中不得给犯人造成持续的伤害，官方的监督员和一名医生必须在场。而现实中，许多受害者的四肢被拷问台或其他残忍的工具弄得支离破碎；他们的精神和身体健康常常都会遭到严重的破坏，甚至导致死亡。[44] 然而，令审判官惊讶的是，在这样的折磨下，仍然有少数犯人会忍住不承认无论是真实存在的还是被想象出来的异端罪行，他们会用鸦片麻醉自己，这在当时的药店中随处可见。[45]

耐人寻味的是，在宗教裁判所常用的酷刑中，有一种被称作"托卡"的水刑。这种刑罚会用铁制工具把犯人的嘴撑开，把亚麻布条强行塞到犯人的喉咙里，而亚麻布条就叫作"托卡"。接下来，施刑者会慢慢地把水倒在"托卡"上面，让犯人产生窒息的感觉。"托卡"会时不时被取出，然后犯人会被敦促坦白。显然，这是一种历史悠久的水刑形式，而且有趣的是，宗教裁判所的专业施刑者不仅欣然接受"托卡"是一种酷刑，而且在17世纪早期就停止了这种刑罚的使用，改用他们"认为更加仁慈的"方式。[46]

年事已高的路易斯·德·莱昂在闭塞的牢房里被关押了数年之久，身体虚弱，还忍受着心脏疾病的折磨，要是再受到酷刑必然连命都保不住。路易斯说，在关押期间，他曾数次感觉到死亡已经压到了他的肩头，只是继续斗争的决心让他熬了过来。1576年12月7日，路易斯终于胜利了：费利佩二世亲自为他出面干预，总裁判长本人裁定路易斯被完全赦免。然而，他的两个主要经历，一是身为改教者，二是被恶意指控，完美地证明了宗教裁判所的罪恶现实。

官方对西班牙犹太人的驱逐以及宗教裁判所造成的恐慌在一两代人的时间里，大大压制了西班牙的犹太教，至少是杜绝了明显的犹太教活动。因此，宗教审判变得越来越缺少目标，直到1558年，在巴利亚多利德和塞维利亚发现了新教徒小团体，这令查理五世和费利佩二世惊恐万分。随之而来的对新教徒严重的迫害，使得宗教裁判所焕发了新生。1561年，宗教裁判所制定了一系列新规定，将清洗异教徒的关键仪式，即臭名昭著的"信仰审判"，重新设计为公开的仪式。[47] 正如一位评论者所说，总裁判长拒绝借钱给王室用于对法战争，因此得罪了查理五世和费利佩二世，对于总裁判长而言，"路德宗小团体的发现真是天赐的礼物"。[48]

　　1558年，巴利亚多利德举行了具有象征意义的焚书仪式，这些书被称为"沉默的异端"。[49]这仅仅是信仰审判这一主要环节的前奏，在审判中，13名不幸的新教徒被处以火刑。一位目击者回忆说："主广场上搭建了巨大的舞台，台上有倾斜的座位，犯人根据罪行的严重程度分组坐在那里"，而市政府的眺望台是为市议员和其他官员准备的。广场周围搭建了大看台，"卡斯蒂利亚议会成员的夫人、市议员以及修道会成员"在此就座，普通人只能拥挤地站在下面，就像在剧院里一样。"从别的地方涌来了太多的人，审判前两天，街上就已经挤得无法通行。"[50]

　　一大早，信仰审判就开始了。"凌晨5点，31名*异教徒即将被烧死，官员和修士们一起把他们带了出来，在那里帮助那些必须被烧死的人好好地死去。"由国王家仆中的贵族骑兵和王家戟兵组成的400人武装护卫队，护送行刑队伍前往主广场，"摄政公主胡安娜、费利佩王子和传令官"已经在那里等待了。

　　犯人中不乏贵族、他们的妻子和修女。也有律师，其中有一个律师还和他的女儿一起，有一个银匠，以及一些农村女孩。但其中最重要的异端非阿古斯丁·德·卡萨利亚莫属，他曾经担任查理五世的随行牧师，在16世纪40年代随他访问荷兰和德意志。"他们让卡萨利亚坐在位于一侧的最高的椅子上，给他穿上了缎子长袍和圣宾尼陀服"，圣宾尼陀服是一种用于惩罚或忏悔的无袖短袍，给卡萨利亚穿的这件上面装饰有火焰和魔鬼，这代表着他将被处以火刑。有意思的是，他们还特地摆出了卡萨利亚母亲的雕像，她也曾被指控信仰犹太教，但未被处以火刑。

　　多明我会修士进行了长达一小时的布道，然后卡萨利亚上前接受法官的审判："卡萨利亚博士，皇帝陛下的传道者和牧师，犹太人，被烧死的犹太人和改教者的后代"，法官这样开始了审判，然后指控他是路德教派成员。接下来卡萨利亚承认："我阅读路德教派的书籍长达9年时间，目的是找出他们的错误，这样才能证明他们有误，反驳他们的观点……

---

* 此处与文中其他地方提到的"13名"不符的"31名"为历史文献原文中提及的数字，但作者在上下文中使用的是后世的研究成果，关于此处的数字可查阅本章注50中提到的两份文献。——编者注

我一直认为他们的观点一无是处，直到1558年。但自那以后，在我所有的布道中，我都在力图宣传他们的那些错误教义。"他详细地解释了新教的基本立场。在拥挤的人群面前，异端审判官请卡萨利亚阐述自己的信仰，解释"因信称义"，分析为什么否定善功、炼狱、教宗赦免、斋戒日（他说他总是在周五和大斋节期间吃肉）、神职人员守贞、忏悔的作用、圣餐变质说和圣人图像崇拜。最后，卡萨利亚指出，查理五世谴责路德是犯下了巨大的罪。宗教裁判所确实非常奇特，它承担着消除异端的任务，同时却邀请这么优秀的传道者在如此戏剧化的舞台上进行如此富有异端思想的布道。

随后，卡萨利亚被处以火刑，而他母亲的雕像则被拿去和她的尸骨一同焚烧。因此，卡萨利亚是作为路德宗信徒被活活烧死的，而他母亲却是由于身为犹太人而被死后焚尸，这真是再古怪不过了。

400名骑兵和戟兵组成的卫队护送着13名即将被处以火刑的犯人抵达了"坎波门外的老地方"，将他们交给世俗的法官。"为了隔离拥挤的人群，这里已经搭好了巨大的绞刑架。围观的群众人数实在太多，从清晨起，城门就已经被堵得水泄不通。"

实际上，卡萨利亚和另外11位犯人都忏悔了自己的罪行，因此得到了宽大处理，先处以绞刑再进行火刑。只有一位来自托罗的律师拒绝放弃他的异端信仰，被直接处以火刑。当卡萨利亚试图劝说他与天主教会和解时，"他尖锐地反驳道：'卡萨利亚，对死亡的恐惧让你改口了，但死亡是转瞬即逝的事。'所以行刑官在他脖子上绑了一根绳子，然后将他活活烧死。现在不管他在哪里，他错误的信仰都不会被消除了，"一位目击者总结道，"而其他的犯人都是作为善良的天主教徒死去的，愿上帝宽恕他们曾犯下的罪。"

西班牙之所以迫害路德宗信徒，是因为新教在北欧和中欧地区的广泛传播让哈布斯堡王朝感到惊恐，并且害怕西班牙也会受到影响。实际上，西班牙秘密小团体的消息鼓励了国外的宗教改革者，在后来近十年时间里，大批计划走私到老卡斯蒂利亚心脏地区的禁书，在比斯开湾海岸线上的港口及其他地方被发现；我们只能假定还有更多的书没有被发现。在西班牙，许多外国人从事印刷出版业。他们立即受到了怀疑，异端印刷商的整个网络都被调查了出来。同时，还有一些新教徒从国外来到西班牙宣传宗教改革；有位来自卡尔卡松的胡格诺派教徒自称于1563年之前在萨拉戈萨三次布道。巴塞罗那的宗教裁判所和市政当局则无法应对当时的局面："有太多邪恶的外国人来到这里，需要用一些强有力的补救措施"，他们报告说。在1571年的一次大型信仰审判中，他们判处了18名法国的新教徒。[51]

在这场对新教徒近乎偏执的迫害之中，最令人不解和可怕的讽刺是，有那么多的新教徒都是改教者。16世纪40年代末托莱多的大主教胡安·马丁内斯·西利塞奥，对新教徒抱有强烈的反感，他曾非常严肃地咆哮道："德意志路德宗异端分子几乎都是犹太人的后代。"10年后，费利佩二世依然赞同他的话。虽然这看似十分荒唐可笑，但是这种夸大其词的辱骂其实隐含着更加深层的恶意，因为同时西利塞奥还宣称，"［他的］辖区［托莱多］内几乎所有的堂区神父［也］都是犹太后裔"。[52]大主教的话明确地表达出对于异端思想会一代代地从犹太教徒迁移到新教徒的奇怪担忧，体现出一种根深蒂固，甚至出于本能的看法，即改教者会遗传异端思想，因此这主要是民族问题而不是信仰问题。

9

尼德兰："欧洲大泥沼"

即使在最遥远的国度，这样的战争也是见所未见、闻所未闻的。

——阿尔瓦公爵，1572年

"欧洲大泥沼"，是17世纪一位尖刻的英格兰评论者对尼德兰的叫法，不过他还说尼德兰是一个"金子比石头还多"的地方。"又有什么东西在这里是找不到的呢？通过勤劳的双手，他们将广阔土地上的果实都变为自己的财富。"就连"他们的流民都比我们的强千万倍，因为他们带着一种充满活力的粗鲁，工作不辞辛苦，而我们的流民则是因为懒所以穷；就像冬天没吃完的卷心菜，在令人作呕的懒惰中腐烂"。

尼德兰人工作勤勉，善于贸易，外国人常常惊叹于他们的财富。但这个英格兰人却嘲笑尼德兰是一个平等主义的民族，暴发户比比皆是，"有纹章的人和乡绅一样多。每个人都有自己的纹章；只要一个人有足够的智慧设计出一个纹章，他就可以拥有它"。他的抱怨一定会引起典型的西班牙绅士的共鸣，因为他们宁愿贫穷也不愿操劳，宁为荣誉也不愿做买卖，并且痴迷于对血统纯正的追求。更糟糕的是，尼德兰似乎天然就是一片非正统的土地，它地形平坦，"给予人们其他地区所不具备的一个条件：如果他们在万劫不复中死去，他们所处的地方很低，所以离地狱的距离更近……正因如此，也许所有奇怪的宗教都聚集在了这里"。尼德兰人对于信仰的宽容态度，使得他们到1648年前都与追求正统的西班牙人一直处于对立状态。

这位英格兰人介绍说，尼德兰就像"盐水腌渍的新鲜奶酪"，由此开始热衷于用食物来打比方："他们是制作血肠的原料，需要被搅和在一起。"接下来，按照食物消化的必然进程，他形容"大部分尼德兰人的住所就像护城河边房子里的茅房似的，悬挂在水面上方"。他的比喻手法中蕴含的想象力不着边际，可能是受到了耶罗尼米斯·博斯的启发。最后他总结说尼德兰人的"饮食全是脂肪，茹毛饮血，但是没有骨头；这里确实是世界的底部"。[1]

但是，尼德兰却对西班牙的经济至关重要：卡斯蒂利亚产的羊毛是西班牙最重要的出口产品，有超过四分之三的数量都销往尼德兰。从情感上来说，这里对于哈布斯堡王朝也有着十分重要的意义。费利佩的父亲出生在根特，祖父出生在布鲁日。费利佩的祖先是瓦卢瓦家族的勃艮第公爵，其血统可以上溯至法国的卡佩王朝。从很小的时候开始，费利佩就被灌输了强烈的家族荣誉感，因为家族的祖先是一个传奇的王朝，是中世纪王者高尚品德和尚武精神的化身。而结果证明，这份精神遗产毒害不浅。

然而，把尼德兰作为一个整体却是神圣罗马帝国的政策人为导致的。1549年，查理五世将佛兰德、阿图瓦以及神圣罗马帝国原有的荷兰语区和德语区合并在了一起，并自封为尼德兰领主。不同省或州的代表们聚集在强有力的阶级议会中，但是，尼德兰人并没有在某个单一统治者领导下实现统一的传统。查理迫于神圣罗马帝国的德意志诸侯压力，在宗教问题上对尼德兰一直相当宽容，使得尼德兰人在理智上、精神上都勇于创新，现在要将哈布斯堡王朝独断专行的对异教徒零容忍态度推行至尼德兰，简直是一场灾难。他同教宗商定了对尼德兰教会大刀阔斧的改革方案，并且方案直到最终公布前都处于保密状态。他还向这些政治上不稳定、思维独立自由的民族征收极其严苛的税赋。

费利佩延续并强化了他父亲的政策，并且把令人恐惧的西班牙职业军队，也就是西班牙大方阵，派驻到尼德兰。而结果也十分讽刺，就好像查理与西班牙"城市公社起义"那段历史重演了一般：1559年，费利佩回到西班牙，把他同父异母的姐姐帕尔玛公爵夫人玛格丽特留在了布鲁塞尔出任摄政，而这时尼德兰人也被激怒了，他们感觉自己身处一位傲慢的西班牙人的殖民统治之下，他是一个在遥远的地方把外国的意愿强加给他们的外国人。

所以，1565年，尼德兰阶级议会派出了埃格蒙特伯爵前往西班牙去直接与费利佩谈判，他是尼德兰最有影响力的贵族之一。埃格蒙特回到尼德兰时，深信费利佩本人已经对新教徒以及所有人的信仰自由提出了更加宽容的政策。他甚至还有一份签过字的协议，暗示费利佩会给予更多妥协。但是，短短几个月后，费利佩就给玛格丽特写信，授意她对任何"异端"不得宽大处理，这份臭名昭著的信件现在被称为"塞哥维亚森林的来信"。费利佩不但没有采取宽容的新宗教政策，而且决心加强尼德兰的宗教裁判所。玛格丽特原本希望宽恕六名激进的新教再洗礼派教徒，而费利佩为了表明自己的立场，下令将这些人"绳之以法"，杀鸡儆猴。[2]

无论费利佩对埃格蒙特伯爵做出了什么样的承诺，他后来的行为都证明他没有信守诺言，这让他在尼德兰人心目中变成了一个懦弱而不诚实的外国人。此外，他还有一个如牌桌上的万能牌一般不确定的因素，这就是费利佩的儿子和继承人，精神错乱、身体残疾的唐卡洛斯。

唐卡洛斯曾因为爷爷查理五世在与选帝侯莫里斯作战时撤退而痛斥他，查理声称这让他非常高兴。[3]但是查理也曾私下告诉妹妹，他不喜欢孙子的"举止和性格"，而且"不知道他未来会变成什么样"。[4]唐卡洛斯危险而任性的个性已经成为欧洲宫廷的谈资；曾有位威尼斯的外交官形容他"头部与身体不成比例"，并且提到他"面色苍白""性格残忍"。"当有人把困在狩猎陷阱中的野兔或是其他动物献给他时，"威尼斯外交官继续说道，"他喜欢看到它们被活活烤死。有一次他被一只巨大的乌龟咬了手指，他立刻用牙齿咬掉了乌龟的脑袋。"

有这样一个精神错乱的王位继承人令费利佩十分担忧。不过，1561年，唐卡洛斯在追赶一个园丁的女儿时，从一段楼梯上摔了下来。他总是用鞭子抽这个女孩。卡洛斯一头栽在地上，头部受到重创，伤口里都能看到头骨。[5] 没过几天，他开始发高烧，医生们都非常担心。他们尽力清除了伤口上的脓液，并且给身在马德里的国王送了加急信，而国王立即赶来陪在儿子身边。因为感染不断扩散，卡洛斯王子的脸肿了起来，连眼睛都睁不开。后来，感染又扩散到脖子和胸部。著名医生安德雷亚斯·维萨里极力主张在卡洛斯的颅骨上打个洞，以降低颅内压。他们先开始温和地清洁。卡洛斯王子排便频率已经不断上升，到这时开始多达每天20次了，"可能除了病人自己，大家都明显对此很满意"。[6] 在西班牙到处都有人举行宗教游行和特别的弥撒；而在塞维利亚，甚至有宗教团体成员一边在路上游行一边用鞭子抽打自己。[7]

卡洛斯陷入了昏迷，一位摩里斯科人名医也被请来，但他的各种腐蚀性膏药似乎只是让病人离死亡更近了一步。费利佩无法忍受眼睁睁看着儿子病重的痛苦，只得隐居在附近的修道院中默默祈祷。他私下里一定问过上帝，是否死亡对于卡洛斯而言是最好的结局。但是，后来阿尔瓦公爵建议把迭戈·德·阿尔卡拉的干尸带来。迭戈生前是一名神父，当地人都非常尊敬他，相信他不管在身前生后都能包治百病，并且把他的尸体制成了木乃伊。他干枯的尸体被放在卡洛斯的病床边，半清醒的卡洛斯让人勉强帮他撑开眼睛，好让他能看见。他把手伸过去碰了碰尸体，"然后把手放在了感染的脸上"。[8] 几个小时后，卡洛斯开始奇迹般地恢复，一周后，医生开始清理他眼周肿块里的脓液；五周后，他完全康复了。

然而这次重病使卡洛斯的身体和心理健康都更加糟糕。费利佩任命了自己一生的好友、政治上的盟友、埃沃利亲王鲁伊·戈麦斯在卡洛斯府上担任首席总管。他在信里写道，希望埃沃利能"在他的儿子身边"照顾他，直至他结婚，"在那之后他的妻子应该照顾他"。[9]

这样安排的背后显然包含着一位父亲的良苦用心，但这也是出于非常复杂的政治考量。费利佩的宫廷中，主张和平的一派非常有影响力，而埃沃利正是这一派的领导者，他老奸巨猾、工于心计，强烈反对阿尔瓦公爵好战的外交政策。费利佩尊崇父亲的建议，对政府中的成员分而治之，两股势力都加以培养。但随着两派之间的对立不断加深，变得越来越个人化，费利佩打破了平衡，选择支持阿尔瓦坚决不妥协的原则。然而如果费利佩觉得通过任命埃沃利亲王去卡洛斯府上就能让埃沃利退出争斗，那他真是大错特错了，因为埃沃利这只和平鸽看到了寻求卡洛斯王子支持的可能性。一位威尼斯人观察到，卡洛斯王子起初"特别讨厌鲁伊·戈麦斯，但是戈麦斯手段高明，成功地获得了王子的欢心"。[10] 在埃沃利个人魅力的诱导之下，卡洛斯开始相信自己有治国的能力，而且有权继承大统，这样的自信让他的疯狂和幻想越发严重，一发不可收拾。到1565年，他甚至妄想去阿拉贡起义，行使自己统治阿拉贡的权利，埃沃利不得不说服他放弃这个古怪的计划。

在卡洛斯王子小时候，当听说查理五世已经安排好由费利佩和玛丽·都铎的后代继承尼德兰时，他宣布"就算发动战争也不会允许此事发生"。[11] 后来，在他精神错乱的青年时期，他也一直试图信守承诺。当埃格蒙特公爵到马德里为尼德兰争取宗教自由时，卡洛斯王子开始对这位新的追求者提出的可能性异想天开；而且，因为卡洛斯是埃沃利怪异的和平王子，埃格蒙特必然非常想见到他。[12] 这样一来，卡洛斯对于父亲费利佩而言从一个未来的隐患变成了当前政治上的不利条件。

1566年4月5日，约300名携带着武器的"联省者"硬闯布鲁塞尔王室宫殿，他们中很多人都是小贵族或绅士。联省者以400多名贵族和其他主要臣民的名义，坚持要求在尼德兰停止宗教审判。帕尔玛公爵夫人玛格丽特只得服从，虽然有一位大臣大声向她谏言，无须惧怕这些"丐军"，他们应该被痛打一顿。

3天后，联省军巧妙借用了这位大臣的侮辱，兴致勃勃地举行了著名的"丐军宴会"。当大家都"喝得醉醺醺"时，联省军的头目布雷德罗德的亨德里克宣布，"既然我们被称作乞丐，那我们挂着乞讨用的拐杖，用木头碗喝水也是合理的"。这时候，一位男仆拿着个流浪汉的背包出现了，布雷德罗德把包举起头顶。他举起一个装满酒的粗糙木碗，一饮而尽，洪亮地说道："敬乞丐的风度：丐军万岁！"喧闹的人群异口同声："对盐起誓，对面包起誓，对背包起誓，乞丐永不叛变！"[13]

微醺的人们因为志同道合而凝聚在一起，创造出狂欢的氛围，打破了所有的等级观念。尼德兰出现了危险的权力真空，于是玛格丽特于7月7日致信费利佩，通报了"尼德兰悲惨的状况"以及"我们面临着彻底毁灭的风险"。新教"如传染病一般席卷全国"。似乎到处都有加尔文宗的传道士公开向数以千计的人群布道，普通人都武装了起来，一有枪声响起，就有人喊道："丐军万岁！"

小丑似的起义者所纵容的平等主义很快就站不住脚了，刚刚获得权力的农民和无产阶级成了组织严格有序的加尔文宗的垫脚石。9月3日，费利佩收到了一封言辞激烈的信。"我早就跟你说过这一罪恶，"玛格丽特向弟弟汇报，"他们不仅仅是异端，而且还亵渎和毁坏我们的教堂、修道院和圣殿，所有神圣的弥撒都停止了。"她还写道："在安特卫普，人们已经开始重新粉刷教堂，以便进行加尔文宗的仪式。奥兰治亲王［和其他人］告诉我，这些教派成员希望在我面前屠杀陛下的天主教会的所有牧师和官员。"[14]

教堂被亵渎、牧师被杀害的消息传到西班牙宫廷里，引起了极大的震动；在马德里街头，佛兰德人遭受路人的辱骂。费利佩决定从意大利调派一支主要由西班牙老兵组成的大军，赴尼德兰恢复天主教会的统治，但是这项任务之中潜在的危害，让费利佩很难找到一位愿意出征的将军。经过几周的谈判，加西拉索的挚友、对王室忠心耿耿的阿尔瓦公爵终于同意出征，并被默许担任尼德兰总督。正因如此，一年之后玛格丽特让出了自己的职位。

1566年春天，阿尔瓦公爵乘船奔赴意大利，指挥船队的是已经82岁高龄的安德烈亚·多里亚。托莱多大主教巴托洛梅·德·卡兰萨也是乘客之一，他刚刚被宗教裁判所释放，要去罗马为自己正名。阿尔瓦公爵在等待船只起航时，对一位西班牙的枢机主教说："我们每拖延一小时对大主教而言都像是一整年……从昨天开始他就魂不守舍，觉得我们故意不带他走，因为头天晚上我们没等他就先登船了。"[15]

与此同时，费利佩的继承人卡洛斯王子已经陷入了彻底的疯狂：根据一份可靠的外交报告，"他走起路来弓腰驼背，腿脚似乎也不太好使，但他的暴力倾向严重，到了残忍的地步"。有一次，他特别暴力地骑上了他父亲珍爱的马，以至于马受了重伤，最后死了。"他已经自暴自弃了……西班牙人原本因为有一位土生土长的王子而感到欢欣雀跃，但现在这已经被他们对他治国能力的怀疑所抵消。"然而他有时又异常慷慨，花重金笼络人心，甚至收买父亲宫里的仆人。他借了很多钱，用来赌博和送奢华的礼物给女人，尤其是给费利佩年轻貌美的王后、瓦卢瓦的伊丽莎白。[16]

费利佩依然抱有希望，鼓励卡洛斯参加议会的会议。卡洛斯在会上一直表现理智，但他对父亲任命阿尔瓦公爵为尼德兰总督感到非常愤怒，因为他像着了魔似的，坚信统治尼德兰是他与生俱来的权利。他开始疯狂密谋，还恳求他的叔叔、奥地利的唐胡安支持他统治尼德兰的诉求。费利佩请唐胡安给卡洛斯讲讲道理，但唐胡安报告说，卡洛斯已经决心要起义，令费利佩非常忧虑。

费利佩陷入了两难的境地，要么卡洛斯应当被以叛国罪处理，要么费利佩就应当接受他的继承人无力治国的事实。最后，他被迫做出行动：1568年1月18日，临近午夜时分，费利佩本人穿上了盔甲，悄悄地带着他的四位最高级的大臣进入了卡洛斯王子的房间，避过了卡洛斯设计的用来砸闯入者的机关。他们没收了卡洛斯的所有文件，夺下了他手中的武器。[17]费利佩亲自监督关押自己的儿子；他命人用木板封住了窗子，并且派一位持武器的侍卫守在门口。

卡洛斯沉浸在不满之中，他开始对自己使用暴力，把自己饿到快要丧命，还吞了自己的戒指，因为他以为钻石有毒。在卡斯蒂利亚夏日持续的高温中，他吃雪，还喜欢在冰垫上睡觉，这些冰可能都是从附近的冰窖送来的。一天晚上，他狼吞虎咽了4只山鹑，然后突然开始发高烧。7月24日，卡洛斯与世长辞，宫里为他服丧一年。[18]

费利佩失去了这样一位麻烦的继承人应该松了一口气，同时继承危机带来的压力也不小，但也有恶毒的谣言说，是费利佩本人下令谋杀了自己的儿子。

　　征战意大利时，阿尔瓦公爵就以残酷而闻名。上文已经提到过，当费利佩面对叛乱时，公爵最喜欢提的建议就是进行战斗，打败反抗者，"砍掉他们的脑袋"。这一次，他率领着10000名武装士兵和一支庞大的随军队伍，包括"400名骑着马的高级妓女，像公主一样优雅美丽，另外还有800人徒步前进"，[19]挥师向北，直奔布鲁塞尔。当大军临近布鲁塞尔时，两名西班牙新教徒出版了恐怖的《神圣的西班牙宗教裁判所艺术》，以权威的口吻向全欧洲展示了西班牙严苛的宗教形成的可怕制度，也就是费利佩命令阿尔瓦公爵在尼德兰强制执行的制度。[20]佛兰德人被这些宣传吓坏了，当地的贵族都团结起来支持哈布斯堡王朝，高效地开始恢复秩序，连玛格丽特都规劝费利佩让阿尔瓦公爵暂缓行动。然而，箭在弦上，不得不发。

　　阿尔瓦公爵的到来给布鲁塞尔蒙上了一层阴影，就连玛格丽特的告解神父都在宫中小教堂的布道中谴责西班牙驻军。但公爵毫不理会：他下令立即施行严厉的惩罚以示警告。首先，他同时逮捕了埃格蒙特和其他领头的贵族，建立了一个全新而严苛的仲裁机构，后来被称为"血腥议会"。

　　在令人恐惧的平静之下，成千上万的尼德兰人逃向国外。奥兰治的威廉隐居至他祖上在德意志的封地，还有一些人去了法国。1100名纺织工人从根特去了英格兰，仅诺里奇一地就接收了4000名佛兰德人，最古老并且一直被持续使用的尼德兰新教教堂就在伦敦市的奥古斯丁修道院中。[21]奥兰治的威廉是流亡异乡的尼德兰爱国者之中天然的领导者。到1568年春天，他已经领导了一系列武装袭击，但与阿尔瓦的实力还是相差甚远。阿尔瓦与爱国者们的军队持续进行野战，直到威廉再也支付不起雇佣军的军饷。然而，阿尔瓦还使用了他真正相信的唯一一件心理武器，那就是恐吓。他在布鲁塞尔的主广场上以严重叛国罪处决了埃格蒙特和霍尔内斯伯爵，3000名西班牙士兵在现场维持秩序。接下来的3年里，他继续施行无情的迫害运动，任何有叛乱或异端嫌疑的人都被逮捕。这场运动的受害者数量触目惊心：9000人被关押、罚款或没收财产；共计1700人被处决，这是费利佩在位期间西班牙宗教裁判所处决人数的10倍。更多的人选择逃走，1567—1568年，大约有6万人逃离尼德兰。[22]

1568年，极度傲慢的阿尔瓦把从尼德兰爱国者的军队里缴获的大炮熔化，浇铸成了一座铜像伫立在安特卫普。铜像以西班牙主保圣人、"摩尔人克星"圣雅各骑马撞倒摩尔人的中世纪形象为原型，表现了阿尔瓦本人骑着马，一名尼德兰反叛者被踩在马蹄之下。这座铜像引起了人们巨大的愤怒，于是费利佩下令拆除铜像并销毁。面对战斗时，阿尔瓦是一名极佳的军人和战略家，但他对治国的微妙一无所知。他已经60岁了，试图获得和平的举措很容易让他感到厌倦。

阿尔瓦最广为人知的形象是提香于1548年为他绘制的绝妙画像。这幅画是根据阿尔瓦在米尔贝格战役，也就是查理取得胜利的那场战役时的形象绘制的，画中的他看上去已经面容憔悴，胡子斑白，黑眼圈暴露了他的疲惫。20年后，他饱受痛风的折磨，而北方的气候让他总是患上风湿热，他的肠道有时也出问题，不得不时常卧床养病。他多次给费利佩写信，请求他允许自己返回西班牙。

1572年，费利佩终于同意这位年迈的将军回家。但就在他离开前，尼德兰又爆发了起义。病重的阿尔瓦无法上战场指挥西班牙军队作战，于是重任落到了他同样精神变态但毫无经验的儿子法德里克身上。父子俩如出一辙，都进行了极其残暴的血腥镇压，而军队已经数月未领军饷，情绪早已躁动不安，这无异于雪上加霜。他们洗劫了梅赫伦，随后在纳尔登屠杀了全城的人。同胞的惨剧极大地激励了尼德兰人的反抗精神，当法德里克率军抵达哈勒姆时，这里的居民们早已准备好要和敌人决一死战。围困之下，孩子们趁着大雾滑冰运送补给，300名武装妇女加入了战斗。法德里克原以为可以轻易获得胜利，结果不得不掘地以度过严冬。在初期的小规模战斗中，几艘尼德兰武装船只被困在冰上，一小队西班牙精锐部队试图与其交战。突然，一群火枪手穿着冰鞋，迅速熟练地穿过冰面，而西班牙老兵们在冰面上跟跟跄跄、艰难前行，在对方的一轮又一轮齐射下全军覆没。阿尔瓦说"这简直闻所未闻"，立刻下令制造了7000双滑冰鞋。[23]

西班牙军队陷入绝望，就连法德里克也建议停止围困。"如果敌人还未投降你就拔营离开，"他父亲咆哮道，"我将与你断绝父子关系，但如果你在围攻中牺牲，我将亲自上阵接替你的位置……如果我们都失败了，你母亲会从西班牙赶来，完成她儿子没有勇气和耐心完成的战役。"[24] 但是，进攻一次又一次地失败了。

　　一次撤退中，霍恩的约翰·哈林就像古罗马的贺雷修斯一样，独自站在一条窄到容不下第二个人的土堤上，手握剑和盾，以一己之力拖住数千敌军，让他的同胞安全撤回了城中。（借用托马斯·巴宾顿·麦考莱的《贺雷修斯》中的诗句）"面对可怕的危险，人当如何光荣地死去？当为祖先的尸骨而战，当为神明的庙宇而战，当为哄他入睡的温柔母亲而战，当为哺乳婴儿的柔弱妻子而战。"

　　正如贺雷修斯跳入台伯河，哈林纵身一跃，跳入海中。后来，市民们在高高的城墙上筑了一座具有嘲笑意味的坟墓，把他们的格言明明白白地告诉围攻者："哈勒姆是西班牙人的坟墓。"

　　"即使在最遥远的国度，这样的战争也是见所未见、闻所未闻的"，阿尔瓦向费利佩报告。[25] 但是，阿尔瓦明白这场战斗必须在水上获胜。5月下旬，决定性的海战开始了，而7月还没结束，悲惨的哈勒姆就投降了。获胜的西班牙军队依然没有拿到军饷，于是他们冲进哈勒姆发动了惨绝人寰的大屠杀。超过2000名守军士兵被割喉，普通市民惨遭奸淫掳掠。"我率军征战四十载，"阿尔瓦感叹道，"从未见过如此危险的、令人反感的行为。我不知道应该说什么，应该做什么……"[26] 但法德里克有他的解决办法：他逮捕了事件的始作俑者，杀死了大量自己手下的人。自此，阿尔瓦手下的指挥官们开始公开谈论"阿尔瓦的名字为人憎恶"。[27] 法德里克和父亲都失去了他们最信任的人的信任。更糟糕的是，他们的残暴行径和对守卫部队无意义的屠杀，让尼德兰的男女老少都明白，西班牙人毫无怜悯之心可言。8—9月，阿尔克马尔小镇顽强地抵挡住了法德里克率领的万人大军。10月初，法德里克承认失败，停止了围攻。

　　1573年12月18日，阿尔瓦终于从病床上起来，离开了布鲁塞尔，再也没有回来过。在回西班牙的路上，他为费利佩精准地总结了尼德兰问题的现实状况："绝大部分人一直渴望心灵的自由，他们希望在自己家中的所作所为都是隐私，不应成为宗教审判的内容……如果陛下能给予他们信仰自由，他们愿意支付您所要求的任何税收……我们双方……都

▲ 提香,《查理五世骑马像》, 1548年。
根特的查理被称作王中之王, 他是历史上首位统治一个真正全球帝国的君主。

▲ 阿隆索·桑切斯·科埃略，《塞维利亚风光》，约1580年。
塞维利亚是西班牙南部内陆大港，美洲的财富在此登陆，在近一个半世纪的时间里，这里是世界贸易的中心大都市。

◀ 克里斯托夫·魏迪兹，《前往西班牙的印第安旅行者》，1528年。
许多美洲原住民旅行至西班牙，他们一定认为欧洲人充满异域风情，就像欧洲人眼中的他们一样。

▲ 阿兹特克神希佩托特克面具，"我们的剥皮之主"，日落、牺牲之痛和春天之神。

▲ 阿兹特克蛙形装饰，金（每只几乎都有1英寸长），15—16世纪。

▲ 提香,《葡萄牙的伊莎贝拉皇后像》,1548 年。
查理五世的妻子伊莎贝拉皇后精于治国,在查理五世离开卡斯蒂利亚期间摄政,深受西班牙臣民的爱戴。

▲ 提香，《费利佩二世戎装像》，1550年。
费利佩二世晚年虔诚而禁欲，他为西班牙政府及其帝国带来了管理的艺术，他曾短暂地担任过英格兰国王，一手建立了无敌舰队。

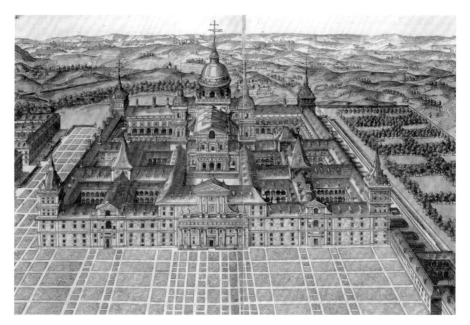

▲ 胡安·德·埃雷拉及（其后）佩德罗·佩雷，《埃尔埃斯科里亚尔》，1587年。
费利佩二世在西班牙地理中心的埃尔埃斯科里亚尔修建了巨大而简朴的修道院宫殿，
这里作为政府的中心，同时也是对哈布斯堡王朝及君主的虔诚纪念碑。

▲ 安德烈亚·维琴蒂诺，《勒班陀战役》局部图，1603年。
勒班陀位于地中海东部，这次战役中，基督教海军对奥斯曼舰队取得了决定性的胜利，
而米格尔·德·塞万提斯以非凡的勇气战斗，身负重伤。

▲ 弗朗西斯科·里奇，《信仰审判》，1683年。
长时间的囚禁、专业的酷刑、残忍的公开忏悔表演、火刑堆和火刑柱是宗教裁判所所用来恐吓信徒、拯救异教徒灵魂的恐怖信条。

▲ 亨德里克·科内利斯·弗罗姆，《与无敌舰队交战的第七天》，约1600年。
午夜时分，8艘满载火药的船驶向了停靠在加来岸边的无敌舰队中心，到黎明时分，只剩下了5艘船面对整个英格兰舰队。

▲ 格列柯，《奥尔加斯伯爵的葬礼》，1586年。
过去与现在、尘世与另一个世界、反宗教改革的正统教义和人文主义者的质询，都浓缩于这幅画中。格列柯用这幅作品开启了西班牙艺术黄金时代的大门。

不希望出现另一个统治者……但您应当明白，他们希望您接受他们的监督。"[28] 对于阿尔瓦来说任何此类对宗教的宽容都是异端行为，对君主专制的削弱更令他深恶痛绝。正如他自己所说，如果他有资源清洗尼德兰的异端，他肯定早就这么做了，哪怕需要摧毁堤坝，让天主教的海水淹没异教徒的农田和城市。他常常向费利佩抱怨，想赢得这场战争是不可能的，因为他连军饷都发不出来，但费利佩反驳说："再多的钱也满足不了你的贪婪。"[29] 费利佩知道打败尼德兰需要借大量的钱，他承受不了如此高昂的债务；事实上，阿尔瓦的战争早已让他破产。

16世纪初，银行业刚刚开始萌芽。萨拉曼卡的神学家萨拉维亚·德·拉·卡列这样描述银行家：

> 他们从一个集市到另一个集市，或是跟随着宫廷搬迁到不同的地方，总是在广场上或是街边摆出桌子、钱币箱和记账簿。他们不时出现在各大集市上，公开放贷，收取利息，或是接受存款，甚至支付利息。商人们来到集市上第一件事就是把钱交给银行家。[30]

这是银行业最简易的形态，一个人带着一张桌子、保险箱和书面交易记录。从中世纪开始，这种简单贷款和存款系统的主要经营者就已经把它发展成了一种有利可图的生意，为旅行者、商人和政府提供安全的远距离大额转移服务。这些银行家信用非常可靠，打个比方，塞维利亚的银行家可以写一张叫作汇票的票据，收款人则可以在安特卫普的某家指定银行里凭票取现。因为这些银行家都有效地积累了大量资金，所以一般情况下汇款并不需要运输实际的货币。银行家通过收取丰厚的汇率差价以及在汇票邮寄期间用客户的存款放贷来赚取利润。一个繁荣的汇票二级市场开始出现，银行业的大家族和组织纷纷派代表去各大集市上进行汇票交易。

由美洲涌入西班牙的财富，包括黄金还有大量的白银，极大地促进了欧洲贸易的繁荣发展，同时也造成了人类历史上首次持续时间长、影响地域广的物价上涨。欧洲各地区原本独立的经济体迅速地产生了密不可分的联系。此前，银行家们不过是"荣光满面"的放贷人，如今，在这个极其富裕的世界中，他们被推到了风口浪尖，国际商业银行应运而生。

著名的奥格斯堡富格尔家族无疑是16世纪初银行业最具影响力的家族，他们在全欧洲以低廉的利率借款，然后在位于佛兰德城市安特卫普的高利润市场中放贷。他们尤其擅长在查理五世部署的军事战略中心积累真金白银，哈布斯堡家族的债务几乎都掌握在他们手上。富格尔家族的汇票得到广泛认可和信任，被叫作"钞票"，可以直接当作金银使用，最后成了通用货币。富格尔家族和其他一些德意志的银行家用他们的记账簿描绘了跨越金融海洋的发现之旅，而这片无人探索过的海洋里充满了各种不确定性。由于业务过于依赖查理五世的债务，在查理被迫进行债务重组时，他们都受到了重创。厌恶风险的德国人大幅缩减了与查理五世的合作。热那亚的"老贵族"填补了这一空位，在海军将领安德烈亚·多里亚及其家族与哈布斯堡王朝紧密联系的激励下，这些精明强干、诡计多端、利益导向，具有极强的想象力、创造力和水手驾驭风险本能的热那亚人，发明了一系列金融工具和服务，成了现代意义上的投资银行家。[31]

西班牙王室以两种基本方式进行借贷。一种方式叫"长期债"，这是西班牙公债的基础，包括各式各样的政府债券，借款期间保障稳定的利息。王室越来越倾向于把利息和某项具体收入直接挂钩，以收入权利作为质押，比如"阿尔卡巴拉"税，即卡斯蒂利亚对盐、酒和其他商品征收的商业税，或者某处王室地产的租金，而收回这些钱款往往是银行家自己的责任。另一种方式是"短期债"，它的名目更是五花八门，通常是为了支持王室的某一工程或战争而临时协定的，王室必须在相对短的时间内支付高额利息，支付完成后，债权人通常会同意将短期债整合为长期债。[32]

在16世纪60年代之前，大多数银行家都是自掏腰包借钱给王室。然而在一个金钱泛滥的世界里，热那亚银行家决心尽可能地从想贷款给他们的店主、商人、贵族、农场主，甚至农民手上借尽可能多的钱。然后他们再想尽各种办法把这些钱借出去，但西班牙王室始终是最主要的客户，是他们拉动了整个借贷市场。事实上，费利佩的政府开销巨大，常常超出农场主或实业家等主要债权人的支付能力，导致利率不断升高，通货膨胀加

剧，这样虽然可以让王室借款的本金贬值，但却会对经济发展造成严重
影响。

热那亚银行家关键性的创新是创造了西班牙公债的二级市场。他们
将所持长期债股份转卖给一系列投资者，特别是西班牙教会的基金会、律
师和医生这种日益增长的中产阶级，以及一些贵族家庭。在出售债务的同
时，他们将风险也转移到了投资者身上，于是创造出了最早的债务担保证
券。热那亚银行家们凭借巨大的业务规模，与王室商定了有利的条件，从
而获得极高的溢价。正如萨拉维亚·德·拉·卡列所说，"因为人们认为
热那亚银行家信用可靠，所以他们可以比王室支付更少的利息"。更重要
的是，他们尤其擅长从用作担保的不可靠收入来源中设法获得收益。

热那亚银行家天才般地将西班牙公债推向了市场，从而允许费利佩
二世的军队持续作战，对抗法国、尼德兰和奥斯曼。然而，军事行动的
费用远远超过了他的承担能力：1571—1575年，王室在欧洲的开支超过
了1800万达克特金币，而王室的收入，包括美洲流入的金银和税收，也
不过500—600万达克特。[33] 事后看起来，如此巨额的赤字显然应当尽早解
决，拖延到最后都会违约。然而，当时的银行家和政府只能大胆试验，毕
竟他们面对的是历史上首个现代经济体。就连王室的收入也没人能清晰
计算。1572年，新任财政委员会主席、印度议会资深议员胡安·德·奥
万多抱怨道，"财政收入的管理和运作被分配给了太多仲裁机构，所有的
仲裁机构都混乱不堪，很难或者不能开展工作"。[34] 奥万多是位非常有能
力的官员，但当他试图计算王室的总收入和债务时，别说准确的数字了，
就连前后一致的结果也没有，仅1574年4月和8月他就提交了两组不同的
数据。

奥万多和他的手下还没弄清楚财务细节，麻烦就已经找上门来。关
键是，16世纪50年代末，几乎所有的西班牙公债都变成了长期债，必须
由王室从美洲获得的收入来归还。这对于债权人来说非常有吸引力：大量
闪闪发亮的金条银条在塞维利亚港口装到牛车里，用来支付每年的利息。
年复一年，王室从新世界获得了越来越多的财富。似乎没有比这更安稳的
买卖了。但到了16世纪70年代初，美洲的收入大幅减少，原本稳健的长

期债在二级市场上突然贬值一半。公众反应激烈，一些人要求王室违约。银行家们人心惶惶。

费利佩几乎所有的收入都用于支付利息，为了保障王室资金的流动性，他被迫暂停还息。同时，3600万达克特金币的债务已经到期，费利佩不得不违约。1575年9月1日，他正式宣布破产，这是历史上主权国家第一次出现违约情况。

作为报复，热那亚银行家撤回了在尼德兰的银行分支机构，费利佩派驻尼德兰的新任指挥官抱怨说："在这里我一分钱也找不到，即便国王有足够的钱，我也不知道他能如何把钱送来。除非出现奇迹，否则整个驻军都会走向毁灭。"[35] 事实证明，这位指挥官一语成谶。例如，轻骑兵6年没领过军饷，[36] 于是士兵们在1576年发动了叛乱。驻军在尼德兰犯下了一系列可怕的暴行，包括残忍地洗劫了友好的安特卫普，史称"西班牙狂怒"。然后他们又纷纷叛乱，并放弃了海边的荷兰和泽兰两省。尼德兰国会迅速行动，团结17个省签署了《根特和平协定》，寻求实现带有羞辱性质的全面和平，要求西班牙从尼德兰全境撤走军队和官员。顽强的尼德兰人迫使西班牙人数众多的军队长时间持续作战，让原本实力雄厚的费利佩最终走向破产。尼德兰人终于将命运掌握在了自己手中；阿尔瓦公爵曾经为之奋斗的一切、曾经花费的每一分钱，似乎都付诸东流了。

费利佩为破产付出了沉痛的代价。债务重组的谈判拉开序幕。毫无疑问银行家们最终都会妥协，接受某种解决方案。也许费利佩曾威胁要去别处借钱，[37] 因为欧洲经济的很大一部分是由他支撑起来的，如果没有他的借款，欧洲经济系统可能会崩溃。然而，如果不是1577年上帝显灵，又或许是圣母庇佑，债务谈判不会进行得那么顺利。这一年，白银生产技术发生了巨大技术变革，秘鲁和墨西哥都开始使用"院子法"提炼白银，美洲运抵西班牙的白银数量破了纪录。怀抱着对美洲新财富的希望，费利佩和银行家们终于达成了一致，将约1500万达克特金币的短期债减少近40%，并且大幅降低了利率，并将其证券化，转换为长期债。同时，费利佩还得到了一笔500万达克特金币的新贷款，新一轮的债务清偿和违约的循环又将上演。[38]

像从前一样，美洲的财富不断为哈布斯堡王朝在欧洲的愿景提供着资金。

16世纪50年代，在美洲使用的原始提炼方法，让无论是在墨西哥的萨卡特卡斯，还是在赫赫有名的、安第斯山原住民心中神圣的"银山"秘鲁波托西的那些丰富地表矿藏被耗尽。但1557年在墨西哥，53岁的塞维利亚商人巴托洛梅·德·梅迪纳引入了一项新技术，让白银生产从此发生了革命性的发展。他声称"在西班牙与一个德意志人探讨后得知，白银可以从矿石中直接提炼，无须熔炼、提纯，也不会造成其他高额费用"。于是他决心去墨西哥试验这种方法，"花了不少时间和金钱，忍受了精神上的痛苦，发现我怎么都无法成功实践，最后我把自己托付给了圣母……这让她心情愉悦，启迪我，引领我走上了正确的道路"。[39]

西班牙矿主们通常残暴又贪婪，但他们有个奇怪的特点——也许是唯一讨人喜欢的特点——他们用制作面包的语言来描述梅迪纳革命性的新技术。首先，矿石被送到"磨坊"里磨成"面粉"。然后把"面粉"与水、盐和——可能没酵母那样可口的——汞均匀地混合在一起，像薄薄的煎饼一样摊在院子的地面上，用木头或石头围起来，正因如此，梅迪纳的提炼方法通常被亲切地称为"院子法"。"煎饼"需要放置一段时间，有时需要好几个月，让汞和银充分结合。之后将"面团"和更多的水一起放入锡制的大缸中处理，这种大缸有点像洗衣机，有驴拉动木质桨叶搅拌。于是，较重的银汞齐沉淀到液体底部，很容易被分离出来。最后加热银汞齐，汞蒸发后得到近乎完美的纯银。[40]

虽然新技术的推广需要一定时间，但是数字说明了一切：1575—1580年秘鲁的白银总产量达到了1570—1575年总产量的4倍之多。[41]"白银产量暴涨，再也没下降过。"梅迪纳的提炼方法带来了前所未有的经济繁荣，"成为61任总督、2任皇帝和30任墨西哥总统的财政收入支柱"。自19世纪起，帕丘卡镇宣称梅迪纳是当地人的子孙，并且用他的名字为一条街和一座剧院命名。[42]

　　"在欧洲现代历史上，尼德兰起义持续的时间比其他任何起义都长"，反叛成了几代尼德兰人日常生活中的普遍内容。[43]尼德兰人为何能够成功地抵抗比他们更富有、人数更多、拥有更多资源的西班牙哈布斯堡王朝呢？原因有很多。派军远征、长期作战需要大笔经费支撑，而尼德兰人就在本土作战。尼德兰地势低洼，常遭海水入侵，反叛的尼德兰海上乞丐比庞大的王家海军更具效率。更重要的是，西班牙在别的地方还牵扯了很大精力，这超过了西班牙的承载力。事实上，比尼德兰顽强抵抗获得胜利更令人惊讶的是西班牙对明显无法实现的目标的追求。不过这是宗教责任感和哈布斯堡家族荣誉感这两个遗产造成的问题。对于西班牙人来说，任何割肉止损的行为都是一种耻辱。最奇怪的是，一代又一代君王都没有意识到，若是他们本人亲自访问有冲突的地方，结果可能会大不一样。尼德兰起义原本不成气候，但直到这场冲突成为一场包含巴西和印度尼西亚战场的全球性战争后它才结束。历史学家杰弗里·帕克对这一课题的研究最为权威，用他的话说，这场战争"让有史以来最伟大的全球帝国分崩离析"。[44]

　　如果不是美洲财富对西班牙财政带来的革命性影响，哈布斯堡王朝不会尝试镇压尼德兰，也不会尝试80年之久的时间。然而，如果不是美洲财富对欧洲经济带来的革命性影响，尼德兰也不会发展成一个极为富有的商业国家。

葡萄牙与阿尔瓦公爵

临终前，他精神焕发，嘲笑每个人，甚至嘲笑死亡。

——汉斯·德·克芬许勒，神圣罗马帝国大使

1566年7月18日，82岁的巴托洛梅·德·拉斯·卡萨斯在马德里郊外的阿托查圣母院去世了。两天后他被埋葬时身穿朴素的白色长袍，手持木质权杖，很多人都来参加了他的葬礼。[1]这个夏天，十八九岁的米格尔·德·塞万提斯来到了费利佩二世喧闹的新首都。他就是未来的"现代小说之继父"，从小到大他都在四处奔波，而这里不过是他人生旅途中的短暂一站。他的父亲罗德里戈的混乱倾向导致了不幸和不切实际的规划，为了躲避债主的追逐，一家人不断在卡斯蒂利亚和安达卢西亚搬迁。[2]

1547年，米格尔出生在著名的大学城埃纳雷斯堡。他的祖父曾在这里的法庭上赢过因凡塔多公爵，短暂地享受过一段富裕生活。然而家境变故，罗德里戈被迫放弃了豪迈的年轻乡绅生活，开始学医。但他是个聋子，没能拿到医师资格。结果他成了一个"手术匠"，一辈子为最穷苦、最卑贱的病人放血、拔牙、截肢，当然了，还提供理发剃须服务。这种职业只要有锋利的工具就能干，不要求从业者具有多么专业的水平。

当罗德里戈起诉他母亲的遗嘱执行人获胜之后，家里的条件突然改善不少，尽管时间不长。他开了一家理发店，吸引了一大批有钱的意大

利顾客，同时他妻子开了一间提供膳宿的小旅馆，也有很多人含蓄地指出那是一间高级青楼。不久之后，时常光顾的意大利客人之一乔瓦尼·弗朗切斯科·洛卡得罗请马德里的公证员为他公证，他宣称自己"对安德烈娅·德·塞万提斯小姐有着深深的亏欠，当我远离家乡，她对我温柔以待，治愈了我一直忍受的病痛。我觉得有义务付报酬给她"。安德烈娅是米格尔的姐姐。她得到的报酬可不少，包括7匹黄色和红色的塔夫绸、1件银色的男士紧身上衣、2张桌子、6个尼德兰垫子，以及300枚埃斯库多金币。[3] 很多人都断言她是洛卡得罗的情妇，她"治愈"的是男人最古老的疾病，因为安德烈娅在塞维利亚时，和一个青年贵族暧昧不清，还为他生下一名私生女，而且考虑到她的姑姑玛丽亚和马丁·德·门多萨之间那段故事，人们会这么想也并不奇怪。

此时的米格尔沉迷于充满活力的文学世界，而那个世界正在宫廷生活中蓬勃发展。他还在马德里市政学院求学。1567年，为了庆祝费利佩二世的第二个女儿凯瑟琳的出生，城里建造了不少凯旋门，而米格尔的一首糟糕的十四行诗在其中一座凯旋门上被公开展示。一年后，学院为纪念瓦卢瓦的伊丽莎白去世献上了一本诗集，诗集中米格尔的作品鹤立鸡群，校长说他是"我们最钟爱的学生"。然而到了1570年，他却出现在了罗马，在一位年轻的枢机主教家中谋得了一份短期工作。

一家人好不容易在马德里安顿下来，为什么又去意大利了呢？许多传记作者都认为是因为他的文学天赋逐渐显现出来；因此他当然会被意大利文学所吸引，就像蜜蜂被香甜的花蜜吸引一样。这片土地孕育了彼特拉克、本博、薄伽丘、阿里奥斯托和塔索，吸引着米格尔去加入他们。还有什么理由比对文化的热爱更能够激励一位伟大的文学家踏上旅途呢？

1569年9月，马德里的一间法庭下令逮捕一个名叫米格尔·德·塞万提斯的学生，他因与他人决斗导致对方受伤，被判决砍掉右手。写下《堂吉诃德》的那只手差点就被砍掉的这种说法让传记作家们兴奋不已，然而真实的情况可能比较平淡，没有证据能证明这个学生就是我们的米格尔·德·塞万提斯。然而，这一类的刑罚通常会减轻为驱逐，这倒能合理地解释为什么他会去罗马。

1570年，塞万提斯住在意大利。此时的奥斯曼帝国海军占领了塞浦路斯，吓坏了西班牙人、意大利的王公、威尼斯人和罗马教廷，他们迅速组成了神圣同盟，共同守护基督教控制的地中海地区，抵御伊斯兰教的扩张。费利佩同父异母的哥哥、风度翩翩的奥地利的唐胡安被任命为海军元帅，率领庞大的舰队于1571年8月底在墨西拿集结。塞万提斯和他的弟弟罗德里戈报名从军，被分配到迭戈·德·乌尔维纳船长手下服役，他们乘坐的船名叫"侯爵夫人号"。

当时的历史学家安布罗西奥·德·莫拉莱斯描述了唐胡安检阅部队的场景："他一身戎装"，在他的房间里接见众将领。他"把自己交给上帝，摸了一下床架上挂着的十字架"。"愿基督救世主庇佑我等"，他发誓"与敌军一战到底"。[4]但他对威尼斯人的船队非常恼火，因为他们"纪律散漫，无法为上帝服务……你简直不能相信他们的士兵和水手准备得有多不充分了！"[5]他愤怒地说，"我认为商人们对兵法一窍不通"。[6]

9月16日，舰队起航向希腊海岸线进发。根据加西拉索诗集的编辑费尔南多·德·埃雷拉所写《勒班陀海战记录》记载，10月6日是个星期六，黄昏时分，唐胡安命令船队放下船桨，迎着微风划了一夜的船，希望能与敌军交战。第二天一早，当两军看见对方舰队时，相距已不足10英里。"当时的景象蔚为壮观，海上数不清的船只，五颜六色的旗帜迎风飘扬。"[7]这是两只庞大的舰队：奥斯曼一方有230艘船，载有5万人；而基督教同盟一方有200艘船，载有4万人。

唐胡安的将领们主张谨慎行事，但他回答道，"现在不是开会的时候了，我们必须出击"。他"几乎巡视了舰队中的每一条船，安排作战序列，鼓舞船长与士兵的士气。当甲板下面划桨的奴隶发出一声响亮而振奋的呐喊时，大家都确信这是胜利的前兆"。而此时，"米格尔·德·塞万提斯发着高烧，他的船长和许多朋友都说他病得太重，劝他留在下层船舱里面"，一位目击者多年后回忆说。但是塞万提斯愤怒地回答道：

"此前每次有机会为陛下战斗的时候，我都如一名优秀的军人一样奋勇杀敌，今天即便病重，我也会和往常一样战斗；与其躲在船舱里，我宁愿为上帝、为国王战斗至死。"而且他要求船长把他安排在最危险的位置，他愿意为了胜利牺牲生命。所以船长命令他和其他12个士兵一起守住艉楼甲板。在那里他英勇地和土耳其人作战，直至战斗结束。[8]

上午11点，风平浪静，"水面如一碗牛奶"，基督教同盟军的桨帆船率先开火，一排又一排炮弹贴着水面向土耳其舰队呼啸而去，造成了巨大的伤害。唐胡安命令他的船冲向奥斯曼帕夏的旗舰，两艘战舰发生了剧烈的碰撞，奥斯曼的旗舰压在了西班牙桨帆船的舰首之上，将加固部分撞得粉碎。缆绳和木板断裂发出的巨大声响与死伤者的惨叫混成一片；海面上腾起泡沫，天空被硝烟染成黑色，再后来就只听见不绝于耳的枪炮声。

有位亲历者回忆道：

> 战斗持续了3个小时左右，血雨腥风，惨不忍睹，海水和火光融为一片……双方都伤亡惨重，放眼望去，水面上是成千上万的尸体，有些尸体已经被砸成碎块，有的则带着死亡那一刻的阵痛漂浮着；他们的灵魂随着伤口中的鲜血一起流出，把整个大海都染成了红色。[9]

10月29日，费利佩在马德里收到了胜利的消息。他命人唱起《赞美颂》，"整座城市欢腾一片"。[10]塞万提斯活了下来，但胸部受了重伤，左手被火枪严重击伤。但他已经成了大英雄，无所畏惧的名声传开了。

西班牙部队在西西里岛过冬，塞万提斯也在这里养伤。7月，他和罗德里戈一起参加了唐胡安的大规模远征，打算一举歼灭奥斯曼舰队，但是由于领航员迷路，行动失败了；他们还参与了争夺突尼斯的战斗，结果也是无功而返。1575年，他们被遣散并乘船返回巴塞罗那。塞万提斯带着唐胡安那充满称赞之言的推荐信以及记载着他在战斗中英勇事迹的报告。他当时一定非常期待费利佩二世会奖励他去美洲担任一个有油水的闲职，他的心早就飞到美洲去了。但是他们的船遭到了巴巴里海盗的袭击，这些海盗来自从属奥斯曼帝国的阿尔及尔，那里居住着大量的海盗以及他们绑架的希望自己能被赎回的俘虏。米格尔和罗德里戈都被一个名叫奥特利欧纳米的希腊叛教者俘虏了。

阿尔及尔拥有坚固的城墙、角楼、塔楼和架满火炮的壁垒，是真正的海盗城堡，"海盗的家园，强盗的避风港"，在奥斯曼帝国，人们说起阿尔及尔，"就像在我们的卡斯蒂利亚谈论西印度一样"，是个发家致富的好地方。[11]米格尔、罗德里戈和其他俘虏从港口的城门被带进城里，一路上，忙碌的渔夫将刚捕到的鱼送到集市上，路边全是脏乱而简陋的小旅馆、破败不堪的房子和石灰窑。[12]他们早就听过许多夸张的故事，有关于海盗心狠手辣的，有关于修士四处乞讨以赎回被俘基督徒的经过荒诞美化的报告的，还有一些关于俘虏返回家中之后讲述的传奇经历的。据说，俘虏就被关押在那臭名昭著的"浴场"，那里是"潮湿发臭的洞穴，深入地底的地牢"，俘虏们"被沉重的镣铐锁住，动弹不得"。安东尼奥·德·索萨是一名神职人员，他曾和塞万提斯被囚禁在一起，变成了非常紧密的好友。他曾提到，"路上总有许多的基督教徒，他们病入膏肓、骨瘦如柴、面容憔悴、饿得不成样子，以至于几乎难以站立，甚至失去意识"。传言当时土耳其人热衷的消遣之一，就是把虚弱的基督徒俘虏双手绑起来，让他站在燃烧的柴堆上，看着他上蹿下跳努力想要逃跑的样子。[13]

索萨还对民族志的细节颇为关注，记录了各个族群的不同习俗和服饰，包括土耳其人、摩尔人，还有来自内陆地区的野蛮人——主要是柏柏尔人牧羊人。他甚至注意到，阿尔及利亚妇女会将头发染黑，把脸涂白，在面颊上抹胭脂，"用一种矿物制作的颜色很深的东西在脸颊、下巴和额头上画图案"。如此打扮之后，她们"全年不停地参加婚礼或是女主人安排的宴席，整天跳舞还不满足，连晚上也在跳舞"。他吹毛求疵地解释说，"要是妻子回了家，丈夫就该提高警惕了"。[14]作为基督教神职人员，索萨还津津有味地详细记录了阿尔及尔的异教徒是如何以各种方式欣然接受七宗罪的。他似乎对肛交尤为震惊，但他显然也十分着迷，他报告说"伊玛目在做出了非自然法的罪恶性行为之后，为了忏悔，他们会在大海中而不是在浴室里清洗自己"，还指出，"当男人对自己的妻子犯下同样的罪后（这很常见），如果妻子要求卡迪（法官）主持公道，她不用说一个字，只要拿着鞋子去找法官，把鞋放在他面前，鞋底朝上，这就表示她与丈夫肛交了的意思"。[15]

塞万提斯和其他俘虏被领着穿过无比狭窄的街道，"街的宽度仅能勉强容纳一人骑马通过，两个步行的人面对面都过不去"。在这里，"房屋之间距离非常近，你可以在房顶上走到全城的任何地方"。[16]那天晚上，俘虏们在地牢中勉强入睡。

希腊海盗奥特利欧纳米很快就发现米格尔·德·塞万提斯身上带着由奥地利的唐胡安写给费利佩二世的推荐信，于是误以为他是一位有钱有势的贵族。他立即给塞万提斯的赎金定价5000埃斯库多金币，这大大超出了塞万提斯和他家人的支付能力。我们不知道塞万提斯家里何时得知兄弟俩被绑架，但到1576年11月的时候，他们的母亲莱昂诺尔确保了王室承诺给予120达克特金币以帮助解救兄弟二人。为博取同情，她声称自己是个寡妇，而且两个儿子都在勒班陀海战受伤致残。12月，多亏了这个善意的谎言，她终于筹到了更多的钱。第二年，她把筹到的钱都交给了慈悲圣母修会。慈悲圣母修会致力于营救被囚禁在北非的俘虏，筹集善款支付赎金，谈判谋求释放俘虏并把他们安全地送回家里。修会立即展开营救工作，但是要筹到米格尔的高昂赎金基本无望，所以他们把所有的钱都用来换取罗德里戈的自由。1577年，罗德里戈被释放了，但他的哥哥仍被囚禁着。

1580年，塞万提斯家里终于又筹到300达克特金币，交给了正领导着一支慈悲圣母修会代表团的胡安·吉尔修士。胡安·吉尔在阿尔及尔待了很长时间，谈成了数百名俘虏的释放事宜，还和塞万提斯成了好朋友。然而，阿尔及尔的统治者哈桑帕夏正在筹备返回君士坦丁堡，他决定带走一批俘虏，而塞万提斯也在其中。塞万提斯被押送到港口，登上一艘桨帆船，并且被锁在一支船桨上充当奴隶桨手。正当船员们准备起航时，诡计多端的胡安·吉尔认为此刻他能以最低的价格赎回塞万提斯，因为塞万提斯虽然文学水平很高，但是他胳膊受伤，作为划桨的奴隶一点用都没有。他同意支付500埃斯库多金币，差额部分由慈悲圣母修会补足。哈桑帕夏同意了。

我们只能想象，当塞万提斯站在海边，看着十几艘桨帆船起航远去，而自己终于恢复自由时，他一定感到如释重负，同时也会为那些被俘的不知名同伴感到忧伤，他们可没有自己这么幸运了。

接下来塞万提斯应对的事情，深刻地反映了哈布斯堡王朝统治的官僚主义：他制作了一份有关个人功绩和他对王室服役的正式文档，这被称为"功绩和服役情况报告"，他希望能够以此从国王那里获得奖赏，可以是一份闲职、一份工作或是王室委派的某项任务。他希望将自己受过的伤、付出的艰辛都变现。

中世纪时，勇敢的臣民和士兵有机会直接接触到统治者；他们经常可以在国王在场的时候展现他们的英勇，如果国王不在场，国王亲近的人也可为他们作证。但到了16世纪，随着帝国的扩张，尤其是疆域拓展到美洲之后，王室赏赐的机制显然亟须改进。每年都有数以百计的人从西印度群岛回到西班牙，请求觐见国王或大臣。他们讲述激动人心的冒险故事，凸显自己的勇气、诚实和贫穷，以此请求国王给予他们应得的奖赏。除了依靠其他殖民者可能会上报的传闻，国王根本无法判断这些人所说的真伪，因为他们的叙述中充满了对自己的吹嘘和夸大。

1528年，当查理五世正在筹备意大利之行的时候，印度议会提出了解决方案，要求所有从美洲回来请求国王赏赐的人，必须请王家审问院对他们的故事进行认证。满怀希望的请愿人都会提交一份书面的自我介绍，包括自己的经济状况和服役情况，加上一系列的声明以及具体的请求，这些材料实际上也是一份调查问卷，需要请一群证人确认内容属实。整个程序的书面报告随后会被提交给印度议会，以便申请者本人回到西班牙时，印度议会可以凭借它对申请人进行评估。西班牙人制作了成千上万份诸如此类的功绩和服役情况报告，再加上推荐信和其他文书，这些文件都是复杂的官僚体制的组成部分。正是依靠这些烦冗的书面材料，国王和他的政府才能尝试着统治遥远的国土。

米格尔·德·塞万提斯意识到，他在阿尔及尔被俘期间的情况报告或许会在某种程度上帮助他获得物质利益，所以，1580年10月10日，他请胡安·吉尔在官方公证人面前主持了一个流程。而得到的证明文件后来被称为《阿尔及尔报告》，这份报告叙述了塞万提斯被俘5年间的经历，可以说是个精彩绝伦的故事。文件中大部分内容是塞万提斯本人的叙述以及一些证人事先演练好的证词，而且毫不掩饰地使用官僚程序中惯用的单调重复套话，尽管如此，塞万提斯的故事还是惊心动魄，面临危险的时候他总是充满勇气、迎难而上，体现出基督徒的坚韧不拔。

塞万提斯的证人们需要确认的内容包括：他们知道塞万提斯"一直渴望逃走"，并且希望解救其他的基督徒，他"找到了一个摩尔人，愿意带领大家走陆路抵达奥兰"，那里是西班牙的领地，需要沿着海岸线走120英里左右。"然而，他们走了几天之后被摩尔人抛弃了，只得返回阿尔及尔，所以此后米格尔·德·塞万提斯的主人不仅非常恶劣地对待他，并且对他严加看管，戴上了更重的镣铐。

后来到了1577年，罗德里戈·德·塞万提斯得到解救，米格尔和他商定"从西班牙派一艘武装快速帆船来，以便帮助很多被俘虏的重要人物脱身"。

塞万提斯鼓励"14位地位较高的基督徒躲在城外的一个山洞里"等待船的到来，度过了6个月的时间，"他每天都小心翼翼地给他们送来食物，一旦他被抓住，他自己就会面临被刺死或被活活烧死的风险"。离船期还有一周的时候，塞万提斯"也开始和大家一起住在洞里"。可是当船终于抵达后，"水手们却没有勇气上岸给躲在山洞里的人通风报信"。离解脱只剩一步之遥，"一位知情的邪恶基督徒向阿尔及尔的统治者哈桑帕夏告发了山洞里的人，还说米格尔·德·塞万提斯是整个逃跑计划的始作俑者"。《阿尔及尔报告》中称，"因此，到了9月的最后一天，哈桑帕夏派出了一大帮武装齐备的由土耳其人和摩尔人组成的骑兵和步兵队伍，去山洞里逮捕了米格尔·德·塞万提斯和他的伙伴们"。

当士兵们强行冲进山洞时，塞万提斯劝说他的同伴让他来承担所有罪责，"向他们保证只有他一人会被惩罚"，当摩尔人把他们捆起来的时候，塞万提斯喊道："这些基督徒都是无辜的，因为我自己策划了这整件事，是我说服他们逃跑的。"

哈桑帕夏让守卫把塞万提斯带来见他。当塞万提斯"手脚都戴着锁链"，拖着步子穿过街道时，"一路上遭到摩尔人大量的辱骂和冒犯"，这样的画面与基督前往各各他的场景何其相似。塞万提斯"孤身一人，没有同伴陪同"，被押送到了哈桑帕夏面前。"帕夏审问他关于逃跑的事，以死亡和酷刑威胁他。但塞万提斯一口咬定是自己一手策划了整件事，并且向帕夏乞求道，如果一定要惩罚，那就请惩罚他自己"，以此为他的同伴开脱。"他不肯说出任何一个基督徒的名字，也不愿怪罪他们"，拯救了"许多曾经帮助过他的人"的性命，特别是豪尔赫·德·奥利瓦尔，他是慈悲圣母修会的修士，哈桑帕夏特别想惩罚他。塞万提斯被"用铁链锁在地牢里"，不断受到酷刑的威胁。

奇怪的是，报告接下来迅速改变话题，开始讲述"5个月后，米格尔·德·塞万提斯为上帝和陛下奉献的热情丝毫不减，依然希望帮助解救基督徒，虽然他人在狱中"，但是得以秘密派出"一个摩尔人去奥兰送信给马丁·德·科尔多瓦将军，也就是奥兰总督，请求他派一些可靠的人和摩尔人一同回到阿尔及尔"，解救塞万提斯和"他同一间地牢里关押的另外三位重要的绅士"。

但是这个摩尔人就在奥兰的大门口被忠实于哈桑帕夏的人抓住，然后又带回了阿尔及尔。他被活活刺穿，但"他勇敢地死去了，没有透露任何事情"。哈桑帕夏"下令鞭打米格尔·德·塞万提斯2000下"，这顿鞭打肯定会要了他的命。

然而他奇迹般地活了下来，"到了1579年9月"，塞万提斯开始鼓励一名来自格拉纳达的基督教叛教者"恢复对我主基督的信仰。塞万提斯还说服他，他对上帝能做的最高尚的服务，并且最能被国王陛下接受的事情"，就是回到西班牙，买一艘武装快速帆船，帮助俘虏们再一次逃跑。

接下来，塞万提斯请证人们证实他说服了一位从巴伦西亚来到阿尔及尔做生意的商人为这个叛徒提供足够的钱去买船。当商人真的给了钱之后，"塞万提斯像往常一样，抱着服务上帝和陛下、帮助基督徒的愿望，秘密地将这个计划通知了被囚禁在阿尔及尔的70名最重要的绅士、学者、牧师和其他基督徒"。

整件事情"进展极其顺利，毫无疑问会按照计划取得成功"，但是他们被谎称是多明我会修士的胡安·布兰科·德·帕斯出卖了。《阿尔及尔报告》称，"因此，米格尔·德·塞万提斯的生命面临巨大的危险"。巴伦西亚商人被吓坏了，他深信塞万提斯在严刑逼供之下会揭露他在这件事中扮演的角色，为了保护"自己的财产、自由，也许还有生命，他试图劝说米格尔·德·塞万提斯登上任何一艘即将启程的船前往西班牙，并且说自己会支付塞万提斯的赎金"。

对于塞万提斯而言，这是一次绝佳的逃跑机会，但他"回答说，他宁愿忍受酷刑折磨，甚至牺牲生命，也不愿让哈桑帕夏惩罚其他人"。然后，"因为担心如果不自首，哈桑帕夏就会寻找别的替罪羊"，塞万提斯"自愿"投降。

哈桑帕夏"用各种酷刑威胁他，想要他说出计划带哪些人一起离开。后来，为了加强对他的恐吓，哈桑帕夏命人在他脖子上套上绞索，把他的双手捆绑在身后，就好像要绞死他一样。米格尔·德·塞万提斯没有说出任何一个名字或者指责任何人，始终告诉哈桑帕夏，只有他和另外4位绅士是主谋"，那4个人已经被赎回并安全抵达西班牙。在长达5个月的时间里，哈桑帕夏"把塞万提斯锁在"他宫殿里的摩尔人牢房，"准备把他带到君士坦丁堡，在那他就再也别想重获自由了"。但是胡安·吉尔修士"非常同情米格尔·德·塞万提斯面临的危险"，"就在哈桑帕夏扬帆起航，准备返回君士坦丁堡的时候"，胡安·吉尔修士及时出手相救，"这一天塞万提斯终于得到了自由"。

这是《阿尔及尔报告》中讲述的塞万提斯的故事，最初是他自己说的，后来得到证人的确认和重复。但是关于逃跑和酷刑威胁的描述出奇地不切实际，情节巧妙地跌宕起伏，具有很好的文学结构；故事的核心是明显的矛盾对立，一边是塞万提斯屡次尝试逃跑，每次都必然会受到残忍的惩罚，充满叙述张力，而另一边，用突降法让读者渐渐意识到，其实塞万提斯从未真的受刑。索萨提到，"哈桑帕夏曾说，只要他看管好'西班牙残疾人'，就能保证他的所有基督徒俘虏、船只，甚至整座城市的安全"，这说明"他有多害怕塞万提斯的密谋"。"虽然塞万提斯在俘虏之中引起了诸多混乱"，哈桑帕夏却一直对他表现出"奇怪的仁慈"，这令人十分迷惑不解。[17] 为什么哈桑帕夏不处决掉这个麻烦的角色，或者真的把他锁好，又或者不管他能拿出多少钱，就让他用这些钱赎身，免得又生是非？

有些人猜测塞万提斯实际上参与了费利佩二世派出的某项重要外交任务；也有人说他和哈桑帕夏是同性恋情人；还有一位批评家提出的说法最为迷人，他认为正是塞万提斯讲故事的能力帮助他一次次躲过恐怖的刑罚，就像《一千零一夜》里的雪赫拉莎德一样。[18] 另一种说法是，大家都认为塞万提斯的身份高贵，抓住他的人都不想冒险伤害他。然而事实上，1578年，哈桑帕夏本人为塞万提斯支付了500埃斯库多金币，虽然这笔钱显然不是一个可以证明塞万提斯能让十几个甚至上百个有价值的俘虏有逃跑风险的价格。

这道谜题真正的答案非常诗意。《阿尔及尔报告》实质上是主要由塞万提斯写成的调查问卷，如果把一个个的问题连起来阅读时，它就像一篇连续的叙述。但如果连同证人对每道问题的回答一起阅读时，仿佛胡安·吉尔修士主持的听证会就在面前上演了，给人一种戏剧般的感觉。这是一出由塞万提斯导演的好戏，目的显然就是在国王面前展现自己的良好形象，这对他未来请求国王的赏赐会有所帮助。

作为最伟大的散文体小说家之一，塞万提斯是学术研究的课题，而且他还是一位成功的剧作家。在《阿尔及尔报告》中，面对残忍的追捕者、屡次失败的逃跑，他表现出了非比寻常的勇气。奇怪的是，他的所有传记作者和评论家都不加质疑地相信这个精彩的英雄故事属实。

《阿尔及尔报告》是塞万提斯第一部为人所知的虚构作品、一部戏剧化的小说，几乎称得上是一部戏剧作品。他用精妙的想象力，精心修饰了西班牙王室对官僚制度的忠诚，在叙述中填充了大量奇妙和愉悦的片段，蓄意制造出一个令人惊叹的传奇，然而故事的叙述其实并不可靠，情节也根本经不起逻辑推敲。这个故事其实与塞万提斯很多的小说和短篇故事作品都非常相似，当然也包括《堂吉诃德》。

带着这份令人兴奋的文书，塞万提斯终于回到了故乡西班牙。

1578年，葡萄牙的塞巴斯蒂安一世在北非征战时战死了，没有留下子嗣，于是王位由他年迈的叔叔、枢机主教恩里克继承。他是阿维斯王朝的最后一位葡萄牙国王。因为担心出现继承危机，这位务实的老枢机主教恩里克鼓励王位候选人证明自己继承权的合法性。费利佩委任了一位名叫洛伦索·德·圣佩德罗的学者撰写了一份长达310页的文件，详尽地阐述他应当继承王位的理由。为了强调他对葡萄牙人强烈独立情结的尊重，他在文件中诡异地加入了一张版画，画的内容是一只一头二身的小乳猪，这只猪当时在塞维利亚激发了人们的想象力。他打了个奇怪的比方，说这只乳猪"拥有两个完美的身体，在脖颈处会合成一个脑袋"，也许恰恰象征着他决心保持西班牙和葡萄牙两国王位和王国的独立存在，即便它们有着同一位统治者。这幅画非常有预见性，因为西葡联合政治上不可行，正如从生物学角度来说，这只乳猪肯定活不长。60年后，这个联盟破裂了，因为两个王国共用的脑袋不堪重负，两国的政治情况就像身体一样迅速恶化。[19]

枢机主教恩里克、贵族和教会都支持费利佩继承王位，但是葡萄牙议会和普通民众支持的是他的葡萄牙对手、克拉图修道院院长唐安东尼奥。民众释放的信号非常明确，他们更希望统治者是葡萄牙人。所以费利佩请已经退休的阿尔瓦公爵再次出山，开始在西葡边境集结一支由5万名西班牙人、意大利人和德意志人组成的强大军队。阿尔瓦公爵年事已高，而且在与费利佩的通信中，他总是拿他夫人的健康小题大做，但他的内心仍然对战争充满渴望。"陛下应当从佛兰德把西班牙老兵调过来，因为我更愿意只和他们一起进行入侵。"他对费利佩这样写道。[20]

1580年6月27日，正当一场"像瘟疫一样伤害巨大"的恐怖流感席卷西班牙时，[21] 阿尔瓦的部队在接受了费利佩本人的检阅后，开始穿越边境。费利佩叮嘱阿尔瓦公爵，一定要确保"不要做出任何有可能引起葡萄牙人抗议的举动"，但正如阿尔瓦公爵本人所说，这是一个"不可能遵守"的命令。[22] 西班牙大方阵，尤其是曾在尼德兰服役的那些部队，令人闻风丧胆，费利佩和阿尔瓦公爵都很清楚这一点，在与对手谈判的时候，军队凶残的名声可以用作强大的武器。费利佩还命令阿尔瓦公爵"处决任何武装反抗他们国王的人"，对此，国王的老将军回答道，"以绅士的性命，换残暴的名声，这令我痛心疾首"。[23]

部队朝着葡萄牙首都里斯本进军，一路艰辛坎坷，遭到敌对的葡萄牙农民不断的袭击。士兵们不可避免地做出了过激行为，但是阿尔瓦公爵深知负面宣传会造成的问题，所以当他的部下偷取了一些葡萄牙人保存在修道院里面的私人衣物时，他请修道院总管正式确认修士们的东西没有被盗。"我向陛下禀报此事，"他解释说，"是因为可能会有人报告修道院被洗劫的传闻。"[24] 然而实际上这支部队的行为和阿尔瓦公爵以前率领的部队没有什么不同。阿尔瓦公爵提醒费利佩，"士兵们在这样的战役中，放纵失控是常有的"，但是，就像他在尼德兰最后战役时一样，他开始惩罚自己的部下："我非常生气，我们已经绞死了很多人，并且还要绞死更多人，我想绞索会不够用的。"[25] 阿尔瓦公爵麾下的老兵曾经都称呼他们敬爱的将军为"士兵的好父亲"，但是此时他似乎已经抛弃了他们。[26]

当他们围困里斯本郊外那历史悠久的贝伦区时，军队几乎失控了。阿尔瓦公爵写道："我整天整夜地关闭军营，因为虽然已经有那么多人被绞死、砍头，或是送去给桨帆船当划桨的奴隶，但好像我做什么都不够。昨天，和往常一样，又有一群人被绞死，但他们对此漠不关心，就好像我是在发口粮一样。"[27] 阿尔瓦公爵在信中几乎一次又一次地为他的军队纪律涣散道歉，他面临的麻烦还不仅仅在于他们犯下了不道德的暴行以及对敌方宣传的担忧：此时他自己的军官已经开始公然指责他在军中失去了威信，因为他太老了。许多人都认为阿尔瓦公爵没能迅速抓住唐安东尼奥是因为他控制不了自己的军队；他们说，他的军队忙着四处掠夺，根本不理会他的命令。[28]

但是，当他们接近里斯本时，阿尔瓦公爵的经验开始发挥作用了。他让军队洗劫城外的一些商人的住所和库房，纵容他们的贪婪，释放他们的敌对情绪，重新建立了他们的信心。两天后，他"与上校、副官和军官们会面"，向他们传达了一些费利佩的想法。"我向他们发誓，"他向费利佩写道，"如果他们不重整军纪，我会把他们全都替换掉。"阿尔瓦公爵报告说，他派出了骑兵上尉去处理骚乱的士兵，命令他们"在行囊里装满绞索"，并且派出更高级的军官去亲眼见证"他们做的事"。阿尔瓦公爵很清楚宣传和声誉的力量："未来如果这次暴动的消息传播到了世界各地，那我希望人们也知道当时我进行了最严厉的惩罚。"[29] 费利佩立刻回信，批准了阿尔瓦严厉的惩罚。[30]

　　阿尔瓦公爵成了替罪羊，用西班牙人的话也可以叫作"土耳其人的脑袋"，因为入侵的军队不可避免地会有过激行为，他成了虚伪外交的受害者。圣克鲁斯侯爵麾下在海军中服役的士兵犯下了某些最严重的罪行。侯爵的骑兵偷来并破坏了"一件镶满钻石的挽具，它价值连城，上面镶嵌了多年来从印度收集到的大大小小的宝石，是葡萄牙王室收藏的珠宝"。[31] 这确实是非常严重的违纪，因为这件珠宝属于费利佩将要继承的葡萄牙财产的一部分。阿尔瓦公爵的最后一次征战因为他的部队失控、野蛮残暴而一直为历史学家所诟病，但实际上这是一次以最少的战斗就取得极大成功的侵略。

　　第三代阿尔瓦公爵费尔南多·阿尔瓦雷斯·德·托莱多是"当时最著名、最受尊敬的将军之一"。就连他的敌人也不得不承认，"他经历过的重要战争比任何人都多"。但是他自己却因为"从未与土耳其军队正面交锋"而遗憾。人们普遍认为"他的能力和经验在同龄人中无人能敌"。他傲慢粗鲁、目中无人、直言不讳，是典型的西班牙沙文主义者、黑色传奇的夸张化身。他生前从不害怕得罪腐朽朝臣或军事对手，去世时却几乎身败名裂，沦为他人的牺牲品。为君主服务是他唯一的座右铭。"临终前，他精神焕发，嘲笑每个人，甚至嘲笑死亡"，因此很多恶毒的人说，"他的表现不像是一个虔诚的基督徒，倒像是罗马异教徒"。1582年12月11日，神圣罗马帝国大使拜访了这位尼德兰的梦魇，当时他已经77岁高龄，躺在他的病榻上，曾经强大的战士如今"老态龙钟，虚弱不堪，不得不像个新生儿一样吮吸护士胸前的奶水"。阿尔瓦公爵转向大使，说道："我已经快走到了生命的尽头，而我现在做的事就像自己婴儿时一样。"[32] 他的人生如同完整的轮回。阿尔瓦公爵生长于骑士精神逐渐消亡的时代，从与加西拉索一同骑马横穿法国时起，他无数次从死神手里逃脱。但到了第二天日落时分，死神终于还是将他带走了。

1581年，费利佩被加冕为葡萄牙国王，并且在里斯本住了下来。当时里斯本人口多达10万。塞万提斯曾在自己的最后一本小说《佩西莱斯和塞西斯蒙达历险记》中赞颂里斯本，这本书在他去世后的1617年出版。他在书中写道：

> 你会看到奢华的教堂，人们在这里敬拜上帝，你会看到天主教弥撒，这里的人们赞美上帝，基督教慈善事业在这里达到鼎盛……你会看到许多医院，疾病在这里被治愈、被摧毁。在这里，爱与诚实携手并进，礼节胜过了傲慢，勇气让懦弱无处遁形。这里的居民友善、礼貌、慷慨、谨慎。这是欧洲最伟大的城市，东方所有的财富都集中在这里，再分配到世界各地……你会惊叹于当地女人的美丽，你会爱上她们；你也会被当地男子的英雄气概折服。[33]

费利佩加冕的时候，塞万提斯也来到了葡萄牙，请求国王赏赐他一份在新世界的差事。这个务实的梦想家，似乎已经把目光，也许还有他的心，放到了新世界。然而命运弄人，当年塞万提斯被囚禁在阿尔及尔的时候，总是想逃往北非城市奥兰，如今他却作为信使队的一员被派到这里。他们的任务是警告费利佩在非洲的属地，不得向葡萄牙人偏爱的统治者、克拉图修道院院长唐安东尼奥提供协助。[34]夏末时节，塞万提斯又回到了里斯本，心中依旧怀抱着去西印度群岛工作的愿望，不过此时他似乎还同样渴望作为诗人和剧作家得到认可。他最有影响力又博学的朋友安东尼奥·德·埃拉索当时是印度议会的议员，埃拉索为塞万提斯写了一些推荐信，让他去马德里。但是在16世纪中叶，美洲的大部分职务都由王室出售，之后再在公开的市场上交易，所以塞万提斯很难谋得一官半职。1582年，他给埃拉索写信表示感谢，也哀叹了自己"在这件事上缺乏运气"。"我必须等邮船来，看看还有没有其他职位空缺。"然后他又补充道，"与此同时，我忙着'抚养'《伽拉忒亚》，就是我之前跟您提过的那本书。等它稍微长大一些，它就会亲吻您的双手，您会以我无法做到的方式抚育它成长、成熟。"[35] 这是我们所能查到的塞万提斯将书比作孩子的最早记录，书和孩子一样需要培养教育，这个比喻非常迷人。多年后，他在介绍《堂吉诃德》时说道："有的爸爸溺爱不明，儿子又蠢又丑，他看来只觉韶秀聪明……我呢，虽然好象是《堂吉诃德》的爸爸，却是个后爹。亲爱的读者，我不愿随从时下的风气，象别人那样……求你对我这个儿子大度包容，别揭他的短。"[36]

尽管塞万提斯对里斯本赞誉有加，殖民地的财富也源源不断地输送至此，这里却缺少宏伟的纪念性建筑。费利佩内心的业余建筑师看到了完美的画布，而内心的政治家则看到了在葡萄牙首都留下自己印记的绝佳机会。所以胡安·德·埃雷拉领导了一项雄心勃勃的建筑工程，包括全面重建王宫、标志性的圣维森特修道院以及"经济引擎"印度之家。葡萄牙贵族也都跟风修建了一系列崭新而气派的雄伟建筑。费利佩最忠实的支持者，卡斯特尔·罗德里戈侯爵在费利佩的新王宫旁边，依照埃雷拉时髦的样式，修建了自己的宅邸。[37] 作为哈布斯堡王朝的领土，里斯本迎来了属于它的时代。

在里斯本，费利佩陷入了忧郁之中：瓦卢瓦的伊丽莎白去世后，他娶了自己的侄女奥地利的安妮，并且深深地爱上了她。但她于1580年突然去世，不久之后，天花又夺去了费利佩的儿子、迭戈王子的性命。费利佩忍住悲伤，透过王宫的窗户，对着港口的海浪陷入沉思，望着经过大西洋狂风暴雨洗礼的西印度船队和从远东归国的盖伦帆船戏剧般的演出；他看到船只离开时，上面满载着熟练的水手、商人的雇员和成千上万准备去殖民地定居的人。1582年4月，"遵循葡萄牙国王的惯例"，费利佩亲自陪同"5艘珍宝船队的大船驶出海港"，并且"在他的王家桨帆船上享用了早餐"。[38] 这是费利佩第一次闻到海的味道，第一次听到海浪的声音，费利佩似乎终于意识到他的财富取决于大西洋世界。

费利佩开始关注有关美洲、亚洲和非洲殖民冲突的外交政策。来自北欧的私掠者在他的殖民地发动了游击战。好战的英格兰人和他们的异端女王伊丽莎白是费利佩最大的威胁。他们是天生的海盗，曾经帮助尼德兰人，还在美洲定居下来，建立了弗吉尼亚殖民地，这是以"童贞女王"来命名的。费利佩曾给病中的阿尔瓦公爵写信说，教宗"多次提出希望我们能征服英格兰……为了达到这个目的，最好能在爱尔兰站稳脚跟"。[39]他头一次开始严肃地思考英格兰的事情。

相比之下更紧迫的是，唐安东尼奥逃到了亚速尔群岛避难，对于费利佩而言依然是危险的威胁。1582年夏天，圣克鲁斯侯爵率领着费利佩的海军，打败了反抗者的法国盟友。在圣米格尔岛上过冬之后，第二年，他让士兵们在夜深人静时，在一片布满岩石的危险水域登陆，对安东尼奥在特塞拉岛的堡垒进行了一次大胆的袭击。

圣克鲁斯侯爵的军需官克里斯托瓦尔·莫斯克拉·德·菲格罗亚是一位诗人，也是塞万提斯的童年好友，他描述道，"侯爵命令熄灭船上的所有光源，就连火枪的导火索也不例外。一枪都不能开，一个打火匣都不能碰，一点声响也不能发出"。很快，"海面陷入了一片寂静"，只能听见武装的士兵刻意压低把武器放在甲板上的声音。凌晨两点，船队偷偷地划向岸边，当天边刚刚露出一点光线的时候，他们便发动了进攻。"船迅速靠近了陆地，西班牙人冲上岸"，不顾高处射来的炮火。"掌旗官弗朗西斯科·德·拉·鲁阿的船一靠岸，他就举着三角旗跳下了船，"莫斯克拉写道，"身后跟着路易斯·德·格瓦拉上尉和罗德里戈·德·塞万提斯。侯爵后来提拔了罗德里戈。"[40]

米格尔·德·塞万提斯声称自己也和弟弟一起参加了这场战役。若真是这样，那么他们二人有可能与另一位西班牙大文豪并肩作战，他就是引人注目的无政府主义者、极其多产的剧作家费利克斯·洛佩·德·维加·伊·卡尔皮奥。他的才华像毒药一样在卡斯蒂利亚的剧院迅速蔓延，他讲述的精彩故事、近乎无耻的民粹主义、不断的新奇创造征服了举国上下的舞台。他丢弃传统、踩躏经典，就好像阿尔瓦公爵的军队在战场上一样冷酷无情。洛佩和塞万提斯的人生紧密联系，他们曾是好友，互相欣赏，后来却反目成仇、势不两立；他们死后被认为是西班牙文学想象力的两座丰碑，他们生活的时代充满惊人的艺术创造力，被后世称作"黄金时代"。他们或许都在亚速尔群岛服役于圣克鲁斯侯爵麾下，又或许没有，我们不得而知，不过，在讲述这两位虚构和幻想作品巨匠的故事时，这种不确定又是多么合适。

洛佩·德·维加四处留情，风流倜傥，他是诗人和剧作家，生活丰富多彩，就和作为士兵和小说家的塞万提斯一样。他写了上千部剧作，成为当时最著名的人物。他性欲旺盛，连唐璜都自愧不如。然而，后来他成为一名神父，但之后又深深地忠实地爱上了一个女人，而不是上帝。或许他觉得背着上帝偷腥是最大胆的调情。戏剧和小说都是传奇故事，洛佩的世界充满了这两样东西。他狼吞虎咽地吃掉生活，吞进肚里，稍加消化之后又吐了出来，化作他的剧作和诗歌。塞万提斯叫他"天生的野兽"。

对于塞万提斯而言，这是改变人生的时期。王后的哀悼期结束后，马德里和塞维利亚的剧院都重新开张，放荡不羁的生活又恢复了活力。文学繁荣发展，识字率迅速提高，在主要城市中心达到了一半或以上。图书销量不断增长，吸引了许多外国印刷商，他们都跟随着著名的塞维利亚的克罗姆贝格的脚步来到了西班牙（他出版了科尔蒂斯对墨西哥的官方记录），也促进了在其他国家印刷的西班牙语作品的进口。西班牙全国各地的大街小巷都深受文学作品的影响，人们或在家中默读，或在小旅馆里、路边小客栈里和文学沙龙里大声朗读。[41] 1580年，埃雷拉出版了评论版的加西拉索诗集，书中的评论是由塞维利亚一代活力四射的文人墨客写的，而这本诗集为完全卡斯蒂利亚风格的意大利诗歌建立了标准。也是在1580年，年轻的路易斯·德·贡戈拉-阿戈特写下了他最早的诗句，开启了实验性诗歌的全新时代，这种风格有人为之着迷，也有人横加指责。[42]

塞万提斯后来声称，在这段时间他写了二三十部戏剧，他骄傲地说，"这些作品上演时，观众从来没有嘲弄或吹口哨，也没有朝舞台上扔黄瓜或是其他东西"，暗示他的作品取得了一定成功。[43] 1584年2月22日，安东尼奥·德·埃拉索亲自批准了《伽拉忒亚》出版，就像塞万提斯开玩笑说的那样，"抚育它成熟"。洛佩·德·维加的作品中有个角色说："如果你想读本好书，就读米格尔·德·塞万提斯的《伽拉忒亚》吧。"[44]

1584年末，塞万提斯的一位著名朋友去世了，他的妻子年轻鲁莽，与她一无是处的情人私奔了。于是塞万提斯作为朋友的遗稿保管人，来到了拉曼查的埃斯基维亚斯小镇上。在那里他遇见了年方19岁的卡塔利娜·德·帕拉西奥斯·萨拉萨尔·博斯梅迪亚诺，3个月后，他们在教区教堂喜结连理，见证婚礼的是卡塔利娜的叔叔胡安·德·帕拉西奥斯。第二年，塞万提斯的女儿伊莎贝尔出生了，她是塞万提斯唯一一个为后世所知的孩子。然而卡塔利娜并不是孩子的母亲：塞万提斯在文学界崭露头角的时候，曾和安娜·比利亚弗兰卡·德·罗哈斯交往，她的丈夫经营着一家小客栈，颇受马德里的作家和剧作家们喜爱。二人的情事神神秘秘，就像未完成的小说。塞万提斯似乎一直避免卷入这件复杂的事情，直到1599年，安娜和她丈夫都死了，他才安排伊莎贝尔到他的妹妹玛格达莱娜家里当侍女。等到1608年，伊莎贝尔结婚的时候，他才承认这是他的女儿伊莎贝尔·德·塞万提斯。[45]

1586年夏天，塞万提斯在托莱多度过了几周时间。安德烈斯·努涅斯·德·马德里在这里的圣托马斯教区教堂担任神父，他精力充沛、魅力非凡，是塞万提斯妻子的叔叔胡安·德·帕拉西奥斯多年的好友。努涅斯刚刚在巴利亚多利德最高法院打赢了一场官司，被告是附近的奥尔加斯镇。努涅斯的教区于14世纪初获得了一份永久性的遗赠，规定奥尔加斯镇每年支付超过1000枚马拉维弟给教区，然而镇政府从1564年开始就停止了支付。根据当时的一份有关"伟大圣人和善人生平"的百科全书记载，奥尔加斯领主和他的妻子都"虔诚地信仰上帝，一生都在做善事"，包括重建圣托马斯教堂，为当地的奥斯定会修士安排住所，他于1312年去世，在他的遗嘱里写明了对教区每年的赠款。根据历史记载，"他的遗体被运往圣托马斯教堂，摆放在教堂中央"，托莱多所有的贵族都聚集在他身旁。"神职人员为他举行完仪式，正准备将遗体放进墓中时，大家都清楚地看到圣史蒂芬和圣奥古斯丁从高处降下。"两位圣人"靠近遗体，他们的脸庞和衣服都清晰可见，他们把他送进坟墓，说道：'这是对他服务上帝和圣人的回报。'"。他们将奥尔加斯领主安放在墓中，"然后便消失了，在教堂里留下了天堂的香气"。[46]

这场诉讼的胜利给予了努涅斯鼓舞和力量，他开始紧锣密鼓地翻新圣托马斯简陋的教堂，也就是奥尔加斯领主安葬的地方。1586年，45岁的格列柯正处于才华的巅峰时期，他签下了为这座教堂绘制中心装饰画的合同。格列柯的合同明确要求他表现人间世界的朴素，画面上的神父和其他神职人员应当正在为死者念诵祈祷文，圣史蒂芬和圣奥古斯丁在埋葬遗体的时候显灵，贵族们要目不转睛，而在"这一切之上"他应当描绘"天堂敞开大门，一片辉煌"。[47]格列柯以《奥尔加斯伯爵的葬礼》忠实又绝妙地阐释了这些内容，这幅画如今依旧存放在圣托马斯教堂里，许多人都认为这是西班牙黄金时代的第一幅伟大画作。不仅如此，当时的文献说明，画布中间的一排贵族都是真实存在的人物。只有5个能够确认身份：跪在地上的小男孩口袋里露出的手绢上写的文字证明他是格列柯的儿子，正在念祈祷文的神父显然是努涅斯，画作下方的文字说明他的助手是佩德罗·鲁伊斯·杜龙。有两个灰胡子的男人，一个夹在画右侧的两名修士中间，只能看见脸，另一个在鲁伊斯·杜龙的左肩上方，他们俩是伟大的人文主义者，迭戈和安东尼奥·德·科瓦鲁维亚斯兄弟俩。[48]格列柯才华出众，是托莱多活力四射的人文主义者圈子里的核心人物之一。当时，托莱多的文人墨客都在创造性地对抗特伦托会议决议中保守的限制。塞万提斯也被这个活跃的圈子所吸引，他是战争中的英雄，并且正在成为那个时代最重要的文学家和戏剧家，自然受到了热烈的欢迎。因此，虽然无法证明画里簇拥的贵族之中有塞万提斯，但是很多人都深信，黄金时代最伟大的作家应当就在开启黄金时代的这幅绘画之中。[49]

这幅绘画是一幅充满律动的杰作；人物的目光和手势、服装的线条、强有力的光线和色彩，这些都让观赏者的眼睛随之舞蹈。最体现技巧的还是画的结构：首位殉道者圣史蒂芬身体弓成弧线，神学思想的集大成者奥古斯丁头戴主教冠，一同弯下腰欲抬起奥尔加斯，完美地呼应了画布圆弧形的顶部，以映衬教堂的拱顶；但他们又不是站在一条线上，从而形成了一种奇特的透视，仿佛画中天国的氛围呼之欲出，让观赏画的人感觉置身其中。然而，这种结构即使形成了稳固的、做作的形式感，也立即被三种不同的表现风格打破。在天堂部分我们可以看到由简单的色块和漂浮的形状组成的画面，这是格列柯最常用的矫饰主义手法；画面中央，天使将奥尔加斯的灵魂送向圣母身边，圣母将在上帝面前为他求情，然后圣彼得就可以用手中悬挂的钥匙开启天堂的大门。连接天堂世界与下方贵族的是火把上燃烧的火焰，这是基督徒灵魂的象征。贵族的脸特别尖，有的脑袋几乎和身体分离，如此活泼有趣地将现实抽象化，是格列柯典型的画像技法。圣人显灵的画面以惊人的超级写实主义手法展现出来，让人联想到北方的哥特式艺术，或者是14、15世纪的意大利作品。通过这种方式，画作带领我们回到了中世纪，也就是奥尔加斯实际被埋葬的时候。同时出现在画面里的抽象化的贵族、天堂、念祷文的神父、圣人和尸体，全都穿着奢华的礼拜仪式服装，为圣人显灵的奇迹赋予了近乎摄影作品般的真实感。过去和当下，这个世界和另一个世界，反宗教改革的正统信仰和人文主义的拷问，比肩接踵地存在于格列柯的这幅开启黄金时代大门的画作之中。

同时，在最宏大的舞台之上，刚刚在亚速尔群岛取得胜利的圣克鲁斯侯爵，即将在费利佩二世亲自撰写的新剧本中扮演属于他自己的角色，而这一剧本则建立在对如奇迹般存在的无敌舰队的过度自信之上。[50]

II

海盗、罪犯和税收

Non sufficit orbis.

全世界都不够。

——位于圣多明各的皇帝纹章

当1580年塞万提斯终于离开阿尔及尔返回西班牙和葡萄牙时，他再度回到了帝国的中心。现在看来，当时的西班牙帝国正处于鼎盛时期，它的统治者费利佩二世显然也到达了权力巅峰。[1]1569年，米格尔·洛佩斯·德·莱加斯皮已经开始在菲律宾建立定居点，而菲律宾这个名字也正来源于费利佩；果阿王国和巴西都随着葡萄牙王位一起传给了费利佩；墨西哥、秘鲁以及现代阿根廷和智利的部分地区当时早已是殖民地；西班牙人甚至对佛罗里达也有微弱的控制，后来很快就开始在新墨西哥定居。但在西班牙帝国的势力范围达到最大的这一时刻，帝国也危险地处于了过度扩张之中，西班牙本地的人口和经济都处于缓慢下降的边缘。然而当时的人很难看出这些，1580年，卡斯蒂利亚人一片欢喜热闹，许多人高声赞美着他们渴望已久的由"同一个牧人和他的王国"统治的基督教世界终于有了希望。[2]

1586年，伊斯帕尼奥拉岛上的圣多明各最高法院向费利佩提交了一份令人不安的报告："天主教国王陛下：今年1月10日上午10点，我们的城市收到消息，有人看到船只正驶向我们的港口。"一共17艘英格兰船只，引起了岛上普通西班牙人的巨大恐慌，官方报告说"许多人开始动摇，尽管政府发表了声明，也采取了其他措施阻止他们，但他们还是陆续逃离了这里"。报告称，第二个星期六"12点，我们听说有9个连的一流步兵正由陆路向我们袭来，离城市只有半里格（约2.4千米）远了"。400名西班牙人擅离职守，只剩下少数勇敢的人："我们集合了约40匹马，每匹马上坐着一名火枪手，我们只能这样尽力去做我们所能做的了。"但是，当这些人"与敌人面对面相遇时……有10个人或者12个人进入了敌人的射程内，他们尝试着带领所有人展开进攻"，但是这些人"被枪林弹雨所笼罩"，"人们的勇气消失了……他们逃进了树林里"。[3]

少数几个军官在城门上用大炮稍做抵抗就撤退到了腹地，将圣多明各拱手让给了异端。"就这样，西班牙人把这座城市作为新年礼物送给了我们。"一个英格兰人回忆道。[4]

在埃尔埃斯科里亚尔，费利佩继续读着他收到的报告，里面记述的恐怖事件层出不穷：英格兰人"侮辱和破坏教堂与宗教绘画，毁掉了所有东西，不假思索地亵渎着一切，犯下了滔天罪行"。英方的报告也说，"我们烧掉了他们所有的木制画像，毁掉了他们教堂里所有的最精美作品"。[5]

于是，西班牙人不得不开始耻辱地与新教徒海盗谈判。当英格兰人要求10万达克特金币的赎金，遭到了西班牙人拒绝时，他们"开始在城里和教堂里纵火，很快就烧得所剩无几"。西班牙人最终同意支付25000达克特金币，英方报告称，"在我们驻扎期间，城市已经被掠夺一空，我们的将军认为这样还能从他们手上拿到这么多钱非常划算，所以我们就上船了"。[6]他们"把所有的东西都带走了，包括教堂里的钟、堡垒里的大炮……许多黑奴都自愿跟他们一起离开"，王家审问院向费利佩报告说，"他们现在出发前往卡塔赫纳"。

"这些人的领头人是弗朗西斯·德雷克"，洛佩·德·维加在史诗《龙木芋》中称他为"龙"，他是著名的航海家，也是臭名昭著的私掠者，他的父亲是来自英格兰西南部德文的一位卑微的农民和传道士。伊丽莎白女王封他为弗朗西斯·德雷克爵士，而他后来成了王家海军中将。[7]

费利佩帝国的每一条战线都显得捉襟见肘，但美洲地区尤为脆弱。在圣多明各的皇帝纹章上，"海洋与土地循环往复，一匹骏马伫立，口中绘有一张卷纸，上面用拉丁文写着Non sufficit orbis（全世界都不够）"，这给英格兰人留下了深刻的印象。[8]英格兰的官方报告劝告"英格兰女王"要"坚定地发动与西班牙国王的战争"，迫使他"放下骄傲和莫名其妙的虚荣"。[9]

然而，这场战争的目的不仅仅在于争夺殖民地的财富、追求自由贸易或是海盗掠夺。德雷克的牧师愤怒地反对"教宗的毒害……（在众多类似的西班牙美德中）不仅包括鼓励嫖妓，还有鼓励他们鸡奸"。[10]拉斯·卡萨斯的作品在欧洲得到广泛的出版，给一位英格兰的海盗留下了深刻的印象，他指责天主教徒"带给赤身裸体、像绵羊一般的印第安人的，除了贪婪、掠夺、血腥、死亡和毁灭，别无他物"。[11]冲突因相互间的宗教不容忍而愈演愈烈，费利佩二世也许可以将圣多明各的毁灭看作是帝国不得不付出的代价，但他的虔诚让他无法容忍教堂和宗教画像遭到一个他曾经统治过的异端国家亵渎。

如果说仅仅因为弗朗西斯·德雷克的战果，就要召集无敌舰队，那就太夸张了。但是，从他一人身上体现出的这种强大的地缘政治角力象征对费利佩二世有着巨大的影响。1585年，英格兰的伊丽莎白女王开始正式向尼德兰的反叛者提供保护，并且派出军队和有经验的指挥官帮助他们。国际局势紧张升级的时间恰好与德雷克挑衅地进犯西班牙和西属印度群岛吻合。同一年，伊丽莎白女王批准了弗朗西斯·沃尔辛厄姆的"惹恼西班牙国王"计划，内容包括破坏西班牙在纽芬兰岛的渔场。1587年2月18日，苏格兰的玛丽女王被处决，这成了催化剂，因为她的死让费利佩有机会宣称英格兰王位了。[12]1587年4月2日，德雷克向加的斯进发，来"给西班牙国王的胡子点个火"。他的船飘扬着尼德兰和法国的旗帜，进入了海港。梅迪纳·西多尼亚公爵还没来得及召集西班牙的防御部队，德雷克就已经摧毁了30多艘船。"他们真是胆大包天，让人忍无可忍。"费利佩在给圣克鲁斯侯爵的信中如是说。[13]

《堂吉诃德》开篇处，正在经历中年危机的主人公从他大量的骑士小说藏书中获取了灵感，离开了小说中虚构的埃斯基维亚斯，穿上了闪亮的骑士盔甲，开始了冒险的一生。1587年，塞万提斯把处理家中事务的权力都交给了妻子，离开了真正的埃斯基维亚斯前往塞维利亚，他心中依然充满对美洲的向往。

在饱受战火摧残的欧洲西部，查理五世和费利佩二世出人意料地守护了一片净土，在平复了公社起义之后，这里一直维持着和平。除了摩里斯科人在格拉纳达的起义、巴巴里和英格兰海盗的掠夺、法国偶尔的袭击、对葡萄牙的侵略和加泰罗尼亚的叛乱打断过西班牙的安稳，直到18世纪初的王位继承战争爆发前，西班牙本土实际上都处于和平状态，史称"西班牙治世"。在城镇和贵族之中普遍产生了对西班牙民族的认同感，在海外服役后归国的西班牙人之间的兄弟情义更加强了这种民族认同。王室成为一系列重要机构——议会、御前会议、王家审问院、国库、贸易厅、宗教裁判所和大学——的代名词。王室和其他各种强大的城市和宗教机构共同承担着维护社会秩序、加强法律实施的责任。

最叫人佩服的是这些机构在诸如塞维利亚这样的大型港口城市维护公共秩序的能力。到16世纪末，塞维利亚官方统计的人口已经增长到8.5万人，而事实上，加上暂住的商人、冒险者和乞丐，最准确的估算人口接近16万。塞维利亚是一个国际性大都会，混杂着佛兰德人、德意志人、法国人、意大利人、爱尔兰人、英格兰人、苏格兰人、摩尔人、非洲人、希腊人甚至土耳其人。最令人意想不到的是，有两队日本武士在塞维利亚附近的小镇滨河科里亚定居，直到现在"日本"依然是此地常见的姓氏。[14]

塞维利亚是一个熙熙攘攘、纸醉金迷的世界，多民族人口混居，商业繁荣，街头生活十分戏剧化，拥挤的出租房、客栈和餐厅比比皆是，自称勇士的恶霸、身无分文的穷人、满怀希望的移民随处可见。贵族、神职人员和市民们都像古罗马的执政官一样，组成彼此紧张对立的政治党派、社会组织和正式机构。这些人是城市的建立者，他们互相竞争，也和王室竞争，争夺权力和声望，攀比炫耀财富，没完没了地争吵和钩心斗角。

塞维利亚政治上的核心矛盾在于王权与城市权威之间的斗争，教会和其他许多机构与组织也不可避免地卷入其中。比如，平信徒或是普通市民组成的那些多到令人炫目的慈善基金会，他们由宗教兄弟会管理，提供社会福利，帮助穷人、病人或有精神需求的人。他们为麻风病患者、梅毒患者开办医院，接纳外地人也接纳塞维利亚人，收留寡妇、孤儿、流浪汉；甚至有专为佛兰德人开设的医院。有趣的是，土豆是原产于美洲的植物块茎，而这些机构里住的病人或被收容者似乎是欧洲最早将土豆作为日常食物的人。[15] 然而，到了16世纪80年代末，王室企图从拥有独立意志的宗教兄弟会手中夺取这些机构的控制权，为此进行了激进的改革，把城中112家医院中的75家并入了2家全新的巨型王家医院。[16] 这一政策则颇有清教徒道德色彩，即医院只为病人服务。因此，城市的建立者们只能眼睁睁地看着大量曾在摇摇欲坠的旧机构中得到照顾的穷人、寡妇、老人、弱智或是症状轻微的疯子纷纷被扫地出门，沿街乞讨。

1597年，王室任命普尼翁罗斯特罗伯爵为塞维利亚总督，他的职责是接受指令、公开维护王室权威。普尼翁罗斯特罗的字面意思是"对着脸打一拳"。为了应对从卡斯蒂利亚北部向南蔓延的瘟疫，他下令让塞维利亚的穷人都在基督之血医院门前的广场上集合。[17] 第二天，2000多人来到了广场上，一位目击者称，"这真是最伟大的戏剧作品"。"这些人有的健康，有的年迈，有的瘸了，有的受了伤，其中还包括不计其数的妇女，全部聚集在广场上，连医院的院子里也挤满了人。"然后，"下午2点左右，总督带着一大批执法官员和医生来了"。接下来的3天，他们将形形色色的人群分类，先处理女人，再处理男人。病人被送去治疗。那些"应得的穷人"，瘸腿的、残疾的、年迈体弱的，都被在脖子处用白丝带绑上了乞讨的许可。我们没能找到塞维利亚的数据，但是有马德里的数据显示，4000名穷人中只有650人得到了许可。[18] 那些"不应该穷"的人则被要求在3天内找到工作或离开城里，如果他们被发现没有许可就上街乞讨，将会被"施以慈善的鞭笞"。[19]

普尼翁罗斯特罗总督坚决严厉地执行法律、维护社会秩序、树立王室权威，不怕触犯城市权贵的既得利益。他常常责备那些恃强凌弱的城市官僚；一次，一位贫穷的老妇人向他抱怨说，鸡的官方价格是60马拉维弟一只，但有个公证员骗她以64马拉维弟的价格卖了4只鸡，然后强迫她缴纳了24马拉维弟的销售税，总督立即做出高效的判决，让公证员支付老妇人2400马拉维弟，收税员支付她800马拉维弟。有一位在小旅馆工作的年轻貌美女孩，她怀孕了，总督向她询问情况后得知，大教堂的一名教士许诺给她100达克特金币的聘礼，交换她的童贞，女孩听了他的话从雇主那里跑了出来，但教士违背了诺言。总督回家后命人将教士请来，二人"互相问候，表现出极大的友爱和尊敬"。然后，总督非常直率地说："先生，您应该知道，有一位女士向我求助，她告诉我您占了她的便宜，承诺给她一份聘礼，后来却食言了。"教士否认了指控，但总督并不相信他："先生，您必须对这个女孩尽义务，否则枢机主教就会知道这件事情，并且我还会写信通知在马德里的教宗特使。"教士连忙答应回家去取来100达克特金币，但他走出总督的家门却发现自己的骡子不见了，因为总督早已命男仆将骡子藏了起来。教士立即进门去向总督抱怨，但总督只告诉他骡子要留下来作为抵押，于是教士被迫忍受在街上行走的羞辱。[20]

有个叫弗朗西斯科·德·阿里尼奥的人一直保持着写日记的习惯，他生动地记录了总督强硬的施政事迹，他的文字读起来就像地方报纸的头版一样，内容甚至包括小型交通事故。例如，1597年9月7日星期五，阿里尼奥记录道："一位黑人妇女和她的儿子骑着一匹白色的小马从特里亚纳来，在下桥的时候，小马的一只蹄子卡在了洞里摔倒了。母子俩都掉进了河里，但二人都被救了起来，安然无恙，这真是个伟大的奇迹。"这座桥似乎是个危险的地方；1604年，有个男人骑着马经过时，"马滑倒摔在了这个人身上，他滚进了河里，虽然他抓住了一根杆子，但还是淹死了。阿隆索·德·安特克拉把马救了起来"。

普尼翁罗斯特罗总督开始整顿无视法纪的街头食品交易，对不正当的买卖行为依法处以鞭刑200下，逮捕了活跃在街头的小商贩和贸易者中的知名人物。这些人被称为"中间商"，他们以官方价格从商店里购买食品，或者从城市辖区以外的地方买进，然后再高价出售，非法牟利。1597年5月5日，也就是处理完大批乞丐的几天后，有个女中间商把切块的山羊肉藏在了裙子下面，被总督处以了鞭刑200下。当她被沿街游行示众时，城里的商贩都进行了大声抗议，场面非常难堪。第二天，一位高价卖水果的人又受到了惩罚。

接下来，5月7日星期三，阿里尼奥记录道："一位绅士来到了主要的肉类市场上……他看到有个人正在卖羔羊的臀部和后腿肉，肥瘦合适、非常诱人，他就买了两块还带着睾丸的肉。回到家他让仆人把睾丸烤了作为午餐"，但当他的仆人"开始切的时候，才发现睾丸是缝上去的……"，绅士又叫来了管家，"管家看了一眼说道，'先生，这是成年羊的肉！'绅士立刻叫仆人把这块肉送去总督家中并报告发生的事情"。第二天早上，总督和绅士一同前往市场，找到了那个还在用成年羊肉冒充羔羊肉的小贩，而他居然是城里一名治安官的仆人。总督原本就视惩治肆意妄为的权贵为己任，他下令逮捕了这个骗子。上午10点，他的脖子上挂着假肉，在拥挤的街道上游街示众，然后接受了200下鞭刑，被赶出了塞维利亚。街头非法的小商小贩又发出了刺耳的抗议，城中有权有势的人也被激怒，酝酿着更严重的反对。

另一件似乎不起眼的事情催化了冲突：一个向来尖酸刻薄的肥皂贩子拒绝服务一名市政官员家的奴隶，还破口大骂："走，滚开，我可不想卖任何东西给你们家那个戴绿帽子的主人。这个白痴真以为我会按照官方价格卖东西吗？"奴隶自然向主人汇报了发生的事情，主人也向总督反映了情况。这位名叫玛丽亚·德·拉·欧的肥皂贩子躲进了教堂里避难，但还是被逮捕入狱。

当总督派人到牢里把玛丽亚带出来受刑时，他们发现玛丽亚已经向王家审问院上诉了，这也就意味着牢房必须锁起来，而钥匙必须被送往法庭。总督和王家审问院的代表在牢房外愤怒地争论，随后总督下令召开市政会议。经过激烈的辩论，一个特别委员会被组建了起来，最终授权总督冲入监狱对玛丽亚执行处罚。总督飞快地行动起来，他手下的人用鹤嘴锄拆除了牢门上的几根栏杆，砸开了牢门的锁。王家审问院派来的代表被戴上了镣铐，玛丽亚被按照惯例处以200下鞭刑，并且被脱光上衣、骑在一头驴身上游街示众。

　　玛丽亚或许是体制内权力斗争的牺牲者，但她本来也是个无可救药的惯犯，不久后又被逮捕了。这一次，骚乱更加严重，以至于总督不得不下令禁止在主广场上集会。"惊恐的人们向四面八方逃离广场，场面甚是壮观……小商贩们目瞪口呆"，阿里尼奥记录道，但是，"没人说玛丽亚一句好话，相反，许多人说她应该受到更严厉的惩罚"。这是典型的塞维利亚处事方式，每个人都渴望对发生的事情发表自己的看法，我们甚至都能想象出，在炎热的夏夜，人们在酒馆食肆中高谈阔论的热闹场面。不过，总督显然得到了非常多的民意支持，很快就有许多俏皮的小曲儿在城里流传开来：

　　　　神圣的上帝，
　　　　保佑我们新来的总督，
　　　　他让每个人
　　　　都遵守价格管控

　　　　让每个人都平等
　　　　我们虽不是法官，
　　　　但现在我们吃的
　　　　和法官一样便宜。[21]

　　但是，任何熟悉塞维利亚人那敏捷头脑和嘲讽态度的人，都不会对流行的诗歌作者喜爱取笑权贵们的争斗感到惊讶：

　　　　色彩饱满的雪松
　　　　花朵灿烂地盛开，
　　　　在圣彼得纪念日前夜
　　　　骄傲的小马驹在奔跑，
　　　　城中无人入眠

> 流言悄悄散播
>
> 王家审问院和总督
>
> 正在激烈地争执
>
> 他们要拼个你死我活
>
> 只因最微不足道的理由。[22]

总督和王家审问院立即派了代表去马德里。同时，王家审问院主动行动，处罚了在总督临时召开的市政会议上出现的成员，让他们赔偿对牢房造成的损坏，并且把他们都关在了黄金塔中。黄金塔是一座摩尔人建造的十二面塔，是把守河道的要塞。王家审问院还命令总督支付500达克特金币。

闹剧继续上演，总督一直低着头，说自己发烧了，这时候，马德里传来了最终裁定，支持总督一方。双方达成了妥协，规定此后小商贩如首次违法则被处以罚款，第二次则被游街示众，第三次处以200下鞭刑。"这样一来"，阿里尼奥写道，"中间商们非常高兴，都说这是王家审问院的功劳，他们热烈地穿梭在大街小巷中，说道：'这点惩罚根本不算什么，他们就是想要钱罢了，如果他们抓到我们、问我们的名字，今天我们就叫佩德罗，明天我们就叫胡安，这样我们根本不用担心受总督的鞭刑。'"不过，考虑到这些商贩中很多都非常出名，他们很可能过于乐观了。

17—18世纪，严重的犯罪活动是塞维利亚的一个主要特征。一位名叫佩德罗·德·莱昂的耶稣会会士记录了在押候审嫌疑人和等待处决的罪犯向他做的忏悔，记录中充满了血腥和暴力，描绘了城市及其腹地地区生活令人恐怖的一面。

即使如今已经过去了4个世纪，这些持续不断发生的临时起意暴力行为还是令人十分震惊。两个劳工因为钱起了争执，其中一个向另一个扔了块石头，另一个立即挥剑杀死了他。两个商人原本是朋友，因为想得到同一个女人的芳心而发生了争执，最终一方谋杀了另一方。两伙鞋匠为了一个女人在主广场上进行决斗，导致1人死亡，3人受重伤。男人们因为各种微不足道的侮辱而斗殴、杀人："不小心弄脏了披肩、质疑街头小贩卖的油橄榄的质量、对公开表演时座位的争执，这些都可能导致突然的死亡。"[23] 有个种族主义者名叫贡萨洛·赫尼斯，他虽出身高贵，但是个十足的恶棍。有个白人女孩的男友是一位备受尊敬和喜爱的黑人，于是贡萨洛问她："世界上有这么多白人男子，你为什么非要和一个黑人同居呢？"结果他和黑人男子用刀打了起来，黑人被杀死，贡萨洛后来被绞死了。[24]

　　然而，鲁莽的人总是需要很长时间才能冷静下来，怨恨也总是很难化解。莱昂还记录了一个来自撒丁岛的18岁男孩的故事，他因为一桩恐怖的杀人案，被判绞死并被分尸。他原在一个贵族家中当侍从，其间与一个男仆起了争执。虽然二人表面上和好了，但是这个撒丁岛男孩依然心怀怨恨。一段时间后，他邀请毫无戒心的男仆去他寄宿的地方（后来变成了圣格里高利英格兰学院的食堂）吃晚餐，一同吃了一只母鸡，吃完后两人一直聊天。"今天太晚了，别回家了，"撒丁岛男孩说，"你就在这里睡吧。我去巷子那头见个人就回来。"他道了歉，然后出了门。男仆对接下来要发生的背叛毫无察觉，躺下睡了，"等男孩回来，发现仇人正如他所期待的那样熟睡，他拿起一块铺路石板，重重地砸向男仆的脑袋，然后把他藏在了自己的床下面"，然后，他居然就在这里"安稳入睡，而他的仇人就藏在他下面"。毫无疑问，几天后，草草藏起来的尸体开始腐烂发臭，很快就被人发现了。撒丁岛男孩在经历了灼烧手脚的严刑逼供后承认了罪行。[25]

　　塞维利亚人在暴力冲突中临时应变即兴制造的谋杀工具可以说也很别具一格。工匠常常使用他们的劳动工具，然而"一个又大又沉的海贝壳、一个南瓜"和一个甜瓜，居然都出现在了谋杀武器的记录当中。[26] 虽然社会各个阶层都有暴力犯罪事件，但是有一技傍身的店主和熟练工"似乎更加偏爱血腥"。[27] 这可能是因为他们拥有的商品、物料和他们的荣誉一样需要捍卫；也有可能是因为他们生活条件比较好，有能力花更多的时间在街头晃荡，在酒馆食肆里大醉酩酊。

　　在这样充满暴力的世界里，维持治安是一项艰难又危险的工作。莱昂的记录中，有个臭名昭著的恶棍名叫胡安·加西亚，他被治安官带着一群全副武装的人追捕。加西亚杀了他们中的一个人，打伤了大部分，喊道："我是胡安·加西亚，我对上帝发誓，要是你们不退后，我会给你们好看。如果你们不想死的话就赶紧现身吧。"治安官带着手下人躲进了圣安娜教堂，不过，最终他们成功逮捕并处决了胡安·加西亚。[28]

在如此缺少安全感的社会，罪犯，甚至普通市民都向有武器的恶棍和犯罪团伙寻求保护。塞万提斯在他最著名的短篇故事中写道，两个衣衫褴褛的年轻乞丐，分别从西班牙北部的林孔内特和科塔迪里奥来到塞维利亚，很快就加入了一个组织有序的犯罪团伙，团伙的头目是个令人印象深刻的人物，"他看上去四十五六岁，身材高大，皮肤黝黑，只有一条浓密的眉毛，黑色的络腮胡子，眼窝很深，总是穿着一件领口敞开的衬衣，露出一撮茂密的胸毛……他的手指粗短多毛……双脚很宽，骨节突出。总而言之，他粗犷、丑陋、野蛮至极"。[29]塞万提斯一方面把这个罪恶的始作俑者描绘成一个栩栩如生但又落入俗套的海盗首领形象，另一方面又把这个大盗的组织表现得仿佛宗教兄弟会般纪律严明、账目清晰，其总部设立在一个小院子中破败的房子里。小偷、妓女、腐败官员和恶棍轮番登场，而团伙头目则负责做出指令，宣布对他的犯罪组织成员，或是欠了钱、欠了人情的普通人的判决。

尽管塞万提斯将这个故事收入了《惩恶扬善故事集》，但是历史学家倾向于相信这个故事基本属实，并由此发展出一套有趣的理论，认为当时西班牙城市中存在着有组织的犯罪。无论如何这都是对塞万提斯写作意图的误读：尽管17世纪的塞维利亚盗贼们或许萌生了些许荣誉感，而塞万提斯可能只是借机取笑了他们一番，但事实上这是一场盛大的戏剧创作实验，在西班牙语中称为agudeza，字面意思是"尖锐"，我们也可以翻译为"机智"。正如另一位西班牙伟大的文学人物巴尔塔萨·格拉西安所分析的，对于黄金时代的西班牙人而言，这种构想背后的理念是一种"智力活动过程"，由一种"能在两三种极端之间建立起和谐关系的概念性技法"激发。换言之，这是在两种截然不同的概念或事物——例如一个犯罪团伙和一个慈善宗教兄弟会——之间建立的一种意想不到甚至不恰当的相似关系，对应的事物越极端，"结果越令人满意"。[30]正因如此，我们必须好好读读这个故事。故事的细节可能会非常逼真、令人信服，比如小偷耍的把戏和花招、他们的服装，但是，城里的所有罪行都由一位老大掌控，这样的概念可以安全地被读者作为小说来享受，这正是塞万提斯所希望的——然而，这是一篇惩恶扬善的小说，因为这个荒唐、戏剧化的故事的意图在于讽刺真正的宗教兄弟会，揭露整个社会中存在的腐败和道德伪善。

1587年，塞万提斯把他年轻的妻子留在了埃斯基维亚斯，孤身来到塞维利亚，住在他在戏剧界的老朋友托马斯·古铁雷斯·德·卡斯特罗开的酒店中。托马斯原来当过演员，后来转行成为企业家，他的酒店是全塞维利亚最豪华的。酒店配备了锦缎的床具、奢华的壁毯、银质的餐具，雇用了大量的奴隶和仆人，把贵族和富商服侍得宾至如归。当然价格也非常昂贵：当时街头传唱的民谣就警告宾客们，"迈进酒店大门，就要注意你的房间每周或每月的价格"，[31]——这里作为塞万提斯深度探索安达卢西亚腹地期间的中转站，倒也合适。他遇到了王家审问院里负责无敌舰队储备必需品的执法官迭戈·德·瓦尔迪维亚。瓦尔迪维亚派塞万提斯作为王室专员去埃西哈和科尔多瓦内陆地区，那里地处瓜达尔基维尔河流域富饶的农业地区中心，被称为安达卢西亚的"煎锅"。就这样，塞万提斯成了机能失常的帝国机器中一枚尤为稀疏平常的齿轮。

塞万提斯在剧作《离婚法庭法官》中描述道，"我设法把自己看作其他机智的人所见过的那种样子，拿着一根棍子，骑着一头租来的瘦小干瘪、脾气很坏的骡子……鞍囊挂在它的跨上，一边装着一个领子和一件衬衣，另一边装着半块奶酪、一些面包和一个酒囊……一封长官的委任状放在我胸前的口袋里"。[32]他的任务就是扣押小麦、磨成面粉然后烘烤成压缩饼干，以供应无敌舰队。他拥有强行进入上锁房屋寻找谷物、关押阻挠者和签发王室名义的信用票据的合法权力。他被要求对每件事都做详细的记录，每一枚用掉的铜币、每一蒲式耳（约合36.37升）小麦、每一磅（约合453.59克）饼干。他记录了灯油、纸张、笔墨、农具的使用情况，给锁匠和赶骡人的薪水、谷仓和储物阁楼的租金；甚至买来清理谷壳的扫帚都记录在案。

埃西哈"风景如画，美丽程度在整个西班牙独一无二"，一位摩洛哥大使如是说。[33] 而对于塞万提斯而言，埃西哈的吸引力还多一层，因为他的老朋友、圣克鲁斯侯爵的编年史官克里斯托瓦尔·莫斯克拉·德·菲格罗亚即将卸任埃西哈城市首席裁判官，他曾记录过罗德里戈·德·塞万提斯在亚速尔群岛战役中的英勇事迹；他会成为塞万提斯此行意气相投的伙伴，也会让他征税的任务变得没那么艰辛。埃西哈的长者们已经缴纳了8000法内加（1法内加约合55.5升）的谷物，他们无意上交更多粮食。塞万提斯向市政议会出示了委任状之后，市政议会立即告诉他必须等待，因为一年一度的庆典就要开始了。不过，莫斯克拉似乎很快就成功协调双方达成了妥协：在他离职前的最后一天，市政议会同意派代表直接向国王做陈述，并要求塞万提斯尽量少地扣押粮食，"因为城里的粮食原本就已非常匮乏"。[34] 塞万提斯开始做他的工作，收上来4000法内加的小麦，但是他因为扣押教会的粮食而被开除了教籍，也就是说，塞维利亚教区拒绝承认他的教徒身份，这是教会与王室之间长期以来斗争的惯用伎俩。[35] 两个月后，瓦尔迪维亚来了，市政议会同意上交5400法内加的小麦。塞万提斯任命自己的堂兄弟罗德里戈做助手，继续和瓦尔迪维亚一起在周围的一些小城镇上收取补给。

塞万提斯很快又回到了埃西哈，试图征用4000阿罗瓦的橄榄油（相当于1300万加仑，1加仑约合3.78升）。不过这次他宽大处理，同意议员和威望较高的市民凭借他们的地位直接向王室官员陈述他们的情况。[36] 大部分的评论都比较感情用事，认为这体现出了塞万提斯人道的一面，但最有可能的解释是他收受了贿赂。

在安达卢西亚的偏僻小路中闯荡的漫长岁月把塞万提斯带入了西班牙乡村流浪汉的世界，让他卷入普通西班牙人错综复杂又亲密无间的生活中，正是在这个生动又真实的舞台上，塞万提斯创造出了一个个的文学人物。但他还是时不时地回到塞维利亚，大概是渴望得到智识上的刺激。塞维利亚的许多有钱人都在自己府上举办非正式的学术聚会，知识分子、作家、诗人、有学问的贵族都相聚其中，莫斯克拉·德·菲格罗亚是其中一个最重要聚会的座上宾。[37]这个聚会由胡安·德·马尔·拉腊（他因为精通古希腊古罗马语言而被称为"希腊指挥官"）于1566年创办，因为"在其他国家有一个值得称赞的传统，即许多博学的人一同支持一位正在写书的人，甚至专门为此召集聚会，让作者在聚会上朗读自己的作品……而作者并不会公布曾经得到过他们的帮助"。[38]马尔·拉腊去世后，加斯拉索诗集的编辑费尔南多·德·埃雷拉接过了聚会领导人的工作，后来又由伟大的艺术理论家、迭戈·委拉斯开兹的老师弗朗西斯科·帕切科接过了大旗。

古铁雷斯的酒店里，人们叽叽喳喳地议论着马德里传来的桃色绯闻。洛佩·德·维加有麻烦了。他疯狂地爱上了埃莱娜·奥索里奥，埃莱娜的父亲是一名商人、演员、戏剧推广者，洛佩为他写过好几出戏。但是埃莱娜现在和有权有势的贵族弗朗西斯科·佩勒诺·德·格朗韦拉好上了。洛佩的爱转变成了愤怒的仇恨，这头"天生的野兽"用不成体统的诽谤诗句来报复：

> "卖姑娘了，有人买吗？
>
> 出价最高的人就能把她带回家，有人出价吗？"
>
> 她的父亲是小贩，母亲是公告传报员。
>
> 30达克特，丝绸，缎子，塔夫绸套装……"还有人叫吗？"
>
> 然后来了个勇敢的人，带着许多的歌谣，
>
> 还有许多十四行诗……看上去是桩好交易！
>
> 直到一个修士勉强拿出30达布隆金币
>
> 神圣的上帝和他血淋淋的伤口！[39]

一夜之间，大量类似的粗俗的诗歌在马德里的文人之间广为传播，埃莱娜的父亲以诽谤罪提起诉讼。洛佩被逮捕关押，专家证人则被要求判断这些诗作的作者。文学界的圈子很小，而每个人的诗歌风格都非常独特，因此法庭对这些诗做出了严肃认真的美学分析，以找出真正的作者。一位专家证人报告说，当路易斯·德·巴尔加斯听到其中一首诗的时候，

惊叹道，"这个爱情故事的风格如此独特，只有四五个人可以写得出来"，这些人包括"塞万提斯，但他不在这里……也可能是比瓦尔，或者是洛佩·德·维加，尽管洛佩不可能这样败坏自己的名声"。1588年2月7日，法官们判决洛佩"8年内禁止进入卡斯蒂利亚王国"。

他逃到了归阿拉贡王国管辖的巴伦西亚，但没过几周，马德里当局又指控他绑架了一个名叫伊莎贝尔·德·阿尔德雷特的女孩。他只好同意委托代表与她结婚，以解决这个麻烦。1637年，胡安·佩雷斯·德·蒙塔尔万在为洛佩写的传记《死后的敬辞》中提到，"在英格兰海上霸业崛起的时代……洛佩报名参军，渴望以身殉国"，以逃避这桩不合意的婚姻。"他去了里斯本，在那里和他久违的兄弟一起登船，他的兄弟当时是名海军少尉"，名字可能叫弗朗西斯科。[40]

多年后，洛佩回忆道，"海军抵达英格兰的那几天，我还在试图忘掉埃莱娜·奥索里奥"（在他的诗中用菲莉丝这个名字代替埃莱娜），

> 我与西班牙人同行
> 在葡萄牙的海滩上，
> 肩上扛着火枪，
> 菲莉丝的信
> 在怒吼的枪管中化为碎片随风而去。
> 人们匆匆忙忙
> 收拾着索具与甲板。[41]

许多现代学者质疑洛佩是否真的加入了无敌舰队。[42]但洛佩本人在作品中至少13次提到自己的服役经历，他甚至说，他于1602年出版的《安赫莉卡的美丽》就是"在名为圣胡安的副旗舰行驶过程中，在操纵风帆的间隙中写成的"。[43]洛佩树敌众多，如果加入无敌舰队是假的，这样炫耀自己英雄行为的谎言在他生前怎么可能不被质疑？在无敌舰队服役的经历显然让他的故事更加精彩了。[44]

1587年2月9日，圣克鲁斯侯爵去世了，塞万提斯听说这个消息的时候还在埃西哈。无敌舰队痛失设计师和将领，"一位深谋远虑、经验丰富的伟大领袖，士兵们都对他能带来战果满怀希望"。[45] 西班牙最重要的贵族之一、第七任梅迪纳·西多尼亚公爵阿隆索·佩雷斯·德·古斯曼非常不情愿地接替了他的职务。

梅迪纳·西多尼亚公爵那著名的抱怨称，自己不愿接受这个任务是因为晕船，但这简直是无稽之谈。几乎每个人都会晕船；他更担心的是他没有指挥海战的经验。之所以选中他是因为他比其他手上有兵有船的贵族将领地位更高。在这个深受血统等级体系影响的世界里，拥有至上的权力是他与生俱来的权利。

与梅迪纳·西多尼亚公爵的不情愿和小心翼翼形成鲜明对比的是费利佩二世日益狂热的征服英格兰的决心。在巴黎，法国国王亨利三世的大臣们都公开宣称费利佩已经疯了。[46]

梅迪纳·西多尼亚公爵下令舰队沿英吉利海峡而上，在加来附近与帕尔玛公爵率领的佛兰德军队会合。舰队将运送军队横渡海峡，帕尔玛公爵率军在肯特登陆后，会由陆路向伦敦进发，而舰队则会沿泰晤士河而上，进行大胆的海陆双重打击。无敌舰队的核心是近百艘庞大的运输船，装载着大量的人、动物和给养。保护他们的是9艘巨大的、排水量1000吨的葡萄牙战舰，8艘来自大西洋舰队的、排水量700吨的盖伦帆船，还有4艘来自那不勒斯舰队的、火力极强的加莱赛战船，它们的风帆高耸，上面画着巨大的血红色宝剑，每艘船上都有56名穿着深红色制服的划桨手。[47]

5月30号，巨大的舰队出发了。

与此同时，塞万提斯依然在埃西哈研磨收上来的粮食。[48] 市政议员直接向费利佩诉愿，抱怨说"陛下派来的专员正在扣押我们所有剩下的口粮，他决心拿走我们的一切……我们恳求您可怜可怜我们"。[49] 塞万提斯和他的由马车夫、赶骡人、劳工还有其他仆从组成的车队，拉着大口袋和秤，开始在周边地区继续搜寻。

然而，在接下来的几个月时间里，塞万提斯似乎决心与市民们共命运。他多次请证人正式声明，因为粮食在仓库里存储时间太长，已经被象鼻虫和其他害虫糟蹋得所剩无几。[50]粮食变质的情况肯定是存在的，但是作证的人不是埃西哈的居民，就是塞万提斯雇用的赶骡人；他没有请任何一名西班牙王室的官员。塞万提斯又一次利用烦琐的官僚程序编织了一套花言巧语，以解释居民们应该缴纳的谷物量和他实际收取并碾磨的谷物量之间明显的差距。

8月份的时候，塞万提斯来到了科尔多瓦，[51]他在这里一定非常享受博学的路易斯·德·贡戈拉－阿戈特的陪伴。贡戈拉是大教堂的受俸教士、萨拉曼卡大学的毕业生，他以精美复杂的诗歌日益闻名，后来塞万提斯曾称他为自己最喜爱的诗人。[52]贡戈拉对生活的热爱超越了对教会的敬畏，因而受到了教会高层的训斥，说他"像个无忧无虑的年轻人一样生活，整天玩物丧志"。针对他提出的指控包括"很少去教堂，即使去了也是在四处游荡……在弥撒期间说话太多"。对此，贡戈拉的回应略带少年的轻率，"望弥撒的时候我跟其他人一样安静，因为我一侧是聋子，另一侧的人一直在唱歌，我根本没有人可以说话，所以我必须保持安静"。但是，同时贡戈拉还被指责"成天与演员为伍，写作世俗的诗歌"，他不仅没有否认这一指控，反而欣然接受，说演员们都很享受他的招待，"因为我无比热爱音乐"。[53]

无敌舰队，1588

> 几个月以来，西班牙尽是泪水与哀叹。
>
> ——一位埃尔埃斯科里亚尔的修士

1588年7月29日，英格兰最南端的利泽德半岛出现在了无敌舰队的视野之中。舰队的高级官员衣着华丽，大多年事已高，带着他们最信任的顾问，纷纷乘小船前往旗舰，聚集在旗舰的艉楼甲板上。他们的集会既是海军法庭又是战争委员会，一方面要应对敌人，一方面还要妥善安排诸如贵族等级排序这样细枝末节却至关重要的小事，这在等级制度僵化的军事指挥中并非易事。梅迪纳·西多尼亚公爵自信地提醒他们，当务之急是要让佛兰德军队登船。但私下里他还是很担心的："我们没有收到帕尔玛公爵的任何消息，也没听说关于他的任何消息，"他写信给费利佩说，"我们正在黑暗之中航行。"[1]

随着舰队继续航行，悬崖上的烽火台连连点亮，向聚集在普利茅斯港的英格兰舰队传达发现了西班牙人的消息。十分讽刺的是，正如上文曾提到过的，当年费利佩二世娶了英格兰女王玛丽之后，曾向枢密院建议加强海军建设，以此作为英格兰最好的防护，所以在普利茅斯港停泊着197艘船。梅迪纳·西多尼亚公爵的指挥官们认为，敌人只需几小时就能完成起航的准备迎击他们，不过潮水给了弗朗西斯·德雷克爵士更多时间打完他那场著名的滚球比赛——如果真的有人相信他当时是在打滚球的话。

7月31日破晓时分，西班牙人看到英格兰的船队在海军上将霍华德的指挥下主动向他们驶来。无敌舰队使用的是在勒班陀用过的紧密队形，中间是坚固的堡垒，两侧是可移动的"掎角"。大家都为战斗做好了准备，洛佩·德·维加也许也在其中，和他的兄弟弗朗西斯科一并，在圣胡安号盖伦帆船上。

最先进行行动的总是操作大炮的炮手，当盖伦帆船和桨帆船笨重地冲向敌舰时，他们只能进行一两轮的齐射。就像在勒班陀战役中一样，西班牙人的目标是用铁抓钩钩住英格兰船只然后进行接舷战。在这之后战斗就或多或少地和在陆地上一样了。无敌舰队的船上有手持大口径武器的火枪手，他们戴着装饰精美的帽子，帽檐很宽，拉下来刚好可以挡住射击时的火光。还有更多的火绳枪兵，在与敌舰交战后他们可以迅速地进入近距离作战。掷弹兵投掷的是装满了炸药、树脂和高度易燃液体的陶制手榴弹，以及装满了钉子的管装炸弹。无敌舰队的125艘船上散布着近2万士兵，有各类枪炮2431支，西班牙人觉得英格兰人理应感到害怕。

霍华德下令让一艘名叫"轻蔑"号的小型帆船驶向无敌舰队的中心；西班牙人看着小船不明就里。小船开了一炮就迅速地冲向了安全区域。这不是虚张声势彰显勇气，而是刻意发起的挑战，体现出仅存的一点骑士精神，是混乱发生前属于贵族的短暂平静。随后英格兰军队发起了进攻：他们的战舰排成一列战列线，迅速地横穿过西班牙后卫部队，发起了一轮又一轮的齐射；然而只有圣胡安号被击中了，船上20多人受伤，一根桅杆受损。这只是一次试探性的首轮进攻，但洛佩·德·维加见证了这场战争带来的第一次流血牺牲。

西班牙人事故频发：先是圣萨尔瓦多号发生了猛烈爆炸，然后，在整个舰队停下来营救幸存者时，罗萨里奥号和另一艘船相撞，损坏了转向帆，结果在摇晃中又撞向了另一艘船，导致主桅折断。梅迪纳·西多尼亚公爵只得放弃罗萨里奥号，任由代表弗朗西斯·德雷克爵士前来的命运号处置。弗朗西斯·德雷克爵士正以英格兰舰队海军中将的身份坐镇军中，乘坐在复仇号上。罗萨里奥号上的西班牙人立刻投降，德雷克爵士和他的手下"愉快地分配了船上的财宝"，另一位著名的英格兰私掠船长马丁·弗罗比歇后来指责他"因为一心想着战利品"而忽略了防卫英格兰的任务。[2] 他的贪得无厌和自由散漫令英军陷入混乱，无敌舰队得以通过英吉利海峡继续航行。

梅迪纳·西多尼亚公爵决意要与帕尔玛公爵会合，所以尽管一路上小规模冲突不断，但无敌舰队还是在坚定地向东航行，到8月6日下午4点，舰队终于抵达了加来。当晚，梅迪纳·西多尼亚公爵终于第一次收到了帕尔玛公爵的消息，而且是灾难性的消息：佛兰德军队要4天后才能登船。西班牙船只抛锚停泊在岸边，像鸭子一样摇晃着，夹在"欧洲大泥沼"的险恶叛徒和英格兰舰队的炮火之间进退两难。

第二天午夜时分，霍华德派出8艘满载火药的船顺风驶向西班牙舰队核心区域。驻扎在拖船上的勇敢西班牙士兵在防线上不断向各处发射着他们已经做好预热准备的火炮，他们成功地改变了2艘燃烧着、正在爆炸着的船的航线，但其他6艘依然坚定地向前驶去。西班牙士兵们陷入了恐慌，他们砍断锚索，风浪将船只推离了原来的位置，舰队分散开来。等到黎明时分，只剩下5艘船还在旗舰周围，而他们要应对整个英格兰舰队。

圣胡安号一直处于激烈的战斗状态，据蒙塔尔万记载，洛佩·德·维加的弟弟弗朗西斯科被一枚子弹击中，在他的怀抱中死去了。[3] 圣萨尔瓦多号的事务长在个人记录中对这场战斗做了很好的总结。"敌人对我们的旗舰……进行了长达9个小时的炮击"，击中了"右舷"以及：

> 帆……超过200次，死伤了许多人。3门大炮在架子上被摧毁，无法使用。索具被扯断，盖伦帆船水线以下的位置被击穿，2名潜水员难以用铅和填料进行修补，水泵一刻不停地运转。士兵们安装枪炮已经到了精疲力竭的地步，他们没有进食任何东西。

敌人对圣马特奥号和圣费利佩号的破坏也非常之大，圣费利佩号右舷有5门大炮都被从炮架上击落……[当]堂弗朗西斯科·德·托莱多看到他的船上层甲板被严重损毁，仅有的2台水泵都坏了时，他让士兵们扔出抓钩，登上任何敌船与敌军展开肉搏。但是敌军的回应是请他们根据战争规则立刻投降。这时候，一个英格兰士兵手持剑和盾，站在桅杆的瞭望台上喊道："嘿，好士兵们，就按照我们提出的战争规则投降吧。"没有人回答他，只见一个火枪手在众目睽睽之下将他一枪击毙。船长立刻下令火力全开。敌军见此，匆匆撤退，我们的士兵们叫他们懦夫、胆小鬼、异教徒，叫他们回来继续战斗。[4]

　　有一种颇具说服力的解释是，无敌舰队的战败是由于英格兰的船只移动更加灵活，同时因为他们有着更好的炮车，可以更快地重新装填，所以也有着更强大的火力。圣萨尔瓦多号事务长记录的故事给了我们一种关于在战斗中，英格兰舰队是如何仅仅在远处炮击无敌舰队，直到他们的弹药用完，而西班牙人又是如何原地不动，一直修补船只破损的认知。但实际上，加来的这场战斗只是少数几条船之间的对峙，而无敌舰队的其他船都已经逃走了。归根结底，西班牙人不是被英格兰人打败而是被天气打败的。正如蒙塔尔万所写的，"命运号唤醒了海神世界里的那些残暴王子，带来了灾难性的大风和持续的暴雨，造成了令人遗憾的结果，不过至少让我们的洛佩回到了马德里"。[5]

　　8月9日，风向改变了，这让西班牙船只离开了浅滩，进入了北海充满风暴的水域。英格兰舰队穷追不舍，不过每当霍华德集结船只准备发起攻击时，梅迪纳·西多尼亚公爵都会放慢速度面对他们，而这导致英格兰人又再度退缩。西班牙人继续北上，驶入了苏格兰水域；他们把驴和牛都扔进了海里，想要减轻负重，不过无敌舰队还是多少保持着完整。然而，当舰队驶入北大西洋时，受损的船只开始落后；有几艘船沉没了，许多船停靠在爱尔兰的海岸寻求庇护，结果英格兰军队在那里屠杀了船上的普通士兵和水手，并且像巴巴里海盗一样俘虏了军官以索取赎金。

　　9月21日，圣胡安号和另一艘船灵巧地穿过险恶礁石间的狭窄通道，躲避在爱尔兰西南角的一处避风港中。他们派出一支侦察队登陆，但侦察队很快就被英格兰军队俘虏了。被俘虏的人员中有一个葡萄牙水手，他记述了可能是洛佩在写《安赫莉卡的美丽》时所经历的情况。他很有可能梦见了天使!

葡萄牙水手"说船上每天都有四五个人因饥饿和口渴死去"，并且"有80个士兵和20个水手生病，只能每天躺着等死"。"剩下的人非常虚弱，船长也非常忧伤、虚弱。这艘旗舰里仅剩下25桶酒，一点点面包，除了他们从西班牙带来的水之外，也没有其他的水，然而这些水已然散发着惊人的臭味，肉他们也不能吃，所有人都极度缺水。"[6] 很快，又一艘副旗舰过来了，然而那条船已经遭受了无可救药的损坏："除了前桅帆，所有的帆都成了碎布。士兵们抛下仅剩的一个锚"，但是当"退潮的时候……我们都看到她被海水迅速地带了下去……船上的所有人都随着她沉没了，无一幸免，这真是最超乎寻常可怕的事情"。[7]

9月21日，也就是同一天，撤退的第一批船只抵达了西班牙的港口；接下来的几周，陆陆续续有幸存者回到了家中。仅旗舰上就有180人丧生。一位埃尔埃斯科里亚尔的修士描述说，"面对如此悲惨而明显的灾难，整个西班牙都陷入了奇怪的情绪……每个人都身穿丧服，举国上下，尽是泪水与哀叹"。[8] 尽管费利佩二世也流下了苦涩的泪水，但他的内心依然冷淡地表示："我感谢上帝，感谢他慷慨的双手赐予我勇气、帮助我组建军队，他也必将帮助我重建一支海军。"[9] 尽管他筹集了5万达克特金币救助病人和伤者，但也禁止了饱受摧残的军人退役，提高了税收，严控了金银运输，借了1100万达克特金币以重建海军。[10]

到了1589年6月，塞万提斯已经完成了他的委托，回到了塞维利亚，生活得显然非常富裕。他结清了与托马斯·古铁雷斯之间的大笔账款，并且成了一个叫赫罗尼玛·德·阿拉尔孔的女人的担保人，她可能是也可能不是他的情妇。[11] 他上一份工作微薄的薪水绝不可能承担得起这些开销，最合理的解释是他就像当时的所有收税员一样钻了制度的空子，尽管也有一位忠诚的传记作者深信他一定是从牌桌上赢得的这些钱。[12] 随后，塞万提斯就从历史记载中消失了，直到第二年，他向印度议会提交了一份关于阿尔及尔的报告。但他的申请又失败了：受理他申请的官员做出了非常简短的批语："在这里找点东西给他作为对他的奖励。"于是塞万提斯又回到了征税员的岗位上。

1591年12月，塞万提斯来到了富饶的领地城镇蒙蒂利亚，这里离科尔多瓦不远，以强劲的干型菲诺雪利酒著称。在那里，他一定拜访了16世纪西班牙文学界中最迷人、最具异国风情的人物之一："印加人"加西拉索·德·拉·维加。

"印加人"加西拉索·德·拉·维加本名戈麦斯·苏亚雷斯·德·菲格罗亚，1539年出生在安第斯山深处海拔极高的印加帝国首都库斯科。而那是在弗朗西斯科·皮萨罗征服秘鲁后的第5年。[13] 他的母亲名叫青璞·奥克洛，一位地位很高的妾，她拥有皇室血统，是印加帝国最后三位在位的皇帝共同的侄女。印加帝国的宫殿已经成了被废黜皇室成员聚集的地方。"他们总是在谈论家族的历史，"戈麦斯回忆道，"他们帝国的伟大，他们的征服和事迹……然而当他们从过去的强大与繁荣谈到如今，便纷纷流下眼泪，为他们死去的君主、被吞并的帝国，失去的共和体制。年少的我常去那里听他们聊天，深深地着了迷。"[14]

他的父亲名叫塞瓦斯蒂安·加西拉索·德·拉·维加-巴尔加斯，是费里亚公爵和因凡塔多公爵的亲戚，还是诗歌王子加西拉索的远房堂弟。塞瓦斯蒂安是位勇敢的军人，在政治上也很精明，成了库斯科征服者共同体中极有影响力的人物。虽然他让青璞·奥克洛受洗并取名伊莎贝尔·苏亚雷斯，但是他依照印加帝国的方式待她为妾，他们从未结婚；相反，他在很多年后娶了个地位卑微的西班牙妻子。很多年后，戈麦斯以"印加人"为笔名，记录了一则关于一群从墨西哥来的女人准备嫁给秘鲁富有的征服者的趣闻，表达出了他的感受。这些女人到了秘鲁之后没多久，其中一个就为这些男人备受战争摧残的容颜所震惊，她问道："我们真的要嫁给这些糟老头吗？他们看上去饱受摧残，就像从地狱里逃出来的一样，有的瘸了，有的没了耳朵，有的缺了一只眼睛甚至半张脸都没了，最幸运的也被砍过两三刀。"她的朋友回答得一针见血："我们嫁给他们又不是因为他们英俊潇洒，而是为了继承他们手上的印第安人，这些糟老头年老体弱，肯定很快就死了。"这个西班牙平民女孩给她朋友的建议虽然卑鄙但也情有可原，不过，一位德高望重的殖民者听见了她的话。"印加人"回忆道："他训斥了那些女人，警告了其他男人然后直接回了家，请来一位神父，然后和已经为他生了两个孩子的印第安贵族妇女结婚了。"[15] 已经成年的"印加人"加西拉索依然清晰地记得自己儿时面对父亲的背叛时内心的怨恨。

1559年，戈麦斯的父亲去世了，留给他4000比索，让他去西班牙接受教育。年轻的戈麦斯即将迎来改变一生的旅程，在做行前准备的时候，他去拜访了时任地方行政官，地方行政官当时正在撰写一部印加帝国的历史。和善的长官对他说："好吧，既然你要去西班牙了，那你先去那间房里，去看看你的一些祖先吧，我最近刚刚让他们重见天日。"在房间里，戈麦斯看到了5具制成了木乃伊的尸体，他自己的处祖父母也在其中。"尸体保得非常完好，连一根头发、一根眉毛，甚至一根睫毛也没有掉。他们身上穿着活着时穿过的衣服，皇室的头饰上有皇家徽记，除此之外没有更多装饰，他们以印第安人常见的姿势坐着，双手在胸前交叉，双眼看向地面。"[16] 美洲皇室的形象深深地印刻在了年轻戈麦斯的心中，带着对这些形象的记忆，他踏上了父亲出生的大陆，再也没有回来。

1560年，年少的戈麦斯来到了西班牙，受到了父亲家族的监护，寄居在阿隆索·德·巴尔加斯的家中。阿隆索·德·巴尔加斯是一位战功赫赫的老兵，曾参加过查理五世在佛兰德和意大利的作战，退伍后住在蒙蒂利亚，娶了一位贵族女继承人。1563年，戈麦斯成年后改用了父亲的名字，即加西拉索·德·拉·维加，并且给自己加上了绰号"印加人"，以示他身上流淌的安第斯皇族血脉和卡斯蒂利亚贵族身份一样让他感到自豪。他曾在奥地利的唐胡安手下短暂服役，参加了1570年在阿尔普哈拉斯平定摩里斯科人起义的战斗，但随后就回归了文人生活。[17] 1588年，他以意大利语翻译出版了中世纪后期的犹太诗人、哲学家莱昂·阿布拉瓦内尔的作品《爱的对话》。同时，他还在准备《印加皇室述评》，这是他最著名的作品，1609年出版后迅速成为所有学习研究印加帝国的人必读的教科书。书中描绘了欧洲人抵达前安第斯山区的生活图景，深受人们喜爱，从这个意义上来说，这本书发挥了其他任何作品都无法匹敌的作用。如今，学者们已经开始质疑这本书作为史料的可靠性，更多地将它看作一部宣传作品，书的作者有一半印第安人血统、一半西班牙人血统，试图为他的读者调和两种文化之间的分歧。考虑到他的西方读者对于新世界只有最模糊的了解，他以欧洲式的博学，为他们展示了自己对印加文化和社会十分有个人色彩和特殊的见解。他还借助了许多身边的文学形象；他把印加人比作古罗马人，引用圣经、文艺复兴时代的历史、骑士文学来讲述他脑海中的印加帝国历史。[18]

"印加人"加西拉索决心将新旧世界的相遇浪漫地刻画成一种完美的、几乎符合骑士精神的婚姻，门当户对，合乎道义，双方有共同的理想，两个民族通过有时笨拙、通常还暴力的求爱最终结合。他不说强暴与剥削，反而刻意地唱起了对命运妄想的赞美诗，歌颂古罗马的和谐女神孔科耳狄亚，歌颂鲜明的基督教理念，即所有的人都是按照唯一的上帝的样子来创造的，而上帝创造世界的目的即是和谐。[19]"印加人"加西拉索将美洲人与欧洲人之间的和谐理念极为诗意地体现在了《印加的佛罗里达》之中。塞万提斯在蒙蒂利亚的时候，加西拉索正在写这本书，1604年，这本书出版了，比《堂吉诃德》的上卷早了几周而已。

《印加的佛罗里达》表面上讲述了1538—1540年，埃尔南多·德·索托灾难性地在今天的美国东南部建立定居点的故事。对于加西拉索而言，索托是一个非常具有象征意义的人物。他曾是皮萨罗的左膀右臂，帮助他征服了秘鲁。回到西班牙时，他已经非常富裕了，后来又被任命为西属佛罗里达总督。西属佛罗里达当时是一片没有边界的世界，理论上来说包括了整个现代美国。然而，当他前去获取这份奖赏时，食物的匮乏、地理认知的不足和怀有极大敌意的印第安人击垮了他所率领的强大军队。

与许多着重描写战友情谊、勇气和艰苦的个人记述不同的是，《印加的佛罗里达》具有娴熟的文艺复兴叙事风格，兼收并蓄了骑士文学、流浪汉小说、史诗以及当时新兴的中篇小说和短篇小说等元素。书中充满了塞万提斯成功运用的那种文学技巧，让我们惊叹不已，甚至难以置信，然后又以极其贴近生活现实的细枝末节而让人信服。[20]

《印加的佛罗里达》的叙述具有明显的对称性：几乎就像印加传统中崇拜的月相一般变化，随着故事的发展，章节的篇幅和重要性递增，直至到达明亮的、发光的顶峰，然后渐渐衰落，进入远征失败的黑暗之中。当索托带人北上穿过佐治亚时，他们听说有一位强大而富有的印第安女王名叫科法奇基，便开始寻找她拥有的那片神奇的土地。他们最终到达了离他们目的地只剩下一河之隔的地方；他们见到了女王的使者；就像科尔蒂斯在进攻墨西哥时曾做过的那样，索托也只得等待女王的回应。终于，她在8名印第安贵族妇女的陪同下坐船过了河，"仿佛克里奥帕特拉迎接马克·安东尼一般"。

"年轻的女王来到索托将军面前，向他表示了敬意，坐在了他们特地为她准备的王座之上。"她为西班牙人提供了充足的食物以及帮助。然后，加西拉索告诉我们，"索托回答说，他欠下了她巨大的人情，她提供的东西远远超过了他应得的"。伟大的埃尔南多·德·索托，秘鲁的征服者，当时基督教世界最富有的人物之一，此刻在对一位印第安妇女行礼；他既没有维护西班牙王室权威，也没有宣扬基督教，反倒表现得像个在进行臣服礼的封臣。"印加人"加西拉索还用对画面鲜活的描述刺激着他的读者：

> 科法奇基夫人一边与总督商谈事情，一边缓缓地从身上取下一串每颗珍珠都有榛子般大小的串子。珍珠串在她的脖子上绕了三圈，一直垂到大腿上。她小心翼翼而缓慢地将珍珠串解下来，其间他们一直在交谈，然后她手拿着珍珠串站了起来，亲手将它交给了总督，总督也伸出了手接了过来；随后，他从自己的手指上取下一枚镶红宝石的金戒指送给了科法奇基夫人，作为他们和平和友谊的象征；伟大的女王极其优雅地接受了礼物，并戴在了自己的手指上。[21]

"印加人"加西拉索既渴望杜撰自己父母的婚姻，又想要体现出文艺复兴式的叙述规范，他在这部带有性意味的作品《印加的佛罗里达》中，变魔术般地将欧洲人对美洲的经典印象以视觉艺术的形式展现出来，描绘出一幅撩人的印第安美女享受着丰饶海滨生活的画面。

这是由他那个时代最令人着迷的作家之一创作的、塞万提斯赖以为生的那种事实和虚构混合的写法。尽管文字矫饰过度，信息也不可靠，但加西拉索的《印加的佛罗里达》长期以来都被视作历史著作，然而事实上将它描述成第一部完全政治化的历史小说可能更合适。在虚构文学的世界里，这样一位心理复杂的角色，同时又是征服者的同行者，不可能不吸引塞万提斯。而且，我们知道，1590年当塞万提斯抵达蒙蒂利亚的时候，加西拉索正准备逃离这座小镇，搬到附近的科尔多瓦。加西拉索是被他姑姑的外甥路易斯·德·贡戈拉为首的文人小集团所吸引，他与贡戈拉有生意往来。[22] 要是这些文学爱好者素未谋面，那可就令人匪夷所思了。一想到塞万提斯、加西拉索和贡戈拉一起切面包，吃着当地特有的微辣蒸蜗牛，喝着如今依然盛产的醇厚浓烈的蒙蒂利亚菲诺酒，一幅美好的画面就浮现出来。

1592年，塞万提斯在塞维利亚接受了6部戏剧的创作委托。但随后灾难降临：埃西哈的新任地方行政长官下令，要求塞万提斯"退回并归还300法内加的谷物，他以国王的名义为舰队征用了这些谷物，但是却私自将其售卖"，还要求他"签署支付10法内加小麦和6法内加大麦的王室许可状"，同时"他必须归还给自己发的100雷亚尔的薪水，除非这些钱已经计入了他归还的账目之中"。[23] 费利佩二世下令彻底惩治收税员中普遍存在的腐败现象；至少有5名收税员将被送上绞刑架。

虽然塞万提斯被捕后被关押在了里奥堡，但几天后他就恢复了自由，又回到了埃西哈和马切纳工作，继续征收橄榄油。这只是一次更严重纠纷的预演，后来那次纠纷让他结束了收税员生涯，并且还被关进了臭名昭著的塞维利亚王家监狱。

这时候，塞万提斯已经是一个经验丰富的收税员了，他与王室签订了新的合同，帮助王室收缴格拉纳达王国周围行省城镇拖欠的补税。这里长期以来都是一片动荡的地区，位于基督教世界和西班牙伊斯兰教残余的边界地带。奥地利的唐胡安曾于1568年和1570年血腥地镇压了阿尔普哈拉斯山区的摩尔人叛乱，带来了某种程度的和平。但是，大部分摩里斯科人被驱逐到了西班牙的其他地区，他们的土地被给予了北方偏远山区来的贫苦农民。当佩德罗·德·莱昂来到格拉纳达时——也就是塞万提斯在此地收税的时候——他发现这里已然是一个充满赤贫和剥削的混乱世界。在他1592年前往莱克林山谷及格拉纳达沿海地区传道时所做的记录中，他描述这里是"世界上最贫穷的地方"，居住着基督教移民，大多是"潜逃的罪犯……杀人犯与小偷，残暴的底层人，行为邪恶的废物，这些人在邻居家藤蔓上结的水果还没熟透时就已经把它们偷走了"。他记录了一个臭名远扬的助理堂区神父"杀了一个已婚男人，这样就可以和他的寡妇生活在一起"，并且感叹相比之下曾经居住在此的摩里斯科人"值得信赖，连一个栗子都不会偷"。[24]

塞万提斯带着几乎不可能完成的任务穿行在这片被上帝遗忘的土地，他要收取250余万马拉维弟；然而，慢慢地、几乎奇迹般地，他居然成功地把税收了上来。他把大部分的钱存在了一位塞维利亚银行家那里，然后前往马德里上交账目。不过他似乎总是霉运不断，这次灾难又降临了：先是银行家破产，直到1597年他才收回这笔存款；然后更糟的是，王室的会计师们在记账的时候犯了个低级错误，因此指控塞万提斯在除了他实际征收上来的税款之外，还欠王室92307马拉维弟。他们命令塞维利亚的地方行政官逮捕塞万提斯，并且在将他收押到马德里前对这笔钱做担保，但是誊写命令的书记员又加重了这个错误，把保证金的金额写成了250万马拉维弟。显然没人付得起如此巨额的保证金，所以地方行政官把塞万提斯关进了王家监狱。

塞维利亚有五个主要的监狱。虽然对于很多犯人来说，监狱生活令人毛骨悚然，堪比地狱，但是惩罚并不是设立这些监狱的初衷。塞万提斯被关押的时代，只有犯罪的神职人员和宗教人士才会被关起来作为忏悔的形式和改造的手段。监狱是为了防止债务人、候审的被告人和等待判决执行的罪犯等逃跑而存在的。

当时这些监狱中最重要的是王家监狱，这里每年接收18000名犯人，这个数目高达当时塞维利亚官方登记居民数量的21%，大概是总人口的11%或者更多，而且几乎任何时候都有超过1800名的囚犯被同时关押在这里。[25] 王家监狱高耸在圣弗朗西斯科广场的尽头，这片广场也是塞维利亚的主广场，监狱的右侧是金碧辉煌的新市政厅，左侧是王家审问院的大楼，以及审问院自己的关押所。如今，这里还有一条小巷名叫"狱间巷"，证明这些建筑曾经立于此处。

新来的犯人从正门进来，这里的犯人都称这道门为"金门"，金门通向一个类似于接待处的区域，尽头是另一道门，被称作铁门，铁门之后就是监狱的主要部分了。根据莱昂神父的记载，大门之所以叫金门，是因为进入这道门之后，如果犯人有一定经济能力，只要支付"数量不菲的黄金"，就可以"住在楼梯上面右手边治安官的住处"。[26] 这个住处相对舒适，还有独立的屋顶露台，而且住在这里的犯人可以自由出入，许多人还被允许晚上回家睡觉。但是大部分的犯人，包括塞万提斯，都被门卫带进了铁门。进入监狱时，门卫会喊出犯人的罪行，这样他们就会被关进对应的区域，罪行的名字都带有残酷的讽刺意味："亵渎者"是留给亵渎神灵和赌博的人的，"商业"是留给小偷的，"享乐"是关押"自吹自擂的恶棍"的地方，"帆桁"关押划桨的奴隶，"市场"是窝藏赃物的人，"贪婪"是贪污的人，"迷宫"则是那些犯过许多不同罪行的职业惯犯被关押的地方。[27]

铁门之后还有一道门，被称作银门，在这里，犯人花一两个达克特就可以解除身上的镣铐。不过，白天的时候所有的门都是打开的，因为一天到晚都有"男男女女像蚂蚁一样来来往往，给犯人送饭送被子，跟他们说话"。[28] 而且"如果有人胆敢逃跑，他被阻拦的概率很小"，除非门卫已经记住了他的脸。许多新入狱的犯人都会低着头在牢里待上两个星期左右，然后假装访客大摇大摆地走出去，还有一些总是关进来的犯人怕被认出来，就男扮女装，以这种方式逃走。[29]

事实上王家监狱最令人惊奇的地方在于它与外面的世界非常相似。银门通向了环绕着监狱放风场地的通道，放风场大概100英尺见方，正中间有一个大喷水池，里面有六个出水口。这个放风场地就像一座小城镇的中心广场，上面有长廊可以俯瞰这里，长廊则通往牢房，一层有两个酒馆，两个食品摊位，还有售卖水果蔬菜、醋和橄榄油，以及在这个如此官僚主义环境里最重要的纸和墨水的商店。这些商铺都以每天十四五雷亚尔的价格租给小商贩们。

人们在这里每日赌博、饮酒、为他们的未来争吵和商谈；他们有时候会组织庆祝活动，小提琴、鼓和铃鼓启奏，狂欢的人们跟着节奏拍手、歌唱、舞蹈。时不时会有人打架，总有专业的打手、恶棍还有在狱中拉帮结派的流氓卷入其中。"在塞维利亚有一种人，"当时有人写道，"他们既不是基督徒，也不是摩尔人，也不是异教徒，他们的信仰就是勇猛女神。"[30] 这些恶棍以自己受到刑罚之严重为傲，但是他们通常会逼迫其他犯人在牢房的墙壁上画粗糙的画像，表现他们在基督的画像面前虔诚下跪的画面。有一个声名狼藉的恶棍看到一个画家把他画成穿着长裤的样子，他威胁要杀了画家，直到画家把图中他的裤子改为马裤，他才冷静下来：当时职业恶棍通常的打扮包括黄色马裤，时髦的开领紧身上衣，作为腰带的沉甸甸的念珠，琥珀的手镯和项链，一把匕首，黄色系带的靴子，故意露出的一个康乃馨红色的心形文身。

虽然监狱里争吵随时都可能因为任何理由发生，但是聚众斗殴几乎可以说是一项有组织的运动。恶棍团伙聚集在放风场地，斗篷下藏着许多危险的尖头棍（被他们称作牧羊人）、刀和剑。其他人则以手边的水壶和炊具等武装自己。斗殴的人群一般会迅速被执法官和他的手下拉开，受伤的和快死的犯人都被紧急送往监狱的医务室，那里有位外科医生照顾他们，医生一般会带着妻儿家人住在监狱区域内。这些有组织的暴力活动的受害者被送来之后，狱警就会让他们指认攻击他们的人；但是这些恶棍普遍拥有强烈的荣誉感。有个律师回忆说，他曾目睹有个人的肾脏附近受了重创，伤口很深，"医生的手都可以伸进去"，不过当狱警请来公证人为他录口供时，伤者问道："这跟你有什么关系？是我找你来的吗？我不知道我是不是受伤了，因为我没看见哪里有伤。如果你看见了伤口，你就写看到了一个受伤的人，但是法律与他无关，因为他是国王陛下的奴隶桨手。"

放风场地的一角是厕所，里面是一个巨大的粪池，周围有石头阶梯，大理石柱支撑起穹顶。1800名犯人的排泄物都堆积于此，每隔几个月就必须挖出来。在这个散发着难以想象的恶臭的地方，最穷的犯人负责在入口堆砌石头台阶，收取一点低廉的费用。然而，尽管恶臭难耐，许多犯人为了"躲避看守的鞭打"，"宁愿跳进深至脖颈的污水之中，向看守和他的走狗身上扔几坨粪便"。这伎俩虽然短时间内非常有效，然而一旦变成了长时间的对峙，逃犯就会忍受不了粪池的恶臭。初来乍到的莱昂神父很有可能就看到了这些人"脱光了衣服，在放风场地中央水池的出水口下面冲洗自己"。[31]

如厕侍从是监狱等级体系里最受鄙视的底层人员，在这个暴力的市场里，犯人其实还有许多没那么恶心的挣钱方法。比如旧衣买卖非常热门，许多旧衣服是偷来的，然后被偷带到监狱之外的跳蚤市场上售卖。还有很多犯人通过担任向导挣点小钱，他们用最大的声音在狱中喊人名，帮助律师和其他访客找人。莱昂曾抱怨他们的声音太大，让神父们经常难以听清犯人的忏悔。[32]

会读书写字的犯人在狱中是稀有资源，他们收钱帮人写信、写情书，甚至写诗。[33]塞万提斯在这里一定生意兴隆；而且有趣的是，在《堂吉诃德》的序言中，他让读者们思考："世上一切不方便的事、一切烦心刺耳的声音，都聚集在监牢里，那里诞生的孩子，免不了皮肉干瘦，脾气古怪，心思别扭。我无才无学，我头脑里构想的故事，也正相仿佛。"[34]

费利佩二世统治的最后十年是卡斯蒂利亚历史中令人绝望沮丧的一段时期。现代历史学家在争论"西班牙衰落"是否真的存在时，倾向于认为祸根就是在此时埋下的。当时的人也同样悲观，他们完全有理由这样。1588年，上帝已经抛弃了卡斯蒂利亚典型的天主教十字军——无敌舰队；1596年，新教英格兰"海盗"再次袭击了加的斯；随着新世纪的临近，西班牙人连互相问候的话语中都透着恐惧："愿上帝保佑你免受卡斯蒂利亚传来的瘟疫和安达卢西亚传来的饥荒之苦。"这句话被记录在了第一部经典流浪汉小说《古斯曼·德·阿尔法拉切》之中，这本书的作者是马特奥·阿莱曼，1597年，他把这部作品的手稿交给了印刷商。他描写西班牙底层人民的生活得心应手。他是塞维利亚监狱官方医生的儿子，也曾是国库的官员。他写过一篇关于阿尔马登的汞矿的报告，在那里工作的都是囚犯，根据他的描述，德意志的大银行家族，富格尔家族，以非人的残酷经营着这片矿区。

长篇小说《古斯曼·德·阿尔法拉切》分为两卷，是一位改过自新的流浪汉的虚构自传。流浪汉一词形容衣衫褴褛、犯下轻微罪行的人，在16世纪末，这样的人在西班牙成千上万，四处横行，"流浪汉小说"也由此得名。古斯曼因为犯罪被判在船上当奴隶，他在船上回忆起一生的故事，从塞维利亚的瓜达尔基维尔河岸边园艺农地中的一次通奸孕育了他的生命开始，一直到他最终入狱。小说描述了年少的男孩在无情艰难却又往往令人愉快而丰富多彩的世界里努力生存的故事，其中夹杂着长篇大论的基督教道德说教。这本书大获成功，很大程度上反映了那个时代的现实。在现代小说开始作为一种文学形式在西班牙出现——并在未来10年左右的时间里随着《堂吉诃德》的问世而达到成熟——时，古斯曼的故事在很多方面给人以一种小说般的感觉，最重要的就是它在生动的现实世界中聚焦了一个虚构中心人物的心理活动。同时，这部作品也表现出了当时困扰着西班牙年轻一代的对于处于上升阶段越发强烈的不确定感，而他们的父母、祖父母都生长在对于祖国的极度自信中，始终坚信自己的王国是全世界的政治、金融、军事中心。

1598年9月13日，费利佩二世去世了，卡斯蒂利亚仍旧自认为非常强大，然而在酒馆和沙龙已经出现了异议和质疑的声音。这些担忧被评论家们写成了一种新的政治文学，这些作者被称作"经世济民者"，他们非常像现代的博客写手，对王室提出社会和政治建议或批评，以供公众阅读。面对新世纪和新统治者的不确定性，西班牙的诸王国陷入了恍惚的庆祝似的哀悼状态。塞维利亚空荡荡的大教堂里，木匠和泥水匠们制作了一个巨大的临时纪念建筑，高耸直抵大教堂巴洛克风格的豪华屋顶。伟大的诗人和画家纷纷献出自己的诗句和画像。这时候终于洗刷了罪名、走出监狱的塞万提斯，也在这座临时的建筑上留下了他的颂词。这座短暂存在的纪念建筑，似乎象征着曾经伟大的西班牙跌下神坛，进入了一个充满华丽矫饰、追求外在的冥府。

它出自上帝之手，巨大得叫人恐惧！

我愿意出一个达布隆金币买一些形容它的词，

如此巧夺天工，结合了财富与美丽，谁能不着迷？

耶稣在世！每一小块都价值连城，

若不矗立百年，岂不浪费！

噢塞维利亚，凯旋罗马的高贵精神！

我敢打赌，我们先人的灵魂

已经抛弃了永恒的恩典

只为追逐此地的欢愉。

一位骑士听见我这样说：

"你说出了真相，先生！

"你说的千真万确，我的朋友！

"如果否认它，就是在撒谎。"

话音一落，

他戴上帽子，

抓紧宝剑，

瞥了瞥这边，又瞥了瞥那边，

离开了，什么也没留下。[35]

光　辉

前　言

　　1610年，加斯珀·佩雷斯·德·比利亚格拉出版了他的史诗《新墨西哥史》，这篇史诗讲述了他参与建立格兰德河上游定居点的故事。[1]1598年，在胡安·德·奥尼亚特的指挥下，探险队留在了墨西哥北部，并于9月8日建立了新墨西哥省的第一座城市圣胡安-德洛斯卡瓦列罗斯，而这一天的5天前，费利佩二世在埃尔埃斯科里亚尔痛苦地死去了。圣胡安这座美国最古老之一的欧洲人定居点，如今坐落于普韦布洛印第安人保留地的心脏地带，距离有着北美洲持续有人居住历史最长的城镇和村庄的陶斯不远，这些城镇和村庄自古以来就居住着印第安人，他们今天也依然生活在这里。在圣胡安，现在依然有一些地方更像西班牙而非美国，并且许多当地的居民也以他们传承的西班牙文化自豪。新墨西哥建立的这个偏远又贫瘠的殖民地意味着帝国扩张达到了地理上的巅峰，此后哈布斯堡王朝统治下的西班牙再无任何伟大的征服或发现。它标志着西班牙帝国主义扩张的极限，是帝国对世界最边缘土地和那里居民展开的最后一次征服。

　　比利亚格拉学着荷马和维吉尔的样子，叙述奥尼亚特远征的故事，但比利亚格拉对历史事实的兴趣超越了他对诗歌技巧的掌握，他有时甚至会为了转述他觉得重要的文件而破坏诗歌的韵律。因此，现代学者认为他的诗歌在很大程度上是可靠的史料。不过在比利亚格拉的诗歌中，比故事的真实性更重要的是他为自己和同伴们创造出的一种意料之外的民族认同感，正是诗歌中时不时出现的意外转折揭示出了居住在帝国边界的人们正开始感受他们自己的存在。

毫无意外地，这首诗的开头描绘了一幅关于征服和帝国的景象，以君主和费利佩三世的统治为基础，充满了强烈的基督教氛围和勇敢的西班牙人形象：[2]

> 我歌唱英雄，勇气，武器和胆量，
> 勇敢的人们，为西班牙赢得了西方，
> 他们在那里发现了隐藏的世界，通向更远方，
>
> 为您而战，最虔诚的基督教国王，
> 西班牙的费利佩，新墨西哥的圣凤凰。

但是接下来，在他描述奥尼亚特的军队从墨西哥北部的西班牙殖民地出发的盛大场面时，比利亚格拉并没有用冗长的篇幅来影射古典神话或是古代欧洲传奇故事，而是展示了他更重视的阿兹特克人的历史和墨西卡统治阶级的神话。墨西卡统治阶级建立了特诺奇蒂特兰，即后来的墨西哥城，他们相信在很久以前，远在第一批西班牙人到来之前，他们的祖先从奥尼亚特军队即将前往的地区南下而来：

> 众所周知，从那个地区，走出了
> 古老的墨西卡人，永恒之城的创造者，
> 就像罗慕路斯，奠基了罗马城的城墙一样。
>
> 当我们在北部边境拔营出发时，
> 我们的阿兹特克盟友说起了他们保留的古老图画，
> 图画中的象形文字回顾着祖先和血统
> 来自两位勇敢无畏、精力充沛的兄弟，充满了活力
> 他们流淌着王家和高贵之血，是国王的儿子，
> 他们逃离了祖先居住的深邃洞穴，
> 在陌生的土地寻求荣耀和声望。

通过无上的武力与和平的对话，

他们让高傲的领主和国王俯首称臣，

附庸于他们广袤而强大的帝国。

可以说比利亚格拉的观点近乎是阿兹特克式的，而非天主教式的，是美洲式的而非西班牙或欧洲式的；事实上，他将前哥伦布时期文化传统为己所用的做法，和19世纪墨西哥民族主义者的方式非常相似。但是，比这种地理上的沙文主义更令人惊讶的是，他把注意力转移到了远征军队领袖的祖先身上。他从瓦哈卡山谷侯爵埃尔南·科尔蒂斯讲起：

伟大的山谷侯爵生了一个女儿，

她的母亲是一位公主，蒙特祖马二世的三个女儿之一，

蒙特祖马是最后一位统治墨西哥领土的古代国王。

侯爵将他的宝贝女儿嫁给胡安·德·托洛萨，

他和另外两人发现了丰富的银矿。

托洛萨和克里斯托瓦尔·德·奥尼亚特总督一同在墨西哥北部马德雷山脉的萨卡特卡斯发现了储量丰富的银矿，并且让当地的印第安人臣服于西班牙的统治。而我们很快就会知晓克里斯托瓦尔·德·奥尼亚特为何人：

他的儿子是胡安·德·奥尼亚特，

娶了阿兹特克国王的曾孙女为妻，

他们生下了儿子小克里斯托瓦尔，

他是山谷侯爵和这些国王的后代

未满十岁就同我们一起出征

就像年少的汉尼拔在军中服役。

比利亚格拉决意以诗句解释奥尼亚特家族的谱系，这导致了混乱，也破坏了诗意。但显然对他而言，重要的是胡安·德·奥尼亚特娶了科尔

蒂斯那流着一半阿兹特克人血液的孙女，他用父亲的名字给自己的儿子命名为克里斯托瓦尔，因此，小克里斯托瓦尔不仅继承了伟大的征服者科尔蒂斯的血脉，也继承了阿兹特克皇帝蒙特祖马的血脉。他既是西班牙人又是印第安人，既是贵族也是皇室成员；所以，在新墨西哥的缔造者之中，有这样一个男孩，他身上流淌着阿兹特克皇族血液，重返了他祖先的传奇家园。

对远征人员丰功伟绩的描述有力地表达了一种意识，即帝国向今天美国西南部的扩张是出生在新世界并在那里建立一番功绩之人的工作。科尔蒂斯，克里斯托瓦尔·德·奥尼亚特和比利亚格拉的父亲都出生在西班牙，但比利亚格拉同胡安·德·奥尼亚特一样，都是墨西哥的孩子。他们都为胡安的儿子克里斯托瓦尔流淌着阿兹特克人的血感到骄傲；他们已不再是真正的西班牙人，而是克里奥尔人，因此他们以故乡的名字命名自己发现的地方：16世纪西班牙人征服的每一片地方或省份都被赋予了古老的西班牙地名——新西班牙、新格拉纳达、新莱昂，卡斯蒂利亚-德奥罗（即"金色的卡斯蒂利亚"）——而克里奥尔征服者将他们的应许之地称为新墨西哥。

正如差不多同时期的"印加人"加西拉索·德·拉·维加在他的秘鲁和佛罗里达历史中所做的那样，比利亚格拉在写作《新墨西哥史》时也是一样，在他心中美洲与欧洲的分量一样重，他的心已经属于新世界而不是旧世界了。这篇史诗就是一份令人信服的证据，它证明在文化和遗传多元化的美洲殖民地出生和长大的人，在心理和气质上都与西班牙渐行渐远。考虑到比利亚格拉曾被送到萨拉曼卡大学学习，而加西拉索也在科尔多瓦度过了他人生的大部分时间，他们对克里奥尔人强烈的身份认同就更加引人注目了。在他们的心中，他们显然是美洲人，他们的自豪感和荣誉感植根于他们出生的土地和那里居住的人们。在欧洲读者眼中，美洲的现实常常像是骑士小说或是古典神话里的情节，而比利亚格拉则在用旧世界史诗的形式向他们解释新世界，这也算是早期为弥合不断扩大的文化鸿沟进行的一次迷人尝试了。

才华横溢、不惧权威、明辨是非的小瓦因·德·洛里亚曾回忆说，在他担任美国印第安人全国代表大会的执行主任时，"如果有一天没有白人来我的办公室并自豪地宣称他或她是印第安人后裔，那真是罕见的一天。最终，我开始明白他们需要认同自己身上的部分印第安人血脉"。但是，他观察到，"我遇到的人中，除了一个人之外，其他所有人都说他们的印第安血统来自祖母的家庭"。毕竟对他而言，"一位男性祖先有太多野蛮人光环的成分，可是如果他的祖先是一位年轻的印第安公主呢？啊，这可能就是王室血脉的魅力了。如果他的祖母是位印第安公主的话，他就以某种方式和高贵出身、贵族文化联系起来了。而且贵族身份一直都是欧洲移民无意识但是又全力追逐的目标"。[3]

17世纪上半叶是一个世界各地都陷入动荡的时期。这一时期的气候发生了重大变化，被称作"小冰期"，庄稼歉收，饥荒蔓延，人口急剧下降。[4]在欧洲，三十年战争从1618年持续至1648年，这是第一次席卷整个欧洲大陆以及奥斯曼帝国的巨大冲突。历史学家对关于这一时期"西班牙衰落"这一说法进行过激烈的争论，但毫无疑问的是，西班牙王国几乎已经失去欧洲强国地位，取而代之的是路易十四统治下的法国。但是，这一时期也是文学评论家和艺术史学家公认的西班牙黄金时代的高潮和顶峰，才华横溢的文化名人集中出现，创作出大量夺人眼球的耀眼美丽作品；至此，黄金时代已经让位于光辉时代。[5]几个世纪以来，西班牙王国的衰落都被解释为是费利佩三世和费利佩四世的个人失败，他们都是弱势的统治者，将政务交给了他们腐败又野心勃勃的宠臣——莱尔玛公爵和奥利瓦雷斯伯-公爵——管理[6]，然而在近期的研究中，经济史学家开始从帝国经济的变化以及同西印度群岛贸易崩溃的角度来审视西班牙衰落这一问题。[7]

1600年时，西印度群岛的殖民地经济几乎完全基于向西班牙出口贵金属，以此换取葡萄酒、橄榄油、粮食、工具、服装、非洲奴隶、纸张、墨水、绘画和运输这些的船只，所有的这些商品都是从宗主国进口的。但是殖民地经济依赖于印第安人劳动力和农业，这些美洲原住民的社会和政治团体被重组，通过监护征赋制向西班牙殖民者缴纳贡赋。随着矿业的发展，美洲殖民者和印第安人的混合经济也在增长。因此，到1650年时，约16万人口生活在秘鲁总督辖区的矿业中心波托西，那里的矿石纯度非常高，几乎可以从地下直接挖出纯银。当地的供应链延伸至几百甚至几千英里外，葡萄、糖、小麦、橄榄种植也在秘鲁沿海地区得到了蓬勃发展。秘鲁商人开始从墨西哥进口谷物，墨西哥还生产糖、陶器和家具供应自己的本地市场，也生产胭脂虫红染料销往西班牙，并成为与中国贸易的中心，进口香料、丝绸、高档瓷器和象牙制品。[8]

这种新的经济特点是由殖民地迅速增长的人口决定的，这些出生在殖民地的人开始认同自己的克里奥尔人身份，并把自己同西班牙人区分开来。虽然数据并不一定可靠，但每年有多达4000名西班牙人通过合法渠道移民至美洲，还有许多没有文件记录的人从西班牙或其他地方来到这里。新世界的欧洲人口翻了5倍，从1570年时的12万人增长到了1650年时的65万人，与加泰罗尼亚、阿拉贡和巴伦西亚的人口总和差不多。同一时期，新世界的非洲人口和混血人口总和从23万人增长到了130万人，几乎与葡萄牙当时全国人口的总和差不多。[9]

但是迄今为止，西属美洲殖民地历史最重要的篇章就是原住民及其文化几近毁灭。许多人被殖民者残忍地屠杀，还有许多人在银矿和蔗糖厂里过劳致死。由于传统和文化遭受了严重破坏，许多人失去了生育后代的意愿；许多人陷入绝望，死于酗酒和自杀。一些人逃到了不受西班牙人控制的区域，还有一些人与欧洲人或非洲人通婚，他们的后代组成了混血等级社会的一部分。然而造成原住民人口急剧减少的主要原因还是天花、麻疹、斑疹伤寒、鼠疫和流感等欧洲疾病，原住民对这些疾病缺少自然免疫，而流行性腮腺炎可能导致了近三分之一的成年男性不育。[10]

日复一日，年复一年，美洲不同地区的原住民遭受了无数疾病的侵袭。一位墨西哥原住民记录了16世纪40年代"瘟疫和死亡"蔓延至他家乡时病人的症状："血从病人的嘴巴、眼睛、鼻子和肛门涌出。它夺去了很多人的生命，其中不乏贵族男女。"最终，"饥饿的野狗和郊狼纷纷进入查尔科城，以死人为食"。[11]16世纪50年代的波哥大，病人"全身一直肿胀到皮肤看上去像丝织物一样薄，蠕虫和蛆从他们的鼻子、嘴巴和身体上其他的孔进入，挤入他们的身体"。[12] "我们就这样变成了孤儿"，《卡克奇克尔人编年史》中悲叹道，因为"我们出生就是为了死亡！"。[13]

由于没有欧洲人到来前美洲的精确人口数据，所以我们无法得知人口死亡的程度。但目前广泛认可的估算是，在哥伦布抵达美洲后的一两个世纪里，原住民人口减少了95%。[14] 这种程度的破坏，不需要精确的数字，便可理解它带来的巨大经济和社会影响。随着克里奥尔人、新移民和混血人组成的社会迅速发展，直白而不好听地说，殖民地的头领太多，印第安人太少了。

美洲发生的这些重大变化也影响了跨大西洋贸易，因此，西班牙与西印度群岛之间有记录的贸易似乎在1610年便达到了顶峰，之后就急转直下。通过税赋收取并直运给王室的金银数量在17世纪40年代还能勉强维持，但自那之后这一数字也急剧下降。[15]

美洲这只哈布斯堡的鹅，下的金蛋似乎越来越少，而且金蛋的价值也越来越低。约一个世纪以前，一位名叫厄尔·杰斐逊·汉密尔顿的美国学者做出了开创性的研究，证明大量贵重金属涌入西班牙造成了严重的通货膨胀。卡斯蒂利亚的商品价格在16世纪上涨了近3倍，然后在17世纪上半叶，虽然平均价格基本保持了稳定，但实际上经历了大幅波动。[16] 因此，费利佩三世和费利佩四世在位期间，王室从美洲所获白银的相对购买力比一两代人之前下降了很多。

由于这一最重要流动资金来源的真实价值下降，西班牙国王只得提高税收，这对卡斯蒂利亚造成了巨大的损害，并且，由于国王还采取了一系列特殊措施，产生了更大破坏。最明显的就是，卡斯蒂利亚各地作为日常货币使用的铜制硬币，比隆币，一再贬值。贬值的结果毫无疑问，人们开始囤积纯银，伪造比隆币，这对经济造成了可怕的破坏，因为商品的日常价格和生活必需品的购买变得无法确定又充满风险。[17]

比隆币贬值在带来严重通货膨胀的同时，总归还有一点表面上的好处，那就是比隆币的不可靠，大大增加了人们对纯金纯银的需求，这对于防止白银的平均价值彻底崩溃有帮助。一方面，这使王室手中白银的购买力得到了保障，对王室很有利；另一方面，也是商人和其他私人更加想尽办法储蓄白银的原因。

更加糟糕的是，每当在塞维利亚港口卸下的王室财富低于预期或未达要求时，费利佩三世和费利佩四世的政府都会没收私人所有的进口财富，并用比隆币或是长期债补偿所有者。这种做法是灾难性的。商人的对策是将更多的白银投资到持续增长的美洲经济中，并进行大规模的跨大西洋走私。

跨大西洋的商品和金银走私一直屡见不鲜，它们大多流向西班牙，但也流向其他国家；17世纪上半叶，这一曾经无关紧要的小规模非法贩运渐渐演变成为巨大的问题。当然，由于走私是秘密进行的，其程度自然难以估算，但是有充分的理由可以认为，此时西班牙王室已经几乎完全失去了对西印度群岛贸易的控制，而且这主要就是因为走私。合理的估算是，17世纪30年代以后，在有的年份里，私人跨大西洋运送的财富中有四分之三以上是没有申报的，而大部分年份里，未申报财富的比例都在一半以上。[18]

人们通常认为，这些非法贸易的货物大部分都直接运往了其他国家，完全绕过了西班牙。当船只靠近西班牙海岸时，货物就被装到更加轻便的船上，直接运往法国或其他地方。不过，直布罗陀似乎也是一个重要的走私中心，这就意味着虽然有很多白银都被偷偷运往其他国家，但大部分还是非法进入了西班牙。这是合情合理的，主要的商业系统没那么容易改变；构成其结构的关系网、熟悉的路线和行为方式是有机而保守的。换言之，由于习惯的力量，商人们更愿意保持原有的贸易路径；只不过这时候的贸易是非法进行的，并且不会进行登记，以规避高昂且无法预测的税收和没收。实际上，这种相对健康的黑市经济有助于解释费利佩四世时期的政府如何在近半个世纪的时间里保持了军事力量的强大——虽然官方数据显示它早就应该破产了。这些秘密的财富也解释了为什么银行家依然愿意以在西班牙征税的权利为抵押放贷，为什么当时的经济能够维持这些税收，以及为什么面对操纵比隆币的恶性影响，西班牙的经济也能幸免于难。

因此，本书的第一部分讲述了以西班牙王权，以及查理五世和费利佩二世两位君主在其中发挥的关键作用为基础的历史，而第二部分则会讲述西班牙王权在本土和海外都日渐式微，但同时许多西班牙普通人却取得傲人成就的历史。

随着死亡临近，费利佩二世越来越清晰地意识到，哈布斯堡帝国的疆土已经变得难以管理，尼德兰问题在西班牙干涉的同时也需要以同等的力度从地方上进行解决。费利佩二世的答案是建立一个双重联姻联盟，让费利佩三世迎娶他叔叔费迪南的孙女奥地利的玛格丽特（费迪南一世皇帝次子查理二世大公之女），同时把自己心爱的女儿伊莎贝尔·克拉拉·欧亨尼娅嫁给神圣罗马帝国皇帝马克西米利安二世的儿子阿尔布雷希特大公。这样一来，费利佩三世将统治西班牙，而伊莎贝尔则会继承西属尼德兰的统治权，并由阿尔布雷希特代为管理。

1599年，费利佩三世和伊莎贝尔公主一同前往巴伦西亚，他们有600名贵族随从，每个人都身戴"黄金、钻石、珍珠和宝石"，带着"数不清的侍卫和仆人"，他们将与阿尔布雷希特和他的妹妹、严厉而虔诚的奥地利的玛格丽特（此为另一位玛格丽特，是马克西米利安二世皇帝的女儿）会面。玛格丽特曾被许配给费利佩二世（但她拒绝并选择了宗教生活）。[19]庆典活动从附近的德尼亚开始，这里是费利佩的宠臣弗朗西斯科·桑多瓦尔-罗哈斯侯爵的领地，他不久后就会被提升为莱尔玛公爵。精怪的伟大剧作家洛佩·德·维加也在这里为他的赞助人、未来的莱莫斯伯爵服务，这位未来的莱莫斯伯爵本人也是弗朗西斯科的随行人员。当年的晚些时候，洛佩在马德里出版了长篇叙事诗《德尼亚的庆典》，赞颂当时的活动。

2月19日，费利佩三世和伊莎贝尔公主抵达巴伦西亚。整座城市流光溢彩，城中满是王室成员和宫廷大臣，人人都充满喜悦和庆祝之情，热切地期盼着这场双重王室婚礼。两天后，费利佩三世和他的贴身随从们戴上面具，身穿华服，走上大街加入了狂欢的人群。接下来的大斋节前忏悔日星期二，洛佩本人也登上舞台进行了一出喜剧表演。

费利佩三世的鼓手和小号手们走在队伍的最前面，随后紧接着两位戴面具的骑手，其中一位很容易就能辨认出来是洛佩，他就像是狂欢节的化身。"他一袭红衣，活像个意大利小丑，披着长长的黑斗篷，戴着一顶天鹅绒帽子。他骑了一头骡子，鞍上挂着一大堆美味的动物：野兔、山鹑和鸡"，全都是大斋节期间禁止食用的珍馐美味。而他的同伴是费利佩三世的一位弄臣，他扮成鱼的样子，化身成大斋节，"他戴着一个木制头环，环上挂着鳗鱼、鲈鱼和盐腌制的沙丁鱼"。当演员队伍走过王宫时，洛佩向费利佩三世和伊莎贝尔公主发表了致辞，他先用意大利语恭贺双重婚礼的举行，然后用卡斯蒂利亚语朗诵了一首优美的民谣，时间长达半小时。随后，洛佩与弄臣一并骑行离开时，"观众们都快要笑死了"。[20]

在如此欢腾的气氛之中，洛佩陷入了爱河。他没有陪同王室队伍去德尼亚迎接奥地利的玛格丽特，而是留在了巴伦西亚，在这里生下了一个孩子，取名费尔南多，孩子长大后成了一名方济各会传教士。[21] 讽刺的是，洛佩同时花大量时间卓有成效地完成了一出宗教寓言剧《灵魂与神圣之爱的婚姻》，这出戏就在大斋节过后的 4 月 18 日费利佩三世与玛格丽特的婚礼庆祝活动中，于巴伦西亚的主广场上演。

费利佩二世曾试图让他的儿子费利佩三世为执政做好准备：从费利佩三世 15 岁开始，父亲就让他几乎每天都参加负责处理外交事务的国务议会；同时还让他参加其他会议，包括费利佩二世私人而极富影响力的准政府行政会议，"夜会"。费利佩二世认为，虽然这个孩子可能无法理解这套系统的复杂性，但是通过亲眼看着大臣和秘书们办公，他至少能够认识这些人。[22] 所以当费利佩三世在 20 岁那年继承王位时，他已经对父亲政府的运作方式有了相当的经验，而他实际上所见所闻的全是关于王国陷入问题的报告，以及一位常年被淹没在处理文书工作中的年迈国王。他父亲统治期间最大的特征就是对成堆文件中所包含的非实体信息的痴迷，国王在自己的办公桌前通过这些文件与世界互动。当费利佩二世试图通由纸张、笔和墨水抽象出的虚拟世界来吸收自己那无比沉重又广泛的责任时，还是小男孩的费利佩三世就一直看在眼里。然而，这位老人的现实经验却令人难以置信地狭隘；离开办公桌，他就退回到了简单而惬意的家庭生活、狩猎、马上长枪比武、建筑工程和宗教虔信之中。

费利佩三世可能在很大程度上放弃了这种虚拟的、通过文字维持的帝国愿景，因为他的确是"西班牙历史上最懒的国王"，但更有可能的是，他意识到此时的行政已经可以实现自我运转了，年轻急躁的他感觉自己是整个过程中无足轻重的一环。[23] 对于一位生来就拥有绝对王权的少年来说，他发现自己相对来说是无能为力的这一点肯定会让他感觉迷茫又幻灭，何况他的父亲似乎也一直生活在同样的谎言之中。而且埃尔埃斯科里亚尔偏僻的办公室可不是什么年轻人待的好地方，美好的夜晚也不应该和辅政大臣们共同度过。费利佩三世希望能够通过感官更好地体验他的王权。

费利佩三世继承王位之后，最明显的就是把枯燥无味的政府日常管理工作交给了他的宠臣莱尔玛公爵，他还解散了与国王关系密切的"夜会"，将权力下放给了扩大的国务议会，加入了很多贵族；还有一系列管理政府不同方面的会议。1611年，一位驻马德里的波兰外交官惊讶地感叹道，"虽然西班牙国王们拥有绝对的权力，但是他们如果不先咨询他们的国务议会，就什么都不会做，也什么文件都不签署，就连最微不足道的有关公众利益的小事他们也不会自己拿主意"。费利佩三世和莱尔玛公爵几乎不亲自参加国务议会，只有偶尔的时候才会拒绝会议的建议；大部分时候，国家会被允许自行运转，而莱尔玛公爵这位十分马基雅弗利式的官员，通过在宫廷中进行暗示或威胁为自己谋取了大量财富。费利佩三世没有专心于统治，而是把更多的精力放在了塑造自己作为一个浮夸的公众君主戏剧化的形象身上，让他的臣民可以看到他的统治。根据波兰外交官的观察，"从圣体节（5月19日）到圣母升天节（8月15日），国王陛下每天都会出现在公共场所和教堂，下午还会参加展示圣体的游行"。[24]

费利佩二世决定解除存在于君主本人身上的尼德兰和西班牙之间的关键联系，这既具有极大的象征含义，也有巨大的实际意义，因为这正式削弱了哈布斯堡在西班牙和北方之间的联系。费利佩二世年轻时曾游历尼德兰，喝过当地的啤酒，爱过那里的姑娘；尼德兰人曾亲自向他致敬；他在布鲁塞尔接受了父亲的退位，并在那里投入了太多精力和金钱与路德宗异端对抗；他统治尼德兰臣民的决心从未动摇过。然而，费利佩三世出生在卡斯蒂利亚，完全是西班牙人；尼德兰对他而言，不过是帝国遥远而虚幻的一部分，要理解那里是如此地缥缈而又烦人；如果连王位继承人都这样想，那更不用说他统治西班牙的心腹和大臣了。

起初，费利佩三世对自己维护天主教的职责就和对待国家的任何事务一样上心，他也有着作为君主和作为哈布斯堡家族成员的骄傲。在即位后向国务议会发表的首次演说中，他主张采取捍卫信仰、对敌人迅速发动战争的政策。[25] 他的政府继续向尼德兰源源不断地倾注资金以支持阿尔布雷希特和伊莎贝尔的统治，而输送资金的数量和后来针对联省叛乱的成败都与从西印度群岛获得的财富数量息息相关。[26] 美洲的人们依然在为哈布斯堡王朝于欧洲发动的战争买单。

然而许多复杂的因素结合在了一起，使费利佩三世最初的意图变得混乱了。事实证明，阿尔布雷希特是个极其无能的摄政。纵使有杰出外交家巴尔塔萨·德·苏尼加辅政，作为政治家他还是失败了；纵使有在欧洲北部为哈布斯堡王朝忠诚效力的杰出将领安布罗焦·斯皮诺拉率领西班牙军队屡次援助，作为军事家他也还是失败了。与此同时，许多卡斯蒂利亚人都反对将他们的收入用于支持遥远土地上明显属于外国的政府，而在爱尔兰和阿尔及尔等地的作战失败后，这种已经降低了的对外干预政治的热情进一步被削弱了。[27] 然而，最根本的问题在于费利佩自己的冷淡和莱尔玛公爵决意奉行和平政策的决心，而莱尔玛之所以主张和平，很大一部分原因是他没有找到从战争中获益的满意方式。

在5年时间里，西班牙就再次耗尽了用来支持在尼德兰进行军事行动的资金。1604年，《伦敦条约》实现了英西两国之间的和平；1607年，西班牙与联省共和国达成了停战协议，该协议将于1609年作为《安特卫普条约》生效，由此带来12年的停战。最终，事实证明这段长期和平对哈布斯堡王朝比对北方的荷兰人更有利，因为此刻他们的联盟已不再因对抗西班牙而团结在一起了。但是在1609年，整个欧洲都认为《安特卫普条约》是费利佩三世和西班牙的可耻失败。一位当时的评论者抱怨说，"和平二字削弱了王室的威严"，"让陛下统治的其他王国陷入危险，煽动了众多封臣"，"让其他君王能够趁机削弱陛下的力量"。[28]

　　1603年，年轻气盛的彼得·保罗·鲁本斯出使巴利亚多利德，他形容西班牙画家们"无能、粗心到了难以置信的地步"。西班牙当时仍是年迈士兵和年轻画家的天下，但鲁本斯已经瞥见了未来，他承认"莱尔玛公爵并非完全不懂好的艺术，他非常享受每天在王宫里或是在埃尔埃斯科里亚尔欣赏提香、拉斐尔和其他大师的佳作。这些画作数量之多、质量之高让我惊叹，但那里没有任何有价值的现代作品"。[29] 曼图亚公爵知道莱尔玛公爵爱好艺术，所以让鲁本斯带了40多幅当代意大利艺术家绘制的经典画作的复制品。伟大的画家鲁本斯只是草草打包了这些作品，以至于在他穿越西班牙的平原时，这些画作被倾盆大雨严重损坏。抵达之后，他开始亲自修复这些画，并且把它们挂在了王宫里，准备将它们展示给莱尔玛公爵。"公爵一身便装，独自前来，说了一番赞扬的客套话后，开始一幅一幅地认真欣赏这些画"；看了一个多小时之后，他说这些作品是"珍贵的宝物，非常符合他的品味"。说完，他又回到曼图亚公爵的画像面前，"非常细致地观察每一个细节，称赞那炯炯有神的目光、威严肃穆的面容和画面完美的布局，并且说单从这幅画像就能看出公爵一定有着高尚的灵魂"。[30]

　　莱尔玛公爵立刻看出了鲁本斯的才华，并委托他为自己画像。鲁本斯从1603年9月开始绘制这幅戏剧化的《莱尔玛公爵骑马像》。在西班牙，年轻的鲁本斯几乎每天都可以大饱眼福，沉浸在令人眼花缭乱的王室收藏当中，"他被提香对色彩和光线的运用彻底迷住了"。《莱尔玛公爵骑马像》标志了鲁本斯个人风格的重要发展。[31] 虽然对于一位伟大的艺术家而言这只是一小步，但是对于西班牙君主而言却是极富象征意义的一大步。提香于1548年所作的《查理五世骑马像》当时摆在众多王室收藏之间最显眼的位置上，时刻提醒人们牢记这位骁勇善战的伟大帝王、第一位统治西班牙的哈布斯堡家族皇帝。[32] 某种程度上说，莱尔玛公爵如此明显地将自己描绘为哈布斯堡家族代言人样子的做法，令人感到难以置信的傲慢。但这也表明，莱尔玛公爵深知图画在宫廷内外作为权力来源的潜力。

宠臣当权的出现，不仅导致了政府的重组，而且改变了君主与臣民之间的关系。费利佩三世在位期间，王室政府内部很快出现了政府与君主之间的明显割裂。这种分裂暗含着潜在的危险，因为即使费利佩本人可能会下放自己的重任，但是实际的统治者即宠臣的权威是来自君主的统治权的。因此，统治者沉浸在了一场形象的狂欢之中，通过文学、诗歌、戏剧，特别是绘画和雕塑等艺术手段，以及宫廷礼仪，展示国王的职责和统治权的象征。费利佩三世本人和他的君主身份不再是统一于一体的。艺术已经比活生生的人更加强大有力。

王室成员之间一直都有互换肖像画的习惯，这就像交换奢华的明信片一样，但到了费利佩三世时期，肖像画作为统治者宣传项目的一部分，其生产几乎成了一种产业。1608—1617年的9年时间里，仅王室画师巴托洛梅·冈萨雷斯一人就为费利佩三世及其家人绘制了97幅肖像。1603年，一幅突显奥地利的玛格丽特身怀六甲的画像被送到了奥地利，作为证明西班牙哈布斯堡家族多产的证据。胡安·潘托哈·德·拉·克鲁斯在1605年绘制的《天使报喜》中，将玛格丽特和她女儿分别作为圣母和天使加百列的模特，强调了君主的神性。玛格丽特去世后，冈萨雷斯以她的形象创作了宗教画《圣玛格丽特》。[33] 这类画作以版画形式加以复制，被收入宗教寓言画册和版画集中，比原作流传范围更广，为更多人所知。

王室由此掀起了一场肖像画风尚，很快贵族也纷纷效仿，随后变得越来越流行；比森特·卡尔杜奇是一位王室画师，也是非常有影响力的艺术评论家，据他说，肖像画成了一种庸俗得可怕的东西。卡尔杜奇抱怨说："我见过一些从事贸易的普通人的肖像画，画中他们总是站在桌子或椅子边，身后是大块的窗帘，表情庄严肃穆，仿佛不是国王就是大领主，还有的身穿盔甲，手持权杖，就像阿尔瓦公爵似的，然而除非他们是要演戏或是要诈骗人，否则他们永远不可能穿戴这些标志物。"[34]

哈布斯堡家族固有的国际性为容易被农民和其他平民接受的狭隘象征主义让了路。原本个人的变成了公共的；属人的变成了符号的；现实的变成了虚构或象征性的；权威变成了炫耀；权力让位给了意象。

　　这不是皇帝不穿衣服的情况，而是衣橱已经不需要皇帝了。然而，这种虚拟的现实又很蹊跷地有着民主特征：这么多表演，这么多图画，这么多文字，都在邀请君主的臣民给予对等的回应。它鼓励了人们就君主的性质展开对话，而此时卡斯蒂利亚兴起的各股文化势力联合起来进行了回答。

　　从1600年左右开始，西班牙人就迅速而敏锐地意识到，图像正压过现实，虚构可以掩盖真实。我们也可以理解他们会因为这种扭曲的道德性而感到困惑和不安。和今天一样，在西班牙黄金时代，也有许多人提醒大众要警惕生活中令人不安的假象，他们把透过幻想看到背后丑陋现实的过程称为"幻灭"（desengaño）。西班牙人变得沉迷于挖掘表面现实下暗藏的道德真相；他们焦虑地在如此耀眼的光辉中寻找真正的金子。

　　这种幻灭的心结非常普遍地存在。最基本的，这种幻灭就包括，发现买来的羔羊肉其实是成年羊的肉缝上了一对睾丸冒充的，但幻灭的概念就和当时西班牙人特别喜欢的"烂锅"出奇地相似，这道菜就是把各种剩饭菜放在一起炖成的。它们都包含着令人上头的、实际上"高度"混合的东西，有着或多或少味道鲜美的原料，可能已经在家庭、餐馆和宫殿的炉灶上炖煮了一个世纪或更久。幻灭是对智力和情感味蕾的挑逗，它包括大量的文字作品，来自美洲的意象，宗教裁判所的火焰，对祖先和纯正宗教血统的捏造，天主教弥撒的奥秘，小说、矫饰主义和巴洛克风格艺术，持续发展剧院和把全世界视为舞台的经验，旅行者关于冒险和食人族的故事，以及对是否有足够的"烂锅"和面包填饱肚子、遨游于未知世界的日常担忧。

　　某种层面上来说，通过智识化幻灭可以经由模糊现实和象征之间的区别带来乐趣，就像某位塞维利亚贵族委托当时颇受追捧的画家为自己所作的肖像画，而这幅画随后被他的朋友们从各种细节大加批判。他们的冒犯激怒了这位贵族，于是他请来了一位名叫路易斯·德·巴尔加斯的著名画家提供一些意见；画家看了一眼他的肖像画说，"如果阁下愿意按我说的意见去做，那您至少会对这幅画的逼真程度感到满意"。

巴尔加斯将画像往房间里挪了一两步的距离，然后关上了窗户。他把门帘稍微拉上了一点，然后说："先生，现在请叫一个仆人过来，我们就在画作后面等待；一会您就会见证幻灭的过程了。"贵族照做了。仆人匆匆忙忙来到偌大的房间，走了六步，看到肖像没有开口说话，他便向画像问道："阁下您有何吩咐？"[35]

政治哲学家和道德评论家们痴迷地研究了幻灭过程中的自我幻想和终结过程。他们对自己是谁，自己如何与过去、与帝国遥远的领土联系起来很有兴趣。他们既对自己身边发生的事情感兴趣，又对大学里的智力和审美辩论感兴趣。他们抱怨自己察觉到的问题并提出解决办法，尽管有时这些办法荒唐可笑。他们读书，也互相读对方写的作品，他们交谈、争论，去剧院，在政府任职或当医生、律师、法官；他们中有的是无所事事的贵族，有的是教士或博学的学者。换言之，他们是真正的现代人。

随着费利佩三世的继位、莱尔玛公爵的到来，以及对会议统治的依赖，西班牙帝国的政策有史以来第一次完全由卡斯蒂利亚人制定，而不再取决于哈布斯堡家族的感性。虽然帝国领土已经扩张至了极限，位置如此分散而又如此多样，已经很难整合或进行防御，但是，西班牙人依然认为自己处于世界中心。他们确实还在世界中心，但此时他们已经把更多注意力转向了国内。西班牙现在有一位喜爱排场的年轻国王，一位假公济私的宠臣，正处于和平年代，家中有钱可赚，有乐可享。莱尔玛公爵和费利佩三世对传统君主、贵族和统治制度的影响，用文化袭击来形容再合适不过了，他们以艺术和表演为基础建立了一种奇怪而全新的权威，取代了原有的规则和统治阶层。费利佩二世一直坚持控制着的干瘪、虚拟的官僚世界，让位于图像无形的影响和印象的力量。贵族阶层几乎无一例外，完成了从炫耀军事勇气到炫耀奢侈宫廷消费的蜕变；他们雇佣诗人和画家，他们蜂拥至剧院，他们收藏书籍，他们斗牛而非打仗，他们放任武器和盔甲生锈。由于贵族的巨大转变，由黄金和军队造就的16世纪西班牙帝国突然变成了充满政治要素、闪耀着无限光辉的17世纪西班牙。

　　或许这是衰落，但这是多么美丽的衰落啊！这个世界属于塞万提斯的文学成功；属于伟大的宫廷画家迭戈·委拉斯开兹；属于"僧侣画家"弗朗西斯科·德·苏巴朗和巴托洛梅·埃斯特万·牟利罗这两位宗教画和巴洛克风格大师；属于洛佩·德·维加、蒂尔索·德·莫利纳和卡尔德龙·德·拉·巴尔卡这三位与莎士比亚同时代，也与首次登上舞台的唐璜同时代的剧作家；属于处在诗歌创作巅峰的贡戈拉和克维多；属于逐渐发展成盛大公众活动并延续至今的圣周庆祝仪式。本书的第二部分将从艺术出发，以文学、诗歌、戏剧、绘画和公共活动为切入点进行阐述，正是由于这些方面的伟大成就，文学批评家和艺术史学家一直以来都将这个衰落的时代捧为繁盛的"黄金世纪"、西班牙黄金时代的文化巅峰。

和平时代

费利佩三世和
莱尔玛公爵

第一部现代小说《堂吉诃德》

我告诉你,写咱们这部传记的一定是个法师或博士。

——堂吉诃德

"我们的各个王国好像变成了由一群被蛊惑了的人组成的共和国,人们都生活在事物的自然法则外……矛盾的事实是,我们的财富全都如随风飘荡的纸张:合同、债券、汇票、硬币、白银和黄金,但是没有任何成果丰富或者高产的东西。"因此"西班牙已经完了,王室收入崩溃了,不再有更多封臣了,共和国正在衰退",1660年,显然充满困惑的马丁·冈萨雷斯·德·塞洛里格这样抱怨道。他是无数经世治民者和政治评论家中的一员,迅速发展的出版业得以将这些人的观点变成铅字。"西班牙已经到了彻底崩溃的地步,"他继续说道,"因为西班牙从未有过像今天这么多富有的封臣,但是也从未有过像今天这么多贫穷的封臣;同样从未有过如今这么强大的国王,拥有如此多的收入、如此多的王国,但是也从未有过哪位国王如此债台高筑。"

这种相反且相当混乱的想法使西班牙人开始自我怀疑,甚至在帝国达到扩张的巅峰时依然产生了许多唱衰的理论。有些人将其归因于帝国自然的社会经济周期,就像身体不可避免地会衰老,政治体也会慢慢衰落。冈萨雷斯·德·塞洛里格最后的结论是,根本问题在于"西班牙已经变成了游手好闲的食利者的国家"。他抱怨说，这是由于王室大量债券和长期债带来的利息造成的，但更深层的原因在于，在痴迷于追求荣誉和高贵的国家，工作和贸易对于贵族而言是不名誉的。他建议王室应该"说服自己的臣民"，不论贵族还是平民"都应该工作，消除各个阶级里的食利者和无业游民"。[1]

骑士时代高傲的道德观念在欧洲和美洲的战场上为卡斯蒂利亚提供了很大帮助，但冈萨雷斯·德·塞洛里格当时就非常清晰地看到了我们现在或多或少就知道的事实：帝国现在已经从中世纪的混战转向了现代的贸易活动。卡斯蒂利亚需要农民、工匠和商人，而不是更多的贵族。简而言之，它需要经济的发展。

正是在这种预测到过去的理念将会幻灭的想法中，也正是在对贵族感的幻灭中，塞万提斯为世界带来了史上最受读者喜爱的小说之一，《堂吉诃德》，以应对不确定时代的现实。

2002年，在奥斯陆的诺贝尔研究所，出生于尼日利亚的作家本·奥克瑞向满是文学界名流的听众宣读了史上最重要的100部虚构文学作品的评选结果。这100本书是由全球最受推崇的100名作家投票选出的。包括诺曼·梅勒、纳丁·戈迪默、米兰·昆德拉、多丽丝·莱辛、奈保尔和苏珊·桑塔格在内的作家都只挑选了一本书特别提及，那就是《堂吉诃德》，"有史以来最好的文学作品"。[2] 他们的观点有数据为证：《堂吉诃德》是文学史上除《圣经》之外被翻译成最多语种、出版次数最多的作品。《堂吉诃德》上卷于1605年在马德里首次出版；1605年结束前又有了第二版，1608年还有另一版；到1612年《堂吉诃德》上卷已经在巴伦西亚、里斯本、布鲁塞尔和安特卫普出版了9版。被奉为经典的托马斯·谢尔顿英译本于1612年出版，而第一个法译本也于1614年问世。而《堂吉诃德》的版本还在不断增加。在17世纪的英格兰，堂吉诃德的故事几乎随处可见：在舞台上、版画中、歌曲中、印刷品中、绘画中、纺织品上；甚至有一种流行的舞蹈就叫"桑丘·潘沙"，取名自堂吉诃德那位学识丰富的农民同伴。[3] 如果没有《堂吉诃德》，18世纪英格兰虚构文学发生的伟大革命将是不可想象的。1729年，年仅22岁的亨利·菲尔丁写下了剧本《堂吉诃德在英格兰》，到1742年，他依然对《堂吉诃德》无比痴迷，在《约瑟夫·安德鲁斯》的扉页上，他写道：这是"模仿塞万提斯的风格创作的"。[4]约翰·德莱顿曾说，弥尔顿《失乐园》中的撒旦身上有几分堂吉诃德的影子。《堂吉诃德》是塞缪尔·约翰逊最爱的三部小说之一，另外两本是《天路历程》和《鲁滨孙漂流记》，[5]如果约翰·班扬和丹尼尔·笛福不是塞万提斯狂热的读者，那这两本书也不会诞生。赫尔曼·梅尔维尔在《白鲸》中也融入了塞万提斯的元素，而我们在马克·吐温的日记中可以知道他写《汤姆·索亚历险记》和《哈克贝利·费恩历险记》的时候一直在读《堂吉诃德》。[6]《堂吉诃德》的影响还远不止这些：保罗·奥斯特在《纽约三部曲》中，萨尔曼·鲁西迪在《午夜之子》中，都公开向他们的文学英雄表示了致敬。这还不算它对其他语言文学的巨大影响，特别是西班牙语言文学：路易斯·博尔赫斯、加西亚·马尔克斯、巴尔加斯·略萨、伊莎贝尔·阿连德，都是读着塞万提斯的作品成长起来的。

至少从1688年杰勒德·朗巴因出版《摩摩斯的胜利，还是英格兰舞台上的剽窃行为》开始，学者们就意识到了《堂吉诃德》对英语文学的巨大影响。[7]有趣的是，第一部严肃的西班牙语评注版《堂吉诃德》是由一位古怪的英格兰乡村牧师约翰·"唐"·鲍尔于1781年出版的六卷本。[8]当今研究莎士比亚的最伟大学者哈罗德·布鲁姆曾动情而不含私心地写道，"塞万提斯的这部杰作或许是近500年来最重要的一本书"，因为，如果说：

> 莎士比亚务实地教会了我们如何同自己对话，塞万提斯则指导我们如何同他人交谈。哈姆雷特几乎从不倾听别人的话……而堂吉诃德和桑丘·潘沙在聆听对方的过程中变化和成长，他们之间的友谊是所有文学作品中最令人信服的……英雄骑士堂吉诃德在桑丘的爱护下逝去，而这位聪明的侍从最后仍不忘提议一同踏上新的征途……塞万提斯的一生充满艰辛、黑暗、孤独，却完成了一个被莎士比亚回避的奇迹。莎士比亚的作品中，哪里有两个伟大的角色能

深入地交流呢？对于读者而言，堂吉诃德与桑丘是再好不过的伙伴了：与此二人同行，就能获得无尽的快乐。[9]

然而洛佩·德·维加对这本即将于1605年出版的《堂吉诃德》感到非常不快，他已经读过了这本书的手抄本。"这是诗人的时代啊，我们还在等着明年很多诗人出版的新作呢！不过，至少他们不像塞万提斯那样糟糕，也不会傻到去夸奖《堂吉诃德》"，洛佩在给朋友的信中写道。[10]研究者普遍认为，《堂吉诃德》中神父和托莱多的教长讨论戏剧的段落让洛佩非常愤怒，这个片段也让此后的研究学者们兴奋不已，陷入了进行注释的极端狂喜中。

人们总是将"新戏剧"的发明归功于洛佩，他于1609年出版了一本简短的指南，名叫《戏剧写作的新艺术》。事实上，当时有为数不多的几个剧作家在发展这种激进的大众式戏剧，以满足新出现观众群的需求，而洛佩只不过是其中最有个人魅力和影响力的那个人罢了。他们本质上反对亚里士多德开创的长期以来维持着的古典戏剧模式，这种模式的戏剧总是严格地分成五幕，情节设定在24小时的时间里，禁止不同社会阶层的角色同时出现。新戏剧作家们拒绝遵循这些离谱的教条，他们写下了更多反映观众所亲历了的日常生活的戏剧，讲述了普罗大众的故事，他们的作品丰富多彩、风趣幽默，情节总是令人出乎意料的曲折。简而言之，他们是不折不扣的平民主义者，也因此遭到了更多保守主义评论家的严厉批评。

戏剧曾经被教会垄断，是使道德和社会顺应其需要的渠道，宗教戏剧通常是礼拜仪式的一部分或者会在宗教节日时演出，而西班牙现代戏剧正是由宗教戏剧发展而来的。就连宗教裁判所的"信仰审判"也是以戏剧的形式构思的。所以，在《堂吉诃德》中我们读到，作为重要角色的神父对托莱多大教堂教长抱怨，"严守戏剧规律的外国人看到咱们编的戏谬误荒唐，就把咱们看作野蛮无知了"，因为在一个秩序井然的社会里，戏剧应该"供人民正当地娱乐，免得闲暇滋生邪念"，让"诙谐的部分使观客娱乐，严肃的部分给他教益，剧情的发展使他惊奇，穿插的情节添他的智慧，诡计长他识见，鉴戒促他醒悟"，并且广泛地让"罪恶激动他的义愤，美德引起他的爱慕"。然而，他悲痛地感叹道，"现在经常上演的戏，大半是不够格的"。

一开始，他提出"这不能怪剧作家。有些作家明知自己的毛病，也深知该怎样写，可是剧本已经成了买卖的货物，他们也说得不错，除了时行的那类剧本，戏班子不肯出钱买"。"我们只要看看我国一位大才子所写的数不清的剧本，就知道确是这么回事。他笔下有文采，有风趣；他的曲词非常工致，思想新颖，有许多含意深长的箴言警句，总之，他文字很美，格调很高，所以他名满天下。可是他为了投合演员的喜好，只有几个剧本写得无懈可击，并非个个剧本都好。"

就像塞万提斯作品中其他角色的发言一样，上面这些话也绝非他本人的真实想法。事实上，塞万提斯在1615年出版的一本戏剧作品选集的前言中，就自豪地提起了自己作为剧作家的革命性创新，例如对角色的塑造，以及把传统的五幕精简为三幕。但他解释说，在那之后，他发现"自己有更重要的事情要做，于是我放下了笔，告别了戏剧；后来伟大的洛佩·德·维加，那个天生的野兽出现了，取得了舞台之王的美名，并牢牢地把控住了这一名号。所有的演员都臣服于他，他的戏剧在世界各地上演，他极其高产，写了上万页纸，所有的作品都被搬上了舞台或者至少在被阅读"，让所有想要"分享他的荣誉"的人都望尘莫及。[11]塞万提斯的这番话既谦逊又略带敌意地承认了洛佩在戏剧界的重要地位，还骄傲地声明他自己在新戏剧运动中所扮演的角色。其实，《堂吉诃德》中的神父不仅批评了洛佩的戏剧，也批评了塞万提斯的戏剧；然而洛佩除了戏剧一无所有，但塞万提斯还有战争留给他的伤痕和《堂吉诃德》。

洛佩对神父的批判性评论感到极其愤怒，他就像后来的大部分评论家一样，认为神父的话是严重的冒犯。但塞万提斯仅仅是在再现一位饱读诗书的神职人员的遗憾，感叹洛佩杰出的才能没有被用作更加高尚的用途，而是被浪费在了追名逐利上。当然，要接受并把这样的批评当作是对天赋异禀的赞美，需要非常冷静与非常自信的性格；但要故意曲解塞万提斯的精妙发言并做出纯粹尖酸的回应，也只有非常不友善、鲁莽、自我中心的人才能做到：洛佩·德·维加可能就是这样野蛮、恶劣、兽性、自我的人：

> 你肯定从没读过《圣经》，我敢说，
> 塞万提斯，我不知道你是不是个戴绿帽的混蛋，
> 但我确信洛佩就是阿波罗；哦，而你
> 只是一匹驮马，拉着他满载艺术品的马车。
>
> 像你这样的蠢猪永远无法写作，
> 在勒班陀，上帝让你失去了一只手。
> 哦傻子，你张开嘴，却说不出话。
> 你快带着堂吉诃德那一伙罪人滚开吧。
>
> 膜拜洛佩吧，你这上了年纪、自以为是的畜生！
> 因为他是太阳，是暴雨，
> 而你的堂吉诃德是如此的一文不值，
> 狗屁不通，将为世人一遍遍重复，
>
> 直到倒卖藏红花、香料和摩尔人劣质商品的小贩
> 将你的堂吉诃德丢进粪坑，它才能得到安息。[12]

对于一本被广泛认为是第一部现代小说、被选为欧洲文学史上最佳虚构文学作品的书，这真是糟糕的评论。然而如今，洛佩在西班牙以外的地方几乎被人们遗忘了，而塞万提斯的笑声仍然继续在人们耳边响起。

1604年，米格尔·德·塞万提斯正住在巴利亚多利德中心地带，流连于他姐妹们聚集的高级妓女–裁缝的温柔乡里。在莱尔玛公爵决定将巴利亚多利德作为费利佩三世政府的首都后，城里涌入了大量的廷臣和投机分子。这座拥挤的城市很快就以街道上堆积的腐烂垃圾和变成了开放式下水道的埃斯格瓦河而闻名。当时流行的俏皮话将"巴利亚多利德"戏称

为"巴利欧罗洛索",意为"臭烘烘的山谷",然而这恶臭似乎也象征着政府中枢的腐烂。向来尖刻的诗人路易斯·德·贡戈拉用一首十四行诗问道:"您带着什么,埃斯格瓦先生?"他给出的回答有"厕所里出来的东西……经过了消化系统","某位夫人结晶了的小便"和"从三只眼睛里流出的泪水",这里不太巧妙地暗指了"背面的眼睛",对此,贡戈拉的劲敌弗朗西斯科·德·克维多-比列加斯写下了著名的《臀部观点颂》。[13]

莱尔玛公爵的尝试到1606年就结束了,宫廷和首都都迁回了马德里。但是1604年在臭气熏天的巴利亚多利德,企业家、王家书商弗朗西斯科·德·罗夫莱斯刚刚因为出版第一部重要的流浪汉小说、阿莱曼的《古斯曼·德·阿尔法拉切》而大获成功,而这本书的续篇墨迹未干,罗夫莱斯就已经买下了塞万提斯大胆创新的实验性作品——《奇情异想的绅士堂吉诃德·台·拉·曼却》——的手稿。

一份由专业手抄员抄写的整洁手抄本被提交至王室议会审批并核定官方价格。罗夫莱斯动用关系简化了流程,同时与一家马德里的印刷厂展开了艰辛的谈判。这是马德里最古老的印刷厂之一,由胡安·德·拉·奎斯塔刚刚接手。由于国王宫廷最近迁至巴利亚多利德的行为令胡安·德·拉·奎斯塔颇为担心,于是同意以2000雷亚尔的价格印刷。印刷的数量一定不小,因为罗夫莱斯光是买纸就花了3500或者4000雷亚尔。塞万提斯本人应该拿到了1500雷亚尔的收入。[14]到9月份,印刷商拿到了手稿,然后由专业人员用清晰统一的字体和均匀的行距重新誊写,以便经验丰富的监工估算印刷的价格。[15]

在《堂吉诃德》下卷末尾,书中不太像主角的主人公、为书籍而疯狂的堂吉诃德面对自己已日薄西山的事业,就像许多经验丰富但年事已高的冒险家一样,决定去巴塞罗那进行一次不怎么有挑战性的徒步旅游。在一条街上,

堂吉诃德抬眼看见一处门额上写着"承印书籍"几个大字,他很高兴,因为从没见过印书,很想瞧瞧。他就带着人跑进去。只见

> 一处正在印，一处正在校样，这里在排版，那里在校对；反正都是
> 大印刷厂里工作的常套。堂吉诃德走到一个活字盘旁边，问他们干
> 什么呢。那些工人向他解释了一番。他很惊奇，又往前走。[16]

他当然会感到惊奇。扬·范·德·施特拉特在1600年创作的一幅非常经典的版画中，展现了一间正在运转的印刷作坊，跟胡安·德·拉·奎斯塔的非常相似，配上同时代的克里斯托瓦尔·苏亚雷斯·德·菲格罗亚对印刷厂房的详细描述，就更加好理解了。[17] "可以说，" 苏亚雷斯写道，"人类的灵魂一直都在无知之中沉睡，直到印刷术的发明将其唤醒，因为此前书价太高，只有少数有钱人能读书，而穷人注定蒙昧无知。如今，因为书本价格低廉，人人都能学习并成为高尚之人。"

与《堂吉诃德》下卷的出版时间一样，苏亚雷斯的这段描述也是在1615年留下的。这段话简要地说明了阅读和书籍在印刷术发明的一个半世纪后已经较为普及的现实。但印刷业依然是劳动密集型产业。首先由铸字工人用焊料和铅制作统一的字符，包括字母、数字、标点符号、空格、有装饰的大写字母、双元音字母以及音符，这些都有不同的字体。在施特拉特的版画中，我们可以在左边的前景中看到正在工作的排字工人，这些排字工人一边读着钉在高处的手稿，一边从略呈弧形的活字盘中选出对应的活字，逐行逐字地摆进被称作 "长方活字盘"（galleys）的长条形框架里，而 "毛校样"（galley-proofs）一词也由此而来。版面一旦排好，活字就会被压紧固定，交给印刷工人及其助手。印刷工人会印出一份拿给校对工人校对纠错，就和现代印刷业差不多。

装有经过校对后活字的长方活字盘被安装在印刷机上，用夹子固定住，印刷工人的助手用装在长手柄上的羊毛制海绵给活字上色。纸张被固定在一个有一层毛毡或其他布料的框架上。最后，印刷工人转动把手，把纸压在活字上。如果动作迅速，印刷工人和他的团队一天能印6000页。我们在比较同一版印刷的书稿时发现，在印刷过程中做修改也是常有的事。此外，塞万提斯出现在印刷现场也很正常。对自己的印刷者稍有了解的苏亚雷斯解释道，整个过程 "对于所有的工匠和作者都是极其劳累的。

因为工匠们注重细节而作者常有疏忽，二者之间经常意见不合或吵架，尽管如此，争论总是以和解与感激告终"。这就解释了《堂吉诃德》上卷中出现的一个被广泛讨论的错误：桑丘·潘沙的驴在前文中已经被偷走，再也找不到了，在后面的章节中却没来由地重新出现，这几乎肯定是塞万提斯在重新整理这部分故事的时候不小心造成的。但是在下卷里，塞万提斯竟然还不诚实地暗示这个错误肯定是出版商造成的。[18]

和如今一样，当时的出版商也面对着一个关键抉择，那就是选择开本的大小。在出售时，大部分书籍的纸张都是未装订的。但是开本的尺寸非常重要。所有的印刷都是在全开的大纸上进行的，奢侈的精装本书籍会选择一张纸印四面内容，正反各两面，这样就可以像现代报纸一样中间对折变成两页。四开本的大小则是在一张大纸上印八面内容，正反各四面，八开本就是在一张大纸上印十六面内容，正反各八面。要使得活字盘装好以后，印出来的页面方向正确、页码延续，印刷工人要有足够的技巧和经验才行。当然，四开本和八开本的优势是，它们可以让书更小，便于携带。[19]

第一版《堂吉诃德》是1605年出版的，不过印刷工作在前一年12月中旬就已经完成了。这一版选择的是四开本，封面上绘有一个纹章，纹章周围用拉丁文写着"post tenebras spero lucem"，意为"黑暗之后，我期待光明"。这句话选自圣经《约伯记》第17章中相当令人毛骨悚然的一段，许多读者可能比较熟悉，同时也反映出塞万提斯在序言中阐述的主题。17世纪的读者买到的书应该是未装订的；读者在读序言之前，无疑会看到一份记录着书价的定价公文，会扫一眼勘误表，可能会略过官方出版特许和写给强大的贝哈尔公爵的献词。

"清闲的读者，"塞万提斯这样写道，"这部书是我头脑的产儿，我当然指望它说不尽的美好、漂亮、聪明。"他这样解释道，但是其实并非如此。不仅如此，他还抱怨光是前言就已经非常难写了，因为他害怕"粗俗的读者从古以来是对作者制定法律的人"。他问道，当他们发现"我多少年来没没无闻，早已被人遗忘，现在年纪一大把，写了这样一部干燥得象芦苇的作品和大家见面"，会做何反应呢？塞万提斯感到，这就是他从文学炼狱回归的机会：如果卷首一定要有一句格言的话，"黑暗之后，我期待光明"确实是最恰当的。

　　17世纪的读者一定对塞万提斯这种坦诚的忏悔式开场白十分震惊，然后又会被他前面的诗句弄得迷惑。当时的书在开篇处通常会有更著名的或者将要出书的作家写下赞扬的诗句，类似于今天在书的护封上印些漂亮话吸引读者。但是，塞万提斯却说自己找不到"足够愚蠢的人"来例行吹捧，只得亲自上阵，而他写的内容显然是在故意嘲讽这种体裁。读者看到这里不禁开始猜想，他到底想干什么呢？

　　随着对与本书同名主角的一段丧气描述，真正的故事开始了。主角是生活于不久前的人，居住在不远的地方："不久以前，有位绅士住在拉·曼却的一个村上，村名我不想提了。他那类绅士，一般都有一支长枪插在枪架上，有一面古老的盾牌、一匹瘦马和一只猎狗。他日常吃的砂锅杂烩里，牛肉比羊肉多些，晚餐往往是剩肉凉拌葱头，星期六吃煎腌肉和摊鸡蛋，星期五吃扁豆，星期日添只小鸽子：这就花了他一年四分之三的收入。"他穿着破旧，"快五十岁了，体格很强健。他身材瘦削，面貌清癯，每天很早起身，喜欢打猎。据说他姓吉哈达，又一说是吉沙达，记载不一，推考起来，大概是吉哈那。不过这点在本书无关紧要，咱们只要讲来不失故事的真相就行"。

　　用日常饮食来介绍一个人物，然后又说他的名字不重要，这是最不寻常又让人摸不着头脑的介绍方式；但不管怎么说堂吉诃德已经是文学作品中最不寻常的主角了，这主要是因为塞万提斯的读者会立刻意识到，他是一个非常典型的人物形象，在他们的真实生活中比在书本中更加常见（尽管许多人会联想到《小癞子》中出现的那位时常妄想的乡绅，这本书于1554年出版，虽然没有写完，但已颇具流浪汉小说雏形）。这种现实感会立即让读者的思维模式从书中转移到身边的世界，脑海中的画面也从幻想和虚构的形象转移到日常生活中；还有一些读者甚至可能在这个孤苦伶仃的角色身上发现了自己的影子。

　　伦敦国王学院的营养学家在分析塞万提斯描述的堂吉诃德的饮食时，得出的结论并不乐观。他们记录了堂吉诃德在书中的用餐，绘制出了他进食频率相当低的图表。根据他们的计算，堂吉诃德摄入的卡路里只是一个50岁男子在久坐不动的情况下最少摄入量的四分之一，而书中大部分时间里，堂吉诃德都在骑马横穿西班牙。营养学家认为他的脂肪和肌肉被长期损耗，塞万提斯确实说他身材瘦削，面貌清癯。研究人员还认为他摄入的钙和维生素A、C和E都太少，可能他患有骨质疏松，而且很有可能已经处于坏血病的早期阶段。他肯定有严重的牙龈疾病；虽然书中他在一次又一次地遭到了滑稽的殴打，但他显然一直在避免伤及骨头，不过最后他的牙齿还是几乎掉光了。然而最重要的是，极度缺乏维生素A和E会导致神经系统障碍和视力问题，同时，因为吃得太少，他还会感觉头晕目眩。[20]

显然，对于《堂吉诃德》书中的食物进行营养学研究的目的并不是要对一位虚拟人物的身心健康进行严肃的医学评估，但这确实有效地让我们把关键注意力集中到了现实感上，这种现实感为塞万提斯塑造堂吉诃德这一荒唐的人物提供了很好的支撑：我们可以合理地推断，当时的读者凭直觉就知道有这样饮食习惯的人可能会患有相应的疾病。塞万提斯本人应该也有这种经验，毕竟在当时，大部分人都时常食不果腹，有时甚至要忍受极度的饥饿。

塞万提斯笔下的这个角色似乎总是没头没脑，还成天白日做梦，"一年到头闲的时候居多，闲来无事就埋头看骑士小说，看得爱不释手，津津有味，简直把打猎呀，甚至管理家产呀都忘个一干二净。他好奇心切，而且入迷很深，竟变卖了好几亩田去买书看"。换言之，他表现出了吸毒成瘾的精神状态，也不负任何社会责任。

这位原本体面但贫穷的单身汉只有一个外甥女需要照看，也只有一位女管家来照看他，但因为他的大脑渴望食粮，他的心智在书本的世界中漫游，他患上了最令人愉悦的神经崩溃。他取出多年未使用的长矛和剑，清理了一直放在谷仓里那生锈的盔甲，准备按照他从热爱的书本中提炼出的游侠骑士信条和行为准则去生活。

但是他这套盔甲的头盔没有面罩，所以他小心翼翼地用硬纸板做了一个。做好之后，他对外形非常满意，拔出剑用力地砍了两下：

可是一剑砍下，把一星期的成绩都断送了。他瞧自己的手工一碰就碎，大为扫兴。他防再有这种危险，用几条铁皮衬着重新做了一个，自以为够结实了，不肯再检验，就当它是坚牢的、带面甲的头盔。

这位富有灵感的梦想家已经学到了如何谨慎对待虚构事物的第一课。塞万提斯笔下的主人公开始摇摇晃晃地迈出了创造虚构世界的第一步；作者在此恰当地运用了突降法，巧妙地呼应了由此展开的现代小说雏形。堂吉诃德意识到对于虚构的人物来说名字非常重要，首先，他决定给自己的马取名驽骍难得（音"罗西纳特"），这在西班牙语中是一个双关语，rocín是"驽马"的意思，而antes是"在……之前"的意思。如今，就像他的主人变成了古老故事中名扬天下的勇敢骑士一样，衰老的驽马也变身为可靠的骏马。为马儿取名洗礼之后，我们这位奇特的主人公开始琢磨给自己取个名字。他苦苦思索了8天时间，最终决定称自己为"堂吉诃德·台·拉·曼却"。因为每个游侠骑士都会对一位淑女忠贞不渝，可以把单挑中击败的巨人、魔法师献给她，堂吉诃德也是如此，他心中的爱人美貌无双，名叫托波索的杜尔西内娅，不过塞万提斯向读者透露，杜尔西内娅的原型其实是堂吉诃德以前喜欢过的一个迷人农家女孩，名叫阿尔东萨·洛伦索。

黎明时分，已经穿好了那身古老盔甲的堂吉诃德，骑上驽骍难得，开始穿越被7月似火的骄阳照亮的拉曼查*平原，他没有告诉任何人就踏上了旅程，寻找在骑士小说中读到的冒险。"太阳上升得很快，而且炎热得可以把他的脑子融化掉，如果他有些脑子的话。"驽骍难得迈着沉重的步履前行，突然堂吉诃德想起了一件"非同小可的事"："他想到了自己并没有封授为骑士。"他立刻决定找一座城堡，请司法长官主持仪式，封他为骑士。"卡斯蒂利亚"这"城堡之地"可不是白叫的（西语中，"卡斯蒂利亚"与"城堡"同源）。在长达4个世纪的时间里，拉曼查地区一

---

* 即拉·曼却。——编者注

直是卡斯蒂利亚人与摩尔人接壤的边境地区，因此大大小小的堡垒在此星罗棋布。堂吉诃德骑着马，一整天都在幻想着，"著名的骑士堂吉诃德·台·拉·曼却"的真实故事会由哪位"奇史的作者、博学的魔术师"执笔？

傍晚，堂吉诃德"筋疲力尽，饿得要死"，他终于看到了一直寻找的城堡，听见侏儒吹起军号，通报骑士从战场上归来。两位少女在吊桥前等待着他。他说道："两位小姐不用躲避，也不用怕我粗野。按照我信奉的骑士道，对谁都不行非礼，何况您两位一望而知是名门闺秀，更不用说了。"但问题是，正如塞万提斯解释的，城堡只是间客栈，号手是名猪倌，少女实为妓女。堂吉诃德"很困难、很吃力地下了马，因为他从早起还没吃一口东西呢"。尽管如此，他还是受到了"性情平和的胖店主"的热情招待，享受了他认为是精美的鳟鱼，但实际上只是腌鳕鱼的晚餐。后来，堂吉诃德请这位和蔼可亲的长官授予他游侠骑士的封号，而客栈老板"决计迎合他，借此晚上可以逗笑取乐"。但他也给了堂吉诃德不少重要的建议，告诉他应该随身带些钱，而且应该像其他的游侠骑士一样带个侍从帮助自己。他还对"他城堡里没有小礼拜堂供客人看守盔甲"表示了歉意。不过他可以把它们靠在城堡庭院中的水井旁。

夜间，一群骡夫想挪开他的武器和盔甲，好为他们的牲口打水喝。愤怒的堂吉诃德袭击了他们，用长矛猛击他们的头部，打晕了他们。这便是书中第一次出现俄裔小说家弗拉基米尔·纳博科夫所说的"令人兴奋的身体伤害"，这种描写令悲观的纳博科夫感到困惑，但他应该已经对此非常熟悉了，因为不管是在《潘趣和朱迪》《猫和老鼠》，还是或许更贴切的那个关于欢乐的胖子和焦虑的瘦子之间友谊的《劳莱与哈迪》中，都有类似的情节。[21] 就像后来这些同题材的各种演绎一样，开始气势汹汹的一方到头来总会变成遭罪的一方，骡夫的同伴们把堂吉诃德团团围住，大量石头像雨一样倾泻在他身上，他只能尽量躲在自己的盾牌下面。这时客栈老板冲出来制止了暴力行为，并且按照这位奇怪客人的要求为他举行了仪式好打发他走。

堂吉诃德离开客栈，对自己幻想出的首次冒险十分满意。不过，现在是时候回家取钱并找个侍从了。在路上，他像卓别林似的，跟好几拨人起了冲突，最后被一个赶骡的男孩痛打了一顿。一位路过的邻居救了他，把他带回家中，心烦意乱的管家将他安顿在床上，然后找来了他的两位好友，理发师和神父。

他们立刻将堂吉诃德的疯狂和不幸归结于看多了骑士小说。塞万提斯描绘了那两位有文化素养的人物在堂吉诃德藏书量巨大的书房里辛勤工作的场景，而这无疑是对宗教裁判所大胆而滑稽的模仿。他们对每本书都给出了文学评论，然后把他们不喜欢的书递给以管家形象出现的"世俗武装力量"，管家在院子里燃起了熊熊燃烧的火堆，将这些书付之一炬。幸存下来的书中，有一本是约安·马托雷尔于1490年在巴伦西亚出版的《白骑士》。"老哥，你听我说句平心话，"神父说道，"照它的文笔来说，这是世界上第一部好书。书里的骑士也吃饭，也在床上睡觉，并且死在床上，临死还立遗嘱，还干些别的事，都是其他骑士小说里所没有的。"神父钟情于小说的现实主义特征，而这种"真实性"正是大多数现代小说定义中让人产生对小说与现实模糊感的关键。

虽然他自称是幻想的敌人，但当谈到《伽拉忒亚》时，他说："这个塞万提斯是和我有深交的老友。我看他与其说多才，不如说多灾。这本书里有些新奇的想象，开头不错，结局还悬着呢，该等着读他预告的第二部。"塞万提斯最享受在书中进行一些不经意的自我讽刺。

理发师和神父请人用砖块把堂吉诃德的书房门封起来，又抹上灰泥，这下每晚在他读书时神出鬼没的魔术师就永远无法逃脱了。堂吉诃德醒来后，找了半天也没找到自己珍贵的藏书，不过他倒也一点没感到困惑，因为他认为这肯定是自己的死对头、魔术师弗瑞斯冬干的。当朋友们希望堂吉诃德能够重新回归清贫但体面的生活时，他却又冒出了新的想法，找到了一个名叫桑丘·潘沙的人。桑丘是他"街坊上的一个农夫。假如穷苦人也可以称为'好人'那么这人该说是个好人，不过他脑袋里没什么脑子"。"堂吉诃德还叫他尽管放心跟自己出门，因为可能来个意外奇遇，一眨眼征服了个把海岛，就让他做岛上的总督。他听了这话，又加许他的种种好处，就抛下老婆孩子去充当他街坊的侍从。"

他们的冒险从某天黎明的秘密相约开始，两个人踏上了前往拉曼查平原的路，桑丘骑着驴，"像一位大主教"，堂吉诃德则骑着驽骍难得。之前，读者已经对堂吉诃德的品性有所了解，随着他们继续前行，读者也会第一次一睹桑丘的风采。他的脑子里充满了无穷无尽的格言、谚语、俗语。卑微农民心中藏着更高智慧的这种看法古已有之。被称作"希腊指挥官"的胡安·德·马尔·拉腊是塞维利亚第一个学术聚会的创办者，他曾仿照伊拉斯谟的《格言集》，将1000句此类谚语编纂成册，于1568年出版，取名为《通俗哲学》。[22] 于是乎，我们现在可以静下心来，好好享受一番这对有趣组合的旅程，他们一个是沉浸在奇幻文学中的书呆子，一个是通晓常识和格言的憨厚乡下人。

堂吉诃德立即开始给他目不识丁的侍从上起了文学课，教他骑士小说中的基本知识，首先说到了游侠骑士在征服岛屿或王国后，会封他们的侍从做总督这样一个古老的传统。正当桑丘琢磨着他的妻子成为王后，女儿成为公主的美好未来时，那举世闻名又臭名昭著的巨大风车出现在了天边的山脊上，我们现代读者都知道，堂吉诃德一定会架起长矛冲上去跟它们比试比试。"运道的安排，比咱们要求的还好，"堂吉诃德说道，"你瞧，桑丘·潘沙朋友，那边出现了30多个大得出奇的巨人。我打算去跟他们交手。"

"什么巨人呀？"桑丘问道。

"那些长胳膊的，你没看见吗？"

"您仔细瞧瞧，那不是巨人，是风车；上面胳膊似的东西是风车的翅膀，给风吹动了就能推转石磨。"

"你真是外行，不懂冒险。"

话音未落，堂吉诃德就用马刺扎了一下驽骍难得，毫不理会桑丘的呼喊，为他心爱的杜尔西内娅义无反顾地冲向了战场。正在这时，一阵微风吹来，风车翼开始慢慢转动。当他攻击第一个风车时，恰好一阵狂风吹起了风车翼，击碎了他的长矛，拖着马和人重重地摔倒在地上。这一摔让堂吉诃德暂时恢复了理智，他告诉桑丘是魔法师弗瑞斯冬在最后一刻突然将巨人变成了风车，夺走了原属于他的胜利。

桑丘刚刚目睹了近代早期游侠骑士的第一节实践课，然后就伴着丰盛的食物和美酒开始消化这段经历。而堂吉诃德什么也没吃，幻想着他和深爱的杜尔西内娅的"甜蜜的相思"，以便在第二天早上也能保持清醒的头脑，迎接更多冒险。接下来，他们在路上又遇到了两个戴着旅行面罩、打着阳伞、骑着骆驼般大的驴子的本笃会修士，身边还有一辆马车，车上坐的是一位巴斯克富商的妻子，她要前往塞维利亚。堂吉诃德不假思索地说："要是我料得不错，咱们碰上破天荒的奇遇了。前面这几个黑魆魆的家伙想必是魔术家——没什么说的，一定是魔术家；他们用这辆车劫走了一位公主。"

"这就比风车的事更糟糕了"，桑丘嘟囔道，是自言自语，也是说给读者听，更是说给主人听。为一个疯疯癫癫、随意破坏他人财产的主子服务是一回事，哪怕他破坏的财产非常贵重；可是他要是袭击修会成员就是另一回事了。桑丘害怕宗教裁判所或神圣兄弟会——他们可是乡村地区的治安维护者——会来找麻烦。

堂吉诃德发起攻击，修士慌忙逃开了；于是堂吉诃德走到马车前，请求公主返回托波索后，与杜尔西内娅见一面。一个粗鲁的巴斯克仆人恶狠狠地回答了他，紧接着又是一场大战。

但是，塞万提斯给读者留下了一个经典的悬念，正当堂吉诃德举起剑要向对手发出致命一击时，小说的第一部戛然而止了，塞万提斯解释说，故事的第一位作者已经道歉了，因为他找不到更多的记录进行写作。

塞万提斯的第二部（这里指的是上卷的第二部，请勿与1615年出版的下卷混淆）以关于原始素材的虚构文学讨论为开篇，在讨论中，"第二位"作者，大概就是塞万提斯本人，描述了当他在托莱多购物时，"有个孩子跑来，拿着些旧抄本和旧手稿向一个丝绸商人兜售。我爱看书，连街上的破字纸都不放过"，第二作者解释说，"因此我从那孩子出卖的故纸堆里抽一本看看，识出上面写的是阿拉伯文。我虽然认得出，却看不懂，所以想就近找个通晓西班牙文的摩尔人来替我译读"。托莱多有一个规模很大的摩里斯科人社区，所以他很快就找到了一位翻译，翻译发现"书页边上有这么一句批语：'据说，故事里时常提起的这个杜尔西内娅·台尔·托波索是腌猪肉的第一把手，整个拉·曼却的女人没一个及得她'"。

因为这个片段，人们通常认为塞万提斯是在说明《堂吉诃德》的原始手稿是用属于古老敌人的阿拉伯语写成的。但是，阿尔哈米亚文只不过是用阿拉伯语字母取代拉丁字母拼写的西班牙语或葡萄牙语；所以当时的读者很可能会认为"最初写下这个故事的历史学家"一定是个生活在西班牙的摩里斯科人，是穆斯林的后代，可能来自托莱多，是位大家都熟悉、亲切、如邻居般的作者。不过，叙述者又继续解释道，"假如有人批评这个故事不真实，那无非因为作者是阿拉伯人，这个民族是撒谎成性的"。[23]这种不确定性正是塞万提斯常用的招数，让读者自己去讨论他小说中的"真相"或"现实"。不管是阿尔哈米亚文也好，阿拉伯语也罢，"真相"都隐藏在这块幕布之后，正探着头向外看，因为这位狡猾的历史学家名叫熙德·阿梅德·贝南黑利（Cide Hamete Benengeli），而有趣的是，这几乎是"真相：米格尔·德·塞万提斯"（en verdad: Miguel de Cervantes）的完美易位构词。[24]

读者们都知道，骑士小说常常被作者以来自遥远地方的外文文本译文的形式呈现，而塞万提斯利用的正是读者这样的心理。但《堂吉诃德》要么是用西班牙语写的，大家都很熟悉，只不过用了外文字母所以需要转写，要么是用异教徒的阿拉伯语写的；不论是哪种情况，它实质上都是一份不可靠的事实记录。塞万提斯进行复杂讽刺的能力令人叹为观止。我们不禁要问，沉浸在如此复杂的情节中，究竟谁又会想到这是个真实的故事？他已经成功地让我们担心起一篇虚构文本的真实可靠性了。

塞万提斯一定受到了当时大事件和文学的影响。16世纪90年代，当他作为收税员走遍格拉纳达时，有条轰动性的消息迅速传开：据说有两个人在阿尔罕布拉宫对面的高山上挖摩尔人埋藏的宝藏时，发现了一块以阿拉伯语镌刻的铅制纪念牌，讲述的是尼禄统治时期一个名叫梅尼斯通的基督教徒殉难的故事。之后的几个月里，许多类似的"铅书"陆续出土，同时还有书上提到的大多数殉道者的骨灰。虽然它们是显而易见的伪造品，但以格拉纳达大主教为首的许多人都选择了欣然接受，当然更多的人，包括教宗在内，都认识到了它们真实性上的问题。[25]我们很快就说回《堂吉诃德》，但在此之前，我们要说一下塞万提斯一定也受到了伪书的影响，就比如由来自格拉纳达的医生、费利佩二世的阿拉伯语翻译米格尔·德·卢纳所著的《罗德里克王信史》，该书详细记叙了711年摩尔人最初征服西班牙的历史，有上下两卷，分别于1592年和1600年出版；又比如当时的另一位摩里斯科历史学家在1595年出版的《格拉纳达内战》，书中将穆斯林统治下的格拉纳达美化成了一个充满宫廷爱情和骑士行为的世界。[26]西班牙穆斯林的神话就由此建立。

塞万提斯喜欢使用不同层次的虚构，每一重虚构都显得十分真实，至少在某些角色上，哪怕只是在那个把他自己重塑成了堂吉诃德的疯子身上。但当你将这些虚构的故事像剥洋葱一样层层剥开时，你最终会发现，也许除了跨越了时代向你眨眼的塞万提斯留下的不确定因素外，什么也没有。

而随着对一幅绘有塞万提斯在前一章停笔时所述场景的插图——上面展示了两人战斗的瞬间——的描述，堂吉诃德与巴斯克仆人的战斗重新开始了。好戏开场，堂吉诃德出乎意料地一击制服了对手。最后，公主乞求宽恕仆人，胜利的游侠骑士只得应允，一场原本不太可能发生的杀人行为也被及时制止了。

《堂吉诃德》上卷继续按着类似的方式继续。桑丘和堂吉诃德一同游历拉曼查，住在堂吉诃德认为是城堡的小客栈里，但最主要的还是，他们面对着近代早期旅行和黄金时代的现实乡村中日常发生的事务。堂吉诃德每次遇到新情况、新人物都会推动情节发展，而他在同碰到的人战斗时也并不是每次都能打赢。《堂吉诃德》的前几章中，盲目的暴力内容分量很重，就和其他的骑士小说中一样。但是堂吉诃德也并非只会打架。饱餐一顿之后，他总会收起疯疯癫癫的一面，上演"饭后"演讲，滔滔不绝地谈论人类的黄金时代或是文武之争，又或者与托莱多大教堂的教士长一起进行文学批评。

表面上看，桑丘是个傻瓜，多数时候只知道用自己脑瓜子里的谚语解释这个世界；书中的其他人都很惊讶他为什么会追随这样一位疯主人，但是我们作为读者对桑丘的体验有更特别的理解，而且我们也在心甘情愿地跟随堂吉诃德前行，手不释卷。我们能够感同身受，因为有了这个极富创造力的疯子陪伴，生活才令人兴奋、充满喜剧效果。我们还能在哪里找到像堂吉诃德这种本身极具突降性特征，就像是正在接受某些天然的罗夏墨迹测验，从两群发出嗒嗒蹄声正在转场的羊身上看到了两队浩浩荡荡的大军奔赴满是尘烟的战场，于是飞奔过去加入战斗，令牧羊人目瞪口呆的人呢？

我们还见到了更多有趣的角色，或者说至少是耐人寻味的角色，他们的登场在"书房大检查"一章中就得到过预示。他们仿佛是从某种文学作品中走出来的，身上都有着真实感，生活在高度真实的下层社会中。

堂吉诃德和桑丘与一群和善的牧羊人一起吃了顿愉快的晚餐，这样的氛围让桑丘感到亲切又熟悉。饭后，这些貌似真实的牧民引导二人进入了一出幻想的田园牧歌之中。生活与文学紧密交织在一起，让一种突降感油然而生，突然，我们都进入了一位富贵人家牧羊人学士的葬礼，他因为爱上了铁石心肠的玛塞拉，不堪相思之苦而自杀。但当我们还没从这段悲剧得神乎其神的田园牧歌中回过神来时，堂吉诃德就又攻击了一名卑微的理发师兼外科医生，因为他把理发盆戴在头上挡雨了。不消说，游侠骑士坚信这就是摩尔人国王曼布利诺的金头盔，所以把它抢了过来，以替代自己那个从一开始就不太保险的头盔。

当堂吉诃德退入黑山（莫雷纳山）以杜尔西内娅之名苦修赎罪时，他遇到了一位显然是为爱发疯了的真正贵族。受这位极具浪漫色彩的巴洛克式人物影响，堂吉诃德派桑丘给杜尔西内娅送了一封信。后来又遇到了一位最近才从阿尔及尔的监狱中放出来的俘虏。不过，与1580年时的塞万提斯不一样，他从阿尔及尔带回了一位摩尔人新娘，新娘不仅美丽富有，还决心改信基督教。接下来还有著名的江洋大盗希内斯·德·巴萨蒙泰，他与马特奥·阿莱曼所著经典流浪汉小说中的古斯曼·德·阿尔法拉切颇为相似，正在写他的自传，同时他还是王室逮捕的带镣囚犯中的一员，正被押往桨帆船上服役。堂吉诃德发表了一通关于自由的热情洋溢的讲话，然后把犯人都放了。

　　然而，天下无不散之筵席，我们也许还在想接下来又有怎样精彩的故事，而神父和理发师已经准备带堂吉诃德回家了。然而，为了实现这一目标，他们只得把自己也扮成骑士小说式的人物，神父假扮成米戈米公娜公主，而后在加入他们一行的刚刚结束了几乎是灾难性分歧的情侣们（此处的情侣是两对不同情侣中的两个人）的帮助下才达到目的。在一些小花絮、小转折纷至沓来后，全书的剧情迎来了突降，桑丘被神父和理发师从不可能的任务——作为忠诚的信使，把他主人的信送给不存在的杜尔西内娅——中解救了出来：他们劝桑丘编个故事。这是桑丘接受虚构艺术教育的开创性时刻。

　　不久后，一行人到了他们之前都来过的小客栈，堂吉诃德很快就睡着了。他的同伴们一边享用丰盛的晚餐，一边与客栈老板及其家人讨论着他奇怪的疯癫行为；当神父解释说他一定是读了太多的骑士小说才发了疯时，客栈老板则说他自己也有"两三部"骑士小说，还有"另外还有些抄本，我和许多别人都靠这几部书有了生趣"。他解释说，"收获的季节，逢到节日，收割的人都聚在我这里；我们中间总有个把识字的，就拿一本来读，我们三十多人都围着他，听得津津有味，简直都返老还童了"。说着，他拿出一个旧箱子，这竟是他的小型藏书室，众人忙聚上前细看，其中一篇名叫《何必追根究底》的短故事吸引了神父的注意。于是，大家认真聆听神父朗读这个令人不安的故事：一个嫉妒心强的男人怂恿自己最好的朋友去测试自己妻子是否忠贞，结果妻子和朋友最终坠入了爱河。

　　这种在一间小旅馆或私人住宅中，一群属于社会不同阶层的人聚在一个人身边听他读书的场景，反映了近代早期西班牙的实际情况。1605年以后，在整个卡斯蒂利亚，都有许许多多热切的听书人以这样的方式聚在一起听堂吉诃德的故事，惊叹塞万提斯呈现给他们的世界是如此的熟悉。每售出一本《堂吉诃德》，都意味着上百人听到了这个故事。

　　在近十年的时间里，塞万提斯都将《堂吉诃德》束之高阁。但是，在这近十年的最后时间里，他一定是在潜心写作下卷。正是下卷让《堂吉诃德》从一个精彩的故事变成了一部在西方文化史上具有开创性的小说。这是具有讽刺意味的想象力创造的奇迹。

当我们在下部中与堂吉诃德再度相见时，他正同理发师和神父在一起，"他坐在床上，穿一件绿色羊毛绒内衣，戴一顶托雷都出产的小红帽儿，枯瘦得简直象个木乃伊"。但他对于游侠骑士的信念几乎像宗教信仰一样坚定不移。经过关于疯狂和骑士精神的冗长交谈后，理发师和神父离开了，桑丘又回到了舞台上，还带来了一些令人兴奋的小道消息："加尔拉斯果的儿子刚从萨拉曼加大学得了学位，昨晚回家。我去欢迎他，他告诉我说，您的事已经写成书了，书名是《奇情异想的绅士堂吉诃德·台·拉·曼却》。"

"我告诉你，桑丘、写咱们这部传记的一定是个法师或博士，"堂吉诃德激动地说道，"不把事情问个明白，吃一口东西都在胸口堵着。"

随着参孙·加尔拉斯果登场，我们这些真正的读者渐渐发现下卷中出现的人物都有一个共性，就是他们都读过上卷。堂吉诃德和桑丘都非常兴奋，他们对自己微不足道的事迹被写成书出版倒不惊讶，但他们急切地想要知道书中到底是怎么描述自己的。

"学士先生，请问您，驽骍难得那家伙忽起邪心、想打野食的那一遭——就是我们碰到一群杨维斯人的事，书上也写了吗？"桑丘说他问过加尔拉斯果这个问题。他指的是堂吉诃德的老马有一次突然对几匹放牧中的母马发情，结果驽骍难得和他的主人被牧马人胖揍一顿的事。这是一连串以暴力结局的单恋故事中的一小段。

"那位博士什么都不放过，全写下来。"参孙回答说。"可是有人看了故事里堂吉诃德先生一次次挨揍，"他继续说道，就像纳博科夫说的那样，"但愿作者能饶他几顿打呢。"

"这就可见书里都是真话了。"桑丘恼火地回应。

参孙开始照搬亚里士多德的观点："不过诗是诗，历史是历史。诗人歌咏的是想当然的情节，不是真情实事。历史家就不然了，他记载过去的一言一行，丝毫不能增减。"

然后，参孙好像记者采访名人一样，询问桑丘被盗的驴为何不明不白地重新出现。[27]

"这个我可没法说了，"桑丘回答道，"不是作者的错，就是排印工人的粗心吧？"

"可是，那一百艾斯古多又是怎么个下落呢？花了吗？"参孙又问，他说的是桑丘和堂吉诃德在路边捡到的一只小箱子，里面有一些手稿和金币。

"都花在我自己、我老婆和我孩子身上了。所以我老婆才捺定心让我跟着堂吉诃德先生满处跑呀。"

堂吉诃德和桑丘知道自己成名之后深受鼓舞，再度出发，决心去参加即将在萨拉戈萨举行的比武大会。但走之前，堂吉诃德提出了一个极其大胆的任务——去托波索的府第里拜访杜尔西内娅。之所以说这个任务极其大胆，是因为它试探了读者对于作者写下的虚构内容所能容忍的底线。随着二人接近托波索，堂吉诃德无情地逼迫桑丘一定要找到真正的杜尔西内娅。不过，有了上卷中陪伴疯主人的经历，桑丘这一次选择了迎难而上。在城郊休息的时候，桑丘看见了三个粗鲁的农家女孩正骑着骡子走进田地，他对堂吉诃德说，"您只要把驽骍难得的肚子踢两下，跑出树林去，就会看见她"。

堂吉诃德并不相信他说的。熙德·阿梅德告诉我们，他"放眼朝托波索去的路上观望，可是只看见那三个村姑"。于是，塞万提斯将实现其核心范式——把现实想象成幻象——的重任从堂吉诃德身上转移到了桑丘身上：这位轻信他人之言的跟屁虫现在成了故事的创造者。桑丘跪在农妇面前，挡住她们的去路说："美丽的王后、公主、公爵夫人啊，请您赏脸见见您俘虏的骑士吧。"堂吉诃德眼睛都快瞪出来了，农家女孩们也被惊呆了。桑丘已经完全控制了剧情走向。

从这时起，他们开始以名人的身份旅行，因为全世界都读过《堂吉诃德》，大家都知道他们是谁，也清楚他们的行为习惯。堂吉诃德突然把旅馆当成城堡也并不稀奇，因为现代小说这种新的文学体裁已经诞生，其中每一页的真实性都源自由现实生活和之前文学作品组成的丰富混合体。而堂吉诃德和桑丘也是在不断发展的。

在遇到一系列模仿堂吉诃德、急于分一杯羹的假冒游侠骑士后，我们读到了惊心动魄的蒙德西诺斯洞窟探险。在一名学者的向导下，堂吉诃德进入了拉曼查的无人之地，他把绳子绑在自己身上，然后让其他人把他放入一个深深的洞窟中。半个小时后，桑丘和学者一起收绳子，堂吉诃德重新出现，只见他"双目紧闭，好象是睡熟的样子"。他们花了好一会儿工夫才把堂吉诃德弄醒，他一醒来就要找吃的。到了下午4点左右，正是叫人昏昏欲睡的时间，太阳也隐在云后，堂吉诃德开始讲起他的故事。他说他去了地底世界，那里有全部伟大骑士小说里主要人物的幽魂。他就像萨满一样，拜访了自己的先辈，也像萨满一样，从亡灵那里带回了口信。

　　这口信对桑丘来说并不容易听懂。伟大的蒙德西诺斯守护着一件珍贵的骑士遗物，那就是杜朗达尔德已经脱水的心脏。蒙德西诺斯告诉堂吉诃德，杜尔西内娅被施了魔法，外表变成了粗鄙的农妇。桑丘必须挨3000下鞭子才能解除魔咒。桑丘非常现实地反驳道："堂吉诃德先生，您在地底下才一会儿功夫，我不懂您怎么看见了这么许多东西，还讲了这么许多话。"*

　　"我下去了多久呀？"

　　"一个多钟头吧。"

　　"决不可能，我在那儿天黑了又天亮，天亮了又天黑，一共三次。"

　　堂吉诃德这趟进入地下世界的骑士幻想之旅成了他在到底是谁主导故事发展这一"战争"中选择的武器。桑丘讲故事的能力显然大有长进，因为在上卷中，他曾令人遗憾地反复尝试讲述一个关于牧羊人的故事，然而这个故事就像儿歌《十个绿瓶子》一样，有着不断重复累进的特点，很快就成了令人窒息的数羊练习。然而，堂吉诃德除了要与桑丘在发展故事方面竞争外，还要与更大世界里的故事叙述者竞争；他很快就把夺回杜尔西内娅芳心的目标放在了一边：熙德·阿梅德告诉我们，"夕阳西下，他们刚走出一簇树林，堂吉诃德举眼看见前面一片绿草地，草地尽头聚着一群人，走近才看出是放鹰打猎的。他更向前走，看见里面有一位漂亮的贵妇人，乘一匹雪白的小马，马上的鞍鞯都是绿色，侧坐的马鞍是银的"。

---

* 原文如此，但中译本和英译本中这句话都是同行中的那位学者说的。——编者注

　　不用说，我们这些读者根本不知道这是不是堂吉诃德自己想象出来的画面。因此我们只能基于这部分文本说，这是一个贵族狩猎聚会。那位女士是公爵夫人，她和公爵都读过上卷："知道这人疯头疯脑，急要认认他，都兴高采烈地在那里等着。他们打算迎合他的心意，随他说什么都顺着他。"

　　接下来就是下卷中非常长的核心部分。这段剧情发生在公爵欢乐的府邸——很快阿梅德又改口称之为城堡——公爵那位有着戏剧头脑的管家把这里变成了一个"骑士主题公园"，很快就充满了骑士小说中常见的人和物。当他们一行到达城堡，受到盛大的招待时，"堂吉诃德身当此境，又惊又喜；他这才第一次心上踏实，确信自己真是游侠骑士而不是虚想的了，因为他受到的款待，和他书上读到的古礼一模一样"。我们不禁要问，自己又该做何感想呢？

　　骑士冒险的机会数不胜数。在某一个场景中，堂吉诃德和桑丘被蒙上双眼，骑上了一匹木马，以便让他们觉得自己真的能飞越天际，去拯救落难的女士。为了让他们感觉到自己起飞时的气流、飞过火层时的热气，还有返回地表时的颠簸，公爵的仆人使用了各种各样的道具，比如火和风箱。在这场"冒险"结束后，桑丘说自己刚才在空中偷偷看了地面；高兴的公爵夫人想要戳穿桑丘的谎言，但堂吉诃德出面为自己的随从解了围，他说，"这种种事物都不合自然界的规律，所以桑丘的话虽然荒唐，也没什么奇怪"。但他又转身对桑丘悄悄说："桑丘，你如要人家相信你在天上的经历，我就要你相信我在蒙德西诺斯洞里的经历。"如果说我见过什么关于编故事的协议的话，这肯定得算一个。

　　这次光顾如玩具店般的城堡之行的重头戏是公爵决定封桑丘为巴拉它了岛的总督，而实际上巴拉它了岛是公爵领地上的一个庄园市镇。狂欢节般的气氛在这部分篇章中翩翩起舞，因为通常的等级制度被颠覆了，桑丘证明了自己很有能力。他对于权力的渴望是与生俱来的，而他正沉醉于对他掌权后第一顿饭的期待。

　　　　桑丘就去坐在首位，也就是唯一的座位，因为桌上只摆着一份餐具。有一人站在他旁边，拿着一支鲸鱼骨的棍子；后来知道他是医师。这时伺候的人掀开洁白的细布，下面是水果和各色各种菜肴。一个大学生模样的人致祷辞，一个小厮给桑丘戴上镶花边的围嘴，一个上菜的小厮就把一盘水果送到桑丘面前。可是桑丘还没吃上一口，身边那人把棍子在盘上一点，旁人就飞快地把盘子撤了。上菜的又送上一盘菜肴，桑丘正要尝尝，可是还没到手，更没到口，棍子已经在盘上点了一下，一个小厮就把那盘子撤了，和那盘水果撤得一样迅速。

医生解释说，保证桑丘的饮食健康是他的职责。

"这盘烤竹鸡吃了不会有害；我看烹调得不错呢。"

"我只要还有一口气，决不让总督大人吃这盘烧烤。"

"那么，"桑丘说，"就请医师先生瞧瞧吧，这桌子上哪个菜最补人，哪个菜最不伤身，让我吃一点，别再拿棍子来点了。"

但是医生否定了一道又一道菜，直到窗外响起号角声才打断了他。原来是信差送来了公爵的信，上面通告了巴拉它了即将遭受侵犯的消息。桑丘吓坏了，最后只吃了些"凉拌葱头牛肉和白煮牛蹄子，那蹄子已经隔宿了好几天。他放量大吃；即使有米兰的鸽子、罗马的野鸡、索兰托的小牛肉、莫融的斑鸡或拉瓦霍斯的鹅，他吃来也不能更香"。

堂吉诃德和桑丘在公爵领地上停留了漫长的时间，这在某种程度上让读者变得焦虑和不满了起来。二人不仅分开了，而且毫无疑问地失去了对故事走向的控制。人物和他们的叙述已经成了其他更庸俗读者的玩物。这就像是我们在看喜爱的书——就拿《堂吉诃德》为例吧——翻拍成的电影，发现自己钟爱的朋友们变成了雷克斯·哈里森或是鲍勃·霍斯金斯，杜尔西内娅奇迹般地成了索菲亚·罗兰，而熙德·阿梅德则奇怪地由奥逊·威尔斯扮演。这让我们想象力的自由意志受到了侵犯。

堂吉诃德和桑丘显然也感受到了这种幻灭的痛苦，因为这时，他们都独自又不约而同地决定告别这出由公爵夫妇为他们创造的滑稽剧。

重新踏上旅程，堂吉诃德感叹道："桑丘啊，自由是天赐的无价之宝。"

他们走进一家客店，而这里在堂吉诃德眼中也是一家客店。桑丘问老板店里有什么吃的。店主答道，"天上的飞鸟，地下的家禽，海洋里各色各样的鱼，店里全部供应"。

"不用那么许多，"桑丘说，"给我们烤一对童子鸡就行。"

但老板说，小公鸡"没有了"。

在进一步盘问后他们发现，店主说得天花乱坠的菜单都是糊弄人的，他承认："我有一对小牛蹄似的老牛蹄，或是老牛蹄似的小牛蹄。这是千真万确的，我已经加上豆子、葱头和咸肉，燉在火上了，这会儿正在叫人'来吃吧！来吃吧！'"

"好！这份儿菜不要让别人碰，我就定下了，"桑丘说道，"决不少给钱。"

我们的这两位朋友坐在桌前吃着晚餐，终于再度聚首，也终于和我们重逢，回到了熟悉的环境中，而我们都因为二人摆脱了公爵夫妇令人痛苦的虚荣而松了一口气。然而，突然间，他们听见隔壁房间的客人说话："我说呀，堂黑隆尼莫先生，这会儿晚饭还没开上，咱们把《堂吉诃德·台·拉·曼却》的第二部再念一章吧。"

今天，我们立刻就能怀疑这是否又是塞万提斯在玩什么更加复杂的把戏——下卷在现实世界里出版之前，就已经在故事中被假想出版了。但是当时的读者都知道，就在真正的下卷出版前一年，有人——可能是洛佩·德·维加——以阿隆索·费尔南德斯·阿韦利亚内达为笔名出版了假冒的《堂吉诃德》续作。

"堂胡安先生，读过《堂吉诃德·台·拉·曼却》第一部，再读这第二部就索然无味了"，黑隆尼莫先生说，这表达了塞万提斯本人对其对手作品的简评。

而之后，堂吉诃德、熙德·阿梅德和塞万提斯掌握了故事情节的控制权。

从下卷一开始，堂吉诃德和桑丘就一直在缓慢地向萨拉戈萨前进，准备去参加那里的一场马上比武。但当堂吉诃德得知他和桑丘在假冒的续作中也有同样的计划后，他宣布："我就为这个缘故，决计不到萨拉果萨去了。这就可以向全世界揭破这本新书作者的谎话，让大家知道我不是他写的那个堂吉诃德。"于是他们改去巴塞罗那了。

《堂吉诃德》是一本关于书籍和阅读体验的书，它探讨了现实与虚构之间的关系。塞万提斯似乎尤其喜爱如此充满不确定性而变幻无常的世界，在这里，生活就是舞台，世界就是虚像，社会充满了欺骗和幻灭。他在探索由心理、情感和道德真理所组成的熟悉而又常常令人不安的无形世界时最为得心应手。

《堂吉诃德》之所以受文人墨客喜爱，是因为它不断地在揭开那块永远存在于人类共同的生存焦虑之上的伤疤，而这是通过令人愉快的玩弄人类头脑对其自身感知的认识局限性来实现的。心理分析学家对童年病态的恐惧和悲伤的寻找，在这里被欢乐、被人类变化带来的纯粹喜悦所掩盖。瘸着腿、缺少运气、命途多舛的塞万提斯在放声大笑，他是一个眼里只有缺点和弱点，但没有过错和失败的人。

在塞万提斯创造的有序的混乱之中，他是一位狡猾的操控者，而我们读者都是他疯狂实验的对象，是他的小白鼠。我们忧郁的心智被改造、被重塑，仿佛成了道林·格雷的那幅完美画像，永远俊美、年轻、充满不确定性，直到我们合上书，才终于长舒一口气，就像塞万提斯的短篇故事精选《惩恶扬善故事集》结尾处其中一个角色对另一个角色说的那样，我们也可以总结道，"我们已经锻炼了心智的眼睛，现在让我们走到大广场，用我们脑袋上长的眼睛好好看看这世界吧"。

当然了，塞万提斯立即把我们送到了主广场，让我们瞥见了残酷的现实，一如他推动我们走近堂吉诃德的悲剧结局。

14

摩里斯科人和加泰罗尼亚人

桑丘·潘沙，我的街坊，我的朋友啊，皇上颁布了驱逐我们民族的命令，我们的惶恐，你是知道的。

——摩里斯科人李果德，《堂吉诃德》

当堂吉诃德在公爵的城堡里从最后一次单调乏味的冒险中解脱出来时，桑丘也经历了一段完全属于他自己的奇特而不寻常的经历。《堂吉诃德》可能算是一本充满了对社会观察的书，它引发了读者各式各样的政治解读，但其实书中很少公开谈论政治。书中焚书的桥段确实表达了对宗教裁判所的讽刺，但除此之外，很少出现带有政治色彩的现实内容。然而，当我们读到靠后的章节时，在一群穿着法式服装的乞讨者中，出现了一位非常具有话题性和政治性的人物。他靠近孤身一人的桑丘，用地道的西班牙语喊道："上帝保佑我吧！我眼睛没花吗？你不是我的好朋友好街坊桑丘·潘沙吗？"

桑丘感到非常奇怪。

"桑丘·潘沙老哥，你怎么连你街坊上开店的摩尔人李果德都不认得呀。"

桑丘还没从驴身上下来就抱住了那人的脖子，说道："李果德，你穿了这套小丑的衣服，谁还认识你呀！我问你，谁把你变成了法国瘪三啊？你好大胆，怎么又回西班牙来了？要是给人抓住认出来，你可不得了啊。"

"桑丘，只要你不揭破我，我穿了这套衣服拿定没人认识，咱们别站在大道上，且到前面树林里去吧；我的伙伴儿要在那里吃饭休息的。"

他们一同愉快地用餐，这顿饭很有象征意义，因为他们不仅吃了腌肉，还喝了不少酒；然后，摩里斯科人李果德开始讲他的故事：

> 桑丘·潘沙，我的街坊，我的朋友啊，皇上颁布了驱逐我们民族的命令，我们的惶恐，你是知道的；至少我害怕得很，限定我们离开西班牙的日子还没到，我已经好象和儿女一起在尝受严厉的处罚了。我当时决定单身先到外地找好安身的地方，然后从容把家眷搬去，免得象许多别人那样临走乱了手脚。这就好比知道到一定的日期得搬家，就预先另找住房，我认为这样打算是有远见的。我和我们那些有年纪的人都看得很清楚，颁布的命令不象有人说的只是唬人的空文，而是一点不含糊的法律，到期就要执行的。我怎么能抱幻想呢？我知道我们有些人没良心、想干坏事，所以觉得皇上采取断然处置是受了上天的启示。我们并不是个个都有罪；我们中间也有虔诚老实的基督徒；不过寥寥无几，大伙儿都是坏人。这许多公敌不能留在国内，好比毒蛇不能养在怀里。干脆说吧，我们受驱逐是罪有应得，有人认为这样处罚还是宽大的；可是在我们看来，就严厉透顶了。我们无论到哪里，总为西班牙流思乡的眼泪。因为我们毕竟是西班牙生长的，西班牙是我们的家乡啊！
>
> 且说我们离开家乡，到了法国。我们在那里虽然能被收容，我却想到各处去看看。我经过意大利到日尔曼，觉得日尔曼人不那么小心眼儿，让人信仰自由，各过各的日子，我们住在那里比较无拘无束。

这听上去可能像是追寻美国梦的神奇故事，但塞万提斯显然指的是哈布斯堡王朝未能在德意志和尼德兰的土地上战胜新教。那时候，解放和自由若是落入坏人手中——没有比一个信基督教的散漫摩里斯科人更坏的人了——就会变成放荡不羁、伤风败俗的许可证。伟大的诗人、作家弗朗西斯科·德·克维多-比列加斯曾说，"如果把放荡视作解放，那么奴役比自由要好得多"。[1]

"我现在告诉你，桑丘，我还有些珍珠宝贝埋在地里，打算去挖出来，"李果德继续说道，"听说我女儿和老婆目前在阿尔及尔；我打算写个信去，或者取道瓦朗西亚去找她们。我打算把她们带到法国哪个港口，再到德国去过日子，听候上帝安排。桑丘啊，我确实知道，我女儿李果姐和我老婆弗朗西斯加·李果姐是真正的基督徒；我虽然比不上她们，大体说来也该算是基督徒而不是摩尔人了。我常在祷告上帝开通我的心窍，让我能为他效力。有件事我老想不明白：我老婆和女儿可以凭基督徒的身份住在法国，不知她们为什么却到了蛮邦去。"

"李果德，你想想，这事怎由得她们，"桑丘回答道，"她们是你舅子胡安·悌欧撒欧带走的，他是纯粹的摩尔人，当然就走他最方便的路了。"

李果德请桑丘帮他去挖出埋藏的财产，并且答应给他200达克特金币作为酬谢。但桑丘拒绝了他，因为他刚刚放弃了巴拉它了总督的职位，担心妻子知道了这事儿会大发雷霆。李果德在对朋友丰富的经历感到震惊之余，重新启程，不过几章之后，他会在巴塞罗那和他的女儿一起重新出现。

这段奇特而短暂相遇的大背景是1609—1614年臭名昭著的驱逐摩里斯科人事件。但后来，摩里斯科人是塞万提斯在作品中时不时会提及的一个主题，他的态度坚决而矛盾，既无法接受他们也无法谴责他们。[2]这位伟大的小说家对于摩里斯科人这一主题的著作，很大程度上反映出那个时代的模糊性。

长期以来，驱逐摩里斯科人一直被视为费利佩三世的政府在莱尔玛公爵的领导下做出的邪恶而愚蠢行为的象征，但也被视为是政府具有潜在统治效率的证据。自从1492年天主教双王征服了最后一个在西班牙的伊斯兰小王国格拉纳达开始，新征服土地上的臣民以及收复失地运动早期在西班牙其他地区遗留的穆斯林人口就都被少数西班牙人视为怀疑对象。1502 年，当局曾试图强制穆斯林改信基督教或离开西班牙，但这一政策并未得到有效执行，在很多地区，穆斯林只要支付一定税款就可以继续信仰伊斯兰教。当时的宗教裁判所主要针对的是隐藏的犹太教徒以及新教徒，王室对穆斯林并不关心，贵族则倾向于保护对他们有价值的封臣，不论其信仰。在阿拉贡和巴伦西亚，这一早已于卡斯蒂利亚实践的微不足道的宗教同化政策甚至到 16 世纪 20 年代才开始正式得到推行。然而，得益于 1592 年莱昂神父游历格拉纳达偏远地区时所记录的那些非常不严格的教理问答，我们知道许多穆斯林改信了基督教，尽管他们的诚心参差不齐。

摩里斯科人的群落形成了各种各样的身份认同，因地而异、因人而异，并随着个人对于其文化和社会的看法而不断变化。以桑丘和李果德为例，他们来自同一个地方，对对方经营的生意和家庭了如指掌，他们因此而共有的认同感显然比宗教信仰强烈得多。正如李果德所说，摩里斯科人在历史上就是西班牙人，与他们祖先的土地联系在一起。事实上，早在 711 年摩尔人来到西班牙之前，许多摩里斯科人的祖先就已经生活在西哥特王国统治下的西班牙了。这些古老的摩里斯科人常被称作穆德哈尔人，他们的根深埋在伊比利亚半岛的土壤中，与他们的基督教邻居无异。

但是，奥斯曼土耳其的威胁引起了极大的偏执；许多人害怕摩里斯科人会帮助异教徒，于是凝聚了强大的力量反对摩里斯科人。

费利佩二世曾被说服立法禁止穿着传统"阿拉伯"服饰，这成了引发 1568—1570 年阿尔普哈拉斯起义的原因之一。而这次起义又反过来导致格拉纳达大部分信仰伊斯兰教的摩里斯科人被强行分散到了已经在卡斯蒂利亚与其他民族融合得更好的穆德哈尔人社区。在西班牙于 1580 年成功吞并葡萄牙后，不容忍的呼声变得更高了。原教旨主义狂热分子巴伦西亚主教胡安·德·里韦拉认为，在反宗教改革的西班牙出现异教势力只会助纣为虐：摩里斯科人是"枯萎的枯树，满是异教的树瘤，应该被连根拔起"。[3]另一位主教主张将他们送往美洲，"在无人居住的纽芬兰广袤大地，他们会自行灭绝，特别是如果将男性都阉割就更容易了"。[4]

摩里斯科人在政治上予以了反击，最著名的实例是伪造奇特的格拉纳达铅书，上面用阿拉伯文记述了古代基督教殉道者的故事。[5]这些明显伪造的发现很快就得到了大主教的背书。1608年，人们在被正式承认为圣山的这里，建立了一座大教堂。格拉纳达的宗教兄弟会和行会组织了一场庆祝游行；一路上插着800多个十字架，被篝火和烟花照亮，数百名少女和妇女装扮成天使的样子，和神父、修士、士兵与乐手一起登上圣山。[6]

虽然格拉纳达一片欢庆，但在别的地方却有很多人持怀疑态度，不久之后，罗马教廷将这件事描述为"纯粹的人为虚构"。[7]怀疑者提出，既然铅书是基督教早期——即摩尔人统治西班牙很久之前——的文献，那么它们为什么会是阿拉伯文写成的呢？然而，这些铅书并不是单纯的伪造而已；它们是由有影响力的摩里斯科人富商组成的强大关系网精心策划的重写伊斯兰西班牙历史这一政策的一部分。[8]费利佩二世的御用翻译阿隆索·德尔·卡斯蒂略很可能就是改写历史的实际执行者，他的目的在改写的文本中昭然若揭，那就是强调伊斯兰教和基督教的密切关系，而这显然表达了对摩里斯科人的同情。据说《西庇太福音》中有这样一段内容，圣母玛利亚向圣彼得宣称："我告诉你，阿拉伯人是非常优秀的民族，他们的语言是最好的语言之一。最近，上帝选择由他们利用自己的法律协助自己，尽管他们是曾经的敌人。为此，上帝给予了他们力量、智慧和公正，因为上帝是带着同情心来选择他的仆人的。"[9]

在这场掩护自己文化的行动中，摩里斯科人有很多同盟者。显然有很多普通的西班牙人，甚至可能是绝大多数都是普通的西班牙人，他们都和桑丘一样同情自己的邻居。于是出现了一种极度浪漫主义化的文学体裁，这被称为"爱摩尔人"文学，此类作品通常借鉴骑士小说的手法把穆斯林描绘成品德高尚、风度翩翩的英雄。[10]这种文化上的认同与支持摩里斯科人的更加务实的理由相辅相成：根据现代的推算，当时摩里斯科人的总数可能是30万，而当时有人认为摩里斯科人有60万，其中大部分是巴伦西亚和阿拉贡的新摩里斯科人，但也有少数是历史上一直扎根在卡斯蒂利亚的重要的穆德哈尔人社群。当时，西班牙的总人口最多也就1000万。如果有人驱逐5%的人口，那绝对是疯狂的，这不仅会摧毁地方经济，打破地区经济平衡，而且最终会撼动原本就已不稳定的卡斯蒂利亚经济。虽然费利佩二世原则上默许了驱逐摩里斯科人的主张，但在实际操作中他一再拒绝实施这一疯狂的政策。

然而，卡斯蒂利亚的旧穆德哈尔人毕竟是少数，国务议会里都是卡斯蒂利亚人，自然形成了越来越傲慢的卡斯蒂利亚人的视角。1590年，国务议会提出将摩里斯科人从主要城市驱逐至"无关紧要的小村庄"。还有人竭力主张将他们驱逐至"格拉纳达，让他们从哪里来就回哪里去"，显示出了他们对摩里斯科人复杂历史的无知。费利佩三世的继位助长了对摩里斯科人的排斥和恐惧，国务议会投票赞成"秘密组织必要的人员从卡斯蒂利亚开始，估算整个王国中摩里斯科人的数量"。然而随着调查深入，人们越发清楚地发现，卡斯蒂利亚的摩里斯科人不仅很好地融入了当地社会，并且在当地得到了相当的支持。例如，1607年，米兰达伯爵就希望寻求妥协的方法以便让摩里斯科人留下，因为他们提供的劳动力对于农业发展非常关键。[11] 两年后，塞维利亚市政府痛苦地抱怨道：摩里斯科人当中"有许多虔诚的天主教徒"，"大家都清楚摩里斯科人对本市而言有多么重要，他们为本市服务，承担了许多工作。他们不应该"被驱逐。[12]

尽管面对着这些阻力，但在巴伦西亚大主教的偏执驱使下，17世纪的第一个10年，政策发生了显著的变化，阿拉贡和巴伦西亚首先开始驱逐摩里斯科人，随后是加泰罗尼亚，最后是卡斯蒂利亚。莱尔玛公爵在这一变化中发挥了关键作用，因为在费利佩二世统治时期，他曾担任巴伦西亚总督，在那有多处庄园，同情当地贵族。他很清楚摩里斯科人租户上缴的租金其实已经有所减少，于是提出巴伦西亚的地主在失去摩里斯科人租户后由王室补偿的驱逐方案，这在解决债台高筑、目光短浅的贵族们的财务问题的同时，也加快了驱逐政策的推行。

然而提议把一群卡斯蒂利亚居民迁移至有数量巨大且融合得不太好的摩里斯科人的伊比利亚半岛其他地区是一回事；提议把所有摩里斯科人无一例外地驱逐出境就是另一回事了。这样一项事业所需的资源调配能力超乎人的想象。

而1609年，费利佩三世的政府已经意识到西班牙无力支撑尼德兰战争，只能同意停战12年。随着天主教西班牙在欧洲舞台上被荷兰新教徒公然羞辱，就在4月9日费利佩三世签署《安特卫普条约》的同一天，他也在驱逐巴伦西亚摩里斯科人的敕令上签了字，卡斯蒂利亚议会认为，这一敕令将会成为完全驱逐摩里斯科人的前奏。宗教责任和基督教荣誉将会通过清洗西班牙自身的不洁来恢复。

从一开始，这项显然不可能完成的任务就面临着巨大的混乱。1609年，驱逐巴伦西亚摩里斯科人的敕令颁布，但是没有任何关于卡斯蒂利亚情况的官方消息，因为人们不可能希望卡斯蒂利亚的摩里斯科人不被震动。有一些地方保持了平静，但其他地区则陷入了震惊和恐慌之中。许多人像李果德一样，把自己的女儿嫁给老基督徒（从教区的登记中我们可以知道结婚率有所升高），把财产深埋在地下，以极其低廉的价格变卖地产。一时间供过于求，许多人损失惨重，不过也有充分的证据表明，很多房产都被卖给了身为老基督徒的可靠亲朋好友，而且由于王室对此类交易征税，所以申报的价格普遍偏低也就不足为奇了。[13] 卡斯蒂利亚的李果德们在尽最大可能处理好房产后开始离开家乡，但很少有人坐船去穆斯林统治的北非。王室向他们保证，他们可以在穿过布尔戈斯向北的路线安全通行，以便他们前往法国、意大利，或像李果德一样去德意志寻求庇护。数以千计惊恐的逃亡者开始前往法国边境。到1610年，穆尔西亚、安达卢西亚的摩里斯科人驱逐敕令相继出台，随后是阿拉贡和卡斯蒂利亚的。然而政策的执行依旧非常混乱，因为在某些地方，贵族、教会、市政议会以及摩里斯科人自己进行了激烈的反抗，或者至少是消极的抵抗。[14]

大量的历史记载表明，这次种族清洗取得了灾难性的成功，据推算，从1610年开始到1614年驱逐政策最终取消时，西班牙的摩里斯科人口减少了90%以上。然而，实际情况比这微妙得多。

1627年，费利佩四世宣布举行一次绘画比赛，画的题材正是驱逐摩里斯科人，以此纪念他父亲臭名昭著的统治生涯中唯一一件或许可圈可点的大事。当时的画坛新星迭戈·委拉斯开兹赢得了比赛，还因此获得了王室礼宾官的职务。他的画和王室收藏中最重要的一些画作——包括提香的《查理五世骑马像》以及鲁本斯为费利佩二世和三世所作的画像——一起悬挂在雄伟的镜厅中。[15]

委拉斯开兹赢得比赛的原因可能在于，他将费利佩三世置于画面正中间，手持武器、一袭白衣，他的右手边是化身为女子的伊斯帕尼亚，她庄严肃穆，身着罗马妇女的服装，右手拿着盾牌和长矛，左手拿着一把小麦。[16]这是我们唯一一次知道的委拉斯开兹在他的画作中加入这种寓言式的形象[17]，这表明即使是对他这样将写实主义视作自己根基的自然主义画家而言，驱逐摩里斯科人也是一个需要抽象为具有象征意义传奇的主题。

这幅画毁于18世纪马德里王宫的一场大火，不过，比森特·卡尔杜奇参赛时准备的草图幸而流传至今。这幅草图表现出极强的戏剧性和悲怆感，描绘了逃亡者在士兵的监视下登船的场景，这些船只即将带他们回到北非的"家"。画的背景中有一片树林般的长矛，象征着西班牙王室的军事实力。驱逐摩里斯科人给许多人留下的记忆是片面的，他们认为这标志着异教徒，即西班牙摩尔人漫长历史的终结，是9个世纪以来的收复失地运动光荣的结局，卡尔杜奇的画正体现了当时人迅速形成的这种解读，而洛佩·德·维加也用诗句完美地表现了同样的精神：

> 那些野蛮摩尔人的残留遗物
>
> 理所当然地被送往了海对面的非洲
>
> 感谢我们神圣的费利佩三世伟大的法令，
>
> 显示了对于异教徒珍宝应有的不屑一顾。[18]

直到现在，最新的研究才开始把神话还原为历史，揭露了这一神话本身是如何同王室当时的其他宣传一起，误导了后来的历史学家。奇怪的是，塞万提斯在当时虚构的小说中反倒可能提供了可靠的记录；而且他宣称，他知道自己写的内容具有潜在的煽动性，因为桑丘·潘沙的朋友李果德（Ricote）的名字会在当时的读者中唤起一段英勇抵抗的历史。

即便是在今天，里科特山谷（Ricote Valley）依然是穆尔西亚地区高原中偏远而且环境恶劣的一处地方，它曾是一个独立王国，位于格拉纳达和巴伦西亚之间的西班牙东部海岸地区、摩里斯科人国家的核心区域。17世纪初，在这片贫瘠的土地上，生活着2500名农民，有非常简陋的教堂，他们的生活几乎与世隔绝，因为坚持异教信仰以及伊斯兰教信仰的持续存在而不时受到宗教裁判所的纠缠，被认为无法被基督教信仰同化。[19] 他们当中大部分是穆德哈尔人，少数则是不久前从格拉纳达和阿尔普哈拉斯迁来的新移民。1609年，针对巴伦西亚摩里斯科人的驱逐敕令颁布后，里科特山谷的一些居民开始准备离开，而第二年，当穆尔西亚的驱逐敕令颁布后，更多的人也开始陆续离开。虽然人们在城市的街道上举行了宗教游行，庆祝国家的净化，但实际上很少有人真的试图将摩里斯科人从里科特山区强行驱逐；同时，政府官员在报告中主张应该允许穆德哈尔人留下来。如果从地方细节层面考察驱逐的情况就会发现其中的混乱，从1610年起，越来越多的报告向王室说明，许多或自愿或被迫背井离乡的摩里斯科人后来都陆续返回，就像塞万提斯笔下的李果德一样。而许多地方的官员也不得不再次驱逐他们。

1613年，萨拉萨尔伯爵率领一支全副武装的军队前往里科特山谷。伯爵本人是个小贵族、充满热情的行政官员，被任命为卡斯蒂利亚执行驱逐敕令的负责人。驱逐工作像以往一样非常严肃认真地开始了，但即使萨拉萨尔伯爵在场，当地的神父依然能够提供类似于储蓄银行的帮助；教区内的摩里斯科人可以把钱存在他那里，也可以把房产托付给他。王室甚至允许他们继续持有房产，并且可以授权代理人管理。有些人逃到了山里，老弱病残、已婚者和儿童被允许留下。所以，虽然萨拉萨尔伯爵的士兵将流亡者押送至岸边登上前往意大利的船只时，许多流亡者都因不舍家乡而流下眼泪，但是他们一定都对能够返回家乡抱有很大希望。而且有充足的资料证明，他们中的很多人确实很快就回了家；其中一些来自官方记录的证据表明，宗教裁判所和政府官员在之后的几年里依然会不时烦扰他们，甚至一直持续到17世纪20年代才有所好转。[20] 到委拉斯开兹的画作赢得费利佩四世的比赛时，已经没人在意依然居住在西班牙的摩里斯科人了。

对于塞万提斯来说，李果德这个名字显然象征着驱逐的低效。但是，桑丘·潘沙的朋友李果德居住在拉曼查，而不是穆尔西亚或相邻的巴伦西亚；当我们把目光转向拉曼查，会发现一个更加引人入胜的故事，说明了驱逐穆德哈尔人的政策几乎是彻底失败的。

最近，萨拉戈萨省档案馆发现了一批文件，其中详尽地记载了萨利纳斯伯爵、比利亚鲁维亚-德洛斯奥霍斯领主以及葡萄牙议会主席是如何竭尽各种法律和行政手段，实地使用各种阻碍性、事实上很狡猾的策略，来挫败萨拉萨尔伯爵及其手下的。[21]

萨利纳斯伯爵的第一个策略是故意曲解驱逐敕令，他声称驱逐敕令只适用于从格拉纳达来到他领地上的摩里斯科人，他声称这类人"只是极少数"，并要求由他们自己主持对这些牺牲品的驱逐，"因为他们是我的封臣，并且一直是善良的基督徒"。萨利纳斯伯爵出身名门望族，但对王室权威不屑一顾。他让住在附近的阿尔马格罗的王室官员注意到，在他的领地上，他们无权干涉驱逐事务。随后，比利亚鲁维亚镇写信给国王，主张他们的摩里斯科人的权利是由天主教双王授予的，而萨利纳斯伯爵本人也指出，摩里斯科人甚至并没有住在独立的街区，而是与镇上其他民族混居的，尽管这实际上有些言过其实了。接下来他开始游说卡斯蒂利亚议会的成员。同时，他还鼓励自己领地上的老基督徒娶单身的摩里斯科人女孩为妻，显然大部分都只是策略婚姻，因为教区的记录表明这些夫妇鲜有生育。甚至还有迹象表明，他同时也支持伪造文件、在法庭上作伪证为摩里斯科人编造其祖先是老基督徒的谎言。萨利纳斯伯爵给人留下了在政治上很无情的印象，但他的眼中却闪烁着光芒。

到1611年夏天，在萨利纳斯伯爵各种策略的帮助下，萨拉萨尔伯爵强行驱逐出比利亚鲁维亚的流亡者仅六七百人；而前往法国边境的途中，在经过马德里时，这些被押送的流亡者中又有250人设法摆脱警卫，逃至萨利纳斯伯爵的府邸避难。对于他们后来的情况我们知之甚少，但这些逃脱的人中至少有一些被允许回到比利亚鲁维亚的家中。

驱逐渐渐演变成一出悲剧性的闹剧。前往法国边境沿途城镇的官员都不愿接管其他地区来的摩里斯科人。没有记录显示从西班牙流亡至法国的总人数，不过，到了9月，萨拉萨尔伯爵抱怨说，至少有400人回到了比利亚鲁维亚，并且带来了大量附近城镇和领地的流亡者。更为离奇的

是，9月末，一个名叫阿隆索·桑切斯·特林塞斯的摩里斯科人出现在了
比利亚鲁维亚镇政府，出示了格拉纳达大法官法庭签发的关于多名市政官
员的任命和选举争议的指示，而这些任命和选举通常是在米迦勒节（9月
29日）举行的。

更恐怖又讽刺的是，第二年，王室官员再次来到比利亚鲁维亚驱逐
摩里斯科人，结果他们发现这些摩里斯科人正聚在教堂，见证主教带领
150个摩里斯科人孩子第一次领受圣餐。[22] 但是，猫捉老鼠的游戏还在继
续，1613年又进行了第三轮对摩里斯科人的驱逐。直到1617年，比利亚
鲁维亚才明显恢复常态。[23]

"直到16或17岁，也许是20岁，我都住在父母的房子里，"多年后，
一位名叫迭戈·迪亚斯的摩里斯科人回忆道，"我和父亲一样当了劳工，
直到国王下令驱逐摩里斯科人。我们把财物装上搬运车，被押送至法国的
圣让德吕兹，在那里我第一次看到了大海，但那是一个气候寒冷潮湿的地
方，我们都渴望回到西班牙。"于是他真的回了西班牙，但又被逮捕并押
送至法国。第二年他又尝试了一次，"这次我运气比较好，回到了代米耶
尔的家中，给宗教裁判所的官员当仆人"。然而，"我又一次和许多返乡的
人一起被捕了，我们被押到了西班牙东海岸的卡塔赫纳。有的人被罚到桨
帆船上服役，但是上帝救了我，即使我是有罪之人。我们在卡塔赫纳待了
几天后，执法官带来了另外一群摩里斯科人，然后把我们一起押上了船"，
这艘船本应送他们去意大利，结果却在北非非法登陆了。他们只得步行前
往附近的阿尔及尔，路上，一支摩尔军队很好地接待了他们，并把他们送
到了已经有着6000名格拉纳达难民的城中。

迭戈声称，在阿尔及尔，他被强行实施了割礼，他认为这是极大的
罪，于是立刻向一位被俘虏的基督教神父秘密地进行了忏悔，尽管神父本
人也很有可能已经被实施了割礼。很快，他逃到了一艘摩里斯科人的渔船
上，成功抵达了萨拉戈萨，然后到了法国寻找他的家人。他在法国得知一
些亲戚已经去世，其他一些则回到了西班牙。但迭戈决心前往罗马，"去
忏悔我的罪过，因为有人告诉我，割礼违反基督的律法，是一项足以致死

的罪，只有教宗才能宽恕我的罪"。途中，两位善良的法国修士向他解释说，阿维尼翁也是教宗的领地，那里的主教可以赦免他的罪过。于是他来到了阿维尼翁，一位懂西班牙语的神父赦免了他并为他提供了书面证明。

回到西班牙后，迭戈从巴伦西亚流浪到阿利坎特，当了屠夫学徒。后来，又带着他维持生计的工具游历安达卢西亚和拉曼查，最后定居在路易斯·德·莱昂的出生地、美丽的贝尔蒙特镇。1633年，他在贝尔蒙特被宗教裁判所逮捕。他向宗教裁判所讲述了自己的经历，我们如今正是通过宗教裁判所的记录了解到他的故事。他辩解道，如果自己不是虔诚的基督徒，当时完全可以留在北非，"那里遵循伊斯兰教义，是一片富足的土地"，第二年一月，他被无罪释放。[24]

迭戈的故事里到底有几分真实，又有几分是出于为自己辩护而编造的谎话，对此我们只能猜测了。然而，他的故事很好地提醒了我们，虽然他成功地回到了故乡西班牙，但他的生活已经被迁移和充满不确定的情况打乱；不管他的生殖器是否接受了割礼，他的良知肯定受到了侵犯；他之所以四处流浪、居无定所，很可能是出于对自己恐惧的逃避，也可能是在不停地逃离宗教裁判所的追查，尽管最终他还是被捕了。但无论如何，对于迭戈的驱逐无疑是失败的。

归根结底，驱逐摩里斯科人是对统治权威和王权极限的测验，其结果显示了行政管理的范围和强度。过去，人们认为，驱逐摩尔人的成功证明了莱尔玛公爵管理之高效、君主之威严。[25]但是现在很显然对于萨利纳斯这样的大贵族和他们的封臣来说，中央政府是个"遥远的烦恼，能平息就平息"，至少在卡斯蒂利亚是这样。现实如此，"离马德里越远，命令越难落实，因此也就越容易忽略命令。西班牙有句著名的谚语se obedece pero no se cumple，形容得再准确不过了"。[26]这句谚语的字面意思是"听从但不服从"，换种说法可能更好理解一些，"我服从法律的统治，但我不遵守法律。"

然而，巴伦西亚的证据更加难以估算。普遍认为，在17世纪初，巴伦西亚王国居住着约13.5万名摩里斯科人，根据1602年贝纳文特伯爵下令开展的对新摩里斯科人人口普查的结果，巴伦西亚共有24695户，相当于有10万或更多的人口。在驱逐摩里斯科人过程中，流亡者所乘坐船队指挥官留下的官方记录显示，总计运送了117521人。[27] 乍一看，巴伦西亚的摩里斯科人似乎已经被全部驱逐了。

但是，到1614年驱逐摩里斯科人的政策被废止时，萨拉萨尔伯爵依然在向莱尔玛公爵、费利佩三世和国务议会宣扬有大量返乡的或者从未被驱逐出境的摩里斯科人。这证明了这个民族对他们故土的忠诚，以及他们作为西班牙人的本土认同。研究表明，他们的后代今天仍生活在比利亚鲁维亚；他们独特的文化影响了整个西班牙，最常见而美味的例子就是经典美食西班牙冷汤、白冷汤（用杏仁制作的冷汤）、肉丸（用藏红花调味）、橘子沙拉（用腌鳕鱼和橘子做的沙拉）和阿尔马格罗腌茄子，甚至西班牙海鲜饭也根植于巴伦西亚的摩里斯科人历史。

11.7万名流亡者中并没有计算那些后来成功返回家乡的人；而且其中只有57人是已经被驱逐又偷偷回来的，结果被再次驱逐的，实际上，遭遇这种命运的人肯定更多。然而，我们能找到的最可靠的数据显示，1650年巴伦西亚的乡村摩里斯科人数量下降至驱逐前的一半，可能在4万人左右。这是整个西班牙全国人口锐减40年后的情况；巴伦西亚条件恶劣的高原正是大部分摩里斯科人村落所在的地方，而事实上，这里人口减少的数量和西班牙环境最严峻的地区所记录的人口减少数量差不多。这就令人不禁问出一个略显尴尬的问题，到底有谁生活在那呢？[28] 有一种很有想象力的答案认为生活在这里的人是从法国来的移民，但是法国于1634年就向西班牙宣战了，根据估算，在当时整个巴伦西亚的所有城镇和乡村地区一共才1万法国人。[29] 那么这些古老的摩里斯科人村落中的"新"居民到底是从哪来的呢？通常的回答是，他们是来自西班牙其他地区的老基督徒。但是，当时整个欧洲的人口都在急剧减少，谁会来如此艰苦的地区生活，而不是搬到由于人口减少而变得自由的更加宽容的土地上呢？其实和西班牙其他地区一样，答案就是过去一直生活在那里的人；在巴伦西亚这里，就是摩里斯科人。

能够将10万多摩里斯科人从巴伦西亚港运走，无疑证明了西班牙军队和舰队的高效，但这对摩里斯科人以及他们的领主造成了无法估量的损害，而且领主们从未获得王室曾许诺的赔偿。不过似乎大部分被送走的摩里斯科人很快就都回来了，王室根本无法在巴伦西亚或卡斯蒂利亚永久实施驱逐政策，正如他们不断向尼德兰派遣军队，不断与英格兰海战，但都无法取得永久性的胜利一样。

里科特山谷和比利亚鲁维亚这样的案例毕竟是少数，更多的人面临的是迭戈·迪亚斯那种曲折的命运。虽然对摩里斯科人的驱逐基本失败，造成的大部分损失也得到了补救，但是给他们个人带来的痛苦以及对他们民族传统和文化造成的破坏并不会因此减少。无能和不称职不能成为那些允许实施驱逐政策的原教旨主义者的借口。

在《堂吉诃德》后面的章节中，堂吉诃德和桑丘去了前文提到的印刷厂后不久，被带去参观了一艘守卫巴塞罗那港的桨帆船。在船上，二人卷入了对巴巴里海盗的追捕。这是堂吉诃德最接近服役的一次经历。海盗的船只被俘获后，大家发现船长竟是一位美丽的摩里斯科人少女，名叫安娜·斐丽斯，因为她是一位虔诚的基督徒，只能假扮成海盗的模样才能逃离阿尔及尔。这时候，李果德出现并认出了自己的女儿，安娜继续告诉众人，她已经与老家拉曼查的一位老基督徒家庭出身的贵族少年订婚，而少年此时仍在北非做俘虏。

仁慈的加泰罗尼亚总督发话了：他嘱咐人对李果德和他的女儿尽心款待，"他的仁心厚意都是安娜·斐丽斯的美貌激发的"。最终，安娜心爱的贵族少年堂格瑞果琉终于获救，堂吉诃德那位有影响力的东道主堂安东尼欧和总督都同意动用关系帮助李果德留在西班牙并让安娜·斐丽斯能与心上人结婚。到《堂吉诃德》下卷出版的1615年时，这类和解成了已经被证明无法将集权权威强加于臣属的王室默许的政策。

虽然处于费利佩三世驱逐摩里斯科人政策实施期间，塞万提斯在书中依然对这一政策的失败毫不避讳、大书特书，而在书的前面几章里，他还讲述了另一段完全不同背景之下的精彩故事，在这个故事里，王室权威也受到了严重挑战。堂吉诃德和桑丘在离开那家菜单里的菜都消失了的旅馆后不久，就踏上了前往巴塞罗那的旅途；当他们第一次进入了加泰罗尼亚时，他们遇到了全书中唯一一个非常真实的人物：江洋大盗罗加·吉纳达，塞万提斯称他为罗盖·吉那特。

夜幕降临，桑丘和堂吉诃德离开了大路，在一片树林里下了马；当桑丘安然入睡时，他的主人堂吉诃德却梦见了蒙德西诺斯和杜尔西内娅。夜深人静，堂吉诃德想到桑丘对鞭打自己以解开杜尔西内娅身上的咒语很不上心，气不打一处来，决定亲自来进行必要的鞭打。但当他开始脱桑丘裤子时，桑丘被他弄醒了，赶紧躲到一棵树后，却"忽觉脑袋上什么东西碰了一下，举手摸到两只穿着鞋袜的人脚。他吓得浑身乱颤，忙跑到另一棵树旁，又是那样，就急得大喊堂吉诃德救命"。二人很快就发现，"树上挂满了人脚人腿"。

堂吉诃德赶紧安抚桑丘："咱们大概离巴塞罗那不远了；那地方官府捉到土匪和强盗，往往把二三十个一起挂在树上绞死。你甭害怕，你黑地里摸到的准是他们的腿和脚。"

当时的读者读到这里肯定知道这并不是堂吉诃德的幻觉，因为整治加泰罗尼亚的匪患是当时的热门政治话题之一。1613年，加泰罗尼亚总督自夸道，他的"成就超过任何一位总督"，因为他建立了一支由"12名骑兵和30名步兵"组成的"战无不胜"的队伍，以追捕"最坏的强盗"罗加·吉纳达。他还说："我已经绞死了22名罗加·吉纳达的手下，我相信罗加本人也一定会被绞死。"[30]

早上，堂吉诃德和桑丘看到了树上挂着的尸体。塞万提斯告诉我们，"他们看了这许多死强盗很吃惊，不料天亮了又跑来四十多个活强盗，把他们团团围住；这一惊更非同小可"。劫匪正洗劫二人的褡裢袋时，他们的头领来了，"他大约三十三四岁，体格很结实，中等以上身材，黑黝黝的皮肤，神情很严肃。他骑一匹高头大马，身披铁甲，腰两侧分插着四支小火枪。他看见那伙喽罗（他们中间称为'侍从'）搜索桑丘·潘沙，就喝令住手"。他的注意力转移到堂吉诃德身上，说道："老哥，别丧气，你没有落在杀人不眨眼的魔君手里，我罗盖·吉那特宽厚为怀，不是狠心人。”

“我丧气不是因为落在你们手里了，我只为自己太不经心，没备上马就给你手下的勇士捉住。按我奉行的游侠骑士道，我应该是自己的哨兵，得时刻戒备。我告诉你，英雄罗盖，假如他们来的时候我拿着长枪和盾牌骑在马上，要我投降可没那么容易！”

罗盖当然也听说过堂吉诃德，见到真人让他感到大为惊奇。当时，真正的罗加·吉纳达正流亡意大利，他的传记作者曾说，如果罗盖知道自己出现在了这本如此畅销的小说的下半部中，一定会乐不可支。[31]

“勇敢的骑士啊，”罗盖对堂吉诃德说，“别懊恼，你这会儿未必倒霉，说不定正由你这点错失，背运倒会往好转。老天爷常由世人意想不到的曲折，把跌倒的人扶起，叫穷人变成富人。”

这时候，一位落难的少女疾风般骑马来到他们面前，请求罗盖的帮助。她答应了一位贵族青年的求爱，青年的父亲属于另一伙强盗。青年向少女做出了婚姻的承诺，后来却娶别人为妻。冲动的少女刚刚用一支火枪和两把手枪射击了抛弃她的爱人。她希望罗盖能带她穿越边境前往法国。

接下来是令我们非常熟悉的“罗密欧与朱丽叶”式的情节反转，罗盖带少女回到了犯罪现场，找到了那个垂死的贵族青年，青年向少女解释说，他并没有娶其他女人为妻。少女晕倒了，青年死去了。“见她哭得非常伤心，向来不惯流泪的罗盖也陪着流泪了。”

回到侍从们身边后，罗盖让他们归还从堂吉诃德和桑丘身上抢来的东西，然后让他们站成一排，好给他们分配近期袭击抢劫来的赃物。当时民间传说，真正的罗加·吉纳达像罗宾汉似的，对待手下兄弟一律平等，并且虔诚谨慎地恪守着不偷抢教会财物的原则。[32]

在某个关于罗加·吉纳达的虽然不完全合理但非常引人注目的故事中，他和他的手下曾经抓到过一个名叫马丁·德·佩尔皮尼安的平信徒修士，他在埃尔埃斯科里亚尔做珠宝生意，带着一些为奥地利的玛格丽特准备的精美珍珠，当时正沿着主干道从巴塞罗那返回卡斯蒂利亚。

一开始，虽然他们粗暴地对待他、辱骂他，但他都不在意，因为他们能抢走那些尘世的珍珠，“却无法夺走基督智慧的珍珠”。而且他对“他们可能不会拿走珍珠"还是保持乐观的，"因为他已经采取了预防措施，把它们藏在了核桃壳中"。可是，"强盗中有个人想尝尝核桃，于是发现了隐藏的珍珠"。吉纳达问修士这些珍珠是哪来的，修士解释说它们都是王后精心挑选的，既然巧妙隐藏的地方被发现了，他恳求吉纳达对王室财产手下留情。"奇怪的是"，强盗们不但将珍珠还给了修士，而且"护送他走了很长一段路，以免他又遭遇不测"。同行的时候，吉纳达向修士承认，"他和他的手下都希望能够被招安"。故事的结局是，"强盗们得到了王室的允许，去佛兰德服役了"。[33]

在堂吉诃德与桑丘看到罗盖公平地分配赃物，桑丘感叹即使盗贼之间也需要公平时，罗盖手下负责打探消息的侍从出现了，告诉他们有一群旅行者正沿着去巴塞罗那的路前进，罗盖下令抓住他们。同时，罗盖向堂吉诃德坦言，他基本上是被迫走上这条路的，干这一行是因为受了屈，要吐一口气，才过上了有组织的犯罪生活。堂吉诃德对罗盖的话颇有感触，于是建议他不再偷盗，做个游侠骑士。

堂吉诃德和桑丘同罗盖一起度过了三天时光，然后沿着小路前往巴塞罗那。堂吉诃德对强盗的生活大为惊奇："他们天亮在这里，吃饭又在那里；有时拔队逃跑，却不知躲谁，有时原地等待，也不知等什么。他们站着睡觉，才做了半个梦，又转移到别处去。他们成日成夜忙着放哨、望风、吹旺火枪里的引火绳。"

这天深夜，罗盖把他们送到巴塞罗那城外的海边后离开了。第二天清晨，"东方发白，晨光静穆"，堂吉诃德和桑丘第一次看到了大海。一群骑士出现了，热情地迎接了他们："堂吉诃德先生，请您和我们同走吧。我们都是为您效劳的，都是罗盖·吉那特的好朋友。"这群人的领头人堂安东尼欧·台·莫瑞诺，"是个有风趣的富绅，喜欢开开玩笑，可是不失分寸；不伤和气"。

塞万提斯将当时加泰罗尼亚实际存在的这个引人入胜的传奇人物放入故事之中，成功地勾勒出了17世纪初加泰罗尼亚的恶劣状态。

1615年，安波斯塔的领主报告说：

　　　陛下和众臣都清楚，整个加泰罗尼亚公国分为对立的两派：涅
　　尔派和卡德尔派，他们继承了祖辈的仇恨，延续了多年的敌意，仅
　　仅因此就拿起武器互相攻击，犯下杀人、偷盗、抢劫的罪行，以至
　　于到现在也没有任何方法能根除这一野蛮的传统。[34]

　　领主把加泰罗尼亚描绘成被两个强盗团伙主宰的样子，这并非简化
事实的说法，反而准确地体现了卡斯蒂利亚现代化背后遗留下了一片法外
之地的可怕现实，这里有大量的暴徒——平民、乡绅和贵族——他们确
实和涅尔派与卡德尔派这两大"黑帮"家族多少扯上了关系。加泰罗尼亚
非常贫困，而当地的贵族和巴塞罗那的寡头通过偏执地维护他们的传统法
律和权利千方百计地保护着自己的既得利益，这使得他们与被视作是来自
卡斯蒂利亚的不速之客的哈布斯堡王朝陷入了持续不断的冲突。一位持民
族主义思想的顾问曾提醒加泰罗尼亚政府，"加泰罗尼亚的事务决不能依
照其他王国或外省的事务评判，那些地方的国王和领主都是主权领主，拥
有制定与否决法律的权力……而在加泰罗尼亚，最高权力和对整个省的
管辖权属于……国王陛下和省里的三个阶级"。[35] 一位同样激进的政治评
论家对费利佩四世解释道，中世纪的法律是"陛下和您封臣之间的"契
约，因此"陛下应当遵守他们的法律，保护他们的特权"。[36]

　　加泰罗尼亚是一个贫穷的省份，哈布斯堡王朝在此权力有限又不受
欢迎，所以大多不参与当地政治；获得册封的贵族也都迁移到了在卡斯蒂
利亚的政治中心，只留下一些地位较低的小贵族在破败的庄园里继续腐
烂，而他们则加入并助长了当地的匪帮。16世纪80年代，一名荷兰旅行
者路过了一位领主统治的小镇，这位领主"看上去更像恶霸而不是贵族"，
住在"小镇西边的一座破败城堡里"，但时常待在巴塞罗那，在那里"为
争夺镇上肉店的权利而控告他的附庸"。荷兰人感到惊奇之余解释道，"这
种事情在加泰罗尼亚的乡绅中倒也常见，他们对待附庸极其严苛，使走投
无路的附庸成为在主干道上拦路抢劫的元凶"。[37]

　　这些绝望的小乡绅与堂吉诃德显然有一定的相似之处；然而，堂吉
诃德是滑稽有趣的虚构人物，他在卡斯蒂利亚的大路上偶尔做出的暴力举

动，不过是一个疯子在流浪汉文学世界中进行的愚蠢冒险，而加泰罗尼亚乡绅则是真正的强盗，他们拦路可不是为了冒险，而是为了获得快钱。堂吉诃德或许在罗盖·吉那特身上发现了一些潜在的同类精神，但他可从没像罗盖那样面对被吊死在树上的风险。

堂吉诃德有一天清早，披戴着全副盔甲，出门到海边闲逛时，忽见一位骑士迎面而来。"大名鼎鼎、赞叹不尽的骑士，"那人喊道，"我是白月骑士。我为了自己的情人，特来和你比武，试试你有多大力气。你甭管我的情人是谁，反正比你的杜尔西内娅·台尔·托波索美得天悬地隔，不能相提并论。你要是干脆承认我这句话，就饶你一命，也省得我动手了。假如你要和我决斗，那么，咱们先讲明条件。我赢了你不要你别的，只要你放下武器，不再探奇冒险，在家乡待一年。这一年里，你得安安静静，剑把子也不许碰；这样你就可以整顿家业，挽救自己的灵魂。"

堂吉诃德大为震惊。"白月骑士，我还从没听到你的什么功绩。我可以打赌，著名的杜尔西内娅你压根儿没见过，要是见过，就决不会这样向我挑衅。"

于是，在总督和堂安东尼欧的共同主持下，两位骑士开始了决斗，他们骑着马拉远距离，然后急速调转马头，冲向对方。当他们接敌时，白月骑士故意抬起他的长矛，直接重重地撞在了驽骍难得身上，而堂吉诃德也被撞倒在地。

"骑士，你输了"，白月骑士一边说着，一边将长矛指向堂吉诃德的喉咙。

"骑士啊，你一枪刺下来杀了我吧，我的体面已经给你剥夺了"，堂吉诃德回答道。

原来，白月骑士是参孙·加尔拉斯果学士，他进行这样的冒险不过是为了迫使堂吉诃德和桑丘回家的计策。被击败的堂吉诃德慢悠悠地返回了拉曼查，路上还在琢磨他和桑丘也许可以当牧羊人，过上田园小说中的生活，但事实上，参孙那可疑的胜利无疑是对堂吉诃德的死刑宣判。"他发烧不退，一连躺了六天，"塞万提斯解释道，"也许是打了败仗，气出来的病，也许是命该如此。"

"我现在觉得心里豁然开朗，明白清楚了"，堂吉诃德在最后向侄女说道，并且请他的朋友们前来。"各位好先生，报告你们一个喜讯，"他对他们说，"我现在不是堂吉诃德·台·拉·曼却了，我是为人善良、号称'善人'的阿隆索·吉哈诺"，他继续否定骑士小说。"桑丘，我的朋友，"他说，"我以为世界上古往今来都有游侠骑士，自己错了，还自误误人，把这个见解传授给你，害你成了象我一样的疯子。"

"啊呀！"桑丘一边哭一边回答说，"我的主人，您别死呀！您听我的话，百年长寿地活下去！一个人好好儿的，又没别人害死他，只因为不痛快，就忧忧郁郁地死去，那真是太傻了！您别懒，快起床，照咱们商量好的那样，扮成牧羊人到田野里去吧。堂娜杜尔西内娅已经摆脱魔缠，没那么样儿的漂亮；也许咱们绕过一丛灌木，就会和她劈面相逢。假如您因为打了败仗气恼，您可以怪在我身上，说我没给驽骍难得系好肚带，害您颠下马来。"

然而，桑丘的请求是徒劳的。堂吉诃德立下遗嘱，接受了临终圣礼，然后去世了。

1617年，在塞万提斯去世后出版的他的最后一本小说《佩西莱斯和塞西斯蒙达历险记》的序言中写道：

> 心爱的读者，当我和两个朋友从因为有无数理由而闻名的埃斯基维亚斯小镇而来时……我听到身后有人脚步匆匆，好像希望追上我们。我们等了他一会儿，结果发现是一个骑着驴的学生。

他们交谈了起来，然后：

> 这学生刚一听到塞万提斯的名字便赶紧从驴上下来……向我走了过来；他紧紧地抓住我的左手说："是的，是的，这就是那个健康的残疾人，举世闻名，快乐的吟游诗人，众诗人最后的欢愉。"

"许多热情的读者也因为无知而犯了与您一样的错误。先生，我是塞万提斯，但我既不是众诗人最后的欢愉，也不是您所描述的任何其他人。"

塞万提斯解释说，他已经病得很重："我的生命正随着我那无常的脉搏走向终点，最迟到这周日它就会停止。"

几个小时后，他为他的赞助人、意大利议会主席莱莫斯伯爵写了这本书简短的引言："昨天他们为我举行了临终的涂油礼，今天我写下这些文字。时间很短，我的担忧越来越深，希望也越来越渺茫，因此我已经没有了活下去的意愿，却依然活着……"

就在接下来的星期六，1616年4月23日，塞万提斯去世了。

两年前的1614年3月31日，73岁的格列柯"躺在病榻上"向公证员表示，"因为我的病情严重，我已经没有能力立下遗嘱"，于是他签署了有利于自己儿子的委托书。一周后，他去世了。他的葬礼排场盛大，神圣慈善会和七苦圣母会的会友以及他所在的圣多默堂区的大人物们都前来参加了；格列柯被葬在圣多明各修道院，就在他最慷慨的赞助人旁边。[38]

西班牙黄金时代最意想不到的两位名人陨落了。

圣周：艺术与错觉

木头之神。

——胡安·马丁内斯·蒙塔涅斯的绰号

在《堂吉诃德》下卷首次出版的1615年，塞维利亚的耶稣受难兄弟会委托了当时正在城内工作的最伟大雕塑家胡安·马丁内斯·蒙塔涅斯制作耶稣背负十字架的雕塑。蒙塔涅斯同时也是耶稣受难兄弟会的成员。在17世纪上半叶的西班牙，宗教雕塑力求逼真地描绘耶稣、圣母和圣人的形象，技艺炉火纯青，而蒙塔涅斯制作的耶稣雕塑便是最佳例证之一。这些雕塑作品使用木头雕刻后上色，色彩细腻，栩栩如生，它们标志着西方雕塑史上以雕塑体现情感和心理的一次巅峰，相比之下，此后其他的作品都显得平淡无奇或是过于庸俗。

安东尼奥·帕洛米诺被称为"西班牙的瓦萨里"，他于18世纪初写道，蒙塔涅斯创作的耶稣受难令人叹为观止："他的表情极度痛苦，即便是铁石心肠的人看了也会变得虔敬，据说当人们抬着这座雕塑参加圣周的游街队伍时，艺术家本人也跟着队伍走街串巷地看它，惊奇地说如此精美的作品不可能是自己做的。他还创作了另一座耶稣受难像，"帕洛米诺继续写道，"这座雕像中，我主耶稣正在对忏悔的囚犯说话，形象非常生动，就好像能听见他说话的声音。"[1]

　　蒙塔涅斯被他同时代的人称作"木头之神"。那时候正是艺术发展生机勃勃、令人振奋却又暗含危险的关键时刻。发展到了极盛阶段的西班牙巴洛克风格，用强烈的现实主义风格表现出丰沛的情感，似乎一不小心就会落入庸俗的巨大深渊。帕洛米诺记叙的轶事与上文中那位塞维利亚贵族让仆人误以为画像是真人的故事如出一辙，显然符合当时沉迷于技巧和幻灭的趣味。堂吉诃德与桑丘·潘沙在巴塞罗那也遇到了类似的情境。堂安东尼欧邀请他们去看一个神奇的"会说话的脑袋"。这是一座铜铸的男子半身塑像，有一根传声的管子连接到楼下的房间，答话的人就躲在那里。堂吉诃德和桑丘明显被这套机关骗住了，与它攀谈起来，这让东道主堂安东尼欧和他的朋友们忍俊不禁。然而，这并非塞万提斯想象的产物，这种东西当时真的存在：有人在马德里的王宫中亲眼见过"一个萨提尔的头，眼睛和耳朵都可以做出大幅度的动作"，甩着头发，"张大嘴巴，发出巨大的呻吟，任何没有得到事先提醒的人都会被惊吓到，有一次我看到一名男子被吓傻了，往后猛退了四五步"。[2]

　　这些东西从某种程度上说是庸俗的露天游乐场式的滑稽、卑微的闹剧式的风趣，是用来给那些不那么成熟的贵族解闷的。但是塞万提斯用堂安东尼欧的"会说话的脑袋"强调了一系列复杂得多、深奥得多的问题，也是这些东西的制造者和拥有者想要亲身探询的问题，是关于观察、真实与真理意义的问题，是关于生命本质的问题，是关于面对幻灭感到焦灼和无力的问题。这些巧妙的、近乎艺术的机器有着滑稽又可怕的戏剧性，反映了当时的人们痴迷于再现和错觉的戏剧的事实。这些脑袋就像蒙塔涅斯的宗教雕塑一样，几乎可以比作舞台上的演员。而且这些脑袋更加体现出西班牙人非常享受的一件事，那就是突然揭示某个看上去真实具体的东西其实只是对自然、对上帝创造物的人为模仿罢了。但是，他们又问了，这是虚构的吗？他们极度渴望充满道德真理的奇妙而生动的梦境，但他们也想得到他们的现实。

　　或许蒙塔涅斯在游街队伍里看到自己创作的耶稣受难像时，真的对它体现出的自然主义感到惊叹不已。帕洛米诺举的这个例子是一个自古典时代就被建立起来的关于错觉的故事，而且不断地被黄金时代的艺术家和赞助人提及。老普林尼在他的《博物志》中讲述了公元前3世纪，伟大的画家赫拉克勒斯的宙克西斯与巴赫西斯比赛的故事。宙克西斯画的葡萄鲜美多汁，吸引了鸟儿飞来啄食，"而巴赫西斯画了一幅极其逼真的帷幕，宙克西斯看了之后，感觉自己画的画能吸引鸟儿，非常骄傲，便要求巴赫西斯赶紧把幕布掀开展示自己的画作"。巴赫西斯画的帷幕如此逼真，甚至骗过了身为伟大艺术家的宙克西斯，后者只好将第一的位置让与对方。[3]

从神话的角度来说，艺术作为错觉的想法进入了神圣领域一去不复返，因为所有造物和生命都可以看作艺术的形式。我们只需要想想希腊神话中的雕塑家皮格马利翁，他用大理石雕刻了一位美丽的女子，并且祈祷阿佛洛狄特给予她生命，阿佛洛狄特答应了他。[4] 在基督教传统中，上帝本身就是生命的雕塑家，我们都很清楚："神就照着自己的形像造人，乃是照着他的形像造男造女。耶和华 神用地上的尘土造成人形，将生气吹在他鼻孔里，他就成了有灵的活人，名叫亚当。"[5] 但蒙塔涅斯在雕刻出栩栩如生的雕塑时，可不仅仅是威胁要擅闯伊甸园。如果我们停下来，想想耶稣受难像的主题，很快就会意识到称蒙塔涅斯为"木头之神"其实是一种危险的讽刺。

时至今日，塞维利亚人仍然是容易兴奋的社交爱好者，绝不错过任何聚会或交谈的机会。他们投身于现实生活这一戏剧，街道就是他们的舞台，他们既是演员也是观众。如今，从圣枝主日到复活节，城里总是挤满了形形色色的人，他们中有虔诚的看客、好奇的观察者、多少带着点敬意的游客、随性的寻欢作乐者，他们都被这一周时间里的游行吸引，届时会有61个宗教团体从各自的小教堂出发，游街行进至大教堂再返回各自的出发地。这些宗教团体有的贫穷卑微，有的年代久远、让人肃然起敬，有的是具有很大政治影响力的富有慈善机构。每一个都是在黄金时代发展到顶峰的传统的骄傲继承者。

圣周期间的每一天都会有人排成两条长队，身穿长袍，头戴特制的西班牙尖帽，穿过大街小巷。他们被称为"拿撒勒人"，因为他们所穿的类似神父的服装让人想到奉行禁欲的拿撒勒教派，耶稣也属于这个教派。

白天他们常常站在春季的骄阳下或冷雨中；晚上他们会点燃拿了一整天的又长又重的蜡烛。历史上这些人被称作"光明兄弟"，他们为忏悔的人们照亮道路。今天，光着脚的忏悔者们也戴着尖帽，但这种尖帽没有圆锥形的支撑结构，所以帽子耷拉在脑袋后面。他们背着木质的十字架，走在队伍的尾部。队伍最重要的部分是"帕索"，这是一种巨大的巴洛克式花车；第一台上面有基督像，最后一台上面是在华盖下哭泣的圣母像，华盖上铺满玫瑰，用银质的细柱子支起，插满蜡烛。在这两台帕索之间，可能还有其他的帕索，也被称为"秘密"，它们上演的是耶稣受难记中的场景。同时，游行的队伍中还有带着铜管乐器和鼓的乐队，以及几十个打扮成罗马军团模样的人，伴随着一台表现本丢·彼拉多洗手场景的花车。

如果说，从严肃的外在形式来看，塞维利亚的圣周似乎是在表达对人类获得救赎的喜悦和对耶稣牺牲的哀悼，那么巴利亚多利德同样令人印象深刻的游行则是一曲叫人无法抗拒的沉痛挽歌，哀叹人类犯下的罪过之大，竟需要如此残暴的救赎。这两座城市是西班牙未曾中断的宗教忏悔游行——尤其是与复活节有关的游行——传统最为著名的例子，今天，这一习俗在整个西班牙语世界也都能看到。新墨西哥州苦行兄弟会表现出的承受力也许最能说明这种崇拜的强大吸引力。在西方文化中，很难想到有其他持续的、现存的传统能像塞维利亚的圣周一样，在一个社会中有如此牢固而核心的地位。要体会西班牙黄金时代的长足影响，没有比在圣周游行的人群中更合适的地方了。

公开地以苦修方式进行忏悔并不是新鲜事。对于基督徒而言，这起源于古罗马时代的早期信徒面对迫害选择殉教的狂热行为，但是这在许多文化中都很常见。同样的，人类自古以来就经常举行宗教游行或其他形式的庆典活动。中世纪，塞维利亚的圣弗朗西斯修道院中成立了一个献身真十字架的兄弟会。各行会一般会在主保圣人对应的宗教节日当天组织游行，展示主保圣人的形象。欧洲各地都有鞭笞游行，在世俗权威的支持和管辖下，意大利出现了许多鞭笞派团体。[6]15—16世纪，圣餐兄弟会的地位变得格外重要，这些兄弟会成员游行展示圣餐面包，在基督圣体节当天举办的游行最为盛大，但其他日子也会组织。这些活动其实是社会福利的一部分，例如在马德里的面包与鸡蛋巡游会向穷人分发食物，格列柯的门生路易斯·特里斯坦就曾在画中以精美的笔触描绘过这一场景。另一些，例如塞维利亚的慈善医院，则会把圣餐带给病人和将死之人。宗教裁判所树立的戏剧化的典范必然助长了在游行中进行忏悔的狂热，而16世纪末西班牙遭受的粮食歉收和瘟疫的连番打击，令人们有了额外的动力做出这些表达虔诚的行为。1599年，塞维利亚举行了数次宗教游行，苦修者们"一边鞭笞自己一边祈祷，乞求上帝带给这座城市健康，因为它遭受邪恶传染病的侵袭"。[7] 国际化的塞维利亚成了极其重要的宗教中心，充满了财富、贫穷与恶习。当时，人们相信军事失败和自然灾害都是上帝对整个民族所犯罪过的惩罚，因此各忏悔的兄弟会团体主张自己是公民道德价值的公共捍卫者。

通常认为塔里法侯爵是这一大众虔诚的推动者，而这种虔诚在复活节时表现得最为热烈。在1519年的那个漫长而不洁的夏天，科尔蒂斯为查理五世备好了黄金礼物，银行家们在贿赂选帝侯投票给查理以便他能成为神圣罗马帝国皇帝，奥维多和佩德拉里亚斯在达连争吵不休，公社成员的气愤变成了狂怒，加西拉索从托莱多的医院里抢回了爱子，与此同时，第一代塔里法侯爵作为朝圣旅行者前往了圣地，开始执行一项完全不同的精神使命。8月的高温下，他在耶路撒冷严格地沿着苦路前行，这是耶稣头戴荆棘王冠，背着圣十字前往各各他时走过的路。各各他又名"骷髅地"，是耶稣被钉上十字架的地方。

塔里法侯爵非常仔细地测量了路线，长度共计1321步（约1千米），他回到塞维利亚之后开始设计重建一条从他家出发的苦路。他的家后来被命名为彼拉多官邸，取自本丢·彼拉多的名字。这条苦路的终点设在城墙之外一个叫作"克鲁斯-德坎波"的地方，意为"田野中的十字架"，这个名字来源于14世纪的"黑人兄弟会"——这是一个只面向非洲黑人的慈善兄弟会，如今是塞维利亚城中最古老的兄弟会——在此建立的一座圣祠。[8] 如今，圣地旁边是沿用其名的克鲁斯坎波啤酒厂，和啤酒厂相比，圣地已经显得相形见绌。克鲁斯坎波啤酒厂生产的啤酒品质出色，口感清爽，在塞维利亚的几乎每一家酒吧里都可以买到。

　　把虔诚与醉酒联系起来也相当合适。在圣周五以及全年其他与十字架相关的宗教节日中，塔里法侯爵都会组织一系列游行，队伍一般都从他官邸中的苦难小圣堂出发。这些游行很快就吸引了大量想要忏悔自己罪恶和凑热闹的人。方济各会的修士们沿路线排开，鼓励信徒虔诚信仰、遵守礼数。忏悔者穿着白色或黑色的带帽长袍，背着沉重的木十字架。其他人光着上身，一边走一边用鞭子抽打自己的背部，还有人戴着镣铐，穿着刚毛衬衣，带着其他苦行和自我折磨的工具。有的人单独来，有的人和一群朋友一起来，还有一些人与他们兄弟会的成员一同到来，还从他们的小圣堂或医院里带来了圣人的塑像。但是当夜幕降临，人群借着火把或蜡烛的光线返回城中，有些人的面具还尚未摘下时，罪恶就已在黑暗之中慢慢苏醒。忏悔者的存在恰恰证明了他们肉身的软弱，正如一位已经离任的教士抱怨的，"人类共同的敌人"即恶魔常常出现，导致"对大众卓有成效的教化"堕落成了罪恶、淫荡与放纵。[9]

　　有趣的是，圣周的流行恰逢美洲的克里奥尔殖民地文化认同逐步形成之际。事实上，已知最早的描绘圣周忏悔游行的艺术作品是位于墨西哥韦霍钦戈的一座方济各会修道院中的壁画。这幅壁画绘于16世纪末，画中描绘的是一些光着脚的忏悔者在鞭打自己，一些戴着西班牙尖帽的"拿撒勒人"举着韦罗妮卡曾给耶稣拭面的手帕，那上面印着他的"圣容"；画的背景中，游行的队伍抬着许多帕索，上面有耶稣像、两座殉道者像和圣母像。[10]阿兹特克人对公开演出的热爱，以及他们复现森林和湖泊这种现实场景的舞台制作技术，令西班牙人大为震惊。早期传教士发现，这种对于戏剧演出的热情不仅可以转化为传播福音的有效方式，而且能吸引新入教者参与教会活动。传教士与阿兹特克人之间的关系极为复杂，因为在阿兹特克宗教里，自我折磨、活人献祭以及各式各样的宗教雕塑都占据着重要地位。但是，共同的文化背景成了许多传教项目的支柱。人们通常认为文化的传播全都是由西班牙向殖民地进行的，然而一种迷人的推测是，美洲对于圣周的热情也有可能反向传播到了作为大西洋贸易中心的塞维利亚，促进了进行游行的宗教兄弟会的兴起。

　　塞维利亚圣周最重要的特点是有大量的兄弟会参与，他们能在一周时间里将福音书中记录的耶稣受难的每一个细节都展现出来。各种各样的宗教兄弟会如雨后春笋般涌现，对整个圣周文化绝对起到了核心作用，因为各兄弟会之间形成了根深蒂固的激烈竞争，使其成员直到今天依然十分活跃。他们比较哪个团体的"拿撒勒人"数量更多、游行的资历更深、雕塑更美、帕索装饰得更丰富，还有一些真正狂热的行家则会比较谁能更灵巧地抬着帕索穿过教堂较矮的门，绕过窄巷子里的电线杆、阳台和路灯。圣周过后的数日里，信徒和私人评论家会在博客、聊天室、城里的酒吧和咖啡馆里热烈地讨论刚刚举办的活动，发表自己的理解或评价。油管（YouTube）上充满了展示活动高潮或高超技巧的视频片段，例如制作精美的圣母塑像，以及优美而哀伤的赞美圣母的"赛塔"（saetas）——一种以带有悲情色彩的"深沉调"（cante jondo）演唱的歌曲。1604年在萨尔瓦多广场上，一个宗教兄弟会袭击了另一个宗教兄弟会，他们"用石头、剑、匕首、刀和其他种种进攻性武器……刺伤、砍伤他们所见之人"，导致他们的竞争对手"丢下了塑像和帕索，逃进房子或教堂里"。[11]

　　上文在第11章中讨论过，16世纪70年代费利佩二世曾下令合并大量的"慈善"医院，这或许导致了世俗虔信者之间的决定性分裂。塞维利亚的112家私立慈善医院为穷人和病人提供了不同程度的帮助，但它们中的75家被整合成了2家非宗教性的巨型医院，由国家管理运营。这些自发成立的医院除了帮助穷人之外，也是它们赞助者聚会的地方。有的医院附属于行会或其他机构，有的则是富裕的市民为了行善拯救自己的灵魂而开设的，而它们与生意无关，更像社交俱乐部，可以在此交新朋会旧友，同时这里也是私人圣所和凝聚社区精神的地方。1579—1602年，塞维利亚的这类机构被一批批地关闭，而致力于圣周活动的忏悔宗教兄弟会数量却增加了2倍，这绝不是巧合。

　　到17世纪，圣周的圣像和庆典活动都已建立了和今天一样的基本形式和内容。每个宗教兄弟会都与十四苦路中的一处联系起来，这样在圣周期间，耶稣受难的完整故事可以通过马拉松式的社区街头戏剧形式表演出来。在黄金时代，戏剧中的主要角色都不是由真人扮演，而是使用雕塑家和画家合作制作的神圣形象表现的。

一名17世纪的塞维利亚神职人员曾如此描写蒙塔涅斯的另一杰作《耶稣死亡》：

> 公众对这座圣像之崇拜可以称得上是令人惊奇……它被从仁慈修道院中抬出来，大小和真人一样，奇迹般地移动，激发人们的信仰心；许多虔信徒仅仅是看着它都会被它打动，虽然它一直陈列在修道院的小圣堂中，但当它被抬到公众面前时，它便给所有看到它的人都带来了巨大的心灵震撼；大家都说看到它就好像看到了耶稣死去的真实场景一样。[12]

帕洛米诺所讲的蒙塔涅斯惊讶于自己创作的耶稣受难像的故事，其实符合艺术史中一个古老的传统，即追求世俗或宗教的现实主义的极致。这就给了蒙塔涅斯的惊讶一个更加平实的解释，让这个故事成为合理的事实而非传说。虽然蒙塔涅斯雕刻了耶稣受难像，但雕像的上色和装饰是由另一位艺术家弗朗西斯科·帕切科完成的。蒙塔涅斯的惊讶并非情不自禁祝贺自己的夸张表现，在同时代人眼中，他实际上是在对帕切科杰出地完成了作品表达戏剧性的敬意。

蒙塔涅斯与帕切科建立了伟大的合作，而且可能是历史上雕塑家与画家之间建立的最持久的合作，1615年蒙塔涅斯的惊讶表现就是对二人合作中帕切科的贡献的公开肯定，但奇怪的是，现代艺术史学家很少对帕切科在这种合作关系中的作用给予如此中肯的评价。事实上，如今人们记忆中的帕切科是一名绘画老师，他教过迭戈·委拉斯开兹，还写了一本重要的艺术理论著作《绘画的艺术》，这本书在帕切科去世后于1646年出版，他自己创作的画作呆板笨拙、了无生趣，同时他还是一位迂腐乏味的官员，为宗教裁判所和市政府担任绘画检查员。不过，帕切科自己也有失公允地在《绘画的艺术》中写道："雕塑不管是从它的现实性，还是从它对于自然的模仿的角度来说，都是完全依赖于绘画的，因为它的形式来源于绘画艺术，而它的色彩就是绘画的颜料。"[13]

阿维拉的德兰的神父、神秘主义诗人十字若望儿时曾给一位雕塑家当过学徒，因为他知道上帝是赋予人类形体的神圣雕塑家，所以他认为人世间的作坊是有潜力成为高尚组织的范例，这里的工作是根据工匠的能力井然有序地分配的：

> 不是每个能凿木头的人都能雕刻出人像；不是每个能雕刻人像的人都能抛光打磨它；不是每个会打磨的人都会给它上色；不是每个会上色的人都能做好最后的装饰。一尊雕塑有这么多道工序，每位工匠只能完成他最熟悉的部分，如果他试图做得更多，只会毁了自己的作品。[14]

十字若望描绘的作坊好似有条不紊的机械系统，反映了在现实中，雕塑是由不同的工匠合作完成的结果。

在塞维利亚，与西班牙的其他地方一样，画家和雕塑家会严格区分开，加入不同的行会，画家行会信奉的是圣路加，而雕塑家则与木匠一样，以圣若瑟为主保圣人。因此，所有彩塑的制作都要在两个作坊里完成。雕塑大师首先与顾客讨论作品，草拟合同，以此确定作品的尺寸、人物的姿势、使用的材料、四肢是否需要活动；然后雕塑师作为主要的承包商开始构思和雕刻工作。这类合同对于雕塑是否上色不做规定，顾客如有需求，须与绘画大师另行签订合同。这样雕塑师完成雕刻后会把作品交给画师，画师的团队给雕塑涂上底漆后，再涂上栩栩如生的肤色和令人赞叹的衣服颜色。[15]

1621年，蒙塔涅斯不顾行会严格的规定，签约为圣嘉勒修女院创作圣坛装饰画，包括镀金和绘画。在那个有着无尽诉讼的年代，没有哪一次伟大的专业合作能够不受诉讼的威胁就顺利完成，而帕切科头戴象征着官僚体制权威的帽子，立即代表画家协会起诉了他的朋友和合作者蒙塔涅斯。[16]随后，他写了一篇书信体的《致绘画艺术大师书》，以支持画家的立场，文章结尾处简单明了地解释了当地的法规，建议雕塑家如果想要亲自完成自己的作品，应该通过一系列的绘画考试。[17]（另一位才华横溢的雕塑家、他的学生阿隆索·卡诺就这样做了。）不管蒙塔涅斯这样做是以为自己能不被发现，还是故意想要打破现状，帕切科在行会制度下划出的监管界限具有极大的影响。蒙塔涅斯很快就做出了让步，把绘画工作转包给了一个叫巴尔塔萨·金特罗的画家。对于帕切科而言，这次小小的争论恰好是要求官方认可绘画高贵性的好机会，这也是画家们多年以来的野心；但长远来看，它只是一次商业纠纷，不过似乎并未导致二位合作者之间产生敌意，因为后来几年中，蒙塔涅斯依然经常请帕切科为他的作品完成上色工作。

　　像蒙塔涅斯这样伟大的雕塑家真正的技能在于，他们能够将主题立体化，然后将脑海中形成的全息影像雕刻到木头上。雕刻大师们虽然无法突破传统和所受训练的限制，但无疑都探索出了自己独特的处理作品的方式。一般来说，他或她（例如17世纪末最伟大的雕塑家之一路易莎·罗尔丹）首先会画草图，通常还会做个模型。躯干通常是用一整块木头雕刻而成，然后掏空内部以减轻重量。头部、胳膊、腿和手脚都是单独雕刻的，所以需要绘制图纸说明这些部位如何组装。如果合同要求四肢有可活动关节，他们还需要仔细地规划和设计关节部分。最后，在专业的组装师的监督下，不同的身体部位得以组装成型。组装师喜欢用胶水或木楔而不是金属钉连接，因为金属钉会导致雕塑在潮湿或温度变化时产生裂痕。

　　蒙塔涅斯的耶稣受难像中耶稣的手臂就有着一些比较简单的可活动结构，因此可以做出背着十字架的动作——在游行展示时人们会把它摆成这样——也可以交叉在胸前，表现耶稣被俘虏时的样子。这些动作的变化显然增加了雕塑的动感，这种技艺在16世纪末达到顶峰，当时流行的是有些怪异恐怖的被钉在十字架上的耶稣像，不仅可以从十字架上取下来，而且可以在众多观众面前活动四肢，包括肩膀、手肘和膝关节都能动，有时候连接处还用皮覆盖并上色，看上去像皮肤一样。不过，这种风格只流行了很短的时间，因为当时的教会权威似乎和如今的我们一样都对此感到不安。[18]

　　帕切科在他的《绘画的艺术》一书中介绍，"关于如何完善一尊雕塑有很多内容可以说，这属于油画的领域，不应当被低估"。他继续详细解释了这一过程，和现代研究人员在细心地复原这类雕塑作品时所发现的事实非常吻合。首先整座雕塑要涂上液体石膏底料，然后分别处理裸露的皮肤部分和需要显得色彩鲜艳的衣服。衣服先用亚麻布覆盖，然后再涂上几层不同种类的石膏，之后涂一种作为金箔底漆的红色矿物颜料，使雕塑表面呈现饱满的红色明色调；然后蒙上一层金箔，再在金箔上涂上被称作"填塞"（estofado）的深色涂料；最后，填塞涂料被切割成类似织锦的图案，露出下面的金箔。而需要完善细节或者说"实体化"（encarnado）的部分须再涂上一两层石膏，每层都小心打磨光滑，然后再交给绘画大师用油画颜料处理。

　　1600年，帕切科是最早引入新型哑光漆的人之一，他认为哑光漆比传统的亮光漆效果更加逼真，说亮光漆是"上釉陶器"，不过其他人显然不同意他的观点，因为亮光漆被继续使用着。他极其详细地解释了如何调出不同黏稠度的石膏底料和颜料（有时候要用到如大蒜和面包这样出人意料的配料）以及所需的红色矿物颜料，甚至还提到，在塞维利亚夏天的高温中，"将红铅和白铅粉末混在油里，放在玻璃罐里在太阳下晒15天，每天摇晃，之后过滤"，就能做出"非常好的"颜料。他描述了如何通过仔细使用颜色和明暗对比来制作逼真的发际线，同时解释了如何做出阴影的效果。他建议"永远先处理额头和眼睛……画眉毛是首要任务"，然后告诉我们他喜欢用"带有细腻情感的笔触"画眉毛，并且说他永远都不会"用真的睫毛"，因为他觉得这样会"粗鲁地"破坏雕塑的效果。[19]

　　读了帕切科的书，我们能切身地体会他对于彩塑所作的贡献有多么重要。"因为雕塑的脸部如果只涂一层肉色涂料，就会显得很平，缺少立体感，所以我多多少少会加一些轻柔的阴影……我相信我是第一个这么做的人。"[20]

许多正统的观察者对圣周的盛大表演有所担心。塞维利亚宗教裁判所的一名官员抱怨它轻浮无聊：民众"以娱乐自己的心态观看宗教兄弟会游行，并且阻碍了人们去教堂祈祷……从濯足节中午开始，延续一整晚，再到受难日一整天，有非常多的游行，许多人都在到处找地方观看游行，结果就是喧嚣远胜虔信"。[21] 十字若望虽然儿时做过雕塑学徒，但他对游行使用的塑像还是抱有矛盾的、近乎否定的态度：特伦托会议肯定塑像"对于神圣崇拜非常重要，对于激发虔诚非常必要"，他引用了这一评价，但立即警告不应敬拜"雕刻的形象"本身，认为"许多人喜欢的是这些画和装饰品本身，而不是它们所代表的东西"。或许"喜欢拥有能够激发虔诚之心的形象是件好事"，但是要达到"完美的境界就不能过于执着这些物品，不要因为失去它们而难过"。他尤其厌恶新近流行但"糟糕的趋势……即用衣服［和首饰］装饰这些塑像，这是自负的人发明出来满足自己虚荣心的方法"，他认为这是魔鬼的胜利，因此反对。[22] 一个塞维利亚人的评论对这一问题进行了进一步说明，他抱怨说："他们给圣母穿上一层又一层色彩鲜艳的织锦服饰，戴上帝王的皇冠和其他华丽的装饰，如果在充满欢愉的节期如此也还说得过去……但是在耶稣受难日这种时候实在不太合适。"[23]

让十字若望感到尤其不安的是"穿衣服的塑像"，这种塑像类似于耶稣受难像，在展示的时候要穿上真的衣服。人们一般会给耶稣像穿上明显符合《圣经》上描述的庄重的类似礼拜仪式的衣服，然而给圣母像穿的却是当时流行的哈布斯堡王朝女性常穿的钟形长裙。虽然这些衣服通常比较朴素，为表示哀悼多是白色或黑色，但是显然在黄金时代，尽可能奢华地装饰塑像的习惯已经根深蒂固。不过，"穿衣服的塑像"只在塞维利亚大行其道，在塞维利亚以北的地区并不普遍：胡安·德·阿维拉是一位典型的严格的卡斯蒂利亚评论者，南方使用当代服饰装饰塑像的做法让他大为震惊："他们把圣母像打扮得和世俗的女人没什么区别，这样做导致了不可言说的罪，你简直无法相信这带来的伤害有多大。"[24]

这种现实主义的狂热存在两个清晰的方面。其中一个是，给耶稣像，特别还有圣母像穿衣服、戴首饰，正在发展成一种挑战教会权威的祭祀仪式和炫耀卖弄，许多观察者认为这显然已经沦为庸俗了。另一个同步发展的趋势是，雕塑师们在制作游行使用的塑像时越来越多地引入超写实元素，比如真人头发制作的假发、象牙雕成的牙齿、吓人的玻璃眼珠以及黏在哭泣的脸庞上的玻璃泪珠。

有趣的是，这些后来使用真人元素制作的塑像反倒不如蒙塔涅斯及其同时代的雕塑家的杰作那样，能够有效地创造出有真实感的幻象。要理解其中奥秘，我们需要先了解人类大脑是如何处理图像的。

我们的眼睛不是相机镜头，我们的大脑也不是胶片或像素图。我们看到的图像是大脑在我们通过视觉无数次扫视周遭世界后，根据我们的预期组成的一个完整整体。我们的眼睛在不断地扫描，但只有我们的大脑能尝试着组建出完整的画面。所以我们过往的经验对于这一过程非常关键，因为经验决定了我们预期看到的东西。显然，塞万提斯也应用了这一理论：堂吉诃德不仅仅是"生活模仿艺术"的案例，更是精彩绝伦的（也是惊人的后现代的）艺术入侵现实，或者说艺术殖民现实的、具有极高超越性的案例：他当然会把小旅馆看成城堡，因为他看的书里没有小旅馆；他当然会把风车看成巨人，因为《高卢的阿马迪斯》里没有风车；他当然会把羊群看成军队，因为田园小说里并没有羊群，只有牧羊人和牧羊女。塞万提斯正是利用了他对大脑是如何试图理解眼睛所输送画面的本能理解。在构想我们认为自己看到的世界之时，我们倾向于依赖自己对现实世界的感官经验而不是我们对文学作品的经验，但我们也很容易受骗：每个人肯定都有过即使是在阳光充足的室外也会于匆忙中把一个东西误认成另一个东西的经历。

当我们深入地观察一个所有元素均用艺术创作出的栩栩如生的形象时，我们会下意识地与这个形象及其创造者达成某种艺术上的默契。我们愿意相信它，欣然接受欺骗，不过这是一时的。这就是杰出的维也纳艺术史学家恩斯特·贡布里希所说的艺术技巧中的"观察者参与部分"。但如果给木制的雕像加上真人的头发和睫毛、高度写实主义的眼睛和牙齿，再穿上真的布做的衣服，那么无论给它涂上石膏底料和完美肤色颜料的技巧有多么高超，它看上去永远不可能像头发、睫毛或牙齿那样真实。这些真人元素看上去脱离了实体，而雕像本身也会变得只是雕塑。想想我们去蜡像馆的经历吧，比如伦敦的杜莎夫人蜡像馆：尽管有的蜡像身上使用了巧妙的灯光效果，但当我们置身于蜡像馆里时，始终不会觉得蜡像类似或者就是真人。直到事后看照片时，我们才会觉得自己身边站着的是明星或者历史上的名人。只有照片乏味的自然主义才能欺骗我们的大脑，令我们无法分辨人造的"克隆人"和我们自己的真实。

为了让神圣之物变得真实，艺术家必须让观众发挥想象力，因为这种非凡的质变只能发生在观众的大脑中，就像天主教信仰让圣餐中的面包与红酒变为耶稣的身体和血液一样。而且，正如弥撒中的铃铛和焚香有助于这个奇迹发生，圣周中的人群、蜡烛和音乐也让艺术家的塑像带着人们的思绪进入天堂的精神永恒。塑像只有在特定的环境中看上去才真实，而圣周的背景也不是日常会有的现实，而是超现实的、极度戏剧化的。塑像和真人大小一样，以显得更加自然，但是它们又被放在帕索上抬起来；它们与观众保持着非常重要的心理距离，就像舞台上的演员一样。事实上，16世纪出现了一种新型的道德剧或者叫"圣典剧"，它由中世纪的典礼剧传统发展而来，并成了圣体节庆祝活动的一个组成部分。真人演员在由牲畜拉着的花车上演出宗教故事片段；今天小学中演出圣诞剧的传统也由此而来。

因此，正如戏剧在17世纪变得越来越精致，我们可以发现圣周的戏剧也在戏剧化地发展着。观众在街上看到游行中的塑像时所经历的观察现实和完全自然主义的感觉，不过是错觉。这些塑像都是通过圣周的经历从现实抽象而来的；我们需要人群，需要感到疲劳，需要感到四肢酸痛，需要摇曳的烛光，需要音乐和持续的乳香，才能被蒙骗。最重要的是，观众需要实践和经验才能完善自己的错觉。

正是在西班牙，特别是塞维利亚的文化背景里，三位伟大的巴洛克画家形成了他们对生动的现实主义的理解。首先我会较为深入地写弗朗西斯科·德·苏巴朗和迭戈·委拉斯开兹，在适当的时候还会讲到巴托洛梅·埃斯特万·牟利罗的故事和艺术。

委拉斯开兹和苏巴朗

帕切科的家是因艺术而蓬荜生辉的监狱，是培育塞维利亚最伟大思想者的学院。

——安东尼奥·帕洛米诺，《生活》

迭戈·罗德里格斯·德·席尔瓦·委拉斯开兹于1599年出生在塞维利亚，1611年拜弗朗西斯科·帕切科为师；后来他成了同代人中最伟大的画家，有史以来最伟大的艺术家之一，与提香、鲁本斯、伦勃朗和维米尔齐名。他因为自己的作品而有机会接近费利佩四世，渐渐成长为一名模范式的侍臣、出色的外交官。他是西班牙第一个被国王封为贵族并允许加入圣地亚哥骑士团的艺术家。他的作品对后世许多伟大的画家，包括夏尔丹、马奈、毕加索和培根产生了开创性的影响。

委拉斯开兹是在塞维利亚丰富的日常街头生活和繁荣发展的公共演出环境中长大的。这里既有世俗的戏剧，又有宗教神秘剧和圣典剧。斗牛活动开始形成正式的形态，给城市生活带来些许乡村与野性的感觉。委拉斯开兹成长在全球贸易的中心、西班牙帝国的商业中心、近代世界的中心。

圣周一定给他儿时的想象力和正在形成的艺术视野留下了难以磨灭的印记。长大后，他对圣周的抽象美学又比普通塞维利亚人有了更加准确的理解，因为学习如何上底漆、如何绘制彩塑都是成为画家的核心必修课，也是必须通过的考试，而且，他的老师是帕切科，我们在上文中已经看到帕切科在这方面造诣颇深，因此他更需要特别用心学习。帕切科对于油画的二维和三维图像之间的关系有着特殊的见解，让委拉斯开兹从一开始就有独特的体验，并且深深地影响了他对更广阔世界中人类形态的描绘方式。

委拉斯开兹身边有很多形态各异的圣人彩塑作品，全裸的、半裸的或是待组装的身体部位，在这样的环境中，他开始了人体形态的学习：最初是临摹版画和油画，很快就进步到临摹未上色的雕塑，然后开始根据宗教雕塑本身绘制；据说他还对彼得罗·托里贾诺的雕塑《忏悔者圣哲罗姆》进行过素描。塞维利亚的艺术家们将《忏悔者圣哲罗姆》奉为自然主义的典范，认为它奠定了宗教图像朝着现实主义发展的方向。[1]

但是记住贡布里希提出的"观察者参与部分"依然重要，因为艺术家的成功仰赖于他或她对世界的描绘与其观众的视觉在多大程度上产生共鸣。正如格列柯在托莱多的赞助人受到了贝鲁格特的雕塑影响，所以才能够接受格列柯扭曲的自然主义风格，17世纪早期塞维利亚充满活力的生活和艺术意象也为贵族赞助人和书卷气的评论家们提供了视觉游乐场和艺术教室，而这些人有能力成就或搞垮一个艺术家。贡布里希通过引用"几乎每个人都有过的经历"，对生活模仿艺术的原理进行了微妙的心理分析。"我们都去过画廊，在参观一段时间离开后，画廊外原本熟悉的场景，街道和喧嚣，看上去都变形了、变美了。"塞万提斯在堂吉诃德通过他的骑士小说滤镜看到的世界中夸大了这一点，但我们在此讨论的是与之同样的体验，不过是在常态下的。"在从世界的角度看了那么多的图画后，我们现在可以转换思路，从图画的角度来看看这个世界了。"[2]但我们无须止步于此，因为在艺术与生活相互滋养、永不停止的循环中，其他图画也是我们从图画的角度看到的世界的一部分。或者换言之，艺术家和赞助人不仅有时会从艺术的角度来看现实世界，而且也正因如此，他们看待艺术作品的方式会不可避免地受他们从艺术角度看现实世界这一点的影响。

委拉斯开兹与他同时代的人当时开始在彩塑的基础上发展看待他人

的方式，这种方式又反过来影响了他们看待肖像的方式。委拉斯开兹名声大振主要是因为他在肖像画方面的天赋，而要画好肖像画，艺术家需要具备许多难以琢磨的、几乎灵活不可测的、彼此深刻矛盾的特质。一方面，真正形似模特本人、忠于人物现实的创作是必须的起点；即便是毕加索也是从写实开始画起的。另一方面，成功又取决于一种无法言表的真实性，它给肖像注入生命，就像上帝创造亚当、帕切科绘制蒙塔涅斯的雕塑一样。委拉斯开兹的艺术魅力融合了西班牙巴洛克风格的关键元素：通过对道德真理进行心理论述实现物理现实某种程度上的修饰这样一个过程。委拉斯开兹通过利用我们所有人都有的会根据人体的其他代表特征去看待人物肖像画的倾向实现了这一点。

为了帮助我们更好地理解彩塑对委拉斯开兹画像技法的影响，我们可以简单地看看与他同时期的画家弗朗西斯科·德·苏巴朗的作品。苏巴朗常被人称为"僧侣画家"，因为他的许多作品都是为宗教修道会创作的。

2010年，伦敦国家美术馆和华盛顿国家美术馆举办了一场大胆的展览，将彩塑展现给了没有相关专业知识的英美观众。这次展览仿佛一篇令人炫目的视觉论文，讨论了苏巴朗时代这些令人感到陌生、往往还让人不安的生动而暴力的塑像同观众更为熟悉的绘画间的关系。展览手册中的一篇具有开创性的文章为这些提供了理论支持，文章通过分析苏巴朗的作品，明确地表明了塑像与绘画的关系。[3]

1598年，苏巴朗出生在埃斯特雷马杜拉省的一个小村庄里，他的父亲是一位店主。埃斯特雷马杜拉环境艰苦，那里也是科尔蒂斯在内许多著名征服者的家乡。虽然苏巴朗与委拉斯开兹同时在塞维利亚学习绘画，但苏巴朗后来回到了故乡，在集镇列雷纳以打零工画画谋生。他早期的作品鲜为人知，但人们发现了一份他于1624年和当地一家修道院签订的合同，合同内容为委托他雕刻并绘制一尊真人大小的耶稣受难像。[4]这次委托让他进入了一个报酬丰厚且日益壮大的为塞维利亚的修道院作画的市场；两年后，他以4000雷亚尔的低价接受圣巴勃罗多明我会修道院的委托，绘制了一套有21幅画的作品，这个价格只比当时市场均价的四分之一高一点，这显然是苏巴朗为了在稳定的宗教机构委托市场建立立足之地而进行的尝试。次年，即1627年，多明我会委托他绘制了一幅真人大小的《十字架上的耶稣》，以挂在小圣堂的祭衣间中。[5]

这幅《十字架上的耶稣》让苏巴朗一举成名。帕洛米诺说，"苏巴朗的《十字架上的耶稣》挂在小圣堂里，小圣堂的门掩着，在昏暗的光线中，任何不知情的人看到这幅画都会以为是塑像"。[6]苏巴朗充分利用了这些不利条件，极尽所能展示了自己作为艺术家的技巧。他绘制了一幅巨大的画，约9英尺高，5英尺宽，这幅画将会主宰这个仅有17英尺长，12英尺宽的小圣堂。这间窄小昏暗的房间里，只有右侧两扇窗户可以透进光线，所以苏巴朗把死去的耶稣苍白、没有血色的身体和深色的木质十字架都画成了仿佛由右上方强烈光线照亮的样子。他对于细节一丝不苟，为每一寸紧绷的肌腱和拉伸的肌肉，以及缠腰布上的每一处褶皱精心绘制了高光与阴影。在漆黑一片的背景形成的强烈对比下，明亮的肖像呼之欲出，仿佛被推到了观众眼前。苏巴朗让我们确信他是故意利用了视觉陷阱的技法，因为在画的底部，他绘制了一张钉在十字架底座上的亮白的纸，并且在纸上签了自己的名字，这个细节画得非常逼真，让我们有那么一刻怀疑它是否真的是贴在画上的标签。[7]

苏巴朗捕捉到了当时的艺术视角，赋予了这幅现实主义的画作强烈的精神性，这不仅是因为他利用了光线效果，还要归功于他在构图中对给画面带来了深刻的宁静感的三角形结构的运用，这也成为他风格的一大特点。这种构图的效果在《十字架上的耶稣》中尤其易于辨认，因为它依托于十字架本身的几何形状建立。我们可以看到十字架形成的两个直角三角形，耶稣的手臂构成了三角形的斜边。它们在一起形成了一个不完全等腰的三角形，耶稣的下巴是这个三角形的直角。缠腰布的形状也近乎等腰三角形，斜边敞开，露出一侧被照亮的腿部。利用这个简单的布局，苏巴朗慢慢地引导着观众欣赏画作的目光，邀请他们进行冥想，创造出近乎修道院般的宁静氛围。

随着苏巴朗创作了更多重要的委托作品，塞维利亚的一位权贵提出，"由于绘画是共和国非常重要的装饰之一"，"市政议会应当邀请画家苏巴朗搬到塞维利亚永久定居"。议员们都同意他的提议。但是，由于苏巴朗没能通过必要的考试，这导致了以帕切科的学生阿隆索·卡诺为代表的画家行会反对苏巴朗加入，市政议会只得通过向画家行会施压，坚决要求他们允许苏巴朗工作不受干扰。[8]

　　当时的人们在欣赏苏巴朗的《十字架上的耶稣》时，显然看到了它表面上的精妙，因为苏巴朗的技法让它看上去不像实物而像雕塑。但是这幅画的精彩之处远不只是简单的视觉陷阱技法。他们显然也像今天的我们一样，感觉到苏巴朗已经超越了技艺的层面，创造出了富有深刻宗教性的错觉。然而，要创造出这种错觉，苏巴朗只能参考雕塑，而这种错觉之所以会发生，是因为他的观众已经和耶稣被钉在十字架上的雕塑形象建立了非常强有力的联系。

　　委拉斯开兹用最惊人的方式将雕塑和现实主义之间的关系向前推进了一步。这在他的一些早期作品中非常明显。当时他还年轻，住在塞维利亚，画了一组很重要的描绘酒馆和厨房场景的风俗画，通过描绘那些我们能够同日常生活建立起联系的静物，表现了普通人的日常生活。虽然平民生活这一主题在16世纪的荷兰艺术中已经非常流行了，但在塞维利亚它还是个新生事物。委拉斯开兹肯定看过那些荷兰画作的例子，也肯定从当时每个艺术家都渴望拥有的版画集中了解了这类画作的主题范围，而这其中常常包含一些宗教场景。[9] 1526年，伊拉斯谟曾抱怨荷兰艺术家"表现玛利亚和马大迎接我主晚餐"的方式，"主在与玛利亚交谈，作为年轻人的约翰则在角落里偷偷地与马大说话，而彼得喝光了一大杯酒……或者，彼得已经微醺了，还捧着酒杯靠近唇边"。[10] 塞维利亚最重要的艺术赞助人和收藏家、第三代阿尔卡拉公爵，似乎有意鼓励委拉斯开兹创作这些风俗画，有证据表明他是《耶稣在马大和玛利亚家厨房的一景》的收藏者，但尚无定论。[11] 但是我们会发现，委拉斯开兹的这幅作品没有荷兰画作的低俗感，而是有着伊拉斯谟会非常认可的那种正直典范。

　　不管契机是什么，委拉斯开兹无疑是从风俗画开始练习的，而他的老师认为这对于初学者来说是一种挑战：帕切科解释说，像死去的鱼、鸟、动物，食物，水果和陶器等静物"容易临摹，因为它们会保持画家所选取的位置不变"，相反，活着的动物"画起来更费力，因为它们会到处移动"，而动作既难以捕捉，又难以表现。画人显然属于中等难度，因为人会为了画像尽量保持不动，但如果他们正在进行某项活动，画家就必须想方设法地表现出他们的动态。委拉斯开兹年轻的时候，"曾付钱请一位做学徒的农村男孩给他当模特，男孩动来动去或者摆出各种高难度的姿势，一会儿哭，一会儿笑"。风俗画最难的地方就在于，如何将很容易画的静物旁边活动的人和活的动物画得逼真。帕切科曾记录过他的朋友巴勃罗·德·塞斯佩德斯的故事。塞斯佩德斯邀请了一群评论家来欣赏他的新作《最后的晚餐》，但是所有客人都"盛赞画中［前景里］的一个［大水］罐，根本没有在意其他部分"，这导致塞斯佩德斯大为光火，冲他的仆人喊道："安德烈斯，把那个罐子擦掉，把画拿走。怎么能一个停下来细看我精心绘制的手部和头部的人都没有，而全都在赞赏这个没用的罐子呢？"[12] 不过，这个精美的罐子至今依然保留在画上。这个问题显然和彩塑上用了玻璃眼球、真的头发、睫毛和象牙制成的牙齿如出一辙；在表现人物时，哪怕极小的失误也会特别明显。委拉斯开兹解决了这个问题，他通过类似于绘制圣周帕索中彩塑的方式处理了画中的人物，这在他最著名的两幅风俗画《塞维利亚的卖水人》和《煎鸡蛋的老妇人》中可见一斑。

在1627年费利佩四世的首席告解神父、塞维利亚贵族胡安·德·丰塞卡-菲格罗亚去世时的一份财产清单中，委拉斯开兹的《塞维利亚的卖水人》被估价为400雷亚尔，证明了这些风俗画很快就得到了行家的认可。[13]

卖水人在塞维利亚的街头很常见。他们从刚翻新的汲水器——这些汲水器由罗马引水渠卡莫纳渠供给——中汲水，再把水挨家挨户或沿街出售。委拉斯开兹把其画中的一个大陶罐画在了前景中央突出的位置。水慢慢地在未密封的陶罐上渗出然后蒸发，降低了陶罐整体的温度；我们可以看到陶罐表面凝结的"汗珠"，这让人联想到夏日的高温。（这种陶罐在今天安达卢西亚的加油站中依然广泛用于盛放饮用水。）画里的小男孩似乎正在递给卖水人一个玻璃杯，杯中装着的紫色灯泡状物体曾被认为是无花果，但实际上是技巧娴熟的玻璃工匠制作的装饰。[14]

　　来自左侧的强光显然与苏巴朗的《十字架上的耶稣》风格类似，但没有那么强烈。光线照在二人的脸、男孩的领子、陶罐和卖水人的白色袖子上，这使光在深色背景之中更加凸显。通过这种对光线的运用，我们的注意力集中在了一系列位于不同平面的物品和人像上，这让这幅画获得了极大的层次感。在前景中，我们可以看到陶罐向我们鼓起，仿佛伸手就能摸到它，但如果我们专注于它，就几乎不会注意到其他内容。而卖水人的衬衣袖子引导我们目光上移，先是看到他轮廓鲜明的容貌，然后看到男孩被衣领衬托的生动脸庞，再是闪闪发亮的玻璃杯，随后我们的目光下移至经过细致描绘的桌子和其他罐子上，最后又重新回到大陶罐上。从这幅画的一份复制品中我们可以看出，如果能看清背景中模糊的喝水人，那画的层次感会更强烈。

　　然而，我们发现很难把这幅画作为一个整体欣赏，这是一种奇怪的体验。目光穿过各个除了最基本形状和形式外什么也没有的颜色统一平面，在高度写实的元素间跳跃。人物的面部和手部都采用了彩塑的写实手法，而衣服和背景则被抽象到几乎不存在。人物之间的位置关系也很遥远：背景中已经褪色的人物从他的杯子后面注视着我们（他与画面的其他部分没有关联）；男孩和卖水人虽然通过透明易碎的玻璃杯相连，但是卖水人的眼睛似乎没有看着任何东西，而男孩专注凝视着空无一物的地方。

　　如果说《塞维利亚的卖水人》是庄严的，那么《煎鸡蛋的老妇人》可以说是这些风俗画中最吸引眼球的作品了。《煎鸡蛋的老妇人》绘于1618年，画中有《卖水人》中出现的同一个男孩以及一位相貌惊人的妇人，人物的安排方式也与《塞维利亚的卖水人》颇为相似。人物之间几乎没有联系，只有老妇人的手似乎碰到了男孩拿着的玻璃酒瓶；此外，她似乎也没有看着任何东西，而男孩的眼神又非常专注，几乎有些尴尬，可能是为了吸引我们的目光。老妇人白色和咖啡色的衣物，布满皱纹的硬朗脸庞，手握着的姿势，还有陶灶都和《卖水人》有许多共同之处。欣赏这幅画的时候，目光也会在每个极其写实的人与物之间游走，穿过不同颜色和阴影的平面；而且，也无法一眼看去就观察到整个画面。

　　在这幅作品中，我们能真切地看到委拉斯开兹是如何遵照帕切科的指导，用由深色的头发转向浅色的皮肤时的笔触，给彩塑人像的发际线加上阴影。极暗的背景和强烈的光源又一次带来了惊人的光影效果。这种技法，在英语中称为"明暗对照法"（chiaroscuro），来自意大利语，而在西班牙语中被称为"暗色调主义"（tenebrismo），与卡拉瓦乔有着紧密联系。委拉斯开兹可能亲眼见过卡拉瓦乔的作品，也可能没见过；艺术史学家们除了单纯提出委拉斯开兹肯定至少看过受卡拉瓦乔影响的作品之外，还在努力搜寻历史记录证明这件事。夜晚，成百上千的蜡烛摇曳的光线照亮了圣周帕索上的塑像，相比之下，这种照明效果和西班牙暗色调主义之间的联系是毋庸置疑的。

《卖水人》和《老妇人》的画面非常立体，而其中的人物则静态得令人不安。这些人物好像在引诱观众走进画面之中，期待观众能走到他们身边，通过观察视角的变化带来一些他们似乎缺少的运动感，就像你在观察雕塑时，会为了让它活过来而做的一样。虽然这是不可能实现的，但委拉斯开兹取得的效果已经非常接近了，他强行引导观众的目光以特定的路径在画面上游走，把我们的视觉固定到高度逼真的元素上，例如人脸和物体，同时避免我们长时间关注近乎空洞的荒漠地带，例如衣服和背景。委拉斯开兹通过这种方式实现了运动感和不稳定感，而这正是巴洛克艺术的精髓所在；委拉斯开兹本能地理解了现代心理学所熟知的人脑"看到"眼睛所记录对象的方式，换言之，就是视觉工作的原理。看一幅画的"视觉行为"首先是从短暂、几乎是粗略的纵览开始，随后，由于我们会在视觉中心看到"视轴上最清晰、最突出的东西"，我们会在画面上移动视觉中心的焦点，开始"扫描"图像。起初，在我们掌握大致方位时，"眼睛的运动"会更快也更大幅度地跳跃，但随后我们开始在画面的不同位置停驻，四分之一或五分之一秒后，目光聚焦点会移动"3°—5°"。[15]

因此，委拉斯开兹似乎能够强迫我们的视觉跟随特定路线移动并停留在特定的区域，这对于制造现实感非常关键。同样关键的是，他让我们从相当近距离的角度去体验这种效果；他使用的广角角度就和现代智能手机相机中我们主要拿来拍摄朋友聚会所用的广角镜头如出一辙。就连提香也从没让我们如此靠近他画中的事物。当我们看委拉斯开兹的画时，我们仿佛被那些伸手就能摸到的静物带入了画中的场景，从而架起了连接现实世界和图像之间的桥梁。

委拉斯开兹也本能地意识到，我们观察现实世界使用的同样是这种扫描和跳跃的方式。他明白，如果像照片一样把实际存在的所有事物都画下来，就无法制造出现实的错觉，因为我们不是这样看世界的。当我们和朋友一同吃饭，比如享用烛光晚餐时，我们的目光会关注朋友的脸，有时是正端上桌的菜，我们自己的盘子和酒杯，没准还有烛台。桌布、椅子、房间里的其他部分、画、家具等都消失在一片模糊的背景中。之所以会这样，一部分原因是明暗对照法在现实世界中发挥的作用，还有一部分原因是当我们和朋友一起吃饭时，我们情感上会不自觉地聚焦在食物和朋友身上。

因此，委拉斯开兹通过在这些画中反复让一些人物出现，增加了亲密的感觉。这些人物就好像剧团的演员，以不同的姿态出现在每幅画的舞台上。而且对于当时的人来说，这些人物可能就是他们非常熟悉的人。

有一幅被认为是帕切科给自己和妻子画的自画像，其中的女人和煎鸡蛋的老妇人非常像，只是比自画像中年纪更大一些。[16] 帕切科和卖水人也有一些相似。这些人物的相似之处确实有限，但如果我们把注意力转向委拉斯开兹的《耶稣在马大和玛利亚家厨房的一景》，就会发现同一位老妇人出现在厨房里，而她身边还有一个一般被认为是"侍女"的女孩。耶稣出现在右上角的小场景中，这引发了人们对这个小场景到底是镜子，是一幅画，还是一扇开向另一个房间的窗户的激烈讨论。不管委拉斯开兹是不是故意这样画，也不管他的意图是什么，这个小场景像一幅糟糕的画，拙劣地使用透视法，表现了《路加福音》中的一幕 —— 马大抱怨所有的家务活都由她一人承担，而玛利亚什么也不做，只是坐在耶稣的脚边倾听（17世纪时，人们认为这里的玛利亚是耶稣的女门徒抹大拉的玛利亚）。"主回答道：马大！马大！你为许多的事思虑烦扰，但是不可少的只有一件；玛利亚已经选择那上好的福分，是不能夺去的。"[17]

庆祝婚礼的绘画经常会出现耶稣在马大和玛利亚家的场景，因为马大是家庭妇女的主保圣人。妻子是家中、厨房里，当然还有卧室里的女

王。这在今天看来可能很荒唐淫秽，但对于帕切科和委拉斯开兹来说，杵
臼直白而体面地表现了妻子在性和烹饪两方面的功能。虽然委拉斯开兹的
灵感来自同时代的荷兰风俗画，但这幅画中没有一丝荷兰风俗画的放荡堕
落；鱼是早期基督徒众所周知的一个象征，而鸡蛋则唤起了一种对禁欲饮
食的联想。这幅画朴实而虔诚，描绘了得体的家庭场景。

　　在画中，委拉斯开兹为前景中的少女和背景中的马大穿上了几乎相
同的17世纪服装，而耶稣和玛利亚则穿着圣经中的袍子。前景和背景中
都出现了写实、具有象征性的家用陶器，加强了两个场景之间的联系；这
让人不禁想起阿维拉的德兰的名言："上帝行走于厨具之间。"[18] 委拉斯开
兹的这幅画绘于1618年，这一年，他娶了帕切科的女儿胡安娜。这样一
来，老妇人确实是帕切科的妻子，而"侍女"可能真的是她正要交给女婿
的女儿，这种解释突然变得完全合情合理。不仅如此，委拉斯开兹的《三
博士来朝》中，正向东方三博士展示圣婴的圣母玛利亚也与侍女有几分相
像，而这幅画绘于委拉斯开兹和胡安娜婚后第二年，他们的第一个孩子出
生后不久；有人认为委拉斯开兹在画这幅画时将妻子和女儿弗朗西斯卡作
为模特，这也不足为奇了。[19]

　　难能可贵的是，我们有一首描写委拉斯开兹婚礼早餐的诗。这首诗
写得很糟糕，它由与委拉斯开兹同时代的名不见经传的巴尔塔萨·德·塞
佩达创作。不过，这首诗确实展现了婚礼欢腾的气氛，也反映出委拉斯开
兹作为帕切科的学徒而有幸享受到的优越文化和艺术环境。在诗的结尾
处，塞佩达描写了这对光彩照人的新婚夫妇的入场：

> 我们吃得相当不错，
> 还喝了不少酒，
> 丰盛的菜肴，
> 让我们吃饱。
> 祷告之后
> 饭桌被清理一空。

新娘和新郎来了，

走出他们的婚房，

庆祝活动开始，

风趣的贝松唱着甜蜜的歌，

他的嗓音非常美妙，

一曲祝酒歌，

比酒神巴克科斯的酒还好，

因为他为塞壬干杯

（而我这么称呼她绝对没错）

因为她的歌声令人着迷。

她如此诚实而美丽，

如此曼妙的身姿，

现在她的世界由她主宰，

她是夫君家中的女主人。

接下来他详细地描写了胡安娜·帕切科的舞姿，风趣的贝松将其比作莎乐美，尽管塞佩达说贝松的比喻非常"恰当"，但他还是决定缩短他对贝松唱的这首长长的婚礼歌曲的描写，因为正如他所说：

我似乎已经忘了

这对新婚夫妇，

他们才是值得

我大加赞赏的人：

新娘的双眼，

像两颗星，

令太阳都黯然失色。[20]

这首打油诗让人感觉它可能是在一时兴起中写作的，有种狂欢接近尾声的心情。幸运的是，帕切科作为一位勤奋的学者，将这首诗保存了下来，尽管这首诗写得不尽如人意，但为我们生动地展现了一幅近代早期塞维利亚节庆活动的画面。我们看到这对新婚夫妇在完成婚礼后重新回到微醺而兴奋的宾客之间，所有的注意力都集中在了容光焕发的新娘身上，她星星般的双眼让太阳黯然失色。她浑身散发着性感的光芒，"风趣的"贝松大概"喝上了头"，见了她便将她比作莎乐美：根据《马可福音》的记载，莎乐美在希律请来的客人面前舞蹈，因为她的舞姿性感撩人，希律便同意无论她想要什么，只要他能做到都可以答应她；莎乐美当然要求他把施洗者约翰的头给她，因为约翰曾指责她母亲嫁给希律是非法的——她母亲曾与希律的兄长离婚。[21] 无须赘言，这是一个极不合适的比喻，因为莎乐美显然象征着对神圣婚姻的颠覆，更不用说对洗礼仪式而言了。但是，通过记录贝松"悦耳的祝酒歌"，塞佩达将胡安娜描绘成了性感活力的典范，她在盛大的宴会上欢快地舞蹈，身边围绕着丰盛的美酒珍馐；同时胡安娜又是在卧室和厨房里都扮演了关键角色的马大这位家庭主妇的主保圣人的缩影。

塞佩达记录了一份名单，尽管只有部分宾客，但已经非常引人瞩目了，我们从中可以发现这场婚礼就像一个小社会。弗朗西斯科·德·里奥哈参加了婚礼，他后来成了奥利瓦雷斯伯-公爵最亲密的知己，奥利瓦雷斯伯-公爵是费利佩四世的宠臣，几乎有着一手遮天的权力。帕切科的好朋友塞巴斯蒂安·德·阿科斯塔来了，加尔默罗会修士佩德罗·德·弗罗梅斯塔也来了，贝松就不用说了。塞佩达继续详细地描述"智者间的较量，学者间刺耳的争论"，他将其比作特伦托会议，人人都在"引用书中的话，这些书的价值与其等重的黄金相当"。[22] 这场盛大聚会中的宾客似乎大多都属于今天被称作"帕切科学派"的知识分子和学者圈。

"帕切科的家是因艺术而蓬荜生辉的监狱，是培育塞维利亚最伟大思想者的学院，迭戈·委拉斯开兹在这里幸福地生活，以天生极强的表现力作画。"帕洛米诺如是说。[23] 他所说的这种半正式的聚会起初由"希腊指挥官"胡安·德·马尔·拉腊于1568年创办*，后来由费尔南多·德·埃

---

* 第二部分前言中提到该聚会于1566年创办。——译者注

雷拉主持，到1600年前后，帕切科成了这群人的领导者，使他们对古典和当时的艺术都有了更深的兴趣和理解。他们成为塞维利亚的文化中心，而当时的塞维利亚财富和实力都发展到了顶峰。大教堂已经完工了，全新宏伟的巴洛克式钟楼就建造在之前的宣礼塔之上，这座钟楼被称作"吉拉达"，因为钟楼的顶部有一个随风旋转的风向标。路对面是胡安·德·埃雷拉设计建造的宏伟的商业交易所，见证着贸易的繁荣。巨大的王家铸币厂就在附近，接收着来自美洲的金银，贸易厅则在不远处塞维利亚王宫中新建的房间里开会，而这座王宫正是查理五世迎娶葡萄牙的伊莎贝拉的地方。意大利式的市政厅颇为壮观，它的建筑工事几乎贯穿了整个16世纪，到16世纪90年代才终于完工，不过就在这一时间，维护长廊的修复工作又开始了。[24]

在同时代的人眼中，处于这一伟大时刻的塞维利亚人是"自豪的、傲慢的"，"风趣的、机智的"，"健谈的"并且"有风度、有礼貌，严肃认真，从不卑躬屈膝，但高贵大气、慷慨大度"。"他们充满勇气，斗志昂扬，热爱并精通各种武器。"与诗歌王子加西拉索·德·拉·维加同时代的杰出诗人和军人迭戈·乌尔塔多·德·门多萨精辟地写道，因为他们"生活富足，专注于理财或贸易，对自身状态感到舒适满意，所以很少有人去别的地方寻找更好的生活"。[25] 这是一座极度自信的城市，处于强大地位的贵族和绅士阶层对于经商毫不回避，他们一定真心感觉到自己处于世界的中心。他们自以为是，坐拥大量土地，是欧洲已存在贵族家族中的超级新贵，在各个方面无休止地攀比。

这些喜爱炫耀的贵族将塞维利亚变成了奢华的宫殿之城，充满了财富；但这些宏伟的宅邸却又让人有一种不讲究的感觉，它们由中世纪的建筑随意地改筑而来，通过扩展和改造来适配任何可能被出售的相邻不规则地块。几个世纪以来，塞维利亚的建筑一直根植于伊斯兰教对非常私密、内向空间，以及住宅被植物和喷泉所充斥之庭院包围的热爱。从15世纪开始，塞维利亚人在裸露的外墙上开窗，建造面向狭窄街道的宽阔大门，为过路人创造出诱人的美景，让他们瞥见院子里宁静凉爽的绿洲。如今，欣赏这些建筑依然是傍晚时分漫步在老城时的一大乐趣。

　　尽管这些雄伟的宅邸有着随机无序的特点，但它们有一些共同的基本特征。它们一般都是由长方形大房间组成的双层建筑，围绕一个或多个中央庭院而建，庭院两侧或三面的上层都有柱子和拱廊支撑的长廊。一般来说，更加凉爽的一层在夏天使用，而冬天一家人则会搬到楼上居住。大多数人会把观赏用的花园、果园和菜园挤在宅邸的墙内。[26] 这些宅邸是供人居住和享受的宫殿，是家园，而非宏伟的个人纪念建筑。

　　帕切科学派很快就与彼拉多官邸紧密联系在一起。彼拉多官邸是这些宅邸中最重要、最典型的之一，它属于塔里法侯爵，后来由他的侄孙、塞维利亚最重要的艺术赞助人第三代阿尔卡拉公爵继承。阿尔卡拉公爵的私人藏书在整个西班牙数一数二，而且，作为一位热忱的业余画家，他委托帕切科为他新建的书房绘制了一系列神话场景的油画。他还收集了一系列精美的罗马艺术品和古物，包括许多重要的雕刻和塑像，其中一些至今仍在彼拉多官邸展出。帕切科让他的学生们临摹这些雕塑作为他们训练的重要内容，让他们学习观察和记录静止的石像上的光影变化。阿尔卡拉公爵可能经常邀请帕切科学派来彼拉多官邸，而年轻的委拉斯开兹也是其中常客，开始是作为旁观者，后来是参与者。

　　塞佩达提到，在委拉斯开兹的婚礼上，这些赫赫有名的宾客讨论了两个主导着当时政治辩论的主要文化问题，有趣的是，这两个都是关于女性在宗教中的表现问题的。首先，他们讨论了极具争议又影响甚大的游说团体的利弊，当时游说团体意图让阿维拉的德兰成为与存在已久的圣雅各并列的西班牙主保圣人。随后，他们又把注意力转向了有争议的圣母无原罪始胎论，这是时下在民间和政界都十分热门的话题，牵动了塞维利亚每个人的思绪。

　　要理解过去和现在人们的想法、关切和愿景之间巨大的差异绝非易事。所以，我们常常先认识到的是我们共同的人性，是婚礼上的食物、美酒和歌曲，是大学公共休息室里我们可能听到的学者们那有些自命不凡的智力玩笑，是负荷过重的超级大国的军事问题，或是一位尚未成名的剧作家的个人困境。偶尔我们还会看到差别，例如对王朝而不是个人的热爱，以及最重要的一点，即宗教信仰在一个不被世俗的怀疑主义干扰的世界里扮演的角色。当阿维拉的德兰说出"上帝行走于厨具之间"时，她并不是在对极少数的狂热信徒讲。[27] 我们若要了解那个信仰无处不在的世界是多么不一样，或许没有比1613年塞维利亚爆发的所谓"玛利亚之战"更合适的背景了。

首先，我们必须要将圣母无原罪始胎和天使报喜——即天使加百列告知玛利亚她已受圣灵感孕——的时刻区分开来。圣母无原罪始胎指的不是玛利亚怀上耶稣，而是指玛利亚自己在母胎中受孕的时候；这是指她的母亲圣亚纳和圣若亚敬的性生活。玛利亚如何被怀上非常重要，因为天主教认为，自从夏娃说服亚当吃下苹果，上帝将他们赶出伊甸园之后，每个人类都是在原罪中出生的，原罪是性交固有的本质，而我们每个人都经由性交而来。幸好，人们可以通过洗礼免除原罪，这就是为什么在一个婴儿死亡率极高的年代，婴儿出生几天后就会接受洗礼的原因。圣水和圣油之所以能够清洗罪恶，是因为上帝在十字架上牺牲了自己的儿子耶稣，让我们的灵魂可以通过洗礼得到净化从而被救赎。如果不是这样，我们都会直接下地狱。

但是，如果只有在耶稣被钉上十字架之后，原罪才得以洗涤，那么玛利亚必然是在原罪中出生的，这不是圣母应有的状态，而至少从3世纪起，神学家们就提出了这个问题。因此，无论这在实际操作中意味着什么，玛利亚是在"无原罪"的状态下受孕的概念，成了一个相当模糊的神学议题。

但在中世纪，当伟大的多明我会神学家托马斯·阿奎那认为玛利亚是在受孕后出生前的时间里——即在子宫里的时候——清除了原罪时，这个问题就被极具争议地政治化了；至少在多明我会中，问题以他给出的答案解决了。而另一方面，从13世纪起就正式认可了圣母无原罪始胎论的方济各会，坚决主张圣母是在没有受原罪沾染的情况下受孕的。这个问题成了上述这两个强大的宗教修道会竞争的重要政治标志。但是在西班牙，圣母无原罪始胎论尤其流行，并且得到了天主教双王费尔南多和伊莎贝拉的大力支持。"疯女"胡安娜在马略卡建立了一家以无染原罪的圣母为主保圣人的修道院，而查理五世不仅在自己的盔甲上展示了无原罪始胎的图像，并且与信奉圣母无原罪始胎论的修道会关系紧密。新教徒对圣母无原罪始胎论的嗤之以鼻，只会助长反宗教改革的西班牙人更加狂热地支持这一理论。[28]

1606年，奥地利的玛格丽特的告解神父弗朗西斯科·德·圣地亚哥在一周之内两次看到圣母显灵。圣母向他预言了自己的无原罪始胎，并且警告他说，很快将会有一场邪恶的反对圣母无原罪始胎论的运动，他应该确保国王和王后的支持；她还指出塞维利亚的"马塔神父的儿子"是一位重要的同盟者。[29]没过多久，曾经满腔热血地支持格拉纳达那人尽皆知的伪造铅书真实性的格拉纳达大主教迭戈·德·卡斯特罗被调升为塞维利亚大主教，开始从这些显然虚假的文本中汲取材料，坚定地推广圣母无原罪始胎论。这不可避免地引起了学术对手的嘲笑，而且也让认为铅书是骗局的圣母无原罪始胎论严肃支持者深感尴尬。卡斯特罗成了支持者中的累赘。

在塞维利亚1613年的圣母诞辰日，矛盾最终爆发了。一位多明我会的传道者在充满煽动性的布道中公开否认了圣母无原罪始胎论。这"是一条深深植根于全城每一个灵魂的信条"，历史学家奥尔蒂斯·德·苏尼加在近一个世纪后写道，"公众的愤怒显而易见，每个人都认为这是在针对自己，感觉好像被人戳中了眼睛，传道者的家人被保护起来以免受到愤怒的公众袭击，而传道者本人则被四处追赶和诋毁"。[30]大主教卡斯特罗带着座堂牧师和全体教士组织了一场大规模游行，穿过整座城市，支持圣母无原罪始胎论，"随后，各个兄弟会和行会都组织了宗教游行，包括每个民族、每种肤色的人"，而"穆拉托人和黑人举行了前所未有的盛大游行，令整座城市都为之震惊"。[31]

第二年，也就是1614年，弗朗西斯科·德·圣地亚哥来到塞维利亚，前往了道成肉身教堂中马塔神父的墓前做祈祷。上帝让他意识到，他所寻找的同盟者是贝尔纳多·德·托罗，此人恰巧在这座教堂的一间告解室里。尽管二人素未谋面，但他们意识到了对方与自己一致的目的。很快，卡莫纳总执事马特奥·巴斯克斯·德·勒卡也加入了他们，他的叔叔是费利佩二世最有权势的秘书之一。这三位天生的宣传家托人创作了一首流行歌曲，或者说更接近于一首"广告歌"，他们给这首歌配上音乐，走街串巷地传唱，不知疲倦地在学校和家中教授，直到每个孩子都会唱：

> 每个人都大声唱
> 大声呼喊着圣母
> 诉说你的受孕
> 没有沾染原罪！[32]

在卡斯特罗大主教的支持下，三人唱着这首可笑但确实有效的小曲，随着游行队伍离开城市，然后向马德里进发，在那里，费利佩三世给了他们致教宗的介绍信。1616年10月，他们出发前往罗马，去游说教宗对圣母无原罪始胎论做出裁定。[33] 一年后，当教宗颁布敕令，宣布"支持圣母无原罪始胎论，并命令不得支持相反观点"的消息传到塞维利亚时，塞维利亚人陷入了狂热的宗教热情之中。这只是一场暂时的胜利，因为实际上直到1854年圣母无原罪始胎论才被承认为教义。不过，1616年12月8日，塞维利亚人极其虔诚地庆祝了圣母无染原罪瞻礼，在大教堂举行了持续时间长而庄严肃穆的弥撒以示感激，所有的教堂都鸣钟庆贺，河上的船只都鸣炮致敬。[34]

如果说教会组织的宗教庆典体现了高涨的虔诚之心，那贵族张罗的世俗庆祝活动——包括焰火、化装舞会和骑马比武——则充满骚乱而又奢华。其中最引人注目的活动还要数唐梅尔乔·德尔·阿尔卡萨在12月19日举办的斗牛。当时，斗牛表演越来越受到民众的喜爱，教会权威对此态度不一，有些人谴责不必要的人命牺牲，有些人则承认这项娱乐激动人心，非常具有吸引力。此外，斗牛运动中开始具有了一些现在依然存在的形式特点，许多神职人员都很喜欢它的壮观、危险和技艺。

那天午后不久，塞维利亚的主要官员已经在圣弗朗西斯科广场就座了，绅士淑女们在周围建筑的窗前或临时看台的座位上观看。民众也纷纷涌入大广场。广场上装饰了帷幔和挂毯，场面宏大。王家的和城市的治安官进场后，斗牛士的助手会就位并下令将第一头牛放入场内。普通民众、勇士还有其他人与公牛斗智斗勇、巧妙周旋，一共斗了7头牛。凶猛的伊比利亚公牛是史前就游荡在欧洲大草原上可怕野牛的后代。许多平民斗牛士被高高抛过围观观众的头顶，不断引起混乱；不过，等到自由进行的混战一结束，牛被迅速大卸八块，治安官的手下就将广场清理一空，贵族们也骑着马趾高气扬地到场了。

他们都穿着相近的衣服，长披风上用银线绣着波浪形图案，披风下穿着银线织成的华服。他们深红色的大衣用银色粗线镶边，装饰着银色流苏。他们的头上戴着黑色天鹅绒的帽子，有银色的装饰和白色、红色羽毛制作的蔷薇结，这种如今仍然是斗牛士专用的帽子叫作蒙特拉。他们的披肩上绣着阿拉伯风格的花纹和缝褶。"这是塞维利亚人记忆中最精彩的一次制服展示，一方面是因为服装颜色靓丽动人，另一方面则是因为这些服装非常新奇。"

贵族斗牛士鱼贯而入，带着他们的助手，手持挂着黄褐色蔷薇结和银色丝带的长枪。第一头公牛冲出来时，广场上站满了斗牛士，阿亚蒙特侯爵的12名勇敢助手成功地用长枪刺伤了它6次。费尔南多·庞塞在木质围栏边上大胆地挑衅公牛。公牛冲向了他，折断了他的长矛，牛角深深插在了他的马身上，马摇晃了几步后倒地而亡。塞巴斯蒂安·德·奥利瓦雷斯勇敢地挥剑杀死了公牛，救下了他的朋友。

血腥的场面之后，"令每个人都松了口气的是：梅尔乔·德尔·阿尔卡萨的侏儒胡安·德·卡萨利亚骑着白马出现了，因为他实在太矮了，只得在他的马鞍前面的挽具上挂了一对马镫，马身上也佩戴了特制的马辔"。他的衣服黑白相间，有一些银色的小装饰，"他还带着4名黑人助手，穿着相似的衣服，个子非常高，其他人只到他们的肩膀以下"。卡萨利亚进入广场时"非常自信，带着优雅的笑容，脱下他的帽子向市政官员、绅士淑女们致敬"。他来到斗牛场中间等待。又一头牛被放出来了，它顶起一个小伙子，弄伤了他；费尔南多·庞塞赶来救他，结果费尔南多骑着的那另一匹马受了严重的伤，不得不等着其他人救他，而这次一群贵族组成的队伍救了他。这头公牛在广场上横冲直撞，贵族们穷追不舍，当牛从卡萨利亚身边经过时，他成功地将长枪插入了牛皮一只手的深度。助手们终于了结了这头牛。随后另一头牛又被放出来，好几位贵族骑着马近距离地擦过牛角，令人印象深刻，他们用一种叫作"刺杆"的长棍让牛突然止步，如今的斗牛士依然在户外训练这种技艺。最后，公牛在广场的一侧等待时，卡萨利亚从近处刺激它发起冲击，"仿佛最伟大的斗牛士一般，用长枪的钢尖触碰牛角。他这样碰了两次后，又退了回来，因为他意识到这头牛的攻击性非常强"。奥尔蒂斯·德·苏尼加写道，"从骑着马的贵族出现直到斗牛结束，公众更加享受斗牛了，比以往任何时候都开心"。[35]

就这样，塞维利亚的达官贵人为教宗对圣母无原罪始胎的裁定举行了一场盛大的庆典，庆典里有盛装打扮的贵族，一些被牺牲的公牛，几匹丧命的马，几个被顶伤的人，还有一位斗牛的侏儒，一些身材高大的非洲人。这就是故事的主人公学会思考和生活的世界。

显然，无原罪始胎是非常感性层面的信条，但它并不是一个容易用艺术来表现的概念。中世纪时，人们常常通过暗示圣若亚敬和圣亚纳已经年纪过大来表现他们无法生育，人们会描绘两人在耶路撒冷金门的初次见面，或是以圣若亚敬匆匆地在妻子脸颊上留下的"神奇一吻"来表现。但这些解决方案都不够令人满意，因为它们都在某种程度上意味着玛利亚不是通过性行为被母亲怀上的。而教会十分明确她是通过性行为被怀上的，神学需要解决的问题是解释为什么这次性行为是没有原罪的。

因此，以圣约翰的《启示录》和他在拔摩岛看到的光明妇人的异象为基础，出现了一种新的关于圣母无原罪始胎论的正统理论：

> 天上现出大异象来。有一个妇人，身披日头，脚踏月亮，头戴十二星的冠冕。她怀了孕，在生产的艰难中疼痛呼叫。天上又现出异象来。有一条大红龙，七头十角，七头上戴着七个冠冕。它的尾巴拖拉着天上星辰的三分之一，摔在地上。龙就站在那将要生产的妇人面前，等她生产之后，要吞吃她的孩子。妇人生了一个男孩子，是将来要用铁杖辖管万国的。她的孩子被提到神宝座那里去了。[36]

光明妇人显然是对圣母玛利亚的寓言，但她也应当被理解为巴比伦大淫妇的对立面。前几章中曾写到，马丁·路德将天主教会比作"大淫妇"，激怒了教宗和查理五世。神学家认为圣约翰看到的异象是一种"预表"。"预表"是中世纪的关键概念，旧约中的人物和事件都被理解为对新约中内容的寓言。最明显的例子是夏娃，夏娃诞下了原罪，因此和大淫妇联系起来。而圣母则生下了主——从原罪中拯救我们的救世主。中世纪的学者把这种象征手法演绎到了一个新高度；他们特别喜欢这个预表的例子，因为在拉丁文中，"夏娃"（Eva）倒过来写是"万福玛利亚"中的"万福"（Ave），这正是天使加百列向圣母报喜时的问候语。所以光明妇人象征着夏娃、圣母玛利亚以及她们同原罪的关系。

出于这个原因，帕切科提出圣母无原罪始胎论的再现应当"遵照圣约翰看到的神秘女人以及所有相关的象征"。但他也指出，因为"上帝以无穷的力量、热烈的爱和深刻的智慧给她荣耀……这位女子应当被画成花季少女的样子，十二三岁，目光善良认真，有着完美的鼻子和嘴巴、红润的脸颊、金色的头发"。帕切科解释说，与圣约翰看到的异象稍有不同，圣母曾出现在一位虔诚的葡萄牙女人面前，身披深红色长袍和蓝色披风，下面是"白色的上衣"，"以椭圆形的白色和赭石色的太阳为背景，有12颗星星环绕着她，形成她的圆冠"，而这位葡萄牙女人后来在托莱多建立了一家修道院。"她应该是戴着皇冠，脚下有一轮满月，满月是透明的，展现出背景中的风景，上方还有一个两端朝下的新月清晰可见。"他特别坚持这一点，指出数学家们确定了这应该就是圣约翰看到神迹时拔摩岛上的月相。但是，他总结道，"关于我们共同的敌人、那只兽，圣母玛利亚在打败原罪时粉碎了它的统治，我从不愿意画出它来"，尽管很多人都画了它。[37]

这便是西班牙画家表现圣母无原罪始胎，大体上没有多少差异，其中最触动人心的作品或许并不是委拉斯开兹的，而是由巴托洛梅·埃斯特万·牟利罗创作的。当委拉斯开兹成为费利佩四世的宫廷画家和心腹知己时，牟利罗主宰了塞维利亚艺术界。这种以精妙的象征主义手法和生动的画面再现无形和无法言说事物的解决方案，正是西班牙巴洛克风格视觉艺术的精髓所在，它创造出了律动中的色彩感，背后暗含着深刻的道德真

◀ 胡安·潘托哈·德·拉·克鲁斯,《费利佩三世》局部图,1606年。
费利佩三世渴望用他的五感去感受他的王权,他热爱进行统治这出戏剧,但他将管理政府的沉闷的日常工作职责交给了他的宠臣莱尔玛公爵。

▲ 彼得·保罗·鲁本斯,《莱尔玛公爵》,1603年。
莱尔玛公爵是一位马基雅弗利式的官员,极度热衷于积累个人财富。

▲ 弗朗西斯科·德·苏巴朗,《十字架上的耶稣》, 1627年。

帕洛米诺形容这幅画说:"苏巴朗的《十字架上的耶稣》挂在小圣堂里,小圣堂的门掩着,任何不知情的人看到这幅画都会以为是塑像。"

▲ 巴托洛梅·埃斯特万·牟利罗,《圣母无染原罪》,1678年。
圣母始胎的性质引起了政治上和宗教上的巨大争议,尤其是在西班牙、在塞维利亚,人们颂扬她的纯洁或无染原罪。

▲ 扬·范·德·施特拉特及特奥多尔·哈勒,《印刷的过程》,约1550年。
堂吉诃德"跑进去。只见一处正在印,一处正在校样,这里在排版,那里在校对;
反正都是大印刷厂里工作的常套……他很惊奇"。

▲ 迭戈·委拉斯开兹,《耶稣在马大和玛利亚家厨房的一景》,1618年。
在这幅引人瞩目的风俗画中,委拉斯开兹似乎将他的未婚妻和未来的岳母当作了模
特,运用了超级写实主义手法的世俗的前景与描绘了精神世界抽象场景的背景之间
形成了鲜明对比。

◀ 迭戈·委拉斯开兹,《西班牙的费利佩四世》,1644年。
尽管费利佩四世最终维护了自己的独立性,但他的整个世界观几乎都是由奥利瓦雷斯建立的。

▲ 迭戈·委拉斯开兹,《奥利瓦雷斯伯-公爵骑马像》。
如果说奥利瓦雷斯和费利佩四世之间的关系最明显地像一位正在老去的父亲和一个正在成长的儿子,那么也可以认为其中有种婚姻的意味,或者至少是接近占有的异样伙伴关系。

▲ 迭戈·委拉斯开兹，《布雷达之降》，1634年。

1625年，伟大的热那亚将军安布罗焦·斯皮诺拉击败了荷兰人，夺取了布雷达，这是费利佩四世统治期间，哈布斯堡王朝少数几次看起来如奇迹般的胜利之一。

▲ 胡塞佩·莱昂纳多，《丽池宫》，1637年。

奥利瓦雷斯在马德里城外不远处建造了丽池宫，作为费利佩四世的休闲之所，但他进行这项工程的动力却是他自己对过去、对哈布斯堡家族的认同，甚至是对自己家族历史的个人感情。

▲ 迭戈·委拉斯开兹,《宫娥》,1656年。

在委拉斯开兹最杰出的这幅画作中,他展示了正在工作的画家本人,身边是奥地利的玛加丽塔公主,以及她的侍女、仆人、侏儒和狗,背景的镜子中还出现了国王和王后。但委拉斯开兹正在他面前的画布上画什么呢?

▲ 胡安·巴尔德斯·莱亚尔,《眨眼间》,约 1672 年。
这幅作品是塞维利亚的慈善医院中迎接访客的两幅骇人画作中的一幅。眨眼间,
尘耀尽。

理。正如我们在《堂吉诃德》中曾见到的，这种图像和"幻灭"之间的相互作用在文学中就和在艺术中一样重要；而诗歌更是这种作用的完美体现，路易斯·德·贡戈拉的作品便是其中最显而易见的。

政治和诗歌：贡戈拉和克维多

现如今，贪婪是舵手。

——路易斯·德·贡戈拉-阿戈特，《孤独》第一部分

　　路易斯·德·贡戈拉-阿戈特不一定是西班牙巴洛克时期最杰出的诗人，但一定是最具争议的诗人，有些人赞美他是加西拉索"诗歌王子"这一称号的继承人，有些人则批评他文风矫揉造作，诗句令人费解。他的作品集中体现出17世纪上半叶主导着西班牙的矛盾而顽固的情绪。他的诗歌像钻石一样，许许多多的切面反射和折射出一个破碎的、自欺欺人的政治社会，而这个社会有时又会自我质疑，因疑虑、不安和对过去的极度骄傲而饱受折磨。在这个奇怪的世界中，许多人混淆了现实的和虚构的东西，人们不顾一切地尊崇传统，令过去和未来变得难以分辨。

　　1561年，贡戈拉在南方炙热的夏天中出生了，他的父母是显赫的贵族，而他则是家中的长子。贡戈拉一生中绝大部分时间都成长和生活在优渥的环境里，尽管他所在的科尔多瓦省处于尚能维持体面的贫穷中。他能享受富裕的生活是因为他是大教堂的受俸教士，这个职位收入颇丰，并且并不要求他担任圣职。在他很小的时候，他就表现出了十分早熟的智力和创造力，因此被送到了萨拉曼卡。在萨拉曼卡，他对法律学习的兴趣平平，却培养了对诗歌和公开表演的热爱：他在那里过着追求快乐的生活，

爱好戏剧、斗牛、美食、美酒，与志趣相投的美学爱好者做伴。他不去上法律课，而是去听一位杰出的古典人文主义者的讲座，此人被称作"布罗萨斯人"，曾于1574年出版过一本重要的关于加西拉索·德·拉·维加诗歌的评论。大学对于贡戈拉的成长影响深远，给予了他有关古典著作和文学理论的大量知识，以及深刻而广泛的理解力。

贡戈拉从萨拉曼卡回到尘土飞扬的科尔多瓦后，依然过着闲暇而富裕的生活，继续与演员为伴，赌博、看斗牛表演、写诗、听音乐，欣赏教堂的钟声；而且，正如我们在第12章中讲到过的，他肯定遇到过塞万提斯，并且和"印加人"加西拉索成了朋友。不过，受俸教士的职位要求他时不时地出门旅行。我们通过诗歌和信件对他游历西班牙的足迹有所了解，他给人的印象正如一个身处国外的安达卢西亚人，一个事事要和家乡比较，对事事都不称心的旅行者。[1]但是通过这些公差，他三次长期停驻在宫廷，这十分重要。第一次是在1585年，我们对此了解到的信息不多。第二次是在1603年——拜访宫廷后，他讽刺巴利亚多利德是"臭烘烘的山谷"——我们知道在这次拜访中，他结交了一群活跃的诗人和文人，包括洛佩·德·维加和弗朗西斯科·德·克维多。克维多同样是一位杰出的讽刺作家和诗人，而且他也既身边充满困扰又令人觉得困扰。虽然贡戈拉在萨拉曼卡时曾感受过的兴奋和智力冒险的感觉肯定被这段经历慢慢地重新点燃了，但他依然是心中怀着作为贵族的自负和作为安达卢西亚人的傲慢来的。他从未被同化，保持着南方人引以为傲的睿智，用诗句问道：

> 美丽的淑女……
> 谁会不和善地看待一个安达卢西亚人，
> 谁又能拒绝一个安达卢西亚人的青睐呢？
> 是谁在沙场抛出长矛，
> 杀死所有的公牛，赢得骑马比武呢？
> 而在舞会上，谁最经常，
> 凝视着最美丽的眼睛起舞，
> 除了安达卢西亚的勇士还有谁呢？[2]

与此同时，他认为宫廷所在的城市是一座腐败而奢靡的城市，是"泪水之谷"，有一条肮脏的河穿过，到处都有卑鄙之人在清洗自己的屁股，在这座城里，他走过"大街小巷，发现处处都是宫廷式的欺骗"，"曾经高尚的侍从变成了迂腐的官吏"。[3]

年轻的弗朗西斯科·戈麦斯·德·克维多-比列加斯是个在宫廷里长大的孤儿。借着卡斯蒂利亚人最近取得的成功，带着强烈的卡斯蒂利亚贵族情结，他写下了一系列诗攻击贡戈拉的作品；但致命的是，他也攻击了贡戈拉本人，甚至说"总是歌颂臀部的诗人肯定是个怪胎"。[4]贡戈拉也用一些诗句反驳，暗示克维多犯下的小罪，例如在酒馆里斗殴、逃避警察，还有在奥苏纳公爵和一位剧作家的女儿卷入丑闻时，对奥苏纳公爵卑鄙的支持。[5]就这样，原本幼稚粗俗的诗歌竞争最终演变成了无节制的怨气宣泄。克维多指责贡戈拉有犹太人祖先，因此血统不纯：

> 你在污垢中歌唱，
> 因为你巨大的鼻子，
> 和你满口胡言，
> 谁都能看出你并不干净……
> 耶稣受难的始作俑者……
> 你的祖先都沾染了
> 天王的鲜血。[6]

1609年，贡戈拉又一次回到了宫中，这一次他胸怀大志。尽管他先后对被莱莫斯伯爵和费里亚公爵提拔抱有希望，但二人都没有在为效忠王室而离开祖国时带上他：

> 我的伯爵大人去了那不勒斯，
> 我的公爵大人去了法国：
> 大人们，一路顺风！因为就在今天
> 我将给蜗牛们找点麻烦。

> 有那么多博学的西班牙人，
>
> 我没有把我的才能献给任何人，
>
> 而是献给我卑微的家乡，安达卢西亚，
>
> 它战胜了最伟大的东西……那便是太阳。[7]

谎言和欺骗的世界将贡戈拉咀嚼过后又吐了出来。

在南方的骄阳中，他晒干了隐喻的"口水"，享受着经典的科尔多瓦小吃辣酱蘸蜗牛，然后开始写作他那两部今天仍被广为称赞的主要诗歌作品。这两部作品被　位著名的西班牙评论家形容为"西班牙诗歌史上艺术创作的巅峰"，但在当时却引起了巨大争议。[8]其中一部作品是《波吕斐摩斯和伽拉忒亚的寓言》，取材自奥维德《变形记》中，独眼巨人波吕斐摩斯出于对精灵伽拉忒亚由爱生妒，杀死阿喀斯的故事。

另一部作品是《孤独》，以大胆的诗歌实验令他的对手瞠目结舌。何塞·奥尔特加-加西特或许是20世纪欧洲最杰出的知识分子，他曾评价"贡戈拉就是《孤独》"，这部作品中纯粹的创造力和想象力将贡戈拉定义为诗人，也定义为人。[9]

贡戈拉创作生涯蒸蒸日上的同时，他开创了被称为"夸饰主义"的全新诗歌流派，并根据自己对复杂性的热爱调整这种风格。最基本的特点是使用源自拉丁语的词汇。事实上，他从中世纪和文艺复兴时期的卡斯蒂利亚诗歌中借用了很多这种词语。这当然不是新鲜事物，加西拉索和埃雷拉都曾这么做过，他们显然对贡戈拉产生了巨大的影响。有趣的是，伟大的西班牙学者达马索·阿隆索在距今半个多世纪前的时候证明，贡戈拉同时期的人批评他使用的过于夸张晦涩的词汇中，绝大多数现在都在被使用；实际上他在贡戈拉的所有作品中只找到了20余个拉丁语衍生词可能是20世纪40年代受过正常教育的人不认识的。[10]

贡戈拉还从加西拉索及其追随者那里学到了将词序拉丁化的方法，即"移位法"，研究过英国玄学派诗歌的学生对此一定不陌生，不过大部分人都会立刻与莎士比亚联系起来："不容易躺下戴着王冠的头"（《亨利四世》下篇），实际上是说"欲戴王冠，必承其重"。又如亚里士多德的名言："一燕夏不成"，其实是"一燕不成夏"。

古典和文艺复兴文学作品使用的拉丁语十分流畅、多变，贡戈拉在西班牙语中大量使用这种方法，显然是希望西班牙语也能如拉丁语一样自由。他同时代的人以及前辈们只满足于颠倒个别词语的顺序，而他则将这种方法发展到了合乎逻辑的——也许是不合逻辑的——巴洛克风格巅峰：原本应该连在一起的名词、形容词、从句、动词甚至冠词移位到了很远的地方，开玩笑般地强迫读者或听者找到它们之间的关系，从而弄懂诗的意思。这种有着杂乱无章、放荡不羁感觉的句法使他的语言具有了一种令人无法抗拒的音乐性，在错位的状态下，由于令人费解的含义，他的作品让人感觉更像乐谱上的音符而不是纸上的文字。它逐渐向着圣歌合唱的完美方向发展。这是他这些超越翻译的诗歌创作确实能达到的效果。

然而，贡戈拉的诗不仅让人本能地觉得悦耳动听，而且是一支视觉上令人陶醉的舞蹈，充满了出自西方诗歌作品中的生动意象：从古代的荷马、奥维德和维吉尔，到文艺复兴时期的彼特拉克和塔索，还受到了加西拉索、博斯坎和埃雷拉等西班牙人的深远影响。因此，贡戈拉的读者仅仅熟悉上一代文人还不够，需要对他引用的经典和原型有更广博的了解。

贡戈拉把意象用作诗歌的词汇，他常常从引用的原型发展出一层又一层的隐喻，唱出他自己的歌，这是他最辉煌的嗜好，也是贡戈拉主义，或者说贡戈拉的夸饰主义之中巴洛克风格的精髓所在。他选择文字和意象的含义并不是西班牙人通常所理解的，他要求读者或听者根据上下文想出他希望表达的意思。所以鸟代表着人，可以是卖弄风情的女人或是贪婪的男人，城堡代表着宫廷世界，粪便代表着人类的努力。他密码般的写作方式创造出的精美华丽、色彩斑斓的谜团，需要借助于对学识的热爱和对形式的执着才能解开。他是隐喻修辞的顶级大师。

《孤独》第一部分以画面感极强的场景设置作为开篇：

这是一年中开花的季节
当偷走欧罗巴那狡猾的盗贼乔装打扮

> ——半月形的角在他的额头上，
>
> 天体在他的头发的每一束阳光中——
>
> 天空闪耀着荣誉
>
> 星星在宝蓝色的牧场上放牧……

　　贡戈拉让读者自行解读其中的比喻，因此：我们必须了解古典神话中，朱庇特*化身为公牛绑架并强奸了欧罗巴的故事；17世纪的西班牙人因为观看斗牛所以能准确地想象公牛的样子，知道和太阳一起出现在天空中的牛角呈新月或半月形；当时社会仍然默许占星家的影响，因此我们很快就能推断出自己正处于金牛座的作用下，所以时间是4月末或5月初。此外，时间应该是傍晚时分，因为只有在这时，组成金牛座的星星（这样才能被形容为"放牧"）才会与太阳同时出现，在深邃的宝蓝色天空的映衬之下清晰可见。

　　这首诗一开篇便如此引经据典，只为说明这是一个温暖的春日傍晚，这未免也太荒唐任性且让人绝望地感到多此一举，但是我们马上就会发现，这个意象里蕴含的情感和主题很快就在诗中重新出现了：我们已经巧妙地做好了准备接受质朴怡人田园风光中发生的强奸和暴力；在正面抨击新世界的西班牙帝国主义时，这些主题难以置信地出现了。"印加人"加西拉索，以及贡戈拉的父亲与胡安·希内斯·德·塞普尔韦达之间有关美洲原住民权利等法律问题的频繁通信，一定深深地影响了贡戈拉。[11]在20世纪末，这种不爱国的态度使他饱受指责，而在当时肯定也向克维多原本就已燃烧的熊熊怒火上浇了油。

　　《孤独》第一部分讲述了一位海难幸存者在春日傍晚的阳光中抵达海边，他常常被学术评论家们称作"朝圣者"。在弄干身上的水之后，他爬上了悬崖，看到了一片美丽的景色。他被营火的光亮吸引了过去，一些牧羊人给了他一顿朴素的饭菜，他还和一位老人交了朋友，老人的"眼里饱含温柔的泪水……满头白发，这样说道……"。

---

* 希腊神话体系中应为宙斯。使用罗马神名是由于《孤独》一诗的原文如此。下文其他神名同此处用法。——编者注

老人开始了长篇的独白，抨击了古典时代的全部航海历史，他将其与冲突联系起来，尤其是帕里斯诱拐海伦和由此引发的特洛伊战争；他解释说，磁罗盘是用和战神马尔斯穿过的盔甲一样的铁制成的。他提到了伊阿宋和阿尔戈英雄以及埃涅阿斯，然后把我们带到了当下：

> 现如今，贪婪是舵手，引领着
> 并非一些桅杆，而是漂浮着的森林，
> 它们最早离开海洋，所有水体之父，
> ——在他的国度
> 太阳，每天
> 在他的波浪中出生和死去——
> 飞溅的浪花让他白了头……

他在这里用"树"这个词玩起了文字游戏，因为在西班牙语中"树"这个词同时也有"桅杆"之意；将舰队比作漂浮的森林并不新鲜，洛佩·德·维加在描述无敌舰队的时候也曾这么写过。漂浮的森林航行时，磨破了海平面，扬起了泡沫和浪花让海变成头发灰白的衰老模样。他写太阳在海中升起和落下，以形容大海的广阔无边，然后笔锋一转，写到了哥伦布的3艘船第一次穿越大西洋的重要瞬间：

> ［贪婪的］三棵冷杉强暴了涅普顿那
> 三叉戟守护的国度，
> 强行扑在那世界上，
> 重重踩在另一边，
> 没有被其他人侵犯过的地方……

强奸海王涅普顿国度的意象显然呼应了开篇的朱庇特强奸欧罗巴，以及特洛伊的海伦的意象。在这个过程里，我们从希腊神话出发，穿过了遥远的希腊历史，迎来了残酷的现实，重重地"踩"在了新发现的土地上。这片土地并不欢迎他们的到来："尽管有会飞的毒蛇"，这是隐喻加勒比人著名的毒箭，"贪婪的旗帜光荣地飘扬，打败了拉斯忒吕戈涅斯"，拉斯忒吕戈涅斯是古希腊神话中居住在西西里岛上的食人族，在这里显然是指新世界里据说会吃人的印第安人。

接下来他写到了太平洋的发现，太平洋"不仅给了贪婪者她美丽贝壳的白色孩子"，这里指的是珍珠贸易，"还有迈达斯不知道如何才能获得的杀人金属"。迈达斯当然就是那位要求神灵让他摸到的一切东西都变成黄金的国王，后来他愚蠢地碰到了自己的女儿，让她的女儿也变成了黄金，他碰过的食物和酒水也都变成了金子。"杀人的金属"表达的强烈情感无须解释，他用同样的口吻继续写道："这种元素"，即水，"派来了鲨鱼和虎鲸，筑起了充满泡沫的堡垒，以防她的海滩受到凌辱"，这是"第一次勇敢的"远征犯下的罪恶——这次远征"甚至让兀鹫流泪"——然而那些水做的堡垒不足以阻挡对"珍珠"和"秘密矿藏"的进一步探索。就连麦哲伦海峡也变成了"逃跑的银子的中枢"，言下之意是杀人的金属自己都想逃脱西班牙征服者的强取豪夺。

梅迪纳·西多尼亚公爵死后不久，贡戈拉为他写了一首短诗。诗中描绘了惹人注目的美洲的形象，通过深刻地评述热那亚银行家扮演的角色，表达出稍显不同的反殖民主义思想：

> 伟大的美洲，血管是金子，
> 骨骼是银子，被那高兴的
> 热那亚水手给予了
> 西班牙，
> 热那亚的利息耗尽了，
> 就在当下，她红宝石般的血液，
> 还吸食了她的骨髓……[12]

有时候，贡戈拉让他笔下的意象变成生动的故事、在不同主题之间行云流水般自如切换的能力，就和意象本身一样精彩。在《孤独》第一部分中，老人的咒骂接近尾声时，他写到了加勒比地区的维尔京群岛。哥伦布把这片群岛命名为"维尔京"*，以纪念中世纪传说中于5世纪时在科隆与11000名贞女一同殉教的圣乌尔苏拉（反帝国主义的隐喻继续在以修辞的形式出现）。贡戈拉先写了在"黎明时分的大海上"，"连绵的岛屿"组成"一支静止的舰队"，"因为她们的数量，因为她们令人愉悦的美丽，因为她们各不相同导致了甜蜜的困惑，就算她们并不淫荡，很可能也会……"然后他留下我们自己琢磨她们可能会做什么，而他则顺着这条用水和无数处女组成的比喻的脉络写作。

他继续写道："欧罗塔斯河上白色的池塘中，裸体的纯洁的猎人"——这会立刻提醒他的读者想到奥维德讲述的阿克特翁的悲剧故事。猎人阿克特翁无意中看到狩猎女神狄安娜和她的精灵们洗澡，因此狄安娜将他变成了一只鹿，导致他被自己的猎狗杀死。（哪个人或哪个国家，比如哥伦布和西班牙，若是窥探了处女地，灾祸必然降临至其头上。）但是对贡戈拉而言，这么简单的含义仅仅只是个开始。他用这些岛屿–处女–精灵的隐喻和意象，将自然、基督教和古典神话元素融为一体：而这正是巴洛克世界四大关键哲学元素中的三点。接下来，贡戈拉形容这些美丽而纯洁的人物"用自己美丽的身体组成了大理石的礁体或坚硬的象牙"。大理石和象牙立刻引出了雕塑的概念，自然让人联想到艺术、技艺和对自然的模仿，当然还有"幻灭"的核心要素。直到这时他才让我们知道她们很可能做什么——移位法制造了夸张的悬念，惹怒了评论家们——原来她们可能做的事情，就是"让阿克特翁在她们之中迷失自我"。就连这里也有一个相当粗俗的双关语，因为在西班牙语中"失去自我"也有性欲亢奋的意思。从某种层面上看，他是在重复美洲被殖民主义强奸的理论。但是这个故意为之的淫靡小把戏也是一支序曲，引导读者回到诗的主要情节中来：几行诗之后，老人结束了他的独白，邀请朝圣者"跟着一队女兵"，这是"一支由山中的女人组成的美丽的军队"，正在参加一场农民的婚礼的路上。[13]

---

* 意为"处女"。——译者注

正如费德里科·加西亚·洛尔卡以他独有的巴洛克式的严谨说道，贡戈拉"是发明了寻找卡斯蒂利亚式隐喻并使其含义具体化的新方法的第一人，因为他相信诗歌意象的质量和结构是永恒的"。[14]

《孤独》第二部分中，朝圣者到达了"一座用晶莹洁白的帕罗斯岛大理石建造的古堡"，古堡"雄伟地"矗立在布满岩石的海边隆起的山丘上，海岸线已经被"海豹的血染成了紫色"，这幅画面让人立刻联想到邪恶的宫廷世界。小号声响起，一群"身穿绿衣的猎人"突然从这座精美的建筑中出现，极其混乱地穿过吊桥，"一只令人不安的军队"，带着一大群训练有素的猛禽，"对抗空中的敌人"。他将这些鸟一一列举，解释它们各自的特点，其中就有苍鹰。苍鹰是典型的英国猎鸟，贡戈拉形容它"在恐吓代达罗斯的侄子时毫不吝惜时间"。他的诗总是需要详细解释一番：代达罗斯是伊卡洛斯的父亲、珀迪克斯（Perdix）的叔叔，珀迪克斯发明了锯子和规尺，代达罗斯十分嫉妒，于是将他推下了山崖。女神雅典娜前来营救珀迪克斯，将他变成了一只山鹑（讽刺的是他会飞，而他的堂兄弟伊卡洛斯却因为尝试飞行失败而丧命）：西班牙语的词源更好理解，因为山鹑是perdiz。因此我们可以推测，苍鹰具有充足的耐力，非常善于捕猎山鹑，所以苍鹰在"恐吓"它们的猎物时可以"毫不吝惜时间"。[15]

这一刻，贡戈拉让空中遍布了可想到的各种鹰、隼，甚至猫头鹰，猎杀着五花八门的猎物，包括一只鹬和一整窝乌鸦：这样一大群贪婪的猛禽聚集在一起，天空中几乎没有足够空间供它们追赶。突然，一只矛隼突破重围，冲上云霄，是名副其实的"北方鹰身女妖"。

当朝圣者的船停靠在岸边贫穷的小村庄时，他终于不再盯着看空中的捕猎。村里的母鸡吓得咯咯叫，保护着羽翼未丰的小鸡，在尘土中匆忙啄食。这幅新出现的像电影一样的突降式末日场景，忽然被猎人们"热汗淋淋"的马儿发出的轻声嘶鸣打断，贡戈拉将这幅令人不安的画面作为《孤独》的结局，显然让读者感觉有一种未完成的意犹未尽感和困惑感。

《孤独》的手抄本被贪婪的马德里文学界一抢而空，评论的热情达到了可怕的顶峰，作为回应，许多著名的诗人争先恐后地发表评论，极尽尖酸刻薄之能事，其中弗朗西斯科·德·克维多的语言尤为辛辣。

贡戈拉则回到了他在科尔多瓦的家中，以一封书信回答所有对《孤独》的批评。这封信后来在马德里王宫中广为传播，他在信中写道，"到了我这个年纪，我相信真理，也相信智慧：他人若对我友善，我必与其为友；若无人与我为友，我在科尔多瓦每年收入3000达克特，有我的餐桌、祈祷书、理发师和骡子聊以慰藉，足以抗衡我所有的对手"。[16] 许多马德里的聪明人一定都觉得他像堂吉诃德一样，在炎热的、被认为是一片文化沙漠的外省腐朽。

克维多对贡戈拉毫无理性的敌意，显然大部分是由于无法解释的个人恩怨；但也源于他在面对一位才华横溢的劲敌时内心深处产生的不安。克维多可以用极大的耐心像矛隼捕食山鹑一样纠缠贡戈拉，而贡戈拉总能成功脱险，取得胜利。其他贬低贡戈拉诗的人主要把精力集中在攻击他对拉丁语的语言做作的模仿、复杂晦涩的隐喻以及对韵文形式不恰当的运用。贡戈拉本人曾宣扬极端的诗歌精英主义，主张使用非常晦涩的诗句，只有受过极高教育的读者才能理解。但他又坚持粗暴对待那些过于博学的支持者：在《孤独》中，他打破了根深蒂固的规则，采用长期以来专用来歌颂贵族英雄丰功伟绩的史诗形式，描写农民聚集的田园景色。他颠覆了社会等级制度的礼节。

因此，虽然贡戈拉的诗歌植根于文艺复兴和古典传统，他却坚决地反对固有体制，是一位以暴力对待传统的诗歌颠覆者；他是思考者的洛佩·德·维加。一些激烈的敌人愤怒地反对他，甚至他的许多文人朋友也不同意他作品的这些方面，但他也有一些能言善辩、有影响力的支持者；巴尔塔萨·格拉西安是当时最伟大的文学理论家，"敏锐的智慧，精神的食粮"是他的至理名言，他对贡戈拉作品进行了深入思考并赞赏有加。他潜心研究巴洛克风格的感性，于1642年出版了《智慧的敏锐和天才的技巧》，在书中屡次以贡戈拉的诗歌为例，解释说明自己的观点。"天才不仅仅是像法官做裁决一样满足于真相，而是追求美。"格拉西安在尽力解释"智慧"的本质时这样写道。奥维德用"哦雪，我的火焰"形容缟玛瑙，因为它如大理石般冰凉，又如火焰般颜色艳丽。格拉西安引用了奥维德的话，并且得出结论："［关于智慧的］概念性的技巧在于理解的行为，通过巧妙的关联，理解能使看似对立的两三件事物真实和谐地联系起来。"他的意思是说，美存在于旁观者眼中，是需要观看者或听者"进行理解的行为"。并且他还说，"理解的行为表达出了事物之间的相似性"。[17]

克维多本人也是一位杰出的诗人，他叛逆的性格和尖刻的笔锋使他不时被贬回自己的庄园里，最终被奥利瓦雷斯伯-公爵击垮。和格拉西安一样，他也意识到贡戈拉对传统的嘲弄中暗含着优美的抒情、深度的思考和伟大的精神。克维多对巴洛克风格热爱反转的思维方式有着敏锐的理解，因此直觉地意识到了一件讽刺的事情：虽然贡戈拉被宫廷拒之门外，而自己是宫中冉冉升起的明星，但是在因循守旧的宫中他的才能却不能得以施展。奇怪的是，克维多大都会诗歌的名声受到了威胁，而对方只是一个外省的无名之辈，有着风格清新，充满有感染力的美和迷人复杂性的作品，是一位明显摆脱了保守主义桎梏的诗人。克维多赞赏安达卢西亚人天生的革命性，就和3个世纪后的费德里科·加西亚·洛尔卡一样，费德里科在解释贡戈拉时说，他"以完全贡戈拉式的隐喻勾画出了安达卢西亚常见的意象，具有高超的技艺和惊人的情感"，写出这样作品的作者"是走在乡间小道上作诗的人，而不是坐在桌前写作的人"。[18]贡戈拉具有安达卢西亚人天生的自由感，并且无比热爱运用惊人而有趣的比喻和隐喻来描述世界和事件，这些特点都令克维多无法忽略。

现代评论家自信地称赞贡戈拉"以最具表现力和成就感的方式"，抓住了"巴洛克风格的精髓"，[19]但巴洛克风格的概念本身却仍然让人有新鲜感，没有明确的定义。它逃脱了学者和文人的追问，驱使他们进行更加细致的猜测，因为壮丽的巴洛克风格本身就轻松自如地统治着时代，它是心理和感官的丛林中神龙见首不见尾的女王，正是这些特质使它如此吸引人——它就是创作机器中的幽灵。

巴洛克风格难以形容，要清晰地阐释它是异想天开的，但是要概括西班牙巴洛克风格的基本特点，并将它们和17世纪初的卡斯蒂利亚主知主义的一些总体特征联系起来，还是有可能完成的。巴洛克风格最为人熟悉的就是那种婚礼蛋糕式的建筑，有大量卷起的花饰和各种各样的雕刻，建立在或多或少属于古典风格的结构中——包括了螺旋形的柱子和巨大的三角楣饰——制造出极强的紧凑感和流动感。我们无须寻找大量使用某种巴洛克风格的例子来进一步说明这种感觉，因为不难看出，这正是贡戈拉在他的诗中所追求的：他在古典框架上绘制了一层又一层的意象，其中一些像卷形花饰一样，主要起装饰作用，但大部分就像圣坛画或是教堂正面雕像一样充满象征含义。贡戈拉粗暴地在诗中将移位法发挥到极致，强迫读者的视线在诗句中来回移动，探索和分析大量复杂难懂的可能性，就像四下扫视一座雄伟的巴洛克式宅邸的客厅或礼堂中的奢华装饰一样，似乎是在随机地移动，但其实是被形式的动向所引导着的。本质上看，这种心理上的运动与委拉斯开兹成功运用的方法如出一辙，也是圣周游行中必不可少的元素。

正是这种技法让巴洛克风格成为巴洛克风格，它能够立即引起困惑和混乱的感觉——也因此带来不确定性——事实上，艺术家、建筑师或诗人就这样在看似不经意间悄悄地引诱我们跟随。我们被吸引跟随的方向具有强烈的形式感，起初我们并不知情，渐渐地我们有意识地加入了这种舞蹈的美学之中，就像斗牛场上的西班牙公牛一样，一次又一次地冲向斗牛士手中的披肩，对斗牛士在这出好戏中扮演的角色却只有极其模糊的意识。

正如斗牛表演中的"真相时刻"，斗牛士收起披肩，现身于公牛面前，直面他的对手，冲向牛角之间把剑刺向牛的心脏，在巴洛克风格中也有"真相时刻"。在贡戈拉的作品中，所有隐喻的字面意思、移位法造就的复杂内容和引用的古典知识都在顿悟的这一刻得以真相大白，诗歌的灵魂不知不觉地就突然显现出来。在以技法和错觉为定义的年代，这就是最终的"幻灭"时刻。

1617年，贡戈拉被任命为费利佩三世的荣誉神父，从此他的生活被彻底改变。这年初夏，他抵达马德里，渴望参加宫廷举办的障碍赛，展示自己的风采。他的命运发生了令人难以置信也无法解释的巨大变化，最合情合理的说法是，他在科尔多瓦的赞助人弗朗西斯科·德·科拉尔成功游说了宠臣莱尔玛公爵最喜爱的得力助手罗德里戈·卡尔德龙支持他。[20]此外，据说社交活跃的文臣、杰出诗人比利亚梅迪亚纳伯爵曾公开赞扬贡戈拉的诗歌，还派了自己的马车去科尔多瓦接他。[21]安达卢西亚人贡戈拉学富五车、充满智慧，这正是严肃的卡斯蒂利亚人缺乏的，很有可能早在这时候，奥利瓦雷斯就也参与推动了他事业的上升。不管他的命运究竟为何发生转折，总之到7月的时候，贡戈拉已经写信给家乡的科拉尔，告诉了他"由于我的各位赞助人的指导和青睐，我已经开始在宫里寻求到了一定支持"。[22]

虽然贡戈拉现在是因为他的诗歌为人所知，但当时他认为自己出身于显赫的贵族家庭，他的家族有着为王室服务的悠久传统。他在宫中的野心反映了他对权利的观念，他认为接近他的君主、处于权力中心是理所当然的：浮夸炫耀的生活是他与生俱来的权利，他就是带着大放异彩的决心来到宫廷的；这样的自负和做作让他差点破产。这也让克维多怒火中烧，他潦草地写下了一首极其尖酸刻薄的十四行诗，不过这首诗如果写完就烧掉就更好了：

> 我要把我的作品都涂上猪油，
>
> 这样你就不会咀嚼它们了，小贡戈拉，
>
> 杰出卡斯蒂利亚人之中的婊子，
>
> 衣衫褴褛的淫秽教授。
>
> 你几乎不是人，你是最下贱的神父，
>
> 你没有在基督的帮助下学习你的职业。
>
> 来自科尔多瓦和塞维利亚的粗糙骡蹄，
>
> 宫廷中的小丑，侍奉怪异神灵，
>
> 你为何批评古希腊，
>
> 你这说着犹太人希伯来语的拉比，
>
> 你用鼻孔见证了古希腊文明？
>
> 别再写诗了，在我的有生之年……[23]

　　1617年夏天，政治局势和克维多个人近期的境遇一定增加了他对贡戈拉的怨气。7月末，克维多作为那不勒斯总督奥苏纳公爵的政务公使来到马德里。他身负重任，需要制定打击敌对的威尼斯——此时已经和荷兰人结盟——的一套全面的海军和陆军军事计划，以及处理奥苏纳在那不勒斯精英阶层中越来越不受欢迎的敏感问题。实际上，克维多倡导在地中海地区以武力解决问题，这必然会使原本习惯于莱尔玛公爵和平政策的国务议会感到不安。这年8月，在莱尔玛公爵的儿子乌塞达公爵的纵容下，克维多获得了觐见费利佩三世的机会，这让他在落实他主人的诉求时，得以绕开国务议会和莱尔玛公爵。没过多久他就卷入了棘手的麻烦事，公开用诗和莱尔玛公爵对抗。[24]

　　克维多深度参与了"主战派"的阴谋，而目前政治局势极其不明朗，因此他私人的和公开的情况都不太乐观：他到马德里时，创作了具有深刻反帝国主义思想诗歌《孤独》的贡戈拉得到了"主和派"的青睐，这一定让他感到了惊恐。

　　有趣的是，贡戈拉是塞万提斯最喜爱的诗人，而且很显然《孤独》中情节发生的舞台与《堂吉诃德》非常相似。山中有牧羊人和猎人、有位于农业区域的中心的村庄，还有婚礼、岛和挤满了贵族驯鹰人的宏伟城堡。尽管贡戈拉抱怨没落的贵族，嘲笑过公爵们威风不再，但是他本人和堂吉诃德一样，是古老名门望族的后裔，他的家族在中世纪的战场上赢得了地位和声望。而且和堂吉诃德一样，不同于塞万提斯，贡戈拉从未出于愤怒使用武器，从未参与过军事行动，而是享受有节制的、文明的暴力，例如骑马比武、斗牛或是新潮的鹰猎。正如堂吉诃德坚信应该让一位历史学家记录下他的冒险故事，也因此在某种意义上他就是他自己书的作者，贡戈拉也是笔墨和纸张的造物。

　　《孤独》要求读者沉溺于探寻和推理的过程，然后到达史诗般的真相时刻，即揭露当时卡斯蒂利亚令人沮丧现实的时刻。这在诗文对新世界殖民主义的谴责和对乡村田园的浪漫化中表现得最为明显，让人联想起很多与美洲有关的高贵野蛮人的论述。但是我们理解《孤独》结尾处鹰隼邪恶混乱的线索则在《堂吉诃德》之中。堂吉诃德也遇到了类似的贵族狩猎聚会，他被公爵邀请到了城堡中，结果城堡只是一座用来享乐的宫殿，是一个娱乐之处，是一幢关于无关紧要现实的光彩夺目的大理石制纪念建筑。说来也怪，就像终于在宫中谋得一席之地的贡戈拉，堂吉诃德起初欣然接受了错觉，后来却和桑丘·潘沙一同放弃了难以抗拒的虚构，到达了巴洛克风格中最重要的高潮，"幻灭"。最终，心灰意冷的贡戈拉也在回到科尔多瓦的家中后与世长辞。

截至目前，在帕切科的黄金社交圈的常客中，第三代奥利瓦雷斯伯爵、费利佩四世未来的宠臣唐加斯帕尔·德·古斯曼是历史上影响力最大的人物。年轻的费利佩四世于1621年即位后立即将他升为元勋，这位身材魁梧、精神患疾的传奇人物一跃成为基督教世界中权力最大的人。

奥利瓦雷斯于1587年的主显节出生在罗马，他的父亲在此辛勤工作，担任费利佩二世派驻梵蒂冈的大使。雄心勃勃的奥利瓦雷斯是伟大的梅迪纳·西多尼亚家族的后裔，但他的家庭是家族中郁郁不得志的一个小分支。奥利瓦雷斯的祖父曾试图利用法律获取1588年被任命为无敌舰队元帅、权力极大的第七代梅迪纳·西多尼亚公爵的遗产，但没能成功。

年轻的奥利瓦雷斯因为对这段历史义愤填膺，决心成为比自己显赫的表亲们更出色的人。他带着由21位仆人组成的个人家庭来到萨拉曼卡学习。奥利瓦雷斯是个聪明伶俐而懒散的学生，但又是一位手腕高超的政治家，所以第二年他就被全体学生选为校长（rector）。据说他去世时精神错乱，一直咕哝着："我当校长的时候，我当校长的时候！"20世纪西班牙独一无二的杰出外科学家、历史学家格雷戈里奥·马拉尼翁曾写道，对于奥利瓦雷斯来说，"梦想伟大就像呼吸一样，是人体自然的功能"。[25]

1607年，他继承了父亲的头衔，来到宫廷。据说他花了30万达克特展示他的雄心，这让他成功地和他的表姐唐娜伊内斯·德·苏尼加-贝拉斯科结成婚姻关系。唐娜伊内斯是王后的侍女，卡斯蒂利亚军事总管的孙女，奥利瓦雷斯的舅舅、秘鲁总督蒙特雷公爵的女儿。

在斥巨资赢得唐娜伊内斯的芳心之后，奥利瓦雷斯没能获得国王的赏识，便离开了奢侈繁华的宫廷来到了塞维利亚，"所有迹象表明他在这里过着当时安达卢西亚年轻贵族的典型生活，整日热情待客、骑马狩猎、宿柳眠花"。[26] 他还常常抽出时间参加帕切科迷人的学者圈子；在这里他与弗朗西斯科·德·里奥哈相识了，德·里奥哈是帕切科的朋友，参加过委拉斯开兹的婚礼，后来成了奥利瓦雷斯最信任的密友之一。因此，当里奥哈建议帕切科在一幅耶稣受难像中的圣十字架上贴上标签，阿尔卡拉公爵就此与里奥哈争论时，奥利瓦雷斯资助印刷了里奥哈最终的公开回应，以此积极地鼓励这种知识分子之间欢快又暴躁的争吵风气。[27] 他自己也用拉丁语和卡斯蒂利亚语写诗，后来他觉得太稚嫩所以烧掉了，但里奥哈却形容这些作品是"奇迹"。然而，他留下来的作品被马拉尼翁评价为"坦白地说，极其糟糕"。根据通常很尖刻的宫廷文人弗朗西斯科·德·克维多的说法，他"总能轻松自如地用我们的语言写作"，而且尤其擅长写政治说教散文，他的这类文章值得"后世珍藏"。[28] 他应该也见证了委拉斯开兹登上那个培养人的、私人的、非常塞维利亚式的舞台，因为委拉斯开兹迅速成名以及随后成功的事业除了由于自身非凡的才能之外，也得益于奥利瓦雷斯和里奥哈对费利佩四世艺术品味的引导灌输。

对于一个饱受挫折，时而深沉抑郁，时而热情兴奋的年轻贵族而言，在塞维利亚的岁月是一种成长和享受；知识分子的环境激发了奥利瓦雷斯对治国理论和道德原则的关注，使他远离了莱尔玛的充满阴谋和背信弃义的吏治世界。此后他一直认为自己是"塞维利亚的孩子"，并且声称塞维利亚让他感觉像家一样。[29]

但1615年，莱尔玛公爵终于召奥利瓦雷斯回宫，在王储，即未来的费利佩四世新建立的府上担任他渴望已久的职位。他意气风发地接受了任命。脾气暴躁、总是尖酸刻薄地评论事件的宫廷评论员克维多记录说，当费利佩王子与法国的伊莎贝尔、路易十三与安娜公主双重联姻，在西法边境举行婚礼，王室队伍返回时，"王室婚礼的盛况还在继续，莱尔玛公爵热情高涨一如既往，他的排场自然无须赘言……塞萨公爵带着一大群骑士和绅士轰轰烈烈地进了城，洛佩·德·维加陪在他身边，而奥利瓦雷斯伯爵威胁要超过他，在随从中带了两位诗人"，其中一位是里奥哈，另一位很有可能正是克维多本人。[30] 虽然在人前趾高气扬，但是要讨好未来的君主可能是极其屈辱的事：有一次，王子曾经宣称自己已经对奥利瓦雷斯感到厌烦，而他作为"粪便男仆"镇定自若地一边举着王室便壶亲吻一边退了下去。

粪便男仆的职位让奥利瓦雷斯拥有了很大的影响力，在他的舅舅巴尔塔萨·德·苏尼加进入国务议会，还有后来被任命为费利佩王子1619年访问葡萄牙期间的导师的事情上，奥利瓦雷斯都发挥了重要的作用。苏尼加是一位经验丰富的职业外交官，阿尔布雷希特大公灾难性的摄政期间，苏尼加竭力维护了西班牙在尼德兰的利益，而在决定西班牙外交政策的关键时刻，他很快就会成为国务议会中最有影响力的人物。因为尽管莱尔玛公爵一直主张维持和平，但众多傲慢的卡斯蒂利亚贵族都支持诉诸武力，而随着莱尔玛公爵的权势日渐衰落，冲突的局势马上就要席卷整个欧洲，三十年战争一触即发。

1618年初夏，关于波希米亚王国——神圣罗马帝国内的一个强大诸侯国——一些领头新教徒犯下可怕暴行的消息传到了马德里。5月23日，波希米亚的4位天主教摄政在布拉格的圣维特大教堂参加晨祷，而后在市中心的著名城堡，沿着陡峭的楼梯登上高塔，到他们的大法官法庭听取新教徒报告他们的不满。没过多久，新教领主怀着敌对情绪，在骚动的仆人和随从的陪同下来到了这里。当摄政试图推迟回答新教徒提出的一些关键问题时，新教徒突然把矛头指向了两位天主教领主，指责他们是"我们和我们宗教的敌人"，他们"恐怖地折磨新教臣民……并且试图逼迫他们改信天主教"。突然，暴乱的贵族抓住了那两位天主教领主；起初他们以为自己被捕了，但当他们被拖到护城河以上60英尺高的敞开的窗前时，他们意识到了可怕的现实。他们都非常清楚，在两个世纪前，波希米亚有一场捷克人的叛乱，而那场叛乱最后有7名议员被从高塔上扔下死亡。他们请求忏悔，但新教领主们无情地无视了他们，把其中一人扔出了窗外，然后又将注意力转向了另外一人；他为了求生牢牢地抓住窗框，于是大家打断了他的手指，把他也扔进了下面的护城河。最后，似乎是事后才想起来的，他们把天主教领主抗议的秘书也扔了出去。但是，这3个人都奇迹般地活了下来，这多亏了"我们亲爱的、最高贵的圣母玛利亚代祷，她展开披肩，减慢了"至少一人的落下的速度，其中一位受害者事后如是说。新教徒的资料显示，他们之所以能幸存是因为落入了腐烂的垃圾和粪便形成的柔软的烂泥中。[31] 尽管闹剧的结局还算不错，但这场因宗教不宽容而导致的贵族对贵族的谋杀未遂案——后被称作"布拉格抛窗事件"——让整个欧洲议论纷纷。

这支序曲过后，一场为宗教、权力和民族认同而起的大战拉开了序幕，欧洲各国都卷入其中，后世称之为"三十年战争"。布拉格的新教徒很快就在全欧洲发表了长篇的抗议，控诉宗教压迫，着重指责"耶稣会，他们的动力、作品和努力主要都是为了用欺骗手段使不仅是皇帝陛下，还有所有新教居民和贵族屈从于罗马教廷"。[32] 但是在罗马，耶稣会会长认为3位受害者及时得救是上帝支持天主教事业的"绝妙"征兆，而耶稣会会士也把三十年战争理解为一场圣战。[33]

莱尔玛公爵试图阻止西班牙卷入波希米亚问题，这种狭隘的观念加速了他的垮台，而苏尼加则竭力主张介入此事，并且成功地说服费利佩三世在当年夏天给予神圣罗马帝国30万达克特。有关国外战争与和平的争论背后是政府核心最阴险狡诈的权力争斗，1618年的夏天，莱尔玛公爵失宠，奥利瓦雷斯和苏尼加则站在了完美的位置上。莱尔玛的儿子乌塞达公爵和他的得力干将、令人憎恶的罗德里戈·卡尔德龙立刻填补了管理内政的权力真空，而苏尼加则在这最为混乱的时刻掌握了外交大权。1619年5月，西班牙从尼德兰和意大利派出了17000名士兵支持神圣罗马皇帝费迪南二世。7月，费里亚公爵率军从米兰出发，支持意大利北部的天主教起义，控制了进入德意志的重要通道之一。但到了8月，叛乱者罢黜了费迪南的波希米亚国王之位，11月，普法尔茨选帝侯腓特烈勉强同意了接受王位。因此，次年8月，杰出的哈布斯堡王朝将领安布罗焦·斯皮诺拉率领了另外22000人的大军抵达了普法尔茨，11月，西班牙和帝国军队轻松地打败了新教徒的主力军，占领了布拉格。波希米亚起义结束了，但此时神圣罗马帝国却陷入了战争。[34]

在德意志陷入教派之间激烈的冲突同时，哈布斯堡王朝还面临着法国对佛兰德地区的侵略，以及威尼斯与奥斯曼土耳其之间的渎圣同盟；然而更令人忧虑的是，与尼德兰联省的12年停战将于1621年结束。苏尼加用非常悲观但明确的口吻提出王室已经没有财力支持在尼德兰以任何形式重启战争，但反对他的人发出了更大的声音。《安特卫普条约》是西班牙曾经的耻辱，民族骄傲、荣誉和名声遭受损害的羞耻感依然存在。这一条约给予了荷兰人扩张的自由，让他们迅速成为东印度群岛上最强大的欧洲势力，给葡萄牙的帝国属地带来了灾难性的损失。已经在美洲和荷兰、英格兰两大劲敌陷入权力争夺的西班牙，出于实用主义的考虑牺牲了葡萄牙的亚洲领地。但是荷兰人也在巴西贸易中取得了巨大进展，到1620年，他们声称已经夺取了三分之二的份额。荷兰人把和平当作进入伊比利亚帝国的入场券。因此，军事和商业竞争的真正战场都逐渐从欧洲转移至了殖民地。[35] 在马德里，葡萄牙议会和印度议会都强烈主张重启与荷兰人的战争，以建立西班牙争夺世界的第一道防线，这也就不足为奇了。

衰落时代

费利佩四世和
奥利瓦雷斯伯-公爵

18

奥利瓦雷斯与唐璜

现在一切都是我的了！

——奥利瓦雷斯伯-公爵

"然而，谈到我们痛苦的起源和这段历史的结束，"托莱多历史学家、公开与莱尔玛公爵作对的马蒂亚斯·德·诺沃亚写道，

> 正当［费利佩三世］以外交和军事手段光荣地恢复了神圣罗马帝国，让他所有的敌人都落败而逃……［伦巴第］也摆脱了新教的暴政……正当他已厌倦了停战，积极地将目光转向与荷兰的战争时……［1621年］3月1日，他被一种灼热而邪恶的痛苦折磨着……病情不断恶化，他的身体非常虚弱，心有余而力不足。

绝望的医生们犹豫不决，国王忏悔了自己的罪过，准备好了迎接死亡；他一次又一次将自己托付给上帝和圣人们，祈祷教宗能够对圣母无原罪始胎论做出明确的裁定；西印度宗主教为他做了最后的圣事；[1] 当他等待临终涂油礼时，奥利瓦雷斯对将死的国王说——至少克维多是这样记载的："陛下，您处于痛苦之中，我请求您能赐予我的家族荣耀，这并非出于野心，而是为了减轻您的愧疚，因为这是您偿还欠我父亲和祖父的债

最好的办法了。"

"陛下的身体状况不允许他处理任何会让他痛苦的事情"，据说乌塞达公爵是这样回答的，但随后他本人立刻敦促国王签署了特赦令，赦免了一大批俘虏和囚犯，其中当然包括莱尔玛公爵。[2]

"3月31日上午9时"，克维多写道，"国王陛下'开始了更美好的生活'，信仰正统和虔诚的人总爱用这种优雅而安慰人的说法指代死亡……所有人都为他的生命叹息，就和为他的死亡叹息一样"，"举国上下都在为君王更替欢欣鼓舞，尽管大家除了知道继任者是新人之外，对其他事一无所知"。克维多以惯用的辛辣讽刺，让读者自己琢磨他写的到底是奥利瓦雷斯还是费利佩四世。[3]

12年后，费利佩四世自己也动情地写道：

　　当时，上帝认为是时候把我的君主、我的父王带去自己身边了，他的去世对我的影响你们可以预见；我失去了我深爱的父亲，也失去了我竭尽忠诚与服从为之效力的君主。我担起了头衔赋予我的责任——责任之大，难以言明——而且几乎不知道要如何履行如此重的职责……我发现自己漂浮在困惑和问题的海洋上。

正如他自己解释的："我当时还年纪太小，国王尚未来得及向我传授为君之道。"[4]

据说，费利佩三世去世时，已经是王子宠臣的奥利瓦雷斯说道："现在一切都是我的了！"

"一切？"乌塞达问道。

"是的，一切，没有例外。"[5]

然而奥利瓦雷斯不仅胆大，也很有耐心且狡猾，他说服年幼的费利佩四世任命苏尼加为首席大臣；他本人则暂且留在靠近国王而不是政府的职位上。他成了费利佩长期的伙伴、朋友、知己，同时也教授费利佩为君与治国之道。多年后，费利佩描述说，因为自己年纪尚小，无法参加议会的会议，奥利瓦雷斯想出了一个简单的方法来培养他："他们在议会的会议室开了个小窗户，然后用很厚的屏风挡住，我的来去和存在他们都不知道，这样我就可以听他们商量最重要的事务了……也许还能听到一些他们在别的情况下根本不敢对我说的事情。"费利佩也许本以为他的官员会更直率，但对于奥利瓦雷斯来说，国王秘密的监视带来的持续威胁是一种能让那些桀骜不驯的议员闭嘴的有效方式。费利佩还描述了奥利瓦雷斯和里奥哈为他制定的书单，从中他学到了"历史……是君王真正的学校，在历史中我们能找到值得遵循的榜样、值得注意的问题，以及在为君过程中取得好结果的方法"。[6]

受自己家族苦涩历史的影响，奥利瓦雷斯热衷于一种王朝理念，这种理念决定了实际上身为宠臣——他并不喜欢也避免使用这个称呼，因为他声称自己仅仅是个大臣——的他处理各种事情的方式，尤其是他对主权概念的理解。历史，最好是高度神化的历史，自然是王朝的"婢女"；因此，当奥利瓦雷斯将国王视作主权的载体，故而也是权威和权力的源头时，他在费利佩身上看到的是从费尔南多与伊莎贝拉，到查理五世、费利佩二世一脉相承的血统。他将这些祖先视为君主概念的楷模，而君主必须维护自身的形象。[7]

奥利瓦雷斯决心将国王的塑造作为打造整个王室形象计划的一部分，而这个计划还包括历史、艺术和演出。费利佩将会被塑造成适合奥利瓦雷斯所设想君主概念的形象。但他与费利佩之间紧密的个人关系中逐渐出现明显的矛盾，令这一愿景变得非常复杂，因为奥利瓦雷斯既是国王的臣民，又扮演了他父亲的形象，还是他的老师、指导者和朋友，是他尊敬的人。而且奥利瓦雷斯是位极好的老师，因此1630年他能够几乎像一位骄傲的父亲一样宣布：

　　全西班牙没人能像我们的主人、国王那样，能使用两种式样的马鞍骑马，同时还几乎完全如我描述的技巧那样完成所有马术练习。虽然老师没教他多少拉丁语，但是他已经掌握了一些；而且他的地理知识非常丰富。他能理解也能说法语，他的意大利语、葡萄牙语水平和他的西班牙语一样好。[8]

他使费利佩成了合适的执政者。

但奥利瓦雷斯的控制本能让他执着于影响费利佩成长的方方面面。随着时间的推移，国王也许会要求独立，但他会尽可能将自己整个世界观所受的影响归功于奥利瓦雷斯。因此，奥利瓦雷斯很清楚，王子私人消遣娱乐的重要性就和他统治责任的重要性一样。

在这种家长式的监督下，费利佩学会了爱上宴会、舞蹈和戏剧，他学会了唱歌、乐器和斗牛，取笑他的乔臣和侏儒。但他做的几乎每件事都是为了更崇高的目的，就连一个滚球游戏也有了教育意义和象征含义。当时的记载是这样描述的：

> 王子有一个滚球，仆人或朋友拿着另一个球。王子的球上写着"威严"和"亲切"……而他朋友的球上则写着"仁慈"和"公正"……二人开始滚球，当球停下的时候，如果王子的球上显示"威严"而仆人的球上是"仁慈"，则王子获胜，因为"威严"且"仁慈"对于王子来说是好的品德……但如果王子的球上出现的是"亲切"而仆人的球上是"仁慈"，则仆人获胜……因为王子亲切又仁慈会失去人们对他的尊重。

就像这样，涵盖了每种可能的组合。[9]

和哈布斯堡家族的其他人一样，青年时期的费利佩热爱狩猎：他非常擅长使用火绳枪，而且和奥利瓦雷斯一样喜欢马也喜欢骑马，奥利瓦雷斯把王子马术老师的职位留给了自己。这样一来，他就能与费利佩一同分享追逐的青春乐趣，但到了1633年，奥利瓦雷斯过于肥胖且"病痛缠身"，他抱怨说"前几天我尝试着骑上一匹马，发现自己根本控制不了它。这简直是世界上最糟糕的事情，因为以前每当我骑上马背时总能恢复精神和活力"。[10]当然更糟糕的是，这样他就无法在玩耍中接触费利佩，享受他最爱的运动了。

　　在马德里，有传言说奥利瓦雷斯与国王都喜爱另一种追逐，格拉纳达大主教给奥利瓦雷斯写信，敦促他"阻止国王在夜间外出，考虑到人民大多将此事归咎于你，他们公开说你与国王同行，还鼓励他"。奥利瓦雷斯高大的身形在肮脏不堪的客栈和妓院里一定非常引人注目，而据说，国王就是在这些地方沾染了政治上不健康的爱好。不过，马德里有个尤为下流的传闻，费利佩的一个贴身仆人介绍他认识了一位特别美丽的本笃会修女，她住在道成肉身修女院，这里更常被称作"圣普拉西多修道院"。每天晚上，年轻的国王都会乔装打扮出宫，透过修女院入口处的铁栅栏向少女示爱——传统意义上的那种示爱。经过奥利瓦雷斯、修女院院长和少女漫长的协商后，"欲火焚身的"费利佩终于被允许在奥利瓦雷斯和贴身仆人的陪伴下，穿过放煤的地窖进入修女院。当热烈的追求者推开修女院房间的门时，修女为了抗议她即将面对的牺牲，"身穿华丽的蓝色和白色衣服，也就是无染原罪的圣母的服装"，正如流言蜚语所说，"让这件亵渎神圣的事情成了十足的异教行为"。[11]"果不其然"，格拉纳达大主教训斥了奥利瓦雷斯，有关他与国王的夜间冒险的流言"伤了民众的心，因为在他们看来，阁下摧毁了国王即位之初给予他们的巨大希望……实际上，这种偏爱不是好事，因为许多破坏的机会来源于此，而且让他的臣子们能自由地议论各种会损害君王威严的事情"。

　　奥利瓦雷斯反驳道，他认为"年轻的国王出去走走，用自己的眼睛看看许多事情没什么不好，如果他不亲眼看到，可能会让他听到的报告产生偏差；他的祖父年轻时就开始了解世界，后来成了一位伟大的君王"。他写道，与之相对，费利佩三世是在充满保护的隔离中成长的，结果就被莱尔玛公爵任意摆布。[12]西班牙驻巴黎大使评论说，"生活中没什么事情是人找不到借口的"。[13]

　　关于费利佩四世在马德里下层社会的夜间冒险，永远不过是有据的猜测，不过我们确实有清晰的文件记录显示他收藏了大量令人叹为观止的色情艺术作品，而且是在这之后的10年间，由委拉斯开兹，可能还有鲁本斯为他挂在宫中墙上的。

　　1626年，教宗特使的秘书暨首席美学顾问卡夏诺·达尔·波佐记录了他拜访马德里王宫中刚刚竣工的夏宫时的情形。夏宫是整个王宫中最私密的部分，是国王和他的家仆住的地方，前驻伦敦大使贡多马尔伯爵认为这是"世界上最舒服的房子"。[14]当波佐穿过一间间房间时，他看到了许多画，但其中鲁本斯，尤其还有提香的作品给他留下的印象最为深刻。他兴奋地称赞提香的《亚当和夏娃》以及《勒班陀战役之费利佩二世将费尔南多王子献给胜利女神》。[15]波佐的记录对于1636年制作的官方清单尤其重要，因为大部分的画似乎还是原来那些，但画的摆放位置却有了很大的变化。

　　1628—1629年，鲁本斯对西班牙进行了一次长时间的访问，其间受到了费利佩的热情款待，并且得到他的允许，可以长时间待在夏宫中复制和临摹这里的藏品。他和委拉斯开兹老青两位画家分别是他们所处时代中最杰出的，因此两人惺惺相惜，很快就建立了亲密的友谊。考虑到这一时期费利佩非常依赖委拉斯开兹的建议，同时也非常欣赏鲁本斯，所以尽管无法证明，但是很难相信这些新的摆放位置安排与这两位伟大的艺术家毫无关系。[16]

　　1636年，宫中绘画的摆放方式在今天看来应该是依照房间的功能精心设计过的。在最公开的区域，如楼梯、王家会议室、书房，挂上了少量描绘军事场景或战争场景的画，以及大量的王公和统治者的肖像画。国王的图书室装饰了许多学识或宗教题材的作品，可能和他阅读的内容相关。而在卧室里，费利佩可以欣赏到大量可以令人冷静下来的王室成员的肖像，包括提香为查理五世、葡萄牙的伊莎贝拉和费利佩二世创作的画像，以及他的祖母奥地利的安妮和他父亲费利佩三世的画像，还有一幅提香的《照镜子的维纳斯》，"画中的她裸露着胸部，盖着深红色的长袍"体现出王朝对性的依赖。他的两个餐厅里则挂着弗兰斯·斯奈德斯的一幅充满动感的画，内容是猎狗追鹿的狩猎场景，大概是为了刺激他的食欲；还有威尼斯大师雅各布·巴萨诺的《挪亚方舟》和《创世记》，这两幅画中都有大量的家畜，而且已经长大，可以屠宰并送上餐桌，显然象征着上帝的礼物。这里还有博斯《人间乐园》的复制品，以及扬·范·赫梅森那令人害怕的《石头手术》，这让人感到诡异，因为画中描绘了一个冒牌的理发师兼职医生手持一把锋利的剃须刀，假装从病人血淋淋的额头取出一块石头，好像就是为了让国王倒胃口一样。

接下来我们来到"最后一间有拱顶的房间……这是陛下午餐后休息的地方"。[17] 这间房里挂了9幅提香的画作：一幅是《亚当与夏娃》，画中丘比特帮助蛇诱惑夏娃摘苹果，亚当试图阻止她；另外8幅是一组非常性感的作品，全都取材于古典神话中的性剥削和暴力场景，其中6幅是提香在1551—1562年间为费利佩二世创作的"画中诗"，描绘的是奥维德《变形记》中的场景。1640年，费利佩四世从鲁本斯的遗嘱执行人手中买下了巴洛克风格的经典作品《爱的花园》，他和委拉斯开兹把这幅画也挂在了这个最私密的房间中，和启发鲁本斯创作这幅画的提香的作品放在一起。[18]

单独来看，这些作品中每一幅的主题都既常见，又暗含了道德上的教育意义。现代学者对这些"画中诗"含义的理解无论在数量还是独创性上都令人吃惊，[19] 但对于费利佩本人在午后休息时可能的所思所想，还是十分迷茫。比如，《达纳埃和朱庇特》描绘了诸神之王朱庇特化身为金雨，使腓尼基国王的女儿达纳埃怀孕的场景。但费利佩是否真的认为提香把金雨画成了洒落的金币是在暗示卖淫？[20]

我们无从得知。不过，年轻的费利佩作为"世界之王"，似乎确实会受到引导，将自己与画中的朱庇特相提并论，除了这幅画之外，《强夺欧罗巴》以及《狄安娜和卡利斯忒》也表现了诸神之王用诡计和暴力征服不同的受害者。在《强夺欧罗巴》中，他变身为一头公牛，骗取了欧罗巴的信任；而在《狄安娜和卡利斯忒》中，他伪装成狩猎女神狄安娜，拐走了精灵卡利斯忒。乍看之下，这些作品可能暗指费利佩的初夜权，尽管这是一种与其封臣的女眷通奸的属于异教信仰的权利，而费利佩拥有的另一幅提香的作品《维纳斯、丘比特和风琴师》也挂在不远处，这幅画似乎强调的是，性只不过是生活中的一个更加混乱的构成部分的真相，就连在君王和神之间也是如此。尽管这些画没有表现什么道德评判的内涵，但是另一幅作品《珀修斯和安德洛墨达》或许暗示了某种更加模范的行为，画中朱庇特与达纳埃的儿子珀修斯正在营救安德洛墨达，她是埃塞俄比亚国王的女儿，被父亲用铁索绑在石头上献祭给波塞冬。而《塔克文和卢克丽霞》无疑表达了明确的道德寓意，这幅画描绘的是罗马国王强奸一位权臣妻子的场景，他的背叛行为引起了血腥的叛乱，最终导致塔克文家族的统治被推翻。鉴于色情作品本身就带有偷窥的属性，《狄安娜和阿克特翁》更加露骨，画中不幸的猎人阿克特翁无意中撞见了正在沐浴的狩猎女神。费利佩可能从《维纳斯和阿多尼斯》中读出了劝告他拒绝感官享受的含义，因为这幅作品表现的是阿多尼斯挣脱爱神情欲魔爪的画面。最后但也不得不说的是，《亚当与夏娃》的道德寓意显然不言而喻。

　　不管费利佩是否尝试理性地思考这些作品，可以合理地推测，在午后休息的时候，他的注意力一定停留在了这些画上，而非画背后或许存在又或许不存在的象征意义上。当这些画被作为一个整体欣赏时，画中裸露肉体女性的数量几乎是压倒性的，美丽的巴洛克风格裸体形态各异，有正面的、背面的、正在沐浴的、侧卧的、拥抱的，背景总是鲜艳明亮的风景，有蓝天白云和深红色的衣物。总体上给人的观感是后宫而非妓院，是超凡的而非堕落的，但仍然是流露出性的意味。有人甚至周到地设想在房间里挂一个中等大小的镜子，使我们对费利佩荒淫无度的饭后爱好的想象更加完整。这就是费利佩饭后午睡不受打扰的房间，在这里他被古典神话中最性感的女神环绕，而且能隐蔽地前往王宫的花园和外面的世界。

　　西班牙16世纪中期最权威的艺术评论家费利佩·德·格瓦拉对裸体画的评论都极为简洁，但他记录了一个奇怪的文化现象事实："威尼斯画家笔下的女性裸体过度肥胖"，这是"由于他们普遍认为没有女人是完美的，除非她非常胖；所以他们在这方面的所有观念和幻想都围绕着极度臃肿的身材展开"。[21] 然而，在我们过于急切地点头表示赞同之前，应该考虑到他当然主要写的是提香为费利佩二世创作的神话主题画，这些画开创了绘制裸体女性和没那么裸露的男性的时尚，在17—18世纪风靡整个欧洲。1601年，一位极其愤慨的评论家抱怨说，裸体画的潮流"发展太迅速了，以至于贵族府上的客厅和画廊里充满了这些淫秽的作品，而各个阶级的家中起居室和卧室里也是一样，因为大家都认为这种下流的装饰比其他任何图画都赏心悦目"。[22]

委拉斯开兹于1650年左右创作的《镜前的维纳斯》被艾利切公爵购得，这幅画标志着裸体画风潮的顶点：它无疑是最令人震惊的女性裸体画像。如今人们将它视为一幅美丽的画作，而不是近代早期色情艺术作品中特别挑逗人的例子。然而，就在距今不久的1914年，著名的妇女参政论者玛丽·理查森曾富有象征意味地在这幅画上砍了数刀，以抗议这种对色情作品的公开展示。众多近代早期西班牙神职人员虽然出于不同的原因，也都同样愤怒地抨击了裸体画风潮；确实有一位费利佩的王室神父常常拜访贵族们的宅邸，提出免费用相同大小的宗教绘画替换他们的裸体画作。[23] 道德说教者尤其认为女人不应该看到这些作品；所以，正如卡夏诺·达尔·波佐讽刺地写道，"每次王后来夏宫之前，所有的裸体画都必须被遮盖起来"。[24]

就像人们想的那样，伊莎贝尔王后不仅会因为丈夫明目张胆地展示以前艺术大师的色情作品而感到恼火，也会被他夜间常常出宫寻欢作乐寻求社会启蒙深深伤害并感到困扰。格拉纳达大主教的信函公开后，反对奥利瓦雷斯的人聚集在伊莎贝尔王后身边，展示他们在道德上的愤慨以及对受到冷落的王后的同情。然而在这个堕落虚伪的世界里，尽管他们都站在伊莎贝尔王后一边，宫里还是对比利亚梅迪亚纳伯爵的绯闻议论纷纷，他是邮政署长，作风浮夸，据说他公然向怨愤的王后求爱，而且他这么做得到了她的鼓励。[25] 多年后，一个显然非常不可靠的资料中，记录了比利亚梅迪亚纳伯爵曾穿着一件缝满了雷亚尔银币的衣服进宫，他的腰带上写着一句铭文"我的爱是雷亚尔*"——这句话到底指"我的爱是真实的"，还是"王室的"，就取决于你如何理解了——这是句危险的双关语[26]。正如格拉纳达大主教痛心疾首地强调的，问题不在于王室可能真的做了什么事，而在于流言蜚语对君主声望的损害。

---

* "雷亚尔"在西班牙语中是real，意为"真实的"或"王室的"。——译者注

1622 年 8 月 21 日晚上，比利亚梅迪亚纳伯爵带着人数众多的仆从抵达王宫，刚好遇上费利佩和路易斯·德·阿罗从附近的修道院做弥撒回来。根据克维多的记载，苏尼加当时也在场，而且"他仿佛扮演了比利亚梅迪亚纳的守护天使，提醒他说：'万分小心，你有生命危险。''这听上去像是威胁而不是提醒。'伯爵固执地回答"。然后他邀请阿罗登上他的马车与他同行，但阿罗拒绝了。比利亚梅迪亚纳坚决要求阿罗上车，同时代的人评论说，"就好像他想要逼迫阿罗来做他被谋杀的证人一样"。[27]

阿罗登上马车，二人一路上"相谈甚欢，聊骑马、音乐和诗歌"。据贡戈拉记录，当马车快到伯爵家里的时候，"主街上有个人从圣希内斯的拱廊里出来，走近车厢左侧伯爵坐着的地方"。突然，"他用一把可怕的刀——这是根据伤口判断的——砍伤了伯爵的身体左侧和胳膊，下手之狠即使是在斗牛场上也令人震惊。伯爵扑向他……拔出了剑，但他意识到自己已经虚弱得举不起剑来，他大喊：'都结束了，先生们；我将自己托付给了上帝。'随后倒在了地上"。[28]

关于比利亚梅迪亚纳有多懊悔，以及他最后的仪式是否有恰当的执行——这对他的灵魂来说是件非常重要的事情，也引来了更多恶毒的谣言——众说纷纭。正如克维多所说，因为他"淫荡的文字和尖刻的语言"，"为他的死拍手称快的人比扼腕叹息的人多"。事实上，他的死亡证明显示他死于两天后，这佐证贡戈拉所记录的那种更合理的说法，即他确实接受了最后的圣事和临终涂油礼。但克维多还暗示了这个阴谋真正的黑暗面："有些人忘乎所以，指责国王……有的人则认为他本就该死在正义手中……因为无论活着还是死去他都不会不犯下罪行，他用整个肉体求得了对他自己的惩罚。"[29]

这番言论在当时的人们看来并不难理解，因为他们都知道有一桩对同性恋者的持续调查，比利亚梅迪亚纳，阿尔瓦公爵在那不勒斯的家仆，以及另一位邮政署的高官、王室信使西尔韦斯特雷·纳塔·阿多尔诺均卷入其中。在那个时代，鸡奸是"反自然的罪行"，被称为"邪恶的罪"，是件非常严重的事情。12 月在马德里有 5 个小伙子被判有罪并处以火刑，其中包括一名王室小丑，以及比利亚梅迪亚纳和阿尔瓦公爵两人各自的贴身仆人。[30]但阿多尔诺运气不错，因为他的案件取决于证明比利亚梅迪亚纳有罪的证据，而国王本人下令让公诉人压下这些证据，"以保全死者名声"。[31]克维多没有澄清宫中的流言蜚语到底是认为国王密谋杀害比利亚梅迪亚纳是出于为王后争风吃醋，还是为了防止不利于他的证据在审判同性恋者的过程中公开。这让人不禁好奇，如果比利亚梅迪亚纳没被灭口，到底有哪些大人物会害怕自己"反自然的罪行"被揭露出来呢？

　　奥利瓦雷斯和苏尼加为费利佩四世的新政府树立的公众形象是要在道德上摒弃他父亲宫廷与政府的腐败政治和堕落统治。1621年，他们建立了强大的改革委员会，负责根除全国普遍存在的不道德行为，而负责人是一位强硬的专业行政官僚弗朗西斯科·德·孔特雷拉斯，他出生于查理五世统治时期。为了证明政府中枢内发生了巨大的变化，他们设计了一次宣传运动，而设立这个清教徒式的机构就是其中的关键环节。同年，他们审判了莱尔玛公爵的得力助手罗德里戈·卡尔德龙，并于7月14日将他处决，希望以此表明新旧政权之间显著的差异。但是当时出版的一份著名记录显示，卡尔德龙并没有如新政权所愿，像叛徒一样死去，而是表现出了模范般的虔诚，将自己委托给了上帝，从被定罪到被处决的3个月间他一直在祷告。当他被绑在绞刑架上时，他竟被禁止进行临终仪式，这令围观的人群大为惊恐。[32]但是截至目前，有关他去世的叙述中最感人的作品出自贡戈拉之笔，毕竟贡戈拉之所以能够在宫中平步青云，很可能归功于罗德里戈·卡尔德龙。

　　贡戈拉天生就有堂吉诃德那种高尚品质，因此，尽管要冒着激怒新政权的风险，他也要用诗歌为他曾经的保护人仗义执言。但他曾给身在科尔多瓦的弗朗西斯科·德·科拉尔写了一封感人的信，信中他更加直言不讳地描写了卡尔德龙如何"勇敢地听完对他的判决，就连书记员和证人都非常同情他；但他没表现出一点情绪，只是简单地说道：'赞美上帝，祝福圣母'"。后来，他每天花4—6个小时和一位加尔默罗会修士在一起，修士"告诉大家他甘于接受他的命运"，结果是"每个人都心烦意乱，他的敌人也被搅得非常不安"。贡戈拉还记录了卡尔德龙的父亲和妻子是如何向苏尼加、奥利瓦雷斯和国王求情的，他们每个人都无法忍住泪水回应二人。"我自己也被深深打动，直到现在才能写作"，他写道。[33] 7月14日，卡尔德龙在绞刑架上，对行刑者彬彬有礼，说了一段动人的话，以极其低调的勇气面对死亡。[34]

卡尔德龙和比利亚梅迪亚纳是贡戈拉在宫中最重要的支持者，他的希望或许随着这些旧政权的遗老一同消逝了。然而，他在看到费利佩四世继位、奥利瓦雷斯掌权的政治局势变化后，依然带着一种新手对宫廷斗争的狂热信仰。他认为在奥利瓦雷斯主导的安达卢西亚式的美丽新世界中，自己还能找到一席之地，希望能再次施展抱负：正如一位传记作者所说，他开始"将生活当作一张铺满玫瑰的床"，或者像西班牙谚语说的那样，"山坡上长满了牛至*"。[35] 1622年1月，尽管他"在寒冬中几乎无法写作"，他还是在家书中写道，"直到今日我只不过是在宫中游荡……但现在事情有转机了，因为我的国王和他的高级大臣们接见了我，而且至少其中一位大臣"——他指的是奥利瓦雷斯——"对我非常友善"。苏尼加和奥利瓦雷斯这时候都许诺将贡戈拉的侄子封为圣地亚哥骑士，而且贡戈拉确信他还将得到允许再任命一位圣地亚哥骑士，他可以利用这项特许权为他的侄女谋得一份嫁妆。尽管他如此乐观，但是在家书中，他一直在请求亲友给他寄钱，他声称自己已经债台高筑，连食物都买不起了。他尖酸地说，这样的状况"等于绞死我自己的声誉"，显然不久前罗德里戈·卡尔德龙的死还萦绕在他的脑海中。[36]

革命性的诗人贡戈拉曾用诗句歌颂腐烂至骨髓的浮华世界，然而政治局势总是千变万化、难以预料，如今他被邀请参加这场完全腐败堕落的宴会。这场宴会就像桑丘·潘沙担任巴拉它了岛总督时吃的那顿消失的大餐一样，除了幻灭，其他什么也没有：对于贡戈拉而言，艺术和现实在见证了充满可怕暴力的卡尔德龙和比利亚梅迪亚纳的死亡中发生了冲突。奥利瓦雷斯政权的鹰隼捕食了猎物；贡戈拉庆幸他们没有对自己下手。

正是在这样令人不快的道德败坏、权力滥用氛围中，"塞维利亚的嘲

---

* 意为"生活不可能事事如意"。——译者注

弄者"唐璜·特诺里奥首次登上了马德里的舞台。他不过是又一个堕落的安达卢西亚贵族，而且还是杀人犯，却成了西方文学史上最经久不衰，最讨人喜欢到惊人的人物。

唐璜毫无疑问是西方文化中最具标志性的世俗形象。他代表着令人不安的迷人、完全不受约束的性行为，是一位令人恐惧、不择手段的诱惑大师。自他在奥利瓦雷斯掌权期间第一次出现在马德里的舞台上，这一角色被改编、改写了超过1700次。这些丰富多彩的演绎是每一代人中最具创造力头脑的杰作。莫里哀、莫扎特、拜伦、萧伯纳、英格马·伯格曼、碧姬·芭铎、约翰尼·德普甚至比尔·默瑞和他们的导演都打造了属于他们自己时代的唐璜，按照自己的设想或期望，把他塑造成他们自己的形象。几个世纪以来，在这个不断反转的传奇故事中，他是放荡不羁的哲学家、自己欲望的奴隶、无助的受害者、反对体制的英雄、寻找似乎不存在的完美女人的漂泊者。有时候，他会唤起人们心中的恐惧、同情、妒忌、仰慕和情欲。如今，他是被困在罪恶和叛逆的《土拨鼠之日》里的主人公；归根结底，正是他跨越几个世纪不断的复活害了他自己。他似乎已经成了一位永远不能死去的名人。

唐璜这位伟大的人物最早是加夫列尔·特列斯的创造。特列斯"皮肤黝黑，额头饱满"，1600年，19岁的他成了修士，前往萨拉曼卡学习法律，后来又去了托莱多学习神学。到1610年，他已经开始以蒂尔索·德·莫利纳——黄金时代最伟大的剧作家之一——为笔名，写了一些颇为成功但粗俗下流的戏剧。1616年，他去伊斯帕尼奥拉岛传教，但1618年就又回到了西班牙，住在马德里的仁慈圣母玛利亚会修道院中，当时莱尔玛公爵大势已去，马德里正处于政治动荡中。蒂尔索·德·莫利纳以喜剧著称，他敏锐地感知到了殖民地的不公正以及国家核心的腐败堕落。在这样迷人的肮脏背景下，他写了《塞维利亚的嘲弄者和石头客人》。我们应当想象一下，下午时分，马德里的露天剧场里挤满激动的观众的场面。

从17世纪初开始，随着人口迅速增长，人们涌向城镇，移民潮渴望娱乐、渴望融入社区，剧院在欧洲各地应运而生。几乎每个人都能买得起戏票，观众来自各行各业，包含几乎所有社会阶层，同时也反映出城镇人口的多样性。就像在英格兰有热爱莎士比亚的伦敦人，在西班牙的塞维利亚和马德里等地方，人们迅速爱上了戏剧，他们会定期看戏，还保持着对新剧作的强烈需求。每个剧目上演的时间都很短，最多不过几场；演员的工作非常辛苦，而像洛佩·德·维加这样的剧作家就更辛苦了；洛佩的成功不仅是因为其作品的质量，而且要归功于作品的数量，他是当年唯一能跟上需求的剧作家，几乎每周都能拿出新的作品满足他的戏迷。

这个由演员、导演和演出经理人组成的紧密共同体，虽然并不总是融洽，但它为西班牙人提供了逃离世界的难得机会，在那个极其保守的世界里，向来只有三种主要的职业方向，即教会、法律和军队。旅行和宽容的生活方式总给人一种自由的感觉，但同时也有职业同志情谊带来的安全感。戏剧界向来吸引富有创新精神和想象力的人加入，而在自信但又无常的世界中，正是这些人能够带来兴奋和冒险，同时还有评论和反思。

人们发现戏剧是可以挣钱的买卖，于是开设了一些固定的剧院。最早的一家剧院于1574年在塞维利亚开张，是由一个宗教兄弟会运营的，这个兄弟会为城中的穷人和有需要的人开设了一家慈善医院，通过剧院为医院筹募资金。马德里紧随其后，于1579年和1582年建立了两家剧院。很快，慈善机构、市政议会和各类企业家都纷纷在西班牙各地设立剧院。剧团成了主要道路上的常见一景，他们走遍全国各地，把储备的经典剧目带到小乡镇上，同时把时尚的新作带到大城市里。[37]

这些迅速发展起来的新剧院被称作"露天剧院"，因为它们一般都位于街区中各个建筑背面围成的封闭院落中，这样的空间类似于伦敦的法庭。近几十年，历史学家深入研究了露天剧院的历史，结合了考古和文献证据，让我们能够清晰地了解去这些镶嵌在城市结构深处的露天剧院看戏是怎样的感觉。1950年，在西班牙中部小镇阿尔马格罗，人们在一家小旅馆的施工过程中发现了一个可以追溯到1628年的露天剧院。经过大量的修复重建工作，它于1952年作为剧院重新开张了。

　　尽管阿尔马格罗露天剧院的椅子非常不舒服，但至少还算是座位；如今这里既没有站立的空间，也没有斜度很大的分层和狭窄的木质长凳。同样消失的还有官方"挤压员"，当时挤压员负责将每位顾客挤进狭小的空间里。洗澡曾经被认为是对神的不敬，没洗澡的人们喷了大量香水后散发的浓烈气味，已经被淋浴和除臭剂彻底改变。在洛佩的时代，演出一般在下午进行，但人们从中午时分就开始陆续抵达，在周围游荡，进行交际和炫耀。曾有外国旅行者记录到，人们穿上花哨的衣服，就连鞋匠和店主也穿上披肩、佩上剑，就好像精致的绅士一样。[38] 随着越来越多的观众出现，人群越来越拥挤，熟练的观众开始用力推挤，很快所有人都开始抢位置，想要进入剧院找到一个看戏的好角度。大门打开后，人们从街上沿着通道涌进来，甚至穿过旁边建筑一层的房间进来。他们进入的区域是一条狭窄的露台，只有部分区域用帆布遮盖，在明亮的阳光下提供一丝阴凉。

　　露台的对面是高达6—10英尺的舞台。更高级的剧院有各种各样引人注目的特效可以使用。舞台前端敞开，后部有帷幕遮挡，上方有一条长廊，可以代表高楼、山峰或其他比较高的地方。舞台背后建筑的窗子和阳台也可以使用，用它们表示天堂效果尤其好。同时，舞台上有一系列活板门，可以让演员和道具忽然出现或消失；舞台下方可以点燃火焰和烟花，营造出地狱入口的画面，这也是蒂尔索的《塞维利亚的嘲弄者》首次上演时结束的画面。

　　17世纪80年代，一位来到西班牙的佛罗伦萨贵族记叙了人们是如何挤进露台和两侧倾斜的木质阶梯看台的。"下雨的时候，"他写道，"在那个区域中心的任何位置都会让人非常难受，因为为了让光线照进来，那里是没有屋顶的，而大雨会将它变成真正的农夫的院子。"[39]

　　去泥泞的露台看戏非常便宜——学者们估计一张门票的价格大约相当于普通工人平均日薪的五分之一，可以买6个鸡蛋——因此剧院里吵吵嚷嚷，鱼龙混杂，这些底层的观众被称作"火枪手"，他们中有劳工、工匠、学生，还有热衷于体验贫民生活的年轻贵族。这些"火枪手们"的起哄和喧腾决定了一部戏剧的成败。观众席后方靠近入口处有酒吧和水果摊，是那些喧闹和不满观众补充"燃料"和"弹药"的便捷补给站。

正对着舞台的一层有个一般被称作"炖锅"的区域，专供"品行可疑的女人"使用，有位法国贵妇曾这样写道："有钱有势的大贵族都聚集在那里，为的是能和这些姑娘聊聊天。""有时候，"她还说，"他们的声音大得连打雷都听不见；他们发出的评论滑稽至极，叫人笑掉大牙，因为他们根本不懂得什么叫体面。"[40]

被喋喋不休的"女喜剧演员"占据的"炖锅"上面，是一层专属于神职人员的座位，而在他们的上面和两侧是富人们租用的私人包厢，有些是特意建造的，不过更多的包厢其实是旁边俯瞰剧院的建筑里的房间。

富人和穷人，男人和女人，贵族和士兵，律师和小偷，妓女和神父，全都挤进这个又小又封闭的熔炉里——每个人都有各自的社会主张和个人追求，当然，还有对新戏剧的热情。西班牙黄金时代从高贵到卑微的社会等级，在舞台上的演员面前展露无遗，当他们扮演自己的角色时，他们所扮演角色的原型都在形形色色的观众之中。

演员们不得不与观众们竞争，以便在这个丰富多彩、竞争激烈的世界里成为人们关注的焦点，因为在这个世界里，每个人都痴迷于奢华的排场、荣誉、名声和自我。

忽然间，夜深人静。舞台后部有两个隐隐约约的人影站在床边。其中一人说话了；听声音像是年轻的女子，看上去似乎穿了一件睡衣："奥克塔维奥公爵，你可以从这边安全离开。"

接下来我们听见一个年轻男子的声音："女公爵，我们很快就会结婚了。"他说道。

"你保证？此话当真吗？"

"我保证。"

"等等，"女孩的声音说道，"我去拿一盏灯。"

"为什么，拿灯做什么？"另一个声音说道；听上去有些不安。

"我想看到你。我想看到你的眼睛，看到你的灵魂。我想让我的灵魂了解我从你话里感受到的虔诚。"

在灯笼微弱的光线中，我们大体能看见一位衣冠不整的美丽少女。

随后聚光灯短暂地落在了一个小伙子身上，他20来岁，留着胡须。他显然惊慌失措了，一边退回到黑暗中，一边粗暴地小声说："快把灯灭了，不然我就替你把它灭了！"

"上帝啊！你究竟是谁？"她问道，声音因恐惧而颤抖。

"我是谁？"他挑衅地问，"一个无名之人。"

"你不是公爵！"

"对，我不是公爵。"

"救命！卫兵！卫兵！"女孩喊道。

"等等，女公爵，把你的手给我。"青年说道。

"别和我说什么等等，你这混蛋！卫兵，卫兵！快把国王请来！"

那不勒斯国王手持燃烧的火把冲了进来。他仔细地看着舞台对面，就好像想努力在黑暗中看清楚一样。

"哦我的上帝！是国王，"少女号啕大哭，"我完了。"

国王高声说："发生了什么？这究竟是怎么回事？"

青年以令人震惊的粗鲁无礼回答国王：

> 您认为究竟还能是什么事呢，
> 不就是男人和女人之间的事吗，陛下？

那不勒斯国王命令西班牙大使唐佩德罗·特诺里奥和卫兵逮捕了这个年轻的不速之客，但他发誓他宁愿战斗至死也不愿活着被捉。"我是一名西班牙绅士，"他声明。"我想与大使单独谈谈。"

舞台上只剩下唐佩德罗和不速之客。唐佩德罗恐吓小伙子说："现在只剩我们俩了，让我看看你所说的勇敢地战斗。"

"我足够勇敢，佩德罗叔叔，"小伙子答道，"但我不会与你战斗。"

"告诉我你是谁！"

"您的侄子……哦，叔叔，我还年轻，就像您也曾年轻过。既然您也尝过爱情的滋味，那就请原谅我的爱情吧。我会告诉您实情，是我诱骗了伊莎贝拉女公爵与我发生关系。"

"你是怎么欺骗她的？"

"我假扮成她的未婚夫奥克塔维奥公爵。"

佩德罗大怒，但正如他所说："如果国王知道了真相我就完了。"他让侄子从阳台上跳下去，赶紧逃走；随后佩德罗逮捕了奥克塔维奥，指控他是罪犯，但在他受到不合理的惩罚之前就让他逃跑了。观众依然不知道那个胆大包天的主人公到底叫什么。而他就是唐璜。

故事继续进行。唐璜和他吓人的仆人卡塔利农 ——"卡塔利农"是塞维利亚的俚语，意为"大废物"——被冲到了西班牙的海岸，恰巧遇到了一位美丽的渔民姑娘正在说她"很高兴没有尝过爱情的苦头"。但她很快就受到了唐璜的伤害，因为卡塔利农告诉她"唐璜·特诺里奥……是西班牙国王管家的儿子"，而且唐璜很快就答应会娶她。她告诉他：

> 如果你不遵守承诺，你自己也很清楚，
> 上帝会在你死后惩罚你，你会在地狱中被燃烧。

"我离死还远着呢！"唐璜回答道。在这部最有说教意味的淫秽剧目中，这句话成了他的口头禅。

但卡塔利农对他的主人说了一句小丑的智慧之言：

> 花言巧语骗姑娘家，
> 死后必会付出代价。

"那还早着呢！"唐璜回答道。

与此同时，在塞维利亚，西班牙国王阿方索十一世登场了。这提醒了观众剧情的背景是 14 世纪，那是西班牙历代历史中最混乱的时期之一。阿方索已经答应了卡斯蒂利亚的军事总管贡萨洛·德·乌略亚，将军事总管美丽的女儿唐娜安娜嫁给唐璜。但在佩德罗叔叔从那不勒斯把丑闻带回后，他们决定改将她嫁给奥克塔维奥公爵。

　　之后，唐璜在塞维利亚的街头遇到了老友莫塔侯爵，他是个有意而为之的幽默穿越人物，源自现实的17世纪宫廷。当他们讨论以前嫖过的梅毒缠身的妓女时，莫塔吹嘘说他相信唐娜安娜"对他表示过一些兴趣"。在莫塔跑去嫖妓时，唐璜穿上了莫塔的披风蒙混进了唐娜安娜的家。"骗子！你不是侯爵，"她哭喊道，"你欺骗了我，你这个骗子！"我们也不知道他们的幽会到底发展到了什么地步。

　　唐贡萨洛出现了："那是安娜的声音。"

　　"没有人来杀了这个毁了我清白的奸人吗？"唐娜安娜大喊。

　　"竟有人胆敢玷污我的女儿。哦上帝，而且她不停地喊自己'清白尽毁'——她还不如鸣钟昭告此事呢。"

　　"杀了他！"唐娜安娜这时候喊道。

　　"让我过去。"唐璜命令道。

　　"让你过去？我要用这把剑刺穿你，你这奸人。"唐贡萨洛大喊。

　　唐璜杀死了唐贡萨洛，然后逃走了。

　　后来，国王下令逮捕莫塔侯爵，把他关进了地牢，等候第二天早上的处决。西班牙国王命人为被谋杀的唐贡萨洛·德·乌略亚制作一尊雕像，以表达对他的尊敬："举办隆重丧事，予以厚葬；用青铜和石头制作一尊半身像纪念他。半身像上应刻以铭文：'愿主向谋杀这位忠诚骑士的叛徒复仇。'"

　　下一幕中，唐璜在一个农村女孩的婚礼上勾引了她，因为她的父亲轻率地相信唐璜打算娶她。正如唐璜所说：

> 在我造成真正的伤害之前，我会把事情先说清楚。因为农民总是以为他的名誉掌握在自己手中，所以我要去找新娘的父亲加森诺，让他允许我犯下罪行。

> 愿星辰给予我好运，
> 我会在死后为我的罪行付出代价，
> 因为我离死还远着呢！

但卡塔利农很担心："我希望这次咱们能活着离开！"

"你怕什么呢？"唐璜问，"我父亲是国王眼前的红人；这片土地上的正义由他主持！"

"上帝会报复那些喜爱作恶的人。小心！当死亡降临时，生命似乎就变得尤为短暂；而死后将由另一位君王统治！"

"我离死还远着呢！谎言和诡计万岁！"

唐璜和卡塔利农回到塞维利亚后，找到了唐贡萨洛的坟墓。"这是我杀掉的那个人，"唐璜笑着说道，"他们给他建了一个令人印象深刻的墓。看，这里写着让上帝为他的死复仇！这是警告的意思吗，你这傻老头？"唐璜一边问雕像，一边模仿西班牙贵族之间最侮辱人的动作，拉着它的石头胡子。"今晚你将在我的旅店里同我用餐。"

场景切换。两位仆人正在旅店空荡荡的餐厅里布置桌子。巨大的敲门声响起。唐璜大喊："谁在外面？"

"是我。"一个低沉、浑厚的声音答道。

"你是谁？"

"我是你邀请来吃晚餐的那位高尚绅士。"

"今晚将会是两人用餐。"唐璜转身向仆人们说。他让卡塔利农坐在桌边，但卡塔利农却害怕得说不出话。"真是荒唐，"唐璜继续说道，"一个死人你有什么好怕的，你这可怜、愚蠢的乡巴佬！"

两位贵族一同进餐，一位是有血有肉的凡人唐璜，他吃喝着两人份的晚餐，另一位是不朽的石头做的唐贡萨洛，沉默不语。晚餐结束后，石像考验唐璜："把你的手给我。记住我是乌略亚家族的人。不要害怕！"

"害怕！我可以跟你一起去地狱！"

"你能否像正人君子一样向我承诺，明晚10点同我共进晚餐？"

"明天我会成为你的客人。在哪见面？"

"在小教堂里。"

"作为特诺里奥家的人，我向你承诺。"

随着戏剧接近尾声，唐璜和卡塔利农来到了昏暗的小教堂里。一个人影从黑暗中向他们走来。"谁在那？"唐璜问。

"是我。"唐贡萨洛回答。"我想请你吃晚饭。"雕像解释说，但"你必须打开这坟墓"。

雕像、唐璜和卡塔利农坐下吃饭。唱诗班开始吟唱：

> 欠下的债终要偿还，
> 即使上帝的惩罚为时过晚，
> 因为死亡并不遥远！

"把你的手给我，唐璜。"塑像说。"上帝的奇迹一直存在，唐璜。上帝要你在一个死人的手上为你的罪行付出代价；这就是你为所有你玩弄过、欺骗过的女孩付出的代价。这是上帝的正义！"

卡塔利农眼睁睁地看着唐贡萨洛和唐璜随着坟墓一起消失，沉入燃烧着地狱之火的舞台。

实际上，唐璜是蒂尔索·德·莫利纳充满艺术性的拼贴作品。他的角色由一系列来源拼合而成，但蒂尔索所在时代的道德现实赋予了他生命，就像弗兰肯斯坦博士对他的怪物所做的一样。唐璜的核心角色特征包含两部分：一个是以诡计和谎言作为征服方式的性侵犯者，一个是以暴力和勇敢蔑视死亡的年轻人。关于蒂尔索所创作故事的中世纪西班牙根源已经有了很多学术上的推测，而且有大量民间故事确实都有关于传奇杀人犯和流浪汉因为不尊敬死者而受到上帝惩罚的情节，而场景常常是在墓地中。[41] 有趣的是，中世纪的英格兰伟大诗人杰弗里·乔叟在《坎特伯雷故事集》中讲述了神父多恩·约翰*引诱吝啬商人的妻子的故事。显然，到14世纪时，这个名字已经和侵犯神圣的婚姻神联系起来了，而这正是蒂尔索笔下人物最大的罪过。但是历史上胡安·特诺里奥确有其人，蒂尔索选择用这个名字，立刻就把情节设置在了中世纪的塞维利亚。

---

* 约翰（John）的西班牙语变体是胡安（Juan），而唐璜即 Don Juan。——译者注

　　剧中有一幕，唐璜称自己为"塞维利亚古老的征服者特诺里奥家族的高贵绅士"，特诺里奥家族是一个真实存在的家族，是王室私生子的后代，1248年基督教徒从摩尔人手中夺回塞维利亚时，佩德罗·特诺里奥扮演了关键角色，从此奠定了其家族在塞维利亚的权力基础。特诺里奥家族发展成了安达卢西亚最有权势的贵族家族之一，但到1295年，鲁伊·佩雷斯·特诺里奥（真正的唐璜的叔祖父）从塞维利亚逃走了，因为他谋杀了一位年迈的军事指挥官和诗人、征服塞维利亚的英雄，也是曾与佩德罗·特诺里奥并肩作战的老兵。这是特诺里奥家族尤为耻辱的一段历史，显然启发了蒂尔索写下唐璜谋杀德高望重的老兵唐贡萨洛的故事。真实中世纪故事的结尾比蒂尔索笔下会动的雕塑和唐璜一同下地狱要平淡得多。惩罚来自王室而不是上帝：1295年，鲁伊·佩雷斯·特诺里奥在向葡萄牙边境逃跑时，被一位王子亲自抓捕并杀害。

　　这些线索当然令人信服地证明了蒂尔索使用了中世纪卡斯蒂利亚王室编年史作为资料来源。但《塞维利亚的嘲弄者和石头客人》的场景设定在阿方索十一世统治期间。阿方索十一世娶了他的表妹葡萄牙的玛丽亚，尽管教宗拒绝给予他们结婚的特许。第二年，教宗面对既成事实，同意了他们婚姻的合法性，但这时阿方索已经开始了一段灾难性的关系，女方是"住在塞维利亚的寡妇唐娜莱昂诺尔……她名下财产丰厚，地位高贵，而且是全国上下最美丽的女人"，编年史家这样写道。[42]教宗写信给葡萄牙的玛丽亚，形容阿方索十一世的"行为冒犯了我们伟大的上帝"。编年史家直白地责备阿方索与莱昂诺尔长期厮混在一起，导致王后花了很长时间才怀孕。而且更糟糕的是，玛丽亚王后只为他生了一个儿子，也就是未来的"残酷者"佩德罗一世，而莱昂诺尔却生下了12个儿女，阿方索慷慨地给予他们贵族头衔、土地和荣誉。1369年，阿方索与莱昂诺尔的第四子，特拉斯塔马拉的恩里克篡夺了佩德罗的王位，成了卡斯蒂利亚的国王，而他也是阿拉贡的费尔南多和卡斯蒂利亚的伊莎贝拉的高曾祖父。

　　然而对于阿方索和佩德罗来说，他们确实是有其父必有其子，真正的胡安·特诺里奥正是因为介绍年轻的国王佩德罗认识了玛丽亚·德·帕迪利亚，才成了王室驯隼人和佩德罗最信任的侍臣之一崭露头角。玛丽亚·德·帕迪利亚是一位地位较低的贵族，有可能是胡安的亲戚，她身材娇小，皮肤黝黑，以其美貌而闻名。到蒂尔索生活的年代，传说和事实已经混为一谈，据巴勃罗·德·埃斯皮诺萨于1627年所著的《塞维利亚史》记载，"人们普遍相信唐娜玛丽亚和她的叔叔唐胡安·德·埃内斯特罗萨一起住，而且这也是塞维利亚的传统，他们住的房子现在在圣希尔教区依然能看到"。[43] 据说，"国王在打猎回来的路上看到了她"，大概当时驯隼人唐胡安正好陪着他，"国王立即爱上了她。他向她的叔叔表达了他的感受，但她不同意取悦国王，除非能够得体地出嫁。相传国王与她结了婚，而且将她作为妻子带回了王宫"。埃斯皮诺萨解释说，当时人们认为胡安·特诺里奥与帕迪利亚家族是亲戚。[44]

正如卡斯蒂利亚的编年史家记载，阿方索十一世和佩德罗一世统治时期，残酷、玩世不恭而野心勃勃的政治阶层肆意践踏婚姻，并最终导致了王朝的灾难，蒂尔索在《塞维利亚的嘲弄者和石头客人》中，将这些伤风败俗的行为都安排在了唐璜身上。他选择以特诺里奥家族作为原型，把这种不安的气氛和来自塞维利亚权倾朝野的侍臣紧密联系起来。费利佩四世的宫廷里盛传着有关一位傲慢的安达卢西亚贵族宠臣的桃色绯闻，因此蒂尔索这部伟大的戏剧所暗示的主题不可能不被观众注意。1625年，蒂尔索触犯了奥利瓦雷斯的改革委员会。委员会提出，戏剧是"极大的危险，因为上演的剧目多、场次频繁，而且他们邪恶的情节为普通观众树立了坏榜样"。接下来他们的会议纪要指向了"慈悲圣母会修士加夫列尔·特列斯造成的臭名昭著的丑闻，特列斯又名蒂尔索·德·莫利纳，他写过一些亵渎神灵的剧本，树立了邪恶的典型"。他们同意向国王上书，建议要求有关宗教部门将蒂尔索驱逐到"慈悲圣母会最偏远的修道院之一，并且威胁将他绝罚，让他不要再写戏剧或其他任何种类的亵渎诗文"。尽管费利佩从未附署这项命令，但第二年加夫列尔·特列斯还是被调到了遥远偏僻的特鲁希略的慈悲圣母会修道院。[45]

1623年，最出乎意料的英格兰情人在黑夜中抵达马德里，他更像是非常有骑士风度的罗萨里奥，而非唐璜。他的诉求最终并未得到回应，但却抓住了除奥利瓦雷斯以外几乎所有西班牙人对浪漫的想象力。

威尔士亲王在马德里

公主见到亲王的时候，脸色变得非常红润，我们认为这是爱和深情的表现。

——詹姆斯·豪厄尔，英格兰王家宇宙志作者

1623年3月7日周五晚上10点，两个英格兰人趁着天黑骑着骡子进入了马德里市中心，他们寻找的地方恰好名叫公主大街。他们在著名的七烟囱宫门口停下，这里是英格兰大使布里斯托尔伯爵的居所。其中一人敲了敲门，向仆人介绍自己是托马斯·史密斯。他拿着自己的行李进了宅子，马上解释说自己的腿有伤，不便上楼梯，要求布里斯托尔下楼见面。与此同时，另一个自称叫约翰·史密斯的人，留在了街对面的黑暗中。[1]

布里斯托尔来了之后惊讶地发现托马斯·史密斯实际上是国王詹姆斯一世的宠臣白金汉侯爵（后来成了公爵），他立即解释说自己说有腿伤其实是为了确保礼节正确：当约翰·史密斯迅速从街对面走过来时，白金汉侯爵告诉惊愕的大使，那不是别人，正是英格兰和苏格兰的王位继承人、威尔士亲王查理。"还在惊讶的布里斯托尔将亲王带到了卧室，亲王立刻让人呈上纸笔，当晚就向英格兰发出一封信，告诉国王陛下他是如何在不到16天的时间里平安来到西班牙宫廷的。"[2]

对于讲究繁文缛节的西班牙宫廷来说，不列颠王位继承人完全出乎

意料的到来是对外交礼节非同一般的破坏，这被当时的一位著名记述者描述为"几乎难以置信""完全不合理"。[3]但查理此行是为了追求费利佩四世的妹妹玛丽亚公主，他大胆的化名出行抓住了西班牙人的想象力，在他们眼中，这有些古怪，却又是令人喜爱的骑士行为。贡戈拉赞美亲王被"玛丽亚高贵的光辉"所吸引，是"从亚瑟王的国度中飞来的鸟儿"。[4]西班牙与英格兰进行姻亲联盟的设想在17世纪初就被提出过，费利佩三世派驻伦敦的大使贡多马尔伯爵颇有才干，还是位亲英派，为西英联姻奔走多年。[5]威尼斯大使记录了当时普遍的看法，"亲王心中的爱在燃烧……是贡多马尔的报告点燃了他的爱意，他渴望这段婚姻，并且认为自己的出现可以促成此事"。[6]贡多马尔或许工作用力过猛了，给了斯图亚特王室过高的期待：最麻烦的是，西班牙人立刻将查理亲王此行的保密解读为他意图改信天主教，然而这种虚妄的希望对联姻产生了毁灭性的影响。查理对公主的了解仅限于一幅画和一些传闻，他鲁莽大胆地表达自己燃烧的激情，固然有几分不切实际的魅力，但如此不得体的匆忙之中显然包含了绝望的因素。詹姆斯之所以试图强行与费利佩四世联姻，是为了帮助普法尔茨选帝侯腓特烈与西班牙和解，腓特烈是詹姆斯的女婿，他站错了队伍，如今已被打败。正如这位记录者所说，詹姆斯"非常清楚费利佩四世的实力、对盟友的忠诚，以及全欧洲对他的嫉妒和畏惧"。[7]

　　2月18日，查理从白金汉侯爵在埃塞克斯的宅邸出发前往西班牙，只带了很少的随从；他们二人都戴了假胡须伪装，亲王还戴了一枚眼罩。因为不习惯日常生活中的普通事务，他们一点零钱都没带，结果在格雷夫森德横渡泰晤士河的时候，只得付了一整个几尼，让船夫特别高兴。后来，在去多佛尔的大路上，他们不得不让马跳过树篱，穿过一些农田，以避开迎面而来的法国大使；在坎特伯雷，起了疑心的市长将他们逮捕，白金汉侯爵只好摘下假胡子，用权力压制了他。第二天，他们在风浪中穿过了海峡，于法国登陆后直奔巴黎，因为查理下定决心要看看以奢华著称的法国宫廷。因此，"为了更好地隐藏自己的脸，殿下和侯爵各买了一顶假发，多少能遮盖住额头"，这样伪装之后，他们通过贿赂进入了宴会厅，在公共走廊上观看了王室用膳。查理在给父亲的信中写道，他被路易十三的西班牙王后安娜的美貌迷住了，"这让我更加渴望见到她的妹妹"，也就是玛丽亚公主。[8]

他们在西班牙的旅程没有记录，但他们的经历一定与理查德·温差不多，温是他们的官方随行人员之一，于4月初在他们之后到达了他们身边。温惊讶于骄傲的西班牙男人游手好闲，所有的苦活儿却都由女人承担；窗子上总是没有玻璃，这他倒也没太在意；他对在西班牙路上吃到的简陋食物和烹饪安排感到十分惊奇。有一次他骑着马走在大家前面，他们已经放弃了去托波索的机会，"那是著名的杜尔西内娅居住的贫穷村庄"。他和同伴问哪里可以买到酒和食物，根据别人指的路"找到了森林中的一间房子"。一个女子"为我们做了一个鸡蛋培根薄饼，所有的东西都一起煎"。然而，"她拿布盖住一个小凳当成桌子，放上了两条面包，突然从森林中冲出两头黑猪，推翻了小凳，各自叼走了一条面包"。第二晚在一个女人们"哀叹我们一行人不是基督教徒"的村子里，他"吃到了最好吃的母鸡和培根"。正如桑丘·潘沙对堂吉诃德说过的[*]："世上最开胃的东西是饥饿。"[9]

查理和白金汉是否像费利佩和奥利瓦雷斯享受马德里放荡的夜生活那样享受了路上的自由，我们无从得知，不过查理在给父亲的家书中表现出的是一个沉迷冒险、激动不已的年轻人。毫无疑问，在跟随查理来到马德里的几个英格兰随从中，大部分人虽然对"非常粗鄙的住处"印象平平，但肯定被美丽的女人迷住了，"不管是因为她们的体质还是马德里的风俗"，或者完全是由于她们身上的异国风情，英格兰男人"觉得她们比其他地方的女子娇媚艳俗"，而且"如果说有些女人是被迫假装成这样的……其他人肯定是自己心向往之"。然而，她们"非常狡猾"而且"能说会道……但她们的身体普遍患有传染病"，由此可以看出，写下这段评论的人在光顾妓院时很可能运气不太好，或者过于频繁了。[10]

---

[*] 原文如此。实际上是桑丘妻子泰瑞莎对桑丘说的。——编者注

对于布里斯托尔而言，亲王的到来带来的激动起初肯定是令人非常焦虑的，因为这违背了几乎所有能想到的外交礼仪规范。但他很快就恢复了镇静，他意识到这时候他要做的事情只有一件，于是立即驱车前往贡多马尔的住处，仅仅告诉他白金汉侯爵来了。贡多马尔与他一同回到了七烟囱宫；这回轮到他被亲王的出现震惊了；他也意识到接下来他能做的事情只有一件，于是立即赶往奥利瓦雷斯府上。

当贡多马尔抵达时，奥利瓦雷斯正在吃晚餐。他见贡多马尔"面露喜色"，便问道："这么晚了，阁下心情这么好，是为我带来了什么消息？难道您把英格兰国王请来了马德里吗？"

"也许不是国王，"贡多马尔承认，"但却是威尔士亲王本人。"

"奥利瓦雷斯不知应做何感想，但这奇特的消息显然让他惊呆了，既高兴，又不敢确定。"奥利瓦雷斯感到非常不安，立即向费利佩呈报了这件古怪的事。"国王就像所有审慎的人一样"，推断查理保密行程预示着他渴望"解决信仰争端"，于是感到"欣喜若狂"。事实上，如果我们相信奥利瓦雷斯对当时场景的叙述的话，费利佩似乎立刻理解了当下政治形势的不确定性。他明白这桩婚事将取决于宗教上的某种妥协，于是立即转身面对"他床头挂着的耶稣受难像"发誓说："主啊，我对你立下誓言……罗马教宗决定的任何有关宗教的事情，我都绝不会动摇，哪怕因此失去我的王国。"[11]

费利佩的誓言冒了一定的政治风险，因为这样一来就确保了教宗和他的枢机主教能够决定费利佩有可能准许他妹妹嫁给一位信仰新教的亲王以换取宗教上的条件，而这会让西班牙失去问题的决定权。这对于奥利瓦雷斯而言有两大关键好处，一方面这会让他在马德里的政治对手都束手无策，另一方面，婚事一旦出现任何问题，就都可以归咎于教宗而不是费利佩或西班牙了。事实上，罗马教廷已经准备宣布或许可行的条件了；但是奥利瓦雷斯通过频繁与罗马秘密通信，此时确保了教宗会开出更苛刻的新条件，让查理因此无法接受这桩婚事。从这时候起，整个冒险行为就注定失败了。

奥利瓦雷斯反对这桩婚事可能有许多原因，但最明显的原因或许是，他作为一个控制欲和嫉妒心都很强的人，面对他人展现出如此惊人的骑士风度，他的第一反应就是一定要让对方失败。他只不过是没有准备好让查理、詹姆斯、白金汉和贡多马尔抢在他前面一步。自那以后他对亲王态度粗鲁，在他们第一次会面时，虽然屡次被要求戴帽子，但他坚决不戴；他与白金汉也逐渐交恶，到了夏末，二人已经互相鄙视对方了。

费利佩立刻命令奥利瓦雷斯确保"亲王所有的需求都得到了满足，因为他亲自前来，我们有义务这样做"。因此伯爵整夜未眠，计划着盛情款待威尔士亲王的庆祝活动，以及如何将他们一行人安置在王宫中。[12] 任何花费都不能吝惜，最近刚刚施行的禁止穿戴昂贵衣物首饰的限制措施被暂停，马德里要为她的王室客人准备一个充满宴会、骑马比武和表演的夏天，而这些活动就安排在亲王正式入城后一周的周末开始。

查理抵达后的周日，他终于有机会一睹公主芳容。他坐在封闭式马车中等待，车停在城外时髦的普拉多大道上，等待费利佩、王后和公主王子们坐着王室马车经过，他们都对亲王很好奇，所以全部乘上了王室马车，"公主坐在马车外部靠前的位置，手臂上绑着一条蓝色的丝带，以便亲王能认出她"。根据英方的记录，查理被公主的美迷住了，以至于贡多马尔不得不阻止他跳下马车去问候王室一行，而"公主见到亲王的时候，脸色变得非常红润，我们认为这是爱和深情的表现"。[13]

王室正式欢迎仪式排场之大，从记录者所描述的迎接亲王的稀奇古怪的烟花中可见一斑："许多焰火，有的像点燃的双脚，有的像电闪雷鸣，还有的像炸弹桶、转轮、灯笼"和其他奇特的形状，它们准确的爆炸原理现已无人知晓；甚至有一座"燃烧的小山，公牛、山羊、公绵羊、巨蛇、马匹和野猪都从山上冲下来"，焰火持续了半个多小时。当晚，人们模仿希腊侵略者，袭击并烧毁了一座仿造的特洛伊城，这样故意不太得体地提及帕里斯从墨涅拉俄斯身边鲁莽地绑架海伦的故事，让宫中口无遮拦的诗人才子们感到非常高兴，后来他们用诗歌作品记录了其中的讽刺。[14]

这样富有嘲讽象征意义的活动必然是奥利瓦雷斯的杰作。从那之后，他竭尽所能避免查理见到公主，甚至放出消息说她"身体抱恙，持续发烧"，根据外交官们的通报，虽然一些观察者乐观地说"她因为受到惊动所以真的生病了，而另一些人则认为病是装出来的，只是拖时间的借口罢了"。很快就有小道消息说，"声称自己深陷爱河的"亲王对目前的情况"感到越来越厌倦和反感"。[15]

奥利瓦雷斯选定了棕枝主日作为让查理再次与他的猎物匆匆相见的完美不浪漫机会。威尔士亲王穿上了盛装，戴上了珠宝。但他的西班牙仆人们坚持说他的蓝色裤子在这样一个庄严而神圣的日子里显得过于花哨；亲王不听劝告，直到有位敏锐的高级廷臣提出将裤子作为礼物送给他这样一个令亲王没有适当理由拒绝的请求后他才放弃；随后，伊内斯·德·苏尼加借给了他一些应景的暗色衣服和时尚的西班牙领圈。[16]晚祷过后，费利佩带着终于穿戴得体的查理，陪同他来到了王后的宫中，在一群显贵和廷臣的注视下，着了迷的查理被允许接近公主并向她致意。所有的说法中，玛丽亚公主都在与亲王短暂的对话中保持了冷漠的态度，但旁观者对她所展现的自我控制力有着不同的理解。英格兰人乐观地认为这是她在隐藏爱意的表现，一位高级外交官以英格兰人特有的粗俗口吻说，"毫无疑问，她到英格兰之前就会怀孕"。[17]然而，威尼斯大使则认为查理被迫结束了他的追求，"这比他希望的更快"，并且描述了旁观者是如何"以一致的惊讶谈到""她自始至终保持镇定……因为显然她对这场联姻极其厌恶和恐惧"。[18]

尽管许多观察者都开始发现双方之间信任的裂痕，但国王和亲王之间似乎由于对艺术和文化共同的热爱而建立了深厚的友谊。查理显然天生具有审美细胞，但正是在他跟随费利佩欣赏王室收藏的时候，才成为一位受过教育的鉴赏家，并且很快就成了他那个时代最伟大的收藏家之一。事实上，在1649年查理被处决后，费利佩的代理人低调地购买了许多他最好的藏品。查理和白金汉非常享受他们在西班牙宫廷的逗留时光，他们利用这次独特的机会购买了许多画作、雕塑、书籍和其他珍宝；他们给詹姆斯寄了一份礼物，包括两头驴、五头骆驼、一匹马和一头时不时会喝醉的大象，这只大象后来住在圣詹姆斯公园，每天消耗一加仑红酒，这对于国库而言是笔不小的开支。[19]尽管他们沉迷于物质获取的狂欢之中，但联姻是不可能实现的事实也越发清晰。

　　依然急躁的查理没有轻易放弃，他受到了文学作品的启发，决定以戏剧化的方式最后一次尝试向公主求爱，而这让他的东道主们大为惊慌。然而这一次他没有模仿骑士小说，而是选择了中世纪后期西班牙的经典文学作品《塞莱斯蒂娜》，英文译名为《西班牙老鸨》。这本早期的畅销书于1499年首次出版，讲述了一个小伙子求助于一位像女巫的老鸨，请她安排自己与他垂涎已久却难以驯服的女子梅丽贝娅幽会，但是他在试图爬出她父亲花园的围墙时，从梯子上掉下来摔死了，结果女孩在悲伤中自杀了。

　　6月末，随着天气逐渐炎热，查理得知公主通常会乘车前往国王避暑的别墅"田园之家"，她常在树林中采花。所以，一天早上，"他起了个大早，去了那里"，并且"被允许进入别墅和……花园。但公主在果园里；花园和果园之间有高墙隔断，并且门上了双重插销，亲王爬上墙头，从高处跳下来，然后向她走了过去；但她比其他人先看见了他，她尖叫了一声，然后跑了回去"。[20]

　　夏天就这样在永无休止、令人厌烦的体面活动中漫长地持续着，每个人都非常清楚，因为宗教上的分歧这桩联姻已经失败了，英格兰人渐渐意识到查理如今几乎成了人质。大多数西班牙人显然依旧希望他能同意改教并发誓保护不列颠的天主教徒，而奥利瓦雷斯则希望说服他娶一位奥地利哈布斯堡家族的新娘，即神圣罗马帝国皇帝的长女。[21]这时候离开很容易被视为对礼节的践踏，会有激怒对方的危险。

　　但查理已经受够了，他决心不管付出多大代价都要回国；他付出的代价就是做出严重的欺骗行为。7月初，他同意了奥利瓦雷斯通过说服教宗提出的每一项近乎不可能的条件，再一次震惊了所有人。这可能是他最后一次扔骰子试运气，希望能得到允许带着西班牙新娘回家。不用说，他并未如愿。不过这时候费利佩再也没有理由拒绝他离开马德里，因此，奥利瓦雷斯被迫咬着牙目送他的囚犯们离开，其中包括他痛恨的白金汉，而宫中的其他人都在赞扬查理那令人生疑的归信。8月底查理离开马德里时依然承诺会委托代表与公主成婚，但9月18日他在桑坦德登船起航时，就已经授意布里斯托尔无须操办相关仪式了。他独特的骑士冒险最后以惨痛的失败和最不浪漫的欺骗告终。

此时的奥利瓦雷斯虽然疲惫，但大概应该是心满意足了，他将注意力转移到了为国王安排重要访问上。国王将访问安达卢西亚，看看塞维利亚这颗他经济王冠上的宝石，并尝试采取措施，扭转美洲收入急剧下降的局面。

许多历史学家都相信当时的评论家所描述的莱尔玛和奥利瓦雷斯，如他们所说是马基雅弗利式的政治怪兽，以家长式的、像神一样的全能，秘密操纵着宫廷世界。莱尔玛和奥利瓦雷斯用一层又一层巴洛克式的奢华淹没国王，用盛大的演出和繁复的礼节让他们的思维始终保持忙碌，用狩猎或追求享乐时常刺激他们的情感，以此来控制他们。因此，国王成了君主制度的象征，他的用途仅仅是为了巩固王权，而国王的权威实际上是由宠臣来施行的：虽然国王在位，但宠臣掌权。

奥利瓦雷斯与费利佩四世的关系在感情上比这复杂得多。奥利瓦雷斯是个自大狂，但他离全能还差得很远，他对王国以及国内众多机构充其量只是微弱的控制，经常根本无法控制。他有着严重的妄想型人格，心理不稳定，对自己有关哈布斯堡王朝历史的宣传深信不疑。奥利瓦雷斯与堂吉诃德颇有几分相似，他以政治上惊人的天真，试图在卡斯蒂利亚强行实施他那极度不现实的改革方案。

对外，他奉行疯狂的好战外交政策，认为哈布斯堡王朝的历史胜过当下欧洲的现实，因此跌跌撞撞地卷入了大量的国外冲突。他似乎真的相信过去可以以某种方式赢得现在的战争；事实上，尽管国王几乎彻底破产了，但卡斯蒂利亚仍能坚持战斗到17世纪40年代，这证明了整个西班牙体制的张力；西班牙体制不仅包括邮政服务、银行设施、食品供应、成熟的军队调动路线、港口、航运等基础设施，也包括许多意大利人、佛兰德人和德意志人的思维习惯，对于这些人而言，西班牙长期以来一直是世界中心。西班牙君主制度正经历着一段漫长的急剧衰落期，但卡斯蒂利亚仍然是全球经济体系的基石。

对内，奥利瓦雷斯渴望在西班牙建立军事联合，让巴伦西亚、加泰罗尼亚和阿拉贡贵族在马德里政府中发挥作用，以换取他们为保卫费利佩的所有领土做出贡献；他构想了现代意义上的西班牙。"君主制度最重要的任务，"他向费利佩解释说，"就是让您自己成为西班牙的国王……并且根据卡斯蒂利亚的法律，秘密地策划和工作以减少组成西班牙的王国数量，没有……边境或海关关卡，也没有掌握召集议会的权力……在凡是有需要的地方。"[22] 最终，这种异想天开的野心会毁了他，不过即使是奥利瓦雷斯也没有疯狂到在统治之初就试图在有敌意的地区强制推行这种政策的地步。

相反，他把重点放在了国内改革计划上，他的计划基于3个基本而合理的目标：刺激贸易和经济增长，使税收合理化，推行大规模紧缩措施以减少在奢侈享受上的花费。这些都是迫切需要解决的问题，而且奥利瓦雷斯的目标本身是完全理性的。但他为了实现这些目标而施行的政策却是激进、大胆和鲁莽的：为了提振经济，他主张建立由国家组织、城镇补贴的银行体系，通过一系列税收优惠鼓励来自国外的移民、鼓励结婚生子，建立类似于荷兰东印度公司以及英格兰同类公司的贸易公司。他愤怒地抨击了不公平和低效的"百万税"，这是一种对多种基本食品征收的税，当时由议会代表各市投票通过。他试图引入一种更公平和更好的制度，让富裕的城市而不是贫困的农民承受负担。他试图对庞大而腐败的市政机构进行大刀阔斧的改革，提议将每个城镇的官职都减少三分之二。

在他疯狂的想象中，卡斯蒂利亚是田园诗般的乌托邦，在这里似乎一切都有可能。但他对政治现实的理解似乎和他的君主一样少，甚至可能更少。整个改革方案导致他与各城镇及议会发生了正面冲突：他要求城镇为新银行提供资金，但却没有保证这些钱不会立即被王室没收；他希望城市寡头长期享有的商业垄断地位被新的贸易公司削弱，这些贸易公司将为王室利益服务；而在新的税收体系下，这些城市寡头身上将承受最重的负担。这是一项允许国王侵占王国权力的计划。更疯狂的是，城镇的代表投票通过的"百万税"代表着对王室财政的控制，让他们放弃这种权力简直不可想象。奥利瓦雷斯所坚持的荒诞的教条主义注定会失败，但他愉快地追求着这些改革，而且他最雄辩的宣传专家克维多对改革计划给予了热情支持，他在《致卡斯蒂利亚现海关讽刺信》中称赞奥利瓦雷斯是卡斯蒂利亚的救世主；这是一个不祥的标题，它肆意践踏传统，似乎唤醒了人们对城市公社起义原因的回忆。

1623年，奥利瓦雷斯粉饰太平的能力使他成功说服议会同意在5年内拨款6000万达克特，这还不算之前未拨付的1200万。这个数目是空前的，但各城镇限制了代表的权力，确保了经费仍必须获得市政一级的批准，因此，谈判继续进行。他们坚持按照惯例征税，1624年2月2日他们提出，作为转让百万税的条件，必须由国王为新银行提供资金。

一开始，各城镇强迫奥利瓦雷斯放弃税收和银行改革；甚至连7200万达克特的承诺也开始变得像是遥远地平线上旋转着招引人的风车，诱人但不可及。改革最后的希望落在了一位名叫巴尔塔萨·吉利蒙·德·拉·莫塔的孤身一人的律师身上，他走遍了卡斯蒂利亚，肩负着将每个城镇的官职减少三分之二的重任，他直接补偿那些受影响的人，抽签分配剩下的三分之一的官职。或许连桑丘·潘沙都比他有更多成功的机会。

奥利瓦雷斯注重实干，并且愿意付诸实践。1624年2月8日，他陪同费利佩四世出发前往安达卢西亚。王室队伍"组织得非常迅速，以至于刚宣布就立刻出发了"。[23] 出于对紧缩理念的尊重，若按照哈布斯堡王朝的标准来看，这次随行人员的人数少得惊人；尽管如此，还是包括了一大批贵族和廷臣，大使以及宫中高级官员。此外还有200名仆人和士兵，包括饼干师傅若干、蜡烛工若干、裁缝若干、汤厨师1名、糕点厨师1名、运水工1名、驯隼人和猎人若干、弓箭手13名、祭台助手2名、蹄铁匠1名和洗衣女工3名。费利佩将乘坐马车正式进城，这也是为了省钱，但同时可能也是为了避免出现异议的风险。尽管遇到了可怕的狂风暴雨，一行人马还是很快抵达了安杜哈尔，但是瓜达尔基维尔河洪水泛滥，他们必须等待渡河的时机。

费利佩访问安达卢西亚对于奥利瓦雷斯来说是一项个人使命，他认为这里是自己的故乡，希望介绍国王认识西班牙的这一部分；此行的目的还在于迫使国王、他的宫廷和政府亲眼看到安达卢西亚地区切实存在的财富和力量，进而理解它对整个君主制度的重要性。然而，最迫切的是，他希望费利佩和他王室随从们的到来能帮助说服安达卢西亚各大城市，因为这些城市是议会中对改革方案最顽固的反对者。在这样的暴风雨天气中抵达科尔多瓦是一个令人沮丧的预兆。贡戈拉的家乡看上去非常贫穷悲惨，这让奥利瓦雷斯很快就放弃了逼迫市政官员接受他们显然无力承担的政策的打算。费利佩参观了曾是清真寺的大教堂，访问了一些修道院，观看了一场斗牛和几场骑马比武。4 天之后，国王一行出发前往埃西哈，那里将举办一场化装舞会。

3 月 1 日，费利佩来到了塞维利亚，随访的编年史家将这里描述为"西班牙全部的动力源泉"。[24] 为期 11 天的访问期间，国王住在王宫里，按照惯例举行了演出和烟火表演。他肯定去彼拉多官邸参观了阿尔卡拉公爵的收藏；也肯定欣赏了蒙塔涅斯的伟大雕塑和苏巴朗的绘画，必然也与帕切科探讨了艺术理论。塞维利亚到处都是美丽的艺术品，这位艺术品味极佳的国王一定为之兴奋不已，但遗憾的是没有关于他所看到的和他的反应的记录。我们只知道他应梅迪纳·西多尼亚公爵继承人、涅夫拉伯爵的邀请，访问了下游的一座被称作"残酷者佩德罗之宫"的乡间别墅。[25] 我们只能推断他视察了即将前往巴拿马波托韦洛的大陆珍宝船队，抵达巴拿马之后，舰队上的商品将由驳船或骡子拉到太平洋沿岸，再装船运往利马；秘鲁运往西班牙的白银中，有三分之二是用这些货物在利马换取的。[26]

与此同时，奥利瓦雷斯正在努力说服他家乡的当权者，即使他们拒绝他的改革，至少也要批准转让百万税。作为塞维利亚王宫的治安官，奥利瓦雷斯本人在市政议会上有一个席位，他联手王室总督，终于说服了塞维利亚同意转让议会通过的百万税。但这又是一场空洞的胜利：民众愤怒了，王室的队伍刚一离开就爆发了骚乱；[27] 没有任何其他安达卢西亚的城市同意转让百万税。在奥利瓦雷斯心中，他以身为塞维利亚人而骄傲，但这座城市却把他几乎当作外人对待。

尽管奥利瓦雷斯的政府政策已经支离破碎，但至少他自己的王朝野心在这次塞维利亚之旅中得到了极大的满足。访问期间，他得以在塞维利亚内陆以大桑卢卡尔为中心的地方购置了一片富饶的庄园，国王允许他将这片地方作为遗产永久地留给继承人。第二年，也就是 1625 年 1 月，费利佩封他为桑卢卡尔公爵，由于他原本已经是奥利瓦雷斯伯爵了，于是他立即开始称自己为伯-公爵。

这时候，王室的队伍沿着瓜达尔基维尔河橄榄绿的河水顺流而下，来到了另一个也叫桑卢卡尔但更加著名的地方，此地全名为桑卢卡尔-德巴拉梅达，是梅迪纳·西多尼亚公爵的封地，编年史家称，"这位领主坐拥如此富饶的土地，得益于大海的馈赠以及带来财富的港口，他就像又一位国王一样"。涅夫拉在这里欢迎"国王陛下，他组织了10队民兵在港口列队，还有1队在主广场上列队，主广场在国王陛下前往王宫的必经之路上"。这是对地方实力和权威的有力展示，也许目的在于威胁和警告奥利瓦雷斯和他的国王。但是，与强大的军事力量形成鲜明对比的是，公爵本人年事已高，身患疾病，只能勉强从病床上起来迎接他的君主。对于这位虚弱的大人物来说，这是一个痛苦的时刻；因为奥利瓦雷斯有了新财产和头衔，显然在冉冉上升，而且最近他还在一场旷日持久的宫廷斗争中击败了梅迪纳·西多尼亚公爵，这场官司价值30万达克特，可以追溯到1576年。[28]

离开桑卢卡尔后，费利佩视察了新西班牙珍宝船队，随后乘船前往加的斯，与他的海军将领一起在加的斯度过了一段时间，然后他继续视察海防，最远抵达了直布罗陀和马拉加。[29] 随后返回马德里时，他途经了格拉纳达，沉醉于阿尔罕布拉宫，缅怀了他的曾祖父母战胜穆斯林的那段历史。[30]

奥利瓦雷斯很清楚，卡斯蒂利亚为哈布斯堡分治欧洲的野心付出了一个世纪的时间，而在这期间，惨淡的新现实是来自美洲的收入已经急剧下降了。他意识到问题的根源在于腐败，并打算通过这次国王访问，强化他改革安达卢西亚各大机构的立场，他认为这些强大的机构是问题的核心。

1617年，一份提交给国务议会的报告详细说明了大量走私的金银和货物是如何在美洲船队停靠西班牙之前，被偷运下来装载到法国、英格兰、佛兰德和荷兰的船只上立即出口的。[31] 同样地，在船队驶向印度群岛之前，也有大量的货物被偷运上船。奥利瓦雷斯希望正面解决这个问题，这非常符合他的性格；国王在塞维利亚检阅了正在做准备和装载货物的大陆珍宝船队，而奥利瓦雷斯决定拿这支舰队开刀。

大陆珍宝船队于1624年3月驶向巴拿马，6月抵达了主要是临时贸易城镇的波托韦洛。有位当地官员名叫克里斯托瓦尔·德·巴尔瓦斯，其祖父曾追随科尔蒂斯征服墨西哥。或许是在奥利瓦雷斯秘密的怂恿下，他成了告密者。他声称舰队所载货物的85%是走私品，引起了轰动，巴拿马法庭立即以欺诈和贪污的罪名逮捕了巴尔瓦斯，并给他带上镣铐押送到了西班牙。[32]

但一到塞维利亚，他就被迅速转移到马德里，这时候在王室的保护下，他被允许为自己申辩。他提供了非常充分的证据；然而，印度议会却不愿追究此事，建议国王"我们必须在这些问题和其他许多重大问题之间做出权衡，最好像以往那样掩盖掉这些放肆的行为"。[33]也难怪他们会担心：塞维利亚的商人组织、势力强大的商会曾警告说，这起案件可能会导致当年的大陆珍宝船队无法卸货，而且"更糟的是"，可能会导致"秘鲁方面因为担心被没收而停止运出白银"。[34]商会还给国王写了一封长信，解释说，由于大量的贸易没有申报，长期以来形成了惯例，对商人正式登记在册的白银征收100%—350%的进口税。腐败的形式化不证自明。"这些毁灭性的指控能带来什么好处呢？"他们问。[35]此时，奥利瓦雷斯派巴尔瓦斯在一名法官和一名武装护卫的陪同下前往塞维利亚；于是双方开始讨价还价，很快商定由商会支付20.6万达克特的罚款来解决纠纷。[36]

奥利瓦雷斯原本带着极高的期望把费利佩带到了南方，希望能恢复王室在印度群岛贸易中的收入。结果却让他意识到，位于马德里的政府无力推行法律，他能希望做到的只是与诸如城镇和商会这些王国内的强大机构讨价还价。失去对印度群岛贸易的控制给王室带来了重大的损失，而急需资金的王室时不时地没收船上装载的私有金银，用政府债或已贬值的铜比隆作为交换，就和不久前在1620年时做的一样，让情况变得更加糟糕。这种武断且严苛的税收必然导致避税和逃税行为的增加。奥利瓦雷斯保持了一贯的作风，他已经意识到了问题所在，却以傲慢的姿态去处理，结果以失败告终，这时候他就放弃，然后将注意力转移到别的事上了。

胜利与灾难

我的灵魂承受了巨大的痛苦，让我深受打击，我的所有感情都已麻木……

——奥利瓦雷斯伯-公爵

奥利瓦雷斯对权力有着不健康的热爱，这源自他对王朝和名誉一心一意的追求。自从他被封为桑卢卡尔公爵，拥有了可以指定继承人继承地产的权利后，奥利瓦雷斯家族已经让几代梅迪纳·西多尼亚公爵黯然失色。但是，奥利瓦雷斯的人生起伏就像卫星围绕着行星转动一样取决于国王这个世界之王的引力变化，而他的家族地位也明显不牢固：马德里有恶毒的谣言称，奥利瓦雷斯伯-公爵与伊内斯·德·苏尼加只有政治上的联合，没有身体上的结合，他们把心交给了权力而非情欲。奥利瓦雷斯只有一个女儿，名叫玛丽亚，因为生下男性继承人的希望渺茫，他必须将女儿作为他自己家族未来规划的核心。

1625年1月9日，他将玛丽亚嫁给了一位贫穷的乡村贵族、年仅13岁的托拉尔侯爵，令宫廷上下震惊不已，也让许多觊觎玛丽亚的人大为懊恼。或许对于宫廷而言，托拉尔是个令人费解的选择，但对于奥利瓦雷斯而言他却是个显而易见的选择，因为托拉尔是古斯曼家族较为年长一支的后代，而古斯曼正是梅迪纳·西多尼亚公爵的姓氏：奥利瓦雷斯的外孙、他血脉的继承人，将会成为该家族名义上的领袖。后来的几年里，奥利瓦雷斯精心培养女婿，使他成为一名出色的廷臣和外交官；他将继承梅迪纳·德·拉斯·托雷斯公爵爵位，这是一个充满巴洛克式象征含义的头衔：桑卢卡尔–德巴拉梅达是梅迪纳·西多尼亚祖先的家乡，而现在一位"梅迪纳"将继承大桑卢卡尔。奥利瓦雷斯的家族战胜他堂兄弟的故事将在诗歌中传唱。

1626年初，16岁的玛丽亚显然已经怀上了还在青春期的托拉尔的孩子，奥利瓦雷斯"对传承血脉充满期待"。7月初，她开始分娩，但遭遇了难产，生下的女婴取名伊莎贝尔·玛丽亚，出生后几乎立刻死亡了。玛丽亚自己的生命也岌岌可危。起初她似乎有所恢复，奥利瓦雷斯说，他终于能"擦干因失去外孙女而流下的泪水"，"因为看到玛丽亚在经历如此劫难后逐渐恢复而感到欣慰"。但后来，他悲痛地说："上帝选择在她年纪尚幼之时便予以她奖赏，正当我们以为她得救之时，她被带走了。"他唯一的孩子去世了。

> 我的灵魂承受了巨大的痛苦，让我深受打击，我的所有感情都已麻木，让位于理性的思考，我想发生这样的事情一定是惩罚或是考验……因此，尽管我感到极其孤独，我献给了上帝他亲手赐予我的一切，即便公爵夫人非常悲伤，侯爵痛苦万分，每个人都很难过，甚至连完全陌生的人也遭受了痛苦。[1]

奥利瓦雷斯的家族纹章是一棵粗壮的橄榄树，一封笨拙的吊唁信将这场家族灾难概括为"一棵如此显赫的树被砍倒，不，是被连根拔起的悲惨景象"。[2]

当时大多数严肃的评论家都认为，伯–公爵在这次可怕的打击之后，再也没有完全恢复他原本就脆弱的理智，而宫廷里的流言蜚语则引发了马德里街头恶毒的谣言。据说奥利瓦雷斯极其渴望生下一个继承人，因此，在女巫的建议下，他晚上带着伊内斯去臭名昭著的"圣普拉西多修道院，在一间小圣堂里做爱，同时修女们焚香为他们点燃熏香，在这之后，她的肚子渐渐鼓起，11个月后，大量的水和血喷涌而出"。坊间还流传着关于献祭儿童的故事，以及一名工人在堵塞的管道里发现一具婴儿尸体后失踪的故事。[3]

这场个人悲剧后来被证明是整个君主制度遭遇困难的先兆，并给奥利瓦雷斯的职业生涯带来了一段政治动荡时期。

对于西班牙哈布斯堡家族而言，1625年似乎是奇迹般的胜利之年，其中最著名的胜利要数伟大的热那亚将军安布罗焦·斯皮诺拉夺取布雷达之战，多年后，委拉斯开兹曾用壮观的画作《布雷达之降》赞颂这场胜利。此外，费里亚公爵迫使法国人翻越阿尔卑斯山撤退；圣克鲁斯侯爵成功解救了被围困的热那亚；英军对加的斯的进攻也被成功击退。费利佩四世向卡斯蒂利亚议会吹嘘说，在欧洲所有大国联合起来反对西班牙的情况下，王国在战场上维持了80万军队。但这种喜悦是短暂的。内韦尔公爵娶了曼图亚的年轻女继承人为妻，在她叔叔去世后，她得以拥有这个具有重要战略意义公国的继承权，而法国人在1627抢先了西班牙和神圣罗马帝国一步，夺取了这里。1628—1631年，奥利瓦雷斯的世界似乎崩溃了。他对老公爵的去世毫无准备，由于曼图亚是帝国的附庸，他认为法国人是在非法入侵，因此做出了愤怒的反应；他从米兰派出了西班牙军队。与此同时，斯皮诺拉抵达马德里，坚决主张与尼德兰联省和平相处。奥利瓦雷斯又一次认为这是对荣誉和名声的侮辱，但他意识到自己孤立无援，因为国务议会里的其他人，甚至国王本人听完斯皮诺拉的话后都同意他的观点。西班牙开始意识到与荷兰维持僵局毫无意义。但奥利瓦雷斯的历史感无法容忍失败，他非常狡猾地推迟了政策变化的执行。这时候，冲突仍将继续。但到1628年底，佛兰德和曼图亚战场上的士兵都因为领不到薪水而焦躁不安；银行家们在收到新西班牙珍宝船队的确切消息之前也不肯投放资金。

12月22日，谣言流传了数周之后，准确的报告终于抵达马德里，报告称，当船队仍停在古巴港口时，荷兰私掠者皮特·海恩带头抢劫了船队，夺走了全部财宝。此时奥利瓦雷斯已经非常不受欢迎了，连鲁本斯在家书中都写道，虽然"船队损失已经引起了大讨论"，虽然"人们普遍认为这次损失重大，并且将其归因于愚蠢和不作为而不是厄运，因为尽管有过多次对灾难风险的及时警告，却依然没有人采取预防措施。但是你会惊奇地发现"，他解释说，"这里几乎所有的人都在为此感到高兴，觉得这场公共灾难可以被看作是统治者的耻辱"。[4]

在马德里燃烧着愤慨火焰的同时，路易十三也对西班牙介入曼图亚燃起了野心和愤怒：当他听说西班牙很难支付在意大利的军队时，便开始召集一支军队，并且于当年冬天亲自率军翻越阿尔卑斯山，让西班牙军队吃了一场耻辱性的败仗。但是奥利瓦雷斯拒绝接受现实，他开始筹集资金以重启军事行动。1629年5月，大陆珍宝船队早早地到达了，但只带来了可怜的400万达克特，其中只有100万应归国王所有；奥利瓦列斯下令将价值150万金币的私人资金强制转换成政府贷款，并没收了黄金。这是一项孤注一掷的灾难性措施，令大西洋的商人们在此后3年都几乎不把任何收入委托给官方船队运输。

那年夏天，马德里流传着一篇内容尖锐、令人不寒而栗的批判文章，费利佩本人也读到了它。文章称，尽管奥利瓦雷斯的意图是好的，但"他对统治有着无法满足的欲望"，而他的政策都是"幻想和错觉"，他的行为腐败而危险。他"专横地对待国王的意志……把国王陛下锁起来，操纵他，让自己成为实际行使王权的人。国王陛下只是一个形式上的国王，他的封臣因他本人而爱戴他，但因他的政府而厌恶他"。[5]

这刺激了费利佩采取行动，他开始在国家大事上行使自己的意志。6月，奥利瓦雷斯向费利佩提交了一份关于各种国家事务的问卷调查，目的是引导费利佩得出他所希望的结论。但在有关佛兰德的问题上，费利佩忽略了建议并写道，他认为战争是在浪费时间和资源，随后他表示会向意大利派军，令所有人大为惊奇，他说："我想要参与其中，就像我说的这样，只要我去意大利率领军队，战斗一结束，我就能够对世界做我想做的事，如果上帝愿意的话。请仔细考虑此事，用一切必要的手段实现它，因为在我看来，不离开西班牙我就无法赢得荣誉。"路易十三开创了一个诱人的先例。奥利瓦雷斯显然事先和费利佩商量过这件事，为了劝阻国王，他还提到了城市公社起义的惨痛教训。但是，奥利瓦雷斯把学生教得太好了，费利佩对他的历史了如指掌："尽管你告诉我，西班牙人可能担心他们的国王离开，但是我想告诉你，这里［城市公社起义］爆发最严重的问题之时，既没有国王，也没有王位继承人，但在上帝的眷顾下，我不仅马上会有一位继承人，而且我的王后会治理好国家的。"[6]在费利佩看来，他的王后伊莎贝尔就像查理五世的皇后一样，是一位有能力的摄政者。他也可以用自己王朝的历史作为理由辩论：与荷兰人和平相处，并亲自率军在意大利与法国人进行正面战争，这与他曾祖父的经历极其相似；而且他显然知道他的宠臣也明白这一点。

但奥利瓦雷斯担心，如果没有费利佩本人在场，他将无法继续掌权。虽然担心国王出国是合理的，但这种担心却发展成了一种可怕的偏执。玛丽亚·安娜公主已经与当时的匈牙利国王，同时也是神圣罗马帝国皇帝长子的费迪南三世通过代理结婚，这时候她应该出发去她的新家了。费利佩自然想在妹妹穿越西班牙的最初旅途中陪她走一段路，但奥利瓦雷斯坚决反对。在一封寄给卡斯特罗伯爵的长信中，他愤怒地抱怨自己的影响力正在减弱，哀叹道："三年来，我每天陪伴［国王］的时间几乎不到一刻钟。""有关匈牙利王后的旅行，每个人，"他写道，"都指出这次旅行将给他的生命带来怎样的危险。"这是一个近乎精神错乱的人提出的完全荒谬的要求，而费利佩也写信给奥利瓦雷斯表示自己心意已决。奥利瓦雷斯在信中说："他说我已经说过两三次，或者更多次自己的主张了，现在我的工作就是服从他，按照他的命令行事。"奥利瓦雷斯怒气冲冲地说："我从来没有遇到过像他这样冥顽不化的人。"[7]

后来，费利佩患上了周期性发病的疟疾，同意把这次旅行推迟到当年晚些时候。奥利瓦雷斯顽固地要控制国王的身体，或者至少要让人看到他这样做，这是又一个证明他变得极不理智的迹象。神圣罗马帝国皇帝无法理解自己儿媳迟迟不动身的原因，他感到非常愤怒和怀疑，此时正是西班牙最需要神圣罗马帝国支持的时候，而皇帝却威胁要开战。[8]

12月26日，费利佩公然违抗奥利瓦雷斯，离开了首都，先是陪同他的妹妹到了瓜达拉哈拉，他原本同意在那里离开妹妹、回到奥利瓦雷斯身边，整个马德里都在关注这一事件的进展。结果他决定继续旅程；王室队伍继续前进，越过边境进入阿拉贡。国王在萨拉戈萨短暂停留后才终于返程。据一位充满恶意的观察者说："这是奥利瓦雷斯身为宠臣期间，费利佩第一次欺骗他，这深深地伤害了他的心，而宫廷和全世界都乐在其中……整个欧洲都议论纷纷。"[9]

　　费利佩命中注定永远不会离开西班牙，他自诩的骑士精神就像他的宠臣的政策一样是幻想的。但1629年末，斯皮诺拉被派到曼图亚，委拉斯开兹在鲁本斯的鼓励下第一次前往意大利，与斯皮诺拉同行。这段经历后来帮助委拉斯开兹确立了更加不受束缚的成熟风格，让他成了历史上最优秀的画家之一。他以新风格绘制的第一部真正伟大的作品是《布雷达之降》，这幅画绘于1634年，表现的是斯皮诺拉最辉煌的胜利。然而，斯皮诺拉本人却注定在极度怨愤中死于意大利。虽然缺少资金和人力，但他就快要取得胜利了，正在这时，奥利瓦雷斯却突然剥夺了他进行和平谈判的权力。斯皮诺拉郁郁寡欢、身患重病，当一位教宗派来的外交官拜访他时，这位老兵对奥利瓦雷斯和国王进行了恶毒的谩骂，说"他们夺取了我的荣誉"。接着，他中断了批评，有气无力地请求到附近的小圣堂或隐居处去，让他可以在那里隐藏自己的耻辱，远离世人，独自死去。3周后他去世了，克维多辛辣地评论说："他的尸体被埋葬之时，西班牙所有的军事经验和勇气都随之入土。"[10]

　　到了第二年，曼图亚战事的可怕愚蠢之处已经有目共睹。奥利瓦雷斯让西班牙被孤立了：他疏远了担任教宗时间最长、最有教养的乌尔班八世，神圣罗马皇帝没有同马德里协商就已同法国达成了和平，而尼德兰的战争灾难性地持续着，佛兰德损失惨重，用经验丰富的外交官、军人唐卡洛斯·科洛马的话说，这让忠诚的省份"蔓延着对每一个西班牙人的愤怒"。或许是听到了费利佩渴望个人荣誉的风声，科洛马恳求说，"这里需要王室的领导"，这种领导应该"尽可能来自国王本人"。[11]奥利瓦雷斯主张武力干预的外交政策已经失败，国内经济正深陷萧条，卡斯蒂利亚几乎破产，没有一项改革得以实现，费利佩已经表现出令人不安的意愿，想要尝试独立，甚至彻底地抛弃他的宠臣。

但在1629年，鲁本斯在家书中敏锐地写到，费利佩引起了他的同情，因为他"生来就具备了身体上和精神上的一切天赋……如果不是因为他不相信自己，又太听信别人，他一定有能力在任何条件下治国"。[12]后来，国王继续依赖了奥利瓦雷斯十几年。显而易见的问题是，为什么？

当时在马德里流传着下流的谣言，说奥利瓦雷斯对费利佩施了魔法，[13]如果我们不理会这些不实谣言，那就仅剩一个合乎逻辑的解释：国王依赖奥利瓦雷斯的根源在于他们二人特殊性格之间的相互作用。即使是最业余的精神分析学家也能看出来，费利佩与奥利瓦雷斯对抗，争夺对日益衰落的西班牙统治权、权威和权力的控制，肯定会出现几乎可以说是典型的俄狄浦斯情结。它当然创造了一种强烈的紧张和悬念气氛，让宫廷兴奋不已，而这也是希腊悲剧的魅力所在。但是，如果说他们的关系最明显地像一位正在老去的父亲和一个正在成长的儿子，那么也可以认为其中有种婚姻的意味，或者至少是接近占有的异样伙伴关系。当同时代的人认为奥利瓦雷斯对费利佩施了魔法时，他们只是对眼前的景象做出反应。

廷臣们已经习惯了国王与在位者本人的形象之间巨大的差距；这并不是简单地区分职位与人，而是延伸到君王本人的公共和私人世界，最明显地体现在粪便男仆与君王令人不适的亲密上。国王的身体并不完全属于他自己，他需要与君主制度和臣民共享。这就是为什么在费利佩与奥利瓦雷斯的斗争中，最尖刻的问题集中在国王的地理位置上。精神分析学家认为，宠臣私密地参与了国王的排便过程，这显然会导致出现性紧张，而历史学家则非常清楚宠臣同时身为君王情人的传统，他们对这种故事太熟悉了：皮尔斯·加韦斯顿与爱德华二世，伊丽莎白一世和埃塞克斯伯爵，白金汉公爵和詹姆斯一世，以及卡斯蒂利亚的胡安二世和15世纪臭名昭著的宠臣阿尔瓦罗·德·卢纳。

没有迹象表明奥利瓦雷斯是费利佩的情人，但是他作为国王"皮条客"的名声说明了他对国王身体的控制多么广泛。我们无从得知奥利瓦雷斯对费利佩性生活的控制在多大程度上加强了他在心理上的操纵，但是我们知道在费利佩执政初期，苏尼加和奥利瓦雷斯在各方面都表现得仿佛他们是摄政一样，帮助年幼的统治者代为管理王国，并且教育他，给他灌输基于哈布斯堡王朝简单意识形态的王权意识。老师训练学生以与自己志趣相投的方式思考；这可以算是一种洗脑。

但是此处我们必须将注意力从费利佩的心理弱点转移到奥利瓦雷斯的心理弱点上。奥利瓦雷斯显然一直在回应着费利佩作为子女对父母的依赖，他从费利佩身上看到了他渴望已久的儿子和继承人。一个有力的证据是，1626年玛丽亚去世后，奥利瓦雷斯指定由女婿接替自己担任粪便男仆这一至关重要的职位，将奥利瓦雷斯家族的继承人置于了与他儿子的替代品、哈布斯堡国王可想象的最私密的官方关系中。我们无从知晓奥利瓦雷斯混乱的头脑是如何构想出如此强有力的纽带的，但显然，他至少已经开始同等看待这两个家族，并且很可能在某种深入的心理层面已经模糊了二者之间的界限。

奥利瓦雷斯已经进入了费利佩的大脑，而他的女婿暨继承人则不可避免地接近了国王的身体。所以当时流传着关于巫术的流言蜚语也就不足为奇了。尽管费利佩无力挣脱，但他显然知道问题在于哈布斯堡家族与奥利瓦雷斯家族之间深刻的、无所不在的心理和身体上的亲密接触。相比之下，奥利瓦雷斯则显然病态地轻信了这些紧密的个人纽带中强烈的感情。他对于费利佩行踪极强的控制欲以及保持与费利佩紧密联系的决心不仅仅是出于政治利益的考量。他似乎觉得国王的身体在某种程度上是自己的延伸。

20世纪西班牙伟大的外科学家、历史学家、曾撰写过奥利瓦雷斯传记的格雷戈里奥·马拉尼翁，对奥利瓦雷斯如此奇怪的倾向做出了评论，他说奥利瓦雷斯不仅以国王的名义行使君主的权力和权威，事实上他本人还在效仿国王。马拉尼翁从委拉斯开兹为奥利瓦雷斯绘制的骑马像中，从他的服饰中，以及从他在马德里附近修建洛埃切斯修道院一事中都看到了这种倾向。洛埃切斯修道院的正面外观完全模仿王室的道成肉身修道院建造。[14] 然而，正如上文解释过的，奥利瓦雷斯似乎不仅在自己的装束和行为上处处做作地效仿国王，而且他还在某种程度上自欺欺人地相信自己就是哈布斯堡王朝的一分子。他好像真的觉得费利佩是他的另一个自我，认为自己就是已经脱离了国王身体的无实体的政治头脑。

因此，奥利瓦雷斯开始表现得好像他是一位哈布斯堡王朝的君主，尝试去补充他为费利佩创造的礼仪上的角色。在这一过程中，他坚守着自己有关王朝概念的意识形态，通过演出、图像和文字不懈地表达这一点，方法包括公开演出、狩猎、诗歌、戏剧和绘画。16世纪哈布斯堡王朝的过去是一种曾经存在的现实，而奥利瓦雷斯17世纪哈布斯堡的当下却是一种对过去的模仿。这是光彩夺目的错觉，闪闪发光的假象，回顾着过去，饱含希望，充满奇迹，但转瞬即逝，没有实质内容。

奥利瓦雷斯那令人不安的才华最惊人又离奇的一次表现莫过于他缓慢而随意地形成了在马德里郊区建造一座宏伟王宫的想法，他希望建造一个田园般的避风港，一处享乐建筑群，这里后来被称为"丽池宫"。它的建造过程具备了一个想象力非常丰富的孩子玩玩具时所表现出的所有特点：工程以令人难以置信的速度进行，几乎在凭直觉发展，在整个建筑基本成型后又被推翻，取而代之的是更大的建筑，以极其迫切的方式发展，令同时代的人颇为困惑。

心血来潮建成的丽池宫如今只剩下作为普拉多博物馆附属建筑的舞会厅和王国大厅。19世纪初半岛战争期间，丽池宫的大部分区域都被毁了，今天，这里与当年奥利瓦雷斯投入无限热情和精力建造的花园几乎没有任何相似之处。这座浩大的建筑工程在马德里现代景观中几乎不留一丝痕迹，足以说明奥利瓦雷斯得势之短暂。有趣的是，委拉斯开兹有一幅极好的画作，描绘的是在丽池宫门外，年幼的王位继承人阿斯图里亚斯亲王巴尔塔萨·卡洛斯骑着一匹黑马，负责教他马术的奥利瓦雷斯在中景显眼的位置；不过，在伦敦华莱士收藏馆里有一份几乎一模一样的画，这幅画是复制品，里面已经没有了奥利瓦雷斯的形象，大概是在他失势之后绘制的。[15]

丽池宫工程从一开始就与巴尔塔萨·卡洛斯紧密相关。自从费利佩二世出生以后，卡斯蒂利亚的贵族和议会都要在圣哲罗姆修道院宣誓效忠王储，就在一墙之隔的地方，威尔士亲王查理曾在此驻足，等待正式进入马德里。因此，1629年巴尔塔萨·卡洛斯出生后，奥利瓦雷斯亲自担任了圣哲罗姆王室行宫总管，立即着手扩建这个朴素的住所，以便及时举办于1632年3月7日举行的宣誓仪式。

一开始的修建幅度是有限的，仅仅是一次规模较大的改造工程，将一些修士的房间改造成王后的行宫。但这件事激发了奥利瓦雷斯富有想象力的雄心壮志。因为修道院是为圣哲罗姆而建的，他的脑海里立刻就联想到了伟大的埃尔埃斯科里亚尔，那是费利佩二世为进行圣哲罗姆式的静修而建的宏伟工程；而且，也许当他望着东方和北方的橄榄林时，他想起了自己的名字和王朝*。由于痛风和肥胖，他的腿脚不便，要骑马已经有些困难了，他一定因为国王经常隐居在他的狩猎小屋里而倍感失落，并且考虑创造一个适合老年人的公园作为替代。

1632年夏天，奥利瓦雷斯启动了规模略微更大的工程，扩建新的建筑翼部以及围绕庭院的一些房间，花园已经颇具雏形，包括了一个大湖，一个用于展示野生动物的大笼子，还有一个巨大的鸟舍。工程进展迅速，第二年春天就完工了，但是速度的代价却是牺牲了质量。英格兰大使说"出于安全考虑……希望没有匆忙赶工"；一位托斯卡纳外交官抱怨说，"他们只追求舒适和速度，却没有注意建筑的庄严和耐用性"；马德里爱说闲话的人则被巨大的鸟舍吸引，开始戏称这座建筑为"鸡笼"。[16]奥利瓦雷斯的许多敌人也抓住了这个把柄，出版了大量抨击他的文章，嘲笑整个偷工减料的工程。

宠臣和国王显然都受到了刺激，不知以何种方式获得了资金迅速地投入了新一轮雄心勃勃的大规模扩建工程。对此感到困惑的托斯卡纳人贝尔纳多·莫南尼一直抱着批判性的兴趣关注着工程的进展，他惊奇地观察到，1000多名工匠开始挖掘刚刚竣工的花园，要将小山坡夷为平地，准备在刚刚完工的建筑北面修建一座巨大的庭院，而这座建筑的一部分也必须被拆除。"他们一边建造，一边扩大着工程，项目方案和开工时已经大不相同……他们不断修改方案，越做越大。"他记录道；然而"他们只为

---

* 西班牙语中，奥利瓦雷斯（Olivares）意为橄榄林。——译者注

已经竣工的部分修建了地基，所以未来他们会发现扩建很困难"。[17]

　　但是，他们确实一直在扩建，1500名工人日夜工作，节假日和周日也不休息，到1633年12月1日，奥利瓦雷斯得以将这片此时被他正式命名为丽池宫的建筑群的钥匙呈交了国王和王后。建筑群中最引人注目的莫过于巨大的庭院了，5天后在倾盆大雨中，这里举行了一场斗牛，随后是马上长枪比武，接着是盛大的宴会。然而令人难以置信的是，这片庭院还不够大，不足以容纳奥利瓦雷斯想要上演的所有节目，于是到第二年8月，在北边建一个新的更大广场的工程已经率先开始了。接下来的几年里，主宫殿的东侧又增筑了舞厅和剧场，不过，奥利瓦雷斯给建筑正面加上大理石立面的梦想却从未实现。

　　莫南尼抱怨说，"总体上来说，这座建筑并不讨人喜欢，因为他们没有听从建筑师的建议，尽管建筑师来自意大利并且造诣极高"，因此，从内部来说，他感觉房间"过于狭长"，而从外部来说它又"太矮、太小，简单而平庸"。他的结论是，这"看上去更像修道院而不是王室居所"。[18]显然，他没能理解丽池宫外部紧缩是受了埃尔埃斯科里亚尔的启发，所以它注定看上去像修道院；他似乎也没能理解房间为何要修建得又高又狭长，这是因为它们是作为画廊而构想的，而且廷臣和外交官可以在这里观看楼下庭院中上演的节目。他对这个工程的评价显然是基于自己对王公贵族郊区别墅的经验，这种别墅当时在意大利非常流行。事实上，丽池宫本质上具有安达卢西亚式的特征，它坐落在马德里郊外的小山上，正如阿尔罕布拉宫从高处俯瞰格拉纳达一样，而奥利瓦雷斯全无章法的建筑方式恰恰反映出了塞维利亚那些宅邸的典型建筑空间。建筑时不时地调整、改造以适应某些心血来潮的想法或是突然的需求，这座宫殿的形式和功能都根植于此，而对于奥利瓦雷斯这位思乡心切的安达卢西亚贵族而言，这熟悉得令人安心。

　　1635年，丽池宫首席总管迭戈·德·科瓦鲁维亚斯出版了一本诗集，里面满是对这座宫殿令人舒缓放松特点的赞美，作为一种诗体的导引单或者说手册，其目的在于吊起廷臣们的胃口，尽可能地回击刻薄的批评。作者将诗集献给奥利瓦雷斯，虽然书中公式化地承认这座建筑是"陛下的作品"，但也明确表示，伯-公爵是"负责人"，他"付出了巨大努力，让陛下的想法熠熠生辉"，并推动工程得以完工。有趣的是，他认为这座建筑超越了戴克里先的圆形露天剧场，表明了其目的是作为体育竞技和演出娱乐场所使用。总体上看，这本诗集是一份大杂烩，在形容宫殿时用过最普通的词语，如"太阳的房子""无人能及"，但也用过"美惠三女神和缪斯女神的剧院，众神都享受其中"，还有位诗人这样写道："哦，剧院，你代表着西班牙君主的荣耀；绘画，你展示出了一个充满杰出技艺和美的帝国。"[19]

奥利瓦雷斯建造丽池宫的方式极其古怪而反复无常，与之相匹配、同时支撑他这种方式的，是他在思考如何为他创造的古怪空间集合赋予用途时，那种几乎不合情理的自相矛盾的专一。当时，戏剧的流行迫使剧作家成为宣传家和公众人物，既要负责宣传推广，又要娱乐大众，图像和错觉的力量使得虚构得以侵入越来越变幻莫测的现实，在这样一个人们对象征和隐喻的语言非常熟悉的世界里，费利佩四世的宠臣奥利瓦雷斯对于这座宫殿群首要的构想是，随处皆是舞台，每个特征都是戏剧元素。正是这种对用途上的专一征服了建筑形式上的混乱。那个时代，舞台布景越来越复杂、壮观，而奥利瓦雷斯也对他主角们的演出背景给予了最密切的关注。

绿草茵茵，流水潺潺，百花齐放，果园和菜园简直是天堂，与周边荒芜的灌木丛和橄榄林形成了鲜明对比。任何一位17世纪的访客都有同感，他们在惊讶于这片建筑外表朴素简陋、有失威严之后，都会对室内的内容赞叹不已。我们找到的最好的描述来自一个法国人，他被这里的奇迹打动，以至于摒弃了他的法兰西文化沙文主义，断言"整个巴黎之精彩都不及此处"。

他参观了花园，然后被恰当地引入宫殿，途经的附楼里存放着"印度群岛出产的所有最珍贵的宝藏，我指的是树皮制作的毯子，阿兹特克人和印加人穿的整套服装，奇特的储藏柜，抛光过的石镜，羽毛做的窗帘，还有数以千计我既不知道是什么也叫不上名字的室内陈设"。但这些帝国的珍宝与他在宫中看到的由欧洲珍品组成的华丽视觉盛宴相比，不过是餐前点心罢了，一进入宫殿，他"立即被画作的数量之大所震惊"，并且很快就意识到了这些作品的质量之高。他说，在长达3个小时的时间里，自己深陷敬佩之情，而且这些作品强烈的现实感和美感仿佛对他施了魔法，他开始自言自语，想象自己游走在不同的场景之间。他宣称，如果不是耳边响起了"您能继续往前走吗？"这句话，他很容易就能陶醉在同一个地方，呆呆地看上一整天。[20]

奥利瓦雷斯以惊人的速度为丽池宫收集了大量的艺术品。起初，他强迫一大批西班牙贵族出售自己的私人收藏，奥利瓦雷斯的亲戚和同盟者莱加内斯伯爵颇具艺术品味，据说，他因为被迫卖出了一幅又一幅的画作，甚至流下了眼泪。奥利瓦雷斯还通知了他在尼德兰、罗马和那不勒斯的大使和代理，请他们购买或委托创作新的雕塑、壁毯、家具和银器，其中许多都品质一流。[21]奥利瓦雷斯花钱毫不吝啬：年事已高的大师彼得罗·塔卡被请来制作一尊费利佩四世骑马像作为他制作的费利佩三世骑马像的补充，如今，这两尊塑像分别竖立在马德里的东方广场和主广场上。这件新作品颇显抱负，因为塔卡被要求制作出马用后腿直立的样子，他只得请来伽利略帮忙研究铸造方法。蒙塔涅斯也被从塞维利亚请来为国王制作一座半身雕像，这座雕像被寄给塔卡以确保人像足够相似；委拉斯开兹为蒙塔涅斯所作的著名画像正是展现了他在完成这座雕像时的样子。[22]

奥利瓦雷斯似乎从一开始就下定决心要把丽池宫建成一座美术馆，他委托创作了34幅描绘罗马历史的画作，是特地为丽池宫定制的最大型的单一主题画，这无疑会赋予宫殿特殊的意义。西方帝国一般都乐于将自己比作罗马帝国，更何况西班牙以及哈布斯堡王朝与罗马帝国之间的关联存在已久。不过，这个主题对于奥利瓦雷斯个人来说一定也具有很大的吸引力，因为他出生在罗马；这组画作中的每一幅都以某种方式与同时代的新斯多葛主义哲学家尤斯图斯·利普修斯有所联系，从奥利瓦雷斯和弗朗西斯科·德·里奥哈还在塞维利亚的帕切科学派时，就已经受到了利普修斯的巨大影响。[23]

里奥哈此时也深入参与了丽池宫工程，而且他和奥利瓦雷斯都认为绘画应该是丽池宫的灵魂，一座注定命运短暂的宫殿需要一些强有力的中心焦点，这在早期肯定就已经很明显了。他们要求建筑师和建筑工人建造一间大厅，作为建筑群的礼仪和政治中心。大厅被设计成巨大外部庭院的有力补充，它位于院子之间，因此从大厅中可以眺望两侧的庭院。虽然这里举办了1638年的议会开幕式，但卡尔杜奇称之为"用于晚宴和庆祝活动的宏伟大厅"，[24] 而这里主要还是用作剧院和舞厅。

大厅起初是模仿王宫的大厅建造的，后来几经改造，已经长100多英尺，宽30英尺，高25英尺，较长的两面墙上各有5扇大窗，窗子上方距地面约16英尺处有一条几乎环绕房间一周的长廊，再往上有一片较小的窗户。大厅两端有门通向相邻的小厅。穹顶的内角拱上装饰着24个颜色鲜艳的纹章，代表着西班牙哈布斯堡王朝统治的24个王国，因此这间大厅很快就被称作"王国大厅"。大厅的焦点是一个奢华得恰到好处的宝座，宝座上镶嵌着珍珠母，顶部有华盖，位于大厅的一端。大厅里布置了十几张厚重的碧玉桌和12座狂野的白银狮子，这些狮子是以一件2000达克特的价格委托制作的。1643年，也就是他最终将奥利瓦雷斯从宫廷和政府中解职的那一年，费利佩为了表达忏悔，做出了极具象征意义的姿态，将这些狮子熔化以帮助支付战争费用。

王国大厅是在1634—1635年匆忙装饰完成的，装修方案由里奥哈和委拉斯开兹设计，奥利瓦雷斯为它添加了大胆又傲慢的注脚。在大厅两端的墙上挂着委拉斯开兹的5幅油画，描绘的是哈布斯堡王朝最具代表性的人物。填满西墙的是两幅巨大的、几乎呈正方形的画像，分别是费利佩三世和奥地利的玛格丽特的骑马像，二人仿佛从画中骑马而出，进入大厅。与之对应的东墙上挂着两幅大小相仿的画像，描绘的是在位的君主费利佩四世和伊莎贝尔，他们也都骑着马，但是朝着彼此的方向前进，好像要穿过画布，就和这类画作的鼻祖，提香绘制的《查理五世骑马像》一样。在国王和王后之间、中间的门上方是一幅稍微小一些的画像，画的是同样骑着马的巴尔塔萨·卡洛斯亲王。

哈布斯堡家族的三代人就这样占据了这间大厅，颇具寓意的是，君王的宝座也和如行星般的世界之王费利佩四世一样位于房间的东侧。因此，当费利佩和伊莎贝尔亲临此处时，他会与委拉斯开兹杰出的画作并列出现。大厅东侧还有一个假屏风，巴尔塔萨·卡洛斯可以从后面看到大厅里发生的事情，但如果孩子的天性让他坐立不安，他可以悄悄地离开。然而据记载，奥利瓦雷斯常常陪伴着年幼的亲王，甚至在亲王离开后依然留在屏风后面；[25] 在现实世界里，这也就是宠臣离加入王室行列最近的时刻了。

一位曾在王国大厅里观看戏剧的法国人记录了当时宫廷礼仪的严苛。他解释道，一位侍女手捧烛台，引导王室成员进入大厅；国王走进来时脱去帽子，以示对在场女士们的尊敬，然后他和王后坐到一起，王后在他的左边，再左边是公主。"整出戏从头到尾，国王除了有时会看看旁边，从来没移动过他的四肢和脑袋，他一直一个人坐在那里，身边只有一名侏儒。"随后，在场的女士们"站起来离开座位，她们在房间两侧各排成一队，走到中间会合，好像大教堂的教士一样……她们手牵手行礼，整个过程持续了一刻钟"，直到"最后，国王站起来向王后鞠躬，王后向公主行屈膝礼之后，他们手牵着手"，随后退场。[26]

委拉斯开兹一定明白，当这些身材高挑优美的王室成员和他生动的肖像画并列而立，尤其是在晚上，大厅被火把和蜡烛照亮时，他可以看到与他儿时在塞维利亚戏剧化的街道上所见相同的超越现实的效果。这无疑正是奥利瓦雷斯会欣赏的那种徘徊在嬉戏的快乐与令人不安的幻灭之间的感官错觉。也许是因为这个原因，此时已经是塞维利亚数一数二画家的苏巴朗被请来马德里创作一系列稀奇古怪的油画，描绘"赫拉克勒斯的十二项伟业"这一主题。这些画挂在大厅两侧的墙上，位于窗户以上，长廊以下的位置。它们带有强烈的不协调的印象派风格，好像尚未完成似的；这些画如此奇特而粗糙，以至于让人以为它们出自另一位艺术家之手，直到 20 世纪 50 年代人们发现了确凿的书面证据，表明这些画的费用付给了苏巴朗。[27] 事实上，他在马德里只待了一年时间，在这一年里，他还以高超的技巧绘制了《加的斯保卫战》，并且为两位当时的法律学者画了精美的肖像；尽管最初他受托的内容是绘制赫拉克勒斯的全部十二项伟业作为一个系列，但他只交付了其中 10 幅；因此，大部分工作都留给了学徒或另一位画家完成，这也不是没有可能。但更令人信服的解释是，画家故意将这些画中的半神表现得超凡脱俗、近乎抽象，使得王室肖像相比之下显得更加真实。赫拉克勒斯与西班牙遥远过去的神话有联系，所以这些画本来就是要表达象征意义而非代表某物。而让那位法国艺术爱好者如此着迷的模仿自然的手法，则只留给眼前的哈布斯堡王朝，以及与之同样重要的12幅主要系列油画使用，这套画作颂扬了费利佩四世统治下西班牙取得的伟大军事胜利。这当然有效地在再现现实的精神层面与观众所在的现实之间创造出了一种等级关系——在这个场景中展示的是真正的国王和王后——委拉斯开兹在他的《耶稣在马大和玛利亚家厨房的一景》里也使用了同样的手法，在远处的背景中绘制了耶稣布道的形象。

文艺复兴时期有以"大厅表现君王美德"，赞美统治者的王朝及其统治权的传统，但王国大厅却坚定地献给了奥利瓦雷斯对沙文主义的妄想，当时他显然认为自己和费利佩一样位于世界的中心。

奥利瓦雷斯、里奥哈和委拉斯开兹均来自安达卢西亚，他们组成了充满艺术气息的三巨头。在为王国大厅的12幅主要系列油画拟定主题时，他们很有可能受到了潘尼梅克尔以查理五世征战突尼斯为主题制作的壁毯的影响。12幅主要系列油画将挂在南北两侧墙上的大窗户之间。[28]哈布斯堡王朝的西班牙君主和西班牙帝国在欧洲承受着极大的压力，在印度群岛也面临着威胁，但奥利瓦雷斯决心创造出一片净土，让国王和宫廷能隐居其中，进入他自己创造的另一种现实里；所以这组画以一种相当务实的方式生动形象地证明了外交政策的正确性。

如今，这12幅胜利画作中最著名的无疑是委拉斯开兹的《布雷达之降》，在这幅画中，画家描绘了1625年6月3日，斯皮诺拉以宽宏大量、近乎温柔的态度从荷兰总督手中接过钥匙的场景。这幅画也常被称作《长矛》，因为委拉斯开兹在画中部的人群身后画了29根长矛，营造了大军当前的感觉。这是委拉斯开兹最杰出的作品之一，表现出了他当时刚去过意大利所受到的影响，同时，画中的一位荷兰火枪手以困惑的眼神从画布中直直地望向我们，保持了委拉斯开兹早期作品中的亲密感。这是为某个人画的肖像画，而且有可能就是委拉斯开兹自己。

胡塞佩·莱昂纳多在他的《解围布赖萨赫》和《于利希之降》中也

使用了绘制大量长矛的手法，这两幅画的结构也与《布雷达之降》非常类似。事实上，虽然这些作品经常被称作"战争画"，但是它们几乎都遵从了一种基本的设计，即在前景着重描绘敌军向一位易于辨认的西班牙指挥官投降的和平场景，只有一部分画作会在背景遥远的田园风光中，以寥寥数笔表现实际的战场画面。因此，将它们称作"胜利画"才更加准确。只有两幅画不符合这一规律：一幅是卡尔杜奇的《弗勒吕斯之战》，这幅画与其他胜利画完全不同，在前景中表现了西班牙将领冲锋陷阵的场景；另一幅是弗雷·胡安·包蒂斯塔·迈诺的《收复巴伊亚》，在奥利瓦雷斯心目中，这幅画无疑是组画中最重要的一幅。

迈诺曾赴意大利求学，后来在托莱多工作，当上了费利佩四世的绘画老师，随后加入了多明我会，奥利瓦雷斯对多明我会尤为重视。迈诺显然与费利佩和他的宠臣奥利瓦雷斯都很合得来，奥利瓦雷斯非常尊重他的艺术判断力，请他监督了1627年举行的绘制《驱逐摩里斯科人》的比赛，委拉斯开兹赢得这场比赛主要归功于迈诺。安达卢西亚三巨头显然非常喜欢迈诺，而且非常奇妙的是，他们选择了他而非委拉斯开兹来绘制王国大厅中唯一一幅出现了奥利瓦雷斯的作品，我们完全不知道为什么。

《收复巴伊亚》赞美了唐法德里克·德·托莱多1625年的成功远征，一年前，荷兰人皮特·海恩占领了葡萄牙在巴西的富饶殖民地巴伊亚，托莱多从荷兰人手中夺回了巴伊亚。消息传到西班牙几周之内，洛佩·德·维加在他的剧作《光复巴西》中大肆称颂了这次帝国力量的重大胜利，这部剧上演几天前，伟大的宫廷剧作家佩德罗·卡尔德龙·德·拉·巴尔卡创作的《围攻布雷达》才刚刚上演。在洛佩戏剧化的描述中，胜利的法德里克向他的荷兰俘虏解释道："我并不打算宽大处理，因为我的国王派我来的目的就是惩罚你们。但我知道在他的内心之中，这位神圣的君主既是严厉的法官，也是仁慈的父亲，所以我会和他谈谈，就在这儿谈，我的帐篷里有他的画像。因此当我与他交谈的时候，你们要跪下。"

这时候，一幅费利佩四世的画像展现在舞台上。法德里克恭敬地面向他说："伟大的费利佩，这些人乞求宽恕，陛下是否希望我们这次赦免他们呢？啊哈，他似乎同意了。"[29] 显然，当时的观众会接受这种观念，相信至高无上的权力能够赐予画作生命，甚至让它成为国王近乎活生生的代理人。这正是王国大厅整体概念背后的那种对图像的戏剧化，迈诺在他的画中重新创造出了几乎一模一样的场景，这要么是直接从洛佩的戏剧改编而来，要么是与剧本参考了同样的资料。

《收复巴伊亚》的前景以葡萄牙难民为主，其中还有不少孩子，难民们在旁边看着一个护士照顾一个胸部中弹的西班牙士兵，这个场景显然也借用了洛佩作品的情节。前景的主题显然是在强调战争的恐怖，而背景中海军正在酣战。不过，前景中的第二个平面更加迷人，它呼应了组画的首要主题，即仁慈与和平。战败的荷兰人跪在法德里克站立的台前，向一幅费利佩四世的画像示意。画像和真人差不多大，放置在华盖之下，好像国王本人在场似的。画中画里的费利佩一手拿着象征和平的棕榈叶，一手握着象征正义的权杖，这是对他的仁慈不言而喻的证明。在右后方，古罗马神话中的胜利女神密涅瓦正亲手为他戴上桂冠；而他左侧的人物无疑是奥利瓦雷斯伯-公爵，他伸出右手帮女神扶着桂冠，左手握着天主教双王的宝剑，更加象征着王室的正义，一根橄榄枝从宝剑上长出了新芽，这立刻让人联想到和平，当然也是他自己家族的纹章。

这是科瓦鲁维亚斯赞美丽池宫的诗集里唯一直接提及的一幅画。诗集中还有19首诗都提到了王国大厅的宏伟，包含大量对画作整体上的赞美，但没有指明特定的某幅画。事实上，有4首不同的十四行诗都提到了迈诺的《收复巴伊亚》；[30] 这显然是为了把注意力吸引到唯一一幅有奥利瓦雷斯本人出现的画作上，用另一首诗中的原文说就是，将他描绘为"辉煌的古斯曼，保卫着如此幸运的陛下"。

奥利瓦雷斯虽然不能站在舞台中心，但他已经悄悄地让作为世界之王的国王黯然失色。

佩德罗·卡尔德龙·德·拉·巴尔卡于1600年出生在马德里，他是一位完美的廷臣，也是那个时代最优秀的剧作家。我们一定要想象一下，当他最杰出的作品《人生如梦》在王国大厅里第一次上演时，台下满是兴奋的宫廷成员的场景。这部重要的剧作至今仍是他上演次数最多，被研究得最多的作品，它探索了有关现实与感觉的意义等关乎存在的重要问题，这些问题正是黄金时代困扰着西班牙人的问题。然而，它的情节非常大胆，与权力、政府、暴政、叛乱和社会秩序等备受关注的道德问题紧密联系，而当时在马德里，这些问题已经被越来越多的反对者提出。

《人生如梦》讲述了波兰王位继承人西吉斯蒙多的故事。占星家曾预言他会成为一位邪恶的暴君，于是他从小就被父亲巴西利奥国王囚禁在神秘森林里的一座童话般的高塔中。一名忠诚的家仆密切监视着他，全权掌管他的教育，因此他成长的环境极其野蛮、不舒适，他被用锁链拴住，以动物皮毛覆体，直到他被美丽的罗绍拉发现。但此时，巴西利奥已经饱受疑虑的煎熬，他决心测试占星家的预言是否准确。他命人用鸦片将西吉斯蒙多迷晕后带回王宫。西吉斯蒙多在国王的床上醒来，被任命为一天的统治者。很快他就将一名贵族侍从扔出了窗外，用匕首袭击了之前囚禁他的看守，还试图强奸罗绍拉。如此一来，预言被证实，西吉斯蒙多被再次迷晕然后送回了塔中。当他挣扎着恢复意识之后，他开始梦想打败自己的父亲、谋杀他的看守：

> 哦，无人可敌的勇气，让我们
> 共同走上伟大而广阔的舞台，
> 在那世界的剧场，构思出
> 我复仇的模样。[31]

然而，他刚一醒来就开始思考自己的奇怪经历。他想知道，自己是依然在睡觉，在做着梦，还是已经醒了？他没有得出具体的结论，而是给出了一个极其圆滑的巴洛克式的答案：

> 不会有太多的欺骗，
> 因为，如果我能触及的事物，
> 仅仅只是一场梦，
> 那么我看到的所有都可改变；

那么便没有投降，

因为我睡着时能看到

我醒着时梦想的事。

何为人生？不过是冲动。

何为人生？不过是错觉，

是一片阴影，又或是一段虚构……

因为人的一生都不过是一场梦，

而梦，就仅仅是梦。[32]

但聪明的看守建议他"不要失去任何从善的机会，即使是在做梦的时候"。

最后一幕中，西吉斯蒙多受到一群起义的"平民和农民"的拥戴，他带领这群人征服了波兰。这时候，他可以自由地行使意志了，但他原谅了被击败的父亲，宽恕了他的看守，将罗绍拉嫁给了她轻浮的未婚夫以保护她的尊严，他自己娶了亲戚中的一位公主，还将平民起义的首领关进了高塔。就这样，西吉斯蒙多转眼间主持恢复了秩序和等级，由一个野蛮凶残的人完美转化成了王家美德的典范。

《人生如梦》里的角色很少，大多数是贵族或王室人物，故事几乎全部发生在纠缠于荣誉和阶级等狭隘问题的宫廷中。当这部戏在王国大厅或是王宫的舞厅里上演时，它在很大程度上是一种以戏剧化的宫廷为背景的寓言故事。对于擅长读取深层含义的观众而言，这是一部戏中戏，每个人都会意识到巴西利奥这个角色是在讽刺无能的政府和政治谗言，而西吉斯蒙多则象征着君王内在的美德。奥利瓦雷斯当然会注意到，民众的起义恢复了秩序；毕竟他还引用了公社起义的可怕回忆来保持对费利佩的控制。

没有记录显示当时有人察觉到费利佩四世和剧中被剥夺王权、关押在塔中的王子之间，奥利瓦雷斯与西吉斯蒙多一手遮天的看守之间，以及被占星家和魔术师们蒙在鼓里的巴西利奥与费利佩三世或奥利瓦雷斯之间的相似性。然而，没有记录并不能证明无人察觉其中的相似性，由于这正是当时热门的政治话题，它们无疑是卡尔德龙搭建剧情的砖瓦；他捕捉到并驾驭了时代精神。

但他也将那个政治时代精神设定在了一个充满了关于现实与错觉的哲学焦虑的环境之中。宫廷世界就是一个每人各司其职的大舞台，在这样的舞台上，西吉斯蒙多放弃区分生活和梦境的决定已经非常令人不安，更令人不安的是，他因为认识到了道德真理至关重要，从而放弃了对经验现实和错觉的判断。只要你做了正确的事情，区分梦境和现实就没有意义。

奥利瓦雷斯一直将丽池宫的作用设定为一座"画作宫殿"，也就是说它被建造并装饰成了一座美术馆，展示绝妙的收藏，不过我们也能感受到，王室成员和廷臣行走在这个舞台上，让这里成了有着动态画面的宫殿。画作和壁毯既是戏剧的背景，也是对戏剧含义的评价，归根结底，这是在试图用油彩与针线让君王稍纵即逝的辉煌永存，是在不顾一切地渴望让太多的理论和思想看上去真实一些。宫廷的繁文缛节使人的活动变得木讷，给人一种静止的感觉，一种近乎雕塑般的质感。与此同时，画作的流畅和真实感让访客入迷，就像那位法国人一样，画作中巴洛克式的生机和活力给予了这些二维的背景一种灵动的感觉。奥利瓦雷斯的宫殿是一处圣所，用来举行王权的"大弥撒"，这是对君主的一种信仰，是一位渴望获得如天国一般的王室地位的捐助人以国王的名义所做的一桩善行。在科瓦鲁维亚斯的诗集中，有位诗人赞颂了"古斯曼的宗教"甚至"在绘画艺术中都能体会到"，另一位诗人则"像朝圣者一样"来到丽池宫"庄严肃穆的门前"。就这样，在奥利瓦雷斯极富想象力的精心策划下，艺术和生活相互模仿、融为一体，在华丽意象的肆意狂欢中超越了现实和象征。

总而言之，奥利瓦雷斯丽池宫的故事既有深刻的寓言性，又具有鲜明的时代代表性。如今，宫殿已不复存在，花园也发生了翻天覆地的变化，它的雄伟荡然无存，这恰恰证明了丽池宫工程的昙花一现，现在看来，它明显属于当时典型的临时建筑，并无长久保留之意。与之相似的，有王室成员进入城市时穿过的由木头和石膏制作的凯旋门，就像查理五世和伊莎贝拉皇后进入塞维利亚时所使用的那些一样，或者是塞维利亚大教堂里，塞万提斯曾为其写过稚涩的诗的，为纪念费利佩二世而制作的高耸浮夸的灵柩台。现代也有类似的建筑，如奥林匹克公园或世界贸易博览会的会场，这些都是些匆忙拼凑而成的娱乐和社交场所，留下些毫无特点的痕迹，创造了识别起来已然成谜的记号。丽池宫是一个自负之人的作品，他受到有关过去，哈布斯堡家族身份，以及他自己家族历史等个人观念的驱使；他沉迷于家族，曾经前途无量，却在命运即将到达顶峰时迎来了最残酷、最不合时宜的转折，随着爱女去世，家族血脉中断于此，在他的希望和回忆中，未来都不再有意义。一切都化为乌有，他为一个家族的灭亡而悲痛不已，悲伤之中的狂妄本性恰恰解释了丽池宫的由来。这项工程在某种程度上是一次重写历史现实的尝试，是一次把想象中的哈布斯堡王朝历史带到眼下的奇怪实验，这既是为了满足他的私心，也是为了王室的公众形象。用理查德·卡根的话来说，"这位王室宠臣款待克利俄几乎从不犹豫"，克利俄是希腊神话中司掌历史的女神，"仿佛她唯一的任务就是提升西班牙哈布斯堡王朝在国内外的声誉"，或者为自己的政策辩护。[33] 但这不是狡猾的欺骗，因为他相信，或者至少是拼命地想相信自己的宣传。因此，正如丽池宫的名字所示，这是一片用于隐居和逃避的地方。和阿尔罕布拉宫一样，这也是一个向内而生的地方，是一个用来使梦想永远不会受到对立现实挑战的地方：它是一项堂吉诃德式的异想天开事业，就像奥利瓦雷斯自己的人生一样。它是西班牙平原上最华丽的风车。

死亡与失败

多日来，伯-公爵因为身体状况太差，已经多次要求我允许他退休。

——费利佩四世

1625年末，奥利瓦雷斯开始郑重考虑将军事联合政策推广至阿拉贡、加泰罗尼亚和巴伦西亚。他认为国王本人应该主持这些有独立思想能力的王国的议会，并且希望他自己论点的逻辑能够说服这些王国各自的首脑。但是，阿拉贡和巴伦西亚都是人口极其稀少的贫瘠之地，他们立刻拒绝了任何会消耗国内珍贵人力资源的兵役形式；相对的，在极大的压力之下，他们同意给予财政支持作为替代。费利佩和奥利瓦雷斯将目标转向了加泰罗尼亚。

虽然卡斯蒂利亚的驻巴塞罗那总督、阿尔布开克公爵于费利佩三世统治末期在加泰罗尼亚恢复了表面的秩序，但这里实质上依然是一片难以管制的土地，贵族和土匪勾结，教会毫不避讳地使用暴力，巴塞罗那的商业寡头也只顾自己。加泰罗尼亚议会在议员们的个性，对加泰罗尼亚传统自由权的激烈维护，以及政治机器的实际运作方面，都表现出天生的无政府个人主义精神。加泰罗尼亚议会与卡斯蒂利亚议会大不相同。它的主要职能是制定法律，以及作为仲裁机构开放，让加泰罗尼亚人可以在此倾诉任何不满，而且尤其重视针对王室官员的投诉。它可以对王室权力发挥很大的遏制作用。给予国王支持恐怕是议员们最后才会考虑的问题。

　　像奥利瓦雷斯这样天生的独裁者不太可能找到与如此独立的机构合作的方法，更不用说认同它错综复杂的系统了。但他至少明白，他得等上很长一段时间才能开始与巴塞罗那议会讨论军事联合的问题。首先，议员们必须处理一系列的地方问题，在这个几乎无法运转的王国里，臣民的不满似乎永无休止。议会会认真评估和考虑这些问题，但作为一个决策机构，由于等级制度和程序错综复杂，它的行政权力被大大削弱了。其中最不切实际的是一种被称为"异议法案"的政治工具，通过这种机制，只要一名议员反对，就可以让议会立即停止所有其他正在处理的事务，专心讨论并解决某个所谓的当务之急。这是一种鼓励个人的不妥协和边缘政策的胁迫方法，而当它与奥利瓦雷斯持续的急躁碰撞时，便会使整个系统完全失灵。

　　不用说，奥利瓦雷斯最初在如此顽固的环境中提出军事联合的想法时，引起了普遍的骚动。议会存在的目的是提出要求而不是做出妥协。但奥利瓦雷斯很狡猾，他一定意识到了，提出这个话题他无法避免会招致"异议法案"。这至少会让议会里他唯一感兴趣政策的讨论优先于其他所有事情。他也足够明智地认识到，他需要把他的要求从要议会承诺征募士兵，转换成支付代替服兵役的款项，从而把整个讨论变成了一场关于金钱的争论。

　　与此同时，加泰罗尼亚人要求费利佩四世放弃征收"王家五分之一税"，即对所有进口商品征收20%的税，实际上他们已经15年没有缴纳过这项税了。而奥利瓦雷斯则要求议会同意给予完全不切实际的300万达克特金币的补贴，这就让双方陷入了棘手的僵局，任何一方都不准备考虑对方的要求。但随后，奥利瓦雷斯表现出了他一贯的自信果断。几个星期以来，国王一再警告议会，巴塞罗那夏季炎热潮湿的气候严重危害了他的健康。他也许出于政治目的夸大了情况，但他确实患有疟疾，很有可能急性发作。奥利瓦雷斯担心费利佩的健康状况，他对议会已经失去了耐心，而且他无疑也因延长王室访问的巨大开销而发愁，因此他决定国王必须离开。就这样，5月4日早晨6点，费利佩一行缓缓离开巴塞罗那，踏上了返回马德里的路。

没有国王，议会无法继续；所以这时候议员们什么也干不了。巴塞罗那议会，又称"百人议会"，陷入了恐慌。奥利瓦雷斯狡猾地给了他们希望，让他们以为他或许会在"王家五分之一税"的问题上做出让步，这自然是巴塞罗那商人最关心的事情。他们派了一名代表追上国王，送去约4万达克特金币的现金作为紧急贷款以支付他旅行的费用，并邀请他返回巴塞罗那。大庄园、贵族和教会都承受着巨大的压力，他们的议员很快就开始表决一系列补贴，尽管"异议法案"禁止他们这样做。共有70项其他的"异议法案"被立即撤销，这体现出对该手段荒唐的滥用。奥利瓦雷斯通过让统治者离开，吓住了加泰罗尼亚人。但是，费利佩和他的宠臣并未与加泰罗尼亚人谈判，他们只是拿了巴塞罗那商人们提供的钱，继续他们返回马德里的旅程。双方都表现出了和对方一样的不称职与不妥协。如此不幸的关系之中，不可能建立富有成效的军事联合。

这时候，加泰罗尼亚人已经亲眼见识了奥利瓦雷斯是如何遵循着哈布斯堡王朝傲慢而奇特的骑士准则生活的。在接下来的几年里，有关哈布斯堡王朝几乎总是采取穷兵黩武策略的报告更令他们感到困扰；一位颇具影响力的加泰罗尼亚评论者在从马德里发回家乡的信中写道，"没有人理解这种治理西班牙的方法"。[1]但是到了1632年，奥利瓦雷斯又渴望重振失败的议会，希望能筹集到急需的资金。新任总督的安抚措施带来了缓和的希望；加泰罗尼亚人似乎愿意进行谈判，许多城镇也都同意支付少量资金支持在意大利的战争。不久之后，费利佩和奥利瓦雷斯于5月短暂地访问了巴塞罗那，以便国王的弟弟、枢机主教费尔南多亲王能够就任议会主席和加泰罗尼亚总督。而这一次，一场关于帽子的闹剧导致了议会失败。

巴塞罗那的议员们坚持认为，他们可以遵照传统，在国王面前无须脱帽；奥利瓦雷斯则不愿意让他们享有这项荣誉，因为这是极其重要的地位象征，只有卡斯蒂利亚的大贵族才能享此殊荣。一个巧妙的解决方案被设计了出来：加泰罗尼亚的卡多纳公爵，同时也是卡斯蒂利亚的大贵族，将在亲王就任总督时摘下帽子，从而迫使议员们也这样做。各方都遵照理应做出的礼节进行了仪式，荣誉得以保全。但是，当民众听说他们的代表表现得如此懦弱时，骚乱爆发了。到6月初，巴塞罗那已经决定停止履行一切官方职责，直到费利佩亲自出面解决此事，而这时候费利佩又在马德里。到了10月，绝望的费利佩和奥利瓦雷斯暂停了议会。

1635年，尼德兰联省终于说服法国向西班牙宣战。这让奥利瓦雷斯与法国同行、路易十三的心腹、精明强干的枢机主教黎塞留展开了较量。法国在几乎所有陆地边界上都紧邻哈布斯堡王朝的领土，因此，战争开始在多条战线上展开。西班牙军队在最初的小规模冲突中占了上风，但未能充分发挥优势；1638年夏天，法国军队入侵西班牙西北部，围攻了边境要塞丰特拉维亚。战斗一直持续到9月初，直到法国人最终被西班牙大军击退，这支大军包括葡萄牙人、意大利人、巴伦西亚人和阿拉贡人，甚至还有1500名爱尔兰人。这是迈向奥利瓦雷斯梦想的军事联合的坚实一步。但是，加泰罗尼亚人显然缺席了，他们再次援引了免除在自己土地之外的地方服兵役的传统法律。除此之外，尽管葡萄牙派出了兵力前往丰特拉维亚，但葡萄牙贵族反对兵役，也反对招募军队派遣至国外；1637年，奥利瓦雷斯提出的军事联合成了葡萄牙重要城市埃武拉税收骚乱的导火索。但葡萄牙不满的根源在于他们意识到，卡斯蒂利亚未能给予葡萄牙在东印度群岛和西印度群岛的领地任何保护。荷兰人凭借其利润丰厚的糖料贸易入侵了巴西，这是问题的核心，但与此同时，费利佩的葡萄牙臣民持续地被他在美洲的西班牙领地排斥也加深了葡萄牙人的怨恨。[2]

此时，整个欧洲都处于战争状态：瑞典人入侵德意志，钳制住了帝国；西班牙军队在佛兰德受到了来自荷兰和法国的压力。从意大利到佛兰德的重要运输路线面临威胁，而西班牙海军已经两次在英吉利海峡惨败。甚至连教廷也开始再次表现出亲法倾向；那不勒斯也并不安宁。最严重的是，1639年夏天，一支强大的法国军队入侵了加泰罗尼亚，占领了控制鲁西永边境的战略要地萨尔塞斯要塞。

曾多次充当奥利瓦雷斯笔杆子的弗朗西斯科·德·克维多，如今也因为对祖国的热爱而将讽刺的矛头转向了当权者，因为他显然认为这个政权毫无节制的战争政策正在摧毁西班牙。1639年，他写了一系列有关国家现状的尖刻的诗，取名为《纪念》，这些诗被偷偷叠在餐巾里送到了国王的餐桌上。在得知国王看过这份文件后，奥利瓦雷斯立即采取了行动；两名治安官被迅速派往克维多居住的梅迪纳塞利公爵府。克维多被逮捕起来，扔进了马车，在全副武装的警卫看守下，趁着夜色离开了。克维多被带到了偏远的莱昂的圣马科斯修道院，在那里被囚禁了4年。梅迪纳塞利公爵的房子被洗劫一空，克维多的文件被没收，其中包括一本名为《莫诺潘托人的岛》的极恶毒的讽刺作品手稿。书中描述了一片殖民地，那里的总督名叫普拉加斯·秦科略斯（Pragas Chincollos），这名字是加斯帕·孔奇略斯（Gaspar Conchillos）的同字母异序词，很明显是故意要让读者辨认出这是奥利瓦雷斯本人，因为他是改教者洛佩·孔奇略斯的后人；这位总督得到了犹太人议会的支持，这只是稍微隐晦些地指出奥利瓦雷斯对犹太裔葡萄牙银行家越来越深的依赖。作为克维多的前赞助人，奥利瓦雷斯的回应冷酷无情；克维多被独自监禁在圣马科斯的一间恶臭的地牢里自生自灭，和死了没什么两样。

一位曾经忠诚的著名人士的反叛，证明了这个政权已变得多么孤立；但是，奥利瓦雷斯永远过于自信，似乎从不在意警告。相反，这时候他看到了一石二鸟的机会；他认为在加泰罗尼亚与法国人交战可以迫使加泰罗尼亚人为战争做出贡献，而且，他似乎也相信，加泰罗尼亚人的参与足以确保决定性的胜利。于是他决定从加泰罗尼亚向法国发动大规模进攻，并命令王家军队进驻加泰罗尼亚，其中包括佛兰德军团以外的一些最有经验的西班牙大方阵军团，这些凶残暴力、无法无天的军队将在加泰罗尼亚度过一个冬天。

士兵绝大多数集中驻扎在赫罗纳周边地区，准备春季对萨尔塞斯发起攻势。到了1640年4月底，在忍受了军队数个月的虐待后，当地居民的不满演变成了暴力。在山城圣科洛马，村民们发起了暴动，烧死了一名王室官员。被派去惩罚暴乱者的一小支军队恣意妄为，或多或少地摧毁了圣科洛马。愤怒席卷了加泰罗尼亚，农民奋起反抗，组成了一支装备精良、意志坚定的军队与一支西班牙精锐军团对抗，最终驱逐了他们。

然后，基督圣体节这天，一群向来自由不羁的季节性短工出现在了巴塞罗那，他们与曾反抗过王室军队的反叛民兵一起形成了一支规模不小的队伍。紧张的气氛迅速恶化，爆发了报复性的骚乱，其间总督也试图逃跑。起初，他准备登上一艘停在港口的热那亚桨帆船，但他犹豫了太长时间。暴徒们冲进船坞，陪同总督的贵族和仆人们惊慌失措，四散奔逃。暴徒控制了大炮，开始向桨帆船开火，迫使它撤退。这时候，惊恐的总督在一小群忠诚的家仆陪同下逃向了著名的蒙特惠奇山；但是，他们知道桨帆船不可能到那里去接他们，于是只能在炽热的阳光下沿着布满岩石的海岸线前行。又老又胖的总督艰难地保持着前进。他多次跌倒，停下来休息，再强迫自己继续走，但随后又滑倒；最后他昏厥了。叛乱的暴徒追上了他。第一个追上的人不确定应该怎么办，但正当此人犹豫不决的时候，一个鲁莽的年轻水手很快追了上来；他立刻兴奋地将他的猎物开膛破肚。

加泰罗尼亚一切与王室权威沾边的势力都被终结了；人们对奥利瓦雷斯的憎恨之情太过强烈，就连马德里都有许多人为这个消息感到欢欣鼓舞。但加泰罗尼亚公国已经一片混乱。在城镇里，无法无天的暴徒把他们的愤怒转向有钱和有权势的人，洗劫他们的住处，焚烧他们的书籍和家具，肆意强暴和掠夺。加泰罗尼亚人受到了乡村民兵组织的支持，这些民兵组织很快根据与涅尔派和卡德尔派的传统忠诚关系各自同两派结盟。任何被指控背叛他们或是与王室为伍的人都会为自己的性命担忧。贫穷的绅士，甚至是富裕的农民，都成了这个由强盗、小罪犯和贫困群体中最穷的人组成的野蛮联盟的目标。最后，理所当然的，这个野蛮的联盟开始自相残杀。

加泰罗尼亚统治阶级躲藏了起来。商人顽固的保守主义和短视的利己主义，无能的贵族狭隘的独立性，以及最主要的，集体意识的匮乏，使他们的生活停留在了中世纪的落后残余中。如今，随着他们对权力的微弱掌控被民众盗匪篡夺，被压垮的加泰罗尼亚贵族终于承认需要外界的帮助。但卡斯蒂利亚已经无法提供恢复秩序所必需的军事力量了。相反，枢机主教黎塞留一直在耐心地观察，他的间谍网络小心翼翼、低调地说服了加泰罗尼亚统治阶级，告诉他们只有法国才能给他们混乱的局面带来些许秩序。他们对与法国结盟深感不安，但正当他们犹豫不决，与法国争论和谈判时，奥利瓦雷斯开始组建一支由乡绅和农民组成的卡斯蒂利亚杂牌军队，一支由堂吉诃德和桑丘们组成的军队，一支用来收复中世纪土地的中世纪军队。西班牙正在穿越时空回到过去。于是，加泰罗尼亚人向不可避免的事实屈服了，接受了法国国王的保护；他们允许法国船只使用他们的港口，并同意支付由3000名法国士兵组成的军队的费用，以保卫一个他们自己都无法保卫的公国。加泰罗尼亚已经成为法国的殖民地。时至今日，加泰罗尼亚仍有很大一块地区属于法国。

不久之后，1640年12月1日在里斯本，布拉甘萨公爵被拥立为葡萄牙国王若昂四世。葡萄牙贵族终于决定与卡斯蒂利亚决裂了。

奥利瓦雷斯不得不承认，除了制定出最粗略的方针外，他没有资源可以对葡萄牙采取任何有效的行动，而当他陷入焦虑偏执之中时，他在马德里的敌人把羽毛笔削成了锋利的尖刺。与此同时，在南部，无敌舰队元帅的孙子、第九代梅迪纳·西多尼亚公爵正在策划一场叛乱，预谋自立为安达卢西亚国王。他这么做或许只是为了迫使费利佩四世将奥利瓦雷斯解职，但这还是奥利瓦雷斯那有着高贵血统之家族的成员犯下的叛国行为。他派人找到他这位酿下大错的远房堂亲，解释说："如果你没有毁了我的名誉，你的名誉也不会受到损害。"他强迫公爵加入了讨伐葡萄牙人的战争。[3] 克维多的批评在这种贵族叛乱的威胁面前显得如此微不足道。

费利佩四世一定知道他的宠臣受到了致命的伤害，他自己此时也在尝试面对他的君主地位遭受的种种不可能应对的挑战。1642年4月，他出发前往加泰罗尼亚，决心带领军队战胜法国，但从一开始他就因为长期以来的缺乏资金而举步维艰。奥利瓦雷斯深感沮丧，因为他要努力从迅速衰退陷入严重通货膨胀的经济中艰难地挤出资金。但是到了7月底，国王和宠臣都在萨拉戈萨安顿了下来，这里距离以鲁西永为中心的主战场还有很远的距离，却是个向于几个月前落入法国人手中的附近城市莱里达发动大规模袭击的好地方。9月，战略要地佩皮尼昂失守，费利佩恼羞成怒，立即下令攻打莱里达。这次战役由奥利瓦雷斯的亲戚、密友、热爱艺术的莱加内斯侯爵领导。10月7日，两军在城外相遇，在经过了一天非常激烈的战斗后，包括1000名加泰罗尼亚人在内、共13000人的法国军队击败了超过20000人的卡斯蒂利亚军队，而卡斯蒂利亚军队有四分之一的人丧生。

12月初，费利佩和他的宠臣掉头返回马德里。在埃纳雷斯堡，学生们于大街上公开侮辱奥利瓦雷斯，12月6日晚上，两人在夜色的掩护下，经由一个不常用的门逃回了首都。君主制度被彻底地羞辱了。

圣诞和新年期间，马德里充斥着激动人心的谣言，直到1月23日这天在王宫，奥利瓦雷斯独自一人安静地吃了在这里的最后一顿饭。随后，他秘密离开，前往马德里东北部的洛埃切斯，途中最后一次经过了丽池宫。[4]第二天，国王正式地向充满期待的御前会议成员们发表了讲话。

> 多日来，伯-公爵因为身体状况太差，已经多次要求我允许他退休……但是，我一直对他的热情、细致、专注和从不间断的努力感到非常满意……所以我请他再等等。然而，最近他反复地催促我，使我不得不同意他适时地退休；他已经离开了……我希望在安定宁静的环境中，他能恢复健康，回来为我服务。[5]

两年后，在宗教裁判所调查的威胁中，奥利瓦雷斯去世了。临终前，他高烧不退，精神错乱，语无伦次，马拉尼翁解释说这是由于他的心肾系统已经彻底崩溃。"我当校长的时候，"他念叨着，回忆起了他在萨拉曼卡大学时的第一次政治胜利，"我当校长的时候！"[6]

把这样一位疯狂的僭主从政府中心清除后，费利佩四世显然渴望亲自执政。"在我看来，"他向御前会议成员宣布，"是时候向我的御前会议提出，在当下一位如此优秀的大臣缺席的情况下，我是唯一能够代替他的人，因为我们所处的困境要求我全身心地投入。"[7]费利佩渴望取代他奇怪的导师和劲敌，但他热切的渴望很快就屈服于帝国面临崩溃的巨大压力和行政管理的错综复杂了。贵族和官员们开始维护自己的利益，而其他许多人物也开始在政府中扮演重要角色。路易斯·德·阿罗如今成了他实际上的新宠，但他为人更加谨慎，处事风格更加柔和。同时，奥利瓦雷斯的女婿梅迪纳·德·拉斯·托雷斯也逐渐成为马德里最具影响力的政治人物；1661年阿罗去世后，德·拉斯·托雷斯重返了国务议会，出任首席大臣，积极推动与英格兰和帝国恢复和平并结盟的外交政策，这正是他至少从1639年以来就一直倡导的政策。[8]

费利佩本人此时开始向一位最不寻常的顾问寻求建议。出征加泰罗尼亚的路上，在途经萨拉戈萨时，费利佩曾在偏远小镇阿格雷达过夜。在那里他拜访了玛丽亚修女，她是无原罪始胎修女院的院长，之所以出名是因为她曾奇迹般地现身新墨西哥和得克萨斯，帮助向当地的朱曼诺部落印第安人传播福音，同时她的身体却沉睡在西班牙的修女院中。费利佩显然被这个惊人的故事吸引了，而且他似乎在玛丽亚修女身上找到了与上帝直接接触的感觉。在接下来的24年里，国王与这位神秘的修女交换了600多封信件，直至二人均于1665年去世。她成了费利佩最亲密的知己，一方面坦诚地给予他精神上、道德上的建议，这也是意料之中的事，但另一方面，她还在国际政治、统治国家的问题上提供意见，甚至主动对军事策略给予了详尽的意见。[9]

1641年以后，马德里方面越来越意识到西班牙需要在尼德兰恢复和平。但是，随着荷兰人占据上风，与之谈判变得十分困难。荷兰人曾因对西班牙的仇恨而团结一致，现在却起了内讧，导致为正式和平谈判进行准备都消失在了"不同利益之间错综复杂的纠纷"之中。[10]随着荷兰人持续争吵，其中比较好战的一派产生了大量鼓吹战争的言论和反西班牙的胜利宣传。尤其在泽兰省，似乎无人期待和平。因此，1646年，马德里开始让步，承认了联省绝对独立的主权。谈判代表终于相聚明斯特，商议尼德兰的边界以及有关美洲殖民地的贸易协议方面的细节问题。西班牙完全放弃了维护葡萄牙在巴西的领地和已被荷兰占领的非洲地区，但坚决反对向荷兰商人开放西属美洲。葡萄牙人为他们的叛乱付出了沉重的代价。最终，《明斯特和约》于1648年1月30日正式签订。[11]

和约公开承认了西班牙哈布斯堡王朝四代人都没能在联省根除的新

教异端。第二年，1649 年，天主教上帝似乎发怒了，开始对西班牙人进行最恐怖的报复，残忍地打击了卡斯蒂利亚的经济中心塞维利亚。两三年来，安达卢西亚东部贫困地区一直有令人担忧的鼠疫零星暴发的报告；随后，在 1648—1649 年的这个冬天，加的斯港也出现了一些病例。占星家在行星的运动中读出了凶兆，2 月，塞维利亚大主教去世了。这是个可怕的预兆。[12]

"1649 年"，伟大的安达卢西亚历史学家奥尔蒂斯·德·苏尼加写道，"是塞维利亚历史上最悲惨的年份"，这一年塞维利亚面临了"彻底的毁灭"。整个冬天城里出现的个别瘟疫病例已经让政府处于了警惕状态。然而，春季的暴雨带来了洪水，"空气被污染了"，"每个人都染上了……腹泻、呕吐及其他胃部疾病"。奥尔蒂斯·德·苏尼加一开始相当正式地引用了当时贸易厅的一位高级引航员的记述作为原始资料，但随后他用动人的文字继续写道："我可以证实这一点，因为这是我亲眼所见，也是我与我最亲密亲属的亲身经历。"

4 月，"死神的执行人——高烧、肿胀、肿瘤、横痃以及其他剧烈和致命的并发症——疯狂地袭来"。卫生委员会成立了，征用了拥有 1200 张床位的圣五伤医院。头一个半月的时间里，人们还做了详细的记录，但到了 5 月底，据说已有 8 万人死亡；"现在，整个城市都成了医院"，到处都是死人和将死之人。一天早晨，在大教堂和商人交易所之间竟被发现堆放了超过 90 具尸体。大部分市民逃到了乡下，神父、修士和"神职人员勇敢地面对巨大的危险，不停地将病人抬进医院"，但是，每当"早晨来临时，街道上和教堂的大门前总是堆满了死在家中的人的尸体"。在这片"可怕""惨不忍睹"、充满"哀嚎"和"悲痛"的土地上，"你可以看到因装满尸体而超载的马车驶出城，将成批的尸体抛入可怕的、来不及好好掩埋、散发着令人无法忍受的恶臭的集体坟墓中"。

在这场神罚中，大教堂有 24 位受俸教士被夺去了生命，其中包括曾致力于推广圣母无原罪始胎论的马特奥·巴斯克斯·德·勒卡。太多的神职人员去世，导致许多教堂的弥撒无法举行，唱经也难以进行或是只能在奇怪的时间进行，许多人死前没能接受最后的圣事和临终涂油礼。但是政府集中了他们的力量；他们不停地祈祷，还组织了几次大型的宗教游行，虽然绝望但"展示了这个国家的基督教精神"。7月，死亡率开始下降，10月，官方正式宣布大瘟疫结束。许多家族彻底消亡，数以千计的房屋被空置，整片整片的教区没有信徒。根据奥尔蒂斯·德·苏尼加的记录，共有20万人丧命。

现代历史学家对这个数据有争议，因为他们估算1648年塞维利亚的总人口最多不超过15万人。最有理有据的猜测，但也仅仅是猜测，来自20世纪伟大的塞维利亚历史学家安东尼奥·多明格斯·奥尔蒂斯，他认为死亡人数约为6万，接近塞维利亚人口的一半。通过比较税收收入的数据，他证明了瘟疫结束后的数年里，塞维利亚的经济规模大致减少了一半，而人口稳定在8万左右，直到19世纪才恢复到1648年的水平。[13] 但如果奥尔蒂斯·德·苏尼加所说的20万人不仅指塞维利亚城里，而且包括了周边地区，那确实是一个合理的死亡人数。

这场惨绝人寰的灾难之后，饥荒不可避免地到来了，因为没有人播种，也没有人耕地。国外粮食也歉收，到1652年，小麦价格翻了4倍。大主教和大教堂总铎开始了一项大规模的慈善施舍计划，但是当成千上万饥饿的农民涌入城市寻求援助时，城中爆发了零星的骚乱和暴动，其中大部分针对的是牟取暴利的面包师。不满情绪愈演愈烈，暴徒们迫使大主教和数名市政官员加入他们挨家挨户搜寻食物的骚乱队列。他们洗劫了军火库，5月的一整周时间里，局势悬而未决。但后来，贵族团结在马丁·德·乌略亚的领导下，通过向暴徒们提供酒和奶酪化解了紧张局面，随后又组织起了一系列武装民兵，终于恢复了秩序。[14]

塞维利亚再也没能从这些政治灾难和天灾中恢复过来。西班牙已不再是世界的中心，王室对印度群岛贸易原本已经减弱的控制也变得更加无力。贸易活动逐渐向大西洋港口聚集，那里的走私活动猖獗，货物很容易被转口。在外国商人的压力下，王室屈服于资本主义，1680年，贸易厅实际上将行政中心迁到了加的斯。塞维利亚，这个曾经王室垄断印度群岛贸易的象征，伟大的16世纪欧洲巴比伦，如现代伦敦或纽约般国际化并且更加富有的城市中，而今已经盛景不再，成了一片宗教气息浓厚的偏远地区，风景如画，四处皆是安静的小巷和庭院、茉莉花、橙花、宏伟的历史建筑、幽灵、回忆和生动的传统。

才华横溢的埃斯特雷马杜拉艺术家弗朗西斯科·德·苏巴朗曾以不同寻常的近似雕塑般的《十字架上的耶稣》获得塞维利亚画家协会的认可，他是城市新兴的工匠和商人阶级中最著名的成员之一，他们的事业都受到了艺术品味变化、印度群岛贸易和瘟疫等事件的巨大影响。

苏巴朗在为丽池宫创作《赫拉克勒斯的十二项伟业》和《加的斯保卫战》时，曾于马德里暂住，此后，他被淹没在了来自塞维利亚宗教机构和个人的大量工作委托之中。同时，他以真正的企业家精神，热情地接受了新世界市场的商业机遇。他建立了一间巨大的工作室，雇用了一批能工巧匠。他本人为不同的主题创作模板，然后完全依赖他的员工生产画作。每个人专攻某一特定题材，如服饰、珠宝或四肢；最有才能的人负责绘制面部。这条生产线一年可制作50—100幅作品，以供出口美洲，特别是秘鲁。1640年，苏巴朗起诉了一位名叫迭戈·德·米拉富恩特斯的船长，由此我们得知，与有钱有势的赞助人委托苏巴朗创作的作品不同，出口印度群岛起初完全是投机生意。1636年，他将第一批预备在波托韦洛交易会上出售的画作委托给米拉富恩特斯船长运送，此前他们已就画作的售价清单达成一致。但航行期间，在大西洋中间船长举行了一次聚会，他醉酒后将画作打开装饰他的船，导致画作丢失又或许是严重受损；因此苏巴朗起诉了他。[15] 这个不愉快的开始并没有吓到苏巴朗，后来他向美洲市场出售了大量作品，其中许多作品水平一般。但他从中接受了教训，此后他直接与波托韦洛商人签订合同，商人们同意批量购买画作，货到付款，而且很少有船长敢跟这些在秘鲁贸易中只手遮天的市场操纵者过不去。[16]

然而，瘟疫和饥荒夺去了工作室里许多艺术家的生命，干扰了幸存者的工作，对工作室造成了严重影响。由于类似的原因，印度群岛贸易在1648年之后的10年里普遍大幅减少，绘画的出口也几乎完全停止。[17] 新教徒海盗猖獗，灾难性地加剧了上帝之怒带来的经济衰退。英格兰私掠船俘获了1656年和1657年的宝藏船队，而这些船原本携带着用于支付苏巴朗在1650年甚至之前发出的画作的款项。[18]

同时，到了17世纪50年代，苏巴朗清晰简约的线条和配色逐渐过时，取而代之的是一位名叫巴托洛梅·埃斯特万·牟利罗的青年艺术家，他带来了全新的绘画风格，被称作"朦胧眼神"（vaporismo）风格，颠覆了塞维利亚艺术赞助人的审美品味。1648年的灾难给人们带来了不同的痛苦。牟利罗开始赋予圣人肖像画丰富的柔和情感，他笔下的圣母漂浮在波浪般的云上，闪耀着金色色调，也闪烁着钴蓝色和闪亮的白色。他的画中似乎总会出现天使般的孩子，长着金色卷发和蓝色眼睛，带着迷人的微笑，充满渴望地凝视着画布外面，目光灵动，仿佛一只快乐、深受喜爱的小拉布拉多犬。他的绘画笔触如鲁本斯一样不受束缚，画面则像委拉斯开兹一样克制，艺术语言简单易懂。他的这种非凡的审美情感爆发，充满动感、生机和情感，这恰恰是在动荡年代深受打击的塞维利亚人所渴望的浪漫和另一个世界的现实。

在17世纪50年代初，苏巴朗正在挣扎中前行。他积累了一些优质住宅和商业不动产，一共有四处又或者更多，有的是他自己拥有的，还有一些则是他租用后转租他人的；他继续为贵族绘制一些肖像画，也为宗教机构创作一些重要的作品，但他很难得到重大的委托机会。然而他确实为塞维利亚加尔都西会修道院画了三幅真正伟大的作品，包括他的《餐厅里的圣雨果》。这幅画于1655年完成，在画中他完美地捕捉了以厉行节俭著称的加尔都西会修士的平静，加尔都西会是唯一一个对他们所许下的关于贫穷、贞洁和沉默的誓言如此忠诚的修会，他们从未改变过这一点。

加尔都西会修士是虔诚的素食者，他们相信只需要少量饮食，并且拒绝包括家禽在内的所有肉类，就能活得更久，从而可以将更长的寿命用在祈祷上。这幅画所描绘的正是他们拒绝吃肉的传说起源之一。1084年，圣布鲁诺在沙特勒斯山脉高处建立了第一个加尔都西会修道院，不久后，格勒诺布尔主教雨果给修士们送去一份肉，但这份肉刚好在圣灰节之前的那个星期天送到，圣灰节是大斋节的开始，这时候所有的基督徒都应该戒掉肉食。于是，修士们开始了一场关于是否应该吃肉的激烈的神学讨论，最后他们都睡着了。6周后，他们在棕枝主日这天醒来，但他们并没有意识到自己已经睡了这么长时间，准备大吃一顿。这时，雨果本人出现了，惊恐地发现修士们正要吃肉——这些肉在苏巴朗的画中看上去像烤羊肉。他立刻向院长提出了异议，院长发现复活节就要到了，大为震惊。雨果摸了一下盘中的肉，肉立刻化为灰烬，这才相信了他们的故事。[19]

　　1656年的夏天，苏巴朗拖欠了一处大房产的房租，这似乎是他和家人的住所，与一间他出租出去的面包房相连。[20]长期以来，许多学者都将苏巴朗遇到的这些财务问题上的信号解释为他被牟利罗和胡安·巴尔德斯·莱亚尔这颗新巴洛克风格冉冉升起的又一新星抢了工作。尽管苏巴朗的大师光环正在减弱，但是他的工作室似乎在经历了瘟疫和海盗之后依然幸存了下来，并且对始于1658年的绘画向新世界出口贸易的复苏做出了贡献。[21]实际上，他于1659年成功地捆绑销售了20幅批量生产的画作，作为他拖欠租金的担保，这大概是他等待宝藏船队第二年抵达前的缓兵之计；5年后，他在遗嘱中注明，他的女儿已经获得了8000雷亚尔，这应该是向印度群岛出售画作的收入。[22]

　　这时已经上了年纪的苏巴朗去了马德里，在委拉斯开兹的帮助下找到了工作，第二年，他又一次拖欠了塞维利亚的房租，永久地搬到了马德里居住。他在马德里创作了大量绘画，而且还找到了别的工作，例如为波兰大使的艺术收藏估价，对于他这位体力和健康都每况愈下的老人来说，他的工作负担非常大。[23]1664年他在马德里去世，享年66岁。人们普遍认为他死于极度贫困之中，因为他在遗嘱中抱怨自己连妻子的嫁妆都没能保全，她被迫典当了祖传的银器来为他支付医药费和葬礼费用。但仅凭这些并不能表明他很贫穷。首先，遗嘱中列出的清单里全是奢侈品，例如一张开罗地毯、桌布、餐巾、装满的衣柜、许多上等的家具、大量绘画用具，包括好些绘画和壁毯。[24]他的资产总价格扣除高额债务后约有2万雷亚尔，相当于塞维利亚一间最好的住宅15年的租金。这还仅仅是他的遗孀向政府申报的财产；她典当的银器包括"2个酒杯、1个托盘、盐碟、胡椒罐、糖罐、盘子、2个烛台、6个勺子和1支叉子"，这些都没出现在清单中，因为这样对典当商人来说更方便，他可以用大大低于实际价值的价格收购这些物品。

苏巴朗去世时，既不富有也不贫穷，他还在工作，远离家乡。这是个平淡而忧伤的结局，但也并非赤贫之人的结局：至少他的尸体没有被扔在大街上，和其他尸体堆在一起，被丢进集体坟墓里。

与苏巴朗的默默无闻形成了鲜明对比的是，由于费利佩对绘画的爱好与日俱增，委拉斯开兹的事业蒸蒸日上。1645年，委拉斯开兹开始负责将马德里王宫的大厅变成巨大的画廊。1648年，费利佩给了他再次前往意大利的机会；他以国王贴身仆人的身份加入了使团队伍，为费利佩将新王后奥地利的玛丽安娜迎接至西班牙，因为伊莎贝尔王后已于一年前去世。但委拉斯开兹作为外交官的真正任务是购买艺术品和古物以供王室收藏。他的足迹遍布意大利，包括威尼斯，帕尔玛、摩德纳和罗马。在罗马，他为教宗英诺森十世绘制了著名的画像。据帕洛米诺说，委拉斯开兹为了画这幅画，一直在对着胡安·德·帕雷哈画胸像做练习。帕雷哈是委拉斯开兹的一名黑奴，同时也是一名备受尊敬的画家。[25] 在意大利期间，委拉斯开兹还绘制了令人惊叹的《洛克比维纳斯》，这是他唯一传世的女性裸体画，据说他之所以能够成功地用这幅画展现出一种宁静的情欲，是因为他以他的一位神秘意大利情妇做模特。这位美丽动人女神的姓名无处可查，但我们知道她为委拉斯开兹生下了一个儿子，名叫安东尼奥。[26]

回到马德里后，委拉斯开兹继续进行了各种主题的创作，正是在他事业的这一最后阶段，他构思并完成了《宫娥》，这是为费利佩和玛丽安娜的长女玛加丽塔·特蕾莎公主绘制的肖像画，画中她的周围环绕着她最亲密的家仆，包括她的女仆、侏儒和狗，这幅画被普遍认为是委拉斯开兹最伟大的作品，并且使戈雅和毕加索产生了临摹它、以它做实验的灵感。画的主题被画家本人的出现所主导：画中的委拉斯开兹目光直视画外的观众，他的面前摆着一张巨大的画布，手中拿着调色盘和画笔，这一活泼有趣的艺术手法引出了有关画表现的内容和含义的无尽疑问。他当时到底在画什么这个秘密引出了大量详尽细致的推测。画的背景中，墙上挂着一幅费利佩和玛丽安娜的画像，似乎在审视着房间中的场景，最常见的观点认为我们是通过费利佩和玛丽安娜的视角看到的画中场景，而他们二人正是委拉斯开兹画的对象，背景墙上二人的画像其实是镜子中他们的倒影。[27] 事实上，帕洛米诺也提出镜子照出了国王和王后，委拉斯开兹正在画他们，也有人说背景墙上的画像是故意错误地展示了一幅当时还在创作中、没有人见过的作品。[28]

委拉斯开兹在《宫娥》中画出自己正在画画的样子，到底是想让观众做何感想，抑或他并没有什么目的，只是使用了那个年代典型的轻佻风格，我们永远也无法得到确切的答案。但毫无疑问的是，画中的委拉斯开兹风光无限，胸前的红十字证明他已经成为圣地亚哥骑士团的一员。这幅画确认了一个塞维利亚的贫穷男孩平步青云成为贵族，并且与王室成员交往甚密的事实；它甚至暗示了他与国王本人之间的友谊。据帕洛米诺记载，传言这个红十字是在委拉斯开兹去世后，由费利佩四世亲自画上的，以示"对于这项高贵艺术从业者的鼓励"。[29] 正是这种说法引起了一种长期存在的看法：委拉斯开兹终于在西班牙成功地让绘画艺术成了高贵的艺术，从而终结了包括格列柯、卡尔杜奇和帕切科在内的众多艺术家一直在争取让绘画作为一种自由的艺术被认可的努力。然而，现实是更为平淡的：强大的圣地亚哥骑士团强烈反对他加入，认为他不具备资格，因为他的钱是以艺术家身份通过动手劳动挣来的，而且作为葡萄牙人他很有可能有犹太血统。只有费利佩亲自为委拉斯开兹介入此事，而且教宗也给予了特许令后，圣地亚哥骑士团才于1659年被迫接受委拉斯开兹为骑士。[30] 多亏了委拉斯开兹与国王的友谊，以及他在宫廷中的服务，使他获得了个人的胜利，但这远远不是绘画艺术的伟大胜利。

1659年，法国和西班牙终于达成了和平协议，1660年夏天，玛加丽塔公主嫁给了路易十四，巩固了两国的和平。婚礼在西法边界上的费桑岛上举行。委拉斯开兹这时年事已高，但他作为王室总管，需要负责为王室队伍安排食宿，并且为婚礼仪式举办场地设计临时建筑。这项工作使他精疲力竭，他回到马德里几周后就病倒了，持续不退的高烧很快夺去了他的生命；一周后，他的夫人胡安娜·德·帕切科也去世了。他们死后，宫廷生活核心中的塞维利亚精神也消失殆尽。[31] 不过，塞维利亚这座富裕而伟

大的城市的衰落是缓慢的，而在17世纪60年代，牟利罗正处于艺术生涯
的顶峰。

　　巴托洛梅·埃斯特万·牟利罗于1618年1月1日在塞维利亚受洗，他
是家中的第14个孩子。他的父亲是位理发师兼职外科医生，去世于1627
年，而牟利罗很快就去画家工作室当学徒了，那时候塞维利亚的画家工作
室发展非常繁荣。他很有天赋，多才多艺。17世纪40年代，他来到了马
德里，受到了委拉斯开兹日益成熟的意大利风格的极大影响，包括他不
受拘束的笔触和明亮的色彩。1645年，牟利罗回到了塞维利亚，结了婚，
并且从方济各会得到了第一份重大委托，让他得以一展风采。他也画一些
世俗小作品，描绘快要进入青春期的快乐又健康的孩子。这些画通常被称
作"乞丐男孩"画，不过这种叫法不太准确，事实上它展示的是塞维利亚
的劳动青年在玩耍或在为一顿饭的价格谈判时的看上去很吸引人的场景。
1648年后，这种画是一种颇受欢迎的逃离现实的方式。
　　1663年，牟利罗的妻子去世后，他开始了一段高产的创作时期，他
最成熟和重要的作品都出自这一时期，包括他为慈善医院所作的系列画，
以及他因与胡斯蒂诺·德·内韦的友谊而直接或间接获得的委托作品。内
韦是牟利罗作品的重要收藏家，他住在塞维利亚离牟利罗不远的地方，也
是牟利罗为自己指定的遗嘱执行人。[32]
　　内韦的父亲是一位定居在塞维利亚的富有佛兰德商人。内韦本人则
是塞维利亚大教堂的一位优秀教士，尤其虔诚地信仰圣母无原罪始胎论，
他全身心地投入教士大会的慈善工作，据说他去世的时候正在击打自己的
胸部并亲吻着十字架，以祈求自己的罪行得到宽恕。[33]牟利罗为他绘制的
一幅精美肖像给我们提供了了解他的好机会，画中他严肃而自信的神情掩
盖了年轻的面容，留着精心修剪的胡须和深色短发。他身穿黑色教士
袍，目光从书上抬起，用手指指着读到的位置，一副好学之人的模样；桌
上摆着一台华丽的钟，提醒我们生命短暂，同时也显示出他的财富；他的
手边还有一个银色的铃铛，用来叫他的奴隶和仆人。他的宠物狗在他的脚
边，忠诚地凝视着他。他是位完美高贵之人。

1662年，他开始负责监督白色圣玛利亚教堂的重建。这间教堂从属于大教堂，尤其受到奴隶和自由黑人的喜爱。过去它曾经是一座清真寺，后被改为犹太教堂，最初的建筑特征依然有所保留。但内韦准备在这片狭小的城市地块上打造一座典型的巴洛克盛期风格教堂，加入大量由雕塑家佩德罗·罗尔丹设计的石膏装饰、贴金装饰，以及一系列色彩斑斓的壁画。[34]内韦一定感觉自己与献给雪白玛利亚的教堂有着特别的联系，一方面是因为他对玛利亚的崇拜，另一方面是因为他的姓氏"内韦"的意思就是雪。不论是出于世俗还是精神的原因，他都希望在这项工程中大展拳脚，因此他委托了当时在塞维利亚最顶尖的艺术家牟利罗来设计整体装饰方案。他尤其需要牟利罗对形状和颜色富有创造力的处理手法来解决一个审美难题，即将4幅巨大的半圆形绘画挂在高处，位于艳丽华美的穹顶下方以及两侧走道的尽头。

穹顶下的画作要描绘4世纪的一对罗马贵族夫妇梦见圣母请他们在埃斯奎利诺山上为她修建教堂的故事。第二天，贵族征求了教宗的意见，他们一同来到了神迹指引的地方，发现教堂的设计图在一场奇迹般的夏日大雪中显现出来。牟利罗将这段传说画成了《贵族夫妇的梦》和《贵族夫妇求问教宗》。第一幅画中，夫妇二人穿着整齐，女性穿着红蓝两色，让人联想到圣母玛利亚，而男性则穿了一件精美上衣，脚上穿着长筒袜，身体部分盖着一个披肩或是毯子。桌上摆着的书应该是福音书，披巾、垫子、床单、洗衣篮、一只狗和一张装饰华丽的床魔术般地组成了一幅舒适而亲密的家庭生活画面。奇妙的是，正如一位优秀的西班牙艺术史学家指出的那样，任何熟悉塞维利亚夏季的人都会认为这幅画面表现的是午睡而非夜晚的睡眠。[35]而且在长时间午睡的迷迷糊糊状态中，最容易产生这种逼真的梦境。牟利罗赋予了这组人物明显弯曲的形态，以及明暗对比强烈的光线，将画面投射到了画布之外；圣母玛利亚出现在了他们的上方，手指着白雪覆盖的建筑用地，在巴洛克风格的层层白云衬托下明亮而生机勃勃，像全息影像一般俯瞰着整个场景。牟利罗把主要的画面呈现为极其夸张的三维结构，解决了观众的视角问题，因为他们将站在教堂的地面上，抬头看位于极高处，宽达17英尺，形状怪异的巨大画布。

牟利罗对内韦的另一个重大工程也做出了重要贡献，那就是老年神父医院，这是他在一座剧院的旧址上为穷人和贫困的神职人员创办的慈善机构。一位兴奋的游客曾记录道，"牟利罗众多精美的绘画之中，画在由天使和云朵组成的宝座上的《圣母无染原罪》被认为是他最优秀的作品之一"，到了19世纪，人们普遍认为这是他最好的作品，很大程度上是因为它被卢浮宫收购，并且得到了巴尔扎克和左拉的欣赏。[36] 这幅画曾属于胡斯蒂诺·德·内韦，1665年，他在庆祝白色圣玛利亚教堂建成的活动上公开展示过它。[37]

尾 声

In ictu oculi, finis gloriae mundi.

眨眼间，尘耀尽。

　　1665年，费利佩四世遭遇了两次心理上的致命打击。先是4月，阿格雷达的玛丽亚修女去世了，紧接着的夏季，葡萄牙赢得了决定性的胜利，从西班牙独立了出去。国王本人的身体每况愈下，仅靠喝驴奶延续生命；9月17日，这位最终永远放弃了对北欧和中欧王朝遗产继承权的西班牙哈布斯堡国王去世了。

　　费利佩四世还给卡斯蒂利亚留下了一个年仅4岁的继承人，即他唯一活着的儿子卡洛斯二世，一个身体和精神都虚弱多病的孩子，长大后也依然愚蠢而悲惨，被世人永远地称作"着魔者"卡洛斯。玛丽安娜太后被立为摄政，但她运转失灵的政府实际上是由她宠幸的耶稣会会士主导的，卡斯蒂利亚人几乎一致反对这位耶稣会会士，到1669年奥地利的唐胡安率领着一支400人的骑兵队把他赶下了台。唐胡安是费利佩的私生子，与他的叔爷爷同名。这场宫廷斗争之后，唐胡安隐居阿拉贡，但宫中又出现了一位同样不受欢迎的新宠，于是，1677年，唐胡安率领全西班牙各大家族发动了暴力的军事政变；玛丽安娜被流放，她的政治派系被镇压。然而，事实证明唐胡安也是个独断专行又拙劣的统治者，虽有将才但无政才。当他于1679年去世后，西班牙终于找到了一位有能力的统治者和管理者——梅迪纳塞利公爵。

与此同时，卡洛斯二世过着奇特的生活，与他美丽的王后、法国公主玛丽亚·路易莎连续玩几个小时的挑棒游戏。值得庆幸的是，他无法生育；1688年，一位法国外交官报告说，"多明我会修士披露，国王和王后都着了魔"，他认为这解释了卡洛斯的性无能或无生育能力。"如何解开魔咒的问题接踵而来，这程序相当恐怖：国王和王后必须赤身裸体地接受身穿法衣的修士以臭名昭著的方式驱魔，然后在修士的见证下，他们必须试验魔咒是否已解除。"玛丽亚·路易莎拒绝了。卡洛斯无法生育继承人，哈布斯堡王朝的西班牙一支很快就会中断；在这个近乎垂死挣扎的王国里，他是破碎君主制度的幽灵。[1]

米格尔·马尼亚拉·比森特罗·德·莱卡的一生似乎概括了那个时代的精神。他经历了瘟疫带来的巨大创伤，以及塞维利亚从作为世界贸易中心的如巴比伦般的大都市急速衰落为一片充满痴迷的虔诚而狭隘的贫穷之地。他对世界形成了如末日般的看法，也对垂死和已逝之人产生了执念，这让他不断在言语、图画和行动中提起他于1648年目睹的悲惨情景，并投入他的整个灵魂来减轻这种可怕的痛苦。

马尼亚拉的父亲是一位科西嘉贵族，他在美洲发了财后回到塞维利亚，在这里他属于有权有势的人物，他参与管理商会，还协助建立了收益颇丰的二级市场，向王室提供信贷并投资官方的珍宝船。[2]马尼亚拉生于1627年，是家中10个孩子中最小的一个，据他自己说，他是过着安达卢西亚贵族那种臭名昭著的放荡生活长大的。他说："我曾侍奉恶魔巴比伦王，罪孽深重，我犯下罪行无数，包括恶毒的傲慢、通奸、渎圣、恶行、盗窃，罪行不可胜数。"[3]马尼亚拉的自我批判对个别19世纪法国历史学家产生了巨大影响，他们认为他就是蒂尔索·德·莫利纳笔下的"塞维利亚的嘲弄者"唐璜的原型，但是这部剧首次上演时，马尼亚拉还没出生。这种诗意的自责事实上是夸张的巴洛克式表达的极端案例，马尼亚拉晚年与死神共舞时，这种夸张的表达正是他病态执念的特点。

他的2个兄长和5个姐妹已经去世，到了1648年，他的父亲也去世了，有可能是瘟疫的早期受害者，这时，马尼亚拉成了一家之主，继承了塞维利亚最大笔的财产之一。4个月后，他娶了赫罗尼玛·卡里略·德·门多萨，一位来自格拉纳达贫穷偏僻地区的瓜迪克斯的贵族。接下来的13年里，他在塞维利亚的市政生活中扮演了重要角色：他是卡拉特拉瓦骑士团成员，担任过乡村治安队伍神圣兄弟会的长官，还参加过塞维利亚派出的官方代表团，去祝贺费利佩四世的儿子费利佩·普罗斯佩罗的出生——这孩子患有癫痫病，命途多舛。但是后来，1661年9月，当马尼亚拉夫妇在古老的山城龙达附近的住所消夏时，赫罗尼玛去世了，没有留下孩子。

马尼亚拉隐居至附近的一间名为"白雪沙漠"的加尔默罗会修道院里，在这里他全面地忏悔了自己的罪行。第二年，他回到了塞维利亚，加入了神圣慈善兄弟会，决心余生致力于善行。慈善兄弟会原本是由少数来自最高阶贵族家庭的平信徒修士经营管理的，马尼亚拉充满宗教热情和实际的动力，给予了这个陈腐守旧的组织新的活力。

慈善兄弟会成立于15世纪，最初的目的非常明确，就是给予被处决的罪犯基督教葬礼，以免他们的尸体被扔在绞刑架边腐烂，很快他们也为穷人和无家可归的人提供同样的服务。他们的小教堂是献给圣乔治的，位置就在城墙外，视野极好，阿雷纳尔区、阿雷纳尔河、河对面的特里亚纳区以及生机勃勃的港口都一览无余。然而，费利佩二世统治期间王室合并了塞维利亚的许多医院，此后兄弟会完全销声匿迹，到1640年时，小教堂已经变成了废墟。17世纪40年代，兄弟会成员开始慢慢地重修小教堂，但1649年大瘟疫来临时，工程进展缓慢，对兄弟会传统服务的需求剧增，兄弟会却根本没有准备好。

1662年马尼亚拉加入时，此前复兴兄弟会的尝试早已失败。但他决心让兄弟会成为一座纪念人类死亡和虚弱、贫穷和慈善的尊严的纪念碑。就像奥利瓦雷斯修建丽池宫时一样，马尼亚拉一开始也没有完整的计划，不过，他成功地发起了一次特别的运动，增加了兄弟会的人数，扩展了兄弟会的职权范围。兄弟会的其他成员起初保持着警惕，但很快就接受了他富有活力和气势的性格，他非常受欢迎，第二年就被选为了"高级会友"。马尼亚拉潜心办事。1663—1679年，西班牙内战悬而未决，慈善兄弟会接受了500名新成员，其中包括牟利罗、巴尔德斯·莱亚尔等著名画家，原本为贵族专有的兄弟会成了一个受欢迎的慈善组织，影响广泛。但马尼亚拉的政策的主要目的是将兄弟会照顾的对象由死人扩展到照顾病人和垂死之人。1664年，他通过谈判成功地获得了王室军火库一间地窖的长期租约，军火库就在破败的圣乔治小教堂隔壁。兄弟会立即将这间地窖改造成了收容所，在接下来的15年里，又慢慢增建了3间医院。如今，慈善医院依然作为收容所和养老院在运转，马尼亚拉的努力奉献为后世留下了丰厚的遗产。

然而，大部分现代游客到访慈善医院，主要都是来看建筑群中心的那座简洁的教堂，以及其中令人不安的画作和雕塑的，这些作品让人想到慈善和死亡，这样的装饰方案是马尼亚拉受牟利罗的启发而设计的。1663年，教堂"破败不堪。地面就是泥土，房顶也没了，完全露天；大群鸽子飞进来，在墙洞和房梁之间穿梭……所以地面脏得令人作呕"。[4]马尼亚拉开始修复现存的结构，但最重要的是，他必须与掌管军火库的王室官员协商购买土地，以用于建立圣所和祭坛。300雷亚尔的月租金起初令兄弟会的委员们望而却步，但马尼亚拉说服他们接受了，据说他的理由是上帝会提供这笔钱。毫无疑问，事情的真相是他已经准备好自掏腰包支付这笔费用了，但神话和传说总与马尼亚拉相伴，就像它们与帕切科的绘画和蒙塔涅斯的雕塑相伴一样：相传一天早晨，有位乞丐拜访了马尼亚拉，坚持捐出他妻子留给他的那点可怜遗产，谁劝说他都不听。狡猾的马尼亚拉显然继承了他父亲赚钱的本能，他用这个故事方便地从大量渴望加入兄弟会的人那里筹集到了资金，很快扩建工程就开始了。[5]

教堂的正面被涂成明亮的白色，经典殖民地风格的钟楼耸立一旁，钟楼上装饰着蓝白两色的瓷砖，描绘的是美惠三女神——信仰、希望和宽容，圣地亚哥和圣乔治。有一次，作为一位业余艺术家的马尼亚拉，在监督这些图画的安装过程时被深深吸引，导致他一脚踩空，从脚手架上摔了下去。[6]

马尼亚拉个人的投入以及对细节的关注保证了教堂的装饰方案有着非常惊人的一致性，但如果不是牟利罗的深度参与，马尼亚拉也无法实现如此激动人心的效果。

　　17世纪60年代末，马尼亚拉委托牟利罗创作一组共6幅的画，向慈善兄弟会的成员们说明日常慈善行为，这是他们对生者慈善责任的核心所在，基督本人简明扼要地阐述过："因为我饿了，你们给我吃。渴了，你们给我喝。我作客旅，你们留我住。我赤身露体，你们给我穿。我病了，你们看顾我。我在监里，你们来看我。"[7]

　　牟利罗用福音书中熟悉的画面来体现这些慈善行为，例如，《耶稣喂饱五千人》代表给挨饿的人食物，《摩西将玛拉的苦水变甜》代表满足口渴的人。[8]虽然接下来的几年里这些作品只为牟利罗带来了零星的收入，但1670年它们全都摆放到位了，是为这间教堂完成的第一组画。这组画非常贴合马尼亚拉的心思，因为它们描绘了他的新政中切实的内容，这正是他希望达到的实际的结果。不过，这几幅画刚挂到墙上，他又请牟利罗画了另外两幅画。其中一幅是《神之圣若昂的慈善》，这幅画在个人情感上对于马尼亚拉有着重要意义，因为它与他妻子的老家格拉纳达密切相关，格拉纳达有一座重要的医院就是为纪念圣若昂而建造。另一幅是《匈牙利的圣依撒伯尔治疗病人》，描绘了一个广为流传的故事：一位13世纪的公主丧夫后，在马尔堡建立了一间医院，亲自照顾穷人和病人。这体现了慈善兄弟会的核心价值观，即贵族应该亲自去医院服务，同时，这也让人想起关于丧偶激发了马尼亚拉虔诚奉献的传说。

　　马尼亚拉和牟利罗委托佩德罗·罗尔丹创作了《基督下葬》，作为教堂的焦点。罗尔丹是当时塞维利亚优秀的雕塑家，曾为白色圣玛利亚教堂工作过。这件作品以大胆的三维形态呈现，与周围的画作形成对比，成为整个装饰方案的核心，它显然象征着慈善兄弟会建立之初的目的，即给予被处决的罪犯和穷人基督教葬礼；在罗尔丹的雕塑中，尼苛德摩和阿黎玛特雅的若瑟穿着他们最精美的服装，温柔地抬起基督的肩膀和双腿，准备将他毫无生气的身体轻轻地放入坟墓。这件作品严格遵守了慈善兄弟会的规定，规定要求会友们"像若瑟和尼苛德摩对待基督一样"从绞刑架下收回罪犯的遗体；然后指导他们将遗体交给高级会友，正如雕塑中的施洗者约翰充满爱意地从同伴们手中接过基督的遗体。[9]这是为了让会友们的注意力集中在生死之间的关系以及死亡本身上。马尼亚拉的会友们无比勤勉认真，著名的英国日记作者塞缪尔·佩皮斯在1683年到访塞维利亚时曾评论道，在西班牙，"被绞死的人拥有最好的葬礼"。[10]

而对于马尼亚拉而言，位于祭坛中央的这组形象的人物雕塑在整个环境中有着更隐秘、更私人的象征意义。在教堂中与雕塑明显恰好对应的另一端，是会友们进入教堂时必经的中庭，马尼亚拉在这里建造了他自己的坟墓，每个人经过都能看到他的墓志铭："世界上最坏的人的骨头埋葬于此。请为他向上帝祈祷。"[11]

除了这个对于死亡的强烈的个人纪念之外，拜访教堂的人还会在到达和离开时被迫面对左右两侧各一幅的令人恐惧的画作，这是巴洛克艺术盛期所有幻影似的圣所中最惊人的两幅画：《眨眼间》和《尘耀尽》。这两幅画是马尼亚拉委托巴尔德斯·莱亚尔创作的，他以近乎摄影般生动的超写实风格绘制了这些"世界末日的象形文字"，在黑暗中与观画者对视，与牟利罗描绘尘世的仁慈和人类慈善的温柔感性画面形成了鲜明对比。它们是死亡残忍的提示；然而，马尼亚拉对于死亡和衰败非常着迷，他认为正是死亡和衰败鼓励了虔诚和善行，他在1670年出版的《论真理》一书中写下了这些惊人的教义问答。这种关于时刻谨记死亡和虔诚的不断劝告，展现出了马尼亚拉的死亡观，他认为死亡是驱动真正人性和慈善的精神动力。"我们每天都该看看自己的裹尸布，"马尼亚拉告诉他的读者和会友们，"提醒自己将会布满泥土，任人践踏，这样你很快就会忘记你在这个世界上的荣誉和地位了。"[12]

《尘耀尽》达到了这个目的，因为它描绘的正是地下墓穴中阴森的现实。在前景中，一具主教的尸体在棺材中腐烂，干燥的皮肤紧绷在骨头上，嘴唇干裂、微微张开，露出扭曲的笑容，太阳穴和额头上有着白色的头发。马尼亚拉的教堂以触手可及的死亡迎接你，正如他在《论真理》的开篇就引用了奥尔蒂斯·德·苏尼加所描述的瘟疫的悲惨画面。"还有什么比死人更恐怖？"马尼亚拉问道，"他的朋友看到鬼魂般的幻象，他的亲人看到骇人的景象。"[13]

主教的棺材板下面甚至没有豪华的皮质内衬，甲虫爬上了他的教冠和十字褡，各种昆虫尽情享用着他腐烂的肉。主教身边放着一位卡拉特拉瓦骑士团骑士的遗体，人们常常将他视为马尼亚拉本人，背景中有一堆头骨和其他骨头，还有一具骨架放在棺材中。

"想想那啃噬你身体的低劣蛆虫，"马尼亚拉叮嘱道，"坟墓中多么丑陋多么糟糕啊，你正在阅读这些文字的双眼将会被泥土吞噬，你的双手被埋葬、渐渐枯萎，你如今穿着的锦罗玉衣将会变成腐烂的裹尸布，你的香水变成臭味……多么寂静！除了甲虫和蠕虫啃噬的声音，你什么也听不见。"[14]

他动情地写到，"美丽与雅致"被"蚯蚓"吞噬，"家族与血统"衰落至"最大的孤独。想象你的父母或妻子——如果你失去了她——"还有"曾经穿着华丽服装、头戴钻石的淑女，如今却与乞丐的颅骨相伴"。[15] 就这样，他唤起了自己对深爱的亡故的赫罗尼玛无尽的怀念，但他想要表达的意思强烈且清晰：死亡是伟大的平衡器。"到堆满骨头的藏骨堂中，去将富人与穷人、智者与傻子、伟大的人和卑微的人区分开来；他们的骨头看上去都一样。"[16] 在画中，一只能看到一切的猫头鹰望着画外的观众，而在画顶部中央，基督没有现身，但他的一只受伤的手伸了出来，提着一台天平，罪恶和虔诚的象征分别悬挂于天平两端，达到了平衡。

1681年5月25日，西班牙黄金时代的最后一位文学巨匠、造诣极高的宫廷剧作家佩德罗·卡尔德龙·德·拉·巴尔卡与世长辞，享年81岁。5天前，他在草拟遗嘱时，为自己的葬礼写下了舞台指示：他要求下葬时"身穿方济各修会的服装，佩戴奥古斯丁修会的腰带……加尔默罗修会的披肩……躺在圣地亚哥骑士团的斗篷上"。他的遗体将被运至圣萨尔瓦多教堂，"不做任何覆盖，让公众发现我的死亡或对我的死亡感到幻灭，以此补偿我公然浪费的这一生的虚荣"。[17]

那个年代最伟大的剧作家将身穿戏服，在观众的注视下走向他的坟墓，这是多么奇妙；对于卡尔德龙而言，不论他活着或死去，世界永远是一个舞台。这位曾经的戏剧错觉大师希望用最后的演出告诉他的观众，当死亡的永恒触手可及，一时的名利便不值一提，他要让这样的结局成为一次道德的启示。在他最伟大的作品《人生如梦》中，被监禁的西吉斯蒙多王子感叹道：

> 在这荒凉的森林沙漠之中，
>
> 我如此悲惨地生活着，
>
> 活着的骷髅，就是我，
>
> 会动的死尸。[18]

这位奇特的"野人"会让同时代的人们想到一个炼狱中的灵魂、一个超越生死界线的人、一个没有舞台也没有角色的演员；他似乎在发誓生命中恐怖的未知将在永恒的死亡中继续，直到世界末日。

卡尔德龙身着华服的遗体在敞开的棺材中腐烂，就像巴尔德斯·莱亚尔《尘耀尽》中的主教一样，是令人毛骨悚然的邀请，让人们对人类现实的未知产生类似的猜测。

但是，《人生如梦》和卡尔德龙最后的演出主要都是为了激发人们发现被现实中无限的错觉所混淆了的永恒的道德和基督教真理。之所以会这样，一定程度上是由于现实压抑得令人窒息，于是西班牙人试图用美好的画面来逃避世界或掩饰世界的丑恶。但这也是一个政治和哲学现象。随着西班牙国力渐弱，卡斯蒂利亚破产，塞维利亚的国际贸易只剩下空壳，西班牙人只剩下历史的幻象：帝国的鬼魂比破碎家园的冰冷现实更令他们饱受折磨。西班牙人已经无事可做了，没有伟业要实现，没有冒险，没有征服，没有贸易。没有了待他们拥有的世界，他们只得隐居至一个由文字、图画、表演、虚构、回忆和宗教痴迷组成的美丽新世界里；一个被剧作家死后虔诚的表演所束缚的世界。

第二年，也就是1682年，在塞维利亚，当复活节的祭祀和复活游行活动举行完一周后，巴托洛梅·埃斯特万·牟利罗在工作室绘制一幅圣凯瑟琳的画像时，从脚手架上摔了下来；他当时65岁。身受重伤的他请来了公证人，开始口述遗嘱，然而，在他完成遗嘱之前，也就是4月3日这天，一位神父为他主持了最后的圣事和临终涂油礼，随后，西班牙黄金时代的最后一位伟大艺术家去世了。[19]

当我回到慈善兄弟会，再一次凝视巴尔德斯·莱亚尔的《眨眼间》，我意识到它正是对西班牙帝国主义"末日"的最佳写照。它是象形文字，是待诠释的符号，是待解读的图画，就像帝国的墓志铭，巴尔德斯·莱亚尔在其中捕捉到了无尽衰落和失败年代里所有的恐惧与绝望。他画的实际上是一幅静物画，在一副石棺上堆积着各种塞维利亚式的华丽物品，这些物品显然都与帝国息息相关。其中有书籍、文学和宗教作品、昂贵的深红色布料，也有权杖、象征官职的贵重金银项链、武器和盔甲、一把华丽的剑、教宗的长袍和教冠、枢机主教精美的牧杖；然而不知为何，唯独缺少一件艺术品——一幅绘画或是一座雕塑。文化、黄金、荣耀和信仰都展示在我们面前，每一项都是尘世间权力和影响力的一个方面，也因此是人类精神愚蠢的一方面。但是主导画面的依然是邪恶的死神形象，她是一具赫然耸立的骷髅，怪异地活动着，头骨上空空如也的眼窝透着奸笑，裂开的嘴里露出很大的齿缝；她拿着裹尸布而不是衣服，带着朴素的木质棺材而不是精心雕琢的石棺，还有一把长柄大镰刀。她伸出只剩下光秃秃棕色骨头的右臂，掐灭了象征着生命的烛火。

死神的左脚踩在了一个地球仪上——哈布斯堡王朝统治下的西班牙曾经是这地球上最强大的帝国，太阳曾经永不落下，然而它也如同生命一样短暂，如今在暮光中勉强闪烁。这警醒着我们，在黄金的国度里，死神的统治永远一视同仁。西班牙曾向往死神的统治，费利佩二世在位时，这个国家曾登上混乱尘世天堂的顶点，成为人类历史上第一个世界超级大国。但随着日落西山，西班牙的光芒渐弱，金色的光束若隐若现，直到进入彻底的黑暗之中。

在地球仪上可以看到一艘船的桅杆和卷起的帆布，马尼亚拉、牟利罗和巴尔德斯·莱亚尔透过教堂的门就能看到，瓜达尔基维尔河岸边这样的船只整齐地排列着，而地球仪上的这艘船正预示着它们在劫难逃的命运。我们回到了阿雷纳尔区，1519年，科尔蒂斯的手下在这里卸下了第一批蒙特祖马的珍宝，长久以来，这里确实是世界的中心。

"生命就像是一艘快速航行的船，"马尼亚拉曾写道，"所经之地不留一丝痕迹，也不留下它去过哪里的印记。曾统治世界的那些尘世间的君王们后来怎么样了？他们的威严如今又在何处？"[20]

注　释

缩　写

ADA	Archivo del Duque de Alba, Madrid
ADF	Archivo de los Duques de Frías, Toledo
ADM	Archivo del Duque de Medinaceli, Toledo/Seville
AGI	Archivo General de Indias, Seville
AGS	Archivo General de Simancas, Valladolid
AHN	Archivo Historico Nacional, Madrid
AMS	Archivo Medina Sidonia, Sanlúcar de Barrameda
AMT	Archivo Municipal, Toledo
ANTT	Archivo Nacional Torre do Tombo, Lisbon
APAS	Archivo del Palacio Arzobispal, Seville
ARCV	Archivo de la Real Chancillería de Valladolid
ASF	Archivio Storico del comune di Firenze, Florence
BCB	Biblioteca Central, Barcelona
BCS	Biblioteca Colombina, Seville
BL	British Library, London
BNE	Biblioteca Nacional de España, Madrid
CDI	*Colección de documentos inéditos relativos al descubrimiento, conquista y organización de las antiguas posesiones españolas de América y Oceanía,* ed. Joaquín F. Pacheco, Francisco de Cárdenas and Luis Torres de Mendoza, 42 vols (Madrid: 1864–84)
CODOIN	*Colección de documentos inéditos para la historia de España,* ed. Martín Fernández Navarrete et al., 112 vols (Madrid: 1842–95)
IVDJ	Instituto de Valencia de Don Juan, Madrid
RILCE	*Revista Instituto de Lengua y Cultura Españolas.*

献　词

1　Miguel de Cervantes Saavedra, *The History and Adventures of the Renowned Don Quixote*, trans. Tobias Smollett (London: 1796).

　　其他英文译文除引用自英文二次文献外，均为我的翻译。

第一部分

前　言

1　*CDI*, 12:155–60, Letter of Juan de Rojas, 11 September 1519.

2　John Tate Lanning, 'Cortes and his First Official Remission of Treasure to Charles V', *Revista de Historia de América*, 2 (1938), 5–9; AGI: Contratación 4675; Pascual de Gayangos, *Cartas y relaciones de Hernán Cortés al Emperador Carlos V* (Paris: 1866), pp. 28–34.

3　金盘重 39 磅，银盘重 24 磅。

4　Gonzalo Fernández de Oviedo y Valdés, *Historia general y natural de las Indias*, ed. Juan Pérez de Tudela Bueso, 5 vols (Madrid: 1959 [1535]), 4:10.

5　Viktor Frankle, 'Hernán Cortés y la tradición de las *Siete Partidas*', *Revista de Historia de América*, 53–4 (1962), 9–74.

6　John H. Elliott, *Imperial Spain, 1469–1716* (London: 1963), p. 135; Hugh Thomas, *The Conquest of Mexico* (London: 1993), p. 347.

1　黄金帝国

1　John M. Headly, 'The Emperor and his Chancellor: Disputes over Empire, Administration and Pope (1519–1529)', in José Martínez Millán and Ignacio J. Ezquerra Revilla (eds), *Carlos V y la quiebra del humanismo político en Europa (1530–1558)*, 4 vols (Madrid: 2001), 1:21–36, p. 23 n. 4 refs C. Bornate (ed.), 'Historia vite et gestorum per dominum magnum cancellarium', in *Miscellanea di storia Italiana*, 48 (1915), 233–568, p. 405.

2　Ramón Carande, *Carlos V y sus banqueros*, ed. Antonio-Miguel Bernal (Barcelona: 2000 [1943]), p. 300; Richard Ehrenberg, *Capital and Finance in the Age of the Renaissance: A Study of the Fuggers and their Connections*, trans. H. M. Lucas (New York: 1928 [1922]), pp. 77–8.

3　Raymond Turner, 'Oviedo's *Claribalte*: The First American Novel', *Romance Notes*, 6 (1964), 65–8.

4　Bartolomé de las Casas, *Historia de las Indias*, ed. Agustín Millares Carlo, 3 vols (Mexico City and Buenos Aires: 1951), 2:441–4.

5　Ibid., 3:340–4.

6　Oviedo, *Historia*, 3:62–3.

7　Las Casas, *Historia*, 3:311–12.

8　Oviedo makes the claim in his *Batallas y Quinquagenas*, quoted by Juan Pérez de Tudela Bueso, 'Estudio preliminar: vida y escritos de Gonzalo Fernández de Oviedo', in Oviedo, *Historia*, 1:v–clxxv, pp. xxiii–xxiv; the claim is disputed by Álvaro Félix Bolaños, 'El primer cronista de Indias frente al "mare magno" de la crítica', *Cuadernos Americanos*, 20:2 (1990), 42–61, pp. 48–50; also see J. G. Cobo Borda, 'El Sumario de Gonzalo Fernández de Oviedo', *Cuadernos Hispanoamericanos*, 427–30 (1986), 63–77, pp. 63–4; and Juan Pérez de Tudela Bueso, 'Rasgos del semblante espiritual de Gonzalo Fernández de Oviedo: la hidaguía caballeresca ante el nuevo mundo', *Revista de Indias*, 17 (1957), 391–443, pp. 413–15.

9　Oviedo, *Historia*, 1:198.

10　约翰·济慈在发表于 1816 年的十四行诗《初读查普曼译荷马有感》中犯了个著名的错误，将巴尔波亚与"勇敢的科尔蒂斯"弄混了。

11　Oviedo, *Historia*, 3:276–7.

12　Ibid., 3:62; Manuel Ballesteros Gabrois, *Gonzalo Fernández de Oviedo* (Madrid: 1981), p. 106.

13　Ernesto J. Castillero, 'Gonzalo Fernández de Oviedo y Valdés, veedor de Tierra Firme', *Revista de Indias*, 17 (1957), 521–40, p. 536.

14　Juan Boscán, *Obras*, ed. Carlos Clavería (Barcelona: 1991 [1543]), p. 392:

　　Garcilaso que al bien siempre aspiraste:
　　y siempre con tal fuerça le seguiste,

que a pocos passos que tras él corriste,
en todo enteramente l'alcançaste ...

15 Antonio Gallego Morell, *Garcilaso de la Vega y sus comentaristas* (Granada: 1966), pp. 15–16, 25–7; María de la Cinta Zunino Garrido, 'Boscán and Garcilaso as Rhetorical Models in the English Renaissance: The Case of Abraham Fraunce's *The Arcadian Rhetorike*', *Atlantis*, 27:2 (2005), 119–34.

16 Frank Goodwyn, 'New Light on the Historical Setting of Garcilaso's Poetry', *Hispanic Review*, 46:1 (1978), 1–22.

17 Paul Julian Smith, 'Garcilaso's Homographesis', in *Estudios de literatura española del Siglo de Oro dedicados a Elias L. Rivers* (Madrid: 1992), 243–52, and 'Homographesis in Salicio's Song', in Marina S. Brownlee and Hans Ulrich Gumbrecht (eds), *Cultural Authority in Golden Age Spain* (Baltimore: 1995), 131–42; Aurora Ermida Ruiz, book review, Richard Helgerson, *A Sonnet from Carthage: Garcilaso de la Vega and the New Poetry of the Sixteenth Century* (Philadelphia: 2007), *Modern Philology*, 108:3 (2011), E158–61, p. E160.

18 Francisco de Borja de San Román y Fernández, 'Documentos de Garcilaso en el Archivo de Protocolos de Toledo', *Boletín de la Real Academia de la Historia*, 83 (1918), 515–36; and 'Garcilaso, desterrado de Toledo', *Boletín de la Real Academia de Bellas Artes y Ciencias Históricas de Toledo*, 2:5 (1919), 193–5.

19 Carmen Vaquero Serrano, *Garcilaso: Poeta del amor, caballero de la guerra* (Madrid: 2002), pp. 19–22.

20 *Calendar of State Papers: Spanish, 1509–1525*, p. 307.

21 David Starkey, *The Queens of Henry VIII* (London: 2003), p. 185.

22 Juan Ginés de Sepúlveda, *Obras completas*, vol. 1, *Historia de Carlos V: libros I–V* [*c*.1556], ed. and trans. E. Rodríguez Peregrina (Pozoblanco: 1995), bk 2, ch. 10, pp. 40–2.

23 Joseph Pérez, *La revolución de las comunidades de Castilla (1520–1521)*, trans. Juan José Faci Lacasta (Madrid: 1979 [1970]), pp. 141–5; AGS: Estado 16, f. 416.

24 Henry R. Wagner, 'Translation of a Letter from the Archbishop of Cosenza to Petrus de Acosta', *Hispanic American Historical Review*, 9:3 (1929), 361–3.

25 Peter Martyr d'Anghiera, *De Orbe Novo*, trans. Francis A. McNutt, 2 vols (New York and London: 1912), 2:38–9, 46.

26 Alonso de Santa Cruz, *Crónica del Emperador Carlos V*, 4 vols (Madrid: 1920 [*c*.1550]), 1:223.

27 Fray Prudencio de Sandoval, *Historia del Emperador Carlos V, Rey de España*, ed. Gregorio Urbano Dargallo, 9 vols (Madrid: 1846 [1634]), 2:32.

28 Santa Cruz, *Crónica*, 1:224.

29 Sandoval, *Historia*, 2:33–5.

30 AGI: Indiferente, 420, l.8, ff. 173v–175r; *CODOIN*, ed. Martín Fernández Navarrete et al., 112 vols (Madrid: 1842–95), 1:472, see note attributed to Juan Bautista Muñoz.

31 Pérez, *Revolución*, pp. 148–50, 150 n. 135.

32 Frank Goodwyn, 'Garcilaso de la Vega, Representative in the Spanish Cortes', *Modern Language Notes*, 82:2 (1967), 225–9, pp. 227–8 n. 7 refs Gonzalo de Ayora, 'Relación de lo sucedido en las Comunidades ...', BNE: Ms 1779, ff. 25–25v; 实际上，该书认为这段话是加西拉索说的，这虽然不是不可能，但是似乎极其难以置信。

33 Pérez, *Revolución*, p. 154 n. 148.

34 John Adamson, 'Introduction: The Making of the Ancien-Régime Court, 1500–1700', in John Adamson (ed.), *The Princely Courts of Europe: 1500–1750* (London: 1999), 7–41.

2 神圣罗马皇帝

1 José María de Azcárate, *Alonso de Berruguete: Cuatro Ensayos* (Valladolid: 1963), appendix 1.

2 *Calendar of State Papers: Venetian, 1520–1526*, p. 35.

3 David Loades, *Mary Tudor: The Tragical History of the First Queen of England* (Kew: 2006), p. 18.

4　Albrecht Dürer, *Albrecht Dürer: Diary of his Journey to the Netherlands, 1520, 1521*, ed. J. A. Goris and G. Marlier (London: 1970), p. 37.

5　Sandoval, *Historia*, 2:277–87; Karl Brandi, *The Emperor Charles V*, trans. C. V. Wedgwood (London: 1965 [1939]), p. 123.

6　Lewis Hanke, *All Mankind is One: A Study of the Disputation between Bartolomé de las Casas and Juan Ginés de Sepúlveda in 1550 on the Intellectual and Religious Capacity of the American Indians* (DeKalb, Ill.: 1974), p. 6.

7　Richard Maurice, *Martin Luther: The Christian between God and Death* (Cambridge, Mass. and London: 1999), pp. 285–7; Gerhard Brendler, *Martin Luther: Theology and Revolution*, trans. Claude R. Foster Jr (New York and Oxford: 1991), pp. 188–9; The Holy Bible, Vulgate, Revelations 17:1–4, Douay–Rheims translation: http://www.drbo.org/chapter/73017.htm.

8　Marcel Bataillon, 'Un problema de influencia de Erasmo en España. El *Elogio de la locura*', in *Erasmo y Erasmismo*, trans. Carlos Pujol (Barcelona: 1977 [1971]), 327–46.

9　Abridged from Henry C. Bettenson, *Documents of the Christian Church*, 4th edn (Oxford and New York: 1986), pp. 212–14.

10　Brandi, *Charles V*, pp. 131–2.

11　Vaquero Serrano, *Garcilaso*, p. 64

12　Stephen Haliczer, *The Comuneros of Castile: The Forging of a Revolution, 1475–1521* (Madison and London: 1981), pp. 3–4, 3.

13　Pedro de Alcocer, *Relación de algunas cosas que pasaron en estos reinos desde que murió la reina católica doña Isabel, hasta que se acabaron las comunidades en la ciudad de Toledo* (Seville: 1872), p. 42.

14　Ibid., p. 44.

15　Bethany Aram, *Juana the Mad: Sovereignty and Dynasty in Renaissance Europe* (Baltimore: 2005 [2001]), p. 126.

16　Pérez, *Revolución*, pp. 185–6.

17　Aram, *Juana*, p. 127.

18　Ibid., p. 83.

19　Ibid., pp. 54–5.

20　Sandoval, *Historia*, 1:84–94.

21　Aram, *Juana*, pp. 100–1, 132.

22　Ibid., p. 101.

23　Santa Cruz, *Crónica*, 1:282–93.

24　Manuel Angel Fernández Álvarez, *La España del emperador Carlos V (1500–1558: 1517–1556)*, vol. 18 of *Historia de España*, ed. Ramón Menéndez Pidal (Madrid: 1979 [1966]), p. 30.

25　Santa Cruz, *Crónica*, 1:293–328, 294, 314.

26　Pérez, *Revolución*, pp. 305–7, 307; Manuel Danvila y Collado, *Historia crítica y documentada de las Comunidades de Castilla*, 5 vols (Madrid: 1897–9), 3:430, 558.

27　Sepúlveda, *Carlos V*, 1:73.

28　Vaquero Serrano, *Garcilaso*, pp. 80–1.

29　Antonio Gallego Morell, *Garcilaso: documentos completos* (Madrid: 1976), doc. 4; AGS: Continos, leg. 5.

30　Daniel Heiple, *Garcilaso de la Vega and the Italian Renaissance* (University Park, PA: 1994), p. 223.

31　我引用并解释了这段话，原文见 Ignatius Loyola, *The Autobiography of St. Ignatius*, ed. J. F. X. O'Conor (New York: 1900), pp. 19–28。

32　Elliott, *Imperial Spain*, p. 149.

33　Aurelio Espinosa, *The Empire of the Cities: Emperor Charles V, the Comunero Revolt, and the Transformation of the Spanish System* (Leiden and Boston: 2008), pp. 84ff.; Henry Kamen, *Spain, 1469–1714: A Society of Conflict* (London and New York: 1983), p. 79.

34　Vaquero Serrano, *Garcilaso*, p. 94.

3　葡萄牙的伊莎贝拉

1　Contrast, for example, Elliott, *Imperial Spain*, p. 159, and A. W. Lovett, *Early Habsburg Spain, 1517–1598* (Oxford: 1986), p. 39, with: Pérez, *Revolución*; Haliczer, *The Comuneros of Castile*, esp. pp. 209–35; and Kamen, *Spain, 1469–1714*, p. 81.

2　Aurelio Espinosa, *Empire*, esp. pp. 17–33.

3　Santa Cruz, *Crónica*, 2:81.

4　Sandoval, *Historia*, 4:220.

5　Helen Nader, *Liberty in Absolutist Spain: The Habsburg Sale of Towns, 1516–1700* (Baltimore and London: 1990), p. 34.

6　Santa Cruz, *Crónica*, 2:436.

7　Juan José López and Carmen Vaquero Serrano, '¿Garcilaso traicionado? María de Jesús, hija de Guiomar Carrillo', *Lemir*, 14 (2010), 57–68.

8　María del Carmen Mazarío Coleto, *Isabella de Portugal* (Madrid: 1951), p. 3.

9　Jorge Sebastián Lozano, 'Choices and Consequences: The Construction of Isabel de Portugal's Image', in Theresa Earenfight (ed.), *Queenship and Political Power in Medieval and Early Modern Spain* (Aldershot: 2005), 145–162, p. 152.

10　Ibid., p. 150 n. 11 refs Pietro Aretino, *Lettere*, ed. Paolo Procaccioli, *Edizione nazionale delle opere di Pietro Aretino*, 4 vols (Rome: 1997), 3:42；这很有可能是威廉·斯克罗茨的作品，现藏于波兹南的波兰国家博物馆，参见 *Tiziano*, exhibition catalogue, ed. Miguel Falomir (Madrid: 2003), cat. 30。

11　Sebastián Lozano, p. 153 n. 25 refs Joanna Woodall, 'An Exemplary Consort: Antonis Mor's Portrait of Mary Tudor', *Art History*, 14:2 (1991), 81–103.

12　*Tiziano*, ed. Falomir, cat. 30.

13　Mónica Gómez-Salvago Sánchez, *Fastos de una boda real en la Sevilla del quinientos (estudios y documentos)* (Seville: 1998), p. 56 n. 56 refs Gonzalo Fernández de Oviedo, 'Relación de lo sucedido en la prisión del rey de Francia', in *CODOIN*, 38:404–530, p. 447; and p. 56 n. 57 refs Francisco de Andrada, *Cronica do mvyto alto e mvito poderoso rey destes reynos de Portugal dom Ioao III deste nome* (Lisbon: 1613).

14　Gómez-Salvago, *Fastos*, pp. 56–7 nn. 164 and 165 ref Luis de Sousa, *Anais de D. Joao III*, 3 vols (Lisbon: 1938), 1:270–1.

15　Gómez-Salvago, *Fastos*, p. 60 n. 175 refs Andrada, *Cronica*, ff. 113r–v.

16　Gómez-Salvago, *Fastos*, p. 60 n. 178 refs Oviedo, 'Relación', p. 448.

17　Fernando Checa Cremades (ed.), *Los inventarios de Carlos V y la familia imperial/The Inventories of Charles V and the Imperial Family*, 3 vols (Madrid: 2010), pp. 1214ff.

18　Sebastián Lozano, 'Choices', pp. 145–62.

19　Checa Cremades (ed.), *Los inventarios*, pp. 1222–4.

20　Florence Lewis May, 'Spanish Brocade for Royal Ladies', *Pantheon*, 23 (1965), 8–15, p. 12.

21　Gómez-Salvago, *Fastos*, p. 75 n. 249 refs Sousa, *Anais*, p. 272.

22　除非另有注释指出不同的原始资料，下文内容均节选并翻译自 Santa Cruz, *Crónica*, 2:224–30。

23　Oviedo, 'Relación', p. 450; 'Recibimientos que fueron hechos al invictíssimo César don Carlos V', in Gómez-Salvago, *Fastos*, doc. 23, pp. 247–60, BCS: Ms 59–1-5, f. 22v.

24　'Recibimientos', ff. 22r–v, in Gómez-Salvago, *Fastos*, doc. 23.

25　Oviedo, 'Relación', p. 452.

26　Mazarío Coleto, *Isabella de Portugal*, p. 48 n. 35 refs ANTT: Corpo Cronológico 1ª-33–114.

27　Alonso Enríquez de Guzmán, *Libro de la vida de Alonso Enríquez de Guzmán*, ed. Howard Keniston (Madrid: 1960), p. 72.

28　Antonio Rodríguez Villa, 'El Emperador Carles V y su Corte', *Boletín de la Academia de la Historia*, 42–4 (1903–5): Letter of 24 September 1530; Mazarío Coleto, *Isabella*, pp. 170, 103.

29　Vaquero Serrano, *Garcilaso*, pp. 153–8.

30　Ibid., p. 152.

31　Santa Cruz, *Crónica*, 2:249.

32　Vaquero Serrano, *Garcilaso*, p. 159.

33　Gallego Morell, *Garcilaso: documentos*, docs 18, 19, 21, 88.

34　Antonio Gallego Morell, 'La corte de Carlos V en la Alhambra en 1526', in *Miscelánea de estudios dedicados al profesor Antonio Marín Ocete*, 2 vols (Granada: 1974), 1:267–94, pp. 272, 275.

35　Ibid., p. 274 refs Adolf Hasenclever, 'Die tagebuchartigen Aufzeichnungen des pfälzischen Hofarztes D. Johannes Lange über seine Reise nach Granada im Jahre 1526', *Archiv für Kulturgeschichte*, 5:4 (1907), 385–439, p. 420.

36　Christoph Weiditz, *Das Trachtenbuch des Christoph Weiditz von seinen Reisen nach Spanien (1529) und den Niederlanden (1531/32)*, ed. Theodore Hampe (Berlin and Leipzig: 1927), plate 37/38.

37　Mazarío Coleto, *Isabella*, pp. 79–86.

38　Joan Boscán, *Las obras de Boscán y algunas de Garcilaso de la Vega repartidas en quatro libros* (Barcelona: 1543), f. 20.

39　Heiple, *Garcilaso*, pp. 77ff.

40　Richard Helgerson, *A Sonnet from Carthage: Garcilaso de la Vega and the New Poetry of Sixteenth-Century Europe* (Philadelphia: 2007), p. 5.

41　Santa Cruz, *Crónica*, 2:267–8.

42　Gallego Morell, 'La corte', pp. 275–6.

43　Fernando Marías, 'El palacio de Carlos V en Granada: formas romanas, usos castellanos', in M. J. Redondo Cantera and M. A. Zalma (eds), *Carlos V y las artes: promoción artística y familia imperial* (Valladolid: 2000), 107–28, p. 112 n. 20 refs Real Academia de Historia: Colección Salazar y Castro, B 75, ff. 50–1v.

44　Earl E. Rosenthal, *The Palace of Charles V in Granada* (Princeton: 1985), p. 18 n. 91, Letter dated 8 June 1526.

45　Marías, 'Palacio de Carlos V', p. 114.

46　M. Gómez-Moreno, 'Juan de Herrera y Francisco Mora en Santa María de la Alhambra', *Archivo español de arte*, 14:40 (1940), 5–18, pp. 10–11.

47　Rosenthal, *Palace*, Documentary Appendix.

48　Ibid., p. 265, Documentary Appendix, doc. 1, BNE: Ms 3315, ff. 294r–v, 30 November 1527, Charles V to Luis Hurtado de Mendoza, and pp. 265–6, doc. 2, AGS: Estado 16, f. 401, February 1528, Luis Hurtado de Mendoza to Charles V.

4　文与武：加西拉索和阿尔瓦

1　Sandoval, *Historia*, 5:43–4.

2　Alejandro Coreleu, 'La contribución de Juan Ginés de Sepúlveda a la edición de los textos de Aristoteles y de Alejandro de Afrodisias', *Humanistica Lovaniensia: Journal of Neo-Latin Studies*, 43 (1994), 231–45; and 'The *Fortuna* of Juan Ginés de Sepúlveda's Translations of Aristotle and of Alexander of Aphrodisias', *Journal of the Warburg and Courtauld Institutes*, 59 (1996), 325–32.

3　Sepúlveda, *Carlos V*, 2:36, 7.4–5.

4　Ibid., 2:37, 7.7 and 2:34, 7.1–2.

5　Ibid., 2.38–40.

6　Santa Cruz, *Crónica*, 2:434–48.

7　Sandoval, *Historia*, 5:215, 228–30.

8　　No las francesas armas odiosas,
　　　en contra puesta del airado pecho,
　　　ni en los guardados muros con pertrecho
　　　los tiros y saetas ponzoñosas;
　　　no las ascaramuzas peligrosas,
　　　ni aquel fiero ruido contrahecho
　　　d'aquel que para Júpiter fue hecho
　　　por manos de Vulcano artificiosas,
　　　pudieron, aunque más yo me ofrecía
　　　a los peligros de la dura guerra,
　　　quitar una hora sola de mi hado;
　　　mas infición de aire en solo un día

me quitó al mundo y m'ha en ti sepultado,
Parténope, tan lejos de mi tierra.

9　Santa Cruz, *Crónica*, 2:454–8.

10　Peter Marzahl, 'Communication and Control in the Political System of Emperor Charles V: The First Regency of Empress Isabella', in Wim Blockmans and Nicolette Mont (eds), *The World of the Emperor Charles V* (Amsterdam: 2004), 83–96.

11　Sandoval, *Historia*, 5:343.

12　Gallego Morell, *Garcilaso: Documentos*, doc. 22; Frank Goodwyn, 'New Light on the Historical Setting of Garcilaso's Poetry', *Hispanic Review*, 46:1 (1978), 1–22.

13　Gallego Morell, *Garcilaso: Documentos*, doc. 23.

14　*Calendar of State Papers: Spanish, 1529–1530*, p. 668.

15　Eustaquio Fernández de Navarrete, *Vida del célebre poeta Garcilaso de la Vega* (Madrid: 1850), p. 208; Gallego Morell, *Garcilaso: Documentos*, doc. 24.

16　Brandi, *Charles V*, p. 316.

17　Gallego Morell, *Garcilaso: Documentos*, doc. 46.

18　The journey is recorded in Eclogue II, lines 1433–1511; see Garcilaso de la Vega, *Obras completas con comentario*, ed. Elias L. Rivers (Madrid: 2001 [1981]); the translation is my own, but draws on J. H. Wiffin (ed. and trans.), *The Works of Garcilasso de la Vega Surnamed the Prince of Castilian Poets* (London: 1823), pp. 251–5.

19　Los montes Pyreneos,　que se 'stima
　　de abaxo que la cima　está en el cielo
　　y desde arriba el suelo　en el infierno,
　　en medio del invierno　atravesava.
　　La nieve blanqueava,　y las correintes
　　por debaxo de puentes　cristalinas
　　y por eladas minas　van calladas ...

20　Luego pudiera verse　de traviesso
　　venir por un espesso　bosque ameno,

　　de buenas yervas lleno　y medicina,

　　Esculapio, y camina　no parando
　　hasta donde Fernando　estava en lecho;

　　entró conpie derecho,　y parecía

　　que le restituía　en tanta fuerça ...

21　Con amorosos ojos,　adelante,
　　Carlo, César triumphate,　le abrazava
　　quando desembarcava
　en Ratisbona
　　[...]

　　estava el magisterio　de la tierra
　　convocado a la guerra [...]　y en el punto
　　que a sí le vieron junto
　se prometen
　　de quanto allí acometen　la vitoria.

22　Henry Kamen, *Empire: How Spain became a World Power, 1492–1763* (New York: 2003), p. 71.

23　Garcilaso, *Obras completas*, Canción II, lines 27–9.

24　Gallego Morell, *Garcilaso: Documentos*, doc. 67.

25　Henry Kamen, *Philip of Spain* (New Haven and London: 1997), pp. 4–7.

26　Javier Lorenzo, 'After Tunis: Petrarchism and Empire in the Poetry of Garcilaso de la Vega', *His-*

panofilia, 141 (2004), 17–30.

27 Gervasio de Artiñano y Galdácano, *La arquitectura naval* (Madrid: 1920), pp. xxxiv, 190–1.

28 Hendrik J. Horn, *Jan Cornelisz Verymeyen: Painter of Charles V and his Conquest of Tunis: Paintings, Etchings, Drawings, Cartoons & Tapestries* (Doornspijk: 1989), Introduction.

29 Sepúlveda, *Historia*, 1:xxxii–xxxiii.

30 Ibid., 10:27–8, 11:6, 11:7.

31 Garcilaso, *Obras completas*, Sonnet 33.

32 Santa Cruz, *Crónica*, 3:270.

33 Sepúlveda, *Historia*, 10:30, 12, 10.

34 Hugh Thomas, *The Golden Age: The Spanish Empire of Charles V* (London: 2011), p. 366.

35 Kamen, *Empire*, p. 72.

36 Gallego Morell, *Garcilaso: Documentos*, docs 72–82.

37 Vaquero Serrano, *Garcilaso*, p. 296.

38 Ibid., pp. 300–1.

5 依法治理

1 Anon., *Cortes de los antiguos reinos de León y de Castilla*, 5 vols (Madrid: 1861–1903), 4:538.

2 Aurelio Espinosa, *Empire*, pp. 207ff.

3 Richard L. Kagan, *Lawsuits and Litigants in Castile: 1500–1700* (Chapel Hill: 1981), p. 14 n. 34 refs ARCV: Libros Civiles, caja 63.

4 Kagan, *Lawsuits*, p. 84 n. 12 refs AMT: Pleitos, Navahermosa (1577).

5 Kagan, *Lawsuits*, pp. 12–13.

6 Ibid., p. 12 nn. 23 and 24 ref. ADF: leg. 190, n. 11; AHN: Osuna, leg. 249, secc. 1, f. 1.

7 Kagan, *Lawsuits*, p. 12 n. 26 refs AMS: secc. II, *carpeta* 201.

8 Kagan, *Lawsuits*, p. 68 n. 167 refs AGS: CC, leg. 2715, *Visita* to the chancillería of Valladolid (1554).

9 Kagan, *Lawsuits*, p. 37 n. 58 refs John B. Owens, 'Despotism, Absolutism, and the Law in Renaissance Spain: Toledo versus the Counts of Belalcázar (1445–1574)', Ph.D., University of Wisconsin, 1972.

10 Kagan, *Lawsuits*, pp. 7 fig. 1, and 16–17, 17.

11 Ibid., pp. 100–1, 100 n. 58 refs AGS: CC, leg. 2715.

12 Francisco Lyana Serrano, *El Palacio del Infantado en Guadalajara* (Guadalajara: 1996), p. 50; Antonio Márquez, *Los alumbrados: Orígenes y filosofía, 1525–1559* (Madrid: 1972).

13 有关此案的大部分文件参见 Narciso Alonso Cortés, *Casos cervantinos que tocan a Valladolid* (Madrid: 1916), pp. 23–53；其他文件参见 Krzysztof Sliwa, *El licenciado Juan de Cervantes: Efemérides del licenciado Juan de Cervantes, documentos y datos para una biografía del abuelo paterno del autor del* Quijote (Kassel: 2001), pp. 145–71。

14 Kagan, *Lawsuits*, p. 36.

15 Antonio de Remesal, *Historia general de las Indias occidentales y particular de la gobernación de Chiapas y Guatemala*, ed. Carmelo Sáenz de Santa María, 2 vols (Mexico City: 1988 [1619]), 1:212ff.; Oviedo, *Historia*, 1:38–9.

16 Papal Encyclicals Online: http://www.papalencyclicals.net/Paul03/p3subli.htm.

17 Richard Kagan, 'Universities in Castile, 1500–1700', *Past & Present*, 49 (1970), 44–71.

18 Francisco de Vitoria, *Political Writings*, ed. Anthony Pagden and Jeremy Lawrance (Cambridge: 1991), pp. 259–63.

19 Ibid., pp. 287–90.

20 Ibid., p. 278.

21 James Brown Scott, *The Spanish Origin of International Law: Francisco de Vitoria and his Law of Nations* (Oxford: 1934).

22 Martti Koskenniemi, 'Empire and International Law: The Real Spanish Contribution', *University of Toronto Law Journal*, 61 (2011), 1–36, pp. 11–12.

23 James Boswell, *The Life of Samuel Johnson*, 4 vols (London: 1823), 1:387; quoted on his title page

by Scott, *The Spanish Origin of International Law*.

24 *Leyes y ordenanzas nuevamente hechas por S. M. para la gobernación de las indias, y buen trata-miento y conservación de los indios*, at Biblioteca Virtual Miguel de Cervantes: http://bib.cervant-esvirtual.com/servlet/SirveObras/06922752100647273089079/p0000026.htm.

25 Juan Cristóbal Calvete de Estrella, *Rebelión de Pizarro en el Perú y Vida de D. Pedro Gasca*, 2 vols (Madrid: 1889), 1:98–9.

26 Hanke, *All Mankind*, p. 60.

27 Anthony Pagden, *The Fall of Natural Man: The American Indian and the Origins of Comparative Ethnology* (Cambridge and New York: 1982), p. 109.

28 Demetrio Ramos, *Ximénez de Quesada en su relación con los cronistas y el Epítome de Conquista del Nuevo Reino de Granada* (Seville: 1972), p. 199.

29 Biblioteca Virtual Miguel de Cervantes: http://www.cervantesvirtual.com/bib/historia/Car-losV/7_4_testamento.shtml.

30 Vitoria, *Political Writings*, pp. 233–8.

31 Quoted in Hanke, *All Mankind*, p. 67.

32 Felipe Pereda, 'The Shelter of the Savage: "From Valladolid to the New World"', *Medieval Encounters*, 16 (2010), 268–359.

33 Juan Ginés de Sepúlveda, *Demócrates Segundo o de las justas causas de la guerra contra los indi-os*, ed. and trans. Ángel Losada (Madrid: 1984 [c.1548]).

34 Pagden, *Fall*, pp. 113, 112.

35 Ibid., p. 114.

36 Sepúlveda, *Demócrates Segundo*, pp. 35, 33.

37 Ibid., pp. 28–9.

38 Ibid., p. 38.

39 Hanke, *All Mankind*, p. 80.

40 Ibid., p. 84.

41 Ibid., p. 92 n. 43.

42 Ibid., pp. 97–8 n. 53.

43 Lewis Hanke, *Aristotle and the American Indians* (London: 1959), p. 40.

44 William Bradford (ed.), *Correspondence of the Emperor Charles V and his ambassadors at the courts of England and France: from the original letters in the imperial family archives at Vienna; with a connecting narrative and biographical notices of the Emperor and of some of the most distinguished officers of his army and household; together with the Emperor's itinerary from 1519–1551* (London: 1850).

45 David C. Goodman, *Power and Penury: Government, Technology and Science in Philip II's Spain* (Cambridge: 1988), p. 2 n. 3 refs BL: Egerton Ms, 442, ff. 144–6.

46 Leonard Francis Simpson (ed. and trans.), *The Autobiography of the Emperor Charles V. Recent-ly discovered in the Portuguese language by Baron Kervyn de Lettenhove* (London: 1863), pp. 143–50.

47 Brandi, *Charles V*, pp. 569–70; Pierre Bourdeille (Seigneur de Brantôme) and André Vicomte de Bourdeille, *Oeuvres complètes*, ed. J. A. C. Buchon, 2 vols (Paris: 1838), 1:27.

48 Sheila Hale, *Titian: His Life* (London: 2012), p. 493.

6　皇帝驾崩

1 Goodman, *Power and Penury*, p. 2 n. 3 refs BL: Egerton Ms, 442, ff. 144–6.

2 J. M. Rodríguez-Salgado, 'The Court of Philip II of Spain', in Ronald G. Asch and Adolf M. Birke (eds), *Princes, Patronage and the Nobility: The Court at the Beginning of the Modern Age, 1450–1650* (New York: 1991), 205–44, p. 206; Adamson, 'Introduction', pp. 7–8.

3 Adamson, 'Introduction', pp. 28–9.

4 David Starkey, 'Representation through Intimacy: A Study in the Symbolism of Monarchy and Court Office in Early-Modern England', in Ioan Lewis (ed.), *Symbols and Sentiments: Cross-cultural Studies in Symbolism* (London: 1977), 187–224, pp. 213, 204, 211.

5   Gonzalo Fernández de Oviedo, *Libro de la cámara real del príncipe don Juan, oficios de su casa y servicio ordinario*, ed. Santiago Fabregat Barrios (Valencia: 2006 [*c*.1548]), pp. 94, 87, 110.

6   Baltasar Castiglione, *Los quatro libros, del cortesano compuestos en italiano por el conde Balthasar Castellon, y agora nueuamente traduzidos en lengua castellana por Boscan* (Barcelona: 1534), Prologue.

7   Juan Christóval Calvete de Estrella, *El felicísimo viaje del muy alto y muy poderoso Príncipe don Phelippe*, ed. Paloma Cuenca (Madrid: 2001 [1552]), p. 41.

8   Vicente Álvarez, *Relation du Beau Voyage que fit aux Pays-Bas en 1548 le Prince Philippe d'Espagne*, trans. M. T. Dovillée (Brussels: 1964 [*c*.1551]), p. 42; Calvete de Estrella, *Felicísimo*, p. 72.

9   Álvarez, *Relation*, pp. 42–3.

10   Calvete de Estrella, *Felicísimo*, pp. 71–3; Álvarez, *Relation*, p. 43 records the time as 4 a.m.

11   Hale, *Titian*, pp. 512–13.

12   Álvarez, *Relation*, pp. 56, 57; Calvete, *Felicísimo*, p. 108.

13   Álvarez, *Relation*, pp. 64, 65.

14   Calvete, *Felicísimo*, pp. 126–34.

15   Álvarez, *Relation*, pp. 77–8.

16   Xavier de Salas, *El Bosco en la literatura española: discurso leído el día 30 de mayo de 1943 en la recepción pública de Don Savier de Salas en la Real Academia de Buenas Letras de Barcelona* (Barcelona: 1943), p. 11.

17   Calvete, *Felicísimo*, pp. 325–44, 326.

18   Ibid., pp. 342–4.

19   Charles O'Malley, 'Some Episodes in the Medical History of the Emperor Charles V: An Imperial Problem and the Problem of an Emperor', *Journal of the History of Medicine and Allied Sciences*, 13:4 (1958), 469–82, p. 478 n. 27 refs William van Male, *Lettres sur la vie intérieure de l'empereur Charles-Quint*, ed. J. de Reiffenberg (Brussels: 1843 [1550]), p. 38.

20   Goodman, *Power and Penury*, p. 4.

21   Brandi, *Charles V*, p. 598.

22   Fernand Braudel, *The Mediterranean and the Mediterranean World in the Age of Philip II*, trans. Siân Reynolds, 2 vols (London: 1972 [1949]), p. 916; Brandi, *Charles V*, p. 600.

23   Marino Cavalli, 'Relación de Marino Cavalli' [1551], in José García Mercadal (ed.), *Viajes de extranjeros por España y Portugal*, 3 vols (Madrid: 1952), 1:1054; O'Malley, 'Some Episodes', p. 479 n. 31 refs Eugenio Albèri (ed.), *Relazioni degli ambasciatori veneti al senato*, 15 vols (Florence: 1839–63), series 1, vol. 2, p. 211.

24   Agustín García Simón, 'Los años críticos', in Martínez Millán and Ezquerra Revilla (eds), *Carlos V y la quiebra del humanismo político*, 2:321–34.

25   *The Canons and Decrees of the Council of Trent*, trans. Rev. H. J. Schroeder (London: 1978), 25th Session.

26   Sandoval, *Historia*, 8:439.

27   Braudel, *Mediterranean*, pp. 903–31.

28   Lisa Jardine and Jerry Brotton, *Global Interests: Renaissance Art between East and West* (London: 2000), ch. 2; Jerry Brotton, 'Buying the Renaissance: Prince Charles's Art Purchases in Madrid, 1623', in Alexander Samson (ed.), *The Spanish Match: Prince Charles's Journey to Madrid, 1623* (Aldershot: 2006), 9–26, p. 15.

29   Kamen, *Philip of Spain*, p. 58; Andrés Muñoz, *Viaje de Felipe Segundo a Inglaterra*, ed. Pascual Gayangos (Madrid: 1877 [1554]), pp. 97, 113.

30   E.g. Martin A. S. Hulme, *Philip II* (London: 1906), p. 40.

31   Martin and Parker, *Armada*, p. 51.

32   Loades, *Mary Tudor*, pp. 143–4.

33   Sandoval, *Historia*, 9:104, 111.

34   *CODOIN*, 2:493–6, Philip to Ferdinand, 29 August 1557.

35   Patrick Frazer Tytler, *England under the reigns of Edward VI, and Mary, with a contemporary history of Europe*, 2 vols (London: 1839), 2:493.

36   Vicente de Cadenas y Vicent, *Carlos de Habsburgo en Yuste* (Madrid: 1990), pp. 55–7; William Stirling, *The Cloister Life of the Emperor Charles the Fifth* (London: 1853), p. 208.

37 Fray José de Sigüenza, *Fundación del Monasterio de el Escorial por Felipe II* (Madrid: 1927 [1605]), pp. 171–2.

38 Tellechea Idigoras, J. J., *Fray Bartolomé de Carranza. Mis treinta años de investigaciones Carran-cianas*, 6 vols (Salamanca: 1962–81), 5:71–2; M. J. Rodríguez-Salgado, 'Charles V and the Dy-nasty', in Hugh Soly (ed.), *Charles V and his Time, 1500–1558* (Antwerp: 1999), 26–111, p. 110 n. 139.

39 Goodman, *Power and Penury*, p. 2 n. 3 refs BL: Egerton Ms, 442, ff. 144–6.

40 Juan Pérez de Tudela Bueso, 'Vida y escritos de Gonzalo Fernández de Oviedo', in Oviedo, *Histo-ria*, 1:v–clxxv, p. clxvi.

41 Juan de Vandenesse, 'Diario de los viajes de Felipe II', in García Mercadal, *Viajes*, 1:1080.

7 埃尔埃斯科里亚尔和格列柯

1 Miguel de Unamuno, *Andanzas y visiones españolas* (Madrid: 1922), pp. 48–9.

2 Fray Julián Zarco Cuevas (ed.), *Documentos para la Historia del Monasterio del San Lorenzo el Real de El Escorial*, 7 vols (Madrid: 1917) 2:71–140, pp. 71–2.

3 José Javier Rivera Blanco, *Juan Bautista de Toledo y Felipe II: La implantación del clasicismo en España* (Valladolid: 1984), pp. 85–100.

4 Henry Kamen, *The Escorial: Art and Power in the Renaissance* (New Haven and London: 2010), p. 77 n. 96 refs BL: Add. 28350 f. 100.

5 Rivera Blanco, *Juan Bautista*, pp. 35–6 nn. 83 and 84 ref. AGS: C. y S.R. leg. 247–1, ff. 61–2.

6 Eugenio Llaguno y Amirola and Agustín Ceán Bermúdez, *Noticias de los arquitectos y arquitectu-ra desde su restauración ...*, 5 vols (Madrid: 1829), 2:333.

7 George Kubler, *Building the Escorial* (Princeton: 1982), p. 26.

8 Catherine Wilkinson, 'The Escorial and the Invention of the Imperial Staircase', *Art Bulletin*, 57:1 (1975), 65–90.

9 Amancio Portabales Pichel, *Los verdaderos artífices de El Escorial* (Madrid: 1945); J. B. Bury, 'Juan de Herrera and the Escorial', *Art History*, 9:4 (1986), 428–49, p. 442; see also Rivera Blan-co, *Juan Bautista de Toledo y Felipe II*, p. 22.

10 Sigüenza, *Escorial*, p. 10.

11 Geoffrey Parker, *The Grand Strategy of Philip II* (New Haven and London: 1998), esp. pp. 13–75.

12 Salas, *El Bosco en la literatura española*, p. 12.

13 Felipe Guevara, *Comentarios de la pintura* (Madrid: 1778 [1564]), pp. 41–4.

14 Sigüenza, *Escorial*, pp. 519–26.

15 野草莓（madroño）是一种浆果；马德里的标志是一只熊正在吃树上的野草莓。

16 Antonio de Beatis, *The Travel Journal of Antonio de Beatis: Germany, Switzerland, the Low Coun-tries, France and Italy, 1517–1518*, ed. J. R. Hale, trans. Hale and J. M. Lindon, Hakluyt Society, 2nd series, no. 150 (London: 1979), p. 94; and see Ernst Gombrich, 'The Earliest Description of Bosch's Garden of Delight', *Journal of the Warburg and Courtauld Institutes*, 30 (1967), 403–6.

17 Francisco Pacheco, *Libro de descripción de verdaderos retratos de ilustres y memorables varones* (Seville: 1983 [1599]), p. 302.

18 Charles Hope, 'Titian as a Court Painter', *Oxford Art Journal*, 2 (1979), 7–10, p. 7.

19 Charles Hope, in conversation, 10 February 2013.

20 Carmelo Viñas Mey and Ramón Paz (eds), *Relaciones histórico-geográfico-estadísticas de los pueblos de España hechas por iniciativa de Felipe II, Provincia de Toledo* (Madrid: 1951), at http://www.uclm.es/ceclm/b_virtual/libros/Relaciones_Toledo/index.htm.

21 Alfonso Caso, 'El mapa de Teozacoalco', *Cuadernos Americanos*, 8 (1949), 145–81; Howard F. Cline, 'The Relaciones Geograficas of the Spanish Indies', *Hispanic American Historical Review*, 44:3 (1964), 341–74; Manuel Carrera Stampa, 'Relaciones Geográficas de Nueva España, siglos XVI y XVIII', *Estudios de Historia Novohispana*, 2:2 (1968), 1–31, at www.ejournal.una.mx/ehn/ehn02/EHN00212.pdf; Manuel Orozco y Berrera, 'Apuntes para la Geografía de las Lenguas y Carta Etnográfica de México', *Anales del Ministerio de Fomento* (Mexico), 6 (1881), 155–62.

22 *Relaciones histórico-geográfico-estadísticas*, pp. 398–404.

23   Bernardino de Sahagún, *Códice florentino (Historia general de las cosas de Nueva España)*, facsimile edn (Mexico City and Florence: 1979 [*c*.1545–90]); Francisco Fernández del Castillo (ed.), *Libros y libreros en el siglo XVI* (Mexico City: 1982), p. 513; Walden Browne, *Sahagún and the Transition to Modernity* (Norman, Ok: 2000), pp. 26–36.

24   René Taylor, 'Architecture and Magic: Considerations on the Idea of the Escorial', in *Essays in the History of Architecture Presented to Rudolf Wittkower* (London: 1967), 81–107, p. 82.

25   Frances Yates, 'The Art of Ramon Lull: An Approach to It through Lull's Theory of the Elements', *Journal of the Warburg and Courtauld Institutes*, 17:1–2 (1954), 115–73.

26   Francisco Bermúdez de Pedraza, *Arte legal para estudiar la iurisprudencia* (Salamanca: 1612), p. 11.

27   Goodman, *Power and Penury*, pp. 3–4 nn. 10 and 11.

28   Gaspar Muro, *La vida de la princesa de Éboli* (Madrid: 1877), appendix 62.

29   Goodman, *Power and Penury*, p. 6 n. 20 refs IVDJ: 61(ii)/19.

30   Goodman, *Power and Penury*, p. 12 n. 45 refs Eugenio Albèri (ed.), *Relazioni degli ambasciatori veneti al senato*, 15 vols (Florence: 1839–63), series 1, vol. 3, p. 367.

31   Goodman, *Power and Penury*, p. 13 n. 52 refs BL: Add. Ms 28,357 f. 41.

32   Goodman, *Power and Penury*, p. 14 n. 57 refs IVDJ: 99/303.

33   Goodman, *Power and Penury*, p. 15 n. 64 refs BNE: Ms 2058, 'Toque de Alchimia'.

34   Paul Gillingham, 'The Strange Business of Memory: Relic Forgery in Latin America', *Past & Present*, Supplement 5 (2010), 199–226.

35   Miguel Morán and Fernando Checa, *El coleccionismo en España: De la cámara de maravillas a la galería de pinturas* (Madrid: 1985), p. 177.

36   Guy Lazure, 'Possessing the Sacred: Monarchy and Identity in Philip II's Relic Collection at the Escorial', *Renaissance Quarterly*, 60 (2007), 58–92, p. 77.

37   Ibid., p. 59; Kamen, *Philip of Spain*, p. 314.

38   Kamen, *El Escorial*, pp. 66–7.

39   Francisco Fernández Pardo, 'Reseña biográfica de Navarrete "el Mudo"', in *Navarrete 'el Mudo', pintor de Felipe II (Seguidores y Copistas)*, exhibition catalogue (Logroño: 1995), 19–140, pp. 33–5; Bernice Davidson, 'Navarrete in Rome', *Burlington Magazine*, 135:1079 (1993), 93–6, p. 94; Joaquín Yarza Luaces, 'Aspectos incograficos de la pintura de Juan Fernández Navarrete, "el Mudo" y relaciones con la contrareforma', *Boletín del Seminario de Estudios de Arte y Arqueología de la Universidad de Valladolid*, 36 (1970), 43–68.

40   Jonathan Brown, *Painting in Spain, 1500–1700* (New Haven and London: 1998), p. 62.

41   Jusepe Martínez, *Discursos practicables del nobilísmo arte de la pintura*, ed. María Elena Manrique Ara (Madrid: 2006 [1675]), p. 289.

42   Ibid., p. 290.

43   Fernando Marías and Agustín Bustamante García, *Las ideas artísticas de El Greco (Comentarios de un texto inédito)* (Madrid: 1981), pp. 80, 226.

44   Ibid., pp. 103, 229.

45   David Davies, 'El Greco's Religious Art: The Illumination and Quickening of the Spirit', in *El Greco*, exhibition catalogue, ed. David Davies (London: 2003), 45–71, p. 60.

46   Henry Kamen, *The Spanish Inquisition: An Historical Revision* (London: 1997), pp. 160–3.

47   John H. Elliott, 'El Greco's Mediterranean', in *Spain, Europe, and the Wider World 1500–1800* (London: 2009), p. 26.

48   'Creta le dio la vida y los pinceles / Toledo mejor patria donde empieza / a lograr con la muerte eternidades', in Alfonso Pérez Sánchez, 'El Greco y Toledo', in José María Llusiá and Antonio Fernández de Molina (eds), *Marañon in Toledo: sobre elogia y nostalgia de Toledo* (Cuenca: 1999), 107–36, p. 119.

49   Francisco de Borja de San Román y Fernández, 'Documentos del Greco, referentes a los cuadros de Santo Domingo del Antiguo', *Archivo Español de Arte y Arqueología*, 28 (1934), offprint, pages numbered 1–3.

50   San Román, 'Documentos', p. 2; Richard G. Mann, *El Greco and his Patrons: Three Major Projects* (Cambridge: 1986), p. 22.

51   Mann, *El Greco*, p. 24.

52　Rosemarie Mulcahy, *The Decoration of the Royal Basilica of El Escorial* (Cambridge and New York: 1994), p. 57 n. 10.

53　Davies, 'El Greco's Religious Art', p. 51.

54　John Bury, 'A Source for El Greco's "St. Maurice"', *Burlington Magazine*, 126:972 (1984), 144–7, p. 147 n. 4; Brown, *Painting in Spain*, p. 67.

55　这一荒谬的观点详见 P. Trevor Roper, *The World through Blunted Sight: An Inquiry into the Influence of Defective Vision on Art and Character* (London: 1970), pp. 49–51。

56　D. Elías Tormo, review of Ricardo de Orueta, *Berruguete y sus obras* (Madrid: 1917), in *Boletín de la Sociedad Española de Excursiones: Arte, Arqueología, Historia*, 26 (1918), 61–4, p. 64 n. 1.

57　José Camón Aznar, *Dominico Greco*, 2 vols (Madrid: 1950), 2:1239.

58　Harold E. Wethy, *El Greco and his School*, 2 vols (Princeton: 1962), 2:61.

59　Davies, 'El Greco's Religious Art', pp. 45–51.

8　阿维拉的德兰、神秘主义诗人和宗教裁判所

1　Corinthians, 14:34–5.

2　Ronald E. Surtz, *Writing Women in Late Medieval and Early Modern Spain: The Mothers of Saint Teresa of Avila* (Philadelphia: 1995), p. 1.

3　Allison E. Peers, *Saint Teresa of Jesus and Other Essays and Addresses* (London: 1953), p. 15.

4　Teresa de Jesús, *Castillo interior, o las moradas*, in *Obras completas*, ed. Luis Santullano, 11th edn (Madrid: 1970), morada 6, ch. 2, p. 434.

5　Teresa de Jesús, *Vida de Santa Teresa de Jesús*, in *Obras completas*, pp. 54–5; Allison Peers, *Studies of the Spanish Mystics*, 3 vols (London: 1951–60), 2:111 n. 1 refs Francisco de Ribera, *Vida de Santa Teresa de Jesús*, ed. P. Jaime Pons (Barcelona: 1908 [1590]), pp. vi & 55 n. 1.

6　Teresa, *Vida*, p. 55.

7　Ibid., p. 56.

8　Ibid., p. 53.

9　Teresa, *Castillo*, pp. 434–5.

10　Jean Baruzi, *San Juan de la Cruz y el problema de la experiencia mística*, trans. Carlos Ortega (Valladolid: 1991), p. 103 nn.1, 6–7 ref. BNE: Ms 12738, f. 613r and p. 112 n. 34 refs BNE: Ms 8568, f. 371r.

11　Baruzi, *San Juan*, pp. 203–4 nn. 108–16 ref. BNE: Ms 13460 bk 1, chs 31 and 33; 12738 ff. 1215v, 997v, 229.

12　Teresa, *Obras completas*, Letter 104, pp. 998–1000.

13　Father John the Evangelist was in the Carmelite monastery of Granada while John of the Cross was Prior; see Baruzi, *San Juan*, pp. 223–4 nn. 6–7 ref. BNE: Ms 12738, ff. 1431r, 1435.

14　San Juan de la Cruz, *Poesía*, ed. Domingo Ynduráin (Madrid: 1992), p. 263:

> 1.
> ¡Oh llama de amor viva,
> que tiernamente hieres
> de mi alma en el más profundo centro!;
> pues ya no eres esquiva,
> acaba ya, si quieres;
> rompe la tela de este dulce encuentro.
> 2.
> ¡Oh cauterio suave!
> ¡Oh regalada llaga!
> ¡Oh mano blanda! ¡Oh toque delicado!,
> que a vida eterna sabe
> y toda deuda paga;
> matando, muerte en vida la has trocado.
> 3.
> !Oh lámparas de fuego,

en cuyos resplandores
las profundas cavernas del sentido,
que estaba oscuro y ciego,
con estraños primores
calor y luz dan junto a su querido!
4.
!Cuán manso y amoroso
recuerdas en mi seno
donde secretamente solo moras,
y en tu aspirar sabroso
de bien y gloria lleno
cuán delicadamene me enamoras!

15　这显然是布罗伊尔说的：see Sigmund Freud and Joseph Breuer, *Studies on Hysteria*, trans. James and Alix Strachey (Harmondsworth: 1974), p. 312。

16　Jacques Lacan, *Écrits: A Selection*, trans. Alan Sheridan (New York: 1977), p. 147.

17　Teresa, *Vida*, p. 177.

18　Miguel de Cervantes Saavedra, *La Galatea*, ed. Francisco López Estrada and María Teresa López García-Berdoy (Madrid: 1995 [1585]), bk 6, p. 583:

Quisiera rematar mi dulce canto
en tal sazón, pastores, con loaros
un ingenio que al mundo pone espanto
y que pudiera en éxtasis robaros.
En él cifro y recojo todo cuanto
he mostrado hasta aquí y he de mostraros:
fray Luis de León es el que digo,
a quien yo reverencio, adoro y sigo.

19　Francisco de Quevedo, 'Dedicatoria a Olivares', in *Quevedo y su poética dedicada a Olivares: Estudio y edición*, ed. E. L. Rivers (Pamplona: 1998), p. 37.

20　Pacheco, *Libro de retratos*, pp. 43–6.

21　Colin Thompson, *The Strife of Tongues: Fray Luis de León and the Golden Age of Spain* (Cambridge: 1988), pp. 6–7; Manuel Durán, *Luis de León* (New York: 1971), pp. 24, 28–9.

22　Thompson, *Strife of Tongues*, p. 6.

23　Ángel Alcalá (ed.), *Proceso inquisitorial de fray Luis de León* (Valladolid: 1991), p. xvii n. 3 refs Letter of Montemayor to Aquaviva (Prior General of the Jesuits) in Antonio Astrain, *Historia de la Compañía de Jesús en la Asistencia de España*, 6 vols (Madrid: 1912–29), 4:226; Pacheco, *Libro de retratos*, pp. 43–6.

24　John 1:1.

25　Fernando Lázaro Carreter, 'Fray Luis de León y la clasicidad', in *Fray Luis de León: Historia, humanismo, y letras*, ed. Víctor García de la Concha and Javier San José Lera (Salamanca: 1996), 15–28, pp. 17, 21–2.

26　Ibid., p. 17.

27　Thompson, *Strife of Tongues*, p. 26.

28　Luis de León, *Traducción literal y declaración del Cantar de los Cantares de Salomón* (Madrid: 1798 [c.1561]), Prologue, at http://bib.cervantesvirtual.com/servlet/SirveObras/ p268/12147297718948273987213/index.htm.

29　Julio Caro Baroja, *Los judíos en la España moderna y contemporanea*, 3 vols (Madrid: 1961), 1:388, and *Razas, pueblos y linajes* (Madrid: 1957), pp. 127–8.

30　George Borrow, *The Bible in Spain* (London: 1923 [1842]), chs 11 and 17, pp. 159–61 and 247–8.

31　Benzion Netanyahu, *The Origins of the Inquisition in Fifteenth Century Spain* (New York: 1995), pp. 934–7.

32　Angus MacKay, 'The Hispanic-Converso Predicament', *Transactions of the Royal Historical Society*, 5th series, 35 (1985), 159–79, p. 175 n. 75 refs F. Cantera Burgos, 'Fernando de Pulgar y los conversos', *Sefarad*, 4 (1944), 295–348, p. 308.

33　Gonzalo Fernández de Oviedo y Valdés, *Las Quinquagenas de la Nobleza de España*, ed. Vicente de la Fuente, 2 vols (Madrid: 1880), 1:279: 'Marrano propiamente quiere decir falto, porque marrar quiere dezir faltar en lengua castellana antigua; e faltar e ser falto el ombre de lo que promete es cosa de mucha vergüença.'

34　Kamen, *Spanish Inquisition*, p. 18.

35　Ibid., p. 49.

36　Ibid., pp. 236–40.

37　Ibid., p. 245 n. 56 refs Eusebio Rey, 'San Ignacio Loyola y el problema de los "Cristianos Nuevos"', *Razón y Fé*, 153 (1956), 117–204.

38　这本书由罗伯特·艾蒂安出版，著名犹太学者弗朗索瓦·瓦塔布勒编辑。

39　*Canons and Decrees*, 4th Session.

40　Alcalá, *Proceso*, p. xxv.

41　Ibid., p. 3.

42　Kamen, *Spanish Inquisition*, p. 183.

43　Ibid., p. 188 n. 52 refs AHN: Inquisition 497, f. 45.

44　Ibid., p. 191 n. 63 refs Michèle Escamilla-Colin, *Crimes et châtiments dans l'Espagne inquisitoriale*, 2 vols (Paris, 1992), 1:593–7.

45　Victoria González de Caldas, *El poder y su imagen: la Inquisición Real* (Seville: 2001), pp. 130–7.

46　Henry Charles Lea, *A History of the Inquisition of Spain*, 4 vols (New York and London: 1906–7), 3:19–20, refs AHN: Inquisición 1226, ff. 605–9.

47　Mary Elizabeth Perry, *Crime and Society in Early Modern Seville* (Hanover and London: 1980), p. 4 n. 4 refs Marcelino Menéndez y Pelayo, *Historia de los heterodoxos españoles* (Madrid, 1928), p. 112; Werner Thomas, *Los protestantes y la Inquisición en España en tiempos de Reforma y Contrarreforma* (Leuven: 2001), p. x.

48　Werner Thomas, *La represión del protestantismo en España, 1517–1648* (Leuven: 2001), p. 217.

49　Clive Griffin, *Journeymen-Printers, Heresy, and the Inquisition in Spain* (Oxford: 2005), p. 5.

50　我此处的叙述参照了 'Relación de lo que pasó en el auto que la santa inquisición hizo en la villa de Valladolid, en veinte [sic] de mayo de 1559 años, que fué domingo de la Trinidad'; AGS: Estado 137, ff. 5 and 6, in José Luis González Novalín, *El inquisidor general Fernando de Valdés (1483–1568)*, 2 vols (Oviedo: 1971), 2:239–48。

51　Thomas, *Represión*, p. 242 n. 133 refs AHN: Inquisición 730, f. 23.

52　Kamen, *Spanish Inquisition*, pp. 236–8.

9　尼德兰：“欧洲大泥沼”

1　Owen Feltham, *A Brief Character of the Low Countries under the States* (London: 1660); quotations are, in order, pp. 1, 6, 62, 41, 18, 1, 3, 2, 5. Parker uses the chapter heading 'The Great Bog of Europe' in *Grand Strategy*, p. 115.

2　费利佩于 1565 年 10 月 17 日和 20 日，用法语和西班牙语给他的姐姐写信；引用自 *CODOIN*, 4:328–9; AGS: Estado 525。

3　Federico Badoaro, 'Relación de España', [1557] in García Mercadal, *Viajes*, 2:1104–33.

4　Louis-Prosper Gachard, *Don Carlos et Philippe II*, 2 vols (Brussels: 1863), 1:23.

5　两名医生分别记录了他的病情: Dionisio Daza Chacón, 'Relación Verdadera de la herida del Príncipe D. Carlos', in *CODOIN*, 18: 537–63; and Diego Santiago Olivares, 'Relación de la enfermedad del Príncipe ...', in *CODOIN*, 15:554–74. For an excellent account in English see L. J. Andrew Villalón, 'Putting Don Carlos Together Again: Treatment of a Head Injury in Sixteenth-Century Spain', *Sixteenth Century Journal*, 26:2 (1995), 347–65。

6　Villalón, 'Don Carlos', p. 354.

7　Susan Verdi Webster, *Art and Ritual in Golden-Age Spain: Sevillian Confraternities and the Processional Sculpture of Holy Week* (Princeton: 1998), p. 29 n. 100 refs 'Memorias de Sevilla [1698]', BCS: Ms 84-7-19, ff. 320v–321v.

8　Villalón, 'Don Carlos', p. 356.

9　Saint-Sulpice to Catherine de Medici, Madrid, 7 October 1564, quoted in James M. Boyden, *The*

Courtier and the King: Ruy Gómez de Silva, Philip II, and the Court of Spain (Berkeley: 1995), p. 132 n. 79.

10 Antonio Tiepolo, 'Relación de España', [1567] in García Mercadal, *Viajes*, 2:1147–54, p. 1152.

11 Miguel Suriano [Venetian Ambassador], 'Relación de España', [1559], in García Mercadal, *Viajes*, 2:1135–45, pp. 1144–5.

12 Boyden, *Courtier*, p. 132.

13 Henk van Nierop, 'A Beggars' Banquet: The Compromise of the Nobility and the Politics of Inversion', *European History Quarterly*, 21 (1991), 419–43, pp. 420–1; follows P. Payen, *Mémoires de Pontus Payen*, ed. Alexandre Henne, 2 vols (Brussels and The Hague: 1861), 1:139–43.

14 Enno van Gelder (ed.), *Correspondance française de Marguerite d'Autriche, Duchesse de Parme, avec Philippe II*, 3 vols (Utrecht: 1941). The quotes as follows: 2:245, Margaret to Philip, 7 July 1566; 258–64, 19 July; 326–32, 29 August.

15 Fernando Álvarez de Toledo, *Epistolario del III duque de Alba, Don Fernando Álvarez de Toledo*, 3 vols (Madrid 1952), 1:636; Kamen, *Alba*, p. 174 n. 71.

16 Tiepolo, 'Relación', p. 1152; Kamen, *Philip of Spain*, p. 120.

17 Ann Lyon, 'The Mad Heir Apparent and the Spanish Succession: The Fate of the Infante Don Carlos', *Liverpool Law Review*, 30 (2009), 225 45, pp. 239–40.

18 Kamen, *Philip of Spain*, p. 122; Lyon, 'Mad Heir Apparent', p. 243.

19 Kamen, *Alba*, p. 79.

20 Kamen, *Inquisition and Society*, p. 307.

21 John J. Murray, 'The Cultural Impact of the Flemish Low Countries on Sixteenth- and Seventeenth-Century England', *American Historical Review*, 62:4 (1957), 837–54, pp. 839 and 840 nn. 5 and 8 ref. Norman G. Brett-James, *The Growth of Stuart London* (London: 1953), p. 18, and Thomas Fuller, *The History of the Worthies of England* (London: 1652, 1659 etc.), 2:274.

22 Kamen, *Alba*, pp. 91–3.

23 John Lothrop Motley, *The Rise of the Dutch Republic* (London: 1876 [1856]), pp. 502–3.

24 Kamen, *Alba*, p. 115.

25 Motley, *Rise*, p. 511.

26 Alba to King, Utrecht, 2 August 1573, in Álvarez de Toledo, *Epistolario*, 3:486.

27 Kamen, *Alba*, p. 116.

28 Alba to King, Vireton, 2 January 1574, in Álvarez de Toledo, *Epistolario*, 3: 575–9.

29 Kamen, *Alba*, p. 121 n. 59 refs Duque de Berwick y Alba, *Discurso del Duque de Berwick y de Alba* (Madrid: 1919), p. 65.

30 Carande, *Carlos*, p. 128.

31 Ibid., pp. 128–55; Braudel, *Mediterranean*, pp. 318–22; Elvira Vilches, *New World Gold: Cultural Anxiety and Monetary Disorder in Early Modern Spain* (Chicago and London: 2010), pp. 145–209; Stanley J. Stein and Barbara H. Stein, *Silver, Trade, and War: Spain and America in the Making of Early Modern Europe* (Baltimore and London: 2000), pp. 40–56.

32 下文中对卡斯蒂利亚金融以及 1575 年破产的阐述参考了 Lovett, *Early Habsburg Spain*, pp. 219–35, and 'The Castilian Bankruptcy of 1575', *Historical Journal*, 23:4 (1990), 899–911。

33 Lovett, 'Castilian Bankruptcy', p. 900.

34 Stafford Poole, *Juan de Ovando: Governing the Spanish Empire in the Reign of Philip II* (Norman, Okla.: 2004), p. 169 n. 29 refs IVDJ, Madrid: Envío 72, caja 99, tomo 1, f. 33v.

35 Parker, *Grand Strategy*, p. 143 n. 103 refs IVDJ: 37/72, Requeséns to Zúñiga, 12 November 1575.

36 Geoffrey Parker, *Spain and the Netherlands, 1559–1659: Ten Studies* (Glasgow: 1992 [1979]), p. 110.

37 Lovett, 'Castilian Bankruptcy', p. 911, refutes the suggestion that the bankruptcy was a deliberate attempt by Philip to replace his Genoese bankers with Italian competitors.

38 Mauricio Drelichman and Hans-Joachim Voth, 'The Sustainable Debts of Philip II: A Reconstruction of Spain's Fiscal Position, 1560–1598' (December 2007), CEPR Discussion Paper No. DP6611, SSRN, http://ssrn.com/abstract=1140540.

39 Alan Probert, 'Bartolomé de Medina: The Patio Process and the Sixteenth-Century Silver Crisis', in Peter Bakewell (ed.), *Mines of Silver and Gold in the Americas*, vol. 19 of *An Expanding World: The European Impact on World History* (Aldershot: 1997), 96–130, originally published in *Journal*

of the West, 8:1 (1969), 90–124, of which p. 90 n. 1 refs Francisco Fernández del Castillo, 'Algunos documentos nuevos sobre Bartolomé de Medina', in *Memorias de la Sociedad Alzate*, vol. 47 (Mexico: 1927), 207–51, p. 231.

40 Peter J. Bakewell, *Silver Mining and Society in Colonial Mexico: Zacatecas 1546–1700* (Cambridge: 1971), pp. 138–41.
41 Ibid., p. 138 n. 4.
42 Probert, *Bartolomé de Medina*, pp. 97–8.
43 Parker, *Spain and the Netherlands*, p. 45.
44 Ibid., p. 62.

10 葡萄牙与阿尔瓦公爵

1 Isacio Pérez Fernández, *Cronología documentada de los viajes, estancias y actuaciones de fray Bartolomé de las Casas* (Puerto Rico: 1984), pp. 892–5.
2 有关米格尔·德·塞万提斯的生平，除非特别指出引用来源，其他描述均参照积累了大量信息的 Luis Astrana Marín, *Vida ejemplar y heroica de Miguel de Cervantes Saavedra con mil documentos hasta ahora inéditos y numerosas ilustraciones y grabados de época*, 7 vols (Madrid: 1948)。
3 Krzysztof Sliwa, 'Andrea Cervantes, nieta más querida de la abuela paterna, Leonor Fernández de Torreblanca, y Constanza de Ovando y Figueroa, la simpática sobrina de Miguel de Cervantes Saavedra', *RILCE*, 20:1 (2004), 241–54, p. 245.
4 Ambrosio de Morales, *La Batalla de Lepanto (Descriptio Belli Nautici et Expugnatio Lepanti per D. Ioannem de Asutria)*, ed. Jernao Costas Rodríguez (Madrid: 1987), pp. 42–4.
5 引自莫拉莱斯于 8 月 25 日和 30 日写给加西亚·德·托莱多的信件，参见 Astrana Marín, *Vida*, 2:292–3。
6 Morales, *Batalla*, pp. 42–4.
7 有关这次战役的描写，除非特别指出引用来源，其他均参照了费尔南多·德·埃雷拉详尽的、充满文学性的记述：'Relación de la guerra de Cipre y suceso de la batalla naval de Lepanto, escrita por Fernando de Herrera' (Seville: 1572), in *CODOIN*, 21:243–383; see also Jack Beeching, *The Galleys at Lepanto* (London: 1982)。
8 AGI: Patronato 253, R.1, 'Expediente de méritos y servicios: Miguel de Cervantes'; Pedro Torres Lanzas (ed.), *Información de Miguel de Cervantes* (Madrid: 1905).
9 Quoted by Astrana Marín, *Vida*, 2:334–5 (without citation of his source).
10 Kamen, *Philip of Spain*, p. 139.
11 Diego de Haedo [Antonio de Sosa], *Topographia e historia general de Argel* (Valladolid: 1612), f. 116v.
12 Ibid., ff. 8r, 9v.
13 Ibid., ff. 118r, 119r, 116r–v [sic: mispaginated for 120r–v].
14 Ibid., ff. 27r–v, 28v–29r.
15 Ibid., ff. 36r–39r, 32r, 35r.
16 Ibid., f. 7v.
17 Daniel Eisenberg, '¿Por qué volvió Cervantes de Argel?', in Ellen M. Anderson and Amy R. Williamsen (eds), *Essays on Golden Age Literature for Geoffrey L. Stagg in Honour of his Eighty-Fifth Birthday* (Newark, DE: 1999), 241–53. For a more detailed version of the following analysis see R. T. C. Goodwin, 'Origins of the Novel in Cervantes's *Información de Argel*', *Bulletin of Hispanic Studies*, 83:4 (2006), 317–35.
18 Haedo, *Topographia*, f. 185r; Eisenberg, '¿Por qué volvió?', pp. 241–53, 242; Jean Canavaggio, *Cervantes* (Paris: 1986), pp. 97–8; Emilio Sola and José F. de la Peña, *Cervantes y la Berbería: Cervantes, mundo turco-berberisco y servicios secretos en la epoca de Felipe II* (Madrid and Mexico City: 1995); R. Rossi, *Escuchar a Cervantes: Un ensayo biográfico* (Valladolid: 1988); Alonso Zamora Vicente, 'El cautiverio en la obra cervantina', in Francisco Sánchez-Castañer (ed.), *Homenaje a Cervantes*, 2 vols (Valencia: 1950), 2:237–56, p. 242.
19 Anon., 'Diálogo llamado Philippino donde se refieren cien congrvencias concernientes al derecho

que sv Magestad del Rei D. Phelippe nuestro señor tiene al Reino de Portogal', quoted by Fernando Bouza Álvarez, cat. 87, in *Felipe II: un monarca y su época. Las tierras y los hombres del rey*, exhibition catalogue (Valladolid: 1998), p. 283, and *Imagen y propaganda: capítulos de historia cultural del reinado de Felipe II* (Madrid: 1998), 74–82, p. 81.

20 Alba to Secretary Delgado, 20, 22, 23 February 1580, *CODOIN*, 32:14, 16, 18; AGS: Guerra, Mar y Tierra, leg. 97.

21 Luis Cabrera de Córdoba, *Historia de Felipe II, Rey de España*, ed. José Martínez Millán and Carlos Javier de Carlos Morales, 3 vols (Valladolid: 1998), 2:947.

22 Alba to King, 18 July 1580, *CODOIN*, 32:277; AGS: Estado 413.

23 Alba to King, 1 August 1580, *CODOIN*, 32:349; AGS: Estado 413.

24 Alba to King, 26 August 1580, *CODOIN*, 32:465; AGS: Estado 413.

25 Alba to King, 18 July 1580, *CODOIN*, 32:278; AGS: Estado 413.

26 Pierre Bourdeille and André Vicomte de Bourdeille, *Oeuvres complètes*, 1:31.

27 Alba to King, 17 August 1580, *CODOIN*, 32:420; AGS: Estado 413.

28 Hans de Khevenhüller, *Diario de Hans Khevenhüller: embajador imperial en la corte de Felipe II*, ed. Sara Veronelli and Félix Labrador Arroyo (Madrid: 2001), p. 218.

29 Alba to King, 28 August 1580, *CODOIN*, 32:482; AGS: Estado 413.

30 King to Alba, 31 August 1580, *CODOIN*, 32:482; AGS: Estado 413.

31 Cabrera de Córdoba, *Historia de Felipe II*, p. 9147.

32 Khevenhüller, *Diario*, p. 261.

33 Miguel de Cervantes, *Los trabajos de Persiles y Sigismunda*, ed. Juan Bautista Avalle-Arce (Madrid: 1969 [1617]), bk 3, ch. 1, p. 277.

34 Astrana Marín, *Vida*, 3:142–3.

35 González de Amezúa, 'Una carta desconocida e inédita de Cervantes', *Boletín de la Real Academia Española*, 34 (1954), 217–23; also Astrana Marín, *Vida*, 6:511–12, and Sliwa, *Vida*, p. 390.

36 Cervantes, *Don Quijote*, 1:prólogo al lector.

37 F. A. Baptista Pereira, cat. 83, in *Felipe II: un monarca y su época*, pp. 278–9.

38 *Calendar of State Papers: Venetian, 1581–1591*, p. 33.

39 King to Alba, 31 August 1580; *CODOIN*, 32: 508; AGS: Estado 425.

40 Cristóbal Mosquera de Figueroa, *Comentario en breve compendio de disciplina militar* (Madrid: 1596), ff. 53v–58r.

41 Serafín de Tapia Sánchez, 'La alfabetización de la población urbana castellana en el Siglo de Oro', *Historia de la Educación*, 12–13 (1993–4), 274–307; Richard Kagan, *Students and Society in Early Modern Spain* (Baltimore and London: 1974); Trevor Dadson, 'Literacy and Education in Early Modern Rural Castile: The Case of Villarrubia de los Ojos', *Bulletin of Spanish Studies*, 81:7–8 (2004), 1011–37, p. 1013; Luisa Cuesta Gutiérrez, 'Los tipógrafos extranjeros en la imprenta burgalesa, desde Alemán Fadrique de Basilea al italiano Juan Bautista Veresi', *Gutenberg Jahrbuch* (1952), 67–74; William Pettas, 'A Sixteenth-Century Spanish Bookstore: The Inventory of Juan de Junta', *American Philosophical Society*, 85:1 (1995), 1–247; Clive Giffin, *Los Cromberger: La historia de una imprenta del siglo XVI en Sevilla y Méjico* (Madrid: 1991).

42 Arthur Terry, *Seventeenth-Century Spanish Poetry: The Power of Artifice* (Cambridge: 1993), p. 65.

43 Miguel de Cervantes, *Ocho comedias y ocho entremeses nuevos nunca representados* [Madrid: 1615], Prologue, at www.cervantesvirtual.com/obra/ocho-comedias-y-ocho-entremeses-nuevos-nunca-representados– 0.

44 Félix Lope de Vega y Carpio, *La viuda valenciana*, in *Comedias*, Part 15 (Madrid: 1620 [c.1600]), Act 1.

45 Cristóbal Pérez Pastor (ed.), *Documentos cervantinos hasta ahora inéditos*, 2 vols (Madrid: 1897–1902), 1:131, 135, 146–7; docs 36, 37, 41, 42.

46 Alonso de Villegas, *Flos Sanctorum ... y historia general en que se escriven las vidas de santos extravagantes y de varones ilustres en virtud ...* (Madrid: 1675 [1588]), p. 518.

47 Francisco de Borja de San Román y Fernández, *El Greco en Toledo o nuevas investigaciones acerca de la vida y obras de Dominico Theotocópuli* (Madrid: 1910), p. 142.

48 Francisco Calvo Serraller, *El Greco: The Burial of the Count of Orgaz*, trans. Jenifer Wakelyn

(London: 1995), pp. 19–20.

49　Astrana Marín, *Vida*, 3:586–96.

50　这里的措辞借用了 Neil Hanson's *The Confident Hope of a Miracle: The True Story of the Span-ish Armada* (London: 2003) 的标题。

11　海盗、罪犯和税收

1　Kamen, *Philip II*, p. 242.

2　As phrased by the poet Juan Rufo, quoted by Henry Kamen, *Spain's Road to Empire: The Mak-ing of a World Power, 1492–1763* (London: 2002), p. 304; published in the USA as *Empire: How Spain Became a World Power, 1492–1763* (New York: 2003).

3　AGI: Santo Domingo, 51 R.9 N.87.

4　Mary Fear Keeler, *Sir Francis Drake's West Indian Voyage, 1585–86* (London: 1981[1588–9]), p. 194: Document 10: The *Primrose* Journal, BL: Royal Ms 7 C p. xvi, ff. 166–73.

5　Ibid.

6　Keeler, *Drake's Voyage*, p. 103: Document 6: The Record kept aboard the Ship *Tiger*, BL: Cotton Ms Otho E. VIII, ff. 229–34.

7　Félix Lope de Vega y Carpio, *La Dragontea* (Valencia: 1598).

8　Keeler, *Drake's Voyage*, Document 11: *A Summarie and True Discourse of Sir Frances Drake's West Indian Voyage* (London: 1589).

9　Ibid.

10　William S. Maltby, *The Black Legend in England* (Durham, NC: 1971), pp. 30–1 n. 4 refs Francis Fletcher, *The World Encompassed by Sir Francis Drake*, in Hakluyt Society Publications, series 1, no. 16 (London: 1854 [1682]), p. 109.

11　Maltby, *Black Legend*, p. 69.

12　*Armada, 1588–1988: An International Exhibition to Commemorate the Spanish Armada*, exhibi-tion catalogue, ed. M. J. Rodríguez-Salgado (London: 1988), cat. 6.21, *Arbol de la succession de Inglaterra*.

13　M. J. Rodríguez-Salgado, 'Philip II and the "Great Armada"', in *Armada, 1588–1988*, p. 22 n. 3 refs AGS: GA. 208 f. 366.

14　Antonio León Pinelo, *Anales de Madrid, desde el año 447 al de 1568* (Madrid: 1971), p. 132 and Fundación Lázaro Gaidiano: M 1–3-21, at http://www.bibliotecavirtualmadrid.org/bvmadrid_publicacion/i18n/consulta/registro.cmd?id=3526; Diego Ortiz de Zúñiga, *Anales eclesiásticos y seculares de la muy noble y muy leal ciudad de Sevilla*, 5 vols (Madrid: 1796), 4:240; Antonio Domínguez Ortiz, *Orto y ocaso de Sevilla: estudio sobre la prosperidad y decadencia de la ciudad durante los siglos XVI y XVII* (Seville: 1966).

15　Earl J. Hamilton, *American Treasure and the Price Revolution* (Cambridge, Mass.: 1934), p. 196; Radcliffe Salaman, *The History and Social Influence of the Potato* (Cambridge and New York: 2000 [1940]), pp. 68, 143.

16　Antonio Hermosilla Molina, 'Los hospitales reales', in Fernando Chueca Goitia (ed.), *Los hospi-tales de Sevilla* (Seville: 1989), 35–52, p. 48.

17　Juan Ignacio Carmona García, *El extenso mundo de la pobreza: la otra cara de la Sevilla imperial* (Seville: 1993), p. 177; Francisco de Ariño, *Sucesos de Sevilla de 1592 á 1604*(Seville: 1873), pp. 45–7.

18　Carmona García, *Extenso mundo*, p. 177.

19　Ariño, *Sucesos*, p. 47

20　Ibid., pp. 1–120; for what follows see esp. pp. 50–93.

21　Ibid., p. 66: 'Decirse cuerpo de Dios / Bien haya el nuevo asistente, / Pues hace guardar la tasa / A toda suerte de gente. / A todos nos hace iguales, / Pues que no siendo jueces / Nos hace comer barato / Como el oidor y el regente.'

22　Ibid., p. 73: 'Cuando su color el cedro / Y la flor hermosa brota / Y el potro gallardo trota / La víspera de San Pedro / Esta ciudad se alborota. / El audencia y asistente / Arman grandes divisiones / Por mínimas ocasiones / De que mormura la gente / Viendo las rebeliones.'

23 Ruth Pike, 'Crime and Criminals in Sixteenth-Century Seville', *Sixteenth Century Journal*, 6:1 (1975), 3–18, p. 8; Pike made a study of an inquiry ordered by Philip II in 1572 into criminality in Seville, AGS: Diversos de Castilla, legs. 28 and 29.

24 Pedro de León, *Grandeza y miseria en Andalucía: testimonio de una encrucijada histórica (1578–1616)*, ed. Pedro Herrera Puga (Granada: 1981), ff. 522–3, 326r–v.

25 Ibid., ff. 395–7, 220v–221v.

26 Pike, 'Crime', p. 9.

27 Ibid., p. 6.

28 León, *Grandeza*, ff. 485–6, 298r.

29 Miguel de Cervantes, *Novela de Rinconete y Cortadillo*, in *Novelas ejemplares*, 1:189–240.

30 R. O. Jones, *A Literary History of Spain: The Golden Age of Prose and Poetry* (London and New York: 1971), p. 143; Lorenzo Gracían [Baltasar], *La agudeza, y el arte de ingenio*, in *Obras completas* (Barcelona: 1757), 2:6.

31 Astrana Marín, *Vida*, 4:131 n. 1 and 133 n. 1 ref Adolfo Rodríguez Jurado, *Discursos leídos en la Real Academia Sevillana de Buenas Letras, Proceso seguido a instancias de Tomás Gutiérrez ...* (Seville: 1914), 81–197.

32 Miguel de Cervantes Saavedra, *El juez de los divorcios*, at http://cervantes.tamu.edu/english/ctxt/cec/disk7/ENTREMES.html.

33 'Un embajador marroquí' [1690–1], in García Mercadal, *Viajes*, 2:1217–77, p. 1225.

34 Rodríguez Marín, *Nuevos documentos cervantinos*, 2 vols (Madrid: 1897–1902), 1:192.

35 Ibid., 1:315, 320–1.

36 Ibid., 1:214–15.

37 José Sánchez, *Academias literarias del Siglo de Oro español* (Madrid: 1961).

38 Juan de Mal Lara, *Philosophia vulgar* (Seville: 1568), 'A los lectores', quoted from Jonathan Brown, *Images and Ideas in Seventeenth-Century Spanish Painting* (Princeton: 1978), p. 22.

39 Félix Lope de Vega y Carpio, 'Una dama se vende' [c.1587], in *Cancionero de obras de burlas provocantes a risa*, ed. Eduardo de Lustonó (Madrid: 1872), p. 278:

> Una dama se vende, ¿hay quien la quiera?
> En almoneda está, ¿quieren compralla?
> Su padre es quien la vende, que aunque calla,
> Treinta ducados pide y saya entera
> de tafetán, piñuela o añafalla,
> y la mitad del precio no se halla
> por se el tiempo estéril en manera.
> Mas un galán llegó con diez canciones,
> cinco sonetos y un gentila cabrito,
> y aqueste tespondió ser buena paga.
> Mas un fraile le dio treinta doblones,
> y aqueste la llevó. ¡Sea Dios bendito,
> muy buen provecho y buena pro le haga!

40 Juan Pérez de Montalbán, *Fama postúma a la vida y muerte del doctor frey Felix Lope de Vega Carpio* (Madrid: 1636), p. 4.

41 Quoted in Rudolph Schevill, 'Lope de Vega and the Year 1588', *Hispanic Review*, 9:1 (1941), 65–78, p. 75.

42 Antonio Sánchez Jiménez, 'Lope de Vega y la Armada Invencible de 1588. Biografía y poses del autor', http://uva.academia.edu/AntonioSanchezJimenez/Papers/857038/Lope_de_Vega_y_la_Armada_Invencible_de_1588.

43 Félix Lope de Vega y Carpio, *La hermosura de Angélica* (Madrid: 1602): 'sobre las aguas, entre las jarcias del galeón San Juan y las gleras del Rey Católico, escribí'.

44 洛佩声称曾在著名的埃纳雷斯堡大学学习过，同样的论据也用来支持这一说法：Hugo A. Rennert and Américo Castro, *Vida de Lope de Vega (1562–1635)* (Madrid: 1919), p. 16。

45 Antonio de Herrera y Tordesillas, *Tercera parte de la historia general del mundo* (Madrid: 1612), bk 4, p. 93.

46 Rodríguez-Salgado, 'The Court of Philip II of Spain', p. 205.

47 Colin Martin and Geoffrey Parker, *The Spanish Armada* ([London]: 1988), pp. 36–44.

48 Astrana Marín, *Vida*, pp. 223–4.

49 Rodríguez Marín, *Nuevos documentos*, doc. 90, pp. 222–4.

50 Pérez Pastor, *Documentos*, 2:148–56, doc. 43 refs AGS: Contaduría General, leg. 1475.

51 Rodríguez Marín, *Nuevos documentos*, doc. 92, p. 227.

52 John Beverley (ed.), 'Introducción', in Luis de Góngora y Argote, *Soledades* (Madrid: 2007), pp. 17–18.

53 Emilio Orozco, *Introducción a Góngora* (Barcelona: 1984 [1953]), p. 33.

12　无敌舰队，1588

1 Martin and Parker, *Armada*, p. 28 n. 1 refs AGS: Estado 455/492, Medina Sidonia to King, 31 July 1588.

2 Quoted by ibid., pp. 169, 170.

3 Pérez de Montalbán, *Fama postúma*, p. 4.

4 J. Paz, 'Relación de la "Invencible" por el contador Pedro Coco de Calderón', *Revista de archivos, bibliotecas y museos*, 3rd series, 1 (1987), appendix 1; for the name Francisco see José Florencio Martínez, *Biografía de Lope de Vega, 1562–1635: Un friso literario del Siglo de Oro* (Barcelona: 2011), p. 85.

5 Pérez de Montalbán, *Fama postúma*, p. 4.

6 Quoted in Martin and Parker, *Armada*, p. 237.

7 Marcos de Arambaru, *Account of Marcos de Arambaru*, trans. W. Spotswood Green, in *Proceedings of the Royal Irish Acadamy*, 27 (Dublin and London: 1908–9).

8 Zarco Cuevas, *Documentos*, 4:59.

9 Kamen, *Philip II*, p. 275.

10 Rodríguez-Salgado, 'Philip II and the "Great Armada" of 1588', p. 35 n. 6 refs AGS: GA.235 f. 71; Kamen, *Philip II*, p. 275, mentions him raising 50,000 crowns.

11 José María Asensio, *Nuevos documentos para ilustrar la vida de Miguel de Cervantes* (Sevilla: 1864), doc. 3, pp. 8–10; and Pérez Pastor, *Documentos*, doc. 48.

12 Astrana Marín, *Vida*, 4:375–87.

13 I draw here on Aurelio Miró Quesada, *El Inca Garcilaso y otros estudios garcilasistas* (Madrid: 1971), and – a good read – John Grier Varner, *El Inca: The Life and Times of Garcilaso de la Vega* (Austin and London: 1968).

14 El Inca Garcilaso de la Vega, *Comentarios reales de los Incas*, ed. Carlos Araníbar, 2 vols (Mexico City: 1991 [1609–17])：加西拉索以两卷本的形式出版过一部秘鲁史，通常本称为 *Comentarios reales* or *Royal Commentary*；实际上第一卷是一部印加史，出版时叫 *Comentarios Reales de los Incas* (Lisbon: 1609)，而另一卷出版时被称作 *Historia General del Perú* (Cordova: 1617)。这一历史区别在此处的引文有所体现；见 Garcilaso, *Comentarios*, bk 1, ch. 15。

15 Garcilaso, *Historia General*, pt 2, bk 2, ch. 1.

16 Garcilaso, *Comentarios*, pt 1, bk 5, ch. 29.

17 Raúl Porra Barrenechea, *El Inca Garcilaso en Montilla (1561–1614)* (Lima: 1955), pp. xxiii–xxiv, xxiv.

18 Frances G. Crowley, *Garcilaso de la Vega, el Inca and his Sources in* Comentarios Reales de los Incas (The Hague and Paris: 1971); also Margarita Zamora, *Language, Authority, and Indigenous History in the* Comentarios reales de los incas (Cambridge: 1988), pp. 7–8.

19 Keith Whitlock, *The Renaissance in Europe* (New Haven and London: 2000), pp. 20–1; Juan Bautista Avalle-Arce, *El Inca Garcilaso en sus* Comentarios (Madrid: 1964), p. 20.

20 David Henige, 'The Context, Content, and Credibility of La Florida del Ynca', *Americas*, 43:1 (1986), 1–23, p. 21.

21 El Inca Garcilaso de la Vega, *La Florida del Inca* (Lisbon: 1605), bk 3, chs 10, 11.

22 Robert Jammes, *La obra poética de Don Luis de Góngora y Argote* (Madrid: 1987), p. 14 n. 52 refs Rafael Ramírez de Arellano, *Ensayo de un catálogo biográfico de escritores de la provincia y*

diócesis de Córdoba ..., 2 vols (Madrid: 1922–3), 1:256; José de la Torre, 'Documentos gongorinos', *Boletín de la Real Academia Española*, 18 (1927), 65–218, doc. 61.

23 Quoted in Astrana Marín, *Vida*, 5:32.

24 León, *Grandeza*, pp. 102, 104, 119, 121.

25 Cristóbal de Chaves, 'Relación de la cárcel de Sevilla', in Aureliano Fernández-Guerra y Orbe (ed.), *Noticia de un precioso codice de la Biblioteca Colombina* (Madrid: 1864), 51–65; Alonso de Morgado, *Historia de Sevilla* (Seville: 1587), p. 194.

26 León, *Grandeza*, p. 373, 208v.

27 Ibid., p. 374, 210r.

28 Ibid., p. 379, 212r.

29 Chaves, 'Relación', p. 52.

30 Vicente Espinel, *La Vida de Marcos de Obregón* (Barcelona: 1881 [1617]), p. 211.

31 Chaves, 'Relación', p. 56.

32 León, *Grandeza*, p. 375, 210v.

33 Chaves, 'Relación', p. 58.

34 Miguel de Cervantes Saavedra, *Don Quixote*, Part One, Prologue.

35 Antonio Feros and Fernando J. Bouza Alvarez (eds), *España en tiempos del Quijote* (Madrid: 2004), p. 44:

> Voto a Dios que me espanta esta grandeza
> y que diera un doblón por describilla,
> porque ¿a quién no sorprende y maravilla
> esta máquina insigne, esta riqueza?
> Por Jesucristo vivo, cada pieza
> vale más de un millón, y que es mancilla
> que esto no dure un siglo, ¡oh gran Sevilla,
> Roma triunfante en ánimo y nobleza!
> Apostaré que el ánima del muerto
> por gozar este sitio hoy ha dejado
> la gloria donde vive eternamente.
> Esto oyó un valentón y dijo: 'Es cierto
> cuanto dice voacé, señor soldado,
> Y el que dijere lo contrario, miente.'
> Y luego, incontinente,
> caló el chapeo, requirió la espada
> miró al soslayo, fuese y no hubo nada.

第二部分

前　言

1 Gaspar Pérez de Villagrá, *Historia de la Nueva México*, trans. and ed. Miguel Encinias, Alfred Rodríguez and Joseph P. Sánchez (Albuquerque: 1992 [1610]).

2 下文中的诗句引用自第一首至第六首诗，有大幅删减，且翻译较为随意，但旨在简明扼要地表达原作的精神和语言。

3 Vine Deloria Jr, *Custer Died for your Sins* (London and New York: 1969), pp. 2–3.

4 Geoffrey Parker, *Europe in Crisis: 1598–1648* (Brighton: 1980).

5 E. J. Hobsbawm, 'The General Crisis of the European Economy in the 17th Century', *Past & Present*, 5 (1954), 33–53, and 'The Crisis of the 17th Century – II', *Past & Present*, 6 (1954), 44–65; John H. Elliott, 'The Decline of Spain', *Past & Present*, 20 (1961), 52–75; Henry Kamen, 'The Economic and Social Consequences of the Thirty Years' War', *Past & Present*, 39 (1968), 44–61;

'The Decline of Spain: A Historical Myth?', *Past & Present*, 81 (1978), 24–50; and 'The Decline of Spain: A Historical Myth?: A Rejoinder', *Past & Present*, 91 (1981), 181–5; J. I. Israel, 'The Decline of Spain: A Historical Myth?', *Past & Present*, 91 (1981), 170–80.

6   E.g. the classic account by Antonio Cánovas del Castillo, *Historia de la decadencia de España desde el advenimiento de Felipe III al Trono hasta la muerte de Carlos II* (Madrid: 1910 [1854]).

7   John Lynch, *The Hispanic World in Crisis and Change* (Oxford and Cambridge, MA: 1992 [1969]), pp. 229–347.

8   Lyle N. McAlister, *Spain and Portugal in the New World, 1492–1700*, vol. 3 of *Europe in the Age of Expansion* (Minneapolis: 1984), pp. 375–81.

9   Ángel Rosenblat, *La población indígena y el mestizaje en América, 1492–1950*, 2 vols (Buenos Aires: 1954), 1:59.

10   Noble David Cook, *Born to Die: Disease and New World Conquest, 1492–1650* (Cambridge and New York: 1998) 对这一问题做出了很好的总结。

11   Francisco de San Antón Muñón Chimalpahin Cuauhtlehuanitzin, *Relaciones de Chalco Amaque-mecan*, ed. and trans. S. Rendón (Mexico City and Buenos Aires: 1965 [*c*.1600–50]), 'Séptima relación', pp. 160–1.

12   Cook, *Born to Die*, p. 112.

13   *Annals of the Cakchiquels*, [1559–1581], quoted by ibid., p. vi.

14   Jared Diamond, *Guns, Germs and Steel: A Short History of Everybody for the Last 13,000 Years* (London: 2005 [1997]), p. 211.

15   The monumental study of the Atlantic trade by Pierre Chaunu and Huguette Chaunu, *Séville et l'Antique (1504–1650)*, 12 vols (Paris: 1962) is more accessible in an abridged form: *Séville et l'Amérique aux XVIe et XVIIe siècles* (Paris: 1977), with the most relevant graphs on pp. 260–2; Earl J. Hamilton's important essay 'Monetary Inflation in Castile, 1598–1660', *Economic History (A Supplement to the Economic Journal)*, 2 (1930–3), 177–211, is reproduced in context along with an expanded set of tables and graphs in his *American Treasure*, pp. 73ff.; also see A. García-Baquero González, 'Andalusia and the Crisis of the Indies Trade, 1610–1720', in I. A. A. Thompson and Bartolomé Yun Casalilla (eds), *The Castilian Crisis of the Seventeenth Century: New Perspectives on the Economic and Social History of Seventeenth-Century Spain* (Cambridge: 1994), 115–35.

16   Hamilton, *American Treasure*, table 1 and chart 1, pp. 34–5, and chart 20, p. 301.

17   Ibid., pp. 73–103 and table 7 and chart 4, pp. 96–7, and 'Monetary Inflation', table 1 and chart 1, pp. 203–5.

18   Michel Morineau, *Incroyables gazettes et fabuleux métaux: Les retours des trésors américains d'après les gazettes hollandaises (XVIe–XVIIIe siècles)* (London and New York: 1985), table 41, p. 242.

19   Francisco Herrera y Maldonado, *Libro de la vida y maravillosas virtudes del Siervo de Dios Bernardino de Obregón* (Madrid: 1634), f. 211r.

20   Henri Mérimée, *Spectacles et comédiens à Valencia (1580–1630)* (Toulouse and Paris: 1913), pp. 95–6; Felipe de Gauna, *Relación de las fiestas celebradas en Valencia con motivo del casamiento de Felipe III*, ed. Salvador Carreras Zacarés, 2 vols (Valencia: 1926).

21   Martínez, *Biografía de Lope de Vega*, p. 178.

22   Paul C. Allen, *Philip III and the Pax Hispanica, 1598–1621: The Failure of Grand Strategy* (New Haven and London: 2000), pp. 3–4.

23   Lynch, *Hispanic World*, p. 8.

24   Javier Liske, *Viajes de extranjeros por España y Portugal en los siglos XV, XVI, XVII* (Madrid: 1878), pp. 261–2, 262.

25   Allen, *Philip III*, pp. 13–19.

26   Lynch, *Hispanic World*, pp. 53–5.

27   Allen, *Philip III*, p. 75.

28   Ibid., pp. 234–41; p. 240 n. 23 refs BNE: Ms 18721, 'Como se deve qualquier Principe poderoso guiar en los consejos de pazes con sus enemigos ...'

29   Gregorio Cruzada Villaamil, *Rubens, diplomático español* (Madrid: [1874?]), p. 72: Peter Paul Rubens to Annibal Chieppo, Valladolid, 24 May 1603, first published as 'Rubens, diplomático es-

pañol', *Revista Europea*, 1:6–17 (1874), 7–519 (intermittently).

30　Cruzada, *Rubens*, pp. 81–3: Iberti to Duke of Mantua, Valladolid, 18 July 1603.

31　Alexander Vergara, *Rubens and his Spanish Patrons* (Cambridge: 1999), pp. 11–12; quotation from David Davies, in conversation, 25 September 2012.

32　Matteo Mancini, '*El emperador Carlos V a caballo en Mühlberg* de Tiziano, un icono para la Historia del Arte', in *La restauración de* El emperador Carlos V a caballo en Mülhlberg *de Tiziano*, exhibition catalogue (Madrid: 2001), 103–16, pp. 109–12.

33　Rosemarie Mulcahy, *Philip II of Spain, Patron of the Arts* (Dublin: 2004), pp. 285–7, 228–9; J. Moreno Villa and F. J. Sánchez Cantón, 'Noventa y siete retratos de la familia de Felipe III por Bartolomé González', *Archivo Español de Arte y Arqueología*, 13:38 (1937), 127–56.

34　Vicente Carducho, *Diálogos de la pintura, su defensa, origen, escencia, definición, modos y diferencias*, ed. Francisco Calvo Serraller (Madrid: 1979 [1633]), 336–7.

35　Francisco Calvo Serraller (ed.), *La teoría de la pintura en el Siglo de Oro* (Madrid: 1981), p. 504.

13　第一部现代小说《堂吉诃德》

1　Martín González de Cellorigo, *Memorial de la política necesaria y útil restauración de la república de España* (Valladolid: 1600), ff. 29v, 25r, 2r–v, 4ff, 22r–30v, 23r–v.

2　'100 prominent authors from more than 50 different nations have elected The Library of World Literature: "The 100 Best Books in the History of Literature"', in *Bokklubben din Nettbokhandel*, at http://www.bokklubben.no/SamboWeb/side.do?dokId=65500&klubbid=WB.

3　Dale B. J. Randall and Jackson C. Boswell, *Cervantes in Seventeeth-Century England: The Tapestry Turned* (Oxford: 2009), pp. xxxii, ix–x.

4　Ronald Paulson, *Don Quixote in England: The Aesthetics of Laughter* (Baltimore and London: 1998), pp. ix–x.

5　Ibid., pp. ix, 5.

6　Olin Harris Moore, 'Mark Twain and Don Quixote', *Proceedings of the Modern Language Association of America*, 37:2 (1922), 324–46.

7　Randall and Boswell, *Cervantes in Seventeeth-Century England*, p. xvii.

8　R. W. Trueman, 'The Rev. John Bowle's Quixotic Woes Further Explored', *Cervantes: Bulletin of the Cervantes Society of America*, 23:2 (2003), 9–43.

9　Harold Bloom, 'Introduction', in Harold Bloom (ed.), *Modern Critical Interpretations: Cervante's* Don Quixote (Philadelphia: 2001), pp. 1–2.

10　Lope de Vega y Carpio, *Cartas*, ed. Nicolás Marín and Luis Fernández de Córdoba (Madrid: 1985), p. 68: Letter dated 14 August 1604.

11　Cervantes, *Ocho comedias*, Prologue.

12　Quoted in Daniel Eisenberg, 'Cervantes, Lope, and Avellaneda', in *Josep María Solà-Solè: Homage, Homenaje, Homenatge*, ed. Antonio Torres-Alcalá, 2 vols (Barcelona: 1984), 2:171–83, p. 174; at users.ipfw.edu/jehle/deisenbe/cervantes/lope.pdf.

13　Jammes, *Obra poética*, p. 97; Luis de Góngora y Argote, *Obras completas*, ed. Juan Millé y Giménez and Isabel Millé y Giménez (Madrid: [1900]), no. 121, pp. 331–3.

14　Francisco Rico, 'Prólogo', in *Don Quijote de la Mancha*, ed. Francisco Rico et al., 2 vols (Madrid: 2005 [1604–15]), 1:ccxxi–ccxxii.

15　Sonia Garza Merino, 'La cuenta del original', in Pablo Andrés and Sonia Garza (eds), *Imprenta y crítical textual en el Siglo de Oro* (Valladolid: 2000), 65–95, pp. 65–6.

16　*Don Quixote*, 2.62.

17　Cristóbal Suárez de Figueroa, *Plaza universal de todas ciencias y artes* (Madrid: 1615), Discurso 111, 'De los impressores'.

18　*Don Quixote*, 2.4; R. M. Flores, 'Cervantes at Work: The Writing of *Don Quixote*, Part I', *Journal of Hispanic Philology*, 3 (1979), 135–60, and 'The Loss and Recovery of Sancho's Ass in *Don Quixote*, Part I', *Modern Language Review*, 75:2 (1980), 301–10.

19　Garza Merino, 'La cuenta', p. 67.

20　B. W. Ife, 'Don Quixote's Diet', Occasional Paper Series, no. 34 (Department of Hispanic, Portuguese and Latin American Studies, University of Bristol) (Bristol: 2000).

21 Vladimir Nabokov, *Lectures on Don Quixote*, ed. Fedson Bowers (London: 1983), pp. 51–2.

22 Mal Lara, *Philosophia vulgar*; Desiderius Erasmus Roterodamus, *Collectanea Adagiorum* (Paris: 1500).

23 一位杰出的研究塞万提斯的美国专家生前正在研究这个问题，但可惜他过早地离世了：Carroll B. Johnson, *Transliterating a Culture: Cervantes and the Moriscos*, ed. Mark Groundland (Newark, DE: 2009), pp. 203–30。

24 我认为这不太可能是巧合，尽管很难解释他为何不用完全匹配的字母。当时，字母 B、V、U 可以相互替代使用，字母 F 和 H 也可以。因此我们可以拼出：en fe, Mig[u]el de Ce[r]bante[s]，同时剩下了 e 和 i。

25 Kaite A. Harris, 'Forging History: The Plomos of the Sacromonte of Granada in Francisco Bermúdez de Pedraza's *Historia Eclesiastica*', *Sixteenth Century Journal*, 30:4 (1999), 945–66; Thomas E. Case, 'Cide Hamete and the *Libros Plúmbeos*', *Bulletin of the Cervantes Society of America*, 22:2 (2002), 9–24.

26 Francisco Márquez Villanueva, 'La criptohistória morisca (los otros conversos)', in Agustin Redondo (ed.), *Les Problèmes de l'exclusion en Espagne (XVIe–XVIIe siècles)* (Paris: 1983), 77–94, p. 86 n. 27 – Márquez Villanueva defends Luna, citing Ramón Menéndez Pidal, *Floresta de leyendas heroícas epsañolas*, vol. 2: *Rodrigo, el últimoo godo* (Madrid: 1926), 2:48 – and Ginés Pérez de Hita, *Guerras civiles de Granada* (Cuenca: 1595–1616).

27 See note 18 above.

14 摩里斯科人和加泰罗尼亚人

1 Alejandro Ramírez-Araujo, 'El morisco Ricote y la libertad de conciencia', *Hispanic Review*, 24:4 (1956), 278–89, p. 280 n. 8 refs Francisco de Quevedo Villegas, *Obras completas*, ed. Astrana Marín (Madrid: 1947), 1419a.

2 René Quérillacq, 'Los moriscos de Cervantes', *Anales Cervantinos*, 30 (1992), 77–98.

3 Benjamin Ehlers, *Between Christians and Moriscos: Juan de Ribera and Religious Reform in Valencia, 1568–1614* (Baltimore: 2006), p. 134 n. 35 refs Colegio de Corpus Cristi, Valencia: 1: 7, 8, Moriscos 1, 27(3), ff. 20, 1.

4 Pascual Boronat y Barrachina, *Los moriscos españoles y su expulsión. Estudio histórico-crítico*, 2 vols (Valencia: 1901), 1:633–4.

5 Harris, 'Forging History', 945–66; Case, 'Cide Hamete', 9–24.

6 Harris, 'Forging History', p. 947 n. 3 refs Adan Centurión y Córdoba, Marquis of Estepa, *Información para la historia del Sacromonte ... Primera parte* (Granada, 1623).

7 Miguel José Hagarty, *Los libros plúmbeos de Sacromonte* (Madrid: 1980), p. 27; also see 'Los libros plúmbeos y la fundación de la Insigne Iglesia Colegial del Sacromonte', in *La Abadía del Sacromonte: Exposición artístico-documental: Estudios sobre su significación y orígenes* (Granada: 1974).

8 William Childers, 'An Extensive Network of Morisco Merchants Active Circa 1590', in Kevin Ingram (ed.), *The Conversos and Moriscos in Late Medieval Spain and Beyond*, 2 vols (Leiden and Boston: 2012), 2:135–60; and Kevin Ingram, 'Introduction to this Volume', in Ingram (ed.), *The Conversos and Moriscos*, 2:6–7.

9 Hagarty, *Libros*, p. 124.

10 Barbara Fuchs, 'Maurophilia and the Morisco Subject', in Ingram (ed.), *The Conversos and Moriscos*, 1:269–85.

11 Quoted by Trevor J. Dadson, *Los moriscos de Villarrubia de los Ojos (siglos XV–XVIII)* (Vervuert: 2007), p. 294 nn. 9 and 10 ref. AGS: Estado 165, papel no. 351, and Manuel Danvila y Collado, *La expulsión de los moriscos españoles: Conferencias pronunciadas en el Ateneo de Madrid* (Madrid: 1998), pp. 240, 295–6, 296 n. 14 refs Boronat y Barrachina, *Los moriscos y su expulsión*, 2:110.

12 Quoted by Manuel F. Fernández Chavez and Raveale M. Pérez García, 'The Morisco Problem and Seville (1480–1610)', in Ingram (ed.), *The Conversos and Moriscos*, 2:75–102, p. 101 n. 83 refs AMS: Actas Capitulares, libro H-1694, ff. 31r–32r.

13 L. Lisón Hernández, 'Mito y realidad de la expulsión de los mudéjares murcianos del Valle de Ricote', *Areas. Revista de Ciencias Sociales*, 14 (1992), 141–70, p. 150.

14 Dadson, *Villarrubia*, pp. 289–342.

15 Martínez, *Discursos practicables*, pp. 239–40.

16 卡洛斯二世和费利佩五世的杰出宫廷画家安东尼奥·帕洛米诺如此描述这幅画：Antonio Palomino, *Vidas* [*Museo pictórico. Tercera parte: El Parnaso Español Pintoresco Laureado*], ed. Nina Ayala Mallory, 2 vols (Madrid: 1986 [1724]), 2:162。

17 Carl Justi, *Velázquez y sus siglo*, trans. Pedro Marrades (Madrid: 1953), p. 234.

18 Félix Lope de Vega y Carpio, *Corona trágica, vida y muerte de la serenissima reyna de Escocia María Estuarda a Nuestro Padre Urbano VIII* (Madrid: 1627):

Por el tercero santo, el mar profundo
al Africa pasó (sentencia justa)
despreciando sus bárbaros tesoros,
las últimas reliquias de los moros.

19 Juan Bautista Vilar, 'La expulsión de los moriscos del Reino de Murcia. Sus efectos demográficos y económicos sobre la región de origen', in *L'expulsió dels moriscos: conseqüències en el món ilsàmic i el món cristià* (Barcelona: 1994), 86–95, p. 88.

20 Lisón Hernández, 'Mito y realidad', pp. 151–3.

21 For the following see Dadson, *Villarrubia*, pp. 343–93.

22 Ibid., pp. 428–9.

23 The title of Dadson's chapter 10, ibid., pp. 593–654.

24 Ibid., pp. 459–63 refs R. Bénitez Sánchez-Blanco, 'La odisea del manchego Diego Díaz', in R. García Cárcel (ed.), *Los olvidados de la historia: Herejes* (Barcelona: 2004), 214–36.

25 Henrí Lapeyre, *Géographie de l'Espagne morisque* (Paris: 1959).

26 See Dadson, *Villarrubia*, pp. 30, 28.

27 Damián Fonseca, *Relación de la expulsión de los moriscos del reino de Valencia* (Valencia: 1878 [1612]), p. 163; Lapeyre, *Géographie*, p. 67 and appendices 1, 2, 3, 4.

28 Ángel García Sanz, *Desarrollo y Crisis del Antiguo Régimen en Castilla la Vieja. Economia y Sociedad en Tierras de Segovia, 1500–1814* (Madrid: 1977); Angel Rodríguez Sánchez, *Población y Comportamiento Demográficos en el Siglo XVI* (Cáceres: 1977); Vicente Pérez Moreda and David Sven Reher (eds), *Demografía histórica en España* (Madrid: 1988).

29 Lapeyre, *Géographie*, pp. 67–73; James Casey, *The Kingdom of Valencia in the Seventeenth Century* (Cambridge: 1979), pp. 6–7.

30 Jaime Villanueva, *Viage literario a las iglesias de España*, 22 vols (Valencia: 1821), 7:131–2.

31 Lluís Soler i Terol, *Perot Roca Guinarda: Història d'aquest bandoler* (Manrèsa: 1909), pp. 356–7.

32 Henry Kamen, *The Phoenix and the Flame: Catalonia and the Counter Reformation* (New Haven and London: 1993), p. 208.

33 Francisco de los Santos, 'La vida del Padre Fr. Andrés de los Reyes y de un Hermano de los Legos llamado Fray Martín de Perpiñan, hijos de S. Lorenzo', in *Quarta parte de la Historia de la Orden de San Gerónimo* (Madrid: 1680), ff. 763–4.

34 Soler i Terol, *Perot Roca Guinarda*, p. 413, pp. 412–13 n. 6 refs Arxiu de la Corona d'Aragó, Lligall 843, Letter, 18 July 1615.

35 John H. Elliott, *Revolt of the Catalans: A Study in the Decline of Spain* (Cambridge: 1963), p. 45 n. 2 refs BCB: Fullet Bonsoms, no. 12, *Per los Diputats del General de Catalunya* (Barcelona: 1622), f. 2.

36 Elliott, *Revolt of the Catalans*, p. 45 n. 1 refs BCB: Fullet Bonsoms, no. 15, *Discurso y memorial ... por Fr Francisco de Copons* (Barcelona: 1622), ff. 8, 9.

37 Enrique Cock, 'Anales del año ochenta y cinco ...' [1585], in García Mercadal, *Viajes*, 1:1293–1445, p. 1376.

38 José Álvarez Lopera, *El Greco: estudio y catálogo*, 2 vols (Madrid: 2005), 1:283–7, 309–11; José Camón Aznar, *Dominico Greco*, 2 vols (Madrid: 1950), 1:198ff.

15 圣周：艺术与错觉

1 Palomino, *Vidas*, n. 72.
2 Carducho, *Diálogos*, Dialogue 8, f. 153r.
3 Pliny the Elder, *Natural History*, trans. H. Rackham, Loeb edn, 10 vols (London: 1952), bk 35.68, pp. 310–13.
4 Ovid, *Metamorphosis*, bk 10, at http://www.mythology.us/ovid_metamorphoses_book_10.htm.
5 Genesis 1:27, 2:7.
6 Webster, *Art and Ritual*, p. 17.
7 Ibid., p. 29 n. 101 refs APAS: *Hermandades*, leg. 13, 'Libro de Cabildos de Montesión', f. 52r.
8 Isidoro Moreno, *La antigua hermandad de los negros de Sevilla: etnicidad, poder y sociedad en 600 años de historia* (Seville: 1997), p. 25.
9 Manuel Chaves, *Cosas nuevas y viejas: apuntes sevillanos* (Seville: 1904), pp. 104–5; quote: Abad Alonso Sánchez Gordillo, *Religiosas estaciones que frecuenta la religiosidad sevillana*, ed. Jorge Bernales Ballesteros (Seville: 1983 [1635]), p. 54.
10 Elena Estrada de Gerlero, 'El programa pasionario en el convento franciscano de Huejotzingo', *Jahrbuch für Geschichte von Staat, Wirtschaft und Gesellschaft Lateinamerikas*, 20 (1983), 642–62; Susan Verdi Webster, 'Art, Ritual, and Confraternities in Sixteenth-Century New Spain', *Anales del Instituto de Investigaciones Estéticas*, 70 (1997), 5–43.
11 Webster, *Art and Ritual*, p. 45 nn. 165 and 167 ref. APAS: *Hermandades*, leg. 94, 'Auto de la cofradía y hermanos de nuestra señora de la antigua ...'
12 Sánchez Gordillo, *Religiosas estaciones*, p. 44.
13 Francisco Pacheco, *El arte de la pintura*, ed. Bonaventura Bassegoda i Hugas (Madrid: 1990 [1646]), p. 133.
14 Saint John of the Cross, *Complete Works*, ed. Allison Peers, 3 vols (London: 1935), 3:89.
15 Ronda Kasl, 'Painters, Polychromy, and the Perfection of Images', in *Spanish Polychrome Sculpture 1500–1800 in United States Collections*, exhibition catalogue, ed. Suzanne L. Stratton ([New York]: [1994]), 32–49, p. 34.
16 José Hernández Díaz, *Juan Martínez Montañés (1568–1649)* (Seville: 1987), pp. 194–6, nn. 148–152 ref. Celestino López Martínez, *Retablos y esculturas de traza sevillana* (Seville: 1928), pp. 48, 53, 55; and *Desde Jerónimo Hernández a Martínez Montañés* (Seville: 1929), 262–5; Antonio Muro Orejón, *Documentos para la escultura sevillana. Artífices sevillanos de los siglos XVI y XVII*, Documentos para la historia del Arte en Andalucía, vol. 1 (Seville: 1927), p. 208.
17 Francisco Pacheco, 'A los profesores del arte de la pintura. Opúsculo impreso en Sevilla el 16 de Julio de 1622', in Calvo Serraller (ed.), *La teoría de la pintura*, 179–91.
18 Webster, *Art and Ritual*, pp. 65–7.
19 Pacheco, *Arte de la pintura*, pp. 497, 495–6, 500.
20 Ibid., p. 500.
21 Webster, *Art and Ritual*, pp. 164–5.
22 San Juan de la Cruz, *Subida del monte Carmelo*, ed. Eulogio Pacho, bk 3, ch. 35, at http://es.catholic.net/santoral/147/2519/articulo.php?id=2058.
23 Webster, *Art and Ritual*, p. 117 n. 20 refs Sánchez Gordillo, *Religiosas estaciones*, p. 171.
24 Webster, *Art and Ritual*, p. 118 n. 22 refs Juan de Ávila, *Obras completas*, ed. Francisco Martín Hernández, 6 vols (Madrid: 1971), 6:74.

16 委拉斯开兹和苏巴朗

1 Peter Cherry, 'Artistic Training and the Painters' Guild in Seville', in *Velázquez in Seville*, exhibition catalogue, ed. David Davies (Edinburgh: 1996), 66–75, p. 72.
2 Ernst Gombrich, *Art and Illusion* (London: 1960), p. 258.
3 Xavier Bray, 'The Sacred Made Real', in *The Sacred Made Real: Spanish Painting and Sculpture, 1600–1700*, exhibition catalogue, ed. Xavier Bray (London: 2010), 15–44.
4 Ibid., p. 18 n. 12 refs Odile Delenda and Luis J. Garraín Villa, 'Zurbarán Sculpteur: aspects inédits

de sa carrière et de sa biographie', *Gazette des Beaux-Arts*, 131 (1998), 125–38.

5 Brown, *Painting in Spain*, pp. 132–3.

6 Palomino, *Vidas*, p. 198.

7 Xavier Bray, '*Christ on the Cross, 1627*', in *The Sacred Made Real*, cat. 25, p. 160.

8 José Gestoso y Pérez, *Ensayo de un diccionario de los artífices que florecieron en Sevilla desde el siglo XIII al XVIII inclusive*, 3 vols (1899–1909), 2:124–6 refs AMS: Papeles del conde del Águila, sección 11, tomo 38, no. 23.

9 *Velázquez in Seville*, cats 17–20.

10 See P. K. F. Moxey, 'Erasmus and the Iconography of Pieter Aertsen's *Christ in the House of Martha and Mary* in the Boymans-Van Beuningen Museum', *Journal of the Warburg and Courtauld Institutes*, 34 (1971), 335–6, and Erwin Panofsky, 'Erasmus and the Visual Arts', *Journal of the Warburg and Courtauld Institutes*, 32 (1969), 200–7.

11 Jonathan Brown and Richard Kagan, 'The Duke of Alcalá: His Collection and its Evolution', *Art Bulletin*, 69:2 (1987), 231–55.

12 Pacheco, *Arte de la pintura*, pp. 518, 527–8, 521.

13 *Velázquez in Seville*, cat. 31.

14 *Velázquez*, exhibition catalogue, ed. Dawson W. Carr (London: 2006), cat. 8.

15 Michael Baxandall, *Patterns of Intention: On the Historical Explanation of Pictures* (New Haven and London: 1985), pp. 3–4.

16 *Velázquez*, exhibition catalogue, ed. Antonio Domínguez Ortiz, Alfonso E. Pérez Sánchez and Julián Gállego (Madrid: 1990), cat. 4.

17 Luke 10:38–42.

18 Teresa, *Libro de las fundaciones*, in *Obras completas*, ch. 5, p. 545.

19 *Velázquez*, ed. Domínguez Ortiz, Pérez Sánchez and Gállego, cat. 8.

20 William L. Fichter, 'Una poesía contemporánea inédita sobre las bodas de Velázquez', in *Varia velazqueña: homenaje a Velázquez en el III centenario de su muerte 1660–1960*, 2 vols (Madrid: 1960), 1:637–9.

21 Matthew 14:1–12.

22 Fichter, 'Poesía', 1:637–9.

23 Palomino, *Vidas*, p. 155.

24 Alfredo J. Morales, *La obra renacentista del ayuntamiento de Sevilla* (Seville: 1981), pp. 135–6.

25 M. Herrero García, *Ideas de los españoles del siglo XVII* (Madrid: [1928]), pp. 169–89; Diego Hurtado de Mendoza, *Guerra de Granada* (Valencia: 1776 [1627]), pp. 275–6.

26 Teodoro Falcón Márquez, *El Palacio de las Dueñas y las casas-palacio sevillanas del siglo XVI* (Seville: 2003).

27 Teresa, *Libro de las fundaciones*, in *Obras completas*, ch. 5, p. 545.

28 Suzanne L. Stratton, *The Immaculate Conception in Spanish Art* (New York: 1994).

29 Ortiz de Zúñiga, *Anales eclesiásticos*, 4:245.

30 Ibid., 4:234–5.

31 Ibid., 4:236–8.

32 Ibid., 4:235:

> Todo el mundo en general
> A voces, Reina escogida,
> Diga que sois concebida
> Sin pecado original.

33 Ibid., 4:248–56.

34 Ibid., 4:263–8.

35 Ibid., 4:269–75.

36 Revelations 17:1–5.

37 Pacheco, *Arte de la pintura*, pp. 576–7.

17　政治和诗歌：贡戈拉和克维多

1　Jammes, *Obra poética*, pp. 97–100.

2　骑马比武（juego de cañas）是一种武术运动，两队骑手轮流向对方投掷藤制标枪，对方用盾牌防守。Góngora, *Obras completas*, no. 273, pp. 485–6:

> Hermosas damas ...
> ¿quién con piedad al andaluz no mira,
> y quien al andaluz su favor niega?
> ¿Quién en la plaza los bohordos tira,
> mata los toros, y las cañas juega?
> ¿En saraos, quién lleva las más veces
> los dulcísimos ojos de la sala,
> sino galanes de el Andalucía?

3　Góngora, *Obras completas*, nos 275–7, 279, pp. 486–9.

4　Quevedo, 'Ya que coplas componeis', at http://www.franciscodequevedo.org/index.php?option=com_content&id=83%3Aya-que-coplas-componeis-826&Itemid=59:

> sois poeta nefando
> pues cantáis culos así.

5　Góngora, *Obras completas*, no. 22, pp. 430–2; and see Pablo Jauralde Pou, *Francisco de Quevedo (1580–1645)* (Madrid: 1999), pp. 906–8.

6　Quevedo, 'en lo sucio que has cantado', at http://www.franciscodequevedo.org/index.php?option=com_content&view=article&id=77%3Aen-lo-sucio-que-has-cantado-827&catid=35%3Adecimas&Itemid=59:

> En lo sucio que has cantado
> y en lo largo de narices,
> demás de que tú lo dices,
> que no eres limpio has mostrado.
> Eres hombre apasionado;
> y por saber que es corona
> la Pasión en tu persona,
> es punto más necesario
> que esté en el monte Calvario
> puesta de hoy más tu Helicona.
> Traducir un hombre al rey
> de francés en castellano,
> mandándolo por su mano,
> es justo, y por justa ley;
> mas no [a] la plebeya grey
> ni al rey por dinero ruego,
> como tu pariente ciego;
> y no hagas desto donaire;
> que mi culpa es cosa de aire,
> pero la tuya, de fuego.
> Por muy pequeña ocasion
> sé que en perseguirme has dado:
> de aquellos lo has heredado
> que inventaron la Pasión.
> Satírico no es razón
> ser un hombre principal
> que tiene sangre real;
> yo lo sé: que tus pasados
> fueron todos salpicados
> con la de un Rey Celestial.

7　Góngora, *Obras completas*, no. 312, p. 507:

> El Conde mi señor se fué á Napóles;
> el Duque mi señor se fué a Francia:
> príncipes, buen viajes, que este día
> pesadumbre daré a unos caracoles.
> Como sobran tan doctos españoles,
> a nunguno ofrecí la Musa mía:
> a un pobre albergue sí, de Andalucía,
> que ha resistido a grandes, digo Soles.

8　Orozco, *Introducción*, p. 42.

9　José Ortega y Gassett, *Obras completas*, 13 vols (Madrid: 1983), 3:585.

10　Dámaso Alonso, *La lengua poética de Góngora* (Madrid: 1950), pp. 67–87.

11　Jammes, *Obra poética*, p. 66.

12　Góngora, *Obras completas*, no. 404, p. 616.

13　Luis de Góngora y Argote, *Soledades*, ed. Robert Jammes (Madrid: 1994), lines 366–525.

14　Federico García Lorca, 'La imagen poética de don Luis de Góngora', in *Obras completas*, ed. Arturo del Hoyo, 2 vols (Madrid: 1980 [1954]), 1:1036.

15　贡戈拉所说的 "毫不吝惜时间的恐吓" 为何意，这一直是个谜团，直到最近才被解开；参见 Humberto Huergo Cardoso, 'Algunos lugares oscuros de las *Soledades* de Góngora', *Bulletin of Hispanic Studies*, 87 (2010), 17–41, esp. pp. 30–1。

16　Góngora, *Obras completas*, Epistolario 2, pp. 955–8, 958.

17　Baltasar Gracián, *La Agudeza y arte de ingenio*, ed. Evaristo Correa Calderón, 2 vols (Madrid: 1969 [1642]), p. 55.

18　García Lorca, 'Imagen poética', p. 1032; and see Jauralde Pou, *Quevedo*, p. 910.

19　Orozco, *Introducción*, p. 13.

20　Jammes, *Obra poética*, p. 277.

21　Orozco, *Introducción*, p. 47 n. 56 refs José de la Torre, 'Documentos gongorinos', *Boletín de la Real Academia de Ciencias, Bellas Letras y Nobles Artes de Córdoba*, 18 (1927), 65–218, doc. 95.

22　Góngora, *Obras completas*, Epistolario 5, pp. 961–2.

23　Quevedo, 'Yo te untaré mis obras con tocino', at http://www.franciscodequevedo.org/index.php?option=com_content&view=article&id=913%3Ayo-te-untare-mis-obras-con-tocino-829&catid=47%3Asonetos-sarcasmos&Itemid=59:

> Yo te untaré mis obras con tocino
> porque no me las muerdas, Gongorilla,
> perro de los ingenios de Castilla,
> docto en pullas, cual mozo de camino;
> apenas hombre, sacerdote indino,
> que aprendiste sin cristus la cartilla;
> chocarrero de Córdoba y Sevilla,
> y en la Corte bufón a lo divino.
> ¿Por qué censuras tú la lengua griega
> siendo sólo rabí de la judía,
> cosa que tu nariz aun no lo niega?
> No escribas versos más, por vida mía;
> aunque aquesto de escribas se te pega,
> por tener de sayón la rebeldía.

24　Jauralde Pou, *Francisco de Quevedo*, pp. 351–62.

25　Gregorio Marañón, *El Conde-Duque de Olivares (La pasión de mandar)* (Madrid: 1936), p. 25: 'el soñar así era para él función tan natural como la respiración'.

26　John H. Elliott, *The Count-Duke of Olivares: The Statesman in an Age of Decline* (New Haven and London: 1986), p. 20.

27　Brown, *Images and Ideas*, pp. 60–1.

28　Marañón, *Conde-Duque*, pp. 31, 143.

29 Elliott, *Count-Duke*, p. 28.

30 Francisco Quevedo y Villegas, *Epistolario completo de don Francisco de Quevedo Villegas*, ed. Luis Astrana Marín (Madrid: 1946), Letter 10, to the Duke of Osuna, 1615, pp. 23–6, 23.

31 Jaroslav Martinitz, 'Beschreibung der Böhmischen Rebellion in anno 1618', Knihovna Nárdního Muzea, Praha, Sign. VI G. 2, in Tryntje Helfferich (ed. and trans.), *The Thirty Years War: A Documentary History* (Indianapolis and Cambridge: 2009), doc. 1, pp. 14–19; Martinitz was the first man to be thrown out of the window.

32 Peter Milner von Milhausen, *Apologia oder Entschuldigungsschrift ...* (Prague: 1618), in Helfferich (ed. and trans.), *Thirty Years War*, doc. 2, pp. 20–2.

33 Robert Bireley, *The Jesuits and the Thirty Years War* (Cambridge and New York: 2003), p. 35.

34 Parker, *Crisis*, pp. 165–9.

35 Lynch, *Hispanic World*, pp. 77–82.

18 奥利瓦雷斯与唐璜

1 Matías de Novoa, *Historia de Felipe III, Rey de España*, in *CODOIN*, 60 and 61, 61:328–43.

2 Francisco de Quevedo, 'Grandes anales de quince días. Historia de muchos siglos que pasaron en un mes' [1621], ed. Victoriano Roncero López, in *Obras completas en prosa*, ed. Alfonso Rey, 3 vols (Madrid: 2005), 3:44–115, p. 59.

3 Ibid., pp. 65, 61.

4 'Autosemblanza de Felipe IV', appendix 2 in Carlos Seco Serrano (ed.), *Cartas de Sor María de Jesús de Ágreda y de Felipe IV*, 2 vols (Madrid: 1958), 2:231–6, p. 232.

5 Juan Antonio de Vera y Figueroa, Count of La Roca, *Fragmentos históricos de la vida de D. Gaspar de Guzmán*, in Antono de Valladares de Sotomayor (ed.), *Semanario Erudito*, vol. 2 (1787), 145–296, p. 162.

6 'Autosemblanza', 2:232.

7 Richard Kagan, *Clio and the Crown: The Politics of History in Medieval and Early Modern Spain* (Baltimore: 2009), pp. 201–3.

8 John H. Elliott and José F. de la Peña, *Memoriales y cartas del Conde Duque de Olivares*, 2 vols (Madrid: 1978–80), 2:doc. XIIa, Olivares to Archbishop of Granada.

9 Fernando Bouza Álvarez, 'Semblanza y aficiones del monarca: Música, astros, libros y bufones', in *Felipe IV: El hombre y el reinado*, ed. José Alcalá-Zamora y Queipo de Llano (Madrid: 1996), 27–44, p. 28 n. 5 refs A. Remón, *Entretenimientos y juegos honestos y recreaciones ...* (Madrid: 1623).

10 Jonathan Brown and John H. Elliott, *A Palace for a King: The Buen Retiro and the Court of Philip IV* (New Haven and London: 1980), p. 22 n. 25 refs ADM: leg. 79, 21 January 1633.

11 Basilio Sebastián Castellanos de Losada (ed.), *El bibliotecario y el trovador español ...* (Madrid: 1841), p. 59: 'Relación de lo sucedido en el convento de la Encarnación ...'

12 Antonio Valladares (ed.), 'Carta que el ilustrísimo señor don Garceran Alvarez, arzobispo de Granada, maestro que fue del rey don Felipe IV escribió al Conde-Duque de Olivares', in *Semanario erudito* (Madrid: 1787), 3:64, 66.

13 Elliott, *Count-Duke*, p. 112 n. 109 refs BNE: Ms 18,428, f. 30, Mirabel to Gondomar, 10 March 1622.

14 Mary C. Volk, 'Rubens in Madrid and the Decoration of the King's Summer Apartments', *Burlington Magazine*, 123:942 (1981), 513–29, p. 519.

15 Cassiano dal Pozzo, *Il diario del viaggio in Spagna del Cardinale Francesco Barberini*, ed. Alessandra Anselmi (Madrid: 2004), pp. 99–100.

16 Volk, 'Rubens', pp. 513–29.

17 Gloria Martínez Leiva and Ángel Rodríguez Rebollo (eds), *Qvadros y otras cosas que tienen su Magestad Felipe IV en este Alcázar de Madrid, Año de 1636* (Madrid: 2007).

18 Volk, 'Rubens', p. 513.

19 See the literature survey in Jane Clinton Nash, 'Titian's *Poesie* for Philip II', Ph.D. thesis, Johns Hopkins University, 1981, pp. 33–156.

20 Ibid., pp. 179–83.

21 Javier Portús Pérez, *La Sala Reservada del Museo del Prado y el coleccionismo de pintura de desnudo en la Corte Española, 1554–1838* (Madrid: 1998), pp. 16–17 refs Felipe de Guevara, *Comentarios de la pintura* (Madrid: 1778 [1564]), pp. 16–17.

22 Portús Pérez, *Sala Reservada*, p. 36 n. 35 refs José de Jesús María, *Primera parte de las excelencias de la virtud de la castidad* ([Madrid]: 1601).

23 Portús Pérez, *Sala Reservada*, p. 40.

24 Ibid., p. 91 n. 66 refs Volk, 'Rubens in Madrid', p. 526.

25 Luis Rosales, *Pasión y muerte del conde de Villamediana* (Madrid: 1969).

26 François Bertaut, 'Diario de Viaje a España' [1669], in García Mercadal, *Viajes*, 2:417.

27 Rosales, *Pasión y muerte*, p. 88 n. 19 refs Gonzalo de Céspedes y Meneses, *Prima parte de la historia de D. Felipe el IV, Rey de las Españas* (Lisbon: 1631), p. 239.

28 Gongora, *Obras completas*, Epistolario 100, pp. 1095–6.

29 Quevedo, *Grandes anales*, pp. 107–8.

30 Rosales, *Pasión y muerte*, p. 34 refs BNE: H.97, f. 112.

31 Rosales, *Pasión y muerte*, p. 36.

32 Fernando Manoio, *Relación del muerte de Rodrigo Calderón* (Madrid: [1621]).

33 Góngora, *Obras completas*, Epistolario 68, p. 1052.

34 Manoio, *Relación*.

35 Orozco, *Introducción*, p. 50 n. 59 refs Miguel Artigas, *Don Luis de Góngora y Argote: Biografía y estudio crítico* (Madrid: 1925), p. 178.

36 Góngora, *Obras completas*, Epistolario 80, pp. 1067–9, 1067.

37 很好地概述了黄金时代西班牙剧院的一本书是 Jonathan Thacker, *A Companion to Golden-Age Drama* (London: 2007)。

38 François Bertaut, 'Diario' [1669], in García Mercadal, *Viajes*, 2:550–688, pp. 642–3.

39 Cosimo III de Medici, Grand Duke of Tuscany, 'Viaje por España', in José María Diez Borque (ed.), *La vida española en el Siglo de Oro según los extranjeros* (Barcelona: 1990), p. 225.

40 Marie Catherine le Jumel de Barneville, Mme D'Aulnoy, 'Relación del viaje a España', in García Mercadal, *Viajes*, 2:920–1104, pp. 1037–8.

41 Luis Díaz Viana, 'En torno al origen legendario de "El convidado de piedra"', *Cuadernos de trabajo* (Centro Cultural de Estudios Folklóricos: Valladolid), 2 (1980), 77–126.

42 Diego Catalán (ed.), *Gran crónica de Alfonso XI: Fuentes cronísticas de la historia de España IV* (Madrid: 1976), 1:366.

43 Pablo Espinosa de Monteros, *Historia y grandezas de Sevilla*, 2 vols (Seville: 1627–30), 1:50–1.

44 Alfredo Rodríguez López-Vázquez, 'Don Pedro y Don Juan', in Francisco Ruíz Ramón and César Oliva (eds), *El mito en el teatro clásico español: Ponencias y debates de las VII jornadas de teatro clásico español (Almagro, 25 al 27 de septiembre, 1984)* (Madrid: 1988), 192–5.

45 Ángel Gónzalez Palencia, 'Tirso y las comedias ante la Junta de Reformación', *Boletín de la Real Academia Española*, 25 (1946), 43–84; Ruth Lee Kennedy, *Studies in Tirso, I: The Dramatist and his Competitors, 1620–26* (Chapel Hill: 1974), pp. 85ff.

19 威尔士亲王在马德里

1 Anon., 'Relación de la llegada del Principe de Gales', in José Simón Díaz (ed.), *Relaciones breves de actos públicos celebrados en Madrid de 1541 a 1650* (Madrid: 1982), 197–9; James Howell, *Epistolae Ho-Elianae: The Familiar Letters of James Howell*, ed. Joseph Jacobs (London: 1890), bk 1, Letter XV, p. 164. The background to and story of Charles's journey to Madrid is brilliantly explained in Glyn Redworth, *The Prince and the Infanta: The Cultural Politics of the Spanish Match* (New Haven and London: 2003).

2 Howell, *Epistolae*, p. 164.

3 Andrés Almansa y Mendoza, *Obra periodística*, ed. Henry Ettinghausen and Manuel Borrego (Madrid: 2001), Relación 1, p. 330.

4 Góngora, *Obras completas*, no. 382, p. 546.

5　Almansa y Mendoza, *Obra*, p. 334.

6　*Calendar of State Papers: Venetian, 1621–1623*, p. 613.

7　Almansa y Mendoza, *Obra*, p. 331.

8　Henry Ellis (ed.), *Original Letters Illustrative of English History*, series 1, 3 vols (London: 1825), 3:123–4 in the footnotes quotes 'Life and Death of the Duke of Buckingham', in *Reliquiae Wottonianae* (London: 1651), pp. 81–9 and Letter CCLXXIV, Charles and Buckingham while incognito at Paris to the King, BL: Ms Harl. 6987, art. 6, pp. 121–2; for the eye-patch see Anon., 'Relación de la llegada ...', p. 198.

9　Richard Wynn, 'Account of the Journey of Prince Charles's Servants into Spain in the Year 1623', in *Historia Vitae et Regni Ricardi II*, ed. Thomas Hearne (Oxford: 1729), 297–340, pp. 298–308.

10　Robert Bargrave, *The Travel Diary of Robert Bargrave, Levant Merchant (1647–1656)*, ed. Michael G. Brennan (London: 1999), p. 206.

11　Juan Antonio de Vera y Figueroa (Conde de la Roca), 'Extract from "Fragmentos historicos de la vida de Con Gaspar de Guzman ..."', in Francisco de Jesús, *El hecho de los tratados del matrimonio pretendido por el Príncipe de Gales ...*, ed. & trans. Samuel Rawson Gardiner (London: 1869), appendix 10, pp. 325–6.

12　Ibid.

13　Howell, *Epistolae*, p. 165.

14　Almansa y Mendoza, *Obra*, p. 342; e.g. the poet Francisco López de Zárate, *Obras varias*, ed. José Simón Díaz, 2 vols (Madrid: 1947), 1:74.

15　*Calendar of State Papers. Venetian, 1621–1623*, pp. 637–9.

16　Ibid., p. 639.

17　Redworth, *Prince*, p. 98.

18　*Calendar of State Papers: Venetian, 1621–1623*, p. 638.

19　Ellis, *Original Letters*, pp. 146–7: Letter CCLXXXVII, Buckingham to the King, Ms Harl. 69867, art. 40; Redworth, *Prince*, p. 112 n. 2 refs John Bowle, *Charles I: A Biography* (London, 1975), p. 75.

20　Howell, *Epistolae*, Letter XVIII, p. 169.

21　Redworth, *Prince*, pp. 99, 123.

22　Elliott and Peña, *Memoriales y cartas*, 2:96.

23　Jacinto Herrera y Sotomayor, *Jornada que Su Magestad hizo a la Andaluzia* (Madrid: 1624), f. 1r.

24　Ibid., f. 3r.

25　Bernardo Mendoza, *Relación del lucimiento y grandeza con que el Duque de Medina Sidonia festejó Su Magestad en el bosque llamado Doña Ana* (Madrid: 1624), f. 1r.

26　Enriqueta Vila Vilar, 'Las ferias de Portobelo: apariencia y realidad del comercio con Indias', *Anuario de Estudios Americanos*, 39 (1982), 275–340, p. 275.

27　Elliott, *Count-Duke*, pp. 153–4.

28　Herrera y Sotomayor, *Jornada*, f. 4v; Elliott, *Count-Duke*, pp. 164–5.

29　Mendoza, *Relación*, f. 2r.

30　Herrera y Sotomayor, *Jornada*, f. 6r.

31　Elliott, *Count-Duke*, p. 156.

32　有关后文提到的大西洋贸易中的欺诈和衰落，见 Vila Vilar, 'Ferias de Portobelo'。

33　Ibid., pp. 326–7; p. 327 n. 148 refs AGI: Panama 1, Consulta del Consejo, Madrid, 21 March 1626.

34　Ibid., p. 327 n. 149 refs AGI: Panama 1, Madrid, 26 March 1926.

35　Ibid., pp. 327–8; p. 328 n. 148 refs AGI: Consulado, 110, Carta del Consulado, Seville, 18 March 1626.

36　Elliott, *Count-Duke*, pp. 156–7; Vila Vilar, 'Ferias de Portobelo', p. 327 n. 149 refs AGI: Panama 1, Consulta del Consejo, Madrid, 8 January 1627.

20　胜利与灾难

1　Marañón, *Conde-Duque*, pp. 282–3; p. 283 n. 46 refs BNE: Ms 41–11.263 and ADA, G-96–14; Olivares to unknown recipient, 4 September 1626.

2　Marañón, *Conde-Duque*, pp. 280–1 n. 44 refs BNE: Ms 10.857–44, f. 105bis, Fray Antonio Pérez, Letter of Condolence, 30 July 1626.

3　Castellanos de Losada (ed.), *Bibliotecario*, p. 72bis [68]: 'Vida licenciosa y hechos escandalosos y sacrilegios ...'

4　Ruth Saunders Magurn (ed. and trans.), *The Letters of Peter Paul Rubens* (Cambridge, MA: 1955), p. 295; Rubens to Gevaerts, Madrid, 29 December 1628.

5　Matías de Novoa, *Historia de Felipe IV*, 4 vols (Madrid: 1878), 1:73–6.

6　Elliott and Peña, *Memoriales y cartas*, 2:19–23.

7　Ibid., 2:47–8.

8　Elliott, *Count-Duke*, p. 384.

9　Novoa, *Historia de Felipe IV*, 1:89–90.

10　Antonio Rodríguez Villa, *Ambrosio Spínola: primer Marqués de los Balbases* (Madrid: 1904), pp. 592–5, 592, 595.

11　Ibid., pp. 564, 567.

12　Magurn, *Letters of Rubens*, p. 295: Rubens to Gevaerts, Madrid, 29 December 1628.

13　Castellanos de Losada (ed.), *Bibliotecario*, p. 71bis [67]: 'Vida licenciosa y hechos escandalosos y sacrilegios ...'

14　Marañón, *Conde-Duque*, p. 105.

15　*Velázquez*, ed. Dominguez Ortiz et al., cat. 41, p. 253.

16　Brown and Elliott, *Palace*, p. 71 n. 66 refs BL: Egerton Ms 1820, f. 286, Hopton to Coke, 26 October 1632; n. 65 ref. ASF: Mediceo, filza 4959, 15 January 1633 and 3 December 1633; and p. 59.

17　Brown and Elliott, *Palace*, p. 60 n. 28.

18　Ibid., p. 60 n. 28 and p. 71 n. 65 ref. ASF: Mediceo, filza 4959, 15 January 1633 and 3 December 1633.

19　Diego Covarrubias y Leyva (ed.), *Elogios al Palacio Real del Buen Retiro escritos por algunos ingenios de España* (Madrid: 1635).

20　Muret, Letter of 10 January 1667, in García Mercadal, *Viajes*, 2:710–33.

21　Brown and Elliott, *Palace*, pp. 116–18.

22　Ibid., p. 111.

23　Andrés Úbeda de los Cobos, 'The History of Rome Cycle', in Andrés Úbeda de los Cobos (ed.), *Paintings for the Planet King: Philip IV and the Buen Retiro Palace* (Madrid and London: 2005), 169–89.

24　José María de Azcárate, 'Una Variante en la edición de los *Diálogos* de Carducho con noticia sobre el Buen Retiro', *Archivo Español de Arte*, 95 (1951), 261–2.

25　José Álvarez Lopear, 'The Hall of Realms: The Present State of Knowledge and a Reconsideration', in Úbeda de los Cobos, *Paintings for the Planet King*, 91–111, p. 94.

26　Ibid., p. 94 n. 31 refs Françoise Langlois de Mottevill, *Mémoires pour servir à l'histoire d'Anne d'Autriche ...* (Amsterdam: 1723), 5:58–9.

27　María Luisa Caturla, 'Cartas de pago de los doce cuadros de batallas para el salón de reinos del Buen Retiro', *Archivo Español de Arte*, 33 (1960), 333–55, pp. 341, 343.

28　Brown and Elliott, *Palace*, pp. 149–50.

29　Lope de Vega, *El Brasil Restituido: Obras de Lope de Vega XXVIII*, ed. Marcelino Menéndez Pelayo (Madrid: 1970), p. 294, Act 3; see Brown and Elliott, *Palace*, pp. 186–7.

30　Alvarez Lopear, 'The Hall of Realms', p. 107 n. 94.

31　Pedro Calderón de la Barca, *La vida es sueño*, ed. Ciriaco Morón (Madrid: 1983 [1635]), lines 2072–5:

> Salga a la anchurosa plaza
> del gran teatro del mundo
> este valor sin segundo,
> porque mi venganze cuadre.

32　Ibid., lines 2101–7 and 2182–7:

> Y no estoy muy engañado; porque si ha sido sñado,
> lo que vi palpable y cierto,

lo que veo será incerito;
y no es mucho que rendido,
pues veo estando dormido,
que sueñe estando despierto.
...
¿Qué es la vida? Un frenesí.
¿Qué es la vida? Una ilusión,
una sombra, una ficción,

...
que toda la vida es sueño,
y los sueños, sueños son.
33　Kagan, *Clio and the Crown*, p. 202.

21　死亡与失败

1　Elliott, *Revolt of the Catalans*, p. 253 n. 4 refs Jeroni Pujades, *Dietari*, Biblioteca de la Universidad de Barcelona: Ms 975, [vol. 4], f. 94v.

2　Lynch, *Hispanic World*, pp. 150–4.

3　Letters of 29 August and 1 September in Anon., *Memorial Histórico Español: colección de documentos, opúsculos y antigüedades*, 16 (1862), pp. 161–5.

4　Elliott, *Count-Duke*, pp. 637–9, 650–1.

5　Marañón, *Conde-Duque*, appendix 28.

6　Ibid., pp. 398–404.

7　Ibid., appendix 28.

8　R. A. Stradling, *Spain's Struggle for Europe, 1598–1668* (London and Rio Grande: 1994), pp. 147–76, 283–5.

9　Sor María de Ágreda, *Cartas de la venerable madre Sor María de Ágreda y del Señor Rey Don Felipe IV*, ed. Francisco Silvela, 2 vols (Madrid: 1885).

10　Jonathan I. Israel, *The Dutch Republic and the Hispanic World, 1606–1661* (Oxford: 1982), p. 353.

11　Laura Manzano Baena, *Conflicting Words: The Peace Treaty of Münster (1648) and the Political Culture of the Dutch Republic and the Spanish Monarchy* (Leuven: 2011).

12　此处和后文我参考了 Ortiz de Zúñiga, *Annales eclesiasticos*, 4:395–416。

13　Dominguez Ortiz, *Orto y ocaso*, pp. 85–7.

14　Ortiz de Zúñiga, *Annales eclesiasticos*, 5:77–99.

15　*Zurbarán y su obrador: pinturas para el Nuevo Mundo*, exhibition catalogue, ed. Benito Navarrete Prieto (Valencia: 1998), 19–31; J. M. Palomero Páramo, 'Notas sobre el taller de Zurbarán: un envío de lienzos a Portobelo y Lima en el años de 1636', in *Actas del congreso: Extremadura en la Evangelización del Nuevo Mundo* (Madrid: 1990), 313–30.

16　Duncan T. Kinkead, 'Juan Lazón and the Sevillian Painting Trade with the New World in the Second Half of the Seventeenth Century', *Art Bulletin*, 66:2 (1984), pp. 303–10.

17　Lutgardo García Fuentes, *El comercio español con América, 1650–1700* (Seville: 1980), table 34, p. 505.

18　Duncan T. Kinkead, 'Last Sevillian Period of Francisco de Zurbarán', *Art Bulletin*, 65:2 (1983), 303–15, p. 308.

19　Fray Juan de Madariaga, *Vida del seráfico padre San Bruno, Patriarca de la Cartuja* (Valencia: 1596), ff. 147r–48r.

20　Luis Manuel Calzada and Luys Santa Marina, *Estampas de Zurbarán* (Barcelona: 1929), 31.

21　García Fuentes, *Comercio*, table 34, p. 505.

22　Kinkead, 'Last Sevillian Period', p. 306; María Luisa Caturla, *Fin y muerte de Francisco de Zurbarán* (Madrid: 1964), p. 13.

23　Kinkead, 'Last Sevillian Period', p. 306; Caturla, *Fin y muerte*, p. 8.

24　Caturla, *Fin y muerte*, pp. 15–23.

25　Palomino, *Vidas*, p. 175.

26　Enriqueta Harris, *Velázquez* (Oxford: 1982), pp. 136–7; Jennifer Montagu, 'Velázquez Marginalia: His Slave Juan de Pareja and his Illegitimate Son Antonio', *Burlington Magazine*, 125:968 (1983), 683–5, pp. 684–5.

27　Harris, *Velázquez*, pp. 172–4.

28　Palomino, *Vidas*, p. 182.

29　Ibid.

30　Ángel Aterido Fernández (ed.), *Corpus velazqueño*, 2 vols (Madrid: 2000), 2:344–451.

31　Alfonso E. Pérez Sánchez, 'Velázquez y su arte', in *Velázquez*, ed. Domínguez Ortiz, Pérez Sánchez and Gállego, 21–56, p. 54.

32　Peter Cherry, 'Documentary Appendix on Justino de Neve', in *Murillo and Justino de Neve*, 143–68, pp. 156–66.

33　Peter Cherry, 'Justino de Neve: Life and Works', in *Murillo and Justino de Neve*, 31–45, p. 31.

34　Teodoro Falcón Márquez, 'The Church of Santa María la Blanca in Seville, Meeting Point between Murillo and Justino de Neve', in *Murillo and Justino de Neve*, 61–72, pp. 66–7.

35　Diego Angulo Íñiguez, *Murillo: su vida, su arte, su obra*, 3 vols (Madrid: 1981), 1:329.

36　Antonio Ponz, *Viage de España, en que se da noticia de las cosas más apreciables ...* (Madrid: 1947 [1771–94]), p. 794; Peter Rogers, *The Mystery Play in Madame Bovary: Moeurs de Province* (Amsterdam: 2009), p. 42.

37　Elena Cenalmor Bruquetas, 'The Immaculate Conception of the Venerables Sacerdotes', in *Murillo and Justino de Neve*, cat. 7.

尾　声

1　Arsène Legrelle, *La mission de M. de Rébenac à Madrid et la mort de Marie-Louise, reine d'Espagne (1688–1689)* (Paris: 1894), Rébenac to Louis XIV dated 23 December 1688; John Nada, *Carlos the Bewitched: The Last Spanish Habsburg, 1661–1700* (London: 1962), p. 130.

2　Enriqueta Vila Vilar, 'El poder del Consulado Sevillano y los hombres del comercio en el siglo XVII: una aproximación', in Enriqueta Vila Vilar and Allan J. Kuethe (eds), *Relaciones de poder y comercio colonial: nuevas perspectivas* (Seville: 1999), 3–34, pp. 28–9.

3　Juan de Cárdenas, *Breve relación de la muerte, vida y virtudes del venerable caballero D. Miguel Mañara ...* (Seville: 1903), p. 377.

4　Ibid., p. 42.

5　Jonathan Brown, 'Hieroglyphs of Death and Salvation: The Decoration of the Church of the Hermandad de la Caridad, Seville', in *Images and Ideas*, 128–46, p. 134.

6　E. Valdivieso and J. M. Serrera, *El Hospital de la Caridad de Sevilla* (Seville: 1980), p. 11.

7　Matthew 25:35–6.

8　Valdivieso and Serrera, *Hospital de la Caridad*, p. 71.

9　Ibid., p. 72.

10　W. Matthews, 'Samuel Pepys and Spain', *Neophilologus*, 20:3 (1935), 120–9, p. 129.

11　Valdivieso and Serrera, *Hospital de la Caridad*, p. 66.

12　Miguel Mañara Vicentelo de Leca, *Discurso de la Verdad* (Madrid: 1878 [1670]), p. 13.

13　Ibid., p. 26.

14　Ibid., pp. 13–14.

15　Ibid., pp. 14, 25.

16　Ibid., p. 25.

17　Cristóbal Pérez Pastor (ed.), *Documentos para la biografía de D. Pedro Calderón de la Barca*, vol. 1 (Madrid: 1905), doc. 188, pp. 375–6.

18　Calderón, *Vida es sueño*, lines 199–203:

> este rústico desierto
> donde miserable vivo,
> siendo un esqueleto vivo,
> siendo un animado muerto.

19　帕洛米诺认为牟利罗是在加的斯去世的，但是，鉴于他的遗嘱立于弥留之际，并且遗嘱上注明的日期正是他去世的当天，地点为塞维利亚，所以帕洛米诺的说法不成立；见 Nina Ayala Mallory, *Bartolomé Esteban Murillo* (Madrid: 1983), p. 31。

20　Mañara, *Discurso*, p. 12.

关于货币和币值的注释

在16和17世纪，卡斯蒂利亚的基本记账单位是马拉维弟（maravedí）。这个词可能是莫拉比廷（morabotín）的变形，莫拉比廷是中世纪时代西班牙摩尔人所铸金第纳尔的名称。

1 铜布兰卡	1/2 马拉维弟
1 铜夸脱	4 马拉维弟
1 银雷亚尔	16 马拉维弟
1 克朗	350—612 马拉维弟
1 金埃斯库多	350—612 马拉维弟
1 达布隆	2 埃斯库多
1 金达克特	375—429 马拉维弟
1 卡斯蒂拉诺或金比索	442—576 马拉维弟

在本书所涉时期的西班牙（更不用说整个欧洲和美洲殖民地），货币和币值是复杂且时常令人困惑的。以至于许多标准的教科书大体上都无视了这一问题。同一名称经常在不同时间或不同地点用来描述价值不等或有时相近的不同货币。相对的，价值相似或相等的货币在不同的地方或不同的时间也可能被叫作不同的名称。如果说仅仅是这样还不够混乱的话，硬币间的换算值其实也会改变，这可能是由于王室敕令导致的，但更主要还是受金、银和铜这些用来铸造硬币之金属的相对价值波动影响。17世纪，当西班牙王室开始发行成色大幅降低的含银量很少或根本不含银的铜比隆或贬值现有流通硬币时，事情变得更加复杂了。上表显示了这一时期流通硬币的基本价值区间，较低的那些数值到17世纪前或多或少都是准确的，而之后价值变动则非常巨大。

参考文献

文学文本

Ávila, Juan de, *Obras completas*, ed. Francisco Martín Hernández, 6 vols (Madrid: 1971).

Boscán, Juan, *Obras*, ed. Carlos Clavería (Barcelona: 1991 [1543]).

Calderón de la Barca, Pedro, *La vida es sueño*, ed. Ciriaco Morón (Madrid: 1983 [1635]).

Castiglione, Baltasar, *Los quatro libros, del cortesano compuestos en italiano por el conde Balthasar Castellon, y agora nueuamente traduzidos en lengua castellana por Boscan* (Barcelona: 1534).

Cervantes Saavedra, Miguel de, *Don Quijote de la Mancha*, ed. Francisco Rico et al., 2 vols (Madrid: 2005 [1604–15]).

—, *La Galatea*, ed. Francisco López Estrada and María Teresa López García-Berdoy (Madrid: 1995 [1585]).

—, *The History and Adventures of the Renowned Don Quixote*, trans. Tobias Smollett (London: 1796).

—, *El juez de los divorcios* ([Madrid: 1610–15]), at http://cervantes. tamu.edu/english/ctxt/cec/disk7/ENTREMES.html.

—, *Novelas ejemplares*, ed. Harry Sieber, 2 vols (Madrid: 1991 [1613]).

—, *Ocho comedias y ocho entremeses nuevos nunca representados* [(Madrid: 1615]), at www.cervantesvirtual.com/obra/ocho-comedias-y-ocho-entremeses-nuevos-nunca-representados-0.

—, *Los trabajos de Persiles y Sigismunda*, ed. Juan Bautista Avalle-Arce (Madrid: 1969 [1617]).

Covarrubias y Leyva, Diego (ed.), *Elogios al Palacio Real del Buen Retiro escritos por algunos ingenios de España* (Madrid: 1635).

Garcilaso de la Vega, El Inca, *La Florida del Inca* (Lisbon: 1605).

Garcilaso de la Vega, *Obras completas con comentario*, ed. Elias L. Rivers (Madrid: 2001 [1981]).

Góngora y Argote, Luis de, *Obras completas*, ed. Juan Millé y Giménez and Isabel Millé y Giménez (Madrid: [1900]).

—, *Soledades*, ed. John Beverley (Madrid: 2007).

—, *Soledades*, ed. Robert Jammes (Madrid: 1994).

Gracián, Baltasar, *La Agudeza y arte de ingenio*, ed. Evaristo Correa Calderón, 2 vols (Madrid: 1969 [1642]).

John of the Cross, Saint, *Complete Works*, ed. Allison Peers, 3 vols (London: 1935).

[John of the Cross, Saint] Juan de la Cruz, San, *Poesía*, ed. Domingo Ynduráin (Madrid: 1992).

—, *Subida del monte Carmelo*, ed. Eulogio Pacho, bk 3, ch. 35, at http://es.catholic.net/santoral/147/2519/articulo.php?id=2058.

León, Luis de, *Traducción literal y declaración del Cantar de los Cantares de Salomón* (Madrid: 1798 [c.1561]), at http://bib.cervantesvirtual.com/servlet/SirveObras/p268/12147297718948273987213/index.htm.

Lope de Vega y Carpio, Félix, *El Brasil Restituido: Obras de Lope de Vega XXVIII*, ed. Marcelino Menendez Pelayo (Madrid: 1970 [1625]).

—, *Cartas*, ed. Nicolás Marín and Luis Fernández de Córdoba (Madrid: 1985).

—, *Corona trágica, vida y muerte de la serenissima reyna de Escocia María Estuarda a Nuestro Padre Urbano VIII* (Madrid: 1627).

—, 'Una dama se vende' [c.1587], in *Cancionero de obras de burlas provocantes a risa*, ed. Eduardo de Lustonó (Madrid: 1872), p. 278.

—, *La Dragontea* (Valencia: 1598).

—, *La hermosura de Angélica* (Madrid: 1602).

—, *La viuda valenciana*, in *Comedias*, Part 15 (Madrid: 1620 [c.1600]).

López de Zárate, Francisco, *Obras varias*, ed. José Simón Díaz, 2 vols (Madrid: 1947).

Mal Lara, Juan de, *Philosophia vulgar* (Seville: 1568).

Mañara Vicentelo de Leca, Miguel, *Discurso de la Verdad* (Madrid: 1878 [1670]).

Ovid, *Metamorphosis*, Book 10, at http://www.mythology.us/ovid_metamorphoses_book_10.htm.

Pérez de Hita, Ginés, *Guerras civiles de Granada* (Cuenca: 1595–1616).

Quevedo y Villegas, Francisco de, 'En lo sucio que has cantado', at http://www.franciscodequevedo.org/index.php?option=com_content&view=article&id=77%3Aen-lo-sucio-que-has-cantado-827&catid=35%3Adecimas&Itemid=59.

—, *Epistolario completo de don Francisco de Quevedo Villegas*, ed. Luis Astrana Marín (Madrid: 1946).

—, 'Grandes anales de quince días. Historia de muchos siglos que pasaron en un mes' [1621], ed. Victoriano Roncero López, in *Obras completas*, ed. Alfonso Rey, 3 vols (Madrid: 2005), 3:44–115.

—, *Obras completas*, ed. Alfonso Rey, 3 vols (Madrid: 2005).

—, *Obras completas*, ed. Astrana Marín (Madrid: 1947).

—, *Quevedo y su poética dedicada a Olivares: Estudio y edición*, ed. E. L. Rivers (Pamplona: 1998).

—, 'Ya que coplas componeis', at http://www.franciscodequevedo.org/index.php?option=com_content&id=83%3Aya-que-coplas-componeis-826&Itemid=59.

—, 'Yo te untaré mis obras con tocino', at http://www.franciscodequevedo.org/index.php?option=com_content&view=article&id=913%3Ayo-te-untare-mis-obras-con-tocino-829&catid=47%3Asonetos-sarcasmos&Itemid=59.

Teresa de Jesús, *Obras completas*, ed. Luis Santullano, 11th edn (Madrid: 1970).

Tirso de Molina [Gabriel Téllez], *El burlador de Sevilla o el convidado de piedra* (Madrid: 1630).

原始材料

The Holy Bible; all references are to the Douay–Rheims translation of the Latin Vulgate of 1605, at http://www.drbo.org/chapter/01001.htm.

AGI: Patronato 253, R.1, 'Información de Argel de Cervantes Expediente sobre méritos y servicios: Miguel de Cervantes'.

AGI: Santo Domingo, 51 R.9 N.87, 'Cartas de Audiencia'.

Ágreda, Sor María de, *Cartas de la venerable madre Sor María de Ágreda y del Señor Rey Don Felipe IV*, ed. Francisco Silvela, 2 vols (Madrid: 1885).

Albèri, Eugenio (ed.), *Relazioni degli ambasciatori veneti al senato*, 15 vols (Florence: 1839–63).

Alcalá, Ángel (ed.), *Proceso inquisitorial de fray Luis de León* (Valladolid: 1991).

Alcocer, Pedro de, *Relación de algunas cosas que pasaron en estos reinos desde que murió la reina católica doña Isabel, hasta que se acabaron las comunidades en la ciudad de Toledo* (Seville: 1872).

Almansa y Mendoza, Andrés, *Obra periodística*, ed. Henry Ettinghausen and Manuel Borrego (Madrid: 2001).

Álvarez, Vicente, *Relation du Beau Voyage que fit aux Pays-Bas en 1548 le Prince Philippe d'Espagne*, trans. M. T. Dovillée (Brussels: 1964 [c.1551]).

Álvarez de Toledo, Fernando, *Epistolario del III duque de Alba, Don Fernando Álvarez de Toledo*, 3 vols (Madrid: 1952).

Andrada, Francisco de, *Cronica do mvyto alto e mvito poderoso rey destes reynos de Portugal dom Ioao III deste nome* (Lisbon: 1613).

Anon., 'Diálogo llamado Philippino donde se refieren cien congrvencias concernientes al derecho que sv Magestad del Rei D. Phelippe nuestro señor tiene al Reino de Portogal', in *Felipe II: un monarca y su época*, exhibition catalogue, cat. 87.

—, *Memorial Histórico Español: colección de documentos, opúsculos y antigüedades*, vol. 16 ([Madrid]: 1862).

—, 'Relación de la llegada del Principe de Gales', in Simón Díaz (ed.), *Relaciones breves de actos públicos celebrados en Madrid de 1541 a 1650* (Madrid: 1982), 197–9.

—, 'Relación de lo que pasó en el auto que la santa inquisición hizo en la villa de Valladolid, en veinte [sic] de mayo de 1559 años, que fué domingo de la Trinidad', [AGS: Estado 137], in Novalín, *El inquisidor*, 2:239–48.

Arambaru, Marcos de, *Account of Marcos de Arambaru*, trans. W. Spotswood Green, *Proceedings of the Royal Irish Academy*, 27 (Dublin and London: 1908–9).

Aretino, Pietro, *Lettere*, ed. Paolo Procaccioli, *Edizione nazionale delle opere di Pietro Aretino*, 4 vols (Rome: 1997).

Ariño, Francisco de, *Sucesos de Sevilla de 1592 á 1604* (Seville: 1873).

Asensio, José María, *Nuevos documentos para ilustrar la vida de Miguel de Cervantes* (Sevilla: 1864).

Bargrave, Robert, *The Travel Diary of Robert Bargrave, Levant Merchant (1647–1656)*, ed. Michael G. Brennan (London: 1999).

Beatis, Antonio de, *The Travel Journal of Antonio de Beatis: Germany, Switzerland, the Low Countries, France and Italy, 1517–1518*, ed. J. R. Hale, trans. Hale and J. M. Lindon, Hakluyt Society, second series, number 150 (London: 1979), 'Diary', in Ludwig Pastor, 'Die Reise des Kardinals Luigi d'Aragona durch Deutschland, die Niederlande, Frankreich und Oberitalien, 1517–1518', *Erläuterungen und Ergänzungen zu Janssens Geschichte des deutschen Volkes*, IV:4 (Freiburg: 1905).

Bermúdez de Pedraza, Francisco, *Arte legal para estudiar la iurisprudencia* (Salamanca: 1612).

Bettenson, Henry C., *Documents of the Christian Church*, 4th edn (Oxford and New York: 1986).

Bornate, C. (ed.), 'Historia vite et gestorum per dominum magnum cancellarium', in *Miscellanea di storia Italiana*, 48 (1915), 233–568.

Borrow, George, *The Bible in Spain* (London: 1923).

Boswell, James, *The Life of Samuel Johnson*, 4 vols (London: 1823).

Bourdeille, Pierre (Seigneur de Brantôme) and André Vicomte de Bourdeille, *Oeuvres complètes*, ed. J. A. C. Bouchon, 2 vols (Paris: 1838).

Bradford, William (ed.), *Correspondence of the Emperor Charles V and his ambassadors at the courts of England and France: from the original letters in the imperial family archives at Vienna; with a connecting narrative and biographical notices of the Emperor and of some of the most distinguished officers of his army and household; together with the Emperor's itinerary from 1519–1551* (London: 1850).

Cabrera de Córdoba, Luis, *Historia de Felipe II, Rey de España*, ed. José Martínez Millán Carlos Javier de Carlos Morales, 3 vols (Valladolid: 1998).

Calendar of State Papers: Spanish, 1509–1525.

Calendar of State Papers: Spanish, 1529–1530.

Calendar of State Papers: Venetian, 1520–1526.

Calendar of State Papers: Venetian, 1581–1591.

Calendar of State Papers: Venetian, 1621–1623.

Calvete de Estrella, Juan Christóval, *El felicísimo viaje del muy alto y muy poderoso Príncipe don Phelippe*, ed. Paloma Cuenca (Madrid: 2001 [1552]).

Calvo Serraller, Francisco (ed.), *La teoría de la pintura en el Siglo de Oro* (Madrid: 1981).

The Canons and Decrees of the Council of Trent, trans. Rev. H. J. Schroeder (Rockford, IL: 1978).

Carducho, Vicente, *Diálogos de la pintura, su defensa, origen, escencia, definición, modos y diferencias*, ed. Francisco Calvo Serraller (Madrid: 1979 [1633]).

Castellanos de Losada, Basilio Sebastián (ed.), *El bibliotecario y el trovador español* (Madrid: 1841).

Catalán, Diego (ed.), *Gran crónica de Alfonso XI: Fuentes cronísticas de la historia de España IV* (Madrid: 1976).

CDI: *Colección de documentos inéditos relativos al descubrimiento, conquista y organización de las antiguas posesiones españolas de América y Oceanía*, ed. Joaquín F. Pacheco, Francisco de Cárdenas and Luis Torres de Mendoza, 42 vols (Madrid: 1864–84).

Centurión y Córdoba, Adan, Marquis of Estepa, *Información para la historia del Sacromonte... Primera parte* (Granada: 1623).

Céspedes y Meneses, Gonzalo de, *Prima parte de la historia de D. Felipe el IV, Rey de las Españas* (Lisbon: 1631).

Chaves, Cristóbal de, 'Relación de la cárcel de Sevilla', in Aureliano Fernández-Guerra y Orbe (ed.), *Noticia de un precioso codice de la Biblioteca Colombina* (Madrid: 1864).

Chaves, Manuel, *Cosas nuevas y viejas: apuntes sevillanos* (Seville: 1904).

Checa Cremades, Fernando (ed.), *Los inventarios de Carlos V y la familia imperial/The Inventories of Charles V and the Imperial Family*, 3 vols ([n.p.]: 2010).

Cherry, Peter, 'Documentary Appendix on Justino de Neve', in *Murillo and Justino de Neve*, exhibition catalogue, 143–68.

CODOIN: *Colección de documentos inéditos para la historia de España*, ed. Martín Fernández Navarrete et al., 112 vols (Madrid: 1842–95).

Cortes de los antiguos reinos de León y de Castilla, 5 vols (Madrid: 1861–1903).

Covarrubias y Leyva, Diego (ed.), *Elogios al Palacio Real del Buen Retiro escritos por algunos ingenios de España* (Madrid: 1635).

Daza Chacón, Dionisio, 'Relación Verdadera de la herida del Príncipe D. Carlos', in *CODOIN*, 18:537–63.

Dürer, Albrecht, *Albrecht Dürer: Diary of his Journey to the Netherlands, 1520, 1521*, ed. J. A. Goris and G. Marlier (London: 1970).

Elliott, John H. and José F. de la Peña, *Memoriales y cartas del Conde Duque de Olivares*, 2 vols (Madrid: 1978–80).

Ellis, Henry (ed.), *Original Letters Illustrative of English History*, series 1, 3 vols (London: 1825).

Erasmus Roterodamus, Desiderius, *Collectanea Adagiorum* (Paris: 1500).

Espinosa de Monteros, Pablo, *Historia y grandezas de Sevilla*, 2 vols (Seville: 1627–30).

Feltham, Owen, *A Brief Character of the Low Countries under the States* (London: 1660).

Fernández de Oviedo y Valdés, Gonzalo, see Oviedo.

Fernández del Castillo, Francisco, 'Algunos documentos nuevos sobre Bartolomé de Medina', *Memorias de la Sociedad Alzate*, vol. 47 (Mexico, 1927): 207–51.

Fichter, William L., 'Una poesía contemporánea inédita sobre las bodas de Velázquez', in *Varia velazqueña: homenaje a Velázquez en el III centenario de su muerte 1660–1960*, 2 vols (Madrid: 1960), 1:636–9.

Fletcher, Francis, *The World Encompassed by Sir Francis Drake*, in Hakluyt Society Publications, series 1, no. 16 (London: 1854 [1682]).

Fonseca, Damián, *Relación de la expulsión de los moriscos del reino de Valencia* (Valencia: 1878 [1612]).

Fuller, Thomas, *The History of the Worthies of England* (London: 1652, 1659 etc.).

Gallego Morell, Antonio, *Garcilaso: documentos completos* (Madrid: 1976).

García Mercadal, J., *Viajes de extranjeros por España y Portugal*, 3 vols (Madrid: 1952–62).

Garcilaso de la Vega, El Inca, *Comentarios reales de los Incas*, ed. Carlos Araníbar, 2 vols (Mexico City: 1991 [1609–17]).

Gauna, Felipe de, *Relación de las fiestas celebradas en Valencia con motivo del casamiento de Felipe III*, ed. Salvador Carreras Zacarés, 2 vols (Valencia: 1926).

Gayangos, Pascual de, *Cartas y relaciones de Hernán Cortés al Emperador Carlos V* (Paris: 1866), 28–34.

Gelder, Enno van (ed.), *Correspondance française de Marguerite d'Autriche, Duchesse de Parme, avec Philippe II*, 3 vols (Utrecht: 1941).

Gómez-Salvago Sánchez, Mónica, *Fastos de una boda real en la Sevilla del quinientos (estudios y documentos)* (Seville: 1998).

González de Amezúa, 'Una carta desconocida e inédita de Cervantes', *Boletín de la Real Academia Española*, 34 (1954), 217–23.

González de Cellorigo, Martín, *Memorial de la política necesaria y útil restauración de la república de España* (Valladolid: 1600).

Guevara, Felipe, *Comentarios de la pintura* (Madrid: 1778 [1564]).

Guzmán, Alonso Enríquez de, *Libro de la vida de Alonso Enríquez de Guzmán*, ed. Howard Keniston (Madrid: 1960).

Haedo, Diego de [Antonio de Sosa], *Topographia e historia general de Argel* (Valladolid: 1612).

Hasenclever, Adolf, 'Die tagebuchartigen Aufzeichnungen des pfälzischen Hofarztes D. Johannes Lange über seine Reise nach Granada im Jahre 1526', *Archiv für Kulturgeschichte*, 5:4 (1907), 385–439.

Helfferich, Tryntje (ed. and trans.), *The Thirty Years War: A Documentary History* (Indianapolis and Cambridge: 2009).

Herrera, Fernando de, 'Relación de la guerra de Cipre y suceso de la batalla naval de Lepanto, escrita por Fernando de Herrera' (Seville: 1572), in *CODOIN*, 21: 243–383.

Herrera y Maldonado, Francisco, *Libro de la vida y maravillosas virtudes del Siervo de Dios Bernardino de Obregón* (Madrid: 1634).

Herrera y Sotomayor, Jacinto, *Jornada que Su Magestad hizo a la Andaluzia* (Madrid: 1624).

Herrera y Tordesillas, Antonio de, *Tercera parte de la historia general del mundo* (Madrid: 1612).

Howell, James, *Epistolae Ho-Elianae: The Familiar Letters of James Howell*, ed. Joseph Jacobs (London: 1890).

Hurtado de Mendoza, Diego, *Guerra de Granada* (Valencia: 1776 [1627]).

Jesús María, José de, *Primera parte de las excelencias de la virtud de la castidad* ([Madrid]: 1601).

Keeler, Mary Fear, *Sir Francis Drake's West Indian Voyage, 1585–86* (London: 1981 [1588–99]).

Khevenhüller, Hans de, *Diario de Hans Khevenhüller: embajador imperial en la corte de Felipe II*, ed. Sara Veronelli and Félix Labrador Arroyo (Madrid: 2001).

Langlois de Mottevill, Françoise, *Mémoires pour servir à l'histoire d'Anne d'Autriche...* (Amsterdam: 1723).

Las Casas, Bartolomé de, *Historia de las Indias*, ed. Agustín Millares Carlo, 3 vols (Mexico City and Buenos Aires: 1951).

Legrelle, Arsène, *La mission de M. de Rébenac à Madrid et la mort de Marie-Louise, reine d'Espagne (1688–1689)* (Paris: 1894).

León, Pedro de, *Grandeza y miseria en Andalucía: testimonio de una encrucijada histórica (1578–1616)*, ed. Pedro Herrera Puga (Granada: 1981).

León Pinelo, Antonio, *Anales de Madrid, desde el año 447 al de 1568* (Madrid: 1971), and see Fundación Lázaro Gaidiano: M 1–3-21, at http://www.bibliotecavirtualmadrid.org/bvmadrid_publicacion/i18n/consulta/registro.cmd?id=3526.

Leyes y ordenanzas nuevamente hechas por S.M. para la gobernación de las indias, y buen tratamiento y conservación de los indios, at Biblioteca Virtual Miguel de Cervantes: http://bib.cervantesvirtual.com/servlet/SirveObras/06922752100647273089079/p0000026.htm.

Liske, Javier, *Viajes de extranjeros por España y Portugal en los siglos XV, XVI, XVII* (Madrid: 1878).

Loyola, Ignatius, *The Autobiography of St. Ignatius*, ed. J. F. X. O'Conor (New York: 1900).

Madariaga, Fray Juan de, *Vida del seráfico padre San Bruno, Patriarca de la Cartuja* (Valencia: 1596).

Magurn, Ruth Saunders (ed. and trans.), *The Letters of Peter Paul Rubens* (Cambridge, MA: 1955).

Male, William van, *Lettres sur la vie intérieure de l'empereur Charles-Quint*, ed. J. de Reiffenberg (Brussels: 1843 [1550]).

Manoio, Fernando, *Relación del muerte de Rodrigo Calderón* (Madrid: [1621]).

Martínez, Jusepe, *Discursos practicables del nobilísmo arte de la pintura*, ed. María Elena Manrique Ara (Madrid: 2006 [1675]).

Martinitz, Jaroslav, 'Beschreibung der Böhmischen Rebellion in anno 1618', Knihovna Nárdního Muzea, Praha, Sign. VI G. 2, in Helfferich (ed.), *The Thirty Years War*, doc. 1, pp. 14–19.

Martyr d'Anghiera, Peter, *De Orbe Novo*, trans. Francis A. McNutt, 2 vols (New York and London: 1912 [1511–25]).

Mendoza, Bernardo, *Relación del lucimiento y grandeza con que el Duque de Medina Sidonia festejó Su Magestad en el bosque llamado Doña Ana* (Madrid: 1624).

Milhausen, Peter Milner von, *Apologia oder Entschuldigungsschrift...* (Prague: 1618), in Helfferich,

The Thirty Years War, doc. 2, pp. 20–2.

Mosquera de Figueroa, Cristóbal, *Comentario en breve compendio de disciplina militar* (Madrid: 1596).

Motolinia, Fray Toribio de Benavente, *Memoriales (Libro de oro, MS JGI 31)*, ed. Nancy Joe Dyer (Mexico City: 1996).

Muñoz, Andrés, *Viaje de Felipe Segundo a Inglaterra*, ed. Pascual Gayangos (Madrid: 1877 [1554]).

Muro Orejón, Antonio, *Documentos para la escultura sevillana. Artífices sevillanos de los siglos XVI y XVII*, Documentos para la historia del Arte en Andalucía, vol. 1 (Seville: 1927).

Novoa, Matías de, *Historia de Felipe III, Rey de España*, in *CODOIN*, 60 and 61.

—, *Historia de Felipe IV*, 4 vols (Madrid: 1878), 1:73–6.

Olivares, Diego Santiago, 'Relación de la enfermedad del Príncipe...', in *CODOIN*, 15:554–74.

Ortiz de Zúñiga, Diego, *Anales eclesiásticos y seculares de la muy noble y muy leal ciudad de Sevilla* (Madrid: 1796).

Oviedo, Gonzalo Fernández de, *Historia general y natural de las indias*, ed. Juan Pérez de Tudela Bueso, 5 vols (Madrid: 1959 [1535]), 4:10.

—, *Libro de la cámara real del príncipe don Juan, oficios de su casa y servicio ordinario*, ed. Santiago Fabregat Barrios (Valencia: 2006 [c.1548]).

—, 'Relación de lo sucedido en la prisión del rey de Francia', in *CODOIN*, 38: 404–530.

—, *Las Quinquagenas de la Nobleza de España*, ed. Vicente de la Fuente, 2 vols (Madrid: 1880).

Pacheco, Francisco, 'A los profesores del arte de la pintura. Opúsculo impreso en Sevilla el 16 de Julio de 1622', in Calvo Serraller (ed.), *La teoría de la pintura*, 179–91.

—, *El arte de la pintura*, ed. Bonaventura Bassegoda i Hugas (Madrid: 1990 [1646]).

—, *Libro de descripción de verdaderos retratos de ilustres y memorables varones* (Seville: 1983 [1599]).

Palomino Velasco, Antonio, *Vidas [Museo pictórico. Tercera parte: El Parnaso Español Pintoresco Laureado]*, ed. Nina Ayala Mallory, 2 vols (Madrid: 1986).

Payen, P., *Mémoires de Pontus Payen*, ed. Alexandre Henne, 2 vols (Brussels and The Hague: 1861).

Paz, J., 'Relación de la "Invencible" por el contador Pedro Coco de Calderón', *Revista de archivos, bibliotecas y museos*, 3rd series, 1 (1987), appendix 1, at http://www.armada.mde.es/html/historiaarmada/tomo3/tomo_03_30_apendices.pdf.

Pérez de Montalbán, Juan, *Fama postúma a la vida y muerte del doctor frey Felix Lope de Vega Carpio* (Madrid: 1636).

Pérez de Villagrá, Gaspar, *Historia de la Nueva México, 1610*, trans. and ed. Miguel Encinias, Alfred Rodríguez and Joseph P. Sánchez (Albuquerque: 1992 [1610]).

Pérez Pastor, Cristóbal (ed.), *Documentos cervantinos hasta ahora inéditos*, 2 vols (Madrid: 1897–1902).

—, *Documentos para la biografía de D. Pedro Calderón de la Barca*, vol. 1 (Madrid: 1905).

Pliny the Elder, *Natural History*, trans. H. Rackham, Loeb edn, 10 vols (London: 1952).

Ponz, Antonio, *Viage de España, en que se da noticia de las cosas más apreciables...* (Madrid: 1947 [1771–94]).

Pozzo, Cassiano dal, *Il diario del viaggio in Spagna del Cardinale Francesco Barberini*, ed. Alessandra Anselmi (Madrid: 2004).

Rachfahl, F., *Le registre de Franciscus Liscaldius, trésorier général de l'armée espagnole aux Pays-Bas de 1567 à 1576* (Brussels: 1902).

Remesal, Antonio de, *Historia general de las Indias occidentales y particular de la gobernación de Chiapas y Guatemala*, ed. Carmelo Sáenz de Santa María, 2 vols (Mexico City: 1988 [1619]).

Remón, A., *Entretenimientos y juegos honestos y recreaciones...* (Madrid: 1623).

Ribera, Francisco de, *Vida de Santa Teresa de Jesús*, ed. P. Jaime Pons (Barcelona: 1908 [1590]).

Sahagún, Bernardino de, *Códice florentino (Historia general de las cosas de Nueva España)*, facsimile edn (Mexico City and Florence: 1979 [c.1545–90]).

—, *Historia general de las cosas de Nueva España* (Mexico City: 1999 [c.1545–90]).

San Antón Muñón Chimalpahin Cuauhtlehuanitzin, Francisco de, *Relaciones de Chalco Amaquemecan*, ed. and trans. S. Rendón (Mexico City and Buenos Aires: 1965 [c.1600–50]).

San Román y Fernández, Francisco de Borja de, 'Documentos de Garcilaso en el Archivo de Protocolos de Toledo', *Boletín de la Real Academica de la Historia*, 83 (1918), 515–36.

—, 'Documentos del Greco, referentes a los cuadros de Santo Domingo del Antiguo', *Archivo Español de Arte y Arqueología*, 28 (1934), unnumbered offprint.

Sánchez Gordillo, Abad Alonso, *Religiosas estaciones que frecuenta la religiosidad sevillana*, ed. Jorge Bernales Ballesteros (Seville: 1983 [1635]).

Sandoval, Fray Prudencio de, *Historia del emperador Carlos V*, ed. Gregorio Urbano Dargallo, 9 vols (Madrid: 1846 [1634]).

Santa Cruz, Alonso de, *Crónica del Emperador Carlos V*, 4 vols (Madrid: 1920 [*c*.1550]).

Santos, Francisco de los, 'La vida del Padre Fr. Andrés de los Reyes y de un Hermano de los Legos llamado Fray Martín de Perpiñán, hijos de S. Lorenzo', in *Quarta parte de la Historia de la Orden de San Gerónimo* (Madrid: 1680), ff. 763–4.

Seco Serrano, Carlos (ed.), *Cartas de Sor María de Jesús de Ágreda y de Felipe IV*, 2 vols (Madrid: 1958).

Sepúlveda, Juan Ginés de, *Demócrates Segundo o de las justas causas de la guerra contra los indios*, ed. and trans. Ángel Losada (Madrid: 1984 [*c*.1548]).

—, *Obras completas*, vol. 1: *Historia de Carlos V: libros I–V* [*c*.1556], ed. and trans. E. Rodríguez Peregrina (Pozoblanco: 1995).

Sigüenza, Fray José de, *Fundación del Monasterio de el Escorial por Felipe II* (Madrid: 1927 [1605]).

Simón Díaz, José (ed.), *Relaciones breves de actos públicos celebrados en Madrid de 1541 a 1650* (Madrid: 1982).

Sousa, Luis de, *Anais de D. Joao III*, 3 vols (Lisbon: 1938).

Suárez de Figueroa, Cristóbal, *Plaza universal de todas ciencias y artes* (Madrid: 1615).

Sublimus Deus, at Papal Encyclicals Online: http://www.papalencyclicals.net/Paul03/p3subli.htm.

Testamento político del Emperador: Instrucciones de Carlos V a Felipe II sobre política exterior (Augusta a 18 de enero de 1548), at Biblioteca Virtual Miguel de Cervantes: http://www.cervantesvirtual.com/bib/historia/CarlosV/7_4_testamento.shtml.

Torres Lanzas, Pedro (ed.), *Información de Miguel de Cervantes* (Madrid: 1905).

Valladares, Antonio (ed.), 'Carta que el ilustrísimo señor don Garceran Alvarez, arzobispo de Granada, maestro que fue del rey don Felipe IV escribió al Conde-Duque de Olivares', in *Semanario erudito*, vol. 2 (Madrid: 1787).

Vera y Figueroa, Juan Antonio de (Conde de la Roca), 'Extract from "Fragmentos historicos de la vida de Don Gaspar de Guzman..."', in Francisco de Jesús, *El hecho de los tratados del matrimonio pretendido por el Príncipe de Gales...*, ed. and trans. Samuel Rawson Gardiner (London: 1869).

—, *Fragmentos históricos de la vida de D. Gaspar de Guzmán*, in Antono de Valladares de Sotomayor (ed.), *Semanario Erudito*, vol. 2 (1787), 145–296.

Villegas, Alonso de, *Flos Sanctorum... y historia general en que se escriven las vidas de santos extravagantes y de varones ilustres en virtud...* (Madrid: 1675 [1588]).

Viñas Mey, Carmelo, and Ramón Paz (eds), *Relaciones histórico-geográfico-estadisticas de los pueblos de España hechas por iniciativa de Felipe II, Provincia de Toledo* (Madrid: 1951), at http://www.uclm.es/ceclm/b_virtual/libros/Relaciones_Toledo/index.htm.

Weiditz, Christoph, *Das Trachtenbuch des Christoph Weiditz von seinen Reisen nach Spanien (1529) und den Niederlanden (1531/32)*, ed. Theodore Hampe (Berlin and Leipzig: 1927).

Wynn, Richard, 'Account of the Journey of Prince Charles's Servants into Spain in the Year 1623', in *Historia Vitae et Regni Ricardi II*, ed. Thomas Hearne (Oxford: 1729).

Zarco Cuevas, Fray Julián (ed.), *Documentos para la Historia del Monasterio del San Lorenzo el Real de El Escorial*, 7 vols (Madrid: 1917).

展会会刊

Armada, 1588–1988: An International Exhibition to Commemorate the Spanish Armada, ed. M. J. Rodríguez-Salgado (London: 1988), 205–44.

El Greco, ed. David Davies (London: 2003).

Felipe II: un monarca y su época. Las tierras y los hombres del rey (Valladolid: 1998).

Murillo and Justino de Neve: The Art of Friendship, ed. Gabriele Finaldi (Madrid, Seville and London: 2012).

Navarrete 'el Mudo', pintor de Felipe II (Seguidores y Copistas), June 14 to July 16, 1995, Saragossa (Logroño: 1995).

La restauración de El emperador Carlos V a caballo en Mülhlberg *de Tiziano* (Madrid: 2001).

The Sacred Made Real: Spanish Painting and Sculpture, 1600–1700, ed. Xavier Bray (London: 2010).

Spanish Polychrome Sculpture 1500–1800 in United States Collections, ed. Suzanne L. Stratton ([New York]: [1994]).

Tiziano, ed. Miguel Falomir (Madrid: 2003).

Velázquez, ed. Dawson W. Carr (London: 2006).

Velázquez, ed. Antonio Domínguez Ortiz, Alfonso E. Pérez Sánchez and Julián Gállego (Madrid: 1990).

Velázquez in Seville, ed. David Davies (Edinburgh: 1996).

Zurbarán y su obrador: pinturas para el Nuevo Mundo, ed. Benito Navarrete Prieto (Valencia: 1998).

二手文献

Adamson, John, 'Introduction: The Making of the Ancien-Régime Court, 1500–1700', in Adamson (ed.), *The Princely Courts of Europe*, 7–41.

Adamson, John (ed.), *The Princely Courts of Europe: 1500–1750* (London: 1999).

Allen, Paul C., *Philip III and the Pax Hispanica, 1598–1621: The Failure of Grand Strategy* (New Haven and London: 2000).

Alonso Cortés, Narciso, *Casos cervantinos que tocan a Valladolid* (Madrid: 1916).

Álvarez Lopera, José, *El Greco: estudio y catálogo*, 2 vols (Madrid: 2005).

—, 'The Hall of Realms: The Present State of Knowledge and a Reconsideration', in Úbeda de los Cobos (ed.), *Paintings for the Planet King*, 91–111.

Andrew Villalón, L. J., 'Putting Don Carlos Together Again: Treatment of a Head Injury in Sixteenth-Century Spain', *Sixteenth Century Journal*, 26:2 (1995), 347–65.

Angulo Íñiguez, Diego, *Murillo: su vida, su arte, su obra*, 3 vols (Madrid: 1981).

Anon., '100 prominent authors from more than 50 different nations have elected The Library of World Literature: "The 100 Best Books in the History of Literature"', in *Bokklubben din Nettbokhandel*, at http://www.bokklubben.no/SamboWeb/side.do?dokId=65500&klubbid=WB.

Aram, Bethany, *Juana the Mad: Sovereignty and Dynasty in Renaissance Europe* (Baltimore: 2005 [2001]).

Artigas, Miguel, *Don Luis de Góngora y Argote: Biografía y estudio crítico* (Madrid: 1925).

Artiñano y Galdácano, Gervasio de, *La arquitectura naval* (Madrid: 1920).

Astrain, Antonio, *Historia de la Compañía de Jesús en la Asistencia de España*, 6 vols (Madrid: 1912–29).

Astrana Marín, Luis, *Vida ejemplar y heroica de Miguel de Cervantes Saavedra con mil documentos hasta ahora inéditos y numerosas ilustraciones y grabados de época*, 7 vols (Madrid: 1948).

Aterido Fernández, Ángel (ed.), *Corpus velazqueño*, 2 vols (Madrid: 2000).

Aurelio Espinosa, *The Empire of the Cities: Emperor Charles V, the Comunero Revolt, and the Transformation of the Spanish System* (Leiden and Boston: 2003).

Avalle-Arce, Juan Bautista, *El Inca Garcilaso en sus* Comentarios (Madrid: 1964).

Ayala Mallory, Nina, *Bartolomé Esteban Murillo* (Madrid: 1983).

Azcárate, José María de, *Alonso de Berruguete: Cuatro Ensayos* (Valladolid: 1963).

—, 'Una Variante en la edición de los *Diálogos* de Carducho con noticia sobre el Buen Retiro', *Archivo Español de Arte*, 95 (1951), 261–2.

Bakewell, Peter J., *Silver Mining and Society in Colonial Mexico: Zacatecas 1546–1700* (Cambridge: 1971).

Ballesteros Gabrois, Manuel, *Gonzalo Fernández de Oviedo* (Madrid: 1981).

Baruzi, Jean, *San Juan de la Cruz y el problema de la experiencia mística*, trans. Carlos Ortega (Valladolid: 1991).

Bataillon, Marcel, 'Un problema de influencia de Erasmo en España. El *Elogio de la locura*', in *Erasmo y Erasmismo*, trans. Carlos Pujol (Barcelona: 1977), 327–46.

Baxandall, Michael, *Patterns of Intention: On the Historical Explanation of Pictures* (New Haven and

London: 1985).

Beeching, Jack, *The Galleys at Lepanto* (London: 1982).

Bennassar, Bartolomé, *La España de los Austrias (1516–1700)*, trans. Bernat Hervàs (Barcelona: 2001).

—, *La España del siglo de oro*, trans. Pablo Bordonava (Barcelona: 1983 [1982]).

Benzoni, Gino (ed.), *Il Mediterraneo nella seconda metà de '500 all luce di Lepanto* (Florence: 1974).

Berwick y Alba, Duque de, *Discurso del Duque de Berwick y de Alba* (Madrid: 1919).

Beverley, John (ed.) 'Introducción', in Luis de Góngora y Argote, *Soledades* (Madrid: 2007).

Bireley, Robert, *The Jesuits and the Thirty Years War* (Cambridge and New York: 2003).

Bloom, Harold, 'Introduction', in Harold Bloom (ed.), *Modern Critical Interpretations: Cervante's Don Quixote* (Philadelphia: 2001).

Bolaños, Álvaro Félix, 'El primer cronista de Indias frente al "mare magno" de la crítica', *Cuadernos Americanos*, 20:2 (1990), 42–61.

Boronat y Barrachina, Pascual, *Los moriscos españoles y su expulsión. Estudio histórico-crítico*, 2 vols (Valencia: 1901).

Boscán, Joan, *Las obras de Boscán y algunas de Garcilaso de la Vega repartidas en quatro libros* (Barcelona: 1543).

Bouza Álvarez, Fernando, *Imagen y propaganda: capítulos de historia cultural del reinado de Felipe II* (Madrid: 1998).

—, 'Semblanza y aficiones del monarca: Música, astros, libros y bufones', in *Felipe IV: El hombre y el reinado*, ed. José Alcalá-Zamora y Queipo de Llano (Madrid: 1996).

Bowle, John, *Charles I: A Biography* (London, 1975).

Boyden, James M., *The Courtier and the King: Ruy Gómez de Silva, Philip II, and the Court of Spain* (Berkeley: 1995).

Boyer, Richard, 'Mexico in the Seventeenth Century: Transition of a Colonial Society', *Hispanic American Historical Review*, 57:3 (1977), 455–78.

Brandi, Karl, *The Emperor Charles V*, trans. C. V. Wedgwood (London: 1965).

Braudel, Fernand, *The Mediterranean and the Mediterranean World in the Age of Philip II*, trans. Siân Reynolds, 2 vols (London: 1972 [1949]).

Bray, Xavier, '*Christ on the Cross, 1627*', in *The Sacred Made Real*, exhibition catalogue, cat. 25.

—, 'The Sacred Made Real', in *The Sacred Made Real*, exhibition catalogue, 15–44.

Brendler, Gerhard, *Martin Luther: Theology and Revolution*, trans. Claude R. Foster Jr (New York and Oxford: 1991).

Brett-James, Norman G., *The Growth of Stuart London* (London: 1953).

Brotton, Jerry, 'Buying the Renaissance: Prince Charles's Art Purchases in Madrid, 1623', in Alexander Samson (ed.), *The Spanish Match: Prince Charles's Journey to Madrid, 1623* (Aldershot: 2006), 9–26.

Brown, Jonathan, 'Hieroglyphs of Death and Salvation: The Decoration of the Church of the Hermandad de la Caridad, Seville', in *Images and Ideas in Seventeenth-Century Spanish Painting* (Princeton: 1978), 128–46.

—, *Images and Ideas in Seventeenth-Century Spanish Painting* (Princeton: 1978).

—, *Painting in Spain, 1500–1700* (New Haven and London: 1998).

Brown, Jonathan, and John H. Elliott, *A Palace for a King: The Buen Retiro and the Court of Philip IV* (New Haven and London: 1980).

Brown, Jonathan, and Richard Kagan, 'The Duke of Alcalá: His Collection and its Evolution', *Art Bulletin*, 69:2 (1987), 231–55.

Browne, Walden, *Sahagún and the Transition to Modernity* (Norman, OK: 2000).

Bury, J. B., 'Juan de Herrera and the Escorial', *Art History*, 9:4 (1986), 428–49.

Bury, John, 'A Source for El Greco's "St Maurice"', *Burlington Magazine*, 126:972 (1984), 144–7.

Cadenas y Vicent, Vicente de, *Carlos de Habsburgo en Yuste* (Madrid: 1990).

Calvete de Estrella, Juan Cristóbal, *Rebelión de Pizarro en el Perú y Vida de D. Pedro Gasca*, 2 vols (Madrid: 1889).

Calvo Serraller, Francisco, *El Greco: The Burial of the Count of Orgaz*, trans. Jenifer Wakelyn (London: 1995).

Calzada, Luis Manuel, and Luys Santa Marina, *Estampas de Zurbarán* (Barcelona: 1929).

Camón Aznar, José, *Dominico Greco*, 2 vols (Madrid: 1950).

Canavaggio, Jean, *Cervantes* (Paris: 1986).

Cánovas del Castillo, Antonio, *Historia de la decadencia de España desde el advenimiento de Felipe III al Trono hasta la muerte de Carlos II* (Madrid: 1910 [1854]).

Cantera Burgos, F., 'Fernando de Pulgar y los conversos', *Sefarad*, 4 (1944), 295–348.

Cárdenas, Juan de, *Breve relación de la muerte, vida y virtudes del venerable caballero D. Miguel Mañara...* (Seville: 1903).

Carmona García, Juan Ignacio, *El extenso mundo de la pobreza: la otra cara de la Sevilla imperial* (Seville: 1993).

Caro Baroja, Julio, *Los judios en la España moderna y contemporanea*, 3 vols (Madrid: 1961).

—, *Razas, pueblos y linajes* (Madrid: 1957).

Carrera Stampa, Manuel, 'Relaciones Geográficas de Nueva España, siglos XVI y XVIII', *Estudios de Historia Novohispana*, 2:2 (1968), 1–31, at www.ejournal.unam.mx/ehn/ehn02/EHN00212.pdf.

Case, Thomas E., 'Cide Hamete and the *Libros Plúmbeos*', *Bulletin of the Cervantes Society of America*, 22:2 (2002), 9–24.

Casey, James, *The Kingdom of Valencia in the Seventeenth Century* (Cambridge: 1979).

Caso, Alfonso, 'El mapa de Teozacoalco', *Cuadernos Americanos*, 8 (1949), 145–81.

Castillero, Ernesto J., 'Gonzalo Fernández de Oviedo y Valdés, veedor de Tierra Firme', *Revista de Indias*, 17 (1957), 521–40.

Caturla, María Luisa, 'Cartas de pago de los doce cuadros de batallas para el salón de reinos del Buen Retiro', *Archivo Español de Arte*, 33 (1960), 333–55.

—, *Fin y muerte de Francisco de Zurbarán* (Madrid: 1964).

Cenalmor Bruquetas, Elena, 'The Immaculate Conception of the Venerables Sacerdotes', in *Murillo and Justino de Neve*, exhibition catalogue, cat. 7.

Chaunu, Pierre, and Huguette Chaunu, *Séville et l'Amérique aux XVIe et XVIIe siècles* (Paris: 1977).

—, *Séville et l'Antique (1504–1650)*, 12 vols (Paris: 1962).

Checa Cremades, Fernando, *Carlos V: la imagen del poder en el Renacimiento* (Madrid: 1999).

Cherry, Peter, 'Artistic Training and the Painters' Guild in Seville', in *Velázquez in Seville*, exhibition catalogue, 66–75.

—, 'Justino de Neve: Life and Works', in *Murillo and Justino de Neve*, exhibition catalogue, 31–45.

Chevalier, François, *La formation des grands domaines au Mexique: Terre et société aux XVIe–XVIIe siècles* (Paris: 1952).

Childers, William, 'An Extensive Network of Morisco Merchants Active Circa 1590', in Ingram (ed.), *The Conversos and Moriscos*, 2:135–60.

Cline, Howard F., 'The Relaciones Geograficas of the Spanish Indies', *Hispanic American Historical Review*, 44:3 (1964), 341–74.

Cobo Borda, J. G., 'El Sumario de Gonzalo Fernández de Oviedo', *Cuadernos Hispanoamericanos*, 427–30 (1986), 63–77.

Cook, Noble David, *Born to Die: Disease and New World Conquest, 1492–1650* (Cambridge and New York: 1998).

Cooper, J. P. (ed.), *The Decline of Spain and the Thirty Years War, 1609–48/59: The New Cambridge Modern History*, vol. 4 (Cambridge: 1970).

Coreleu, Alejandro, 'La contribución de Juan Ginés de Sepúlveda a la edición de los textos de Aristoteles y de Alejandro de Afrodisias', *Humanistica Lovaniensia: Journal of Neo-Latin Studies*, 43 (1994), 231–45.

—, 'The *Fortuna* of Juan Ginés de Sepúlveda's Translations of Aristotle and of Alexander of Aphrodisias', *Journal of the Warburg and Courtauld Institutes*, 59 (1996), 325–32.

Crowley, Frances G., *Garcilaso de la Vega, el Inca and his Sources in* Comentarios Reales de los Incas (The Hague and Paris: 1971).

Cruzada Villaamil, Gregorio, *Rubens, diplomático español* (Madrid: [1874?]).

—, 'Rubens, diplomático español', *Revista Europea*, 1:6–17 (1874), 7–519 (intermittently).

Cuesta Gutiérrez, Luisa, 'Los tipógrafos extranjeros en la imprenta burgalesa, desde Alemán Fadrique de Basilea al italiano Juan Bautista Veresi', *Gutenberg Jahrbuch* (1952), 67–74.

Dadson, Trevor J., 'Literacy and Education in Early Modern Rural Castile: The Case of Villarrubia de los Ojos', *Bulletin of Spanish Studies*, 81:7–8 (2004), 1011–37.

—, *Los moriscos de Villarrubia de los Ojos (siglos XV–XVIII)* (Vervuert: 2007).

—, *Tolerance and Coexistence in Early Modern Spain: Old Christians and Moriscos in the Campo de Calatrava* (Woodbridge: 2014).

Dámaso, Alonso, *La lengua poética de Góngora* (Madrid: 1950).

Danvila y Collado, Manuel, *La expulsión de los moriscos españoles: Conferencias pronunciadas en el Ateneo de Madrid* (Madrid: 1998).

—, *Historia crítica y documentada de las Comunidades de Castilla*, 5 vols (Madrid: 1897–9).

Davidson, Bernice, 'Navarrete in Rome', *Burlington Magazine*, 135:1079 (1993), 93–6.

Davies, David, 'El Greco's Religious Art: The Illumination and Quickening of the Spirit', in *El Greco*, exhibition catalogue, 45–71.

Delenda, Odile, and Luis J. Garraín Villa, 'Zurbarán Sculpteur: aspects inédits de sa carrière et de sa biographie', *Gazette des Beaux-Arts*, 131 (1998), 125–38.

Deloria, Vine Jr, *Custer Died for your Sins* (London and New York: 1969).

Diamond, Jared, *Guns, Germs and Steel: A Short History of Everybody for the Last 13,000 Years* (London: 2005).

Díaz Viana, Luis, 'En torno al origen legendario de "El convidado de piedra"', *Cuadernos de trabajo* (Centro Cultural de Estudios Folklóricos: Valladolid), 2 (1980), 77–126.

Díaz-Plaja, Guillermo, *El espíritu del Barroco* (Barcelona: 1983 [1940]).

Diez Borque, José María (ed.), *La vida española en el Siglo de Oro según los extranjeros* (Barcelona: 1990).

Domínguez Ortiz, Antonio, *El antiguo régimen: los reyes católicos y los Austrias* (Madrid: 1974).

—, *Crisis y decadencia de la España de los Austrias* (Barcelona: 1969).

—, *The Golden Age of Spain, 1516–1659*, trans. James Casey (London and New York: 1971).

—, *Orto y ocaso de Sevilla: estudio sobre la prosperidad y decadencia de la ciudad durante los siglos XVI y XVII* (Seville: 1966).

Drelichman, Mauricio, and Hans-Joachim Voth, 'The Sustainable Debts of Philip II: A Reconstruction of Spain's Fiscal Position, 1560–1598' (December 2007), CEPR Discussion Paper No. DP6611, SSRN, at http://ssrn.com/abstract=1140547.

Durán, Manuel, *Luis de León* (New York: 1971).

Ehlers, Benjamin, *Between Christians and Moriscos: Juan de Ribera and Religious Reform in Valencia, 1568–1614* (Baltimore: 2006).

Ehrenberg, Richard, *Capital and Finance in the Age of the Renaissance: A Study of the Fuggers and their Connections*, trans. H. M. Lucas (New York: 1928).

Eisenberg, Daniel, 'Cervantes, Lope, and Avellaneda', in *Josep María Solà-Solè: Homage, Homenaje, Homenatge*, ed. Antonio Torres-Alcalá, 2 vols (Barcelona: 1984), 2:171–83.

Eisenberg, Daniel, '¿Por qué volvió Cervantes de Argel?', in Ellen M. Anderson and Amy R. Williamsen (eds), *Essays on Golden Age Literature for Geoffrey L. Stagg in Honour of his Eighty-Fifth Birthday* (Newark, DE: 1999).

Elías Tormo, D., review of Ricardo de Orueta, *Berruguete y sus obras* (Madrid: 1917), in *Boletín de la Sociedad Española de Excursiones: Arte, Arqueolgía, Historia*, 26 (1918), 61–4.

Elliott, John H., *The Count-Duke of Olivares: The Statesman in an Age of Decline* (New Haven and London: 1986).

—, 'The Decline of Spain', *Past & Present*, 20 (1961), 52–75.

—, 'El Greco's Mediterranean', in *Spain, Europe, and the Wider World 1500–1800* (London: 2009).

—, *Imperial Spain, 1469–1716* (London: 1963).

—, *The Revolt of the Catalans: A Study in the Decline of Spain* (Cambridge: 1963).

Ermida Ruiz, Aurora, review of Richard Helgerson, *A Sonnet from Carthage: Garcilaso de la Vega and the New Poetry of the Sixteenth Century* (Philadelphia: 2007), *Modern Philology*, 108:3 (2011), E158–61.

Escamilla-Colin, Michèle, *Crimes et châtiments dans l'Espagne inquisitoriale*, 2 vols (Paris, 1992).

Espinel, Vicente, *La Vida de Marcos de Obregón* (Barcelona: 1881).

Estrada de Gerlero, Elena, 'El programa pasionario en el convento franciscano de Huejotzingo', *Jahrbuch für Geschichte von Staat, Wirtschaft und Gesellschaft Lateinamerikas*, 20 (1983), 642–62.

Falcón Márquez, Teodoro, 'The Church of Santa María la Blanca in Seville, Meeting Point between Murillo and Justino de Neve', in *Murillo and Justino de Neve*, exhibition catalogue, 61–72.

—, *El Palacio de las Dueñas y las casas-palacio sevillanas del siglo XVI* (Seville: 2003).

Fernández Álvarez, Manuel, *Carlos V. Un hombre para Europa* (Madrid: 1974).

—, *La España del emperador Carlos V (1500–1558: 1517–1556)*, vol. 18 of *Historia de España*, ed. Ramón Menéndez Pidal (Madrid: 1979 [1966]).

—, *Felipe II y su tiempo* (Madrid: 1998).

—, *La sociedad española en el siglo de oro*, 2 vols (Madrid: 1989).

Fernández Chavez, Manuel F., and Raveale M. Pérez García, 'The Morisco Problem and Seville (1480–1610)', in Ingram (ed.), *The Conversos and Moriscos*, 2:75–102.

Fernández de Navarrete, Eustaquio, *Vida del célebre poeta Garcilaso de la Vega* (Madrid: 1850).

Fernández del Castillo, Francisco (ed.), *Libros y libreros en el siglo XVI* (Mexico City: 1982).

Fernández Pardo, Francisco, 'Reseña biográfica de Navarrete "el Mudo"', in *Navarrete 'el Mudo'*, exhibition catalogue, 19–140.

Feros, Antonio, *Kingship and Favoritism in the Spain of Philip III, 1598–1621* (Cambridge: 2000).

Feros, Antonio, and Fernando J. Bouza Álvarez (eds), *España en tiempos del Quijote* (Madrid: 2004).

Flores, R. M., 'Cervantes at Work: The Writing of *Don Quixote*, Part I', *Journal of Hispanic Philology*, 3 (1979), 135–60.

—, 'The Loss and Recovery of Sancho's Ass in *Don Quixote*, Part I', *Modern Language Review*, 75:2 (1980), 301–10.

Frankle, Viktor, 'Hernán Cortés y la tradición de las *Siete Partidas*', *Revista de Historia de América*, 53–4 (1962), 9–74.

Freud, Sigmund, and Joseph Breuer, *Studies on Hysteria*, trans. James and Alix Strachey (Harmondsworth: 1974).

Fuchs, Barbara, 'Maurophilia and the Morisco Subject', in Ingram (ed.), *The Conversos and Moriscos*, 1:269–85.

Gachard, Louis-Prosper, *Don Carlos et Philippe II*, 2 vols (Brussels: 1863).

Gallego Morell, Antonio, 'La corte de Carlos V en la Alhambra en 1526', in *Miscelánea de estudios dedicados al profesor Antonio Marín Ocete*, 2 vols (Granada: 1974), 1:267–94.

—, *Garcilaso de la Vega y sus comentaristas* (Granada: 1966).

García Fuentes, Lutgardo, *El comercio español con América, 1650–1700* (Seville: 1980).

García Lorca, Federico, 'La imagen poética de don Luis de Góngora', in *Obras completas*, ed. Arturo del Hoyo, 2 vols (Madrid: 1980 [1954]).

García Sanz, Ángel, *Desarrollo y Crisis del Antiguo Régimen en Castilla la Vieja. Economia y Sociedad en Tierras de Segovia, 1500–1814* (Madrid: 1977).

García Simón, Agustín, 'Los años críticos', in José Martínez Millán and Ignacio J. Ezquerra Revilla (eds), *Carlos V y la quiebra del humanismo político en Europa (1530–1558)*, 4 vols (Madrid: 2001), 2:321–41.

García-Baquero González, A., 'Andalusia and the Crisis of the Indies Trade, 1610–1720', in I. A. A. Thompson and Bartolomé Yun Casailla (eds), *The Castilian Crisis of the Seventeenth Century: New Perspectives on the Economic and Social History of Seventeenth-Century Spain* (Cambridge: 1994), 115–35.

Garza Merino, Sonia, 'La cuenta del orginal', in Pablo Andrés and Sonia Garza (eds), *Imprenta y crítical textual en el Siglo de Oro* (Valladolid: 2000), 65–95.

Gestoso y Pérez, José, *Ensayo de un diccionario de los artífices que florecieron en Sevilla desde el siglo XIII al XVIII inclusive*, 3 vols (Seville: 1899–1909).

Gillingham, Paul, 'The Strange Business of Memory: Relic Forgery in Latin America', *Past & Present*, Supplement 5 (2010), 199–226.

Gombrich, Ernst, *Art and Illusion* (London: 1960).

—, 'The Earliest Description of Bosch's Garden of Delight', *Journal of the Warburg and Courtauld Institutes*, 30 (1967), 403–6.

Gómez-Moreno, M., 'Juan de Herrera y Francisco Mora en Santa María de la Alhambra', *Archivo español de arte*, 14:40 (1940), 5–18.

González de Caldas, Victoria, *El poder y su imagen: la Inquisición Real* (Seville: 2001).

Gónzalez Palencia, Angel, 'Tirso y las comedias ante la Junta de Reformación', *Boletín de la Real Academia Española*, 25 (1946), 43–84.

Goodman, David C., *Power and Penury: Government, Technology and Science in Philip II's Spain* (Cambridge: 1988).

Goodwin, R. T. C., 'Origins of the Novel in Cervantes's *Información de Argel*', *Bulletin of Hispanic Studies*, 83:4 (2006), 317–35.

Goodwyn, Frank, 'Garcilaso de la Vega, Representative in the Spanish Cortes', *Modern Language Notes*, 82:2 (1967), 225–9.

—, 'New Light on the Historical Setting of Garcilaso's Poetry', *Hispanic Review*, 46:1 (1978), 1–22.

Griffin, Clive, *Journeymen-Printers, Heresy, and the Inquisition in Spain* (Oxford: 2005).

—, *Los Cromberger: La historia de una imprenta del siglo XVI en Sevilla y Méjico* (Madrid: 1991).

Hagarty, Miguel José, *Los libros plúmbeos del Sacromonte* (Madrid: 1980).

—, 'Los libros plúmbeos y la fundación de la Insigne Iglesia Colegial del Sacromonte', in *La Abadía del Sacromonte: Exposición artístico-documental: Estudios sobre su significación y orígenes* (Granada: 1974).

Hale, Sheila, *Titian: His Life* (London: 2012).

Haliczer, Stephen, *The Comuneros of Castile: The Forging of a Revolution, 1475–1521* (Madison and London: 1981).

Hamilton, Earl J., *American Treasure and the Price Revolution* (Cambridge, MA: 1934).

—, 'Monetary Inflation in Castile, 1598–1660', *Economic History (A Supplement to the Economic Journal)*, 2 (1930–3), 177–211.

Hanke, Lewis, *All Mankind is One: A Study of the Disputation between Bartolomé de las Casas and Juan Ginés de Sepúlveda in 1550 on the Intellectual and Religious Capacity of the American Indians* (DeKalb, IL: 1974).

—, *Aristotle and the American Indians* (London: 1959).

Hanson, Neil, *The Confident Hope of a Miracle: The True Story of the Spanish Armada* (London: 2003).

Harris, Enriqueta, *Velázquez* (Oxford: 1982).

Harris, Kaite A., 'Forging History: The Plomos of the Sacromonte of Granada in Francisco Bermúdez de Pedraza's *Historia Eclesiastica*', *Sixteenth Century Journal*, 30:4 (1999), 945–66.

Headly, John M., 'The Emperor and his Chancellor: Disputes over Empire, Administration and Pope (1519–1529)', in José Martínez Millán and Ignacio J. Ezquerra Revilla (eds), *Carlos V y la quiebra del humanismo político en Europa (1530–1558)*, 4 vols (Madrid: 2001), 1:21–36.

Heiple, Daniel, *Garcilaso de la Vega and the Italian Renaissance* (University Park, PA: 1994).

Helgerson, Richard, *A Sonnet from Carthage: Garcilaso de la Vega and the New Poetry of Sixteenth-Century Europe* (Philadelphia: 2007).

Henige, David, 'The Context, Content, and Credibility of La Florida del Ynca', *Americas*, 43:1 (1986), 1–23.

Hermosilla Molina, Antonio, 'Los hospitales reales', in Fernando Chueca Goitia (ed.), *Los hospitales de Sevilla* (Seville: 1989), 35–52.

Hernández Díaz, José, *Juan Martínez Montañés (1568–1649)* (Seville: 1987).

Herrero García, M., *Ideas de los españoles del siglo XVII* (Madrid: [1928]).

Hobsbawm, E. J., 'The Crisis of the 17th Century – II', *Past & Present*, 6 (1954), 44–65.

—, 'The General Crisis of the European Economy in the 17th Century', *Past & Present*, 5 (1954), 33–53.

Hope, Charles, 'Titian as a Court Painter', *Oxford Art Journal*, 2 (1979), 7–10.

Horn, Hendrik J., *Jan Cornelisz Vermeyen: Painter of Charles V and his Conquest of Tunis: Paintings, Etchings, Drawings, Cartoons & Tapestries* (Doornspijk: 1989), at http://cervantes.tamu.edu/english/ctxt/cec/disk7/ENTREMES.html.

Huergo Cardoso, Humberto, 'Algunos lugares oscuros de las *Soledades* de Góngora', *Bulletin of Hispanic Studies*, 87 (2010), 17–41.

Hulme, Martin A. S., *Philip II* (London: 1906).

Ife, B. W., 'Don Quixote's Diet', Occasional Paper Series, no. 34 (Department of Hispanic, Portuguese and Latin American Studies, University of Bristol) (Bristol: 2000).

Ingram, Kevin (ed.), *The Conversos and Moriscos in Late Medieval Spain and Beyond*, 2 vols (Leiden and Boston: 2012).

Ingram, Kevin, 'Introduction to This Volume', in Ingram (ed.), *The Conversos and Moriscos*, 2:1–13.

Israel, Jonathan I., 'The Decline of Spain: A Historical Myth?', *Past & Present*, 91 (1981), 170–80.

—, *The Dutch Republic and the Hispanic World, 1606–1661* (Oxford: 1982).

Jammes, Robert, *La obra poética de Don Luis de Góngora y Argote* (Madrid: 1987).

Jardine, Lisa, and Jerry Brotton, *Global Interests: Renaissance Art between East and West* (London: 2000).

Jauralde Pou, Pablo, *Francisco de Quevedo (1580–1645)* (Madrid: 1999).

Johnson, Carroll B., *Transliterating a Culture: Cervantes and the Moriscos*, ed. Mark Groundland (Newark, DE: 2009).

Jones, R. O., *A Literary History of Spain: The Golden Age of Prose and Poetry* (London and New York: 1971).

Justi, Carl, *Velázquez y sus siglo*, trans. Pedro Marrades (Madrid: 1953).

Kagan, Richard, *Clio and the Crown: The Politics of History in Medieval and Early Modern Spain* (Baltimore: 2009).

Kagan, Richard, *Students and Society in Early Modern Spain* (Baltimore and London: 1974).

—, 'Universities in Castile, 1500–1700', *Past & Present*, 49 (1970), 44–71.

Kamen, Henry, 'The Decline of Spain: A Historical Myth?', *Past & Present*, 81 (1978), 24–50.

— 'The Decline of Spain: A Historical Myth?: A Rejoinder', *Past & Present*, 91 (1981), 181–5.

—, 'The Economic and Social Consequences of the Thirty Years' War', *Past & Present*, 39 (1968), 44–61.

—, *Empire: How Spain became a World Power, 1492–1763* (New York: 2003).

—, *The Escorial: Art and Power in the Renaissance* (New Haven and London: 2010).

—, *Philip of Spain* (New Haven and London: 1997).

—, *The Phoenix and the Flame: Catalonia and the Counter Reformation* (New Haven and London: 1993).

—, *Spain, 1469–1714: A Society of Conflict* (London and New York: 1983).

—, *The Spanish Inquisition: An Historical Revision* (London: 1997).

Kasl, Ronda, 'Painters, Polychromy, and the Perfection of Images', in *Spanish Polychrome Sculpture*, 32–49.

Kelsey, Harry, *Philip of Spain, King of England* (London and New York: 2012).

Kennedy, Ruth Lee, *Studies in Tirso, I: The Dramatist and his Competitors, 1620–26* (Chapel Hill: 1974).

Kinkead, Duncan T., 'Juan Lazón and the Sevillian Painting Trade with the New World in the Second Half of the Seventeenth Century', *Art Bulletin*, 66:2 (1984), 303–10.

—, 'The Last Sevillian Period of Francisco de Zurbarán', *Art Bulletin*, 65:2 (1983), 303–15.

Koskenniemi, Martti, 'Empire and International Law: The Real Spanish Contribution', *University of Toronto Law Journal*, 61 (2011), 1–36.

Kubler, George, *Building the Escorial* (Princeton: 1982).

Lacan, Jacques, *Écrits: A Selection*, trans. Alan Sheridan (New York: 1977).

Lapeyre, Henri, *Géographie de l'Espagne morisque* (Paris: 1959).

Lázaro Carreter, Fernando, 'Fray Luis de León y la clasicidad', in *Fray Luis de León: Historia, humanismo, y letras*, ed. Víctor García de la Concha and Javier San José Lera (Salamanca: 1996).

Lazure, Guy, 'Possessing the Sacred: Monarchy and Identity in Philip II's Relic Collection at the Escorial', *Renaissance Quarterly*, 60 (2007), 58–92.

Lea, Henry Charles, *A History of the Inquisition of Spain*, 4 vols (New York and London: 1906–7).

Lewis May, Florence, 'Spanish Brocade for Royal Ladies', *Pantheon*, 23 (1965), 8–15.

Lisón Hernández, L., 'Mito y realidad de la expulsión de los mudéjares murcianos del Valle de Ricote', *Areas. Revista de Ciencias Sociales*, 14 (1992), 141–70.

Llaguno y Amirola, Eugenio, and Agustín Ceán Bermúdez, *Noticias de los arquitectos y arquitectura desde su restauración...*, 5 vols (Madrid: 1829).

Loades, David, *Mary Tudor: The Tragical History of the First Queen of England* (Kew: 2006).

López, Celestino, *Desde Jerónimo Hernández a Martínez Montañés* (Seville: 1929).

—, *Retablos y esculturas de traza sevillana* (Seville: 1928).

López, Juan José, and Carmen Vaquero Serrano, '¿Garcilaso traicionado? María de Jesús, hija de Guiomar Carrillo', *Lemir*, 14 (2010), 57–68.

López Estrada, Francisco (ed.), *Siglos de Oro: Renacimiento*, vols 2.1 and 2.2 of *Historia y crítica de la literatura española*, ed. Francisco Rico, 8 vols (Barcelona: 1980).

Lorenzo, Javier, 'After Tunis: Petrarchism and Empire in the Poetry of Garcilaso de la Vega', *Hispanofilia*, 141 (2004), 17–30.

Lovett, A. W., 'The Castilian Bankruptcy of 1575', *Historical Journal*, 23:4 (1990), 899–911.

—, *Early Habsburg Spain, 1517–1598* (Oxford: 1986).

Lyana Serrano, Francisco, *El Palacio del Infantado en Guadalajara* (Guadalajara: 1996).

Lynch, John, *The Hispanic World in Crisis and Change* (Oxford and Cambridge, MA: 1992).

—, *Spain 1516–1598: From Nation State to World Empire* (Oxford and Cambridge, MA: 1991).

—, *Spain under the Habsburgs*, 2 vols (Oxford: 1969).

Lyon, Ann, 'The Mad Heir Apparent and the Spanish Succession: The Fate of the Infante Don Carlos', *Liverpool Law Review*, 30 (2009), 225–45.

McAlister, Lyle N., *Spain and Portugal in the New World, 1492–1700*, vol. 3 of *Europe in the Age of Expansion* (Minneapolis: 1984).

MacKay, Angus, 'The Hispanic-Converso Predicament', *Transactions of the Royal Historical Society*, 5th series, 35 (1985), 159–79.

Maltby, William S., *The Black Legend in England* (Durham, NC: 1971).

Mancini, Matteo, '*El emperador Carlos V a caballo en Mühlberg* de Tiziano, un icono para la Historia del Arte', in *La restauración de* El emperador Carlos V a caballo, exhibition catalogue, 103–16.

Mann, Richard G., *El Greco and his Patrons: Three Major Projects* (Cambridge: 1986).

Manzano Baena, Laura, *Conflicting Words: The Peace Treaty of Münster (1648) and the Political Culture of the Dutch Republic and the Spanish Monarchy* (Leuven: 2011).

Marañón, Gregorio, *El Conde-Duque de Olivares (La pasión de mandar)* (Madrid: 1936).

Marcos Martín, Alberto, *España en los siglos XVI, XVII y XVIII. Economia y sociedad* (Barcelona: 2000).

Marías, Fernando, 'El palacio de Carlos V en Granada: formas romanas, usos castellanos', in M. J. Redondo Cantera and M. A. Zalma (eds), *Carlos V y las artes: promoción artística y familia imperial* (Valladolid: 2000), 107–28.

Marías, Fernando, and Agustín Bustamante García, *Las ideas artísticas de El Greco (Comentarios de un texto inédito)* (Madrid: 1981).

Márquez, Antonio, *Los alumbrados: Orígenes y filosofía, 1525–1559* (Madrid: 1972).

Márquez Villanueva, Francisco, 'La criptohistória morisca (los otros conversos)', in Agustin Redondo (ed.), *Les Problèmes de l'exclusion en Espagne (XVIe–XVIIe siècles)* (Paris: 1983), 77–94.

Martin, Colin, and Geoffrey Parker, *The Spanish Armada* ([London]: 1988).

Martínez, José Florencio, *Biografía de Lope de Vega, 1562–1635: Un friso literario del Siglo de Oro* (Barcelona: 2011).

Martínez Leiva, Gloria, and Ángel Rodríguez Rebollo (eds), *Qvadros y otras cosas que tienen su Magestad Felipe IV en este Alcázar de Madrid, Año de 1636* (Madrid: 2007).

Martyr d'Anghiera, Peter, *De Orbe Novo*, trans. Francis A. McNutt, 2 vols (New York and London: 1912).

Marzahl, Peter, 'Communication and Control in the Political System of Emperor Charles V: The First Regency of Empress Isabella', in Wim Blockmans and Nicolette Mont (eds), *The World of the Emperor Charles V* (Amsterdam: 2004), 83–96.

Matthews, W., 'Samuel Pepys and Spain', *Neophilologus*, 20:3 (1935), 120–9.

Maurice, Richard, *Martin Luther: The Christian between God and Death* (Cambridge, MA and London: 1999), 285–7.

Mazarío Coleto, María del Carmen, *Isabella de Portugal* (Madrid: 1951).

Menéndez Pidal, Ramón, *Floresta de leyendas heroícas españolas*, vol. 2: *Rodrigo, el último godo* (Madrid: 1926).

Menéndez y Pelayo, Marcelino, *Historia de los heterodoxos españoles* (Madrid: 1928).

Mérimée, Henri, *Spectacles et comédiens à Valencia (1580–1630)* (Toulouse and Paris: 1913).

Miró Quesada, Aurelio, *El Inca Garcilaso y otros estudios garcilasistas* (Madrid: 1971).

Montagu, Jennifer, 'Velázquez Marginalia: His Slave Juan de Pareja and his Illegitimate Son Antonio', *Burlington Magazine*, 125:968 (1983), 683–5.

Moore, Olin Harris, 'Mark Twain and Don Quixote', *Proceedings of the Modern Language Association of America*, 37:2 (1922), 324–46.

Morales, Alfredo J., *La obra renacentista del ayuntamiento de Sevilla* (Seville: 1981).

Morales, Ambrosio de, *La Batalla de Lepanto (Descriptio Belli Nautici et Expugnatio Lepanti per D. Ioannem de Asutria)*, ed. Jernao Costas Rodríguez (Madrid: 1987).

Morán, Miguel, and Fernando Checa, *El coleccionismo en España: De la cámara de maravillas a la galería de pinturas* (Madrid: 1985).

Moreno, Isidoro, *La antigua hermandad de los negros de Sevilla: etnicidad, poder y sociedad en 600 años de historia* (Seville: 1997).

Moreno Villa, J., and F. J. Sánchez Cantón, 'Noventa y siete retratos de la familia de Felipe III por Bartolomé González', *Archivo Español de Arte y Arqueología*, 13:38 (1937), 127–56.

Morgado, Alonso de, *Historia de Sevilla* (Seville: 1587).

Morineau, Michel, *Incroyables gazettes et fabuleux métaux: Les retours des trésors américains d'après les gazettes hollandaises (XVIe–XVIIIe siècles)* (London and New York: 1985).

Mosquera de Figueroa, Cristóbal, *Comentario en breve compendio de disciplina militar* (Madrid: 1596).

Motley, John Lothrop, *The Rise of the Dutch Republic* (London: 1876).

Moxey, P. K. F., 'Erasmus and the Iconography of Pieter Aertsen's *Christ in the House of Martha and Mary* in the Boymans-Van Beuningen Museum', *Journal of the Warburg and Courtauld Institutes*, 34 (1971), 335–6.

Mulcahy, Rosemarie, *The Decoration of the Royal Basilica of El Escorial* (Cambridge and New York: 1994).

—, *Philip II of Spain, Patron of the Arts* (Dublin: 2004).

Muro, Gaspar, *La vida de la princesa de Éboli* (Madrid: 1877).

Murray, John J., 'The Cultural Impact of the Flemish Low Countries on Sixteenth- and Seventeenth-Century England', *American Historical Review*, 62:4 (1957), 837–54.

Nabokov, Vladimir, *Lectures on Don Quixote*, ed. Fedson Bowers (London: 1983).

Nada, John, *Carlos the Bewitched: The Last Spanish Habsburg, 1661–1700* (London: 1962).

Nader, Helen, *Liberty in Absolutist Spain: The Habsburg Sale of Towns, 1516–1700* (Baltimore and London: 1990).

Nash, Jane Clinton, 'Titian's *Poesie* for Philip II', Ph.D. thesis, Johns Hopkins University, 1981.

Netanyahu, Benzion, *The Origins of the Inquisition in Fifteenth Century Spain* (New York: 1995).

Nierop, Henk van, 'A Beggars' Banquet: The Compromise of the Nobility and the Politics of Inversion', *European History Quarterly*, 21 (1991), 419–43.

Novalín, José Luis González, *El inquisidor general Fernando de Valdés (1483–1568)*, 2 vols (Oviedo: 1971).

O'Malley, Charles, 'Some Episodes in the Medical History of the Emperor Charles V: An Imperial Problem and the Problem of an Emperor', *Journal of the History of Medicine and Allied Sciences*, 13:4 (1958), 469–82.

Orozco, Emilio, *Introducción a Góngora* (Barcelona: 1984 [1953]).

Orozco y Berrera, Manuel, 'Apuntes para la Geografía de las Lenguas y Carta Etnográfica de México', *Anales del Ministerio de Fomento* (Mexico), 6 (1881), 155–62.

Owens, John B., 'Despotism, Absolutism, and the Law in Renaissance Spain: Toledo versus the Counts of Belalcázar (1445–1574)', Ph.D., University of Wisconsin, 1972.

Ortega y Gassett, José, *Obras completas*, 13 vols (Madrid: 1983).

Pagden, Anthony, *The Fall of Natural Man: The American Indian and the Origins of Comparative Ethnology* (Cambridge and New York: 1982).

Palomero Páramo, J. M., 'Notas sobre el taller de Zurbarán: un envío de lienzos a Portobelo y Lima en el años de 1636', in *Actas del congreso: Extremadura en la Evangelización del Nuevo Mundo* (Madrid: 1990), 313–30.

Panofsky, Erwin, 'Erasmus and the Visual Arts', *Journal of the Warburg and Courtauld Institutes*, 32 (1969).

Parker, Geoffrey, *Europe in Crisis: 1598–1648* (Brighton: 1980).

—, *The Grand Strategy of Philip II* (New Haven and London: 1998).

—, *Spain and the Netherlands, 1559–1659: Ten Studies* (Glasgow: 1992).

Paulson, Ronald, *Don Quixote in England: The Aesthetics of Laughter* (Baltimore and London: 1998).

Peers, Allison E., *Saint Teresa of Jesus and Other Essays and Addresses* (London: 1953).

—, *Studies of the Spanish Mystics*, 3 vols (London: 1951–60).

Pereda, Felipe, 'The Shelter of the Savage: "From Valladolid to the New World"', *Medieval Encounters*, 16 (2010), 268–359.

Pérez, Joseph, *La revolución de las comunidades de Castilla (1520–1521)*, trans. Juan José Faci Lacasta (Madrid: 1979).

Pérez de Tudela Bueso, Juan, 'Estudio preliminar: vida y escritos de Gonzalo Fernández de Oviedo', in Oviedo, *Historia*, 1:v–clxxv.

—, 'Rasgos del semblante espiritual de Gonzalo Fernández de Oviedo: la hidaguía caballeresca ante el nuevo mundo', *Revista de Indias*, 17 (1957), 391–443.

Pérez Fernández, Isacio, *Cronología documentada de los viajes, estancias y actuaciones de fray Bartolomé de las Casas* (Puerto Rico: 1984).

Pérez Moreda, Vicente, and David Sven Reher (eds), *Demografía histórica en España* (Madrid: 1988).

Pérez Sánchez, Alfonso, 'El Greco y Toledo', in José María Llusiá and Antonio Fernández de Molina (eds), *Marañon in Toledo: sobre elogia y nostalgia de Toledo* (Cuenca: 1999), 107–36.

Pérez Sánchez, Alfonso E., 'Velázquez y su arte', in *Velázquez*, ed. Domínguez Ortiz, Pérez Sánchez and Gállego, exhibition catalogue, 21–56.

Perry, Mary Elizabeth, *Crime and Society in Early Modern Seville* (Hanover and London: 1980).

Petrie, Charles, *Philip of Spain* (London: 1963).

Pettas, William, 'A Sixteenth-Century Spanish Bookstore: The Inventory of Juan de Junta', *American Philosophical Society*, 85:1 (1995), 1–247.

Pike, Ruth, 'Crime and Criminals in Sixteenth-Century Seville', *Sixteenth Century Journal*, 6:1 (1975), 3–18.

Poole, Stafford, *Juan de Ovando: Governing the Spanish Empire in the Reign of Philip II* (Norman, OK: 2004).

Porra Barrenechea, Raúl, *El Inca Garcilaso en Montilla (1561–1614)* (Lima: 1955).

Portabales Pichel, Amancio, *Los verdaderos artífices de El Escorial* (Madrid: 1945).

Portús Pérez, Javier, *La Sala Reservada del Museo del Prado y el coleccionismo de pintura de desnudo en la Corte Española, 1554–1838* (Madrid: 1998).

Probert, Alan, 'Bartolomé de Medina: The Patio Process and the Sixteenth-Century Silver Crisis', in Peter Bakewell (ed.), *Mines of Silver and Gold in the Americas*, vol. 19 of *An Expanding World: The European Impact on World History* (Aldershot: 1997), 96–130, originally published in *Journal of the West*, 8:1 (1969), 90–124.

Quérillacq, René, 'Los moriscos de Cervantes', *Anales Cervantinos*, 30 (1992), 77–98.

Ramírez de Arellano, Rafael, *Ensayo de un catálogo biográfico de escritores de la provincia y diócesis de Córdoba...*, 2 vols (Madrid: 1922–3).

Ramírez-Araujo, Alejandro, 'El morisco Ricote y la libertad de conciencia', *Hispanic Review*, 24:4 (1956), 278–89.

Ramón Carande, *Carlos V y sus banqueros*, ed. Antonio-Miguel Bernal (Barcelona: 2000 [1943]).

Ramos, Demetrio, *Ximénez de Quesada en su relación con los cronistas y el Epítome de Conquista del Nuevo Reino de Granada* (Seville: 1972).

Randall, Dale B. J., and Jackson C. Boswell, *Cervantes in Seventeeth-Century England: The Tapestry Turned* (Oxford: 2009).

Redworth, Glyn, *The Prince and the Infanta: The Cultural Politics of the Spanish Match* (New Haven and London: 2003).

Rennert, Hugo A., and Américo Castro, *Vida de Lope de Vega (1562–1635)* (Madrid: 1919).

Rey, Eusebio, 'San Ignacio Loyola y el problema de los "Cristianos Nuevos"', *Razón y Fé*, 153 (1956), 117–204.

Rivera Blanco, José Javier, *Juan Bautista de Toledo y Felipe II: La implantación del clasicismo en España* (Valladolid: 1984).

Rodríguez Jurado, Adolfo, *Discursos leídos en la Real Academia Sevillana de Buenas Letras, Proceso seguido a instancias de Tomás Gutiérrez...* (Seville: 1914).

Rodríguez López-Vázquez, Alfredo, 'Don Pedro y Don Juan', in Francisco Ruíz Ramón and César Oliva (eds), *El mito en el teatro clásico español: Ponencias y debates de las VII jornadas de teatro clásico español (Almagro, 25 al 27 de septiembre, 1984)* (Madrid: 1988), 192–5.

Rodríguez Sánchez, Angel, *Población y Comportamiento Demográficos en el Siglo XVI* (Cáceres: 1977).

Rodríguez Villa, Antonio, *Ambrosio Spínola: primer Marqués de los Balbases* (Madrid: 1904).

—, 'El Emperador Carles V y su Corte', *Boletín de la Academia de la Historia*, 42–4 (1903–5).

Rodríguez-Salgado, M. J., 'Charles V and the Dynasty', in Soly (ed.), *Charles V and his Time*, 26–111.

—, 'The Court of Philip II of Spain', in Ronald G. Asch and Adolf M. Birke (eds), *Princes, Patronage and the Nobility: The Court at the Beginning of the Modern Age, c.1450–1650* (New York: 1991), 205–44.

—, 'Philip II and the "Great Armada" of 1588', in *Armada, 1588–1988*, exhibition catalogue, 12–38.

Rogers, Peter, *The Mystery Play in Madame Bovary: Moeurs de Province* (Amsterdam: 2009).

Rosales, Luis, *Pasión y muerte del conde de Villamediana* (Madrid: 1969).

Rosenblat, Angel, *La población indígena y el mestizaje en América, 1492–1950*, 2 vols (Buenos Aires: 1954).

Rosenthal, Earl E., *The Palace of Charles V in Granada* (Princeton: 1985).

Rossi, R., *Escuchar a Cervantes: Un ensayo biográfico* (Valladolid: 1988).

Ruíz Martín, Felipe, 'Las finanzas de la monarquía hispánica y la Liga Santa Cuadro', in Benzoni (ed.), *Il Mediterraneo*, 325–70.

Salaman, Radcliffe, *The History and Social Influence of the Potato* (Cambridge and New York: 2000).

Salas, Xavier de, *El Bosco en la literatura española: discurso leído el día 30 de mayo de 1943 en la recepción pública de Don Savier de Salas en la Real Academia de Buenas Letras de Barcelona* (Barcelona: 1943).

San Román y Fernández, Francisco de Borja de, *El Greco en Toledo o nuevas investigaciones acerca de la vida y obras de Dominico Theotocópuli* (Madrid: 1910).

—, 'Garcilaso, desterrado de Toledo', *Boletín de la Real Academia de Bellas Artes y Ciencias Históricas de Toledo*, 2:5 (1919), 193–5.

Sánchez, José, *Academias literarias del Siglo de Oro español* (Madrid: 1961).

Sánchez Jiménez, Antonio, 'Lope de Vega y la Armada Invencible de 1588. Biografía y poses del autor', at http://uva.academia.edu/AntonioSanchezJimenez/Papers/857038/Lope_de_Vega_y_la_Armada_Invencible_de_1588.

Sánchez-Blanco, R. Bénitez, 'La odisea del manchego Diego Díaz', in *Los olvidados de la historia: Herejes*, ed. R. García Cárcel (Barcelona: 2004), 214–36.

Schevill, Rudolph, 'Lope de Vega and the Year 1588', *Hispanic Review*, 9:1 (1941), 65–78.

Scott, James Brown, *The Spanish Origin of International Law: Francisco de Vitoria and his Law of Nations* (Oxford: 1934).

Sebastián Lozano, Jorge, 'Choices and Consequences: The Construction of Isabel de Portugal's Image', in Theresa Earenfight (ed.), *Queenship and Political Power in Medieval and Early Modern Spain* (Aldershot: 2005), 145–62.

Simpson, Leonard Francis (ed. and trans.), *The Autobiography of the Emperor Charles V. Recently discovered in the Portuguese language by Baron Kervyn de Lettenhove* (London: 1863).

Sliwa, Krzysztof, 'Andrea Cervantes, nieta más querida de la abuela paterna, Leonor Fernández de Torreblanca, y Constanza de Ovando y Figueroa, la simpática sobrina de Miguel de Cervantes Saavedra', *RILCE*, 20:1 (2004), 241–54.

—, *El licenciado Juan de Cervantes: Efemérides del licenciado Juan de Cervantes, documentos y datos para una biografía del abuelo paterno del autor del Quijote* (Kassel: 2001).

Smith, Paul Julian, 'Garcilaso's Homographesis', in *Estudios de literatura española del Siglo de Oro dedicados a Elias L. Rivers* (Madrid: 1992), 243–52.

Smith, Paul Julian, 'Homographesis in Salicio's Song', in Marina S. Brownlee and Hans Ulrich Gumbrecht (eds), *Cultural Authority in Golden Age Spain* (Baltimore: 1995), 131–42.

Sola, Emilio, and José F. de la Peña, *Cervantes y la Berbería: Cervantes, mundo turco-berberisco y servicios secretos en la epoca de Felipe II* (Madrid and Mexico City: 1995).

Soler i Terol, Lluís, *Perot Roca Guinarda: Història d'aquest bandoler* (Manrèsa: 1909).

Soly, Hugh (ed.), *Charles V and his Time, 1500–1558* (Antwerp: 1999).

Starkey, David, *The Queens of Henry VIII* (London: 2003).

— 'Representation through Intimacy: A Study in the Symbolism of Monarchy and Court Office in Early-Modern England', in Ioan Lewis (ed.), *Symbols and Sentiments: Cross-cultural Studies in Symbolism* (London: 1977), 187–224.

Stein, Stanley J., and Barbara H. Stein, *Silver, Trade, and War: Spain and America in the Making of Early Modern Europe* (Baltimore and London: 2000).

Stirling, William, *The Cloister Life of the Emperor Charles the Fifth* (London: 1853).

Stradling, R. A., *Philip IV and the Government of Spain, 1621–1665* (Cambridge: 1988).

—, *Spain's Struggle for Europe, 1598–1668* (London and Rio Grande: 1994).

Stratton, Suzanne L., *The Immaculate Conception in Spanish Art* (New York: 1994).

Surtz, Ronald E., *Writing Women in Late Medieval and Early Modern Spain: The Mothers of Saint Teresa of Avila* (Philadelphia: 1995).

Tapia Sánchez, Serafín de, 'La alfabetización de la población urbana castellana en el Siglo de Oro', *Historia de la Educación*, 12–13 (1993–4), 274–307.

Tate Lanning, John, 'Cortes and his First Official Remission of Treasure to Charles V', *Revista de Historia de América*, 2 (1938), 5–9.

Taylor, René, 'Architecture and Magic: Considerations on the Idea of the Escorial', in *Essays in the History of Architecture Presented to Rudolf Wittkower* (London: 1967), 81–107.

Tellechea Idígoras, J. J., *Fray Bartolomé de Carranza. Mis treinta años de investigaciones Carrancianas*, 6 vols (Salamanca: 1962–81), 5:71–2.

Terry, Arthur, *Seventeenth-Century Spanish Poetry: The Power of Artifice* (Cambridge: 1993).

Thacker, Jonathan, *A Companion to Golden-Age Drama* (London: 2007).

Thomas, Hugh, *The Conquest of Mexico* (London: 1993).

—, *The Golden Age: The Spanish Empire of Charles V* (London: 2011).

Thomas, Werner, *Los protestantes y la Inquisición en España en tiempos de Reforma y Contrarreforma* (Leuven: 2001).

—, *La represión del protestantismo en España, 1517–1648* (Leuven: 2001).

Thompson, Colin, *The Strife of Tongues: Fray Luis de León and the Golden Age of Spain* (Cambridge: 1988).

Torre, José de la, 'Documentos gongorinos', *Boletín de la Real Academia de Ciencias, Bellas Letras y Nobles Artes de Córdoba*, 18 (1927), 65–218.

Trevor-Roper, P., *The World through Blunted Sight: An Inquiry into the Influence of Defective Vision on Art and Character* (London: 1970).

Trueman, R. W., 'The Rev. John Bowle's Quixotic Woes Further Explored', *Cervantes: Bulletin of the Cervantes Society of America*, 23:2 (2003), 9–43.

Turner, Raymond, 'Oviedo's *Claribalte*: The First American Novel', *Romance Notes*, 6 (1964), 65–8.

Tytler, Patrick Frazer, *England under the reigns of Edward VI, and Mary, with a contemporary history of Europe*, 2 vols (London: 1839).

Úbeda de los Cobos, Andrés, 'The History of Rome Cycle', in Ubeda de los Cobos (ed.), *Paintings for the Planet King*, 169–89.

Úbeda de los Cobos, Andrés (ed.), *Paintings for the Planet King: Philip IV and the Buen Retiro Palace* (Madrid and London: 2005).

Unamuno, Miguel de, *Andanzas y visiones españolas* (Madrid: 1922).

Valdivieso, E., and J. M. Serrera, *El Hospital de la Caridad de Sevilla* (Seville: 1980).

Vaquero Serrano, Carmen, *Garcilaso: Poeta del amor, caballero de la guerra* (Madrid: 2002).

Varner, John Grier, *El Inca: The Life and Times of Garcilaso de la Vega* (Austin and London: 1968).

Vergara, Alexander, *Rubens and his Spanish Patrons* (Cambridge: 1999).

Vicens Vives, Jaime, *Los Austrias: imperio español en América*, vol. 3 of *Historia social y economica de España y America* (Barcelona: 1982).

Vila Vilar, Enriqueta, 'Las ferias de Portobelo: apariencia y realidad del comercio con Indias', *Anuario de Estudios Americanos*, 39 (1982), 275–340.

—, 'El poder del Consulado Sevillano y los hombres del comercio en el siglo XVII: una aproximación', in Enriqueta Vila Vilar and Allan J. Kuethe (eds), *Relaciones de poder y comercio colonial: nuevas perspectivas* (Seville: 1999), 3–34.

Vilar, Juan Bautista, 'La expulsión de los moriscos del Reino de Murcia. Sus efectos demográficos y económicos sobre la región de origen', in *L'expulsió dels moriscos: conseqüéncies en el món ilsàmic i el món cristià* (Barcelona: 1994), 86–95.

Vilches, Elvira, *New World Gold: Cultural Anxiety and Monetary Disorder in Early Modern Spain* (Chicago and London: 2010).

Villanueva, Jaime, *Viage literario a las iglesias de España*, 22 vols (Valencia: 1821).

Vitoria, Francisco de, *Political Writings*, ed. Anthony Pagden and Jeremy Lawrance (Cambridge: 1991).

Volk, Mary C., 'Rubens in Madrid and the Decoration of the King's Summer Apartments', *Burlington Magazine*, 123:942 (1981), 513–29.

Wagner, Henry R., 'Translation of a Letter from the Archbishop of Cosenza to Petrus de Acosta', *Hispanic American Historical Review*, 9:3 (1929), 361–3.

Wardropper, Bruce W., *Siglos de Oro: Barroco*, vol. 3 of *Historia y crítica de la literatura española*, ed. Francisco Rico, 8 vols (Barcelona: 1983).

Webster, Susan Verdi, *Art and Ritual in Golden-Age Spain: Sevillian Confraternities and the Processional Sculpture of Holy Week* (Princeton: 1998).

—, 'Art, Ritual, and Confraternities in Sixteenth-Century New Spain', *Anales del Instituto de Investigaciones Estéticas*, 70 (1997), 5–43.

Wethy, Harold E., *El Greco and his School*, 2 vols (Princeton: 1962).

Whitlock, Keith, *The Renaissance in Europe* (New Haven and London: 2000).

Wiffin, J. H. (ed. and trans.), *The Works of Garcilasso de la Vega Surnamed the Prince of Castilian Poets* (London: 1823).

Wilkinson Catherine, 'The Escorial and the Invention of the Imperial Staircase', *Art Bulletin*, 57:1 (1975), 65–90.

Woodall, Joanna, 'An Exemplary Consort: Antonis Mor's Portrait of Mary Tudor', *Art History*, 14:2 (1991), 81–103.

Yarza Luaces, Joaquín, 'Aspectos incográficos de la pintura de Juan Fernández Navarrete, "el Mudo" y relaciones con la contrareforma', *Boletín del Seminario de Estudios de Arte y Arqueología de la Universidad de Valladolid*, 36 (1970), 43–68.

Yates, Frances, 'The Art of Ramon Lull: An Approach to It through Lull's Theory of the Elements', *Journal of the Warburg and Courtauld Institutes*, 17:1–2 (1954), 115–73.

Zamora, Margarita, *Language, Authority, and Indigenous History in the* Comentarios reales de los incas (Cambridge: 1988).

Zamora Vicente, Alonso, 'El cautiverio en la obra cervantina', in Francisco Sánchez-Castañer (ed.), *Homenaje a Cervantes*, 2 vols (Valencia: 1950), 2:237–56.

Zunino Garrido, María de la Cinta, 'Boscán and Garcilaso as Rhetorical Models in the English Renaissance: The Case of Abraham Fraunce's *The Arcadian Rhetorike*', *Atlantis*, 27:2 (2005), 119–34.

出版后记

　　西班牙，人类历史上第一个被称为"日不落帝国"的国家。我们可能因为"哥伦布发现新大陆"这一重要的历史事件而记住这个国家，也可能因为欧债危机时"南欧四国"的提法对这个国家产生印象。这个国家从何时开始，如何成为"世界的中心"，又是从何时开始，怎样沦落至让人说出"西班牙的事为什么总是那么糟糕"的境地，这些问题的答案都可以从本书中找到。

　　然而，就如作者在序言中所说，"本书虽然也属于严肃的著作"，"但其实和"那些"有太多学术细节"而"有人情味的内容极少"的历史著作不一样，它是为"清闲的读者"而写的。在本书中，我们可以看到，说出"在我的领土上，太阳永不落下"的查理五世，在经历丧妻、丧母、政治失败之痛后，选择退位隐居生活，就像任何一个我们生活中可能遇到的晚年不顺之人一样，肥胖又患有痛风的他不再如过去一样控制自己的饮食，于人生的最后几年选择了放纵享受，最终怀着对挚爱的感情，在病痛中充满遗憾地离开了人世；我们可以看到，年轻时曾在勒班陀浴血奋战、留下残疾的塞万提斯，在中年时可能也会像我们每个人一样想找个"铁饭碗"却未果，暮年又因创作了《堂吉诃德》而流芳百世，成为西班牙黄金世纪最具代表性的文人之一；我们还可以看到，费利佩四世时期，曾经一手遮天的"宠臣"奥利瓦雷斯伯-公爵，深陷自己的狂热、偏执与妄想之中，晚年在内外交困的局面下被解职，最后于高烧中，回想起峥嵘岁月，语无伦次地喊着"我当校长的时候！我当校长的时候！"。

　　这是一本关于历史的书，但它也不仅仅关于历史。就像贯穿了第二部分的核心概念"幻灭"一样，这不仅仅是17世纪西班牙人会意识到和经历的，也是生活在当下，甚至生活在未来的人无法回避的过程。"眨眼间，尘耀尽"，一切繁华终有竟时，没有什么是可以永恒的，无论是人的生命，还是国家的命运，就像书中黄金世纪闪耀的群星终有陨落之日，曾是世界中心的西班牙也终有日落之时一样。清闲的读者，也许你在拿到本书时，曾期待看到一段关于伟大帝国、著名人物的波澜壮阔历史，但"生命就像是一艘快速航行的船，所经之地不留一丝痕迹，也不留下它去过哪里的印记。曾统治世界的那些尘世间的君王们后来怎么样了？他们的威严如今又在何处？"。也许这也是作者希望各位清闲的读者思考的内容。

　　就像塞万提斯说自己是《堂吉诃德》的继父，如果说本书的作者也是《西班牙：世界的中心，1519—1682》的继父，那编者可能只能算得上是个"教父"。但即便只是个水平有限的"教父"，也希望"亲爱的读者"不要"对我这个儿子大度包容"，如有疏漏之处，还望各位"清闲的读者"不吝赐教。

图书在版编目（CIP）数据

西班牙：世界的中心，1519—1682 / (英) 罗伯特
·古德温著；蔡琦译. -- 北京：九州出版社，2023.9
ISBN 978-7-5225-1816-9

Ⅰ.①西… Ⅱ.①罗… ②蔡… Ⅲ.①西班牙—历史
—1519-1682 Ⅳ.①K551.3

中国国家版本馆CIP数据核字(2023)第079951号

Spain: The Centre of the World , 1519–1682 by Robert Goodwin

Copyright © 2015 by Robert Goodwin

This edition co–published by arrangement with The Viney Agency
through Big Apple Agency, Inc., Labuan, Malaysia.

All rights reserved.

版权登记号：01-2023-2319
地图审图号：GS（2022）4417号

西班牙：世界的中心，1519—1682

作　　者	［英］罗伯特·古德温 著　蔡琦 译
责任编辑	王文湛
出版发行	九州出版社
地　　址	北京市西城区阜外大街甲35号（100037）
发行电话	（010）68992190/3/5/6
网　　址	www.jiuzhoupress.com
印　　刷	河北中科印刷科技发展有限公司
开　　本	655 毫米 × 1000 毫米　　16 开
印　　张	32.5
字　　数	483 千字
版　　次	2023 年 9 月第 1 版
印　　次	2023 年 9 月第 1 次印刷
书　　号	ISBN 978-7-5225-1816-9
定　　价	118.00元